Sollte diese Publikation Links auf Webseiten Dritter enthalten, so übernehmen wir für deren Inhalte keine Haftung, da wir uns diese nicht zu eigen machen, sondern lediglich auf deren Stand zum Zeitpunkt der Erstveröffentlichung verweisen.

Impressum:

*Herausgeber: Verbandsgemeinde Asbach,
Flammersfelder Straße 1, 53567 Asbach*

*Autoren: Leonie von Nesselrode · Ulf Lind · Gisbert Becker
Fred und Dorothea Emps · Werner Büllesbach*

*© 2022 morisel Verlag, München
ISBN: 978-3-943915-56-3*

Die Deutsche Nationalbibliothek verzeichnet diese Publikation in der Deutschen Nationalbibliografie; detaillierte bibliografische Daten sind im Internet über http://dnb.de abrufbar.

*Satz und Gestaltung der Umschlagseiten: Verbandsgemeindeverwaltung Asbach, Petra Weißenfels
Der Satz und die Gestaltung der einzelnen Aufsätze wurde von den Autoren übernommen.
Druck: Interpress, Budapest*

*Die Bildnachweise sind am Bild vermerkt.
Abkürzungen: Verbandsgemeinde Asbach (VGA), Leonie Nesselrode (LN)
Bilder Foto Vogt: Bildrechte Bildarchiv Büllesbach
Fotos Umschlag Vorderseite: LN, Stiftungsgebäude: VGA
Fotos Umschlag Rückseite: VGA, Hintergrundbild Treppe: Adobe Stock*

Leonie von Nesselrode · Ulf Lind · Gisbert Becker
Fred und Dorothea Emps · Werner Büllesbach

Die Ehrensteiner Armenstiftung

Über 500 Jahre im Asbacher Land

Inhalt

Seite

8   *Die Stiftungskommission 2022*

9   *Grußwort von Verbandsbürgermeister Michael Christ*

10   *Aufsatz 1: Die Stiftungsgründe im historischen Kontext*
       von Leonie von Nesselrode

74   *Aufsatz 2: Die Geschichte von 1499 bis 1900*
       von Ulf Lind

230   *Aufsatz 3: Die Geschichte von 1900 bis zur Gegenwart*
       von Gisbert Becker

318   *Aufsatz 4: Archäologie im Gebiet der ehemaligen Honschaft Ütgenbach (Schöneberg)*
       von Ulf Lind, Fred und Dorothea Emps, Werner Büllesbach

344   *Die Autoren*

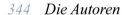

Die Kapelle in Ütgenbach 2020

Die Stiftungskommission 2022

Die preußische Königliche Regierung in Koblenz rief 1853 eine Kommission für die Verwaltung der Ehrensteiner Armenstiftung ins Leben und übertrug ihr die Aufgaben und Kompetenzen, die die längste Zeit zuvor das Kreuzherren-Kloster Ehrenstein und nach der Säkularisation verschiedene Institutionen in Regierungsbezirk, Kreis, Amt und Gemeinde innehatten. Sowohl die Aufgaben und die Zusammensetzung der Kommission als auch die Ziele der Stiftung wurden im Zeitenlauf an die Umstände angepasst.

V.r.n.l.: Konrad Peuling, Bürgermeister der Ortsgemeinde Buchholz, Michael Christ, Bürgermeister der Verbandsgemeinde Asbach, Pfarrer Dariusz Glowacki, Katholischer Kirchengemeindeverband Rheinischer Westerwald, Johannes Brings, Erster Beigeordneter der Ortsgemeinde Asbach und Franz-Peter Dahl, Bürgermeister der Ortsgemeinde Asbach.

Die Mitglieder der Kommission arbeiten von jeher bis heute ehrenamtlich und ohne Aufwandentschädigung. Die Verbandsgemeinde verrichtet einen Teil der Arbeit. Das bleibende Ziel der Armenstiftung ist, Menschen in Not oder Zwangslagen beizustehen, etwa Armen, Behinderten, Alten, Flüchtlingen. Den Vorsitz der Kommission hat heutzutage der Asbacher Verbandsbürgermeister; „geborenes" Mitglied ist der für die Pfarrei Asbach zuständige katholische Priester; weitere Mitglieder sind die Ortsbürgermeister der Gemeinden Asbach und Buchholz sowie der Erste Beigeordnete der Ortsgemeinde Asbach.

Verehrte Leserinnen und Leser,

als Bürgermeister der Verbandsgemeinde Asbach bin ich sehr froh ein solch ausgearbeitetes historisches Werk über die Ehrensteiner Armenstiftung in Händen halten zu dürfen und Ihnen ans Herz zu legen.

Mein ganz besonderer und aufrichtiger Dank gilt den Autoren dieses Buches, die sich bereits Jahrzehnte mit der Ehrensteiner Armenstiftung beschäftigen und sich tief in die geschichtlichen Fakten und Hintergründe eingearbeitet haben. Diesen Wissensschatz möchten wir für die Nachwelt festhalten und auch Ihnen näherbringen.

Die Autoren nehmen Sie mit auf eine spannende Reise durch die Jahrhunderte. Und das immer mit dem konkreten Bezug zu unserer Region und auf Ehrenstein. Die Entwicklung dieser Kernzelle unserer heutigen Besiedlung aufzuarbeiten und für die Nachwelt fest zu halten ist eine wichtige und bedeutende Aufgabe. Wir können uns glücklich schätzen, dass die Autoren diese Aufgabe ehrenamtlich über viele Jahre auf sich genommen haben.

Ziel der Ehrensteiner Armenstiftung ist seit je her, Menschen in Not oder Zwangslagen beizustehen, etwa Armen, Behinderten, Alten und Flüchtlingen. Bereits 1853 rief die preußische Königliche Regierung in Koblenz die Kommission für die Verwaltung der Ehrensteiner Armenstiftung aus, die bis heute Bestand hat und in regelmäßigen Abständen tagt. Als Bürgermeister der Verbandsgemeinde Asbach bin ich Vorsitzender der Stiftungskommission und empfinde es als Ehre den bedürftigen Menschen helfen zu können und diese historisch gewachsene Stiftung mit am Leben zu halten.

„Hilfe dem, der sie benötigt." Diese christliche Grundeinstellung galt damals und hat Bestand für alle Zeiten. Für diese spannende Lektüre wünsche ich Ihnen Muße sowie viel Spaß!

Ihr Michael Christ
Bürgermeister der Verbandsgemeinde Asbach

Aufsatz 1

Die Stiftungsgründe im historischen Kontext

Leonie von Nesselrode

Inhalt

Urkunden der Armenstiftung

Abkürzungen

1. Einführung

2. Die ältesten Generationen der von Nesselrode:
   Albert Sobbe von Leysiefen 1256 bis Wilhelm von Nesselrode, Herr zum Stein † 1474

3. Die Edelherren von Ütgenbach zu Ehrenstein
   3a. Die Kapelle zu Ütgenbach: Zeuge der Vergangenheit, Christianisierung und Eigenkirche
   3b. Die Edelherren von Ütgenbach vor 1200: Hypothesen

4. Die Stifter Bertram von Nesselrode und Margarethe von Burscheid

5. Religiöse Stiftungsgründe: zur Ehre Gottes und zum Heil der Seelen

6. Profane Stiftungsgründe: das profane Gedächtnis der Verstorbenen
   6a. Pfarrrechte und Grablege in Ehrenstein: Rechts- und Besitzsicherung, Herrschaftsbildung
   6b. Die Wappen in Ehrenstein: adlige Abstammung als Herrschaftslegitimation oder rechtlicher Besitzanspruch?
   6c. Das Wappen in Ütgenbach: adlige Abstammung als Herrschaftslegitimation oder rechtlicher Besitzanspruch?
   6d. Burgen und Ordensinsignien: Rechts- und Besitzsicherung, Streben nach politischem Einfluss
   6e. Die Vorgängerstiftung und die neue Stiftung in Ütgenbach: Rechts- und Besitzsicherung, Fortführung der uralten, ehrwürdigen Tradition
   6f. Historiographie und historische Erinnerung: Aufstieg nach dem Niedergang, Würdigung des Wilhelm von Nesselrode
   6g. Historiographie und historische Erinnerung: die Rechtsvorgänger, die Edelherren von Ütgenbach und Eva von Ütgenbach, die letzte Ütgenbacherin zu Ehrenstein
   6h. Die Konstituierung des Geschlechts: Bertram und Margarethe, ein Glied in der Kette

7. Last but not least: Nächstenliebe, Seelsorge, Sorge für die Arme

8. Zusammenfassung

Urkunden der Armenstiftung

Zwei gleich lautende Pergamenturkunden der Ehrensteiner Armenstiftung sind erhalten: im Fürstlich Wiedischen Archiv in Neuwied (bei verlorenen Siegeln) und im Gräflich von Loëschen Archiv von Schloß Wissen[1]. Es gibt außerdem eine Abschrift von dem Notar Joseph Blasius Alfter in *Cöln-Rhein* aus 1771. Alfter hat jedoch nicht den originalen Wortlaut von 1499 verwendet, sondern diesen der 1771 üblichen Sprache angepasst. Alfters Abschrift ist im Kopialbuch der Pfarrei Ehrenstein kopiert worden, das am 7. Mai 1868 angelegt wurde[2]. Auch das Pfarrarchiv Asbach verfügt über eine Abschrift nach Alfter, die am 4. Februar 1867 von dem Asbacher Pfarrer Andreas Nikolaus Franke anfertigt wurde. Einen ausführlichen Regest der Urkunde mit wenigen Worten in Abschrift schrieb Dieter Kastner 2004[3]. Für dieses Buch erstellte Ulf Lind nicht nur eine neue Abschrift der Urkunde in Neuwied, sondern auch eine Übertragung in das Deutsch des 21. Jahrhunderts[4].

In diesem Aufsatz ist aus Linds Übertragung in das Deutsch des 21. Jahrhunderts zitiert worden.

Abkürzungen

BJK Biblioteka Jagiellonska Krakow
BSM Bayerische Staatsbibliothek München
FWA Fürstlich Wiedisches Archiv in Neuwied
LAV NRW R Landesarchiv Nordrhein-Westfalen/Rheinland in Duisburg
LoëAW Gräflich von Loësches Archiv von Schloß Wissen
PAE Pfarrarchiv Ehrenstein
RhVjbll Rheinische Vierteljahresblätter
ZBGV Zeitschrift des Bergischen Geschichtsvereins
RBA Rheinisches Bildarchiv

---

[1] FWA 2862 vom 28. August 1499, Pergament, alle 5 Siegel ab, Siegelbänder vorhanden; LoëAW 1265 vom 28 August 1499, Pergament, 5 Siegel (1 ab).
[2] PAE, Kopialbuch angelegt 1868.
[3] Dieter Kastner, Die Urkunden des Gräflich von Loëschen Archivs von Schloß Wissen, I (1245-1455), Brauweiler 2004, II (1456-1534), Brauweiler 2005, III (1535-1573), Brauweiler 2007, IV (1574-1798), Brauweiler 2008, hier II, 1265.
[4] Siehe den Aufsatz von Ulf Lind in diesem Buch.

1. Einführung

Am 28. August 1499 besiegelten der bergische Erbmarschall Bertram von Nesselrode und seine Frau Margarethe von Burscheid, Herr und Frau zu Ehrenstein, die Gründungsurkunde für eine Stiftung in Ütgenbach, die später als ‚Ehrensteiner Armenstiftung' bekannt wurde. Diese Stiftung existiert heute noch. Sie hat seit ihrer Gründung weltumstürzende Ereignisse, wie die Reformation, den Truchseßischen Krieg, den Dreißigjährigen Krieg, die Aufklärung, die Napoleonischen Kriege, die Säkularisation, den Ersten und Zweiten Weltkrieg überstanden. Sie hat sich dem Wandel der Zeiten angepasst, aber dient immer noch karitativen Zwecken wie es die Stifter damals vor mehr als fünfhundert Jahren bestimmt haben. Die Überlebensgeschichte der Ehrensteiner Armenstiftung ist hier zu Lande einmalig. Sie verdient es, festgeschrieben zu werden.

Die Substanz der Stiftung war seit jeher ihr Grundbesitz. In weiser Voraussicht hatten Bertram und Margarethe ihre Stiftung nicht etwa mit Geld und Zinsen, sondern mit Höfen und Ländereien ausgestattet. Sie sahen Grundbesitz als unvergängliche Grundlage zur Sicherung des Fortbestehens. In der Stiftungsurkunde von 1499 sagen sie ausdrücklich, die Stiftungsgüter *nicht zu verkaufen, zu verbringen, aufzusplissen (aufzusplittern, aufzuteilen), wüst fallen zu lassen, zu versetzen oder zu einzelnen anderen Händen zu bringen, sondern die getreu zu verwahren und in gutem Bau zu halten, ganz nach seinem besten Verstand zu verbessern und nicht ärger werden zu lassen, wie es dem gebührt.*[5] Die Geschichte hat den Stiftern Recht gegeben. In jüngster Zeit sind jedoch Teile des Grundbesitzes verkauft worden. Man kann nur hoffen, dass dies nicht den Anfang vom Ende einläutet.

Es ist schon viel über die Ehrensteiner Armenstiftung geschrieben worden. Und fast immer kommt nur ein einzelner Aspekt zur Sprache: nämlich die soziale Fürsorge. Viele Einheimische wissen um das Spital, das einst fünf armen Leuten aus nächster Umgebung eine Rundumversorgung bot. Bertram und Margarethe ging es jedoch nicht nur um die Sorge für die Armen.

Ein Blick auf die Ergebnisse, die die historische Wissenschaft in den letzten Jahrzehnten hinsichtlich des mittelalterlichen Stiftungswesens vorgelegt hat, zeigt, wie viele Facetten des Lebens und der Gesellschaft von einer Stiftung erfasst wurden. Michael Borgolte stellt fest: „Im Mittelalter dienten die Stiftungen hauptsächlich dem Ausbau des Kirchenwesens bzw. der Vermehrung des Gottesdienstes, der Aufhebung oder Entschärfung sozialer Notlagen und der Entfaltung von Kunst und Wissenschaft. Das alle Stiftungstypen überwölbende Motiv war freilich eine religiöse Sinngebung, die nirgendwo fehlte"[6]. Allen mittelalterlichen Stiftungen, so schreibt Karl Schmid, lag „ein und dieselbe Motivation zugrunde: die Sorge für das Seelenheil"[7]. Eng mit der Sorge um das Seelenheil verknüpft war die Memoria, das Gedenken der Toten durch die Lebenden. Otto Gerhard Oexle, der als erster deutscher Mediävist die Memoria und die ganze Reichweite ihrer Erscheinungsformen erforscht hat, betont, dass die Memoria nicht nur das liturgische, auf das Seelenheil gerichtete Gedächtnis der Verstorbenen umfasste, sondern auch das profane Gedenken. Er benennt mehrere Aspekte der profanen Memoria: den Nachweis der adligen Abstammung als Grundlage der

---

[5] Zeilen 51-52.
[6] Michael Borgolte, ‚Totale Geschichte des Mittelalters'? Das Beispiel der Stiftungen, Berlin 1992, S. 8-9.
[7] Karl Schmid, Stiftungen für das Seelenheil, in: Karl Schmid/Joachim Wollasch, Gedächtnis, das Gemeinschaft stiftet, Sigmaringen, 1985, S. 51-73, hier S. 66-67.

Herrschaftslegitimation, die Rechts- und Besitzsicherung, die Historiographie und die – ruhmreiche – historische Erinnerung, die Konstituierung des Geschlechtes[8].

Die Armenstiftung ist Teil des Lebenswerkes von Bertram und Margarethe, die letzte von drei großen Stiftungen, die sie über etwa dreißig Jahre in Ehrenstein und Ütgenbach gründeten. Sie haben auch anderswo bedeutende Stiftungen hinterlassen[9], aber ihr eigentliches Lebenswerk sind die Kirche und das Kloster in Ehrenstein und die Stiftung in Ütgenbach. Diese drei Stiftungen hängen eng mit einander zusammen. Sie bilden einen großen Stiftungskomplex. Nur in der Zusammenschau lassen sich die Beweggründe, die zu den Stiftungen geführt haben, erkennen. Nun haben wir das Glück, dass wir über eine große Zahl schriftlicher Quellen verfügen – Stiftungsurkunden, Eheberedungen, Testamente und so weiter. Die Kirche in Ehrenstein und die Kapelle in Ütgenbach haben die Jahrhunderte ohne wesentliche bauliche Veränderungen überdauert. Die Grabsteine und Wappen befinden sich noch an ihren ursprünglichen Ort. Vor allem aber, haben die Chorfenster von Ehrenstein die Jahrhunderte zum größten Teil überlebt. Die Glasbilder der drei Chorfenster zeichnen in ihrer Gesamtheit ein vielseitiges Porträt der Stifter. Sie geben, gerade weil sie Bilder sind, weit mehr Aufschluss über ihre Vorstellungen und Beweggründe als zum Beispiel die vorhandenen Urkunden.

Wir werden uns in diesem Aufsatz fragen, ob die von den Historikern festgestellten Motive für mittelalterliche Stiftungen auch für die Stiftungen in Ehrenstein und Ütgenbach gelten. Bei dieser Vorgehensweise müssen wir weit ausholen. Wir müssen den Werdegang der Vorfahren Nesselrode und Ütgenbach in den Jahrhunderten vor 1499 in den Blick nehmen. Wir müssen uns ein Bild von Bertram und Margarethe selbst machen: Dazu müssen wir die schriftlichen Quellen abklopfen und uns die Chorfenster genau anschauen. Aber das ist noch nicht alles: Wenn wir fünfhundertdreiundzwanzig Jahre später versuchen zu verstehen, was Bertram und Margarethe bewegt hat, was ihnen wichtig war und was sie mit ihrer Stiftung in Ütgenbach erreichen wollten, müssen wir uns mit den Vorstellungen und der Welt der Menschen im späten 15. Jahrhundert befassen. Das Problem für uns ‚aufgeklärte' Menschen des 21. Jahrhunderts besteht darin, ihre Äußerungen – seien sie schriftlich, in Glasbildern, Wappen oder Grabsteinen – im historischen Kontext zu sehen und zu verstehen. Darum geht es in diesem Aufsatz.

2. Die ältesten Generationen der von Nesselrode:
Albert Sobbe von Leysiefen 1256 bis Wilhelm von Nesselrode, Herr zum Stein † 1474

Bertram entstammte einem – sehr wahrscheinlich edelfreien – Geschlecht[10], das zurückzuführen ist auf Ritter Albert Sobbe von Leysiefen, der 1256 erstmalig erwähnt wird. Bei einem Vorstoß gegen die Burg Elberfeld – für den Grafen von Berg kämpfend – geriet er 1263 in die Gefangenschaft des Erzbischofs Engelbert von Köln. Als Gefangener sah sich Albert Sobbe gezwungen seine Burg Leysiefen dem Erzbischof zu Lehen aufzutragen. Neun Monate später saß er immer noch in Haft. Es ist anzunehmen, dass die Gefangennahme des

---

[8] Otto Gerhard Oexle, Memoria und Memorialbild, in: Karl Schmid/Joachim Wollasch (Hgg.), Memoria. Der geschichtliche Zeugniswert des liturgischen Gedenkens im Mittelalter (Münstersche Mittelalterschriften 48), München 1984, S. 384-440, hier S. 394.
[9] Wie zum Beispiel in Bödingen, wo sie das Augustinerkloster ihr Leben lang förderten und in Süchterscheid, wo sie eine Priesterstelle an der Wallfahrtskapelle zum Heiligen Kreuz einrichteten.
[10] Leonie Gräfin von Nesselrode, Die ältesten Generationen der von Nesselrode. Freie oder Ministeriale?, in: Zeitschrift des Bergischen Geschichtsvereins, Band 104 (2018), S. 25-94. Dort Quellenangaben.

Albert Sobbe von Leysiefen beziehungsweise das Lösegeld einen erheblichen finanziellen Aderlass für seine Familie bedeutet hat. Jedenfalls erfahren wir als nächstes, dass Albert Sobbes Sohn, Adolf von Leysiefen, 1280 den strategisch gelegenen Stammsitz seiner Familie, *domus sive castrum de Leyginsiphen*[11], dem Grafen von Berg verkaufte. Leysiefen war Allod, freier Eigenbesitz, abgesehen von dem Intermezzo, als Albert Sobbe von Leysiefen 1263 in der Haft seine Burg dem Erzbischof zu Lehen auftragen musste. Wie das Lehnsverhältnis mit dem Erzstift rückgängig gemacht wurde, ist nicht bekannt. Jedenfalls konnte Adolf von Leysiefen 1280 völlig frei darüber verfügen. Archäologische Funde geben einen handfesten Anhaltspunkt für den Baubeginn der hochmittelalterlichen Höhenburg Leysiefen vor 1180. Diese Datierung weist darauf hin, dass Leysiefen die Burg einer edelfreien Familie war[12]. Der erste ‚Nesselrode' war Heinrich Flecke von Nesselrode, Bruder des Adolf von Leysiefen. Er wohnte auf der Wasserburg Nesselrath, die um 1300 in der unmittelbaren Nachbarschaft der Höhenburg Leysiefen in den Niederungen der Wupper errichtet wurde. Nesselrath war ein Lehen der Benediktinerabtei Deutz.

Heinrich Flecke von Nesselrode und sein Sohn Flecke von Nesselrode scheinen finanziell nicht besonders gut gestellt gewesen zu sein. Sie verdingten sich beide als Söldner dem Grafen von Geldern, wofür sie eine jährliche Rente empfingen. Im Gegenzug trugen sie dem Grafen bestimmte freie Eigengüter, *meum allodium*, zu Lehen auf.

Die erste bekannte Ehefrau der Familie war die Frau des Flecke von Nesselrode (†1351). Sie war eine Tochter des Edelherrn von Stein. Fleckes Sohn Johann (†1394) scheint wirtschaftlich wieder besser gestellt gewesen zu sein: Denn verschiedene Male hat er der verwitweten Gräfin Margarethe von Berg und später ihrem Sohn Wilhelm Graf von Berg und dessen Frau Anna von Bayern Geld geliehen. Zwei Töchter des Johann von Nesselrode waren Kanonikerinnen in den freiweltlichen Damenstiften Thorn und Herford.

Die Familie führt denselben silbernen Wechselzinnenbalken im roten Feld wie die alten, 1225 mit der Ermordung des Erzbischofs Engelbert ausgestorbenen bergischen Grafen. Ein Lehnsverhältnis mit Berg ist für die ersten vier Generationen nicht nachzuweisen. Auch eine ‚ministeriale' Bindung an Berg oder einen anderen weltlichen oder geistlichen Herrn ist nicht bekannt. Die ältesten bekannten Generationen der Familie siegelten mit dem Wechselzinnenbalken[13].

Die alte Burg Leysiefen wurde 1366 durch Johann von Nesselrode wieder von den bergischen Grafen eingetauscht[14]. Bertram von Nesselrode – der Bertram, um den es in diesem Aufsatz geht – war Johanns Urenkel. Es ist bezeichnend für ihn, dass er sich der Bedeutung von Leysiefen und Nesselrath für seine Familie bewusst war. 1494 kaufte er das Haus Nesselrath, das immer an den ältesten Sohn vererbt worden war, für tausend rheinische Gulden von

---

[11] Albrecht Brendler, Auf dem Weg zur Territorium. Verwaltungsgefüge und Amtsträger der Grafschaft Berg 1225-1380, Bonn 2015, S. 274: *Castrum*, ein Terminus, der „in der spätmittelalterlichen Überlieferung der Niederrheinlande zumeist den größeren, oft landesherrlichen Burganlagen vorbehalten blieb".

[12] Nesselrode 2018 (wie Anm. 10), S. 38-39; Wilhelm Janssen, Burg und Territorium am Niederrhein im späten Mittelalter, in: Hans Patze (Hg.), Die Burgen im deutschen Sprachraum. Ihre rechts- und verfassungsgeschichtliche Bedeutung, Teil I/II (Vorträge und Forschungen, Konstanzer Arbeitskreis für mittelalterliche Geschichte 19), Sigmaringen 1976, Teil I, S. 283-324, hier S. 315: Erste Anzeichen für den Burgenbau des niederen Adels am Niederrhein stammen aus der Mitte des 13. Jahrhunderts, nachdem es zwei Jahrhunderte lang das Vorrecht der alten edelfreien Familien gewesen war, Burgen zu bauen.

[13] Das älteste bekannte Siegel: Historisches Archiv der Stadt Köln, Urkunde vom 11. Juni 1263 mit Siegel des Albert Sobbe von Leysiefen. Er siegelt mit dem Wechselzinnenbalken. Die Urkunde ist nach dem Einsturz des Archivs noch nicht wieder aufgetaucht. Das Rheinische Bildarchiv hat zwei gute Fotos: RBA 060072 und RBA 077081.

[14] Sammlung Ernst von Oidtman, Seine genealogisch-heraldische Sammlung in der Universitätsbibliothek Köln. Für den Druck bearbeitet von Herbert M. Schleicher, Köln 1996, S. 268: Schlossarchiv Metternich-Gracht, Urkunde vom 2. Februar 1366: Johann tritt dem Grafen das Gut *zome Nuwenhus* ab, erhält dafür *Leyensiepen up ter Wipper*.

Abb.1: Kirche zu Ehrenstein, mittleres Chorfenster, Wilhelm von Nesselrode, Herr zum Stein (Foto LN)

seinem kinderlosen Vetter Wilhelm von Nesselrode zu Rath und Stolberg, Herr zu Reydt[15]. Offenbar hatte Bertram Leysiefen miterworben, denn in seinem Testament von Sonntag Laetare 1502 vermachte er seinem Neffen – Sohn seines ältesten Bruders – Wilhelm von Nesselrode, Herr zum Stein, Nesselrath mit Leysiefen[16].

Nach dem Niedergang im 13. und in der ersten Hälfte des 14. Jahrhunderts, erlebte die Familie im 15. Jahrhundert einen raschen Aufstieg. Bertrams Großvater, Wilhelm der Alte von Nesselrode († zwischen 1411 und 1415), war verheiratet mit Jutta von Grafschaft. Ihre Mutter war Jutta von Sayn, ihre Großmutter väterlicherseits Lysa von Stein. Jutta von Grafschaft brachte Ehreshoven mit in die Ehe. Außerdem hatte sie Anteilsrechte an dem Nachlass des 1394 kinderlos verstorbenen Johann Herr zum Stein. Zu diesem Nachlass gehörte die Herrschaft Stein (Herrnstein im Bröltal). Zu Anfang des 15. Jahrhunderts hatte ein relativ großer Personenkreis Erbansprüche auf die Herrschaft Stein. Es sieht danach aus, dass Wilhelm der Alte einen doppelten Anspruch hatte: nämlich *de iure uxoris* – von seiner Frau Jutta von Grafschaft – und einen eigenen Nesselrodeschen, von seiner Großmutter N. von Stein herrührenden Anspruch[17]. Es gelang Wilhelm dem Alten und seinem gleichnamigen Sohn im Laufe von fast fünfzig Jahren fünf Sechstel des Nachlasses des Johann zum Stein in ihre Hand zu bringen. Seit 1435 nannte sich Wilhelm (Wilhelms Sohn) Herr zum Stein. Der Erwerb und die Sicherung des Nachlasses des Johann zum Stein fanden mit dem so genannten Nassauer Vertrag vom Stephanstag des Jahres 1453 seinen Abschluss. Gleichzeitig mit der Zunahme an Besitz und Ansehen strebte Wilhelm der Alte von Nesselrode politische Aufgaben an[18]. Obwohl sein Ansehen und Einfluss bescheiden erscheinen im Vergleich zu dem, was sein Sohn Wilhelm erreichen sollte, hinterließ Wilhelm der Alte doch die Voraussetzungen, für den Aufstieg seines Sohnes. (Abb. 1)

Wilhelm (Wilhelms Sohn) von Nesselrode, ab 1435 Herr zum Stein, war ein finanzielles Genie. Er beteiligte sich, bescheiden zuerst und dann in großem Stil an, in den Worten von Henning Gritzbach, „einem der lukrativsten Geschäfte, das sich finanzkräftigen Adligen damals bot". Er beschreibt das Geschäft knapp wie folgt: „In ihrer ständigen Geldverlegenheit wussten viele Landesherren keinen anderen Ausweg als die Verpfändung großer Landesteile

---

[15] Sammlung E. von Oidtman (wie Anm. 14), S. 269.
[16] LAV NRW R, Depositum Nesselrode-Ehreshoven, Akten 1960, Testament von Sonntag Laetare 1502, fol. 8r; Druck: Leonie Gräfin von Nesselrode, Die Chorfenster von Ehrenstein. Bertram von Nesselrode und Margarethe von Burscheid, Stifter an der Schwelle zur Frühen Neuzeit, Köln 2008, Abschrift Ulf Lind, Anlage 12.
[17] Nesselrode 2018 (wie Anm. 10), S. 70-73.
[18] Im Jahr 1401 war Wilhelm der Alte in Siegburg Schultheiß der Abtei, deren Lehensmann er als Herr von Ehreshoven war. 1404 begegnet er als erster Nesselrode in der landesherrlichen Verwaltung des Herzogtums Berg als Amtmann zu Burg. Er war auch erzbischöflicher Amtmann zu Elberfeld und Deutz.

und vor allem ganzer Ämter. Dadurch kamen die Pfandinhaber in den erblichen Besitz der Amtmannstelle. Sie konnten nur abgesetzt werden, wenn ihnen die Pfandsumme zurückgezahlt wurde, was oft über Generationen hinweg nicht geschah. In der Zwischenzeit standen den Pfandamtmännern alle Einkünfte des Amtes zu, sowohl aus den Domänen wie aus den Gefällen, ohne dass sie dem Landesherrn über ihre Amtsführung Rechenschaft schuldig gewesen wären"[19]. Die Pfandsumme, und damit die voraussichtliche Nutzungsdauer des Amtes, ließ sich erhöhen, wenn man neu übernommene Schulden des Landesherrn etwa für Vorschussleistungen oder Baumaßnahmen an der Amtsburg darauf verrechnen konnte[20]. Gerade die kurkölnischen und niederrheinischen Landesherren waren infolge ihrer ehrgeizigen Unternehmungen und Kriegszüge immer wieder gezwungen, zu dem Mittel der Verpfändung zu greifen. Um die Mitte des 15. Jahrhunderts waren im Herzogtum Berg nahezu alle Ämter verpfändet[21]. Die Lage im Erzbistum Köln und im Herzogtum Kleve war ähnlich[22]. Woldemar Harleß schreibt: „Kein anderes Mitglied der bergischen Ritterschaft jener Zeit aber hielt so viele Pfandschaften in einer Hand wie Ritter Wilhelm von Nesselrode Herr zum Stein, Wilhelms Sohn", und weiter: „Solchem ausgedehnten Besitze und dem hierdurch bedingten Einflusse entsprach es, wenn Herzog Gerhard ihm (1449) nach Gawins von Schwanenberg Tode die Würde eines Bergischen Landdrosten verlieh"[23]. Joseph Strange berichtet, dass Wilhelm auch kleve-märkische Ämter innehatte. Strange berichtet ebenfalls von den kurkölnischen Ämtern in Wilhelms Pfandbesitz, sowohl am Rhein als auch im kurkölnischen Westfalen[24].

Wilhelm war in erster Ehe 1419 mit Swenold von Landsberg, in zweiter Ehe 1446 mit Eva von Ütgenbach zu Ehrenstein verheiratet. Bei seinem Tod konnte er seinen Söhnen folgende Besitztümer vererben: Johann der Ältere bekam die Herrschaft Stein und die Burg Schoenrode, Johann der Jüngere, durch seine Ehe Herr zu Palsterkamp, wurde Herr von Ehreshoven und bekam außerdem die Burg Vilzhelt, Bertram erbte die Herrschaft Ehrenstein und die Burg Kreuzberg. Die drei Nesselrode Brüder erbten nicht nur Wilhelms Besitztümer, sie übernahmen auch seine Pfandschaften. So hatte Wilhelm seine Söhne schon zu Lebzeit als Amtmänner und Pfandherren eingesetzt. Man findet den ältesten Sohn Johann 1447 als Amtmann und Pfandinhaber zu Elberfeld[25], Bertram 1460 zu Windeck[26], während Johann der Jüngere die Pfandschaften auf Neuerburg und Deutz erhielt[27]. Wilhelm hatte ebenfalls die Ehen seiner Kinder arrangiert. Im Heroldsbuch des Hubertusordens sind die stolzen Allianzen unter folgender Überschrift festgehalten: *It In diesem Register vindet man des Erwerdigen her Wilhels kinder viii anchen und her na folgende hoe he sin kinder besait hatt* – Ebenso findet

---

[19] Henning Gritzbach, Der russische Reichskanzler Graf Nesselrode 1780-1862, Dissertation Erlangen-Nürnberg, 1974, S. 26.
[20] Dieter Scheler, Rendite und Representation. Der Adel als Landstand und als landesherrlicher Gläubiger in Jülich und Berg im Spätmittelalter, in: RhVjbll 58 (1994), S. 121-132, hier S. 125-127.
[21] G. von Below, Landtagsakten von Jülich-Berg 1400-1610, Band I, Düsseldorf 1895, Band II, Düsseldorf 1907, hier Band I, S. 51.
[22] Regina Görner, Raubritter. Untersuchungen zur Lage des spätmittelalterlichen Niederadels besonders im südlichen Westfalen (Geschichtliche Arbeiten zur westfälischen Landesgeschichte 18), Münster 1987 S. 98; Ludger Tewes, Die Amts- und Pfandpolitik der Erzbischöfe von Köln im Spätmittelalter, Köln 1987, S. 251
[23] Woldemar Harleß, Beiträge zur Geschichte Elberfelds, in: ZBGV 1 (1863), S. 226 ff., hier S. 242-243: Wilhelm von Nesselrode wurde am 18. April 1449 bergischer Landdrost.
[24] Joseph Strange, Beiträge zur Genealogie der adligen Geschlechter, Heft I-XII, Köln 1864-1877, hier Heft 9, S. 22.
[25] Harleß (wie Anm. 23), S. 240; Strange (wie Anm. 24), S. 2.
[26] FWA 624, Urkunde vom 23. Dezember 1460: Mitsiegler Bertram *Drost zu Windeck*.
[27] LA NRW R, Depositum Nesselrode-Ehreshoven 324a, Testament des Wilhelm von Nesselrode vom 21. Februar 1461; Druck: Nesselrode 2008 (wie Anm. 16), Abschrift Ulf Lind, Anlage 10.

man in dieser Auflistung die acht Ahnen des ehrwürdigen Herrn Wilhelms Kinder und hiernach folgend wie er seine Kinder verheiratet hat[28].

3. Die Edelherren von Ütgenbach zu Ehrenstein

Die dürftige Quellenlage erlaubt nicht, das edelfreie Geschlecht der Herren von Ütgenbach weiter als bis in die erste Hälfte des 13. Jahrhunderts zurück zu verfolgen[29]. Die Herren von Ütgenbach werden 1216 mit *dominus Theodericus de Oytginbach* zum ersten Mal urkundlich greifbar[30]. Dieser begegnet danach mehrmals, zuletzt 1234[31]. Seine beiden Söhne treten ebenfalls mehrmals urkundlich auf: Gobelo (1247-1254) und Gerlach (1247-1263)[32]. Dietrich (*Theodericus*) und seine Söhnen verkehren in vornehmen Kreisen. Man findet sie in den Zeugenlisten des Grafen Heinrich von Sayn und seiner Frau Mechthild. Sie zählten zu den Verwandten der Herren von Nister, Blankenberg, Virneburg und Rennenberg sowie der Vögte von Hachenburg und der Walpoden von der Neuerburg[33]. Im 14. Jahrhundert begegnen wir Ütgenbachern in den vornehmen Kölner Stiften und Töchtern der Familie in den meist dem Hochadel vorbehaltenen Damenstiften[34]. Sie nannten sich nach ihrem Stammsitz Ütgenbach im Kirchspiel Asbach. In der Urkunde aus dem Jahr 1263 wird *vir nobilis dominus* Gerlach von *Otgensbach* im Besitz des Hofes zu Ütgenbach erwähnt, der damals offenbar den Mittelpunkt eines Herrschaftsbereiches bildete[35]. Die Motte, die Kapelle und der Hof zu Ütgenbach bildete dem Mittelpunkt einer größeren Grundherrschaft, die zu Anfang des 14. Jahrhunderts wohl ihre größte Ausdehnung erlebte[36]. Die Herren von Ütgenbach waren begütert jenseits des Rheins – Pützfeld, Kreuzberg, Dernau, Ahrweiler, bei Bachem –, am

---

[28] BJK, ms. germ. quart. 1947, fol. 91v-fol. 96v: Die Auflistung und die darauf folgenden Ahnenproben, Druck: Nesselrode 2008 (wie Anm. 16), Anlage 19.
[29] Hellmuth Gensicke, Landesgeschichte des Westerwaldes, Wiesbaden 1958, S. 202; Ulf Lind/Leonie Gräfin von Nesselrode, Ütgenbach. Anmerkungen zur gestohlenen Informationstafel, in: Heimatblatt Altenwied 2011/2012, S. 62-89.
[30] Ferdinand Schmitz, Urkundenbuch der Abtei Heisterbach, 1908, Urkunde 36: Im Gefolge des Grafen Heinrich von Sayn steht er 1216 als erster Zeuge in einer Urkunde über dem Hof Benzinghausen.
[31] Adam Goerz, Mittelrheinische Regesten I-IV, Coblenz 1876-1886, hier II, 1447, 1559, 1560, 1675 und 2130; HStA Wiesbaden, Abt 74, 19, Urkunde von 1234.
[32] Gensicke (wie Anm. 29), S. 202, verweist auf Goerz (wie Anm. 31), III, 526 (1247) und 1931 (1263); Julius Stephan Wegeler, Kloster Laach. Geschichte und Urkundenbuch, 1854, Urkunde 66 (1263).
[33] Leopold Eltester/Adam Goerz, Mittelrheinisches Urkundenbuch III, Coblenz 1874, 1335 (1256); Otto Merckens, Herrnstein und die vom Rautenwappen, in: E. Quadflieg (Hg.), Genealogische Forschungen zur Reichs- und Territorialgeschichte, Heft 5, Aachen 1960, S. 15-17.
[34] Josef Schäfer, Die Edelherren von Ütgenbach, in: Heimat-Jahrbuch des Landkreises Neuwied 1961, S. 78-82, nennt Ütgenbacher im Domstift zu Köln 1299 bzw. St. Gereon zu Köln 1311, in Maria Graden in Köln 1299-1346 sowie Ütgenbacherinnen u.a. in Essen 1306, St. Cäcilia in Köln 1326, 1334, 1365 und als Äbtissin 1442, in Vreden 1387, als Äbtissin von Gerresheim 1332, als Pröpstin 1361-1372 bzw. Äbtissin 1374-1409 in Herford, als Pröbstin in Neuenheerse 1393-1402 bzw. Pröbstin zu Herford 1393-1402, leider ohne Quellenangaben; Thomas Schilp, „..*sorores et fratres capituli secularis ecclesie Assindensis* .. Binnenstrukturen des Frauenstiftes Essen im 13. Jahrhundert, in: Reform-Reformation-Säkularisation. Frauenstifte in Krisenzeiten (Essener Forschungen zum Frauenstift, Band 3), Essen 2004, S. 37-65, hier S. 45 f, 58, 61, 63.
[35] Gensicke (wie Anm. 29) S. 202, verweist nach Goerz (wie Anm. 31), III, 1931; Siehe auch Wegeler (wie Anm. 32): In der Urkunde geht es nämlich um Kindgedinge, das heißt die Zugehörigkeit von Nachkommen in Ehen zwischen Hörigen der Herrschaft Ütgenbach und Hörigen der Herrschaft *Adenhain* (Oberraden) die zum Kloster Maria Laach gehörte.
[36] Gensicke (wie Anm. 29), S. 202-203 und Faltkarte IV ‚Grundherrschaften des Mittelalters im Westerwald. Der Adel'.

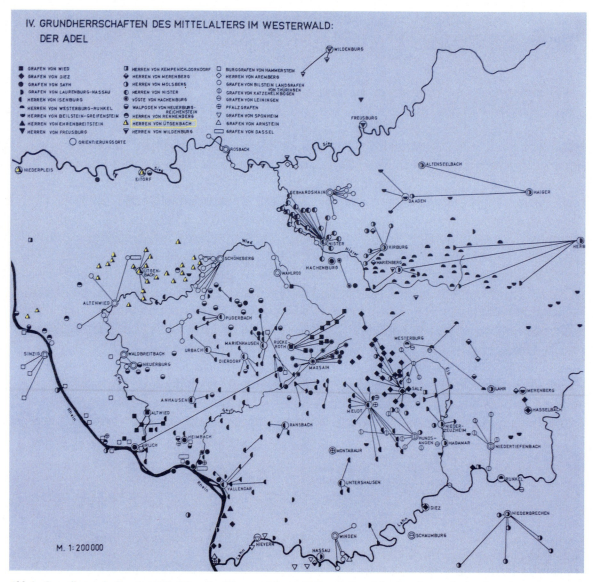

Abb.2: Grundherrschaften des Mittelalters im Westerwald, aus Hellmuth Gensicke, Landesgeschichte des Westerwaldes, Wiesbaden 1958, Faltkarte IV

Mittelrhein und im Siebengebirge, an der Sieg – Niederpleis, Eitorf, Rosbach, Dattenfeld, Hamm –, im Westerwald – bei Niederaden – und um das Zentrum Ütgenbach. (Abb. 2)

Im Jahr 1331 nennt sich ein Rorich von Ütgenbach (1312-1345) Herr zu Ehrenstein[37]. Wir wissen nicht, was die Herren von Ütgenbach dazu bewogen hat, ihren Stammsitz Ütgenbach zu verlassen und nach dem unweit, ebenfalls in ihrem Herrschaftsbereich gelegenen Ehrenstein zu ziehen. Möglicherweise hing der Umzug mit der Zerstörung ihrer Burg Ütgenbach zusammen, von der in der Stiftungsurkunde der Ehrensteiner Armenstiftung berichtet wird. Wir wissen weder, wann und weshalb die Burg/Motte in Ütgenbach zerstört wurde noch von wem. In der Stiftungsurkunde im Jahr 1499 sagen Bertram und Margarethe nur, dass sie zerstört worden ist. Aus dem Kontext ist klar, dass dieses Ereignis damals schon lange Zeit zurück liegt.

Das urkundliche Auftreten des Rorich von Ütgenbach, Herr zu Ehrenstein, im Jahr 1331, ist die erste Erwähnung von Ehrenstein. Auf Grund dieser Erwähnung ist immer wieder

---

[37] Gensicke (wie Anm. 29), S. 203.

geschrieben worden, dass die Herren von Ütgenbach die Burg Ehrenstein während der ersten Hälfte des 14. Jahrhunderts erbauten. Dies muss jedoch nur eine Vermutung bleiben. Denn wir wissen nicht, ob es einen möglicherweise deutlich älteren Bau gegeben hat. Wir wissen nicht, welche Teile der Burg aus dem 14. Jahrhundert stammen und welche aus dem 15. oder 16. Jahrhundert. 1378 wurde die Burg Ehrenstein mit allen Gebäuden und dem Zubehör dem Kölner Erzbischof zu Lehen aufgetragen[38].

Man fragt sich, weshalb die Herren von Ütgenbach ihren Wohnsitz in Ehrenstein nahmen? Es müssen strategische Gründe gewesen sein, aber welche? Schutz der Gewinnung und Verarbeitung von Eisen und Edelmetallen? Stromaufwärts der Mehrbach, etwa auf halber Strecke zwischen Ehrenstein und Ütgenbach liegt die Altenburg, die sogenannte ‚Boddems Nück', wo das damals sehr wertvolle Material verarbeitet wurde. Die Boddems Nück wird im Absatz 3b ausführlicher zur Sprache kommen. Ist es vorstellbar, dass die Ütgenbacher oder ihre Vorgänger schon lange vor 1331 eine ‚Burg' an der Mehrbachmündung zum Schutz dieser Produktionsstätte unterhielten?

Die heutige Burgruine Ehrenstein ist nie systematisch wissenschaftlich untersucht worden. Die Burg wurde nach ihrer partiellen Zerstörung im Dreißigjährigen Krieg allmählich verlassen und dem Verfall preisgegeben. Sie fiel in einen Dornröschenschlaf. Sie blieb bis vor wenigen Jahren unberührt und war damit eine gut konservierte, mittelalterlich-archäologische Schatztruhe. Der Schatz bestand darin, dass eingestürzte Bauteile, herab gefallene Steine, eventuelle Artefakten und weitere Zeugnisse der Vergangenheit sich noch in situ befanden, nämlich dort, wo sie im Laufe der Jahrhunderte hingefallen waren beziehungsweise verschüttet worden waren. Dies wären ideale Voraussetzungen für Archäologen, der Geschichte von Ehrenstein – und damit von unserer Heimat – auf die Spur kommen.

Unsere Vorstellung von der Frühgeschichte Ütgenbachs ist seit 1840 bestimmt von Theodor Josef Lacomblet mit seiner These, dass Motte, Kapelle und Hof urkundlich zuerst im Jahr 1173 erwähnt wurden[39] und zwar in der Urkunde, mit der Erzbischof Philip von Heinsberg den Bestand des Nonnenklosters Schwarzrheindorf bestätigte[40]. Das Kloster war von seinem Vorgänger Erzbischof Arnold von Wied († 1156) und dessen Schwester Hedwig, der Äbtissin von Essen, gestiftet und mit den in der Urkunde aufgeführten Besitzungen dotiert worden. Die Urkunde von 1173 nennt zweiunddreißig Besitztümer des neuen Klosters, darunter ein *praedium* (Grundstück oder Hofgut) *in V°thkenbach*. In einer Anmerkung zu seiner Abschrift schreibt Lacomblet *V°thkenbach* sei mit *Ütgenbach* identisch. Hellmuth Gensicke übernahm die These von Lacomblet: „Der Kölner Erzbischof Arnold von Wied († 1156) und seine Schwester Hedwig schenkten dem Kloster Schwarzrheindorf ein Gut zu Ütgenbach, das diesem 1173 bestätigt wurde'. Gensicke fügte dem noch eine eigene These hinzu: ‚Diesen Besitz haben anscheinend die Herren von Ütgenbach, die mit Dietrich (1216-1234) zuerst vorkommen, dem Kloster als Vögte entfremdet"[41]. Die Thesen von Lacomblet und Gensicke, dass der Schwarzrheindorfer Klosterbesitz gleichzusetzen sei mit dem Besitz in Ütgenbach inklusive Motte, Kapelle und Hof, den die edelfreie Familie von Ütgenbach später – in den frühesten bekannten Urkunden – in Ütgenbach besaß, und dass der Schwarzrheindorfer

---

[38] Landeshauptarchiv Koblenz, Abt. II, 1400, Burg Ehrenstein 1, 33.
[39] Theodor Josef Lacomblet, Urkundenbuch für die Geschichte des Niederrheins, I-IV, Düsseldorf 1840-1858, hier I, Urkunde 445.
[40] LA NRW R, Stift Schwarzrheindorf, Urkunde 3; Erst später entwickelte sich das Nonnenkloster in ein adliges Damenstift.
[41] Gensicke (wie Anm. 29), S. 202.

Klosterbesitz Namensgeber für das gleichnamige Adelsgeschlecht sei, wurde seitdem von allen Autoren unwidersprochen übernommen. (Abb. 3)

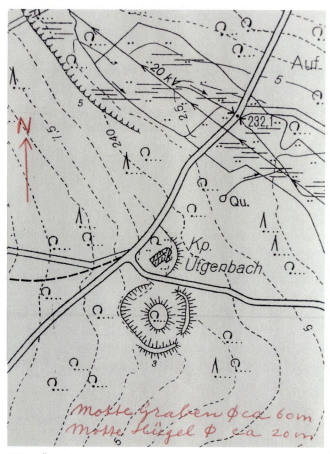

Abb.3: Ütgenbach, Motte und Kapelle, Ausschnitt aus der Deutschen Grundkarte 1:5000

Ulf Lind und Leonie Nesselrode 2011 haben Lacomblet und Gensicke widersprochen[42]. Der Klosterbesitz in Ütgenbach kann nicht identisch gewesen sein mit Motte, Kapelle und Hof zu Ütgenbach, wie Lacomblet meint. Und auch Gensickes These, dass die als Vögte eingesetzten Herren von Ütgenbach diesen Klosterbesitz entfremdet haben sollen, ist nicht stichhaltig. Denn bei dem *praedium in V°thkenbach* handelte es sich um einen Kleinbesitz, der dem Kloster laut der Urkunde nur wenig einbrachte. Es ist unvorstellbar, dass diese edelfreie, vornehme und begüterte Familie sich ausgerechnet nach einem Gut von so geringem Wert genannt haben soll: ein Kleinbesitz, der nicht zu ihrem angestammten Besitz gehörte und dem sie außerdem erst relativ kürzlich nur als Vögte vorgestanden hätten? Und wie hätten es die Herren von Ütgenbach schaffen können, das Klostergut Ütgenbach spurlos zu entfremden[43]? In den nur neunzig Jahren zwischen der Bestätigung der Klosterdotierung 1173 und der Urkunde 1263, in der *vir nobilis* Gerlach von *Otgensbach* im Besitz des Hofes zu Ütgenbach erwähnt wird? Wo doch laut Urkunde der Erzbischof selbst als ‚Vogt' für die Schwarzrheindorfer Güter fungierte[44]? Hätte man einem derart kleinen Besitz überhaupt einen Vogt vorangestellt, der für die Führung und Gerichtsbarkeit zuständig war und die Einkünfte einzog[45]? (Abb. 4)

---

[42] Lind/Nesselrode (wie Anm. 29), S. 63-72.
[43] Im Lehnsverhältnis der Herren von Ütgenbach und ihren Rechtsnachfolgern, den Herren von Nesselrode, hat z. B. der Abt von Prüm seine Lehnsherrschaft 1423 (Kastner (wie Anm. 3), Band I, Urkunde 352) und noch bis 1504 behauptet, als er eine Verschenkung des Hofes Elsaff verhinderte (Kastner (wie Anm. 3), Band II, Urkunde 3,4 und 5).
[44] Siehe Anm. 35; Schon in den ersten Urkunden bezüglich des Klosters Schwarzrheindorf kommt die Sorge, dass Vögte Klosterbesitz entfremden könnten, zur Sprache und man ergriff entsprechende Maßnahmen, indem man die Güter teils vor der Schenkung, teils danach auf Kosten des Klosters von Vögten loskaufte (LA NRW R, Stift Schwarzrheindorf, Urkunden 3, 4, und 5). Der Erzbischof war der einzige ‚Vogt' des Klosters und aller seinen Zubehörungen (LA NRW R, Stift Schwarzrheindorf, Urkunde 3).
[45] Außer der Urkunde von 1173 gibt es keinen Hinweis auf Schwarzrheindorfer Besitztümer oder Rechte bei Ütgenbach.

Abb.4: Ütgenbach, Motte und Kapelle von Nordwesten (Foto LN)

Ohne Zweifel handelt es sich in der Schwarzrheindorfer Urkunde 1173 nicht um einen gleichnamigen Ort, der sich irgendwo anders befunden hat. Ulf Lind hat festgestellt, dass die Schreibweise *V°thkenbach* in der Schwarzrheindorfer Urkunde und die Schreibweisen von Ütgenbach im 13. Jahrhundert große Ähnlichkeit und Verwandtschaft auf weisen: *V°thkenbach* ist also identisch mit dem Ortsnamen Ütgenbach im Kirchspiel Asbach[46]. Es ist gut möglich, dass das *praedium in V°thkenbach* ein aus Wiedischem Besitz herstammender Kleinbesitz, ein Grundstück oder ein kleines Hofgut, im entfernteren Umkreis der Motte, Kapelle und Hof Ütgenbach gewesen ist. Wobei man bedenken soll, dass die sonst Schöneberg genannte Honschaft zeitweise den Namen Ütgenbach führte, so zum Beispiel in der Stiftungsurkunde der Armenstiftung 1499. Die *V°thkenbach* genannte Gefilde sind demnach größer zu ziehen. Das Schwarzrheindorfer *praedium* beinhaltet jedoch sicherlich nicht Ütgenbach, wie es später in den Händen des Ütgenbacher Geschlechtes beschrieben wurde und als Namensgeber für das Geschlecht der Edelherren von Ütgenbach diente.

3a. Die Kapelle zu Ütgenbach: Zeuge der Vergangenheit, Christianisierung und Eigenkirche

Die erste bekannte urkundliche Erwähnung der edelfreien Familie von Ütgenbach ist im Jahr 1216. Der Hof zu Ütgenbach war laut einer Urkunde von 1263 im Besitz eines Ütgenbachers. Sicherlich reicht dieses bedeutende Geschlecht auf seinem angestammten Besitz Ütgenbach jedoch viel weiter zurück. Nun hat die genealogische Forschung für die Zeit vor 1300 – ganz zu schweigen für die Zeit vor 1200 – kaum eine Chance; denn bis zu dem Zeitpunkt ist Schriftlichkeit hierzulande rar. Dann schlägt mit der Erfindung des Papiers die Geburtsstunde der Bürokratie. Dadurch nimmt die Schriftlichkeit rapide zu und damit auch die Zahl der

---

[46] Lind/Nesselrode (wie Anm. 29), S. 63-66.

heute noch erhaltenen Urkunden. Wenn wir auch keine Urkunden über die Ütgenbacher vor 1200 haben, so ist dennoch ein bedeutungsvolles Ütgenbachsches Denkmal erhalten, dessen Aussagen über die Geschichte des Geschlechtes vor 1200 mindestens – auf anderer Art und Weise – so aufschlussreich sind als Urkunden es wären. Es ist die Kapelle zu Ütgenbach. (Abb. 5)

Abb.5: Kapelle zu Ütgenbach von Nordwesten (Foto LN)

Vielsagenderweise beginnen Bertram und Margarethe die Stiftungsurkunde der Armenstiftung 1499 mit einem Rückblick auf die Geschichte von Ütgenbach:
Dass die Adelsherrschaft von Ütgenbach, die Herren zu Ehrenstein seligen Toten-Gedächtnisses, vor langen Jahren ihre Wohnung und ihren Sitz zu Ütgenbach im Kirchspiel von Asbach und daselbst, vor und bei ihrer Wohnung, eine Kapelle gehabt (haben), *die sie binnen der Freiheit vor dem Schloss gebaut und mit etlichen Geldern und Renten* (wiederkehrenden Einnahmen) *begabt haben. Diese ihre Wohnung – und Schloss – zu Ütgenbach ist zerstört und zerbrochen worden* (Zeilen 1-2) (Abb. 6)

Die romanische Architektur des Schiffes und der Sakristei der Ütgenbacher Kapelle lassen wegen des schon leicht spitzen Triumphbogens auf eine Erbauungszeit kurz vor oder um 1200 schließen.

Abb. 6: Kapelle zu Ütgenbach, Interiör, Triumpfbogen und Chor (Foto LN)

Dies bedeutet, dass die Familienüberlieferung, von der Bertram und Margarethe ja berichten, bis mindestens um 1200 zurück reichte.

Die Volksüberlieferung geht von einer sehr alten Pfarrkirche in Uetgenbach aus. Pfarrer Johann Peter Reidt, 1850 als Sohn des Schmiedes in Krankel geboren, schreibt 1908: „Man erzählt sich, Uetgenbach sei in uralten Tagen ein weit und breit ausgedehnter Pfarrbezirk gewesen"[47]. Der ummauerte alte Friedhof um die Kapelle sowie sternförmig dahin führenden Leichenwege, scheinen ihre einstige Funktion als Pfarrkirche zu bestätigen. Reidt berichtet: „Dass in älteren Zeiten um die Uetgenbacher Kirche herum ein Begräbnisplatz gewesen ist, davon legen die vielen Ueberreste menschlicher Gebeine Zeugnis ab, welche gegen das Jahr 1870 bei der Freilegung der Kapelle ausgegraben wurden; ich habe persönlich mehrere Totenschädel und andere Knochenteile gesehen. Auch ist bei Uckerath noch heutigen Tages eine Wegbezeichnung im Brauche, welche auf die ‚Pfarre Uetgenbach' hindeutet: es ist das ‚der Uetgenbacher Leichenweg' "[48]. Julius Kramer schreibt 1918: „Der Volksmund will aber wissen, dass Ütgenbach ehemals die Pfarrkirche des ganzen Gebietes von Uckerath an dem Köln-Frankfurter Heerweg bis Ehrenstein an der Wied gewesen und dass die Toten dieser ganzen Pfarrei von weit her nach Ütgenbach beerdigt worden seien"[49]. Auch er erwähnt eine ‚Ütgenbacher Strasse' in der Nähe von Uckerath und Leich- oder Kirchwege von Buchholz her gegen Asbach. Josef Schäfer berichtet 1960 von einem Leichenweg aus Richtung Bühlingen[50].

Einen weiteren Hinweis auf eine Pfarrei Ütgenbach sieht Reidt in dem Eintrag in einem alten Missale: „*Sum pachorialis* [sic!] *Otsigbacensis Ecclesiae Florinicae. Anno 1574. 25. Maii notavit Joh. Edgar Cuno Pastor d.d.* [sic!] *1571*. Dies hat er wie folgt übersetzt: „Ich bin Eigentum der Pfarrkirche zum hl. Florinus in Uetgenbach. Das hat im Jahr 1574, den 25. Mai notiert: Joh. Edgar Cuno, Pastor seit 1571"[51]. Eine wortgetreuere Übersetzung wäre jedoch, wenn man von der Verschreibung *parochialis* zu *pachorialis* absieht: „Ich bin von der pfarrlichen Ütgenbachschen Florinischen Kirche". Dabei kann *parochialis* sowohl ‚pfarrangehörig' (zur Pfarrei Asbach gehörig) als auch ‚Pfarrrechte innehabend' bedeuten. Johann Edgar Cuno war Pastor von Asbach. Dies erwähnt er nicht, da es für ihn selbstverständlich war. Ebenso selbstverständlich war es wohl auch, dass die Kapelle in Ütgenbach eine Filialkirche seiner Pfarrei war und nur in dem Sinne *parochialis ecclesia*[52]. (Abb. 7)

---

[47] Josef Peter Reidt, Ehrenstein, Krankel bei Asbach-Westerwald, 1908, S. 11.
[48] Reidt (wie Anm. 47), S. 12.
[49] Julius Kramer, Die Kapelle Ütgenbach und ihre Geschichte, in: Westerwälder Schauinsland (Monatszeitschrift des Westerwald-Club 11), 1918, S. 44-45 und 51-53, hier S. 45.
[50] Josef Schäfer, Die Kapelle zu Ütgenbach, in: Rheinische Heimatpflege, 17. Jahrgang 4, Neue Folge 80 (1980), S. 258-260: Pfarrarchiv Neustadt/Wied, Zehntbegehung 1737-1738.
[51] Reidt (wie Anm. 47), S. 12.
[52] Kramer (wie Anm. 49), S. 45.

Abb. 7: Glocke der Ütgenbach Kapelle mit Jahreszahl 1290, Gipsabdruck Diefenau (Foto LN)

Seit den Publikationen von Reidt, Kramer und Schäfer war die gängige Meinung, dass die Kapelle zu Ütgenbach die älteste Pfarrkirche des Vorderen Westerwaldes gewesen sei. Dies war auf einer 2010 gestohlenen, bronzernen Informationstafel bei der Kapelle zu Ütgenbach zu lesen und findet sich immer noch auf der Website der Verbandsgemeinde Asbach (Text von Robert Klein 1991) und auf der Website der Pfarrei Asbach. Wobei auf dem letzteren außer dem Friedhof und den Leichenwegen, nun auch „weitere rechtliche Merkmale" als Beleg für eine einstige Pfarrkirche in Ütgenbach angeführt werden, nämlich das Taufrecht und der Glockenschall. Tatsächlich hat die Kapelle zwei funktionsfähige Glocken, die ältere aus dem Jahr 1290[53], die jüngere aus 1619. Es gibt aber keine Hinweise für eine hoheitliche, zum Landesherrn gehörige und mit dem Terminus Glockenschall umschriebene Funktion dieser Glocke, wie es bei Kirchspielsglocken der Fall war. Und tatsächlich besaß die Kapelle bei der Visitation am 4. August 1695 außer einem Friedhof und zwei Glocken ein *baptisterium*, eine Taufstelle oder ein Taufbecken[54]. Heute ist in Ütgenbach kein Taufbecken mehr vorhanden. Es wäre denkbar, dass ein bronzener romanischer Weihwasserkessel in Ehrenstein einst für die romanische Kapelle in Ütgenbach geschaffen wurde und dort als Taufbecken diente. Denn, ein ähnlicher, im Jahr 1500 von Bertram und Margarethe der Ehrensteiner Pfarrkirche gestifteter Kessel wird in dem ältesten bekannten Inventar der Ehrensteiner Kirche von 1853 wie folgt beschrieben: *Neben dem Altar ein kupferner kleiner*

---

[53] Lind/Nesselrode (wie Anm. 29), S. 79: O.REX.GLORIE.VE.NI.CU(m).PACE.+.ANNO.D(omi)NI.MCC°. XC°.NONO.F(er)IA.V(a).AN(te).ASU(m)C(i)O(ne)M.MARIE.ISTUT. FIEB(at).SUB.TH(eodorico).ET. LISE.+. O König der Herrlichkeit, komm mit deinem Frieden, Im Jahr des Herrn 1290 am Donnerstag vor Mariae Himmelfahrt wurde dies hergestellt unter Theodoricus et Lisa.

[54] Schäfer 1980 (wie Anm. 50): Historisches Archiv des Erzbistums Köln, Cap. Bur. (Are), S. 108.

Taufkessel mit dem Wappen u. Namen v. Bertram v. Nesselrode u. J.Zahl 1505[55]. Dies ist das Taufbecken aus der Zeit der Gründung der Ehrensteiner Pfarrkirche. Ein deutlich späteres Taufbecken ist auf einem Interiör Foto des Ehrensteiner Kirchenchores vom 14. März 1977 zu sehen. Dieses spätere Taufbecken ist seitdem verschwunden. (Abb. 8), (Abb. 9), (Abb. 10)

Abb. 8: Kirche zu Ehrenstein, Romanischer Weihwasserkessel, möglicherweise aus Ütgenbach (Foto LN)

Abb. 9: Kirche zu Ehrenstein, ‚Taufkessel' mit Inschrift bertram.vã.Nesselroide.hiẽ zo Erẽstẽn.Ritt.A.1500 und Allianzwappen Nesselrode-Burscheid (Foto LN)

Abb. 10: Foto der Kirche zu Ehrenstein vom 14. März 1977, Taufbecken links (PAE)

Ist die heutige Kapelle zu Ütgenbach, oder besser gesagt ein Vorgänger der heutigen Kapelle zu Ütgenbach, tatsächlich in uralten Tagen die Pfarrkirche eines weit und breit ausgedehnten Pfarrbezirkes gewesen? Diese Überlieferung erscheint fragwürdig aus folgenden Gründen:

Die Rechtsnachfolger der Herren von Ütgenbach, Bertram und Margarethe von Nesselrode, wussten 1499 offensichtlich nichts von einer früheren Pfarrei beziehungsweise Pfarrkirche Ütgenbach. Vielmehr gehörte die Kapelle damals schon seit Menschengedenken zum Kirchspiel Asbach.

Wenn die Vorgängerkirche der heutigen Kapelle in Ütgenbach vor 1200 die Pfarrkirche eines weit und breit ausgedehntes Gebiet – die Leichenwege kamen ja von Uckerath, Buchholz, Bühlingen, Ehrenstein – gewesen sein sollte, dann hätte die Pfarrei Ütgenbach das Pfarrgebiet von Asbach mit eingeschlossen. Nun ist die Pfarrei Asbach selbst auch ‚uralt'.

---

[55] PAE, Akte ‚Alte Inventarverzeichnisse', *Inventarium der Kirche zu Ehrenstein im J. 1853*, Nr. 56; Auch die Pfarrer Gunkel 1863 und Knorren 1879 bezeichneten den Weihwasserkessel als ‚Taufbecken'. Beide zitierten die Inschrift mit der richtigen Jahreszahl 1500.

Sie begegnet urkundlich erstmals 1183[56], als der Kölner Erzbischof der Abtei Sankt Pantaleon in Köln die Rottzehnten (den Feldfruchtzehnten auf Land, das seit der Pfarrgründung gerodet worden war oder in Zukunft neu gerodet werden sollte) in der *parochia Aspach* schenkte, der eigentlich ihm selbst zustand. Das bedeutet, sie reicht viel weiter zurück als 1183. Weil ein großer Teil des normalen Feldfruchtzehnten (auf Land, das zur Zeit der Gründung schon gerodet war) bis in die Neuzeit dem Kölner Erzbischof als Landesherrn zukam, geht man davon aus, dass die Asbacher Pfarrkirche von den Vorgängern des Erzbischofs herrührte. Landesherren waren im 12. Jahrhundert Kunigunde von Bilstein und ihre Nachkommen bis hin zur Gräfin Mechthild von Sayn im 13. Jahrhundert. Mit der Übernahme der Herrschaft in Altenwied bei dem Tod der Mechthild von Sayn wird deren Zehntrecht dem Kölner Erzbischof zugefallen sein. Denn nach altem Eigenkirchenrecht gehörte ein Teil des Zehnten dem Stifter und Besitzer der Kirche, später Patron genannt[57]. Eine frühe Pfarrkirche in Asbach wird auch durch die – fränkische? – Befestigung Asbachs mit Wall, Graben und Tore nahe gelegt, von denen noch Reste zu sehen sind[58]. Dass es in unmittelbarer Nähe der frühen Pfarrkirche Asbach eine zweite frühe Pfarrkirche Ütgenbach, gegeben haben sollte ist nicht vorstellbar.

Auch wenn die Kapelle zu Ütgenbach keine Pfarrkirche gewesen sein kann, so enthält die Volksüberlieferung doch – wie oft der Fall – einen Kern der Wahrheit: Es handelt sich um ein uraltes Gotteshaus. Folgendes weist darauf hin, dass die Kapelle von Ütgenbach eine wesentlich ältere Tradition hat, als das heutige, nach stilistischen Merkmalen kurz vor oder um 1200 zu datierende Bauwerk nahe legt.

Im Pfarrarchiv Ehrenstein befindet sich die Fotokopie eines Briefes, der während der letzten Renovierung der Kapelle am 11. Februar 1980 geschrieben wurde. Er ist von dem sachverständigen Heimathistoriker, Asbacher Küster und Organisten Josef Schäfer an das Katholische Pfarramt Asbach mit der Bitte um befürwortende Weiterleitung an das Architektenbüro Rieck in

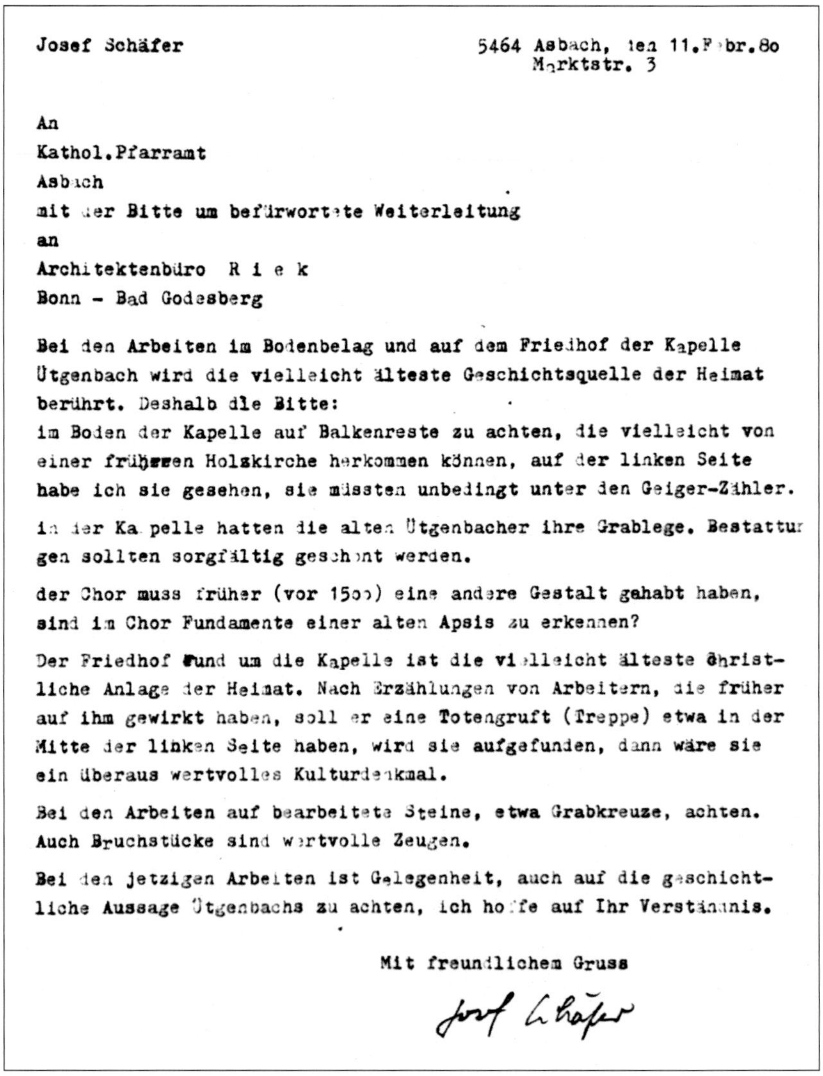

Abb.11: Brief von Josef Schäfer an das Katholische Pfarramt Asbach, 11. Februar 1980 (PAE)

---

[56] Lacomblet (wie Anm. 39), Urkunde
[57] Lind/Nesselrode (wie Anm. 29), 81
[58] Archäologische Untersuchungen haben in Asbach nicht stattgefunden.

Bonn-Bad Godesberg. Dieses Architektenbüro hatte die Bauaufsicht über die damals stattfindende Sanierung der Kapelle zu Ütgenbach. Schäfer schreibt: „Bei den Arbeiten im Bodenbelag und auf dem Friedhof der Kapelle Ütgenbach wird die vielleicht älteste Geschichtsquelle unserer Heimat berührt. Deshalb die Bitte, im Boden der Kapelle auf Balkenreste zu achten, die vielleicht von einer früheren Holzkirche herkommen können, auf der linken Seite habe ich sie gesehen, sie müssen unbedingt unter den Geiger-Zähler". Eine Antwort Riecks auf Schäfers Brief ist nicht bekannt. Nachfrage bei der Untere Denkmalbehörde in Neuwied ergab, dass keine damaligen Befunde dokumentiert worden sind. (Abb. 11)

Nachfrage im Frühjahr 2020 bei Pater Bernhard Leisenheimer O.S.C., der sich während seiner Zeit als Konventual im Kreuzbrüderkloster Ehrenstein (1975 bis 1998) besonders für die Kapelle in Ütgenbach eingesetzt hat, ergab folgende interessante Information: Man hätte damals die Entscheidung getroffen, die Bodenplatten nicht zu begradigen. Die alten Bodenplatten wären also damals gar nicht aufgenommen worden und es hätte keine Bodenuntersuchung gegeben. Daher konnten die baulichen Maßnahmen um 1980 keine Hinweise erbringen: weder auf eine Gruft im Kirchenraum der Kirche noch auf einen hölzernen Vorgängerbau. Pater Leisenheimer berichtet von der Überlieferung einer Gruft in Ütgenbach. Der damalige alte Küster von Ütgenbach, Johann Buchholz aus Krankel, der schon als Kind immer mit seinem Küster-Vater in Ütgenbach war, habe ihm in vielen Gesprächen von einer Grufteingang berichtet. Wo dieser sich befunden habe, hätte der alte Küster allerdings nicht gewusst.

Das Patrozinium des heiligen Florin, der sonst im Rheinland eher unbekannt ist, weist ebenfalls auf eine wesentlich ältere Vorgänger-Kapelle in Ütgenbach hin. Florinus, ein Priester an der Petruskirche in Remüs in Graubünden, genoss dort nach seinem Tode die Verehrung eines Heiligen. Jahrhunderte lang wurde er nur lokal verehrt, bis der Konradiner Herzog Hermann von Schwaben († 949) den alemannischen Heiligen am Mittelrhein einführte. Er brachte um 940 Reliquien des Heiligen nach Koblenz in die Marienkirche, die deswegen zusätzlich den Namen St. Florin annahm. Nach Hermanns Tod führten seine konradinischen Verwandten die Verbreitung und Verehrung dieses Heiligen noch eine zeitlang weiter. So entstand das Einflussgebiet des St. Florin-Stifts in Koblenz mit seinen Besitzungen und Gerechtsamen unter anderem um Montabauer, Horhausen, Epgert und Schöneberg an der Wied mit dem untergegangenen Mangeroth (nicht zu verwechseln mit Neustadt-Manroth)[59]. Nach der Jahrtausendwende verbreitete sich die Verehrung des heiligen Florin im hiesigen Raum kaum noch, sodass ein Vorgänger der Kapelle in Ütgenbach schon vor 1050 anzunehmen ist.

Wenn wir die Vermutung einer Vorgängerkirche in Ütgenbach weiter verfolgen, müssen wir bis vor dem Jahr 1000 zurückdenken. Und dann stoßen wir auf das Phänomen der Eigenkirchen, die bei der Christianisierung hier zu Lande eine wichtige Rolle spielten. Eigenkirchen waren im frühen Mittelalter Kirchen und Klöster, die meist Laien – örtlicher Adel, Grafen und Herzöge des Frankenreiches zeitweise bis hin zum König – auf privatem Grund und Boden errichten ließen. Voraussetzung für die Weihe einer Kirche war die Dotierung mit Gütern, die den Unterhalt der Kirche und des zugehörigen Priesters sicherstellte. Der ursprüngliche Grund für die *ecclesia propria* war die Seelsorge für die *familia* – dass heißt für den Grundherrn und seine Familie sowie für die zugehörigen Bediensteten, Leibeignen und so weiter – und die herrschaftliche Grablege mit den dazugehörigen Memorien. Über die Eigenkirchen beziehungsweise Eigenklöster hatte der Grundherr das Recht der Investitur, das heißt der Ein- und Absetzung der Pfarrer

---

[59] Gensicke (wie Anm. 29), S. 101 ff.

beziehungsweise der Äbte ohne Bewilligung durch den Diözesanbischof. Der Grundherr war Vogt seiner Eigenkirche. Es standen ihm zwar die Nutzungen der Erträge – Zehnt und Grunderträge – zu, doch hatte er auch für die Bedürfnisse der Kirche und der Seelsorge aufzukommen. Gegen diese Neuerung der grundherrlichen Eigenkirche liefen die Bischöfe zunächst noch Sturm. Doch um die Wende des 7. zum 8. Jahrhunderts errang das Eigenkirchenwesen im Frankenreich den Sieg. Dies ist nun auch der Zeitpunkt, an dem im Rheinland die ersten Kirchen auf dem Land entstanden. Einen Höhepunkt erreichte das Eigenkirchenwesen im 9. und 10. Jahrhundert. Doch es entstand ein Streit um die Besetzung der Bistümer und die Reichsabteien zwischen König und Papst, der ‚Investiturstreit', der sich im 11. Jahrhundert verschärfte, 1077 zur ‚Gang nach Canossa' führte und 1122 mit dem Konkordat von Worms endete. Durch Papst Alexander III. und das 3. Laterankonzil im Jahre 1179 wurde das Eigenkirchenrecht der Laien in ein Patronatsrecht umgewandelt. Den Grundherren wurde das Vorschlagsrecht des zu bestellenden Geistlichen eingeräumt, das Amt verlieh der Bischof[60].

Zusammenfassend spricht für die Annahme, dass die Kapelle zu Ütgenbach einst eine Eigenkirche war, folgendes:
Die Edelherren von Ütgenbach hatten, wie wir aus der Stiftungsurkunde der Armenstiftung von 1499 wissen, die Kapelle auf eigenem Boden binnen der Freiheit ihres Stammsitzes, der Motte Ütgenbach, erbaut. Sie hatten die Kapelle bestiftet, damit an drei Wochentagen dort Messen gelesen wurden. Das impliziert, dass die Kapelle ihre Grablege war. Dies wird durch die überlieferte Existenz eines Gruftzuganges in Ütgenbach bestätigt. Die Kapelle wurde um 1200 errichtet. Eine Vorgänger Kapelle hat sich ohne Zweifel an gleicher Stelle befunden, denn einem einmal geweihtem Ort, zumal einer Grablege, wurde große Bedeutung beigemessen. Außerdem sind 1980 unter dem alten Bodenbelag der Kapelle Holzreste eines älteren Baus gesichtet worden. Das Patrozinium des heiligen Florin datiert die Vorgänger Kapelle vor 1050.
Die Kapelle besaß nachweislich bis in die Neuzeit eingeschränkte Pfarrrechte: Bestattung und Taufe. Diese Pfarrrechte galten für den Personenkreis der Edelherren-Familie und ihrer Bediensteten. Der Volksmund mag daraus eine ‚Pfarrkirche' gemacht haben, da die zur Herrschaft gehörenden Leute zur Messe, zur Beerdigung, zur Taufe und anderen Anlässen dorthin zogen. Dies würde die überlieferten ‚Leichenwege' erklären, denn die Herren von Ütgenbach waren in Uckerath, Niederpleis und so weiter, begütert[61].
Ein einstiger Eigenkirche-Status erklärt auch, warum Bertram und Margarethe 1499 in der Stiftungsurkunde wie selbstverständlich das Recht für sich und ihre Nachfolger beanspruchten, die Priesterstelle in Ütgenbach zu besetzten und gegebenenfalls auch das Recht, den Priester zu entlassen:
Es ist auch in dieser Gründungsurkunde mit verordnet, dass zu allen Zeiten, wie es die Not gebührt, ein Herr und rechter Erbe des Schlosses Ehrenstein der Stiftungsgeber dieser Kapelle erblich und ewig sein soll und durch den jeweiligen Prior zu Ehrenstein präsentiert werden soll (Zeilen 47-48) *Und ebenso* (ist verordnet), *dass der jeweilige Herr zu Ehrenstein allezeit, wenn der jeweilige Priester ablebig wird, einen anderen Priester daran setzen und bringen möge* (Zeile 49) *soll alle Zeit der angesprochene derzeitige Propst zu Kerpen* (als Kommissar des Kölner Erzbischofs) *mit Willen und Zutun eines Herren und Erben zu Ehrenstein Macht haben, den Priester des Dienstes der genannten Kapelle zu entsetzen und*

---

[60] M. Stefánsson, Eigenkirchenwesen, in: Lexikon des Mittelalters III, München 2002, Sp. 1705 ff.
[61] LA NRW R, Stift Schwarzrheindorf, Urkunde 4; Lacomblet (wie Anm. 39), Urkunde 460: Eingeschränkte Pfarrrechte für Filialkirchen waren nicht selten. Beispielsweise erhielt die ‚Kapelle' in Schwarzrheindorf als Filialkirche von Vilich 1176 eine eingeschränkte Pfarreigenschaft bezüglich Taufen, Bestattungen und Krankensalbungen bei Knechten und Mägden sowie Nonnen und Kanonikern.

einen anderen Priester daran zu setzen, der dann auch gleichermaßen angenommen werden sowie verpflichtet und gebunden sein (Zeilen 54-55).

3b. Die Edelherren von Ütgenbach vor 1200: Hypothesen

Es ist anzunehmen, dass die Geschichte von Ütgenbach deutlich weiter zurückgeht als die Erbauung der jetzigen Kapelle um 1200. Zusammengefasst sprechen für diese Annahme: das frühe Florinspatrozinium, die Hinweise auf eine hölzerne Vorgänger-Kapelle und die Hinweise darauf, dass es sich bei der Kapelle in Ütgenbach ursprünglich um eine Eigenkirche handelte.

Wenn wir dies weiterdenken und uns Ütgenbach vor dem Jahr 1000 vorstellen, sehen wir einen befestigten Wohnsitz mit Eigenkirche als Mittelpunkt einer Grundherrschaft und eines Herrschaftsbereiches. Die Verbreitung des Florinspatrozinium legt die Vermutung nahe, dass die Christianisierung der hiesigen Gegend aus dem Neuwieder oder dem Limburger Becken, mithin der Diözese Trier, heraus erfolgte. Ulf Lind bringt die Konradiner, die für die Verbreitung der Verehrung des Heiligen Florin hier zu Lande sorgten, hypothetisch in Verbindung mit den Vorfahren der Familie, die sich in späteren schriftlichen Quellen ‚von Ütgenbach' nennen sollte[62].

In direkter Nähe des Wohnsitzes – heute noch deutlich zu erkennen – war der Bach Ütgenbach zu Fischweiern eines weit über den Hausbedarf hinausgehenden Ausmaßes aufgestaut worden. Nun wissen wir nicht, wie alt die Teiche sind. Wenn wir jedoch davon ausgehen, dass die Aufstauung der Teiche und die Aufstauung des Wassergrabens um die Motte zusammenhängen, reicht ihre Entstehung möglicherweise bis ins hohe Mittelalter zurück (ca. 1000-1200). Aus der Stiftungsurkunde der Armenstiftung wissen wir, dass der Stammsitz der Herren von Ütgenbach, die Motte zu Ütgenbach, zerstört wurde. Die ältere 1290 gegossene Ütgenbacher Kirchenglocke könnte darauf hinweisen, das die Ütgenbacher mindestens bis um 1300 hier wohnten. (Abb.7) Die Motte wurde nie wieder aufgebaut und die Herren von Ütgenbach zogen nach Ehrenstein. Rorich von Ütgenbach tritt 1331 erstmals urkundlich als ‚Herr zu Ehrenstein' auf.

Unsere heutigen Mutmaßungen über Ütgenbachs Vorgeschichte werden mitbestimmt von Ergebnissen, die unsere Heimatarchäologen in jüngster Vergangenheit zu Tage gebracht haben. Dankenswerterweise haben Fred und Dorothea Emps, Werner Büllesbach und Ulf Lind zugestimmt diese als Exkurs dieses Buches kurz vorzustellen. In ‚Archäologie im Gebiet der ehemaligen Honschaft Ütgenbach (Schöneberg)' zeigen sie, dass wir uns im Umkreis der Kapelle und der ehemaligen Motte Ütgenbach in einem uralten Kulturland befinden. Unsere Gegend ist nicht länger ein weißer Fleck auf der archäologischen Karte. Ganz im Gegenteil: Hier ist ‚immer was los gewesen'.

Von besonderer Relevanz für die Geschichte Ütgenbachs – und damit für die Vorgeschichte der Armenstiftung – ist die Ausgrabung der Höhenburg Altenburg, der sogenannten Boddems Nück. Die Altenburg liegt bei dem heutigen Dorf Altenburg. Sie befand sich in einer Entfernung von etwa zwei Kilometern von der Motte in Ütgenbach im – später urkundlich belegten – Herrschaftsbereich der Familie. Daher wäre anzunehmen, dass Ütgenbach und die Altenburg in einer Hand waren. (Abb. 12)

---

[62] Ulf Lind, Exkurs mit Hypothesen zur Geschichte der Ütgenbacher vor 1200, in: Lind/Nesselrode (wie Anm. 29), S. 83-88; Ulf Lind, Exkurs zur Frage der Herkunft des Patroziniums des Hl. Florin in der Kapelle Ütgenbach und zur Frage der Dasselschen Güter bei Asbach, in Linds Aufsatz in diesem Buch.

Abb. 12: Renier Roidkin, Boddems Nück vom Mehrbachtal, um 1725 (RBA 610 391)

Die archäologische Untersuchung hat ein beeindruckendes Bild der Altenburg ergeben. Laut Emps, Emps, Büllesbach und Lind wurde die Anlage über mehrere Jahrhunderte genutzt, doch das 10. Jahrhundert war wohl die Zeit ihrer größten Bedeutung[63]. Zahlreiche Funde weisen unter anderem auf Bronze- und Eisenverarbeitung. Die Altenburg, Produktionsstätte des damals ungemein wertvollen Materials, war stark befestigt. Sie befand sich auf einer ins Mehrbachtal vorspringenden Bergnase. Sie war auf drei Seiten von steilen Berghängen und Wällen umgeben und zum Hinterland hin von einem mächtigen Wall und Graben geschützt. In der Nähe des Wohnsitzes Ütgenbach gibt es, was die Sicherung betrifft, keine günstigeren natürlichen Voraussetzungen als die Altenburg sie bot. Außerdem wird die aus dem Tal aufsteigende Termik den Produktionsfeuern Antrieb gegeben haben.

Die wirtschaftliche Bedeutung der Fischweier und der Altenburg für die Familie, die nach 1200 urkundlich als Edelherren von Ütgenbach begegnen, ist schwer einzuschätzen. Aber eins ist klar: Es war, mit den Worten unserer Heimatarchäologen „eine große Sache".

In späteren schriftlichen Quellen werden weder die Fischweier noch die Altenburg erwähnt. Bemerkenswert ist allerdings Folgendes: Um 1725 beauftragte der damalige Rechtsnachfolger der Herren von Ütgenbach, Franz Graf von Nesselrode-Reichenstein, den wallonischen Maler Renier Roidkin, Zeichnungen seiner wichtigsten Besitzungen anzufertigen. Sicherlich hat Nesselrode genau vorgegeben, was wo zu malen sei. Es waren dies in der hiesigen Gegend: Ehrenstein, Ütgenbach und Boddems Nück.

---

[63] Fred Emps/Dorothea Emps/Werner Büllesbach/Ulf Lind, Archäologie im Gebiet der ehemaligen Honschaft Ütgenbach (Schöneberg), Exkurs dieses Buches. Hoffentlich wird der Höhenburg Boddems Nück bald eine eigene Publikation gewidmet.

4. Die Stifter Bertram von Nesselrode und Margarethe von Burscheid

Über die Kinder- und Jugendjahre unseres Stifterehepaares wissen wir nichts. Bertram war ein Sohn des bergischen Landdrosten Wilhelm von Nesselrode, Herr zum Stein, und dessen erster Frau Swenold von Landsberg. Er begegnet uns erstmals am Stephanstag des Jahres 1453, als er mit seinem Vater und seinen beiden Brüdern einen für seine Familie wichtigen Vertrag besiegelt[64].

Wilhelm und Swenold hatten elf Kinder[65]. Als seine Mutter 1440 starb muss Bertram noch jung gewesen sein, denn er lebte noch bis 1510. In frühen Urkunden kommt er nach seinen beiden Brüdern an dritter Stelle: zum Beispiel 1453 und in Wilhelms Testament vom 21. Februar 1461. Er war also jünger als seine beiden Brüder mit Namen Johann, auch wenn er später als bergischer Erbmarschall immer an zweiter Stelle – nach dem bergischen Landdrost Johann von Nesselrode, Herr zum Stein, und vor Johann von Nesselrode, Herr zu Palsterkamp – aufgeführt wird. Wir können nur mutmaßen, wo Bertram aufgewachsen ist. In Betracht kommen vor allem Ehreshoven im Aggertal und (Herrn)Stein im Bröltal. Denn als seine Eltern Wilhelm und Swenold 1419 heirateten, wurden sowohl Ehreshoven als auch Stein in der Eheberedung genannt: Ehreshoven diente Wilhelms Mutter, Jutta von Grafschaft, als Witwensitz. An Stein hatte Wilhelm Anteilsrechte, die er als Sicherheit für die Zahlung der Widerlage – Gegenleistung des Bräutigams für die Mitgift der Braut; Wittum oder Morgengabe – an seine Braut zur Verfügung stellte.

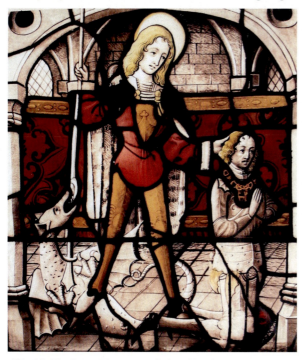

Abb. 13: Kirche zu Ehrenstein, linkes Chorfenster, Bertram von Nesselrode (Foto LN)

Abb.14: Kirche zu Ehrenstein, linkes Chorfenster, Margarethe von Burscheid (Foto LN)

Die erste Urkunde, in der Bertram und Margarethe zusammen auftreten, ist die ihrer Eheberedung 1455. Margarethe kann damals höchstens siebzehn Jahre alt gewesen sein, denn ihre Eltern hatten 1437 geheiratet. Sie war die älteste Tochter des jülichschen Erbhofmeisters Dietrich von Burscheid und der Adelheid Kruwel von Gimborn. Dietrich war der dritte Sohn des Bernhard von Burscheid, Herr zu Burscheid in Luxemburg. Der Stammsitz, die Burg

---

[64] Hermann Graf von Nesselrode, Aufzeichnungen 1979: der ‚Nassauer Vertrag', mit dem der Erwerb und Sicherung des Nachlasses des Herrn Johann vom Stein durch Wilhelm von Nesselrode seinen Abschluss fand.
[65] Mauritius Mittler/Joseph Walterscheid, Das Bödinger Memorienbuch (Siegburger Studien VI-VII), Siegburg 1971, 153.

Abb.15: Kirche zu Ehrenstein, Fenster im Schiff, Veduta des Klosters um 1510 (Foto LN)

Burscheid, ragt heute noch als Ruine hoch über der Sauer[66]. Dietrich wird 1454 urkundlich als Erbhofmeister von Jülich erwähnt, nachdem er die Burg Veynau bei Euskirchen, mit deren Besitz das Amt verknüpft war, gekauft hatte. Eine Kasel aus dem Kirchenschatz der Kirche St. Martin in Euskirchen ist vielleicht ein Hinweis darauf, dass Margarethe von Veynau aus heiratete. Die Kasel mit den Wappen Nesselrode und Burscheid könnte anlässlich der Hochzeit angefertigt worden sein. (Abb.13), (Abb. 14)

Bertram war unter Herzog Wilhelm von Jülich-Berg Erbmarschall des Herzogtums Berg und Amtmann-Pfandnehmer der bergischen Ämter Windeck, Blankenberg und – ab 1484 – Löwenburg. Er war mindestens fünfzehn Jahre älter als Herzog Wilhelm, der 1475 die Nachfolge seines Vaters Herzog Gerhard antrat. Er sollte das Amt des bergischen Erbmarschalls bis zu seinem Tode 1510, fast während Wilhelms († 1511) ganzer Regierungsperiode, ausüben. Bertram zählte zu den wichtigsten und einflussreichsten Adligen am jülich-bergischen Hof. Er war für sein objektives Urteil bekannt: Mehr als ein Dutzend Urkunden aus der Zeit von 1477 bis 1507 belegen, dass er zur Vermittlung in Streitfragen von Fern und Nah herangezogen wurde[67].

Margarethe bleibt in den Urkunden und Schriftstücken meist im Schatten der Geschichte, aber in den Stiftungsurkunden begegnet man auch ihr. In den Stiftungen treten Bertram und Margarethe gemeinsam auf. Als Bertram 1506, gut vier Jahre nach Margarethes Tod, die Stiftung des ewigen Benefizium des Heiligen Kreuzes in Süchterscheid beurkundet, sagt er ausdrücklich, dass diese auf ihrem letzen Willen zurückgeht[68]. Auch die Erweiterung des Ehrensteiner Konvents um vier Priester 1502 hatte sie sich *in irne doitbedde* noch

---

[66] Margarethes Eltern sind im rechten Chorfenster der Kirche von Ehrenstein dargestellt. Die Burg Burscheid und die Steilhänge des Sauertales bilden den Hintergrund des linken Chorfensters.
[67] Gensicke (wie Anm. 29), S, 319; Nesselrode 2008 (wie Anm. 16), S. 207-208.
[68] FWA 2872, Urkunde vom 21. September 1506, Druck: Helmut Fischer/Robert Flink, Süchterscheid, Siegburg 1971, S. 26-37.

Abb.16: Kirche in Ehrenstein, Fenster im Schiff, Veduta der Burg um 1510 (Foto LN)

gewünscht[69]. Da Margarethe, wie ihre Stief-Schwiegermutter Eva, im Ehrensteiner Chor mit einem Buch dargestellt ist, darf man davon ausgehen, dass auch sie gebildet war. Zwei Quellen belegen zudem, dass sie fromm war. Die Augustiner Chorherren von Bödingen bezeichnen sie in ihrem Memorienbuch, das für die private Benutzung des Klosters geführt wurde, als *pia*. Dieses Adjektiv findet sich, außer für die Gottesmutter *piissima*, im ganzen Memorienbuch nur für Margarethe. Nach Margarethes Tod schrieben die Kreuzbrüder in der Totenliste für die Akten des General-Kapitels, das am 9. Mai 1501 in Huy gehalten wurde, dass sie wie ein Ordensbruder am Klosterleben in dem von Bertram und ihr gestifteten Kloster Ehrenstein teilgenommen habe: *Item generosa mulier domina Margareta de Borrzet fundatrix conventus nostri in Erensteyn, participans ut frater.*

Nach dem Tod von Bertrams Vater im Jahr 1474 traten Bertram und Margarethe die Nachfolge in der Herrschaft Ehrenstein an[70]. Sie dürften beide um die fünfunddreißig Jahre alt gewesen sein und hatten keine Kinder.
Wilhelm hatte am Fuße der Burg an der Stelle, wo heute die Ehrensteiner Kirche steht, eine Kapelle errichtet[71]. Bertram und Margarethe leiteten sofort das Verfahren ein, diese von Wilhelm erbaute Kapelle von der Mutterkirche in Asbach abzutrennen und zu einer

---

[69] FWA 2867, Urkunde vom 3. April 1502.
[70] Gensicke (wie Anm. 29), S. 319: Bertram nannte sich schon ein Jahr vor Wilhelms Tod Herr zu Ehrenstein: Hessisches Staatsarchiv Marburg, Samtarchiv, Nachtrag 30, 12. Es handelt sich um eine Quittung vom 4. April 1473, in der *Bertram von Nesselröden, Herr zu Ehrenstein, Ritter, Marschall*, dem Landgrafen Heinrich von Hessen, dem er mit seiner Gefolgschaft vor der Krouchenborch gedient hat, die erhaltene Entschädigung für dabei ihm und den Seinen verloren gegangenen Pferde bescheinigt – mit seinem Siegel.
[71] FWA 2845, erste Stiftungsurkunde der Ehrensteiner vom 23. Januar 1477 und 2846, zweite Stiftungsurkunde der Ehrensteiner Kirche vom 3. Februar 1477.

selbständigen Pfarrkirche erheben zu lassen. Nachdem dies 1476 geschehen war[72], hatten sie die Hände frei und begannen mit der Planung und dem Bau einer neuen Kirche, die nun als Pfarrkirche, sowie Burgkirche und als herrschaftliche Grablege dienen sollte. Die Stiftungsurkunden der neuen Kirche sind von 1477. Der Chor der Kirche wurde um 1480, das Schiff um 1483 errichtet[73]. Im Jahr 1486 wurde das Kloster für den Orden der Kreuzherren gestiftet, das in den darauf folgenden Jahren neben der Kirche, die nun auch als Klosterkirche diente, erbaut wurde. 1489 empfing das Kloster eine zusätzliche Dotation. 1502 wurde die anfängliche Zahl von sechs Priestern und zwei Laienbrüdern mit einer erneuten Dotation um vier Priester erhöht. Zuvor, im Jahr 1499, hatten Bertram und Margarethe die Armenstiftung bei der Kapelle in Ütgenbach gegründet. In dem darauf folgenden Jahrzehnt wurde die Kapelle in Ütgenbach in Stand gesetzt. Margarethe starb 1501, Bertram 1510.
(Abb.15), (Abb. 16)

Bertram war zunächst gar nicht als Erbe der Herrschaft Ehrenstein und der ehemals Ütgenbachschen Güter vorgesehen. Erst eine Reihe unvorhersehbarer Umstände und Schicksalsschläge führten dazu, dass er, der bergische Erbmarschall, und seine Frau die Nachfolge der im kurkölnischen gelegenen Herrschaft Ehrenstein antraten und ihr Lebenswerk dort entstand.
Wilhelm von Nesselrode hatte 1446 sechs Jahre nach dem Tod seiner ersten Frau, Bertrams Mutter, erneut geheiratet. Seine zweite Frau war Eva von Ütgenbach zu Ehrenstein. Sie entstammte dem edelfreien Geschlecht der Herren von Ütgenbach und war die Schwester des Adam von Ütgenbach, des letzten Herrn von Ütgenbach zu Ehrenstein, dessen Ehe mit Maria von Alfter kinderlos geblieben war. Sie war, wie Ulf Lind nachgewiesen hat, bis zu ihrer Heirat Pröbstin des Damenstiftes Kaufungen[74]. Ihr Bruder Adam war nicht in der Lage, die Mitgift auszuzahlen. Urkunden über Verkäufe, Verpfändungen usw. aus dem 15. Jahrhundert belegen, dass die Herren von Ütgenbach zu jener Zeit in finanzielle Schwierigkeiten geraten waren[75]. Infolgedessen verpfändete Adam seinem Schwager zunächst Burg und Herrschaft Ehrenstein und verkaufte sie ihm dann 1449. Wilhelm und Eva bekamen außerdem das Recht, die vorher verpfändeten und verkauften Ütgenbachschen Güter einzulösen oder zurück zu kaufen: Dies taten sie[76]. Wilhelm wurde 1451 vom Kölner Erzbischof mit den Ütgenbachschen Gütern belehnt[77]. Wilhelm und Eva hatten eine Tochter Sophia[78]. Als sie etwa acht Jahre alt war, wurde sie mit Gerhard Quad, Sohn des Lutter Quad zu Tomburg und der Elisabeth von Saffenberg, verlobt. Der von Ulf Lind aufgefundene Original-Entwurf ihrer Eheberedung aus dem Jahr 1455 sieht vor, dass Sophia sämtliche, auch die von Wilhelm wieder eingelösten und zurück gekauften Ütgenbachschen Güter, in die Ehe einbringen

---

[72] FWA Kopialbuch 2844, Urkunde vom 9. Juni 1476: Der päpstliche Legat, Alexander Bischof von Forli, beauftragt den Probst zu Kerpen, die von Bertram von Nesselrode nachgesuchte Erhebung der Kapelle zu Ehrenstein zu einer Pfarrkirche vorzunehmen.
[73] Am 17. September 2005 wurde von Dipl.-Holzwirt Dr. Thomas Eißing, Abteilung Bauforschung und Denkmalpflege/Dendrochronologie der Otto-Friedrich-Universität Bamberg, eine dendrochronologische Untersuchung des Dachstuhles durchgeführt.
[74] Ulf Lind, Edle Eva von Ütgenbach zu Ehrenstein. Pröbstin, fromme Ehefrau, trauernde Mutter, Stiefmutter, Mutter der Armen, Witwe, in: Heimat-Jahrbuch des Landkreises Neuwied, 2011, S. 90-104, hier S. 92-94.
[75] Nesselrode 2008 (wie Anm. 16), S. 254; Lind 2011 (wie Anm. 68), S. 94-95.
[76] Strange (wie Anm. 24), S. 12-13; Kastner (wie Anm. 3), Band I, 605, Urkunde vom 8. März 1447.
[77] Landeshauptarchiv Koblenz, Abt. II, Kurköln 1400, 12 §4, fol. 4v und fol. 5r: *Relations des Geheimrats und Lehendirektors Haes das Lehen Ehrenstein betreffend* (1378-1710).
[78] Lind 2011 (wie Anm. 68), S. 95-96; Sammlung Ernst von Oidtman (wie Anm. 14), S. 271, verweist zwar auf ein „altes Totenbuch des Klosters Ehrenstein", aber das *Liber baptismalis* im Ehrensteiner Pfarrarchiv geht nicht weiter zurück als 1674. Ein älteres ist nicht vorhanden.

sollte⁷⁹. Die Ehe sollte nach Vollendung von Sophias zwölftem Lebensjahr geschlossen werden. In Wilhelms Testament vom 21. Februar 1461 wurde das der Sophia zugedachte Erbe jedoch seinem dritten Sohn aus erster Ehe, Bertram, vermacht⁸⁰. Man kann daraus nur schließen, dass Sophia verstarb, bevor sie das Heiratsalter erreichte.

Abb.17: Renier Roidkin, Ehrenstein von Osten um 1725 (RBA 610 388)

Aus dem Entwurf-Ehevertrag geht außerdem hervor, dass Wilhelm seinem Schwager Ütgenbach eine standesgemäße Lebensweise ermöglichte. Wilhelm und Eva hatten die Burg und das Amt Neuerburg 1449 vom Kölner Kurfürsten für 3.200 oberländische rheinische Gulden als Pfand erhalten und Adam von Ütgenbach die Einkünfte daraus zu seiner *Leibzucht* (Lebensunterhaltung) überlassen. Bei einer Einlösung des Pfandes sollte Adam seine Leibzucht aus der Pfandsumme erhalten⁸¹. Adam und seine Ehefrau Maria von Alfter erhielten ein Wohnrecht auf der Burg Vilszelt in Heister bei Unkel, die der Maria schon früher als Wittum zugesagt worden war.

Bertram konnte mit seiner Frau Margarethe das Ütgenbachsche Erbe antreten, weil sich sein Vater Wilhelm nach dem frühen Tod seiner ersten Frau, Bertrams Mutter, in zweiter Ehe mit

---

⁷⁹ Lind 2011 (wie Anm. 68), S. 95-96: LA NRW R, Depositum Nesselrode-Ehreshoven, Akten 1962, auf dem Umschlag *Copia*. Der Original-Entwurf ist nicht datiert. Zeuge war Evas Bruder, Adam von Ütgenbach, der 1455 verstarb.
⁸⁰ Siehe Anm. 27, Testament des Wilhelm 1461; Siehe Anm. 65, Bödinger Memorienbuch: Wilhelm hatte aus erster Ehe fünf Söhne, von denen zwei im Kindesalter starben.
⁸¹ Lind 2011 (wie Anm. 68), S. 100: Das Amt Neuerburg umfasste ungefähr die heutige Verbandsgemeinde Waldbreitbach. Adam war schon seit 1443 für Kurköln im Amt Altenwied beim Weistum der Freidienstmannen tätig. Die Neuerburg war sein Amtssitz.

Eva von Ütgenbach vermählte, weil Evas Bruder keine Kinder hinterlassen hatte, weil Eva die letzte ihres Stammes war und schließlich, weil die Tochter von Wilhelm und Eva vor dem heiratsfähigen Alter starb. Bertram und Margarethe würdigten das Ütgenbachsche Erbe durch ihre Stiftungen in Ehrenstein und in Ütgenbach. (Abb. 17)

5. Religiöse Stiftungsgründe: zur Ehre Gottes und zum Heil der Seelen

Am 23. Januar 1477 und am 3. Februar 1477 stifteten Bertram von Nesselrode und seine Ehefrau Margarethe von Burscheid die Kirche zu Ehrenstein. Gleich am Anfang der ersten Urkunde tun sie ihr Leitmotiv kund: *dat also as wir Goide van Hymmel ind Marien syner lieven moeder zo eren ind unser ind unser aldern selen zo heyl ind zu trost [...]* Auch am Anfang der zweiten Urkunde heißt es: *dat wir Gode van hemelrych, Marien syner liever moder zo eren, unser ind unser alderen selen zo heyl ind zo trost [...]*
Bertram und Margarethe stifteten zur Ehre Gottes und zum Heil der Seelen. In den beiden Stiftungsurkunden der Kirche sagen sie dies immer wieder. Wir erfahren, dass ihre Kapelle zu Ehrenstein, die von Bertrams Vater Wilhelm von Nesselrode errichtet und dotiert worden war, von dem Kirchspiel Asbach abgetrennt und zur selbständigen Pfarrkirche erhoben worden ist. Da die Dotierung durch Wilhelm nicht für einen Pastor reicht, beurkunden Bertram und Margarethe nun 1477 eine weitere Dotation, mit der sie beträchtliche Teile ihres Vermögens auf die nunmehr selbständige Pfarrkirche in Ehrenstein übertragen *in die ere des almechtigen Gotz ind syner liever moider, ind unser ind unser aldern selen zo troist ind heil, luterlichen umb Gotzwillen und umb Gotzdienst in der vurs. kirchen und capellen zo volfoeren [...]* Es soll vier Priester für die neue Pfarrkirche geben: *Up dat dann dye vur priester competencie ind noittorft haben Gode zo deynen ind vur uns ind unser aldern selen zu bidden, ind up dat Goitzdyenst in derselver kirspelskirchen zo Erensteyn des zo bess gehalden werde.* Etwas weiter heißt es: *fundacien zo heil ind troist unser ind unser aldern selen zo der vurs. kirchen zo Erensteyn [...]* und noch etwas weiter: *Gode zo eren aldae by der kirchen in maissen, wysen ind manyeren hernae geschrewen Gode ind syner liever moeder sullen dyenen ind truwelich vur unse ind unser alderen selen sullen bidden.*

Bertram und Margarethe stifteten, wie sie sagten, zur Ehre Gottes und zum Heil der Seelen. Sie beließen es jedoch nicht bei Worten allein. Was den Dienst zu Ehren Gottes betrifft, so erbauten sie eine neue größere Pfarrkirche und später das Kloster in Ehrenstein. 1477 veranlassten sie die täglichen Gottesdienste – das Chorgebet, die heiligen Messen und die Verehrung der Gottesmutter – in der neuen Pfarrkirche. 1486 gründeten sie das Kloster für den Orden der Kreuzbrüder, das anfänglich für sechs Priester und zwei Laienbrüder dotiert war und später noch um vier Priester vergrößert wurde. 1488 bestätigten die Kreuzbrüder, dass Bertram und Margarethe den neuen Konvent dotiert hatten, damit unter anderem der Gottesdienst nach der Observanz des Ordens vollzogen wurde. In Ütgenbach richteten sie die Kapelle her, sorgten dafür, dass ein Priester vor Ort wohnte und wieder regelmäßig heilige Messen las. Damit dürften wir das Motiv des Stifterehepaares ‚Zur Ehre Gottes' auch heute noch richtig einordnen können. (Abb.18)

Abb.18: Ehrenstein, Kirche und Kloster von Westen (Foto LN)

Anders ist es bei dem Motiv ‚Zum Heil der Seelen', das im 15. Jahrhundert auf Vorstellungen basierte, die uns heute zum Teil fremd sind.

Aufschlussreich für die Motivation der Stifter ist folgender Abschnitt aus der zweiten Stiftungsurkunde der Pfarrkirche von 1477: *Item sullent die vier priester vurs. under sich all werlich daghe zo mynsten halden oder doin in der kirchen vurs. zo Erenstyen zwae missen eyn die seylmisse ind die ander die hoemiss genant. In der seylmissen sall man in sunderhait gedencken ind bidden den almechtigen Got, der glorioser jungfern ind maight Maria, synre liever moeder, ind alle hemesche her vur fundatoirs oder stiftern, nementlich herrn Wilhelm van Nesselrode, ritter, seliger gedechtniss ind uns ind unser erven ind nakomelingen, doit oder noch in dem leven synt, ind davur geburliche gebeder doin nae jngesetz der heylger kirche dar zo gebuyrt. Item as die sielmisse uyss is, sullent die priestern vurs. sementlich up dat graf gain eyn De profundis ader Miserere mei etc. mit gewoenlich collecte ind wywasser darzo beden ind zo sprechen.* An Werktagen sollen zwei heilige Messen gelesen werden: ein Seelenamt und ein Hochamt. In dem Seelenamt soll für die Stifter, gebetet werden: namentlich für Bertrams Vater Wilhelm von Nesselrode, für Bertram und Margarethe selbst und für ihre Erben und Nachkommen. Nach der Seelenmesse sollen die Priester auf das Grab gehen und zusammen *De profundis* oder *Miserere mei* beten und Weihwasser sprengen.

Mit dem Grab können Bertram und Margarethe nur ihr eigenes zukünftiges Grab gemeint haben, denn die tägliche Seelenmesse war für ihr eigenes und ihrer Eltern Seelenheil bestimmt. Bertrams Mutter war schon 1440 gestorben und bei den Minoriten in Köln begraben, Wilhelm von Nesselrode war 1474 in der Familiengruft zu Bödingen beigesetzt worden und seine Witwe Eva von Ütgenbach lebte noch. Sie sollte in der Kirche von Erpel vor dem Sankt-Anna-Altar unweit der Grablege ihres Bruders Adam von Ütgenbach begraben werden[82]. Das heißt, Bertram und Margarethe hatten ihre neue Kirche in Ehrenstein schon bei

---

[82] Lind 2011 (wie Anm. 68), S. 102. Wahrscheinlich starb Eva 1482.

der Stiftung im Jahr 1477 als zukünftige herrschaftliche Grablege für sich selbst und ihre Nachfolger vorgesehen. Die Kirche haben sie dann erst einige Jahre später in zwei Bauabschnitten errichtet: der Chor um 1480, das Schiff mit der Grablege um 1483.

Die Grablege gehörte von Anfang an zum Gesamtplan. Wir werden im Folgenden feststellen, wie eng die Stiftungen in Ehrenstein und in Ütgenbach mit dem Stiftergrab verbunden waren und wie Bertram und Margarethe ihre Stiftungen, zugespitzt gesagt, auf das Grab und das Seelenheil ausrichteten. (Abb. 19)

Abb.19: Kirche zu Ehrenstein, Grabsteine der Stifter (Foto LN)

Am 4. Montag in September 1486 wurde in Ehrenstein ein Kloster des Ordens der Kreuzbrüder gegründet[83]. Das Kloster wurde reichlich dotiert, wobei die Güter der Pfarrkirche in das Kloster inkorporiert wurden. Der Grund für die Umwandlung ist nicht genannt. In der Gründungsurkunde – verfasst von Wycher von Hassent, Probst von Kerpen, Doctor des Kirchenrechts – ist keine Rede von dem Gedenken der verstorbenen Stifter noch über deren Grab in der Kirche von Ehrenstein. Bertram und Margarethe hatten jedoch diese persönlichen Anliegen, die bei der Gründung der Pfarrkirche neun Jahre zuvor urkundlich festgelegt worden waren, keineswegs aufgegeben. Dies wird deutlich aus einem Revers vom 15. Juni 1488, ausgestellt von dem Generalprior des Kreuzbrüderordens und dem Ehrensteiner Prior[84]. In dem Revers kommen fast ausschließlich die mit den persönlichen Anliegen des Stifterehepaares zusammenhängenden Verpflichtungen des Ehrensteiner Konvents zur Sprache: nämlich die Memorien oder Gedächtnisse für Bertram und Margarethe und ihre Familien in der Ehrensteiner Kirche. Die Kreuzbrüder bestätigen die tägliche Seelenmesse und die Begehung des Stiftergrabes, die Jahrgedächtnisse für Bertram und Margarethe selbst,

---

[83] FWA 2851. Die Urkunde ist in Latein, lediglich das dazugehörige Güterverzeichnis in *lingua vulgare*.
[84] FWA 2853 und im Ehrensteiner Kopialbuch; PAE Urkundenbuch der Pfarrei Ehrenstein, angelegt am 7.5.1868.

für ihre Eltern und für Eva von Ütgenbach, für ihre Geschwister sowie mehrere Gedächtnisse für Freunde und Bekannte.

Am 28. August 1499 beurkundeten Bertram und Margarethe ihre Stiftung in Ütgenbach[85]. Das Herzstück dieser Stiftung war das so genannte Spital, das fünf armen Leuten eine Rundumversorgung bieten sollte. Bertram und Margarethe schreiben in der Gründungsurkunde, dass sie: *auch aus dem Grunde ihres Herzens in lauterer Weise um Gottes willen und zur Ehre der fünf Wunden und zur Ehre Sankt Florins, des Patrons der Kapelle zu Ütgenbach, bestallt und mit Gaben versehen fünf arme Menschen, die zu Ütgenbach bei der Kapelle jeglicher in einem Häuslein wohnen und den allmächtigen Gott allda täglich durch das ganze Jahr mit fleißiger Andacht getreulich für Herrn Bertram und seine Hausfrau, vorn beschrieben, und ihre beiderseitigen Eltern und für die Herrschaft von Ütgenbach und ihre Geschlechter in der Kapelle, und da nicht draußen, bitten sollen* (Zeilen 19-20)

Dass im Alten wie im Neuen Testament dem Spender von Almosen die Sündenvergebung und obendrein auch Himmelslohn verheißen wurde, war schon dem Frühmittelalter ein höchst wichtiger Hinweis. So gehörte die Armenspende von Anfang an zur christlichen Bestattung, und später auch zum Jahresgedächtnis[86]. Die Armensorge gehörte im Mittelalter und auch noch im 15. Jahrhundert zur Bestattung und zum Gedächtnis der Toten[87]. So zeigen Darstellungen des Totenoffiziums in Handschriften des 15. Jahrhunderts außer der Geistlichkeit und schwarzverhüllten, trauernden Gestalten, den so genannten *pleurants*, öfters Bettler[88]. Das 1499 in Ütgenbach gegründete Spital ist zu den Memorien zu rechnen, die Bertram und Margarethe rund um die Familiengruft in Ehrenstein einrichteten.

Bertram und Margarethe selbst haben die Sorge um das Seelenheil wiederholt zum Ausdruck gebracht. Folgende zwei Beispiele mögen dies verdeutlichen.
Am 12. November 1465 stifteten sie den Dreifaltigkeitsaltar in Bödingen. Daraufhin notierten die Augustiner Chorherren in ihrem Memorienbuch – hier in Übersetzung aus dem Latein: *Der edle und achtbare Ritter, Herr Bertram von Nesselrode, und dessen fromme Gattin, die Herrin Margaretha von Burtscheid, errichteten in der Blüte ihrer Jugend in Erwägung des unsicheren Laufes dieser Welt, der Vergänglichkeit alles Irdischen und der Sicherheit des Todes in Sorge um ihr Seelenheil eifrigen Herzens einen Altar in unserer Kirche*[89]. Damals waren Bertram und Margarethe wahrscheinlich etwa fünfundzwanzig bis dreißig Jahre alt. Als sie 1499, zwei Jahre vor Margarethes Tod, ihre Stiftung in Ütgenbach gründeten, formulierten sie sinngemäß sehr ähnlich wie vierunddreißig Jahre zuvor: *Und darum, auch in Anbetracht, dass alle Menschen auf diesem vergänglichen Erdreich und Jammertal sterblich sind und nichts Sichereres denn der Tod und nichts Unsichereres denn die Uhr und Stunde des Todes ist, und (da sie) also den Dienst zur Ehre Gottes ungern gemindert als lieber vermehrt und verbessert sehen und haben wollten zu Trost und Wohlfahrt ihrer Seelen* (Zeilen 5-6)

---

[85] FWA 2862; Kastner (wie Anm. 3), Band II, 1265.
[86] Joachim Wollasch, Gemeinschaftsbewußtsein und soziale Leistung im Mittelalter (Frühmittelalterliche Studien 9) 1975, S. 268-286.
[87] Arnold Angenendt, Theologie und Liturgie der mittelalterlichen Toten-Memoria, in: Karl Schmid/Joachim Wollasch (Hgg.), Memoria. Der geschichtliche Zeugniswert des liturgischen Gedenkens im Mittelalter (Münstersche Mittelalterschriften 48), München 1984, S. 79-199, hier S. 140-142; Renate Kroos, Grabbräuche-Grabbilder, in: Karl Schmid/Joachim Wollasch (Hgg.), Memoria. Der geschichtliche Zeugniswert des liturgischen Gedenkens im Mittelalter (Münstersche Mittelalterschriften 48), München 1984, S. 285-354, hier S. 328-330; Wilhelm Janssen, Das Erzbistum Köln im späten Mittelalter 1191-1515, Zweiter Band, Zweiter Teil, Köln 2003, S. 494-495.
[88] Nesselrode 2008 (wie Anm. 16), S. 164-165.
[89] Mittler/Walterscheid (wie Anm. 65), 154.

Auf welchen Vorstellungen basierte nun diese Sorge um das Seelenheil, die im 15. Jahrhundert nicht nur Bertram und Margarethe, sondern die Menschen im Allgemeinen, so sehr beschäftigte?

Diese Sorge hing aufs Engste zusammen mit den Jenseitsvorstellungen aller Betroffenen. Es ist die Vorstellung von dem, was den Menschen nach dem Tod erwartet, die das menschliche Verhalten zu Lebzeiten damals genauso, wie es in allen Zeiten und Kulturen zu beobachten ist, beeinflusste. Eng mit der Jenseitserwartung verbunden und bestimmend für das Gedenken war die Auffassung von den Verstorbenen als anwesenden Personen: die Vorstellung einer ‚Gegenwart der Toten'. Die Auffassung der Antike, dass Menschen auch nach ihrem Tod gegenwärtige Rechtspersonen sind, überdauerte das Mittelalter und die Frühe Neuzeit und machte erst während der Aufklärung und der großen gesellschaftlichen Veränderungen am Ende des 18. Jahrhunderts dem modernen Verständnis des Todes und dem Verhältnis des modernen Menschen zu den Toten Platz.

Ausgehend vom Matthäusevangelium (25, 31-46) bestand im Mittelalter und auch noch im 15. Jahrhundert die Vorstellung des Weltgerichtes am Jüngsten Tag, an dem sämtliche Verstorbenen nach ihren Werken in Gute und Böse geteilt würden: Die Guten würden in den Himmel kommen, die Bösen in die Hölle. Nun hatte sich aufgrund des Johannesevangeliums (5, 24-29) und besonders seit Thomas von Aquin die Annahme verbreitet, dass die Guten nach ihrem Tode direkt in den Himmel, die Bösen direkt in die Hölle kommen würden. Nur noch die Zweifelsfälle sollten vor dem Weltgericht gewogen werden. Schon der Kirchenvater Augustinus hatte die Verstorbenen in vier Gruppen eingeteilt: *valdi boni, valdi mali, non valdi boni, non valdi mali* – die sehr Guten, die sehr Bösen, die nicht-sehr-Guten und die nicht-sehr-Bösen. Diese Vorstellungen wurden von Papst Benedikt XII. im Jahr 1336 mit der dogmatischen Konstitution *Benedictus Deus* festgelegt: Nach dem Tod kämen die Guten in den Himmel, die Bösen in die Hölle, die nicht-sehr-Guten sowie die nicht-sehr Bösen in das Fegefeuer, doch würden alle Seelen beim letzten Weltgericht noch einmal gerichtet, um dann mit Leib und Seele entweder in den Himmel oder in die Hölle zu gelangen. Weil nun kein realistischer Mensch davon ausgehen konnte, *valdus bonus* zu sein und gleich in den Himmel kommen zu dürfen, nahmen wohl die meisten an, zu den Zweifelsfällen gerechnet zu werden, die im Fegefeuer Sühne für ihre Sünden leisten sollten. Auf diesen Umstand bezog sich die Sorge um das Seelenheil. Man glaubte durch *opera pietatis*, Werke der Frömmigkeit wie Gebete, Fasten, Almosengeben und, vor allem, durch die heilige Messe, schon zu Lebzeiten die begangenen Sünden abbüßen zu können. Die heilige Messe galt als das Frömmigkeitswerk schlechthin, das an Wert vor Gott einzigartig war. Nach dem Tod waren die Armen Seelen im Fegefeuer für den Nachlass ihrer Sünden auf die *opera pietatis*, die die Lebenden für sie erbrachten, angewiesen. Auch in dieser Lage konnte die heilige Messe als Bußleistung alle anderen Bußakte ersetzen.

Bertram und Margarethe handelten nach diesen Vorstellungen. Mit ihren Stiftungen in Bödingen[90], Ehrenstein, Ütgenbach, Merten[91], Seligenthal[92], Uckerath[93], Süchterscheid[94] und an anderen Orten, vollbrachten sie einerseits die Werke der Frömmigkeit schon selbst zu Lebzeiten, anderseits schufen sie durch ihre Stiftungen die Voraussetzungen für Frömmigkeitswerke, die nach ihrem Tode ihrem Seelenheil zugute kommen sollten. Mit

---

[90] Mittler/Walterscheid (wie Anm. 65), 154: Sie förderten das Augustinerkloster in Bödingen ihr Leben lang.
[91] Kastner (wie Anm. 3), Band II, 1290, Urkunde von 1503, 1293, Urkunde vom 20. Mai 1504, 1302, Urkunde vom 22. Februar 1506 (a), 1303, Urkunde vom 22. Februar 1506 (b).
[92] Kastner (wie Anm. 3), Band II, 1303, vom 22. Februar 1506 (b) Insert in 24. Februar 1509 (b), 1331, Urkunde vom 24. Februar 1509 (a), 1332 Urkunde vom 24. Februar 1509 (b).
[93] Kastner (wie Anm. 3), 1262, Urkunde vom 17. März 1499.
[94] Siehe Anm. 73.

anderen Worten: Als Gegenleistung für die materiellen Wohltaten verlangten Bertram und Margarethe von den Empfängern dieser Wohltaten, dass diese auch nach ihrem Tode *ewelich* für sie selbst, für ihre Eltern, Vorfahren und Verwandtschaft beten, Seelenmessen lesen und sonstige Gedächtnisse halten sollten. Ihre Stiftungen sind fast immer direkt mit einer Grablege verbunden: Bei den Augustiner Chorherren in Bödingen war Bertrams Vater begraben worden, bei den Augustinereremitinnen in Merten sein Großvater Wilhelm der Alte von Nesselrode und bei den Franziskanern in Seligenthal Margarethes Großvater Kruwel von Gimborn. Die Armenstiftung und die Priesterstelle in Ütgenbach standen im Zusammenhang mit dem Begräbnis der Herren von Ütgenbach in der dortigen Kapelle und mit der Grablege in Ehrenstein. Ebenso wie die Stiftung in Ütgenbach ist das Benefizium zum Heiligen Kreuz in Süchterscheid, mit der Bertram nach Margarethes Tode ihren letzten Wunsch erfüllte, zu dem Stiftungskomplex rundum die Grablege in Ehrenstein zu rechnen. Denn der Priester in Süchterscheid sollte während der heiligen Messen für die Herrschaft von Ütgenbach, für Bertram und Margarethe, ihre Eltern, Geschwister, Verwandte und Freunde sowie für Eva von Ütgenbach beten. Außerdem war die Kontrolle über diese beiden Stiftungen nicht dem für die Kreuzkapelle zuständigen Pastor von Uckerath bzw. dem für Ütgenbach zuständigen Pastor von Asbach, sondern dem Herrn von Ehrenstein bzw. dem amtierenden Prior von Ehrenstein vorbehalten.

Bertram und Margarethe wollten in Ehrenstein begraben werden. Die bereits im Jahr 1477 vor Baubeginn der neuen Kirche urkundlich festgelegten Seelenmessen und Gedächtnisse, die auf ihrem Grab gehalten werden sollten, machen deutlich, dass das Stiftergrab von Anfang an eingeplant war. Architektur, Einrichtung und Ausstattung der Kirche sind auf das Stiftergrab ausgerichtet. Wo sich das Grab befinden würde, war von vornherein klar: Nicht im Chor, denn der war in der Regel der Bestattung der Geistlichen vorbehalten, sondern im Kirchenschiff an der Stelle, die am nächsten *ad sanctos*, bei den Heiligen, war. Schon seit frühchristlicher Zeit erwartete man von der Beerdigung in der Nähe der Märtyrer und Heiligen Hilfe beim Jüngsten Gericht. Die Bestattung im Inneren der Kirchen, die im Laufe des Mittelalters immer größeren Umfang annahm, ist auf diese Erwartung zurückzuführen. Denn wenn auch viele Kirchen keine großen und wichtigen Reliquien besaßen, so waren doch zumindest in jede Altarmensa einige ganz kleine Reliquien eingelassen. Die Heilserwartung, die von der Beerdigung in der Nähe zum Sakrament des Altares ausging, war unvergleichlich größer als die Heilserwartung, die mit den Heiligenreliquien verbunden war.
Die Grabsteine der Stifter befinden sich immer noch an der ursprünglichen Stelle über ihrer Gruft im Kirchenschiff, am Ende des Mittelganges direkt vor dem Chorraum. Seit der Erbauung haben in der Kirche keine wesentlichen baulichen Veränderungen stattgefunden, abgesehen davon, dass der alte Altarstipes 1977 abgerissen und die Mensa mit den Wappen von Bertram und Margarethe am gleichen Platz niedriger platziert wurde[95]. Auch die Glasbilder in den drei Fenstern über dem Altar befinden sich noch am ursprünglichen Ort. So können wir einiges nachvollziehen, was Bertram und Margarethe *zo troist ind heil ihrer Seelen* vom Grab aus zu sehen wünschten. In Stein gehauen liegen die Ehrensteiner Stifter mit dem Angesicht zum Altar in ewiger Anbetung des Allerheiligsten. In der *Legenda aurea* von Jacobus de Voragine (1263-1273), die nach den Evangelien den größten Einfluss auf die Kunst ausgeübt hat[96], ist die Rede von dem dreifachen Gedächtnis der Passion des Herrn: durch Bilder, durch das Wort und im Sakrament. Zu dem Gedächtnis durch Bilder heißt es – hier in Übersetzung aus dem Latein: Das ist das Leiden Christi in Bildern gemalet, des Wirkung geschieht durch das Auge; denn das Bild des Gekreuzigten und die andern Bilder in

---

[95] Bei Restaurierungsarbeiten 1977 wurde der alte Stipes ohne Notwendigkeit abgerissen. Der heutige Stipes ist niedriger. Das Podest hat jetzt statt der ursprünglichen drei Stufen nur noch eine Stufe. Diese willkürliche Maßnahme hat die Höhenverhältnisse im Chor wesentlich beeinträchtigt.
[96] Emile Mâle, L'Art Réligieux du XIIIe Siècle en France, Paris 1899, 9. Auflage 1958, S. 374.

der Kirche sind gemachet, dass sie bewegen zu Gedächtnis, zu Andacht und Belehrung; und sind gleichsam die Bücher der Laien[97]. Bertram und Margarethe wollten von ihrem Grab aus an diesem Gedächtnis teilnehmen: Sie wollten die Bilder in den Chorfenstern sehen, das gepredigte Wort hören und teilhaben am eucharistischen Sakrament. Die heilige Messe galt nicht nur zu Lebzeiten als *opus pietatis*, als gottgefälliges Werk, das an Wert vor Gott alle anderen Werke unvergleichlich übertraf, sondern auch nach dem Tode, wenn die Verstorbenen für ihr Seelenheil angewiesen waren auf die *opera pietatis*, die die Lebenden für sie erbrachten. Wilhelm Janssen illustriert diesen Glauben mit folgendem Zitat des Caesarius von Heisterbach – hier in Übersetzung aus dem Latein: *Denn kein Gebet, kein Almosen ist der Messe vergleichbar, wenn es gilt, Seelen dem Fegefeuer zu entreißen. In der Messe betet Christus selbst, dessen Leib und Blut die Gaben (eleemosynae) sind. Diese Gaben bzw. Almosen wünscht die Arme Seele nach ihrem Tode zu erhalten*[98]. In dem Heilsplan Gottes, der in der täglichen heiligen Messe auf dem Altar vor ihrem Grab immer wieder Wirklichkeit wurde, lag die Hoffnung auf Vergebung der Sünden, Auferstehung der Toten am Jüngsten Tag und das ewige Leben im Angesicht von Gottes Herrlichkeit. Bertram und Margarethe glaubten an diese Verheißung Christi. Ihre Stiftungen legen in ihrer Gesamtheit Zeugnis ab von ihrem Glauben. Nirgendwo wird ihr Glaube jedoch gleichermaßen sichtbar wie im Chor der Ehrensteiner Kirche: das heißt, in der Wechselwirkung zwischen dem realen Sakrament auf dem Altar und der bildlichen Darstellung des eucharistischen Geheimnisses in den Glasbildern. Es ist bezeichnend, dass sie diesen Anblick von ihrem Grab aus vor Augen haben wollten. (Abb.20)

Abb.20: Kirche zu Ehrenstein, Grabsteine der Stifter vor dem Chor. Auf der Chorkonsole links ist das Nesselrode Wappen sichtbar, rechts das Ütgenbach Wappen (Foto LN)

Nun werden wir als moderne Menschen uns fragen: Wieso konnten Bertram und Margarethe die Vorstellung haben, von ihrem Grabe aus an den Seelenmessen und sonstigen Gedächtnissen teilzunehmen? Sie wussten doch, dass sie dann tot sein würden?

Genau in dieser Vorstellung unterscheidet sich der heutige Mensch von seinen Vorfahren im 15. Jahrhundert. Wir sollten uns stets vor Augen halten, dass im Mittelalter und weit darüber hinaus bis zu den großen gesellschaftlichen Umbrüchen des 18. und frühen 19. Jahrhundert das Gedenken der Verstorbenen sich von dem heutigen Gedenken wesentlich unterschied. Bestimmend für das damalige Gedenken war die Auffassung von den Verstorbenen als

---

[97] Richard Benz, Die *Legenda Aurea* des Jacobus de Voragine, 9. Auflage 1979, S. 985-986.
[98] Janssen 2003 (wie Anm. 87), S. 72, Zitat S. 74.

anwesenden Personen. Durch das Gedächtnis wurde der Tote mit den Worten von Otto Gerhard Oexle, „unter den Lebenden dergestalt gegenwärtig, dass er geradezu einen sozialen und rechtlichen Status erhielt". Er hat die Vorstellung vom Toten als vollberechtigtem Mitglied der vormodernen Gesellschaft untersucht und den Begriff von der „Gegenwart der Toten" geprägt[99]. Er erläutert dieses Phänomen wie folgt: „Die Nennung des Namens eines Abwesenden bewirkt dessen Gegenwart, und deshalb verschafft, nach der Auffassung der Menschen der Antike, des Mittelalters und noch der Frühen Neuzeit, die Nennung des Namens eines Toten diesem einen rechtlichen und sozialen Status unter den Lebenden. Die Namensnennung ist es, die den Toten zu einem Rechtssubjekt und zu einem Subjekt von Beziehungen der menschlichen Gesellschaft macht. Dabei gilt die Namensnennung zugleich immer auch als eine Anrufung und Repräsentation des göttlichen Erinnerns"[100].

Auch Bertram und Margarethe hatten die Vorstellung, dass ihre und ihrer Vorfahren Gegenwart durch das Nennen der Namen aufgerufen wurden. So konnten sie, wenn man ihre Namen bei den Seelenmessen nannte, auch nach ihrem Tode am Sakrament der Eucharistie teilhaben[101]. In der Stiftungsurkunde der Pfarrkirche Ehrenstein vom 3. Februar 1477 sagen sie, dass der Stifter in der täglichen Seelenmesse zu gedenken sei:

In der seylmissen sall man in sunderhait gedenken ind bidden den almechtigen Got, der glorioser jungfern ind maight Maria, synre liever moeder, ind alle hemesche her vur fundatoirs oder stiftern, nementlich herrn Wilhelm van Nesselrode, ritter, seliger gedechtnis ind uns ind unser erven ind nakomelingen, doit ader noch in dem leven synt.

Bei der Gründung des Klosters war die Namensnennung noch deutlicher zur Sprache gekommen, denn die Kreuzbrüder verpflichten sich am 15. Juni 1488 schriftlich, sich in der Messe vor der Gabenbereitung zum Volke umzukehren und es insbesondere für die Stifter beten zu lassen, wobei jeder gesondert mit Namen und Zunamen zu nennen ist:

Sall der preister [...] der die irste misse uf den dach doin wirt, in der missen vur dem offertorium sich zo dem volke in der kirche da vergadert is, umbkeren ind doin bidden [...] insonderheit vur de vurbenante steifter ind anhever des vurs. Cruytzbroder ordens unser liever frauwen dale zo Erensteyn ind eynen eglichen besonder mit yren namen, zonamen as dan herna beschreven voulgt[102].

In Ehrenstein waren die Stifter in den Chorfenstern und auf den Grabsteinen bildlich dargestellt: Ihre in der Namensnennung konstituierte Gegenwart dürfte dadurch als noch ‚gegenwärtiger' empfunden worden sein.

Was für das Gedächtnis der Toten galt, galt gleichermaßen im mittelalterlichen Rechtsleben und seinen sozialen Beziehungen. Michael Borgolte hat die Stiftungen des Mittelalters aus rechts- und sozialhistorischer Sicht erforscht und kommt zu dem Ergebnis: „Die Nennung des Namens [des Verstorbenen] wird der körperlichen Anwesenheit gleich geachtet"[103]. Nun bilden gerade die rechtlichen und sozialen Aspekte des Totengedächtnisses bei der Sorge für das Seelenheil eine wichtige Rolle. Die Stiftung in der vormodernen Gesellschaft war, in Borgoltes Definition, „eines der Mittel und Rechtsformen [...], durch die die Gegenwart der Toten gesichert und aktualisiert wurde". Borgolte verdeutlicht, dass es nach der Vorstellung

---

[99] Otto Gerhard Oexle, Die Gegenwart der Toten, in: Herman Braet/Werner Verbeke (Hgg.), Death in the Middle Ages (Mediaevalia Lovaniensia, Series I, Studia IX), Leuven 1983, S. 19-77, hier Abschnitt 1 ohne Seitenzahl.
[100] Otto Gerhard Oexle, Memoria in der Gesellschaft und in der Kultur des Mittelalters, in: Joachim Heinzle (Hg.), Modernes Mittelalter, Frankfurt am Main/Leipzig 1994, S. 297-323, hier S. 308-309.
[101] Michael Borgolte, Die Stiftungen des Mittelalters in rechts- und sozialhistorischer Sicht, in: Zeitschrift der Savigny-Stiftung für Rechtsgeschichte, Heft 105, Kanonistische Abteilung 74 (1988), S. 71-94, hier S. 87, verweist auf Rupert Berger, Die Wendung *offere pro* in der römischen Liturgie, Münster 1965, S. 233.
[102] FWA 2853, Revers des Generalpriors des Kreuzbrüderordens und des Priors und Konvents *Unser liever Frauen dael* zu Ehrenstein vom 15. Juni 1488.
[103] Borgolte 1988 (wie Anm. 101), S. 87, zitiert Heinrich Mitteis, Das Recht als Waffe des Individuums, in: Die Rechtsidee in der Geschichte. Gesammelte Abhandlungen und Vorträge, Weimar 1957, S. 514-523, hier S. 518.

der Zeit die Stifter selbst waren, die auch nach ihrem Tode jeweils neu die Erträge ihres Vermögens den Stiftungsberechtigten zur Verfügung stellten. Weil sie als fortdauernde Personen angesehen wurden, konnte es zwischen den Stiftern und den Empfängern der Güter auch eine Wechselbeziehung geben. Die Gabe, die die Stiftung darstellte, begründete den Anspruch der Stifter auf eine Gegengabe. Die immer wieder aufgerufene Gegenwart der Toten fungierte so als ständige Mahnung an die Lebenden, sich an die Stiftungsintentionen zu halten und die Gegengabe zu erbringen[104].

6. Profane Stiftungsgründe: das profane Gedächtnis der Verstorbenen

Die Memoria oder das Toten-Gedächtnis, das heißt, das Gedenken der Verstorbenen durch die Lebenden, unterschied sich im 15. Jahrhundert wesentlich vom heutigen Gedenken. Einerseits begegnen wir der – fast obsessiven – Beschäftigung mit dem Seelenheil. Anderseits war das Gedächtnis nicht nur ein religiöses Phänomen. Es ging nicht nur um das Seelenheil. Es umfasste auch das profane Gedenken. Wir werden nun schauen, welche Aspekte des nicht-religiösen Gedenkens in dem Stiftungskomplex in Ehrenstein und Ütgenbach begegnen.

6a. Pfarrrechte und Grablege in Ehrenstein: Rechts- und Besitzsicherung, Herrschaftsbildung

Bertram und Margarethe hatten die ehemals Ütgenbachsche Herrschaft geerbt und sahen sich nun vor die Aufgabe gestellt, dieses Erbe für die Familie zu sichern und auszubauen. Ob Bertrams Vater, Wilhelm von Nesselrode und seine zweite Frau, Eva von Ütgenbach, viel Zeit in Ehrenstein verbracht haben, ist nicht bekannt. In ihren Ehevertrag des Jahres 1446 war die Bedingung aufgenommen, dass Adams Frau, Maria von Alfter, nach dem Tode ihres Mannes *restlich ind fredelich* in Schloss und Herrlichkeit Ehrenstein wohnen bleiben dürfe *sunder eynich hyndernisse van hern Wilhelm ind Even eluden*[105]. Tatsächlich war Maria von Alfter 1457 Witwe[106]. In dem Wittumsbrief vom 1. März 1461, mit dem Wilhelm seiner zweiten Frau unter anderem die Burg Vilshelt als Wittum zuweist, ist nur die Rede von *beddonge, huyssrait ind ingedome* in seinen Wohnungen in Vilshelt und Köln, die Eva erhalten soll, wenn sie ihn überlebt[107].

Während Wilhelm von 1437 an fast immer als Herr zum Stein bezeichnet wird[108], tritt Bertram ab 1473 als Herr zu Ehrenstein auf[109]. Man kann deshalb davon ausgehen, dass Bertram und Margarethe die ersten Nesselrode waren, die sich Herr und Frau zu Ehrenstein nannten[110] und wohl auch die Ersten der Familie, die ihren ständigen Wohnsitz in Ehrenstein einrichteten. Ihnen oblag somit die Sorge und Verantwortung für die ihnen anvertraute Herrschaft.

Konkret bedeutete dies, dass Bertram und Margarethe sich sofort bemühten, ihre Herrschaft rechtlich zu sichern. Es muss ihre erste Priorität gewesen sein, ihre Nachfolge der Herrschaft offiziell vom Landesherrn bestätigt zu bekommen. Dennoch vergingen mehr als zehn Jahre –

---

[104] Borgolte 1988 (wie Anm. 101), S. 91-92.
[105] Strange (wie Anm. 24), Heft 9, S. 12-13.
[106] Strange (wie Anm. 24), Heft 9, S. 13.
[107] Kastner (wie Anm. 3), II, 804.
[108] Soweit bekannt wird Wilhelm nur im Heroldsbuch des Hubertusordens, BJK, ms. germ. quart 1479, fol. 92r, als Herr zu Ehrenstein aufgeführt.
[109] Siehe Anm. 67.
[110] BJK, Heroldsbuch des Hubertusordens, ms. germ. quart 1479, fol. 91v und 93r.

wie im folgenden Absatz 6b. ausführlich zu Sprache kommen wird – nach dem Tod des Wilhelm von Nesselrode, bis Bertram im Jahr 1485 von Erzbischof Hermann von Hessen mit Ehrenstein belehnt wurde[111]. Gleichzeitig erwarben Bertram und Margarethe 1476 die Pfarrrechte für die Kapelle, die Wilhelm unterhalb der Burg errichtet und dotiert hatte. Dieser Schritt leuchtet durchaus ein. Denn es war für den Adel nicht ungewöhnlich, sich im Zuge ihrer Herrschaftsbildung um die Pfarrrechte für den zu ihrer Burg gehörigen Flecken zu bemühen. Durch den Erwerb von Pfarrrechten unterstrichen sie ihre Eigenständigkeit und schränkten die Möglichkeiten fremder Einflussnahme in ihrem Bereich ein[112].

Nach dem Erwerb der Pfarrrechte begannen Bertram und Margarethe mit dem Bau der neuen Kirche, die als Pfarrkirche, Burgkirche und nicht zuletzt auch als herrschaftliche Grablege dienen sollte. Wie im Absatz 5. dargelegt, war die Grablege von Anfang an Teil des Gesamtkonzeptes. Modern ausgedruckt, ging es das Stifterehepaares um den Ausbau der Infrastruktur ihrer Herrschaft, der durchaus in die Herrschaftsbildung passte. In diesem Zusammenhang dürfte eine von Kurt Andermann gemachte Beobachtung aufschlussreich sein. Andermann schreibt, dass in der Übergangszeit vom späten Mittelalter zur frühen Neuzeit auch die Grablege in zunehmendem Maße als fester Bestandteil einer Residenz angesehen wurde „als wichtiges, weil Kontinuität dokumentierendes ‚Herrschaftszeichen' einer legitimen Dynastie"[113]. Nun bezieht sich dieses Zitat zwar auf die Residenzen von Landesherren und ist deshalb etwas hoch gegriffen. In gewisser Weise trifft es aber doch auch für die Verhältnisse in Ehrenstein zu und ist als solches bezeichnend für die Selbsteinschätzung und die Aspirationen der Stifter.

6b. Die Wappen in Ehrenstein: Adlige Abstammung als Herrschaftslegitimation oder rechtlicher Besitzsanspruch?

Oexle kommt zum Ergebnis, dass die Memoria – er meint in diesem Kontext das profane Toten-Gedächtnis – für adlige Geschlechter während des Mittelalters von wesentlicher Bedeutung war. Er schreibt dazu: „Ohne Memoria gibt es keinen ‚Adel' und deshalb auch keine Legitimation für adlige Herrschaft"[114]. Den Zusammenhang zwischen Memoria und Herrschaft erläutert er so: „Adel wird konstituiert durch die Überzeugung einer langen und herausragenden Abstammung. Diese wird in der Memoria sichtbar. Da im Nachweis einer langen Abstammung auch ein Nachweis der Befähigung zur Herrschaft liegt, ist Memoria bei Adel zugleich Grundlage jeglicher Herrschaftslegitimation. Deshalb steht Memoria am Beginn der Konstituierung adliger Geschlechter"[115].

Sowohl in Ehrenstein als auch in Ütgenbach sind Wappen erhalten. Sie befinden sich an ihren ursprünglichen Plätzen[116]. Die Wappen in Ehrenstein sind etwa dreißig Jahre älter und geben Aufschluss über das Wappen in Ütgenbach.

---

[111] Strange (wie Anm. 24), Heft 9, S. 13.
[112] Kurt Andermann, Kirche und Grablege. Zur sakralen Dimension von Residenzen, in: Kurt Andermann (Hg.), Residenzen: Aspekte hauptstädtischer Zentralität von der Frühen Neuzeit bis zum Ende der Monarchie (Oberrheinische Studien 10) Sigmaringen 1992, S. 159.
[113] Andermann (wie Anm. 112), S. 185. Die Bezeichnung ‚Herrschaftszeichen' stammt von Edith Ennen.
[114] Otto Gerhard Oexle, Memoria als Kultur, in: Otto Gerhard Oexle (Hg.), Memoria als Kultur (=Veröffentlichungen des Max-Planck-Instituts für Geschichte 121, Göttingen 1995, S. 38.
[115] Oexle 1994 (wie Anm. 100), S. 312-313.
[116] Die Wappen in den Stichkappen des Gewölbes in Ehrenstein waren bei der Instandsetzung der Kirche 1977-1979 herausgenommen und völlig willkürlich wieder eingesetzt worden. Die ursprüngliche Anordnung der Wappen ist auf Fotos aus der Zeit vor dem Zweiten Weltkrieg festgehalten: Paul Clemen (Hg.)/Heinrich Neu/Hans Weigert, Die Kunstdenkmäler des Kreises Neuwied (=Die Kunstdenkmäler der Rheinprovinz, Band

Bertram und Margarethe haben an sechs Stellen in der Kirche von Ehrenstein Wappen hinterlassen: an der Altarmensa, an den Chorkonsolen, in den Stichkappen des Gewölbes, in den Chorfenstern, auf ihren Grabsteinen und auf dem – schon im Absatz 3a. erwähnten – Taufkessel. Die Altarmensa trägt die Wappen Nesselrode und Burscheid, der Taufkessel das Allianzwappen Nesselrode/Burscheid: Sie stehen für Bertram und Margarethe.

Abb.21: Kirche zu Ehrenstein, Chorfenster, Stifter und ihre Wappen in den unteren zwei Zeilen der Glasbilder (Foto LN)

In den Chorfenstern sind die Wappen den jeweils darüber knienden Person zugeordnet. Im mittleren Fenster sind die beiden Ehen von Bertrams Vater, Wilhelm von Nesselrode, dargestellt: in der Mitte Nesselrode, Landsberg heraldisch links, Ütgenbach heraldisch rechts. Das Wappen der Swenold von Landsberg steht, wie es der ersten Frau gebührt, zur Linken Wilhelms, zur so genannten Spindelseite[117]. Wilhelms Wappen ist gewendet. Es befolgt den heraldischen Brauch, wonach das vordere von zwei zusammengehörigen Wappen, das heißt das Wappen zur Schwertseite, sich aus Courtoisie zur Spindelseite wendet[118]. Beim Nesselrode-Wappen ist dies nur am Kleinod der Helmzier ersichtlich: Der rote Brackenkopf mit dem silbernen Turnierkragen schaut zur Spindelseite, zu dem Landsberg-Wappen[119]. Weil

---

16, II), Düsseldorf 1940, S. 101 und Hans Kisky, Ehrenstein (=Rheinische Kunststätten), Neuss 1962, S. 15. Die Wappen wurden 2006 wieder in ihrer ursprünglichen Anordnung zurück versetzt.

[117] Die erste Frau nahm immer den ersten Platz an der Seite ihres Mannes ein: das heißt zur Linken ihres Mannes. Dieser heraldische Brauch geht darauf zurück, dass der Mann das Schwert in der Regel mit der Rechten führte und seine Frau mit dem Schild in der Linken beschützte. Die zweite Frau wird meistens hinter der ersten Frau dargestellt. Hier kniet Eva von Ütgenbach hinter ihrem Mann. Auch das Wappen der Ehefrau steht immer heraldisch links vom Wappen ihres Mannes. Heraldisch rechts bzw. links bedeutet: vom Wappen aus gesehen, also nicht vom Betrachter aus gesehen.

[118] Donald L. Galbreath/Leon Jequier, Handbuch der Heraldik, München 1989, S. 87-89; Adolf Matthias Hildebrandt/Ludwig Biewer (Bearbeitung)/Herold, Verein für Heraldik, Genealogie und verwandte Wissenschaften (Hg.), Handbuch der Heraldik, Insingen 1998/2002, 19. Auflage, Hamburg 2007, S. 153.

[119] Galbreath/Jequier (wie Anm. 118); Hildebrandt/Biewer (wie Anm. 110); Der Brackenkopf schaut hier (heraldisch) nach links, statt üblicherweise nach rechts.

Eva die zweite Frau war, tritt das Ütgenbach-Wappen hinter das Landsberg-Wappen zurück. Im linken Fenster befinden sich unter den Porträts von Bertram und Margarethe die Wappen Nesselrode und Burscheid, im rechten Fenster die Wappen von Margarethes Eltern Burscheid und Gimborn. (Abb. 21)

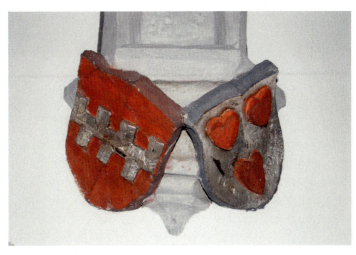

Abb.22: Kirche zu Ehrenstein, Chorkonsole links mit Allianzwappen Nesselrode-Burscheid (Foto LN)

Auf den Chorkonsolen kommt das Landsberg-Wappen nicht vor, während das Ütgenbach-Wappen eine zweifache Aussage hat. Vom Schiff aus erblicken wir auf der Konsole links das Nesselrode und auf der gegenüberliegenden Chorseite, zur Spindelseite, Ütgenbach. Vom Schiff aus sehen wir also die Allianz Wilhelm von Nesselrode und Eva von Ütgenbach. (Abb. 20) Erst wenn man den Chor betritt, bemerkt man, dass sich zur Spindelseite des Nesselrode-Wappens, an derselben Konsole, das Burscheid-Wappen befindet. Von diesem Standort aus gesehen, sind auf der Evangelienseite die alten Herren von Ehrenstein und ihnen gegenüber die neuen Herren von Ehrenstein, nämlich Bertram und Margarethe, heraldisch dargestellt. So erzählen die Wappen der Chorkonsolen, wie Bertram und Margarethe durch Wilhelms zweite Ehe die Nachfolger der alten Herren von Ütgenbach zu Ehrenstein wurden. (Abb. 22)

Abb.23: Kirche zu Ehrenstein, Kirchenchor, Wappen in den Stichkappen des Chorgewölbes, aus: Paul Clemen (Hg.)/Heinrich Neu/ Hans Weigert, Kunstdenkmäler des Kreises Neuwied, Düsseldorf 1940, Abb. 85

In den Stichkappen des Chorgewölbes befinden sich noch weitere fünf Wappen: Ütgenbach in der Achse des Chores, heraldisch rechts davon Landsberg und Nesselrode, heraldisch links Nesselrode und Burscheid. Sie stehen für Bertrams Eltern, Bertrams Stiefmutter Eva von Ütgenbach sowie Bertram und Margarethe selbst. Diese Wappen sprechen wiederum von der alten und der neuen Herrschaft zu Ehrenstein, wobei dem Wappen der Eva von Ütgenbach gleichzeitig der Ehrenplatz und der zweite Platz an Wilhelms Seite eingeräumt ist.

Kilian Heck hat die genealogische Bedeutung der Wappenschlusssteine der Marienkirchen in Hanau und Büdingen untersucht und kommt zu folgender, allgemein gültiger Feststellung: „Die Kategorie *ad sanctos*, die bei den mittelalterlichen Grablegen so bedeutsam ist, wird auch bei den Genealogien des späten

15. Jahrhunderts als regulativ aufrechterhalten"[120]. Das heißt: Je wichtiger die Wappen, umso näher befinden sie sich zum Altar, zur Achse des Chorpolygons. So hat im Ehrensteiner Chorgewölbe das Wappen der Eva von Ütgenbach den Ehrenplatz in der Chorachse. Bertram und Margarethe selbst nehmen dort die letzten Plätze ein: heraldisch links vom Ütgenbach-Wappen, gegenüber von den Wappen von Bertrams Eltern. (Abb. 23)

Bertram und Margarethe ließen im Ehrensteiner Chor lediglich die Wappen ihrer Eltern darstellen. Demnach war es ihnen nicht, wie zum Beispiel in den Marienkirchen von Hanau und Büdingen, um den Nachweis einer langen, adligen Abstammung zu tun[121]. Auf ihren Grabsteinen finden sich jeweils die Wappen von vier Ahnen, was in Anbetracht der Gepflogenheiten des frühen 16. Jahrhunderts eher bescheiden ist. Es ist jedoch nicht so, dass sie keine weiteren Ahnen vorzuweisen gehabt hätten, denn im Heroldsbuch des Hubertusordens sind acht Ahnen von Bertram und sechzehn Ahnen von Margarethe aufgeführt[122]. Die verschiedenen Wappengruppen, ob in den Fenstern, an den Chorkonsolen oder im Gewölbe, können also nicht dazu bestimmt gewesen sein „die Überzeugung einer langen und herausragenden Abstammung" im Sinne von Oexles oben zitierter Definition adliger Memoria nachzuweisen. Dennoch waren auch die Wappen im Ehrensteiner Chor als „Legitimation der Herrschaft" gedacht, wenn auch auf andere Art und Weise als von Oexle definiert.

Die auffällige Rolle, die das Wappen der Ütgenbach auf den Chorkonsolen und in den Stichkappen des Gewölbes spielt, zeigt, dass es dem Stifterehepaar noch um etwas anderes ging als um das ehrenvolle Gedächtnis ihrer Eltern und Stiefmutter. Denn, indem die Wappengruppen die Nesselrodesche Nachfolge der Herren von Ütgenbach heraldisch darstellen, belegen sie auch die Rechtmäßigkeit ihrer eigenen Herrschaft. Als Bertram und Margarethe um 1480 den Chor der Ehrensteiner Kirche errichteten, waren sie von Köln immer noch nicht mit der Herrschaft Ehrenstein belehnt worden, obwohl sie schon mindestens ein Jahr vor dem Tod von Wilhelm von Nesselrode am 15. April 1474 dessen Nachfolge in Ehrenstein angetreten hatten[123]. Die Belehnung von Wilhelm von Nesselrode mit der Herrschaft Ehrenstein und den übrigen ehemalig Ütgenbachschen Gütern war dreißig Jahre zuvor schnell vonstatten gegangen. Nachdem Wilhelm die verpfändeten Ütgenbachschen Güter eingelöst und seinem Schwager 1449 die Burg und Herrschaft Ehrenstein sowie die übrigen Güter, die diesem verblieben waren, abgekauft hatte, war er bereits 1451 von Köln damit belehnt worden[124]. Wilhelm hatte auch schon bei der Beredung seiner Ehe mit Eva von Ütgenbach 1446 dafür gesorgt, dass seine Belehnung schnell und problemlos erfolgen würde. In dem Ehevertrag, der von dem Kölner Erzbischof Dietrich von Moers mitvermittelt und besiegelt wurde, waren Wilhelm Zusagen über künftige Belehnungen gemacht worden[125]. Hermann Graf von Nesselrode berichtet, dass die Urkunde gerade an der Stelle beschädigt ist, sodass nicht erkennbar ist, um welche Lehnsgüter es sich handelt. Es müssen aber Güter aus dem Besitz des Adam von Ütgenbach gewesen sein, denn die Nesselrodeschen Güter unterstanden bergischer, nicht kurkölnischer Lehnshoheit[126].

---

[120] Kilian Heck, Genealogie als Monument und Argument, München 2002, S. 109-12.
[121] Heck (wie Anm. 120), S. 112, verweist auf Klaus Peter Decker, Zum Wappenwesen des Hauses Ysenburg-Ysenburg, in: Herold 11 (1986) S. 321-340, hier S. 332: In Büdingen und Hanau handelt es sich um die heraldische Genealogie, nämlich um die acht Ahnen der Urgroßeltern-Generation des Erbauers und seiner Frau. Decker betrachtet die Büdinger Wappenreihen als eines der frühesten Beispiele ihrer Art, die ab 1480 für den Rhein-Main-Raum und darüber hinaus als Vorbild galten.
[122] BJK, ms. germ. quart. 1479, fol. 92r und fol. 88v-89r.
[123] Siehe Anm. 67.
[124] Strange (wie Anm. 24), Heft 9, S. 13; Gensicke (wie Anm. 29), S. 203.
[125] Nesselrode 2008 (wie Anm. 16), Anlage 9.
[126] Hermann Graf von Nesselrode (wie Anm. 64).

Die im Folgenden geschilderten Umstände erläutern, weshalb sich das Verhältnis zu Dietrichs Nachfolger Ruprecht von der Pfalz schon wenige Jahre nach dessen Wahl 1463 zum neuen Erzbischof verschlechterte und Bertrams Belehnung auf sich warten ließ.

Wilhelm von Nesselrode und seine drei Söhne gerieten mit dem neuen Erzbischof Ruprecht in offenen Konflikt, als Ruprecht in seiner Geldnot dazu überging, den Pfandherren die verpfändeten erzbischöflichen Güter wegzunehmen. Außerdem lasteten sie Ruprecht an, dass dessen Diener den Ordensbruder des Hubertusordens, Graf Wilhelm von Blankenheim, ermordet hätten. Am 6. März 1468 verbanden sie sich mit Johann Herzog von Kleve, Wilhelm Graf zu Virneburg und einer Reihe anderer Herren und Ritter zur Fehde gegen den Erzbischof[127]. Einer der geschädigten Pfandherren war Bertrams Schwiegervater, Dietrich von Burscheid. Als der Erzbischof und der jülichsche Erbhofmeister sich ein Jahr später verglichen, wobei Ruprecht die Pfandsumme von 12000 Gulden und 900 Gulden Rente für die Einlösung zahlen musste, zeigte sich, dass Dietrich von Burscheid bei der Fehde aktiv von Bertram unterstützt worden war[128]. Die Einsetzung Hermanns von Hessen als Stiftsverweser im Jahr 1473 bedeutete den Beginn der großen Kölner Stiftsfehde. Gegen Ruprecht standen vor allem das Domkapitel, die drei Hauptstädte Andernach, Bonn und Neuss und die Pfandherren in der Ritterschaft[129]. Obwohl die bischöfliche Kurie, die sich vor der Belagerung von Neuss gezwungen sah, nach Rheinberg umzuziehen und 1478 vor dem Zugriff des Stiftsgubernators Hermann von Hessen auf klevisches Gebiet in Sicherheit gebracht wurde, bis zum Sommer 1480 funktionsfähig war[130], erfolgte Bertrams Belehnung mit Ehrenstein nicht. Erst im Jahr 1485 sollte Erzbischof Hermann von Köln, nachdem er selbst bis November 1485 auf die Verleihung der Regalien hatte warten müssen[131], Bertram mit den Burgen Ehrenstein und Kreuzberg, den Höfen zu Ütgenbach und Schöneberg, dem Zehnten zu Kalscheid, als auch mit fünfzig Rheinischen Gulden Manngeld belehnen, wie sein Vater damit belehnt gewesen war, mit dem Zusatz, dass die beiden Burgen dem Erzstift zu jeder Zeit offen sein sollten[132].

Es ist festzuhalten, dass die Herrschaftslegitimation im Ehrensteiner Chor nicht, wie Oexle bei anderen mittelalterlichen Stiftungen beobachtet hat, im Nachweis einer langen und hervorragenden Abstammung liegt. Die Wappen in Ehrenstein sind in Verbindung mit der Legitimität des Besitzanspruches zu verstehen. Denn sie stehen für urkundlich belegbare, rechtskräftige Tatsachen: Die Nesselrodesche Legitimation beruhte auf dem von dem Kölner Erzbischof mitbesiegelten Ehevertrag von Wilhelm von Nesselrode und Eva von Ütgenbach, auf der Urkunde, mit der Wilhelm seinem Schwager Ütgenbach die Burg und Herrschaft Ehrenstein und sonstige Güter abgekauft hatte, auf Wilhelms Belehnung von Köln mit diesen ehemals Ütgenbachschen Gütern sowie auf Wilhelms Testament, mit dem er diese Güter seinem Sohn Bertram vermachte.

---

[127] Lacomblet (wie Anm. 39), IV, 340, Urkunde vom 6. März 1468.
[128] Lacomblet (wie Anm. 39), IV, 347, Urkunde vom 23. März 1469.
[129] Wilhelm Janssen, Das Erzbistum Köln im späten Mittelalter 1191-1515, Zweiter Band, Erster Teil, Köln 1995, S. 279.
[130] Janssen 1995 (wie Anm. 129), S. 283-284.
[131] Janssen 1995 (wie Anm. 129), S. 287.
[132] Strange (wie Anm. 24), Heft 9, S. 13.

6c. Das Wappen in Ütgenbach: Adlige Abstammung als Herrschaftslegitimation oder rechtlicher Besitzanspruch?

Abb.24: Kapelle zu Ütgenbach von Süden, aus: Paul Clemen (Hg.)/Heinrich Neu/ Hans Weigert, Kunstdenkmäler des Kreises Neuwied, Düsseldorf 1940, Abb. 354

Bertram und Margarethe gründeten ihre Stiftung in Ütgenbach im Jahr 1499. Da Margarethe im Jahr 1502 starb, war es wohl Bertram allein, der veranlasste, dass der um 1200 erbauten, romanischen Kapelle zu Ütgenbach ein neuer Chor im gotischen Stil mit einem Kreuzrippen-Gewölbe angefügt wurde. Der Türsturz des Südportals trägt eine Jahrzahl, die Heinrich Neu und Hans Weigert in ‚Die Kunstdenkmäler des Kreises Neuwied' als 1450 lasen[133]. Ulf Lind hat jedoch überzeugend nachgewiesen, dass es 1510 ist[134]. (Abb. 24), (Abb. 25), (Abb. 26)

Abb.25: L. Hobach, Südportal der Kapelle zu Ütgenbach 1856-1857

Abb.26: Jahreszahl 1510 am Südportal der Kapelle zu Ütgenbach 1960 (Foto Hermann Graf Nesselrode)

In seinem Nach-Testament vom 27. August 1510 bat Bertram seinen Nachfolger in Ehrenstein – seinen Neffen Wilhelm von Nesselrode, ältesten Sohn seines Bruders Johann Herr zu Palsterkamp – die Kapelle zu Ütgenbach fertigzustellen: die *kirche zo oetgebach vort reyde*

---

[133] Clemen (Hg.)/Neu/Weigert (wie Anm. 116), S. 395.
[134] Ulf Lind, Rätselhafte Jahreszahlen in Ütgenbach und Flammersfeld, in: Heimatbuch des Kreises Altenkirchen 2008, S. 65-68.

Abb.27: Kapelle zu Ütgenbach, Schlussstein des Chorgewölbes, Allianzwappen Ütgenbach-Nesselrode (Foto LN)

mache wille[135]. Der zweite Schlussstein des Chorgewölbes der Kapelle zeigt das Allianzwappen Ütgenbach-Nesselrode. Das Wappen ist geviertelt: Ütgenbach im ersten und dritten, Nesselrode im zweiten und vierten Quartier. Nach heraldischem Brauch befindet sich das so genannte vordere Wappen zur Schwertseite (vom Betrachter aus links oben und rechts unten), das so genannte folgende Wappen zur Spindelseite (rechts oben und links unten). Hier ist Ütgenbach das führende Wappen, Nesselrode folgt. Dieses Allianzwappen bezieht sich also nicht auf Bertrams Vater Wilhelm von Nesselrode und dessen Frau Eva von Ütgenbach. Die frühere, irrtümliche Lesung der Jahreszahl als 1450 schien dies nahe zu legen. Das Allianzwappen ist von Bertram hinterlassen. Es ist um 1510 zu datieren. Wie die Wappen im Ehrensteiner Chor zeigt es Bertrams juridisches Denken: Es steht nicht für eine lange und hervorragende Abstammung, sondern für die alte Herrschaft der Ütgenbach und die neue Herrschaft der Nesselrode. (Abb. 27)

6d. Burgen und Ordensinsignien: Rechts- und Besitzsicherung, Streben nach politischem Einfluss

Im mittleren Chorfenster ist die Kreuzigung vor dem Hintergrund der heimischen Burg Ehrenstein dargestellt. Die rosarot bräunlich gefärbte, gegen den blauen Himmel ragende Burg erstreckt sich über vier Felder des mittleren Fensters, mitten im Bild direkt hinter Christus am Kreuz. Die farblich hervorgehobene Burg steht in Kontrast zur restlichen Landschaft, die abgesehen von den grünen Baumwipfeln in Grisaille ausgeführt ist. Die rote Burg und der tiefblaue Wölkchenhimmel bilden den Hintergrund, vor dem das Inkarnat des Korpus am goldbraunen Kreuz sich wiederum farblich abhebt. Die Burg Ehrenstein befindet sich zwar im Hintergrund des Bildes, sticht aber dennoch durch ihre Platzierung und Farbgebung ins Auge. Die bewusst auffällige Abbildung der ursprünglich Ütgenbachschen Burg Ehrenstein befindet sich nicht nur in der Mitte des Kreuzigungsbildes und deshalb im Bedeutungszentrum des Glastriptychons, sondern auch über dem knienden Wilhelm von Nesselrode und seinen beiden Frauen sowie unter dem Ütgenbachschen Wappen im Gewölbe. Diese Disposition veranschaulicht erneut, wie sich die Nesselrodesche Nachfolge der Herren von Ütgenbach in Ehrenstein zugetragen hatte. Wie die Wappen in den Stichkappen der

---

[135] FWA 2878, Druck: Nesselrode 2008 (wie Anm.16), Abschrift Ulf Lind, Anlage 12, S. 66.

Abb.28: Kirche zu Ehrenstein, mittleres Chorfenster, die Burg Ehrenstein (Foto LN)

Gewölbe und an den Konsolen, so sind auch diese Bilder durchaus im Sinne der Rechts- und Besitzsicherung zu verstehen. (Abb. 28)

In den Glasbildern geht es unter anderem um die Demonstration der Macht. Macht war die Voraussetzung für politische Einflussnahme, die Rechts- und Besitzsicherung ermöglichte. Im 15. Jahrhundert war die Macht einer Familie noch verknüpft mit ihren Burgen. Abgesehen von der physischen und materiellen Macht, die der Besitz einer Burg darstellte, war die Verfügungsgewalt über eine Burg in standesrechtlicher Hinsicht wichtig, denn erst in Verbindung mit Burgbesitz qualifizierte Ritterbürtigkeit zur Landstandschaft[136]. Josef Fleckenstein weist daraufhin, dass auch das standesrechtlich für das Rittertum so wichtige Fehderecht sich über die Jahrhunderte des späten Mittelalters dank der praktischen, alltäglichen Burgennutzung erhielt. Burgbesitz war für die Sicherung des Fehderechts nicht unbedingt erforderlich, denn notfalls konnte man sich das Nutzungsrecht an einer, für den speziellen Fall günstig gelegenen Burg verschaffen. Besitz von Burg und Herrschaft waren allerdings unbedingt notwendig, „wollte man das adlige Standesrecht voll ausschöpfen, Hoheitsrechte wahrnehmen und selbständig politisch handeln"[137]. (Abb. 29)

---

[136] Janssen 1976 (wie Anm. 12), S. 318-319.
[137] Josef Fleckenstein, Ritter und Burg, in: Josef Fleckenstein (Hg.), Das ritterliche Turnier im Mittelalter. Beiträge zu einer vergleichende Formen- und Verhaltensgeschichte des Rittertums (Veröffentlichungen des Max-Planck-Instituts für Geschichte 80), Göttingen 1985.

Abb.29: Kirche zu Ehrenstein, Chorfenster, vlnr. die Burgen Burscheid, Ehrenstein und hypothetisch Stein, Fotomontage (Foto LN)

Bertram und Margarethe haben Wilhelm von Nesselrode und sich selbst mit den Insignien des jülich-bergischen Ordens vom heiligen Hubertus darstellen lassen. Wilhelm trägt zusätzlich das Wellenhalsband des klevischen Antoniusordens. Die ursprünglichen Bildnisse der Eltern Burscheid sind verloren gegangen. Die Burgen und die Ordensinsignien, die in den Ehrensteiner Chorfenstern abgebildet sind, verkörperten die beiden Hebel der Macht, die der Wahrung und Durchsetzung der Nesselrodeschen Familieninteressen dienten. Während die Macht, die von den Burgen ausging, oben skizziert wurde, bedarf die durch die Ordensinsignien dargestellte Macht, noch einiger Erläuterung. Spätestens seit dem Jahr 1476 gehörten Bertram und Margarethe dem jülich-bergischen Orden vom heiligen Hubertus an. In diesem Jahr schwuren sie sich bei Herzog Wilhelm von Jülich-Berg auf, der nach dem Tod seines Vaters als Landesfürst und Ordenssouverän nachgefolgt war[138]. Als Herzog Wilhelm 1481-1482 mit dem Bruderschaftsbuch eine Bestandsaufnahme der Mitglieder, die während seiner Regierung dem Orden angehörten, anlegen ließ, befand sich der Orden auf dem Höhepunkt seiner Blüte[139]. In den um 1480 entstandenen Porträts im Chor der Ehrensteiner Kirche kommt die Position, die Bertram und Margarethe innerhalb des Hubertusordens einnahmen, durch das Material, in dem ihre Ordensinsignien gearbeitet sind, zum Ausdruck. Im ersten Artikel der neuen, von Herzog Wilhelm am 22. Januar 1476 erlassenen Ordensstatuten, heißt es: *Zum ersten soll der Orden, den wir und unsere Ritterschaft tragen, von Goldt oder Silber seyn, nach eines Jeglichen Standt und Geburth*[140]. In den Ehrensteiner Chorfenstern tragen Bertram, Margarethe und Wilhelm goldene Ordensketten mit anhängenden, goldenen Kleinodien. Die durch Silberlot hervorgehobenen und durch die Bleieinfassung akzentuierten, goldenen Insignien fallen besonders ins Auge. (Abb. 13), (Abb. 14) (Abb. 31)

Über die Rolle, die der Orden im Verlauf des 15. Jahrhunderts im Herzogtum Jülich-Berg spielte, ist zwar wenig bekannt, aber doch ausreichend, um eine gewisse Vorstellung von seiner Bedeutung, einerseits für den Ordenssouverän, andererseits für die Mitglieder zu bekommen. Lahrkamp sieht die Gründung des Hubertusordens „nicht zuletzt in Rivalität zum

---

[138] BJK, ms. germ. quart. 1479.
[139] BSM, cod. icon. 318.
[140] J. Würdinger, Beiträge zur Geschichte der Gründung und der ersten Periode des bayerischen Hausritterordens vom heiligen Hubertus 1444-1709, in: Abhandlungen der historischen Klasse der bayerischen Akademie der Wissenschaften, 2. Abteilung, 1880, S. 172-214, hier S. 201.

Orden des Goldenen Vlieses"[141]. Holger Kruse/Werner Paravicini/Anreas Ranft betrachten sie als einen „Akt der Abgrenzung gegen den übermächtigen burgundischen Nachbarn"[142]. Lahrkamp spricht von der Bedeutung für die Festigung der fürstlichen Landeshoheit, da der Orden zur Treue gegen den Herrn verpflichtete, der ihn verlieh[143]. Sowohl in den älteren Ordensstatuten von Herzog Gerhard als auch in den neuen, von Herzog Wilhelm erlassenen Statuten wird die Loyalität zum Ordenssouverän als verpflichtend für die Ordensmitglieder hervorgehoben. Außerdem bedeutete die Gründung eines solchen, ambitiösen Ritterordens in den vierziger Jahren des 15. Jahrhunderts für einen Herzog „inzwischen die vornehmste Art, seine Stellung vor der Öffentlichkeit, besonders den Standesgenossen zu repräsentieren"[144]. Somit gab es für den jungen Herzog Gerhard von Jülich-Berg eine Reihe politischer Motive, die die Gründung eines eigenen jülich-bergischen Ritterordens wünschenswert machten. Der direkte Anlass für die Ordensgründung bot sich Herzog Gerhard in dem unerwarteten Sieg über die geldrische Übermacht am Hubertustag 1444 bei Linnich.

Infolge der geistigen Umnachtung des Ordensgründers verlor das Ordensleben etwa zwanzig Jahre nach der Schlacht bei Linnich an Elan[145]. Im Heroldsbuch des Ordens findet man von 1464 bis zum Tode Gerhards im Jahr 1475 nur wenige Eintragungen. Im Jahr 1475 nimmt die Ordensaktivität wieder zu und gipfelt 1476 in der Aufschwörung von sechsunddreißig Adligen beim neuen Landesfürsten. Am 22. Januar 1476 bestätigte Wilhelm Herzog von Jülich-Berg die Gründung seines Vaters und erließ neue Ordensregeln. Die Neubelebung des Hubertusordens diente den politischen Zielen des neuen Landesfürsten, denn wie sein Vater war Herzog Wilhelm bestrebt, seine Landeshoheit zu festigen, Jülich und Berg zu einer Einheit zu verschmelzen, Schulden zu tilgen und die von ihm zu Lehen gehenden Grafen und Herren der Nachbarschaft möglichst eng an sich zu binden[146].

Die Literatur schildert hauptsächlich die Interessen des Ordenssouveräns an dem Hubertusorden. Die Neubelebung des Ordens passte jedoch nicht nur in das politische Kalkül Herzog Wilhelms, sondern trug auch den Interessen des kapitalkräftigen und pfandbesitzenden jülich-bergischen Adels Rechnung. Der Grund für den Beitritt der mächtigsten Adligen von Jülich und Berg zum Hubertusorden hängt mit den beiden folgenden Fragen zusammen: Warum sah sich gerade der pfandbesitzende Adel im Herzogtum Jülich-Berg im Laufe des 15. Jahrhunderts zur politischen Einflussnahme und Mitverantwortung in der Landesregierung veranlasst? Und warum wirkte gerade er konstruktiv an Reformen in den Landständen mit, die am Anfang der Durchsetzung des frühmodernen Staates standen, ihre eigene privilegierte Position jedoch nur untergraben konnten? Die Antwort auf diese Fragen geben die Historiker.

Dieter Scheler hat die Rolle des Adels als Landstand und als landesherrlicher Gläubiger in Jülich und Berg von etwa 1420 bis 1580 untersucht. Die von ihm geschilderte Entwicklung spielt sich ab vor dem Hintergrund einer ständig wachsenden Mündigkeit der Landstände in den niederrheinischen Herzogtümern. Während im 14. Jahrhundert die zwei privilegierten Stände, Ritterschaft und Städte, vereinzelt vom Landesherrn zur Mitwirkung und Mitverantwortung in Landesangelegenheiten herangezogen worden waren, wurde im 15. und

---

[141] Helmuth Lahrkamp, Beiträge zur Geschichte des Hubertusordens der Herzöge von Jülich-Berg und verwandter Gründungen,, in: Düsseldorfer Jahrbuch 1959, S. 3-49, hier S. 6.
[142] Holger Kruse/Werner Paravicini/Andreas Ranft (Hgg.), Ritterorden und Adelsgesellschaften im spätmittelalterlichen Deutschland. Ein systematisches Verzeichnis (Werner Paravicini (Hg.), Kieler Werkstücke, D: Beiträge zur europäischen Geschichte des späten Mittelalters, Band 1), Frankfurt am Main 1991, S. 354.
[143] Lahrkamp (wie Anm. 141), S. 4.
[144] Kruse/Paravicini/Ranft (wie Anm. 142), S. 354-355.
[145] Lahrkamp (wie Anm. 141), S. 17-18.
[146] Lahrkamp (wie Anm. 141), S. 30.

16. Jahrhundert die ständische Mitbestimmung zu einer Verfassungsinstitution, die der Landesherr nicht mehr umgehen konnte[147]. Dabei war das Bewusstsein der Mitverantwortung für das Wohlergehen des Landes in den Ständen, mit Namen in dem lehntragenden Adel, tief verwurzelt. Georg Droege erklärt dies wie folgt: „Mit Hilfe des ligischen Lehnrechtes, das im ganzen Westen [des Reiches] verbreitet war, war ihr gesamtes Allod, Eigenrecht, an den Lehnsherrn übergegangen, der es den Ständen zu Lehen zurückgab, sodass sie nun in höherem Auftrag ihre Hoheitsrechte wahrnahmen. Die Stände lösten sich also, auch wenn sie sich im Westen zu Kurien und Landtagen vereinigten und dem Landesherrn selbständig handelnd gegenübertraten, nie aus dem Staatsverband. Im Gegenteil, da sie im wesentlichen Maße sich selbst als Land fühlten, wiesen sie den Landesherrn gerade immer auf seine Verpflichtungen gegenüber dem Land hin"[148].

Scheler, der seine Studie auf Jülich und Berg ausgerichtet hat, kommt zum Ergebnis, dass die Landstände, die in Jülich-Berg nur vom Adel und den Städten gebildet wurden, nicht nur konstruktiv zur Schuldenregelung des Staates beigetragen, sondern auch den Ausbau zentraler und lokaler Landesbehörden unterstützt sowie die Justizreformen gefördert haben: „Diese Mitarbeit habe schließlich die Identifizierung von fürstlichen und Landesinteressen unter dem Begriff des Gemeinwohls ermöglicht"[149]. Da in den Landständen von Jülich-Berg der Adel die Mehrheit besaß, war bei den Reformen die Mitarbeit des Adels und nicht, wie oft angenommen, die der Städte ausschlaggebend[150]. Wilhelm Janssen hatte schon früher auf die in den niederrheinischen Herzogtümern „merkwürdig parallel" laufenden „Landes- und egoistische Standesinteressen" hingewiesen[151]. Die Parallelität lag nicht auf der Hand. Im Gegenteil, der Adel hatte mit den Reformen einiges zu verlieren: „Wenn der Adel nämlich Nutznießer der landesherrlichen Verschuldung als Pfandherr und der unzureichenden Gerichtsorganisation als Fehdeberechtigter war und außerdem die wichtigsten fürstlichen Ämter bei Hof und zumeist auch die entscheidenden lokalen Verwaltungsämter inne hatte, warum ließ er sich die Machteinschränkung durch solche Reformen gefallen"[152]?

Der Herzog von Jülich und Berg brauchte Kredite, die weit über seine Einkünfte aus Steuern und Domänen hinausgingen[153]. Es gab jedoch ein Problem bei fürstlichen Anleihen: die mangelnde Kreditwürdigkeit der Territorialherren. Dies lag vor allem in dem schlechten Gläubigerschutz, denn es war schier unmöglich, einen Landesherrn gerichtlich zur Begleichung seiner Schulden zu zwingen[154]. So hatten zum Beispiel die mehrfachen Versuche des jülich-bergischen Herzogs, in der Reichsstadt Köln, der damals größten deutschen Stadt

---

[147] Wilhelm Janssen, Kleve-Mark-Jülich-Berg-Ravensberg 1400-1600, in: Land im Mittelpunkt der Mächte. Die Herzogtümer Jülich-Kleve-Berg, Ausstellungskatalog Kleve/Düsseldorf, Kleve 1984, S. 17-40, hier S. 26.
[148] Georg Droege, Die Ausbildung der mittelalterlichen territorialen Finanzverwaltung, in: Hans Patze (Hg.), Der deutsche Territorialstaat im 14. Jahrhundert, Sigmaringen/München 1970, S. 325-345, hier S. 344-345.
[149] Scheler (wie Anm. 20), S. 121; Janssen 1984 (wie Anm. 146), S. 26-27; Wilhelm Janssen, Kleine Rheinische Geschichte, Düsseldorf 1997, S. 113.
[150] Scheler (wie Anm. 20), S. 121: In der Regel werden diese Reformen „mit der Vorstellung vom wachsenden Einfluss gelehrter bürgerlicher Räte und von Städten verbunden, denen an rationaler Finanzpolitik und Rechtssicherheit gelegen gewesen sei. Adel und Geistlichkeit werden dagegen als eher retardierende Elemente gesehen".
[151] Janssen 1984 (wie Anm. 147), S. 27.
[152] Scheler (wie Anm. 20), S. 121.
[153] Erich Wispelinghoff, Der bergische Herzogshof um die Mitte des 15. Jahrhunderts, dargestellt nach der Hofhaltungsrechnung des Jahres 1446/1447, in: Düsseldorfer Jahrbuch 57/58, 1980, S. 26: Diese jülich-bergische Hofhaltungsrechnung zeigt Einnahmen von 9300 Gulden und Ausgaben von 18670 Gulden.
[154] Scheler (wie Anm. 20), S. 124, verweist auf B. Kuske, Die Entstehung der Kreditwirtschaft und des Kapitalverkehrs (Kölner Vorträge 1), 1927, wieder gedruckt in: B. Kuske, Köln, der Rhein und das Reich, Köln 1956, S. 48-137, hier S. 102-108.

mit einem bedeutenden Kapitalmarkt, Geld aufzunehmen, wenig Erfolg[155]. Nachdem deshalb das Bürgertum als Gläubiger des Landesherrn ausschied, wurde der Adel zum wichtigsten Darlehnsgeber, wobei ihm zur Absicherung Ämter und sonstige landesherrliche Einkünfte verpfändet wurden. Demzufolge verknüpften sich die Interessen des Pfandbesitz haltenden Adels mit den Interessen des Landesherrn, denn die Solvenz des Landesherrn war für die betreffenden Adligen ebenso wichtig, wie deren Darlehensfähigkeit und Darlehensbereitschaft für den Landesherrn[156]. So ist es durchaus nachvollziehbar, dass der pfandbesitzende Adel seinen Einfluss in den Landständen nutzte, um „die Landesherren zu einer ordentlichen Verwaltung ihrer Güter und Einnahmen zu zwingen sowie von unüberlegten und kostspieligen außenpolitischen Abenteuern abzuhalten"[157], mit anderen Worten, um Reformen durchzusetzen, die zu einer rationalen Finanzpolitik und Rechtssicherheit führen sollten.

Wenn man die Interessen, die für die Familien mit Pfandbesitz auf dem Spiel standen, in Erwägung zieht, verwundert es nicht, dass sie über ihren Einfluss im Landtag hinaus die höchsten Hof- und Landesämter anstrebten, die die dauernde Zugehörigkeit zum Rat des Herzogs und damit zusätzlichen Einfluss auf den Gang der Dinge mit sich brachten. Denn Pfandbesitz war voller Risiken. Drei Beispiele, in die die Nesselrode involviert waren, mögen die Unwägbarkeiten des Geschäftes beispielhaft illustrieren: der 1451 drohende Verkauf des Herzogtums Berg an das Erzstift Köln durch den damals noch kinderlosen und hoch verschuldeten Herzog Gerhard II.[158], die gewaltsame Wegnahme der Pfandschaften im Jahr 1468 durch den Erzbischof Ruprecht[159] und die Zahlungsunfähigkeit des 1476 in finanzielle Not geratenen Grafen Vinzenz von Moers[160].

Das Heroldsbuch des Hubertusordens zeigt, wer die jeweils vier wichtigsten Hofämter zur Zeit der Entstehung der Ehrensteiner Chorfenster innehatte[161]. Die Eintragungen müssen nach 1473 gemacht sein, da Bertram von Nesselrode in dem Jahr erstmalig als bergischer Erbmarschall begegnet, und vor 1481, weil in dem Jahr der jülichsche Erbmarschall Engelbert Nyt verstarb[162]. Drei von den Jülichschen Hofamtsinhabern waren durch Heirat mit Bertram und seinen Brüdern verwandt: Engelbert Nyt von Birgel, der jülichsche Erbmarschall, Dietrich von Burscheid, der jülichsche Erbhofmeister und Godart von den Bongert, der jülichsche Erbkämmerer. Zwei von den bergischen Ämtern waren in Nesselrodescher Hand: Das Erbmarschallsamt hatte Bertram inne, das bergische Erbkämmerersamt sein Neffe Wilhelm, Sohn zum Stein, während Berthold von Plettenberg, der Schwiegersohn von Johann, Herr zum Stein, bergischer Hofmeister war. Die 1481-1482 erfolgte Bestandsaufnahme der Ordensmitglieder im Bruderschaftsbuch zeigt, dass diese vermögenden, pfandbesitzenden Adligen, die nahezu alle Hofämter bekleideten und die wichtigsten Amtmannsstellen innehatten, mit Ausnahme von Dietrich von Burscheid, unter der Regierung von Herzog Wilhelm dem Hubertusorden angehörten[163]. Und sie zeigt, dass über ein Drittel der erfassten Ordensmitglieder zur nächsten Verwandtschaft von Bertram und Margarethe gehörte[164].

---

[155] Scheler (wie Anm. 20), S. 124.
[156] Scheler (wie Anm. 20), S. 127.
[157] Janssen 1984 (wie Anm. 147), S. 27.
[158] Janssen 1984 (wie Anm. 147), S. 26.
[159] Nesselrode 2008 (wie Anm. 16), S. 179 und 287.
[160] Nesselrode 2008 (wie Anm. 16), S. 287-288.
[161] BJK, ms. germ. quart. 1479, fol. 14v und 80r.
[162] Siehe Anm. 67; Ernst von Oidtman, Der ehemalige Rittersitz Rath, auch Marschallsrath genannt, bei Mechernich, in: Zeitschrift des Aachener Geschichtsvereins 20 (1898), S. 1-8, hier S. 4.
[163] BSM, cod. icon. 318; Leonie Gräfin von Nesselrode, Ikonographie und historische Erkenntnis. Loyalität und Loyalitätskonflikt in den Chorfenstern von Ehrenstein dargestellt am jülich-bergischen Hubertusorden, in: Rheinische Vierteljahrsblätter, Jahrgang 75 (2011), S. 108-133.
[164] Nesselrode 2008 (wie Anm. 16), Anlage 20.

Demzufolge bildete der Hubertusorden ein Forum, das dem pfandbesitzenden Adel den Kontakt untereinander und zusätzlichen Einfluss auf den Gang der Dinge ermöglichte. Der Orden diente somit sowohl den Interessen des jülich-bergischen Herzogs als auch den Interessen der Mächtigsten seiner adligen Insassen. Aus dieser Konstellation ergab sich dann auch die Blüte des Ordens nach dem Regierungsantritt von Herzog Wilhelm.

Der Hubertusorden stellte jedoch auch eine Interessengemeinschaft der einflussreichsten, pfandbesitzenden Adligen untereinander dar. Denn in einem wichtigen Punkt unterschieden sich ihre Interessen von den Interessen des Herzogs. Scheler erläutert die divergierenden Interessen wie folgt: „Sowohl dem Herzog als auch dem pfandbesitzenden Adel war daran gelegen, dass Pfandschaften möglichst nur an adlige Insassen vergeben wurden, wobei es dem Fürsten um Vermeidung der Entfremdung, dem Adel um die Ausschaltung finanzkräftiger Konkurrenz von außen ging. Der Herzog war bestrebt, die Pfandschaften in einer Familie nicht erblich werden zu lassen, um so die Konkurrenz unter darlehensfähigen Adelsfamilien seiner Länder zu erhalten. Der vermögende Adel dagegen versuchte seinerseits durch planmäßige Übernahme von herzoglichen Schulden und durch politischen Einfluss die Konkurrenz auszuschalten. Außerdem versuchten die vermögenden und einflussreichen Familien durch eine gezielte Heiratspolitik ihren Besitz und Einfluss unter sich zu behalten"[165]. Gerade, was die gezielte Heiratspolitik des pfandbesitzenden und politisch einflussreichen Adels betrifft, zeigen das Heroldsbuch in Krakau und das Bruderschaftsbuch in München, dass in dieser Beziehung die mächtigen Familien bewusst ihre eigenen Interessen verfolgten.

Die Insignien des Hubertusordens in den Ehrensteiner Glasbildern bedeuten also keineswegs, dass Wilhelm, Bertram und Margarethe lediglich zu Repräsentationszwecken des Landesfürsten Mitglieder eines ambitiösen Ritterordens waren. Der Herzog hatte ihnen zugestanden, nach ihrem "*Standt und Geburth*" die Insignien in Gold zu tragen. Dies bedeutete die Anerkennung der Ehrensteiner Stifter als zu den Ersten im Lande gehörig. Ihre Mitgliedschaft im Hubertusorden fügte sich hervorragend ein in das Bestreben der Familie, durch politisches Engagement, sei es in den Landständen, Hofämtern und Amtmannsstellen, Einfluss auf die Landespolitik zu gewinnen und auszuüben. Man sieht Wilhelm, Bertram und Margarethe im Ehrensteiner Chor, andächtig kniend, aber mit ihren goldenen Ordensinsignien durchaus selbstbewusst, als Angehörige einer Familie, die durch Besitz, politischen Einfluss und Allianzen eine nicht zu übergehende Macht im Herzogtum Jülich-Berg darstellte. Die Chorglasbilder in Ehrenstein zeigen eine Familie, die sich nach einem beachtlichen Aufstieg während der hundert Jahre zuvor im Zentrum der Macht befand.

Es dürfte nun einleuchten, weshalb das Bedürfnis nach Rechts- und Besitzsicherung aufs Engste mit dem Bestreben nach politischem Einfluss verknüpft war. Dabei setzten die Nesselrode und die anderen pfandbesitzenden Familien von Jülich-Berg ihre führende Rolle in den Landständen und den politischen Einfluss, über den sie darüber hinaus verfügten, nicht nur im wohlverstandenen Eigeninteresse ein, sondern wirkten mit erstaunlicher Weitsichtigkeit an einer staatlichen Entwicklung mit, die zwar noch am Anfang stand, aber unaufhaltsam war. Folgende Feststellung von Wilhelm Janssen bezüglich der Landstände der niederrheinischen Herzogtümer im Allgemeinen, trifft auch auf sie zu: „Allemal aber nutzten sie die Gelegenheit, ihre Mitwirkungs- und Mitbestimmungsrechte in Landesangelegenheiten auszubauen und zu stärken. Gerade durch ihre Teilnahme an der Regierung und Verwaltung des Territoriums hoben sie dieses Territorium aus der Sphäre patrimonialer Denk- und Handlungsweisen in den Rahmen des sich jetzt allmählich ausbildenden öffentlichen Rechts.

---

[165] Scheler (wie Anm. 20), S. 128.

Sie verhalfen damit jener Sichtweise zum Durchbruch, die im Fürsten die *persona publica* von der *persona privata* unterscheiden lernte"[166].

6e. Die Vorgängerstiftung und die neue Stiftung in Ütgenbach: Rechts- und Besitzsicherung, Fortführung der uralten und ehrwürdigen Tradition

In der Urkunde der Armenstiftung 1499 sprechen Bertram und Margarethe von einer Stiftung ihrer Vorgänger in Ütgenbach: In den ersten vier Zeilen erfahren wir, dass die mittlerweile ausgestorbenen Edelherren von Ütgenbach, Herren zu Ehrenstein, vor langer Zeit ihre Kapelle in Ütgenbach mit Geld und Renten ausgestattet hatten. Diese Stiftung stammte aus der Zeit, als die Herren von Ütgenbach noch in Ütgenbach wohnten. Es war bevor deren Wohnsitz, die Burg zu Ütgenbach, zerstört wurde. Danach bis heute, so sagen Bertram und Magarethe, sind immer weniger Gottesdienste in der Kapelle zu Ütgenbach gehalten und nicht so geschehen, wie es sich gebührt hätte. Offensichtlich sind sie darüber verärgert, denn die Kapelle war von der Herrschaft von Ütgenbach finanziell in den Maßen ausgestattet worden, dass dort das ganze Jahr durch mindestens drei Messen pro Woche hätten gelesen werden sollen. Es sind weniger oder gar keine gehalten worden. Sie bitten den allmächtigen Herrgott, diejenigen zu verzeihen, die daran Schuld gehabt haben.

Josef Schäfer schreibt: „Ein großer Teil des Asbacher Kirchenvermögens stammt sicher aus direkten Stiftungen der Ütgenbacher, sie standen wohl anfänglich auf der Kapelle Ütgenbach und wurden später an die Pfarrkirche verlagert. Das gilt insbesondere für die Bruderschaft als jüngste Stiftung. Sie war mit dem Marienaltar und dem daran angestellten Vikar verbunden und trägt deutlich karitative Züge. In Ütgenbach selbst waren 3 Wochenmessen gestiftet, die ursprünglich vom Asbacher Pastor gelesen werden mussten und für die ihm die Last der *mensa pauperum*, einer Armenspeisung, oblag. Das war also ein Vorläufer der späteren Ehrensteiner Armenstiftung. 1499 waren die Messen aber schon aus der Übung gekommen"[167].

Abb.24: Kapelle zu Ütgenbach von Süden, aus: Paul Clemen (Hg.)/Heinrich Neu/ Hans Weigert, Kunstdenkmäler des Kreises Neuwied, Düsseldorf 1940, Abb. 354

---

[166] Janssen 1984 (wie Anm. 147), S. 113.

[167] Schäfer 1961 (wie Anm. 34), hier S. 82, leider ohne Quellenangabe; Laut Ulf Lind stützt Schäfer sich hier wohl auf den Bericht des Asbacher Pfarrers Vogt von 1726 an die Christianität Siegburg über die finanziellen und organisatorischen Verhältnisse der Pfarrei.

Im weiteren Verlauf ihrer Stiftungsurkunde kommen Bertram und Margarethe nochmals auf die Dotation der Herren von Ütgenbach für die Messen in der Kapelle zu Ütgenbach zu sprechen. Mit dem Asbacher Pastor und den unterzeichnenden Kirchenmeistern und Kirchengeschworenen haben sie, ohne auf ihre Ansprüche als Rechtsnachfolger der Herren von Ütgenbach zu verzichten, folgende gütliche Lösung gefunden. Es wird von nun an ständig ein Priester in Ütgenbach wohnen, der das ganze Jahr durch die drei Wochenmessen in der dortigen Kapelle lesen soll. Außerdem soll der Priester fünf arme Leute in dem neu gestifteten Spital betreuen und die Stiftungsgüter verwalten. Und er soll bei Bedarf in Asbach aushelfen. Die Pastoren von Asbach haben in der Vergangenheit die Stiftung der Herren von Ütgenbach an sich gezogen, dafür den für Ütgenbach bestimmten Priester bei sich im Haus untergebracht, beköstigt und entlohnt. Weil der Asbacher Pastor diese Leistung nun nicht mehr erbringen muss, wurde vereinbart, dass der Pastor von Asbach und seine Nachfolger dem Priester in Ütgenbach jährlich aus ihren Zehnten zwölf oberländische rheinische Gulden geben werden. Und der Priester darf die Kollekte, die jährlich auf dem Tag der Kapellenweihe in Ütgenbach anfällt, behalten. Die zwölf Gulden, die er nun aus seinem eigenen Einkommen an den Priester in Ütgenbach zahlen muss, waren wohl eine bittere Pille für den Asbacher Pastor. Um ihm entgegen zu kommen wird das Kirchspiel Asbach vier Gulden beisteuern: *und das darum und aus der Ursache, weil vorher diese Kapelle von der Herrschaft von Ehrenstein mit Renten und Geldern begabt gewesen ist, welche Renten und Gelder die Pastoren von Asbach vorzeiten an sich zogen, und darum den Priester in ihrem Haus und den beschriebenen Widumshof mit Kost und Lohn zu halten pflegen, (und weil) die Pastoren von dieser Kost und diesem Lohn nun in Zukunft (fürbass) frei und ledig sein und nichts mehr davon noch dafür ausgeben oder entbehren sollen, als allein die zwölf Gulden dieser erblichen, jährlichen Rente mitsamt dem Opfer, das auf (dem Jahrestag) der Kapellenweihe zu Ütgenbach jährlich anfallen wird, wie es vorn beschrieben steht, von welchen zwölf angesprochenen Gulden das vorn beschriebene Kirchspiel vier derselben Gulden gegeben und verordnet hat dem Pastor zu Hilfe und zugute, damit ihm allsolche Rente zu geben nicht zu schwer fiele und der Gottesdienst desto geförderter geschehen und vollbracht möchte werden.*[168] (Zeilen 42-44)

Außer den zwölf Gulden an jährlichen erblichen Rente aus Asbach, bekommt der Priester in Ütgenbach als jährliche Erbrente noch weitere fünf Gulden von Bertram und Margarethe: *Und hierzu haben ihm (dem Priester der Kapelle zu Ütgenbach) die genannten Herr Bertram und Frau Margriete, seine eheliche Hausfrau, an jährlicher Erbrente noch fünf oberländische Gulden gegeben und überwiesen, von diesem ‚Ende', nämlich unserem Hof zu Dasbach, und dann noch an und aus den obigen Gütern, Gulden und Renten* (Zeile 45)

Das letzte Wort über die Arbeitsweise der Stiftung, die Vergabe der Pfründen sowie die Besetzung der Priesterstelle in Ütgenbach blieben Bertram und Margarethe sowie den nachfolgenden, rechtmäßigen Herren von Ehrenstein vorbehalten: *Es ist auch in dieser Gründungsurkunde mit verordnet, dass zu allen Zeiten, wie es die Not gebührt, ein Herr und rechter Erbe des Schlosses Ehrenstein der Stiftungsgeber dieser Kapelle erblich und ewig*

---

[168] Der Satz *damit ihm solche Rente zu geben nicht zu schwer fiele und der Gottesdienst desto geförderter geschehen und vollbracht möchte werden* fehlt in der am 4. 2. 1867 von dem Asbacher Pastor Andreas Nikolaus Franke von der Alfter-Abschrift angefertigten Abschrift im Pfarrarchiv Asbach. Aus der Asbacher Abschrift wird also nicht klar, dass es sich um ein Entgegenkommen an den Asbacher Pastor handelte. Die Asbacher Abschrift wurde von folgenden Heimathistorikern benutzt: Johann Peter Reidt, Ehrenstein, Krankel bei Asbach, 1908, S. 68-79; Josef Schäfer, Von der Ehrensteiner Armenstiftung zur Multiplesklerose-Stiftung in Asbach, in: Heimatkalender der Landkreises Neuwied 1965, S. 62-64, 1966, S. 101-105; Josef Schellberg, Die Ehrensteiner Armenstiftung – Rückblick und Nachlese, in: Asbach Westerwald. Bilder und Berichte aus den letzten 200 Jahren, Asbach 1990, S. 50-56; Barbara Haas, Berzbach. Ein Dorf feiert 500 Jahre Ehrensteiner Armenstiftung, Berzbach 1999, S. 12-28.

sein soll und durch den jeweiligen Prior zu Ehrenstein präsentiert werden soll (Zeilen 47-48) *Und ebenso* (ist verordnet), *dass der jeweilige Herr zu Ehrenstein allezeit, wenn der jeweilige Priester ablebig wird, einen anderen Priester daran setzen und bringen möge* (Zeile 49) *soll alle Zeit der angesprochene derzeitige Propst zu Kerpen* (als Kommissar des Kölner Erzbischofs) *mit Willen und Zutun eines Herren und Erben zu Ehrenstein Macht haben, den Priester des Dienstes der genannten Kapelle zu entsetzen und einen anderen Priester daran zu setzen, der dann auch gleichermaßen angenommen werden sowie verpflichtet und gebunden sein* (Zeilen 54-55).

Dem Prior des Klosters Ehrenstein war eine Kontrollfunktion zugeteilt: Ihm musste der Priester von Ütgenbach jährlich Rechenschaft ablegen. Der Priester musste geloben, die Güter und Vermögenswerte der Stiftung in Stand zu halten und niemals zu verkaufen, zu versetzen oder ähnliches: *nicht zu verkaufen, zu verbringen, aufzusplissen* (aufzusplittern, aufzuteilen), *wüst fallen zu lassen, zu versetzen oder zu einzelnen anderen Händen zu bringen, sondern die getreu zu verwahren und in gutem Bau zu halten, ganz nach seinem besten Verstand zu verbessern und nicht ärger werden zu lassen, wie es dem gebührt.* (Zeile 51)

6f. Historiographie und historische Erinnerung: Aufstieg nach dem Niedergang, Würdigung des Wilhelm von Nesselrode

Bertram und Margarethe lebten in einer Zeit des Wandels. Sie standen an der Schwelle zur Frühen Neuzeit, zur Renaissance in Europa. Die ‚Renaissance' bezeichnet den Übergang vom Mittelalter zur Neuzeit. Es war eine Zeit des Aufbruchs, die die ganze Welt des damaligen Menschen umfasste und auf vielfältige Weise zum Ausdruck kam: eine Neuentdeckung der Welt und des Menschen, eine ‚Wiedergeburt' individualistischer Leistungen nach einer langen Unterbrechung seit dem klassischen Altertum. Diese Neuentdeckung des Menschen als Individuum brachte unter anderem mit sich, dass man begann, sich neu auf die eigene Geschichte zu besinnen und sich seinen eigenen Platz in dieser Geschichte bewusst zu werden. Dies lässt sich bei Bertram und Margarethe trefflich beobachten.

Die Glasbilder im Chor der Ehrensteiner Kirche sind der visuelle Kristallisationspunkt der Stiftungen von Bertram und Margarethe. Hier dokumentierten sie unter anderem die Vergangenheit: Sie wollten den Ruhm und die Leistung ihrer Vorfahren festhalten. An welche ruhmreichen Taten sollten sich die Betrachter der Ehrensteiner Chorfenster erinnern? Der Niedergang der Familie nach der Gefangennahme des Albert Sobbe von Leysiefen und dem Verkauf des Stammsitzes *castrum* Leysiefen 1280 an den Grafen von Berg war kein Ruhmesblatt. Diese unglücklichen Ereignisse hatten sich sicherlich tief ins Familiengedächtnis eingeprägt. Bertram und Margarethe wussten davon[169]. Vielleicht wollten sie gerade deshalb zeigen, wie die Nesselrodeschen Vorfahren sich wieder hochgearbeitet hatten und sie nun zu den Ersten im Lande gehörten. Die Ehe von Bertram und Margarethe war kinderlos[170]. Dies könnte erklären, weshalb Bertram, der jüngste der drei Nesselrode Brüder, das Gedächtnis des Vaters Wilhelm zu seinem Anliegen machte.

---

[169] Sammlung E. von Oidtman (wie Anm. 14), S. 269: Warum hätte Bertram sonst seinem kinderlosen Vetter Wilhelm von Nesselrode zu Rath und Stolberg, Herr zu Reydt, das Haus Nesselrath und den alten Stammsitz Leysiefen abgekauft und sie seinem Neffen Wilhelm von Nesselrode, Herr zum Stein, vermacht?

[170] FWA 2869; Druck: Nesselrode 2008 (wie Anm. 16), Abschrift Ulf Lind, Anlage 12: Bertram hatte einen natürlichen Sohn, Johann von Nesselrode, Pastor zu Overrath. 1503 kaufte er für 120 rh. Gulden eine Rente von 6 Gulden für ihn, die nach Johanns Tod an das Hospital in Ütgenbach fallen sollte; FWA 2878: Bertram vermachte in seinem Nachtestament vom 12. August 1510 seiner natürlichen Tochter, die er nach Merten ins Kloster gegeben hatte, 100 Goldgulden *dat ma(n) it damyt v(er)soerge(n) wille*".

In den Chorfenstern von Ehrenstein nimmt Bertrams Vater, Wilhelm von Nesselrode, Herr zum Stein, den Ehrenplatz ein. Die Darstellungen entsprechen den formalen Gepflogenheiten des 15. Jahrhunderts. Wilhelm ist platziert in der Chorachse. Neben ihm knien seine beiden Ehefrauen: zur Linken die erste Frau, Swenold von Landsberg, zur Rechten die zweite Frau, Eva von Ütgenbach. Vom Betrachter aus im linken Seitenfenster sind Bertram von Nesselrode und Margarethe von Burscheid dargestellt. Im rechten Seitenfenster knien Margarethes Eltern. Diese Personen sind alle im Halbprofil abgebildet. Die Ritter schauen zu den Frauen, die sich wie gebräuchlich links von ihnen, zur Spindelseite, befinden. Die Frauen haben sich ihren Ehemännern zugewandt. Wilhelm schaut zu seiner ersten Frau, während er seiner zweiten, in schwarz gekleideten Ehefrau den Rücken kehrt. Wie im späten Mittelalter und auch im 15. Jahrhundert noch durchweg üblich, sind die sieben Personen nicht alle gleich groß dargestellt. Es gibt drei Abstufungen im Bedeutungsmaß. Am größten sind Wilhelm und seine erste Frau Swenold. Eva von Ütgenbach ist deutlich kleiner, während Bertram und Margarethe wiederum kleiner sind als Eva[171]. Die beiden Felder mit Margarethes Eltern, Dietrich von Burscheid und Adelheid Kruwel von Gimborn, sind nicht erhalten: Die heutigen Porträts sind Ergänzungen. (Abb. 21)

Wilhelms Wappen, ebenfalls in der Achse des Chorpolygons, unterscheidet sich von den anderen in Größe und Aufstellung. Während die übrigen Wappen sich neigen und zur Seite schauen, steht das Schild von Wilhelms Wappen senkrecht und das Visier schaut nach vorn.

Auf seinem Porträt im Ehrensteiner Chor trägt Wilhelm die Insignien von zwei Ritterorden: des klevischen Ordens vom heiligen Antonius dem Eremiten und des jülich-bergischen Ordens vom heiligen Hubertus[172]. Das Wellenband und das goldene T-Kreuz des Antoniusordens springen ins Auge. Der klevische Orden verdeckt den jülich-bergischen zum größten Teil. Das goldene Jagdhorn des Hubertusordens ist gerade noch unter dem Antoniusorden auszumachen. Es ist allerdings anzunehmen, dass die ursprüngliche Verbleiung der Ordensinsignien schmaler war, sodass man das goldschimmernde Jagdhorn aus größerer Entfernung erkennen konnte.

Der Hubertusorden wurde am Hubertustag 1444 von Herzog Gerhard II. von Jülich-Berg nach dem überraschenden Sieg über Herzog Arnold von Geldern bei Linnich gegründet. Der Schlachtruf der Jülicher und Berger hatte *Sint Hoppert* gelautet. Verschiedene spätere Autoren berichten, dass Herzog Gerhard die ersten Ritter noch auf dem Schlachtfeld von Linnich in den Orden berief. Im Heroldsbuch des Hubertusordens findet man Wilhelm aufgelistet unter den Teilnehmern der Schlacht: als erster der zwölf bergischen Ritter[173]. Als die Glasbilder für die Ehrensteiner Chorfenster in Auftrag gegeben wurden, hatten die Hubertusschlacht und die Ordensritter der ersten Stunde einen fast legendären Status erreicht. So erinnerte Herzog Wilhelm von Jülich-Berg im Jahr 1476, als er den Orden nach seinem Regierungsantritt bestätigte, an die zahlenmäßige Überlegenheit der Gelderschen in der Schlacht: *in welchem Streith die Geldrischen mehr denn drey Mann gegen Einen des Volkes unsseres lieben Herrn und Vatters hatten*[174]. Den Sieg hätten sein Vater und die Seinen nur dem Allmächtigen Gott und dem heiligen Marschall Hubertus zu verdanken.

---

[171] Gemessen an den Fotos des Restaurierungsberichtes 1972 der Firma Oidtmann, die alle denselben Maßstab haben, sind Wilhelm in der Mitte und Swenold zu seiner Spindelseite je 11,5 cm, Eva in Schwarz 9,5 cm, Bertram und Margarethe im linken Seitenfenster je 8 cm groß. Gemessen wurde vom Scheitel bis zu den Knien.
[172] Zum jülich-bergischen Hubertusorden: Leonie Gräfin von Nesselrode, Neue Erkenntnisse zum Heroldsbuch und Bruderschaftsbuch des jülich-bergischen Hubertusordens, in: Jahrbuch für westdeutsche Landesgeschichte 36 (2010), S. 131-162 und Nesselrode 2011 (wie Anm. 163).
[173] BJK, ms. germ. quart. 1479, fol. 13v und fol. 48r, Druck: Nesselrode 2008 (wie Anm. 16), Anlage 16; Nesselrode 2010 (wie Anm. 172), Abb. 4-5.
[174] NWHSA, Stift Jülich 84, Druck: Würdinger (wie Anm. 140), S. 201.

Obwohl Wilhelm einer dieser ruhmreichen Ritter der Hubertusschlacht war, trägt er in den Ehrensteiner Chorfenstern den Hubertusorden unter den klevischen Antoniusorden. Friedrich Gorissen, der den wenigen Spuren, die der Antoniusorden hinterlassen hat, nachgegangen ist, kam zu dem Ergebnis, dass Herzog Adolf I. von Kleve den Orden zwischen 1420 und 1435 gegründet hat[175]. (Abb. 30), (Abb. 31)

Abb.30: Kirche zu Ehrenstein, mittleres Chorfenster, Wilhelm von Nesselrode (Foto LN)

Abb.31: Kirche zu Ehrenstein, mittleres Chorfenster, Wilhelm von Nesselrode mit dem Klevischen Antoniusorden und dem fast verdeckten Jülich-Bergischen Hubertusorden

In welchem Zusammenhang Wilhelm den klevischen Orden erhielt, lässt sich bei der heutigen Quellenlage nur erraten. Eins kann man aber mit Sicherheit sagen: Wenn Bertram, der bergische Erbmarschall, seinen Vater, den verstorbenen bergischen Landdrost, in den Ehrensteiner Chorfenstern – das heißt im Mittelpunkt seines Lebenswerkes – mit dem auffälligen klevischen Orden darstellen ließ, dann muss Wilhelms Ruhm in Zusammenhang mit Kleve noch größer gewesen sein als sein Ruhm als Ritter der Hubertusschlacht.

Könnte es die Rolle gewesen sein, die Wilhelm, möglicherweise im Auftrag, jedenfalls mit Gutheißung des jülich-bergischen Herzogs, bei der Schlichtung des Streites zwischen Herzog Adolf von Kleve und seinem Bruder Gerhard von Kleve-Mark spielte? In diesem Streit stand Herzog Gerhard von Jülich-Berg auf Seiten von Kleve-Mark. Am 27. Juni 1437 wurde der sechsjährige Friede, der zuvor durch Vermittlung des Kölner Erzbischofs Dietrich von Moers und des Grafen Friedrich von Moers zwischen den klevischen Brüdern geschlossen worden war, auf Lebzeit von Gerhard von Kleve-Mark verlängert. Der ausgehandelte Kompromiss beinhaltete, dass Herzog Adolf die Vogteien von Essen und Werden, sein Bruder Gerhard die Grafschaft Mark bekam, die allerdings bei Gerhards Tod an Kleve zurückfallen sollte.

---

[175] Friedrich Gorissen, Der klevische Ritterorden vom heiligen Antonius, in: Heimatkalender für das Klever Land, 1963, S. 29-49, hier S. 35-37.

Gerhard von Mark-Kleve nennt als einen seiner Amtmänner, die den Frieden zu halten geloben *Wilhem van Nesselroede Wilhems son unsen amptman ther Nyerstat*[176].

Die historische Erinnerung, die in den Fenstern des Ehrensteiner Kirchenchores bildlich festgehalten ist, die Historiographie durch die Glasbilder, betrifft an erster Stelle Bertrams Vater. Die Glasbilder sind ein Denkmal für Wilhelm von Nesselrode. Der phänomenale Aufstieg der Nesselrode zum Stein im 15. Jahrhundert lag einerseits in ihrem finanziellen Geschick, der Übernahme von Schulden der Landesfürsten, und anderseits – und dies nicht zuletzt – auch in den administrativen Fähigkeiten, mit der die Hofämter und Amtmannsstellen ausgeübt, die Pfandschaften und der eigene Besitz verwaltet wurden. Der Aufstieg der Familie vollzog sich über drei Generationen: Bertrams Großvater Wilhelm der Alte, Bertrams Vater Wilhelm Wilhelms Sohn, ab 1435 Herr zum Stein, und die Generation von Bertram und seinen beiden Brüdern. Der wirkliche *pater familias*, der die Möglichkeiten der Zeit erkannte und sie voll nutzte, war Bertrams Vater, Wilhelm von Nesselrode, Herr zum Stein.

6g. Historiographie und historische Erinnerung: die Rechtsvorgänger, die Edelherren von Ütgenbach und Eva von Ütgenbach, die letzte Ütgenbacherin zu Ehrenstein

Die Gründungsurkunde der Armenstiftung fängt an mit Historiographie: Bertram und Margarethe blicken zurück auf die Geschichte der Wasserburg/Motte und der Kapelle zu Ütgenbach und der ausgestorbenen Edelherren von Ütgenbach zu Ehrenstein:
Dass die Adelsherrschaft von Ütgenbach, die Herren zu Ehrenstein seligen Toten-Gedächtnisses, vor langen Jahren ihre Wohnung und ihren Sitz zu Ütgenbach im Kirchspiel von Asbach und daselbst, vor und bei ihrer Wohnung, eine Kapelle gehabt (haben), *die sie binnen der Freiheit vor dem Schloss gebaut und mit etlichen Geldern und Renten (wiederkehrenden Einnahmen) begabt haben. Diese ihre Wohnung – und Schloss – zu Ütgenbach ist zerstört und zerbrochen worden* (Zeilen 1-2)

Wohl zur gleichen Zeit als Bertram und Margarethe 1499 ihre Stiftung in Ütgenbach gründeten, begannen sie mit der Instandsetzung der dortigen Kapelle. Denn mutmaßlich war diese, nachdem die Burg der Herren von Ütgenbach zerstört und die heiligen Messen in Vergessenheit geraten waren, ebenfalls der Vergessenheit und dem Zerfall preisgegeben gewesen. Warum setzen Bertram und Margarethe die Kapelle instand, wo doch die dazugehörige Burg zerstört war und nicht wieder aufgebaut wurde? Und warum war ihnen überhaupt daran gelegen, die Kapelle von Ütgenbach zum Mittelpunkt ihrer neuen Stiftung zu gestalten? Wo sie doch auf der Burg Ehrenstein wohnten? Und wo sie doch dort gerade die Kirche und das Kloster in Ehrenstein gestiftet und erbaut hatten? Die Antwort kann nur in der sehr langen, ehrwürdigen Geschichte der Kapelle zu Ütgenbach als Gotteshaus und Herrschaftsgrablege liegen. Denn, wenn die Vorgänger-Kapelle zu Ütgenbach tatsächlich eine Eigenkirche war, konnten die Edelherren von Ütgenbach und ihre Vorfahren auf eine wahrlich lange Tradition zurückblicken. Diese Tradition würdigten Bertram und Margarethe mit ihrer Stiftung in Ütgenbach, indem sie an die Stiftung ihrer Vorgänger, der Edelherren von Ütgenbach, anknüpften und diese weiterführten.

Mit ihren Stiftungen bewahren und pflegen Bertram und Margarethe das Gedächtnis ihrer Rechtsvorgänger und Vorfahren. Im Ehrensteiner Kirchenchor steht das Gedenken an

---

[176] Lacomblet (wie Anm. 39), IV, 224; *Nyerstat* ist Bergneustadt.

Bertrams Vater, Wilhelm von Nesselrode, zwar im Vordergrund, aber gleichzeitig ist die historische Erinnerung an die Edelherren von Ütgenbach unübersehbar. Die heimische, ehemals Ütgenbachsche Burg Ehrenstein befindet sich im Zentrum des Glastryptichons hinter der Kreuzigung. Durch ihre rosarote Farbgebung gegen den blauen Himmel lenkt sie die Aufmerksamkeit auf sich. Über die Burg Ehrenstein nimmt das Ütgenbach Wappen in der Stichkappe des Gewölbes den Ehrenplatz in der Chorachse ein. Unter der Kreuzigung kniet Eva von Ütgenbach, die letzte Ütgenbacherin zu Ehrenstein, hinter ihren Mann, Wilhelm von Nesselrode. Wilhelm war 1474 verstorben, Eva lebte noch als die Chorfenster geschaffen wurden. Mit ihrem Porträt haben Bertram und Margarethe auch ihr ein historiographisches Denkmal gesetzt. (Abb. 32)

Abb.32: Kirche zu Ehrenstein, mittleres Chorfenster, Eva von Ütgenbach (Foto LN)

Eva ist, gehüllt in einem tiefschwarzen Mantel, als Witwe zu erkennen. Nun war Schwarz als Trauerfarbe hier zu Lande im 15. Jahrhundert keineswegs selbstverständlich. Im 14. Jahrhundert hatte man noch seine prächtigsten Gewänder, ob rot, blau oder grün, zu Ehren des Toten angelegt. Philippe Ariès bringt das Aufkommen von Schwarz als Farbe der Trauer in Verbindung mit neuen sozialen Konventionen, die dem offenen Ausdruck der Gewalt des Schmerzes nicht mehr stattgaben, sondern eher auf Würde und Selbstkontrolle Wert legten. Die schwarze Kleidung brachte die Trauer zum Ausdruck, die man mit Worten und Gebärden nicht mehr ausdrücken wollte[177]. Ein spektakuläres Beispiel für diesen Sinngehalt der Farbe Schwarz dürfte der Trauerzug von zweitausend Mann in prunkvollstem Schwarz geboten haben, mit dem der dreiundzwanzigjährige Burgunder Herzog Philipp der Gute 1419 nach der Ermordung seines Vaters durch die Diener des Dauphins dem französischen König und dem englischen König entgegen ritt. Philipp der Gute demonstrierte in Schwarz gegen das Verbrechen des französischen Hofes. Er sollte, in scharfem Kontrast zu seinem farbenfreudigen Hof, sein Leben lang Schwarz tragen.

Auch in den Miniaturen der Totenmesse des 15. Jahrhunderts klingen die von Ariès beobachteten, neuen Konventionen an. Darin wird vor Augen geführt, wie die hinterbliebenen Frauen sich in Schwarz hüllten, um ihrer Trauer würdevoll Ausdruck zu verleihen. Dabei ging es auch um die Wirkung dieser neuen Art des Trauerns. Die Absicht der schwarz verhüllten Frauen war gewiss nicht nur, in Anonymität zu versinken und alleine für sich zu trauern. Die Voraussetzung dafür, dass die Trauer in Schwarz und die damit verbundenen, neuen sozialen Konventionen zur Geltung kommen konnten, war, dass anschaulich gemacht wurde, wer die Trauernden waren. Genau das ist in mehreren Miniaturen zu sehen. Genau das ist auch im Ehrensteiner Chor zu sehen.

Abb. 33: Kirche zu Ehrenstein, mittleres Chorfenster, Eva von Ütgenbach in schwarzsamtener Witwentracht (Foto LN)

Eva von Ütgenbach dürfte mit der Witwentracht, mit der sie im Ehrensteiner Chor dargestellt ist, Aufsehen erregt haben. Nicht, weil Schwarz als Farbe der Trauer noch unbekannt war. Der unter Philipp dem Guten und Karl dem Kühnen auch im Rheinland Ton angebende burgundische Hof hatte seinen Einfluss in Bezug auf das Trauerzeremoniell sicherlich schon geltend gemacht. Die wirkliche Sensation lag in der Art, mit der Eva ihrer Trauer und ihrem Status als Witwe Ausdruck verlieh. Sie trug einen weiten Mantel aus schwarzem Samt, einem der kostbarsten Stoffe überhaupt, der sogar am burgundischen Hof unter Herzog Philipp dem Guten nur bei besonders feierlichen Anlässen für Trauerkleidung verwendet wurde[178]. Sie trug ihn äußerst elegant zusammen mit einer höfischen, burgundischen Spitzhaube. Der Mantel fiel bis auf den Boden und war am Saum mit weißem Pelz abgesetzt. Als Evas Porträt für den Ehrensteiner Chor entstand, lag der Tod ihres Mannes schon einige Jahre zurück. Die große Trauer hatte sie dann schon abgelegt[179]. Ihr Gesicht ist von einem hauchdünnen, weißen Stoff umrahmt und ihr Kleid, das unter dem Mantel hervorschaut, ist weinrot. Sie

---

[177] Philippe Ariès, Geschichte des Todes, München/Wien 1980, S. 210-211.
[178] Michèle Beaulieu, Le costume de Deuil en Bourgogne au XVe Siècle. Actes du XVIIIe Congrès International d'Histoire d'Art, Amsterdam 1952, S. 259-268, hier S. 260-261.
[179] Beaulieu (wie Anm. 178), S. 266: Aliénor de Poitiers: *En grand deuil, comme mari ou père...*

trägt das Kleid jedoch ungegürtet: ein auf die Antike zurückgehendes Zeichen der Trauer, das auch am burgundischen Hof beachtet wurde[180]. (Abb. 33)

Abb.34: Kirche zu Ehrenstein, mittleres Chorfenster, Wappen der Eva von Ütgenbach (Foto LN)

Evas Bildnis im Ehrensteiner Chor zeigt, dass sie ihre Trauer auf sehr persönliche Weise zum Ausdruck brachte. Die auf die burgundische Hoftrauer zurückgreifende Witwentracht wird im Rheinland der letzte Schrei in Modeangelegenheiten gewesen sein. Darüber hinaus stellt das Porträt die in den Miniaturen der burgundischen Stundenbücher zu beobachtende Würde und Selbstkontrolle der Witwe dar, die keinen anderen Ausdruck der Trauer benötigt als ihre schwarze Witwentracht. Das Porträt demonstriert nicht zuletzt Evas Status als Witwe eines sehr bedeutenden Mannes. Die schwarz verhangenen gotischen Fenster, die man in dem Kirchenraum hinter Eva erblickt, sind ebenfalls Zeichen der Trauer. Es gehörte zum burgundischen Trauerzeremoniell, dass Gemächer schwarz verhängt wurden. Aliénor de Poitiers, Hofdame am Hof von Herzog Philipp dem Guten, berichtet von dem schwarz ausgeschlagenen Gemach, in dem Madame de Charolais, die zweite Frau des Grafen von Charolais, dem späteren Karl dem Kühnen, sechs Wochen verbringen musste, nachdem ihr Vater, der Herzog von Berry, 1465 gestorben war. Sie sollte dort angekleidet mit prächtigem Mantel und der *barbette*, einem lang herabfallenden Trauerschleier, der um das Kinn geschlungen wurde, auf dem Bett liegen[181]. In Miniaturen der Totenmesse des 15. Jahrhunderts sind schwarze Fenster anzutreffen: zum Beispiel im Stundenbuch der Katharina von Kleve, Herzogin von Geldern, Tochter des Herzogs von Kleve und der Maria von Burgund, der Schwester von Herzog Philipp dem Guten[182].

Ulf Lind hat Eva von Ütgenbach einen Aufsatz gewidmet: ‚Edle Eva von Ütgenbach zu Ehrenstein. Pröbstin, fromme Frau, trauernde Mutter, Stiefmutter, Mutter der Armen, Witwe'[183]. Seine Nachforschungen haben viel bisher Unbekanntes ans Licht gebracht: unter anderem, dass Eva vor ihrer Ehe mit Wilhelm von Nesselrode Pröbstin des Stiftes Kaufungen

---

[180] Beaulieu (wie Anm. 178), S. 266 und Anmerkung 21: Aliénor de Poitiers: *Durant qu' on porte barbette et mantelet, il ne faut porter ni ceinture ni ruban de soye.*
[181] Beaulieu (wie Anm. 178), S. 266; Helmut Gilliam, Der Neusser Krieg. Wendepunkt der europäische Geschichte, in : Neuss, Burgund und das Reich (Schriftreihe des Stadtarchivs Neuss, 6), 1975, S. 201-335, hier S. 299.
[182] Pierpont Morgan Library, New York, Mss. M. 917 und M. 945, G-fol.169; John Plummer, The Hours of Catharine of Cleves, New York, 1966, Abbildung 100: um 1440.
[183] Lind 2011 (wie Anm. 68).

war. Die Stiftsdamen legten kein Gelübde der Ehelosigkeit und Armut ab, sondern hatten das Recht jederzeit unter Verzicht auf ihre Pfründe eine Ehe einzugehen. Lind schreibt, dass es sich bei den Konventsjungfern um hochgebildete adelige Frauen handelte, die wegen der Gottesdienstrituale des Lesens in Latein mächtig sein mussten; die Pröbstin als Vertreterin der Äbtissin konnte wohl auch rechnen und Deutsch schreiben[184]. Tatsächlich ist Eva im Ehrensteiner Chor mit einem Buch abgebildet – wie ihr Mann und ihre Stief-Schwiegertochter Margarethe.

Abb.35: Kirche zu Ehrenstein, mittleres Chorfenster, romanischer Raum hinter dem Ütgenbach Wappen (Foto LN)

In der untersten Zeile der Glasbilder sind die Wappen der Stifter dargestellt. Sie befinden sich in architektonischen Räumen, die für das späte 15. Jahrhundert archaisch anmuten. Es scheinen romanische Phantasie-Gebilden zu sein mit Kreuzrippengewölben und runden Fenstern: mit Ausnahme der Eva und dem Ütgenbach-Wappen. Eva selbst kniet, wie oben beschrieben, in einem gotischen Raum mit schwarz verhangenen Fenstern. Ihr Wappen steht in einem rechteckigen romanischen Raum, wie ein Erker oder eine Apsis, mit drei Rundbogenfenstern. Dieser Raum unterscheidet sich von den anderen, indem man von oben hineinschaut und die ganzen Rundbogenfenster mit den Fensterbänken sieht. Dieser Raum ist ‚realer' als die anderen. Wäre es denkbar, dass ein damals noch existierender, für die Stifter und für Eva von Ütgenbach historisch besonders bedeutsamer Raum dargestellt ist: der ursprüngliche Chorraum der Kapelle in Ütgenbach? (Abb. 34), (Abb. 35)

---

[184] Lind 2011 (wie Anm. 68), S. 93.

6h. Die Konstituierung des Geschlechts: Bertram und Margarethe, ein Glied in der Kette

Wer sich mit den Stiftungen von Bertram und Margarethe befasst, sei es in Ehrenstein, Ütgenbach, Bödingen, Süchterscheid oder sonstwo, ist von ihrem historischen Familienbewusstsein beeindruckt. Sie sahen sich als Glied einer Kette: das Glied zwischen den Vorfahren und den zukünftigen Generationen. In den Urkunden ihrer Stiftungen in Ehrenstein und Ütgenbach sprechen sie immer wieder von ihren Eltern und Vorfahren, von ihren Vorgängern in Ehrenstein, den Herren von Ütgenbach und Bertrams Vater Wilhelm von Nesselrode, derer es zu gedenken gilt und an deren Vermächtnis sie ausdrücklich anknüpfen. Gleichsam in einem Atemzug sprechen sie dann auch von ihren Erben, den nachfolgenden Herren von Ehrenstein, denen sie ihr Lebenswerk anvertrauen werden. Sie bezeugen die Fama der Familie sowohl für die Familie selbst, das heißt für die Generation der Stifter und die kommenden Generationen, als auch gegenüber der Außenwelt. Wie der Herold von Herzog Gerhard von Jülich-Berg über die Ritter der Hubertusschlacht schrieb: *omb alczit eyn wyssen dar van alwege zo haeuen*, damit die nachfolgenden Generationen sich erinnern[185].

Bertram und Margarethe dokumentierten nicht nur die Vergangenheit, sondern auch, wie sich die historischen Umstände auf die Gegebenheiten um 1480 auswirkten. Insofern stellen die Glasbilder zum Zeitpunkt ihrer Entstehung eine höchst aktuelle Momentaufnahme dar. Hier nur ein Beispiel: Die Dreikönigsszene im linken Chorfenster bezieht sich auf die burgundische Belagerung von Neuss im Jahr 1475. Durch die Schicksalswende für Herzog Karl den Kühnen, den burgundischen Abzug von Neuss, war Margarethes Vater, Dietrich von Burscheid, in einen Loyalitätskonflikt zwischen Burgund und Jülich-Berg geraten. Dieser Konflikt war Bertram und Margarethe keineswegs gleichgültig, vor allem nicht, da eine Entfremdung Dietrichs vom jülich-bergischen Herzog die Folge gewesen war. Mit dem Dreikönigsfenster suchen sie das Schicksal ihres Vaters beziehungsweise Schwiegervaters zu erklären[186]. Indem Bertram und Margarethe die Verbindung zwischen der Vergangenheit und dem Jetzt und Heute um 1480 herstellten, zeigten sie auch ihren eigenen Platz in der Familiengeschichte. In dem Sinne konstituieren die Glasbilder im Kirchenchor das Geschlecht.

Folgende Beispiele aus den Dezennien nach 1480 zeigen, dass Bertram und seine Brüder ihre Stellung im Lande behaupteten und an die nächste Generation weitergaben.
Als Erzbischof Hermann von Köln, Herzog Wilhelm von Jülich-Berg und die Stadt Köln am 9. November 1487 ein Bündnis schlossen, zur gegenseitigen Hilfeleistung im Kriegsfall, wurde die Urkunde auf jülich-bergischer Seite mitbesiegelt von dem jülichschen Landdrosten, Gotschalk von Harff, dem bergischen Landdrosten, Johann von Nesselrode, dem bergischen Erbmarschall, Bertram von Nesselrode, dem jülichschen Marschall Heinrich von Hompesch und dem bergischen Hofmeister Berthold von Plettenberg[187]. Heinrich von Hompesch, Herr zu Wickrath, war der zweite Ehemann von Margarethes Schwester, Sophia von Burscheid, und somit Bertrams Schwager. Berthold von Plettenberg war ein Schwiegersohn des Landdrosten Johann von Nesselrode. Die Eheberedung vom 25. November 1496 für die Ehe von Maria, der einzigen Tochter von Wilhelm Herzog von Jülich-Berg, und Johann, dem Sohn von Johann II. Herzog von Kleve, die zur Vereinigung der Herzogtümer Jülich, Berg, Ravensberg, Kleve und Mark führen sollte, wurde von bergischer Seite besiegelt von herzoglichen Räten, Angehörigen der Ritterschaft und Vertretern der Städte. Als Erste werden

---

[185] BJK, ms. germ. quart. 1479, fol.13v.
[186] Nesselrode 2011 (wie Anm. 163).
[187] Lacomblet (wie Anm. 39), IV, 436.

genannt: Bertram von Nesselrode, Erbmarschall, Willem von Nesselrode zum Stein, Landdrost, Johann von Elner, Johann von Nesselrode, Herr zu Palsterkamp, Wilhelm von Nesselrode zu Palsterkamp, Hausmarschall, dann folgen die weiteren bergischen Zeugen[188]. Schließlich ein Beispiel aus dem Jahr 1499: Als Herzog Wilhelm sich zu diplomatischen Verhandlungen nach Frankreich begab, führten während seiner Abwesenheit je vier jülichsche und vier bergische Räte die Statthalterschaft in Düsseldorf. Drei der bergischen Räte gehörten der Familie Nesselrode an. Es waren dies der Landdrost Wilhelm Herr zum Stein, der Erbmarschall Bertram Herr zu Ehrenstein und Johann Herr zu Palsterkamp[189].

7. Last but not least: Nächstenliebe, Seelsorge, Sorge für die Armen

Betrachtet man das Ergebnis ihres Wirkens in Ehrenstein und Ütgenbach, so wird deutlich, dass Bertram und Margarethe außer religiösen Motiven, Gott zu dienen und ihr Seelenheil zu erlangen, und profanen Absichten, seien sie familienpolitischer oder juristischer Art, noch andere Beweggründe hatten. Man braucht nur zu schauen, was ihre Stiftungen zu ihren Lebzeiten für die Menschen in ihrem Umkreis bedeuteten – von der segensreichen Wirkung der Kirche, des Klosters und der Armenstiftung bis auf den heutigen Tag ganz zu schweigen.

Als Bertram und Margarethe 1477 die Pfarrkirche in Ehrenstein stifteten und anschließend erbauten, ging es ihnen um die Seelsorge: *Item sall eyner van den vier priestern eyn pastoir syn van der vurs. kirspelskirchen, die dan die last ind sorghe der selen ind kirspelslude principaliter dragen ind ministriren ind allit doin sall, dat eynen pastoir geburt zo doin*

Bei der Gründung des Klosters des Kreuzbrüderordens in Ehrenstein am 4. Montag in September 1486 ging es ebenfall um die Seelsorge (hier in Übersetzung aus dem Latein): *Es betrifft auch die Seelsorge und die Leitung der Pfarrangehörigen, in Bezug auf die schon genannte Pfarre, welche jetzt und in die Zukunft richtig und getreu versorgt und ausgeübt und immer bei ihnen bleiben soll. So nämlich, dass sie den Burgbewohnern und den Einwohnern der Vorburg der genannten Burg Ehrenstein und anderen die zu der Pfarre gehören in der Seelsorge und pfarrlicher Leitung mit Beispiel, Wort und Lehre lobwürdig vorangehen. Für diese Sorge, sofern sie die Pfarre betrifft, soll einer von ihnen, der dazu fähig ist, und sich durch Leben und Sitten als geeignet erwiesen hat, angewiesen, eingesetzt und ernannt werden. Er muss die Beichte der Pfarrangehörigen hören, eine heilsame Buße auferlegen und ihnen die Lossprechung von den ihm bekannten Sünden erteilen; ihnen das ehrwürdige Sakrament der Eucharistie austeilen und sie mit dem Öl der letzten Salbung stärken; ihre Kinder taufen und ihnen alle anderen kirchlichen und pfarrlichen Sakramente spenden.*

Bei der Gründung des Spitals in Ütgenbach 1499 hatten Bertram und Margarethe die Armensorge in der unmittelbaren Umgebung von Ehrenstein und Ütgenbach im Blick, denn drei der fünf armen Leuten sollten aus der Herrschaft Ehrenstein, einer aus der Honschaft Ütgenbach (Schöneberg) und einer aus dem Kirchspiel Asbach genommen werden.

Wie vorsichtig man übrigens mit Kategorisierungen wie ‚Sorge für das Seelenheil' und ‚Sorge für die Armen' im historischen Kontext des 15. Jahrhunderts sein muss, dürfen folgende Beispiele illustrieren. Sie zeigen, dass diese Interessensbereiche damals gar nicht so

---

[188] Lacomblet (wie Anm. 39), IV, 474.
[189] Otto R. Redlich, Jülich-bergische Kirchenpolitik am Ausgang des Mittelalters und in der Reformationszeit, Erster Band: Urkunden und Akten 1400-1553, Bonn 1895, Nachdruck, Düsseldorf 1986, S. 55.

widersprüchlich beziehungsweise ganz anders gelagert waren, als man aus heutiger Sicht meinen könnte.

Im Zusammenhang mit den vielfältigen Stiftungszwecken im Dienste der Menschen, denen im Mittelalter ein und dieselbe Motivation zugrunde lag, nämlich die Sorge um das Seelenheil, betont Karl Schmid, dass es dabei nicht nur um das Seelenheil der Stifter, sondern auch um das Seelenheil der Empfänger ging: „Diese zumeist ausdrücklich angesprochene Sorge galt auch dem Seelenheil der Empfänger, nicht nur dem der Spender der Gaben. Sie ist also keineswegs als einseitiges oder nur als ein auf sich selbst bezogenes Anliegen zu betrachten. Mit anderen Worten: Der Stifter, sei er Laie oder Kleriker gewesen, hat sich durch seine Handlung an der Heilsgewinnung für andere wie für sich selbst beteiligt gesehen"[190]. Als Beispiel führt er die Seelenmesse an, die sowohl dem Seelenheil des zelebrierenden Priesters als dem Seelenheil des Verstorbenen, für den die Messe gelesen wurde, diente. Ein zweites, besonders einleuchtendes Beispiel dafür, dass ein Frömmigkeitswerk sowohl zum eigenen Seelenheil als auch zum Wohl der Gesellschaft im Allgemeinen gedacht war, bietet die Sorge für die Armen. Wilhelm Janssen weist darauf hin, dass die karitativen Stiftungen nicht nur zum Seelenheil der Stifter, sondern auch zur Linderung der Not bestimmt waren, indem diese Stiftungen und Spenden ganz bewusst dort eingesetzt wurden, wo die Not am größten war[191]. Wobei er die Einstellung zum Thema Armut und Nächstenliebe im ausgehenden Mittelalter wie folgt erläutert: „Die Armut bzw. die Armen waren fester Bestandteil eines statisch gedachten, nach dem Ordo-Prinzip aufgebauten Gesellschaftsbildes, in welcher Überzeugung man sich durch ein Herrenwort bestätigt fühlen konnte[192]. Die Armen, die Benachteiligten dieses Lebens, hatten Anspruch auf die Hilfe der Bessergestellten und gaben diesen damit die Gelegenheit, durch Werke der Barmherzigkeit das eigene Seelenheil zu befördern. Die Reichen wie die Armen waren insofern wechselseitig aufeinander angewiesen. Gesellschaftsverändernde Entwürfe mit dem Ziel die Armut zu beseitigen, nivellierende soziale Ausgleichsprozesse in Gang zu setzen, lagen deshalb außerhalb des mittelalterlichen Weltbildes"[193].

8. Zusammenfassung

Am Anfang dieses Aufsatzes stand die Frage, ob die von den Historikern festgestellten Motive für mittelalterliche Stiftungen im Allgemeinen auch für die Stiftungen in Ehrenstein und Ütgenbach gelten. Am Ende dieses Aufsatzes ist die Schlussfolgerung wie folgt:

Die Erkenntnis von Michael Borgolte – „Im Mittelalter dienten die Stiftungen hauptsächlich dem Ausbau des Kirchenwesens bzw. der Vermehrung des Gottesdienstes, der Aufhebung oder Entschärfung sozialer Notlagen und der Entfaltung von Kunst und Wissenschaft. Das alle Stiftungstypen überwölbende Motiv war freilich eine religiöse Sinngebung, die nirgendwo fehlte" – trifft zu: Bertram und Margarethe haben zum Ausbau des Kirchenwesens beziehungsweise zur Vermehrung des Gottesdienstes beigetragen, sie haben eine soziale Notlage entschärft und sie haben, wenn nicht direkt zur Entfaltung von Wissenschaft, doch im hohen Maß zur Entfaltung von Kunst beigetragen. Die Chorfenster von Ehrenstein sind – um nur ein Beispiel zu nennen – ein Höhepunkt in der Kölner Glasmalerei des 15. Jahrhunderts. Auch das überwölbende Motiv, die religiöse Sinngebung, fehlt nicht. Bertram und Margarethe haben es immer wieder zum Ausdruck gebracht: zu Ehre Gottes und zum Heil der Seelen.

---

[190] Schmid (wie Anm. 7), S. 66-67.
[191] Janssen 2003 (wie Anm. 87), S. 399.
[192] Joh. 12,8: *Die Armen habt ihr immer bei euch, mich habt ihr nicht immer bei euch.*
[193] Janssen 2003 (wie Anm. 87), S. 409.

Dazu gehörten Nächstenliebe, Seelsorge und die Sorge für die Arme. Diese wirken sich bezeichnenderweise bis heute aus.

Es bestätigt sich auch die Beobachtung von Karl Schmid, allen mittelalterlichen Stiftungen läge „ein und dieselbe Motivation zugrunde: die Sorge für das Seelenheil". Aber die Sorge für das Seelenheil, das Gedächtnis der Toten, war nicht nur eine religiöse Angelegenheit. Das Gedenken hatte auch profane Seiten, die Otto Gerhard Oexle benannt hat – der Nachweis der adligen Abstammung als Grundlage der Herrschaftslegitimation, die Rechts- und Besitzsicherung, die Historiographie und die historische Erinnerung, die Konstituierung des Geschlechtes.

‚Der Nachweis der adligen Abstammung als Grundlage der Herrschaftslegitimation' findet sich hier nicht. Die Anordnung der Wappen in Ehrenstein auf den Konsolen und den Gewölbe-Stichkappen sowie deren Zuordnung zu den in den Glasfenstern dargestellten Personen liefert keinen Nachweis einer für die Herrschaftslegitimation damals üblichen langen adligen Abstammung. Dasselbe gilt für das Wappen in der Kapelle von Ütgenbach. Die Wappen veranschaulichen vielmehr die von rechtskräftigen Urkunden untermauerte Rechtslage. Sie sagen aus: „Wir, Bertram und Margarethe, sind die Rechtsnachfolger der Herren von Ütgenbach". Die Wappen dienten der Rechts- und Besitzsicherung.

Zusammen mit der Historiographie und der historischen Erinnerung bilden die Rechts- und Besitzsicherung die zwei hervortretenden Aspekte der profanen Memoria – des Gedächtnisses der Toten – in den Stiftungen in Ehrenstein und Ütgenbach. Bertram und Margarethe dachten rechtlich praktisch. Es ging Ihnen darum, das ihnen anvertraute Erbe zu sichern, auszubauen und weiterzugeben. Sie dachten familien-historisch, indem sie zurückschauten, Wilhelm von Nesselrode und Eva von Ütgenbach würdigten und bewusst an der wahrlich alten, ehrwürdigen Tradition des Ütgenbachschen Erbes anknüpften, es pflegten und weiterführten. Sie waren sich ihren eigenen Platz in der Familiengeschichte zwischen Vorfahren und Nachfolgern bewusst. Sie waren eben Menschen der Renaissance, der Frühen Neuzeit.

Aufsatz 2

Die Geschichte von 1499 bis 1900

Ulf Lind

Inhalt

Seite

77	Kurzgeschichte
81	Die Gründung
84	Text der Gründungsurkunde in heutigem Deutsch
94	Erstellung und Verbleib der Urkunden
95	Vorlauf und Einrichtung der Armenstiftung
109	Die ersten 31 Jahre der Stiftung und die Übersiedlung nach Ehrenstein 1530
113	Das Leben der Pfründner in Ütgenbach und Ehrenstein
117	Die Zeit bis zum Dreißigjährigen Krieg
119	Visitation der Pfarrei Asbach durch das Dekanat am 27. April 1626
126	Einkünfte der Ütgenbacher Kapelle
129	Regelmäßige Einkünfte und Besitz der Armenstiftung bis zur Säkularisation
140	Die mit Wirren gespickte Zeit um die Säkularisation
153	Arme im Totenbuch der Pfarrei Ehrenstein und Arme in anderen Quellen
156	Die Zeit nach den Wirren der Säkularisation bis zum Hospitalbau in Asbach
167	Vom Hospitalbau bis zur Jahrhundertwende 1900
175	Wandlungen der Stiftung im 19. Jahrhundert
178	Anhang 1: Je Zeile buchstabengetreuer Wortlaut der Originalgründungsurkunde und wortgetreue Übertragung der Gründungsurkunde in Gegenüberstellung
191	Anhang 2: Freistellung der vier Mucher Güter 1497 durch Herzog Wilhelm IV
193	Anhang 3: Verzicht des Priors Swyderus zu Ehrenstein auf die Armenstiftung 1501
197	Anhang 4: Jährliche Rente aus dem Gut zum Scheid
200	Anhang 5: Kauf von Ländereien in Oberheiden u. Umgebung durch Bertram 1506
201	Anhang 6: Erwerb des Restes des Wynnen-Gutes zu Eitorf für die Armen-Stiftung
203	Anhang 7: Übergabe der Armen an das Kreuzbrüderkloster zu Ehrenstein 1530
205	Anhang 8: Teile des Protokolls der Visitation der Pfarrei Asbach vom 27. 04. 1626
208	Anhang 9: Muster für Quittungs-„Zettel" zu Kapital-Zinsen der Armenstiftung
209	Anhang 10: Lehn Zettel des Hoffs Derscheidt – 1604
210	Anhang 11: Visitationsbericht über das Kreuzbrüderkloster Ehrenstein, 08.05.1630
211	Anhang 12: Plünderungen des Klosters durch schwedische und hessische Truppen
212	Anhang 13: Geschichte der Armenstiftung aus der Feder des Reichsgrafen Johann Franz Joseph Drost zu Vischering von Nesselrode-Reichenstein
213	Anhang 14: Pergamenturkunde in versiegelter Flasche im Grundstein des Hospitals
214	Anhang 15: Exkurs zur Frage der Herkunft des Patroziniums des Hl. Florin in der Kapelle Ütgenbach und zur Frage der Dasselschen Güter bei Asbach
217	Bildnachweis, Urkunden und Quellen
222	Archive
223	Literatur

Geschichte der Armenstiftung Ehrenstein von 1499 bis 1900

Kurzgeschichte

Der Erbmarschall des Landes Berg und Herr zu Ehrenstein, Ritter Bertram von Nesselrode, und seine Frau Margarete von Burscheid (Buerschent in Luxemburg) stifteten 1499 eine Armenstiftung in Ütgenbach bei der ehemaligen Hauskapelle der Edelleute von Ütgenbach, bei ihrer zerstörten Motte und beim damals noch bestehenden Wirtschaftshof. Vorausgegangen waren Ankäufe von zwei freiadeligen Gutshöfen, Berzbach und Derscheid im Kirchspiel Much, einem solchen zu Siefen im Kirchspiel Winterscheid und einem weiteren in Oberheiden, ebenfalls im Kirchspiel Much. Der Herzog von Berg gewährte diesen vier Höfen 1497 die Freiheit von Steuern verschiedener Art, weil Bertram ihre Pachtabgaben zur Versorgung armer und gebrechlicher Menschen aus seiner Herrschaft und der Umgebung im 1488 eröffneten Kreuzherren-Kloster Ehrenstein einsetzte. Die offizielle Eröffnung seiner Stiftung fand aber per Hospital zu Ütgenbach statt, wo er die Kapelle neu herrichten, einen diensttuenden Priester mit Haus und Hof anstellen und für fünf Arme je ein kleines Häuschen erbauen ließ. Der Kaplan (Kapellen-Geistliche) war zugleich Hilfsgeistlicher und gegebenenfalls Vikar (Vertreter) des Pfarrers von Asbach und hatte in der Pfarrei somit weitere Dienste zu verrichten.

In der Gründungsurkunde von 1499 sind die verschiedensten Einrichtungen und Abläufe recht genau geregelt: Der Priester hatte außer den Sonntags- und Festtagsmessen jeden Montag, Mittwoch und Freitag eine Messe in der Kapelle Ütgenbach für das Seelenheil der Stifter und deren Geschlechter zu lesen. Die Pfründner mussten daran teilnehmen und täglich für diesen Personenkreis in der Kapelle beten. Drei Arme sollten aus der Herrschaft Ehrenstein angenommen werden, einer aus der übrigen Honschaft Ütgenbach (Schöneberg), einer aus dem übrigen Kirchspiel Asbach. Der Kapellen-Geistliche musste bereits die Priesterweihe empfangen haben; seine Entlohnung war exakt geregelt; bei Fehlverhalten drohte ihm die Entlassung. Das Verhältnis zur Pfarrei und seine Dienste dort waren bis ins Kleinste vorgeschrieben. Dem Priester oblagen außerdem die Verwaltung der verpachteten Gutshöfe und der Einkünfte sowie die Aufsicht über die Pfründner. Die „Armen" erhielten Speisen und Kleidung auf einer Tafel in vorgegebenen Maßen und Abständen. Die nachkommenden Herren von Ehrenstein hatten die Entscheidungsgewalt in vorgezeichneten Grenzen, wobei in anderen Urkunden, zum Beispiel in den Testamenten Bertrams, jenseitige Strafen bei Zuwiderhandlungen und Unterlassungen angedroht waren. Rechtskraft erhielt die Urkunde durch Besiegelung seitens der verantwortlichen Herren und Personen.

In der Gründungsurkunde sind im Gegensatz zu der Urkunde von 1497, in der der Herzog von Berg vier Höfe wegen des Armen-Unterhalts von Abgaben befreit, nur drei Höfe der Stiftung benannt. Den vierten Hof „in der Much" zu Oberheiden scheint Ritter Bertram 1506 durch Zukauf eines Erbgutes arrondiert zu haben. In der Folgezeit zählt man Heiden, alternativ Oberheiden genannt, jedenfalls fortwährend zu den vier Armenhöfen in der Much. Einen fünften Armenhof im „Blankenbergischen" (ebenfalls im Herzogtum Berg), den Wynnenhof zu Eitorf, kaufte Bertram zum Teil noch selbst, den fehlenden Rest sein Erbe als Herr zu Ehrenstein, sein Neffe *Wilhem van Nesselroide*[1]. Die Verpachtung des Eitorfer Hofes 1514 geschah durch den Herrn zu Ehrenstein und den Prior des Klosters zu Gunsten der „Armen Leute" in Ütgenbach. Zudem erhielten die „Armen Leute" noch die Zinsen von Krediten, die Bertram und seine Nachfolger an verschiedene Kreditnehmer vergeben hatten.

Schon 1507 entband Bertram den Kaplan zu Ütgenbach von den meisten Verwaltungs-Pflichten bezüglich der Armenhöfe und Kredite. Seine Aufgaben waren aber weiterhin die Verpflichtungen in der Mutterpfarrei, die Messen und Verrichtungen in der Ütgenbacher

---

[1] Kursiv geschriebene Worte sind aus den Quellen buchstabengetreu übernommen, falls buchstabengetreue Wiedergabe nicht gut möglich ist – zum Beispiel bei Kasus-Änderung – werden Anführungszeichen benutzt.

Kapelle, die Aufsicht und geistliche Betreuung der Pfründner, die unmittelbare Verteilung von Speise und Kleidung sowie die Verwaltung der Ütgenbacher Hospital-Baulichkeiten.

1530 überführten dann der Nachfolger als Ehrensteiner Herr, Wilhelm der Junge von Rennenberg, und seine Frau zu Ehrenstein, Anna von Nesselrode, die Armen in das Kreuzherren-Kloster Liebfrauental zu Ehrenstein und legten die gesamte Verwaltung und Betreuung in die Hände von Prior und Konvent unter Beibehaltung der Bestimmungsgewalt und des Aufsichtsrechtes des jeweiligen Herrn zu Ehrenstein. Das Kloster kümmerte sich außer im Bereich derselben Verwaltungsaufgaben wie bisher zusätzlich im Bereich der bisherigen Pflichten des Ütgenbacher Priesters bis zur Säkularisation 1812 um die Armen und um die Stiftung. Da die Herren von Ehrenstein in der Folge meist nicht mehr in Ehrenstein residierten und die Burg im Dreißigjährigen Krieg erheblich zerstört wurde, waren die Aufsicht und Planung der Herrschaft meist zwar eingeschränkt, aber keineswegs aufgegeben. Dem Ütgenbacher Kaplan verblieben die Messfeiern in der Kapelle mit den entsprechenden Einkünften und seine Pflichten in der Gesamtpfarrei. In den folgenden Jahrzehnten und Jahrhunderten war die Stelle oft, wie auch vor 1499, nicht besetzt und der Pfarrer verrichtete dann auf die Dauer nur einen kleinen Teil der Dienste.

Vedute des Klosters Ehrenstein im rechten Fenster des Kirchenschiffs aus dem Anfang des 16. Jahrhunderts (Bild: L. Nesselrode)

Die Säkularisation zog sich über viele Jahre hin und brachte wegen der Ansprüche von mehreren Seiten bei komplizierter Gesetzes-Lage und sonstigen Streitigkeiten sehr erhebliche Wirrnisse und für die jetzt wirklich armen Pfründner Not und ganz unerfreuliche Aussichten. Die Säkularisation des Klosters Ehrenstein wurde 1812 vom Herzogtum Nassau zugunsten des Fürstenhauses Wied-Runkel vollzogen. Das Fürstentum Wied-Runkel hatte die Ämter Altenwied und Neuerburg von Kurköln 1803 säkularisiert (verweltlicht, annektiert). Seit der Mediatisierung 1805 war das Fürstentum juristisch nicht mehr reichsunmittelbar, sondern dem Herzogtum Nassau unterstellt, das reichsunmittelbar stand, so dass die Stellung im deutschen Reich dem Kaiser und kaiserlichen Institutionen gegenüber vermittelt (mediatisiert) war und nicht mehr unmittelbar; in Wirklichkeit handelte es sich um eine Art

Annexion des Gebietes von Wied-Runkel durch Nassau. Nach dieser Mediatisierung dankte der Deutsche Kaiser 1806 ab, nachdem er 1804 die Kaiserkrone von Österreich für sich geschaffen hatte. Nassau wurde „souverän", bzw. schloss sich dem Rheinbund an, der von Napoleon abhängig war. Bei der Säkularisation von Klöstern handelte es sich um eine Enteignung zugunsten der Herrscher-Häuser, im Fall von Ehrenstein an das Herrscherhaus Wied-Runkel, das bei der Mediatisierung wie üblich gewisse „standesherrschaftliche" Verwaltungsaufgaben behalten hatte. Säkularisation und Mediatisierung waren eine Entschädigung für links des Rheins an Frankreich abgegebene Territorien und Eigentümer. Das Herzogtum Berg wurde von dem bisherigen Staat Bayern-Pfalz-Jülich-Berg abgetrennt, Familienmitgliedern Napoleons, bzw. Napoleon selbst unterstellt und zum Großherzogtum befördert, das ebenfalls dem Rheinbund angehörte.

In Ehrenstein blieb 1812 der bisherige Prior des Klosters und Pfarrer sowie Provisor (Fürsorger) der Armen, Philipp Collig, Pfarrer für die weiterhin bestehende winzige Pfarrei Ehrenstein und konnte damit den Armen weiter vorstehen. Die Revenuen aus den fünf Bergischen Höfen aber blieben aus und somit der allergrößte Teil der Ressourcen, weil Berg diese Höfe selbst zu säkularisieren versuchte. Jedenfalls übernahm Berg die Pachten aus den „Armenhöfen" in seinem Gebiet in Verwahrung des bergischen St. Hubertus-Hospitals in Düsseldorf, wohl mit dem Ziel, diese Armenstiftung an sich zu ziehen. Was mit den Klostergebäuden jetzt geschehen sollte, blieb zunächst wegen ungeklärter Nutzungs- und Eigentumsfragen zwischen Pfarrei und Fürstenhaus unsicher und Reparaturen wurden daher zurückgestellt. Ebenso ungeklärt waren Besitz und Güter der Pfarrei sowohl zu Ehrenstein als auch in der Ferne, ebenfalls zu einem großen Teil im Bergischen, weil der Pfarrbesitz bei der Klostergründung dem Klosterbesitz inkorporiert und im Laufe der Zeit als eine Einheit verwaltet worden war.

Jedenfalls traf es die Armenstiftung und damit die vier dieserzeitigen Armen sehr hart. Sie mussten vorübergehend mit einem „Gebäuchen" vor den Klostergebäuden vorlieb nehmen, konnten aber nach einigen Monaten wieder Zellen im Klostergebäude beziehen; Nahrung, Kleidung und Unterkunft waren dürftig und unzureichend; das Wenige erhielten sie als Lohn für eigene Tätigkeiten, zum Beispiel als Küster, aus den minimalen regelmäßigen Abgaben der dieserzeitigen nassauischen Umgebung, etwa dem Diefenauer Hof, milden Gaben einzelner Personen und Vorschüssen auf eigenes Risiko des Priors Collig und des Altenwieder Amtsrates Mengelberg wegen eventuell in der Zukunft fließender Einnahmen der Stiftung. 1813 starb ein Armer; seine und die 1812 bereits vakante fünfte Stelle wurden nicht wieder aufgefüllt. Um die Kosten zu mindern, mussten sich die verbliebenen drei Armen Unterkunft und Verpflegung in Privathaushalten der Umgebung suchen. Da aber die versprochene Bezahlung dieser Hauswirte durch Nassau ausblieb und auch nicht von anderer Stelle übernommen wurde, gab man nach etlichen Monaten diese „Lösung" wieder auf und die drei durften in die Klostergebäude zurückkehren.

Während des Russland-Feldzuges 1812 begann der Stern Napoleons zu sinken. Es folgten im Oktober 1813 die Völkerschlacht bei Leipzig, 1814 Napoleons Abdankung und die Verbannung nach Elba sowie 1815 seine 100-Tage-Rückkehr und sein Untergang bei Waterloo mit dem endgültigen Gefängnis auf der englischen Südatlantik-Insel St. Helena. Das Großherzogtum Berg wurde ab 1814 preußisch verwaltet und 1815 auf dem Wiener Kongress gemeinsam mit dem Herzogtum Nassau endgültig dem preußischen Staatsgebiet, letztendlich der preußischen Rhein-Provinz zugeschlagen, wobei Nassau darin dem Regierungsbezirk Koblenz und Berg dem Regierungsbezirk Köln zugeteilt wurde.

Die Not der Armen zu Ehrenstein hatte damit weitgehend ein Ende. Die Verwaltung des St. Hubertus-Hospitals zu Düsseldorf überwies die eingegangenen Pachteinkünfte „in der Much" aus den letzten Jahren an die zuständige Verwaltung der Ehrensteiner Armenstiftung und die regelmäßigen Einkünfte der Stiftung flossen wieder. Eine exakte Regelung der Einkünfte kam durch eine Vereinbarung der Königlich Preußischen Regierung in Koblenz mit Wied-Runkel

1819 zustande. Um diese Stiftung kümmerte sich jetzt bezüglich der geistlichen Betreuung weiterhin der Ehrensteiner Pfarrer, der ehemalige Prior Collig, für den man die Bezeichnung Prior beibehielt, bis zu seinem Tod 1824. Die Aufsicht und letzte Entscheidungsinstanz bezüglich der Verwaltung lag bei der Königlich Preußischen Regierung (im Bezirk) Koblenz, deren Ausführungsorgane das Landratsamt in Neuwied (Heddesdorf) und das Amt Altenwied (bald mit Sitz in Asbach) waren. Das Amt Altenwied unterstand in manchen eher lokalen Bereichen gleichzeitig dem Fürsten zu Wied-Runkel mit seiner Verwaltung in Dierdorf. In Ehrenstein, im noch intakten Westflügel der Klostergebäude, hatte Wied eine kleine Verwaltung mit Möglichkeit zur Getreide-Lagerung eingerichtet, wo ein Rentmeister namens Hümmerich arbeitete, der 1820 den Amtsrat Mengelberg zu Asbach als Provisor der Armen ablöste. Die Ernennungen der Pfründner hatte der Fürst zu Wied-Runkel an sich gezogen, wogegen Graf Nesselrode-Reichenstein als bisheriger „Patron" zunächst vergeblich protestierte. Da Schulden getilgt waren und ausreichend Einkünfte „erschienen", konnten 1822 wieder fünf Pfründner Unterstützung erhalten, wobei ab da die allermeisten in ihren bisherigen Behausungen blieben und Geldbeträge für ihren Lebensunterhalt bekamen. Bezüglich der geistlichen Verpflichtungen galt bis wenigstens in die Fünfziger Jahre hinein die Regel, täglich eine Messe zu besuchen, wohl mit der Intension, für die Stifter und ihre Familien ein gutes Werk zu vollbringen, und täglich für diesen Kreis zu beten. Die Armen-Gemeinschaft in Ehrenstein schmolz allmählich; nach 1825 blieb nur ein Pfründner als gleichzeitiger Opfermann und Messdiener bis zu seinem Tod 1838 dort wohnen.

Ehrenstein Januar 2010, Burgmauer, Kirche, Klosterbau, Wirtschaftsbau der Vorburg, hinten der Heinrichsberg

1824 starb das Fürsten-Geschlecht Wied-Runkel in männlicher Linie aus; das Erbe trat der entfernte Vetter Fürst zu Wied-Neuwied an. 1848 gab der Fürst zu Wied seine Standesherrschaft auf und verlor damit sein Patronats-Recht über die Armenstiftung an Preußen mit seinen Verwaltungsorganen. 1853 setzte die Königlich Preußische Regierung eine Verwaltungs-Kommission für die Ehrensteiner Armenstiftung zu Asbach ein, der als „geborene" Mitglieder der „Samtgemeinde"-Bürgermeister als Vorsitzender sowie der

Asbacher Pfarrer und als „ernannte" Mitglieder drei Männer des „Samtgemeinde"-Rates angehörten.

Durch Sparsamkeit, Zinsen aus Geldkrediten, Spenden, Vermächtnisse und durch reduzierte Rechnungen in Anerkennung der Gemeinnützigkeit wuchsen die finanziellen Möglichkeiten der Armenstiftung. Neben zusätzlichen unregelmäßigen Leistungen an viele bedürftige Personen reichte es für eine steigende Zahl von eigentlichen Pfründnern. 1887 konnte der Betrieb eines neu gebauten Hospitals in Asbach für fünf bis sechs bedürftige und arbeitsunfähige Pfründner und für vorübergehend Erkrankte oder Sterbende, also als Krankenhaus, in Angriff genommen werden. Die Versorgung und Pflege übernahmen Franziskanerinnen-Schwestern aus dem Mutterhaus Waldbreitbach, die ärztliche Versorgung der Distriktarzt.

Das Krankenhaus bestand als Teil der Armenstiftung bis 1956 und wurde kurz danach in anderer Trägerschaft neu gegründet und bis heute fortgeführt mit den Abteilungen Innere Medizin und Neurologie, letztere insbesondere für Multiple Sklerose und mit Schlaganfall-Einheit (Stroke Unit). Ein Altenheim in der Trägerschaft der Stiftung wurde vom Krankenhaus getrennt und erst 1981 aufgegeben und abgerissen. Als Nachfolgebau dafür steht jetzt eine Einrichtung für betreutes Wohnen neben dem Krankenhaus im Besitz und in der Verwaltung der Armenstiftung. Andere Betätigungsfelder kamen hinzu.

Die generöse Stiftung des Bertram von Nesselrode mit dem Fürsorge-Gedanken für den „Nächsten" hat sich nicht erübrigt und lebt den jeweiligen Zeiten und Verhältnissen angepasst bis in unsere Zeit weiter und findet fortwährende Beachtung und Anerkennung. Offenbar ist heute weder die Intension zur Hilfe für Mitmenschen in Bedrängnis und Not verschwunden noch ist das Samaritertum des ausgehenden Mittelalters gänzlich aufgegeben worden; man kann es noch gut verstehen und sich dem anschließen, weil es nicht vorstellbar ist, dass alle Notstände jemals restlos zu vermeiden wären.

Die Gründung

Am 28. August 1499 besiegelten die Hauptbeteiligten die Gründungsurkunde für die Ütgenbacher Armenstiftung, die ja zumindest auf eine umgewandelte Weise bis in unsere heutigen Tage weiterbesteht. Gründer und Stifter sind der Ritter Bertram von Nesselrode, Erbmarschall des Landes Berg, und seine Ehefrau Margarete von Burscheid, Herr und Frau[2] zu Ehrenstein.

Ihre Weltsicht und die daraus folgenden Beweggründe, besonders die von ihnen schriftlich überlieferten, mögen heutzutage weniger Allgemeingut sein als zu ihrer Zeit. „Angesichts des Jammertals auf Erden, des vergänglichen Lebens und der Gewissheit des Todes" waren um 1500 folgende Überzeugungen und Ziele Allgemeingut:

Unangefochtener christlicher Glaube.

Hoffnung auf die persönliche Erlösung und das ewige Heil der eigenen Seele sowie auf die Auferweckung des Leibes am jüngsten Tag zum vollkommenen ewigen Leben bei Gott.

Gegebenenfalls die Notwendigkeit der Läuterung durch das „Fegefeuer" mit der Möglichkeit, diese Reinigung der Seele abzukürzen durch gute Werke zu Lebzeiten oder durch gute Werke der Hinterbliebenen.

Nächstenliebe und Samaritertum für in Not Geratene.

Damit auch die Sorge für das Seelenheil der engen und weiten Verwandten und das der zur Herrschaft Gehörigen, gewiss auch das der Empfänger von „Wohltaten" betreffend.

Schließlich eine offensichtlich echte stille Innigkeit der Wertschätzung Gottes, der Heiligen, der Sakramente und der Sakramentalien verbunden mit äußerer Ehrerbietung.

---

[2] Frau = Herrin im altgermanischen und mittelalterlichen Sprachgebrauch, die mittelhochdeutsche männliche Form ist Vro (oder Fro) = Herr

Das Heil entsprang demnach dem Kreuzestod Christi, dem Lebenswerk der Heiligen und entsprechenden Gebeten, guten Werken sowie Selbstbeschränkungen aller Menschen, aber besonders der Stiftung und dem Feiern von Messen an heiligen Orten, der Verehrung des geopferten Leibes Christi in Gestalt der Hostie, der Verehrung der Heiligen als Altar-Patrone und ihrer Reliquien und ihrer bildlichen Darstellungen, diesem allen auch bei Wallfahrten und Prozessionen oder indem man für Entsprechendes spendete, aber auch für Arme und Notleidende sorgte. So diente die Armensorge in dieser Zeit zur eigenen Glückseligkeit nach dem Tode bei Gott als auch zum Heil und Gedächtnis der toten Angehörigen sowie zum Körper- und Seelenheil der bedachten Armen. Für die Stifter Bertram und Margarete war es, belegt durch die Testamente Bertrams (1502, 1510), ein besonderes Anliegen, die Menschen in ihrer Verwandtschaft und in ihrer Herrschaft (in der „familia") auch nach ihrem Tod vor Not und Elend zu bewahren und ihrer sonstigen „Armut" ein christliches biblisches Gepräge zu geben. Denn manche Armut, etwa die gelobte „Armut" der Mönche in den Klöstern, hatte durchaus überwiegend positive Aspekte und konnte in bestimmter Gestaltung sehr erstrebenswert sein. Wenn man von den Pfründnern als den „Armen" dieser Stiftung sprach, hatte das gewiss einen anerkennenden Klang wegen der Ähnlichkeit mit den Laienbrüdern[3] der Klöster. Auf jeden Fall ist es den Gründern aber auch gelungen, die eigene weltliche Ehre und die Ehre ihrer Geschlechter bis in die heutige Zeit zu erhalten und zu vermehren. Ein konkretes in der Gründungsurkunde und anderswo[4] dokumentiertes Motiv für die Ausgestaltung der Stiftung war für Bertram von Nesselrode, dass die von den Vorfahren seiner Stiefmutter gegründete Kapelle zu Ütgenbach kaum noch durch einen Priester bedient wurde, obwohl entsprechende Stiftungen von den Ütgenbachern gemacht worden waren.

Stramberg als wichtiger „Nachforscher in historischen Dingen" bezeichnete den Stifter Bertram von Nesselrode als „gefeiertsten" *Ritter seines Zeitalters, gepriesen durch ganz Deutschland von wegen seiner Weisheit* und *in Anspruch genommen, um die verwickeltsten Angelegenheiten zu ordnen*. Er galt als geschickter Vermittler, Friedensstifter und Ratgeber in zahlreichen Zwistigkeiten.[5] Laut Schug[6] stammen besondere „Bertrams-Verträge" zwischen Kurtrier, Hessen, Nassau und Eppstein über gegenseitige Berechtigungen in den Herrschaften Limburg, Diez und Molsberg von seiner Hand. An Ritter-Turnieren nahm er mit dem Nesselroder Wappen sehr erfolgreich in Mainz 1480 und in Heidelberg 1481 teil[7] und wusste mindestens theoretisch die Waffen als Erbmarschall des Bergischen Herzogs, wohl zu führen[8], auch wenn wir über wirkliche eigene Kriegshandlungen wenig erfahren. Jedenfalls half er zusammen mit seinem Vater Wilhelm 1459 den drei Limburg'schen Brüdern ihr vom Bergischen Herzog zugesprochenes Lehen und umstrittenes Erbe Hohen-Limburg in Westfalen zu erobern[9] und er war 1468 in eine Fehde des Herzogs Johann von Kleve und zahlreicher Ritter und Herren - darunter Bertrams Schwiegervater und sein Vater mit seinen drei Söhnen, also auch mit Bertram - gegen den Erzbischof von Köln Ruprecht von der Pfalz verwickelt. Ein Jahr später verglich sich der Erzbischof mit dem Schwiegervater Bertrams Dietrich von Burscheid und Bertram von Nesselrode: Beide Seiten ließen die in der Fehde Gefangenen frei und forderten keine Entschädigung für erlittene Zerstörungen; Dietrich von

---

[3] Laienbrüder in Orden (Konversen), oft mit eingeschränkten Gelübden und eingeschränkten Rechten gegenüber Priestern, verrichteten meist handwerkliche Arbeiten in den Klöstern.
[4] z. B. Urkunde des Priors Swyderus 1501, Testament Bertrams 1502, Nachtestament Bertrams 1510
[5] FWA Regesten 704 (1480), 749, 757, 761, 772, 826, 843, 846 868, 877, 886, 890 (1507) | Bous / Klein (Quellen Ahrweiler), Regesten 851, 854 (1495)
[6] siehe Literatur
[7] Stramberg: Das Rheinufer, III. Band, S. 735 | Nesselrode 2008, Seite 207f. | Nesselrode 2013, S.24.
Das Nesselroder Wappen weist auf rotem Grund einen quer verlaufenden silbernen Wechselzinnenbalken mit vier aufrechten und drei hängenden Zinnen auf.
[8] Wiegard, 1956: Das Asbacher Land, Seite 16
[9] Lehrer Senft: Schulchronik Altenburg | Mering: Geschichte der Burgen Rittergüter Abteien und Klöster in den Rheinlanden .., Seite 40, nach: Kremer, Akad. Beiträge zur jülich. und berg. Gesch. Bd II, S. 73.

Burscheid erhielt 12000 Gulden sowie eine „Rente" von 900 Gulden und gab dafür dem Erzbischof die zuvor gehaltenen Pfänder Burg, Stadt und Amt Lechenich mit ihren Einkünften zurück, die zuvor als eine Art Zinsen für geliehenes Geld gedient hatten.[10] Bertram unterhielt eine Knappenschule in Ehrenstein, die in seinem Nachtestament kurz vor seinem Tod indirekt erwähnt ist, indem er die einzelnen Zöglinge mit Zuwendungen bedachte, darunter einen aus Livland im Baltikum mit Wegzehrung in Geld und mit einem Pferd.[11] Seine Frömmigkeit war wie die seines Vaters und seines Landesherren durchaus auf Verinnerlichung und gegen manche Missstände ausgerichtet.[12]

Bertram war Erb-Marschall[13] des Herzogtums Berg und dort reich begütert, Bergischer Amtmann als Pfandnehmer zu Blankenberg, Löwenburg und Windeck mit entsprechenden Einkünften aus den Ämtern, Pfandnehmer auf Wiedererlös des Bergischen Kirchspiels Uckerath[14], wegen der Burg Ehrenstein auch Lehnsnehmer des erzbischöflichen Kurfürsten von Köln[15], Lehnsnehmer einiger Güter in den Nähe Ehrensteins vom Grafenhaus Sayn, Lehnsnehmer des erzbischöflichen Kurfürsten von Trier[16] und Amtmann des kurtrierischen Amtes Hammerstein[17]. Er wohnte wohl überwiegend in der Burg Ehrenstein aber auch in der Burg Windeck, für deren beider Bedienstete er in seinem Nachtestament Sorge trug. Von besonderer Bedeutung war für ihn offenbar seine Mitgliedschaft im Jülisch-Bergischen Hubertus-Orden. Der Hubertusorden wurde 1444 nach der für den Jülisch-Bergischen Herzog Gerhard siegreichen Schlacht von Linnich gegen den Herzog Arnold von Geldern zunächst für die teilnehmenden Ritter gegründet, darunter die Väter von Bertram und Margarete. In den Portraits der Glasfenster im Chor der Ehrensteiner Pfarrkirche tragen Wilhelm, Bertram und Margarete die Insignien des Ordens in Gold als besondere Auszeichnung des Bergisch-Jülischen Herzogtums und Zeichen ihrer besonderen Verbundenheit mit Berg, nämlich eine Halskette mit dem Heiligen Hubertus, goldenem Jagdhorn und einem mittels Kreuz gekrönten Hirsch als Anhängsel.[18]

Die heutige Darstellung des Dietrich von Burscheid, dem Vater von Margarete, im südlichen Seitenfenster des Chores ist ein Ersatz verlorener Scheiben der Jahre 1894 bis 1897.[19] Man würde also nicht sehen, wenn Dietrich ebenfalls ursprünglich mit den Insignien des Ordens dargestellt gewesen wäre. 1476 wird Dietrich von Burscheid allerdings nicht in der Liste genannt, die als Hubertus-Ordensbrüder dem neuen Herzog von Jülich-Berg Wilhelm aufschworen, wahrscheinlich weil er sich in einem Loyalitätskonflikt gegenüber seinen verschiedenen Dienstherren befand.[20] Ursprünglich war im vierten Chorfenster auf der rechten Seite des Chores eine Szene des Hl. Hubertus mit dem kreuzgekrönten Hirsch[21] (vom Schiff kaum einsehbar) dargestellt, wovon noch ein Foto aus dem Jahr 1929 existiert.

---

[10] Nesselrode 2010 / 2011, S. 38ff. | Lacomblet, Urkundenbuch IV Nr. 347
[11] Nesselrode 2008 (s. Lit.), Anhang S. 369f | Nachtestament Bertrams von Nesselrode 1510, s. Lit.
[12] Nesselrode 2008, S. 228ff, nach Janssen, Wilhelm: Kleve-Mark-Jülich-Berg-Ravensberg 1400 – 1600, in: Land im Mittelpunkt der Mächte. Kleve 1984
[13] „erbliches" Ehrenamt als „Heerführer" oder „Ritter-(Pferdereiter-)Führer" mit Repräsentations-Aufgaben, dessen tatsächlicher Einfluss von seinen Fähigkeiten und seiner Persönlichkeit abhing (siehe Jansen / Literatur, Seite 103ff.)
[14] Wiegard 1955, S.69
[15] Nesselrode 2010 / 2011, Bertrams Verhalten in der Kölner Stiftsfehde
[16] Kastner II, Regest 1191: Bertram übergab dem erzbischöflichen Kurfürsten von Trier ein Eigengut, das er sofort danach wieder als Lehen empfing und wofür er ein jährliches Manngeld (in üblicher Zinshöhe für das genannte Eigengut) bezog. Der Kurfürst erhielt also das Obereigentum mit gewissen Rechten sowie das Treuegelöbnis, Nesselrode erhielt das Manngeld als eine Art Zins.
[17] Schug 1968, Seite 74
[18] Nesselrode 2008, Teil 7.4, Seite 290 – 309, „Der jülisch-bergische Orden des heiligen Hubertus".
[19] Nesselrode 2008, Seite 91ff.
[20] Nesselrode 2008, Seite 283ff.
[21] Nesselrode 2008, Foto Bild 80, aus Oidtmann, Heinrich: Die rheinischen Glasmalereien vom 12. bis zum 16. Jahrhundert. Zweiter Band, Düsseldorf 1929.

Bertram von Nesselrode, geschmückt mit dem goldenen Hubertus-Orden in den Chor-Glasfenstern zu Ehrenstein, Margarete v. Burscheid ebendort, Hirsch und Heiliger Hubertus als Insignien des Hubertus-Ordens in Gold (Bilder: L. Nesselrode)

Bertrams Frau Margarete kann man als besonders fromm bezeichnen. Sie war an allen Stiftungen Bertrams auch nach ihrem Tod durch ihre Pläne und ihre Gesinnung beteiligt (was L. Nesselrode 2008 eindrücklich herausgearbeitet hat[22]).

Im Folgenden sei zunächst die Gründungsurkunde wiedergegeben – zur Erleichterung des Lesens in modernem Deutsch, unter Entzerrung mancher überlanger „Satzungetüme", unter Verzicht auf ganz wenige der damals üblichen Aneinanderreihungen bedeutungsverwandter Worte[23], gelegentlich unter Verwendung heutiger bedeutungsgleicher Begriffe, ebenfalls wie bei den Autoren Reidt und Haas[24] in Abschnitte mit kommentierender unterstrichener Überschrift unterteilt, um die Zuordnung zu erleichtern. Für den interessierten Leser und den Wissenschaftler ist im Anhang 1 die Urkunde einmal buchstabengetreu wiedergegeben und dann noch mal, im Tableau gegenübergestellt, ins moderne Deutsch übertragen, dort allerdings möglichst wort-, satz-, stellungs- und zeilengetreu, wodurch Verständnis und Lesbarkeit wegen der Andersartigkeit unserer heutigen Sprache zwar erschwert sind, aber manche Nuancen damaligen Denkens und Fühlens und auch manche Zusammenhänge besser durchscheinen.

Text der Gründungsurkunde in heutigem Deutsch

Einleitung der Urkunde, die Kapelle Ütgenbach

Im Namen der Heiligen Dreifaltigkeit, Amen: Kund sei allen Christenmenschen, die von dieser Urkunde erfahren werden, dass die edle Herrschaft von Ütgenbach, die Herren zu

---

[22] Nesselrode 2008, Seite 206
[23] wie etwa in den noch heute üblichen Redewendungen „kurz und klein", „ganz und gar"
[24] siehe weiter unten und im Literaturverzeichnis

Ehrenstein seligen Toten-Gedächtnisses, vor langen Jahren ihren Wohnsitz zu Ütgenbach im Kirchspiel Asbach hatten. Binnen ihrer Freiheit[25] vor der Burg hatten sie eine Kapelle erbaut und mit etlichen Gulden und regelmäßigen Einkünften ausgestattet. Nachdem diese Wohnburg zu Ütgenbach zerstört worden war, wurde auch der Gottesdienst in der Kapelle im Lauf der Zeiten immer seltener, sofern er ungehöriger und unrichtiger Weise in der Kapelle nicht mehr stattfand. Denn zuvor war die Kapelle von der seligen[26] Herrschaft Ütgenbach so ausgestattet, dass jede Woche das ganze Jahr hindurch wenigstens drei Messen gehalten werden konnten, was dann fast unterblieben ist. Gott möge denen verzeihen, die daran Schuld trugen.

Einsetzung eines Priesters zu Ütgenbach

Damit nicht abgefunden haben sich gemeinsam der strenge[27] und fromme Herr Bertram von Nesselrode, Herr zu Ehrenstein, Ritter, Erbmarschall des Landes Berg, Amtmann usw.[28], und, gemeinsam mit dem ehrsamen Herrn Hermann von Ahrweiler, Pastor im Kirchspiel Asbach, in dessen Amtsbereich die Kapelle Ütgenbach liegt, die frommen ehrbaren Kirchspielsleute daselbst. Sie zogen in Betracht, dass auf diesem vergänglichen Erdreich und Jammertal nichts sicherer ist als der Tod und nichts unsicherer als die Stunde des Todes und dass sie den Dienst zur Ehre Gottes ungern gemindert, sondern zu Trost und Wohlfahrt ihrer Seelen lieber vermehrt und verbessert sehen wollten, wie es richtig ist. Außerdem waren, einige Zeit her, etliche Pastoren zu Asbach verpflichtet, bei sich zuhause auf dem Pfarrhof einen Priester zu beherbergen und den mit Kost und Lohn in gebührendem Maße zu versorgen, wofür dieser verpflichtet war, solche Messen zu Ütgenbach alle Wochen das ganze Jahr über und etlichen anderen Dienst zu Asbach in der Mutterkirche zu tun. So ist nun auf Vorschlag des Herrn Bertram von Nesselrode und im Konsens mit Herrn Hermann, dem Pastor zu Asbach, und den ehrbaren Kirchspielsleuten gütlich per Vertrag vereinbart worden, dass von nun an zu allen Zeiten hin der Priester, den die Pastoren von Asbach (zuletzt) bei sich im Hause hatten, seinen stetigen Wohnsitz zu Ütgenbach bei der Kapelle haben soll. Derselbe Priester soll selbst in eigener Person zum Lob und zur Ehre des allmächtigen Gottes, der heiligen Dreifaltigkeit, Marieens, der hoch gelobten himmlischen Königin, und aller lieben Heiligen Gottes in der Kapelle zu Ütgenbach alle Wochen durch das Jahr zu ewigen Tagen und Zeiten hin drei Messen lesen, nämlich montags, mittwochs und freitags sowie an allen Sonntagen und, mit den weiter unten bezeichneten Einschränkungen[29], an allen anderen „heiligen Tagen"[30] des Jahres. Und er soll in allen Gebetszeiten und Messen, die von ihm durch das ganze Jahr gehalten werden, zum allmächtigen Gott treu und andächtig beten für die Herrschaft von Ütgenbach, für ihr ganzes Geschlecht, besonders aber soweit dessen Angehörige Herren zu Ehrenstein waren, welche wie oben ausgeführt zuerst die Kapelle erbaut und gegründet und dann instand gehalten haben. Danach soll er auch beten für Herrn Bertram von Nesselrode, Frau Margarete von Burscheid, seine eheliche Hausfrau, welche derzeit Herr und Frau zu Ehrenstein sowie Gründer und Ausstatter dieses Gottesdienstes sind, für die lieben Eltern der beiden und ihre Geschlechter, auch für Herrn Hermann, den derzeitigen Pastor zu Asbach, und die nachkommenden Pastoren daselbst, weiter für die Kirchspielsleute von Asbach. Ebenfalls soll er dann beten für alle diejenigen, die diesen Gottesdienst durch Schenkungen oder Begünstigungen gefördert haben werden oder fördern werden, wie es sich geziemt und üblich ist.

---

[25] Freiheit des Burgherrn im Sinne von eingeschränkter Gewalt des Landesherrn etwa im umfriedeten Burgbereich und in der genau festgelegten nächsten Umgebung
[26] deren Mitglieder verstorben sind
[27] streng = stark; diese Eigenschaft gehörte zum Titel eines Marschalls
[28] et cetera (oder „usw.") heißt hier soviel wie „und Inhaber weiterer Titel"
[29] zeitliche Vorverlegungen, damit er danach noch in der Asbacher Mutterkirche aushelfen kann
[30] siehe unten unter Pflichten in der Mutterkirche

L. Hobach: Kapelle zu Ütgenbach von Südwesten 1856/57 vor dem Umbau 1888 (Bild: L. Nesselrode)

Pflichten des Priesters in der Mutterkirche Asbach

Zu den vier Hochfestzeiten[31], an allen Tagen unserer lieben Frau, an den Tagen aller Aposteln, auf den Tag, wenn man zu Asbach das heilige Sakrament trägt, weiter vier mal im Jahr, wenn man in Asbach die Bruderschaft hält[32], auf den Kirchweihtag zu Asbach sowie wenn Brautgelübde[33] wie gewöhnlich in der Kirche zu Asbach gehalten werden, soll dieser Priester (zu Ütgenbach) in der Mutterkirche sein und allda helfen, Messe zu halten und den Gottesdienst zu vollbringen. Außerdem – und das auch zu anderen Festen des Jahres - soll er sich noch darein fügen, dass er seine Messe zu Ütgenbach so früh zu Ende bringe und sich dann nach Asbach begebe und helfe, den Gottesdienst allda mit zu singen und anderes zu vollbringen. Der besagte Priester soll sich auch tagtäglich in Ütgenbach beziehungsweise im Kirchspiel Asbach aufhalten. Nämlich im Fall großen Sterbens an der Pest oder an anderer Krankheit im Kirchspiel – was der allmächtige Gott nach seinem göttlichen Willen immerdar

---

[31] nach der Stiftungsurkunde der Pfarre Ehrenstein vom Montag nach unserer lieben Frau Purifikation (in diesem Jahr der 3. Februar) 1477 (FWA Regest 2846, Pergamenturkunde; Abschrift im Kopienbuch des Ehrensteiner Pfarrarchivs; siehe auch van Rooijen, S. 55): Weihnachten (*kyrmess* = Herren-Messe nicht Kirch-Messe), Ostern *(paisschen)*, Pfingsten *(pinxten)* und Maria Himmelfahrt *(unser lieber frauwen dach assumptionis)*.
[32] Bruderschaft der BMV (Beatae Mariae Virginis = der Seligen Jungfrau Maria) mit eigenem Altar in der Pfarrkirche; die Bruderschaft bot viermal im Jahr Festmessen mit Ablass und anschließendem gemeinsamem Mahl an und hatte auch mit Armenfürsorge und Nothilfe zu tun.
[33] Hochzeiten mit dem entsprechenden Ehe-Gelöbnis der Brautleute

verhüten möge – so dass der jeweilige Pastor nicht die Beichte aller Kranken im Kirchspiel anhören und die heiligen Sterbesakramente ausgeben könnte, oder falls der Pastor krank würde oder wenn dieser fort zum Kapitel[34] bzw. wegen anderer Notwendigkeiten außer Land wäre, dann muss er dem Pastor dienen, die Leute unterrichten helfen, Beichte hören und an seiner Statt die Kirche bei Krankheit und Abwesenheit verwalten und allen Gottesdienst tun, wie es einem Pastor geziemt. Doch soll in dieser Zeit der Pastor den Priester mit Essen und Trinken sowie mit gebührendem Lohn versorgen. Auch dürfen dadurch die Messen und Gottesdienste in der Ütgenbacher Kapelle nicht zurückstehen oder gar unterbleiben. Die im Kirchspiel Asbach anfallenden Kircheneinkünfte, ob groß oder klein, die dem Pastor der Mutterkirche zustehen, darf der Priester zu Ütgenbach nicht an sich ziehen[35], außer dem, was am Tag der Kapellenweihe zu Ütgenbach an Opfer anfällt, denn das soll dieser Priester erhalten und der Pastor nicht.

Die fünf Armen und ihre täglichen Gebete in der Kapelle

Herr Bertram und Frau *Margriet*[36], seine eheliche Hausfrau, haben zusätzlich aus dem Grund ihres Herzens heraus, in lauterer Weise, um Gottes Willen und zur Ehre der fünf Wunden und zur Ehre Sankt Florins, des Patrons der Kapelle zu Ütgenbach, fünf arme Menschen[37] bestallt und beschenkt. Diese sollen zu Ütgenbach bei der Kapelle jeder einzeln in einem Häuschen wohnen und zum allmächtigen Gott allda täglich das ganze Jahr hindurch mit fleißiger Andacht getreulich für Herrn Bertram und seine Hausfrau sowie ihre beiderseitigen Eltern und für die Herrschaft von Ütgenbach und ihre Geschlechter in der Kapelle und darin, nicht[38] außerhalb, beten.

Die Urkunden zur Vorgeschichte der Stiftung

Und so übertrugen die Eheleute, Herr Bertram und Frau Margriet, ihre Hofgüter mit Namen Bertelsbach, Derscheid und zum Syfen, im Lande Blankenberg in den Kirchspielen Much und Winterscheid gelegen, mit Hausbauten, Hofreiten, Weihern, Wiesen, Büschen, Feldern, all ihrem Zubehör und Inventar, binnen oder außerhalb der Erde, begangen oder unbegangen und nichts ausgeschieden, erblich[39] und auf ewig, um den armen Leuten davon Almosen in das Spital zu geben. Und sie übertragen dies jetzt kraft dieser Gründungsurkunde mit allen Siegeln mitsamt den Urkundenbriefen, die diese Güter anbelangen, nämlich: mit dem Brief des durchlauchtigen und hochgeborenen Fürsten und Herrschers, Herrn Wilhelms, Herzogs zu Jülich und Berg, Grafen zu Ravensberg, Herren zu Heinsberg und Löwenburg et cetera[40], unseres gnädigen lieben Herrn, worin seine fürstliche Gnaden diese Güter abgabenfrei gemacht hat, um den armen Leuten Almosen davon in Ehrenstein[41] zu geben, sowie mit den Kaufbriefen, worin Herr Bertram und Frau Margriet, seine Hausfrau, die Güter gekauft und erworben haben.

---

[34] Stifts-Kapitel im Bonner Münster, aus dessen Kreis mehrfach Pfarrer in Asbach kamen
[35] Das sollte auch im Fall der Vertretung gelten, wenn Stolgebühren anfielen, die auch dann dem Pastor zustehen sollten. Der Kaplan sollte ja pauschal bezahlt werden.
[36] Wie damals nicht unüblich wechselt hier die Sprech- und Schreibweise von Namen und Worten.
[37] wohl nur Männer
[38] *En* ist häufiges Wort im Frühneuhochdeutschen zur Bekräftigung einer vorausgehenden (manchmal nur empfundenen) Verneinung; es bedeutet: nicht (*ind da en buyssen* = und darin, nicht außerhalb). *Da* (in der Kapelle) ist bereits als Verneinung des Wortes „draußen" aufgefasst. Die Abschrift des Blasius Alfter, eine weitere Abschrift im Pfarrarchiv Ehrenstein von Pfarrer Knorren, eine weitere Abschrift in Ehrenstein und das Regest von Dieter Kastner enthalten weder wörtlich noch sinngemäß dieses „en"; es fehlt dort einfach. Dass es sich in der hier benutzten Original-Urkunde nicht um einen Schreibfehler handelt, wird wahrscheinlich, weil Gebete im Raum einer Kirche vor dem Tabernakel mit den per Wandlung geweihten Hostien, dem transzendenten Leib des Erlösers, als besonders wirksam galten.
[39] auf den Nachfolger (als Armer) übergehend
[40] mit noch weiteren Titeln
[41] Diese Urkunde datiert von 1497, also ging es 1497 um Arme in Ehrenstein, nicht wie nach der eigentlichen Gründung 1499 in Ütgenbach (soweit man Daten in Urkunden bzw. Urkunden-Kopien trauen kann).

Der Priester zu Ütgenbach als Provisor der Armen und Verwalter der Güter

Ferner soll der Priester, der jetzt zu Ütgenbach eingesetzt und mit dem Dienst der Kapelle beauftragt wird[42], und seine Nachfolger im Dienst derselben Kapelle diese Güter zu ihren Händen empfangen und sie verwalten nach bestem Wissen und Gewissen. Und von dem, was jährlich daraus an Ertrag erwachsen und anfallen wird, soll der jeweilige Priester jedem von den fünf armen Menschen durch das ganze Jahr zu ewigen Zeiten täglich handreichen: Brot im Wert von zwei Hellern, den Tag ein Quart Bier[43], zu Gemüse[44] zusätzlich Fleisch oder Fastenspeise[45] im Wert von vier Hellern, alles wie Korn, Gerste und Proviant im Zeitenlauf teuer sind. Auch soll jeder Arme jährlich zwei Paar Schuhe und einen langen Rock aus fünf Ellen grauen Tuchs erhalten, welche der Priester ihnen machen lassen soll. Auch soll er ihnen soviel Brennholz zustellen, wie sie jährlich erhielten[46], nämlich zehn Wagen, das heißt jedem einzelnen Armen zwei Wagen sowie dem Priester selbst auch zwei Wagen. Auch soll der Priester den armen Leuten ihre Häuserchen[47], wie sie der Herr Bertram schon hat bauen lassen, zu ewigen Zeiten in üblich gutem Bauzustand halten.

Herkunft der Armen

Dieser Priester soll allerwege auf immer, so oft es nötig ist, auf den Ratschluss des jeweiligen Herrn von Ehrenstein hin und nicht anders, drei der fünf armen Leute aufnehmen aus den Armen, die zur Herrschaft[48] von Ehrenstein gehören, sofern sie darunter zu kriegen sind, indem sie die Almosen annehmen wollen und zu dieser Lebensart geeignet sind. Die anderen zwei Menschen soll man folgendermaßen nehmen: einen aus dem Kirchspiel Asbach, und den anderen aus der Honschaft Ütgenbach, wenn sie in selber Weise in diesem Kirchspiel und in dieser Honschaft tauglich sein sollten. Doch sollen anders als bei den Herrschaftsangehörigen der Pastor und die Geschworenen zu Asbach den Herrn von Ehrenstein immer, wenn es nötig ist, für einen armen Menschen aus dem Kirchspiel bitten und desgleichen die Leute der Honschaft Ütgenbach[49], auch in diesem Kirchspiel gelegen,

---

[42] also zur Zeit der Urkundenerstellung 1499

[43] Quart war ein von Ort zu Ort und im Zeitenlauf sehr unterschiedlich großes Hohlmaß, der vierte Teil eines „Maßes" (während mit Viertel oft das Vierfache eines Maßes bezeichnet wurde), eine mäßige Portion, ganz grob um einen Liter schwankend, des im Backhaus selbst gebrauten Biers; neben Wasser und Milchprodukten, gegebenenfalls Kräuter-Aufguss war Bier wohl das einzige „bessere" Getränk damaliger Zeit zu normalen Gelegenheiten.

[44] gemeint ist hier Koch<u>gemüse</u>, wohl auch Obst-<u>Mus</u> und auch <u>Speise</u> jeglicher Art

[45] zum Beispiel Fisch in jeder Form

[46] Die Imperfektform lässt kaum Zweifel daran, dass sie diese Menge Brennholz auch bisher schon (vor 1499) wohl in Ehrenstein erhielten.

[47] im heutigen ripuarischen Dialekt noch mögliche Bildung der Verkleinerung im Plural

[48] Unter Herrschaft ist hier keineswegs ein Territorium sondern die Gesamtheit der Menschen (und Güter) zu verstehen, die der Weisungsgewalt der jeweiligen Herren unterstanden, also Bedienstete, „Zugehörige", irgendwie Abhängige, die Burggemeinschaft (*familia*), aber allgemein auch Familienangehörige (siehe auch Janssen, S. 108f.). Hierzu gehörten alle Bewohner und Bedienstete der Freiheit Ehrenstein (Burg, Vorburg und als „Freiheit" festgelegtes Gefilde), dann die Bewohner und Bediensteten der zum Hofgericht (Leibgeding) Ehrenstein Gehörenden auf allen Nesselrodischen Höfen der Umgebung bis Krumscheid und in der Honschaft Elsaff, ferner eventuell Leute aus den anderen Herrschaften des jeweiligen Herren von Ehrenstein, in späteren Zeiten insbesondere aus Herten, oder Leute in sonstigen Beziehungen zum Herrn zu Ehrenstein. So kam ein nennenswerter Teil der in Ehrenstein begrabenen Armen nicht aus dem Kirchspiel Asbach. Zur Zeit der Säkularisation wurde das nicht mehr verstanden und man ging zeitweise bezüglich der Herrschaft Ehrenstein von einem Territorium aus, das sehr ungefähr dem Umfang der heutigen Pfarrei Ehrenstein entsprach.

[49] Diese Honschaft wurde sonst fast immer nach dem größten Dorf Honschaft Schöneberg genannt. Es war aber durchaus üblich, dieselbe Honschaft je nach Situation mit einem dazugehörenden anderen wichtigen Ort zu benennen (so hieß die Honschaft Lorscheid 1660 im Lagerbuch Altenwied Honschaft Vettelschoß, weil dort nach dem 30-jährigen Krieg wenige Häuser mehr als in Lorscheid stehengeblieben waren; die Honschaft Rederscheid nannte sich auch schon mal Hallerbach; die Gemeinde Bertenau wurde noch im 20. Jahrhundert in Gemeinde Neustadt umbenannt; usw.). Honschaften waren Teilbezirke der Kirchspiele, die im 19. Jahrhundert üblicherweise die Bezeichnung Gemeinde erhielten. Die Bezeichnung Honschaft ist für den Altenwieder Raum

darum bitten, einen anderen Armen aus ihrer Honschaft aufzunehmen und mit solchen Pfründen und Almosen zu begaben. Alsdann soll der jeweilige Herr zu Ehrenstein diese auch ohne Weigerung damit begaben und zulassen. Und wenn die fünf armen Menschen in dieser Weise nicht zu kriegen wären, soll sie der Priester auf Ratschluss[50] und Weisung des jeweiligen Herren von Ehrenstein hin, und nicht anders, von anderen Enden nehmen, soweit sie sich dazu schicken und passen. So darf das Spital nicht ohne fünf arme Menschen sein, die von den Almosen wie beschrieben leben, und nicht leer stehen. Auch sollen die armen Leute, die man in das Spital aufnehmen wird, allerwege dem jeweiligen Priester allda geloben und schwören, dass alles, was sie ins Spital mitbringen werden, seien es Betten, Kleider, Hausrat, sonstiges bewegliches Gut und so weiter, auch nach ihrem Tod darin bleiben und vermacht sein soll.

Rechenschaft des Priesters

Ferner soll derselbe Priester gehalten sein, alle Jahre nach Aufruf durch den jeweiligen Herren von Ehrenstein Rechenschaft (mit Rechnung) abzulegen über das, was von den oben erwähnten Gütern, die dem Spital vermacht wurden oder zukünftig übergeben werden, im Jahr angefallen ist und noch kommen wird und er den Armen gehandreicht hat. Diese Rechenschaft soll geschehen vor dem jeweiligen Herrn zu Ehrenstein und dem Prior des Klosters daselbst. Und wenn Rechenschaft sein soll, möge der Herr von Ehrenstein rechtzeitig den Asbacher Pastor und die Ütgenbacher Honschaft aufrufen, dass der Pastor einen ehrbaren Mann aus dem Kirchspiel und die Honschaftsleute einen aus der Honschaft abordnen, die Rechenschaft mit anzuhören, auf dass rechtschaffen mit den Gütern und Almosen Gottes umgegangen werde. Wenn aber Pastor und Honschaftsleute die zwei auf den Aufruf hin nicht abordnen würden, die bei der Prüfung durch den Herrn von Ehrenstein und bei der Rechenschaft zugegen sein sollen, dann soll deswegen die Rechenschaft nicht unterbleiben, sondern trotzdem jährlich geschehen durch den Priester nach Aufruf vor dem Ehrensteiner Herren und dem Klosterprior.[51]

Verhalten bei Not oder Überfluss

In dieser Gründung ist auch vorsorglich bedacht: für den Fall, dass Misswachstum, Hagelschlag, Krieg, Raub, Brand, Herrengewalt, Herrennot oder Herrengebot geschehen würden und somit nicht soviel Ertrag auf den Gütern erwachse, dass man den armen Leuten davon genug Almosen in oben angezeigter Weise geben könnte, dann soll der Priester nicht gehalten sein, mehr als das, was aus den Hofgütern kommt, den armen Leuten zu handreichen und nichts weiter. Wäre es aber Sache, dass nun oder später einige Renten, Gelder, Gerät oder anderes den armen Leuten in die Spitalshäuschen von frommen Leuten gegeben würden, dann soll man entsprechend mehr arme Leute in die Häuser Gottes aufnehmen oder den armen Leuten die Pfründe und Gaben bessern. Solches soll jedoch, so oft es nötig ist, mit Willen und Rat des Herrn von Ehrenstein und auch derjenigen geschehen, die ihr Gut dazu hergeben. Davon soll der betreffende Priester Rechenschaft geben in ganz derselben Weise, wie vorn (bezüglich der Jahresrechenschaft) erklärt.

---

im 13. Jahrhundert erstmals urkundlich für die Honschaft Lorscheid zu fassen. Ein großer Teil der Herrschaft Ehrenstein spielte sich in der Honschaft Schöneberg (auch Ütgenbach genannt) ab, andere Teile in der Honschaft Elsaff. Bertram von Nesselrode vermachte eine Reihe von Gütern dem Kloster Ehrenstein in den umliegenden Honschaften, wie etwa in der Honschaft Bertenau des Kirchspiels Neustadt.

[50] Aus dem Zusammenhang des Textes in diesem Abschnitt ergibt sich mit ausreichender Sicherheit, dass die Wiedergabe von *Raide* mit „Ratschluss" richtig ist und die Wiedergabe mit „bloßem Beirat" nicht zutreffend ist, mit der man nach der Säkularisation das Ernennungsrecht der Pfründner den Ehrensteiner Herren abstritt.

[51] Von einer Beteiligung von Abgeordneten der Pfarrei Asbach oder der Honschaft Schöneberg bei der Rechenschaft lesen wir später nichts mehr.

Ütgenbacher Kapelle Ende 2019

Entlohnung des Priesters zu Ütgenbach

Auf dass dann dieser Priester die Messen und den Gottesdienst gut tun und auch den armen Leuten die Almosen handreichen sowie die Hofgüter verwahren und regieren könne und möge, alles mit der Genauigkeit und in der Weise, wie es hier vorn geschrieben steht, so hat vornan der Pastor zu Asbach und seine nachkommenden Pastoren daselbst einem Priester in und bei der Kapelle jährlich auf ewig für das Dienen, Gehorchen und Folgen an erblicher Rente, aus seinem Asbacher Zehnten zu heben, erblich zwölf oberländische rheinische Gulden gegeben und überlassen, im Wert von vierundzwanzig kölnischen Weißpfennigen für jeden Gulden. Das folgt daraus, dass zuvor diese Kapelle durch die Herrschaft von Ehrenstein mit Renten und Geldern begabt war, welche die Pastoren von Asbach vor Zeiten an sich zogen und darum den Priester in ihrem Haus und Widumshof mit Kost und Lohn zu halten pflegen und dass die Pastoren von dieser Beköstigung und diesem Lohn von nun an frei sind und nichts mehr entsprechend ausgeben oder entbehren sollen als allein die zwölf Gulden dieser erblichen Jahresrente mitsamt dem Opfer, das auf der Kapellenweihe jährlich zu Ütgenbach[52] anfallen wird, wie es weiter vorn beschrieben steht. Wegen dieser zwölf angesprochenen Gulden hat das Kirchspiel vier dem Pastor zugute verordnet, damit ihm solche Rente zu geben nicht zu schwer fiele und der Gottesdienst desto förderlicher geschehen und vollbracht werden möge. Und oben drauf haben Herr Bertram und Frau *Margriete*, seine Ehefrau, dem Ütgenbacher Priester an jährlicher Erbrente noch fünf oberländische Gulden gestiftet und die dieser Kapelle hinterlegt und überwiesen. Diese Erbrente soll aus unserem[53] Hof zu Dasbach[54] kommen. Dann noch soll dieser Priester aus den weiter oben beschriebenen

---

[52] laut Josef Schäfer (1980, siehe Literatur) Seite 22 immer Anfang September, nicht zum Fest des Heiligen Florin am 17. November

[53] Hier offenbart sich Bertram als Besitzer dieses Gehöfts und auch wohl als Formulierer dieses Vertrages.

[54] Statt des Hofes „zu Dasbach" kommt später ausschließlich der Hof Diefenau als „Erbrenten-Lieferer" vor. Dieser Hof zu Dasbach befand sich wohl rechts des Mehrbachs gegenüber dem jetzigen Dasbach oder wenig

Hofgütern, welche die Genannten, Herr und Frau, den armen Leuten gestiftet haben, drei Malter Korn und drei Malter Gerste für Bier und Brot und sechs Ellen wollenen Tuchs für einen Rock erhalten. Wenn nun oder in Zukunft einmal durch die Angesprochenen, Herrn Bertram und Frau Margriet, oder ihre Erben und Nachkömmlinge oder sonst von einzelnen frommen Leuten Güter, Gelder und Renten zu der Kapelle gegeben würden und so die Rente dieses Priesters aufgebessert würde, was Gott so fügen wolle, so soll sich auch der Gottesdienst mit Messen und anderen guten Werken vermehren.

<u>Entscheidungsgewalt des Herrn von Ehrenstein, Anstellung und Entlassung des Priesters</u>

Es ist in dieser Gründungsurkunde weiter verordnet, dass zu allen Zeiten, wenn es ansteht, der Herr und rechte Erbe des Schlosses Ehrenstein erblich und ewig der Stifter dieser Kapelle[55] sein soll und durch den jeweiligen Prior zu Ehrenstein im Amt präsentiert werden soll[56]. Derselbe Herr und Erbe zu Ehrenstein soll die Kapelle niemandem zum bloßen Titel[57] eines geistigen Lehens geben, oder auf dass der sich nur darauf weihen[58] lasse und sie sein Lebtag als ein Benefizium halte[59], denn es soll allzeit ein schlichter Dienst und ein richtiges Offizium[60] sein. Also darf er Kapelle und Spital niemandem geben oder anbefehlen, der nicht schon vorher zum Priester geweiht ist. Ebenso ist verordnet, dass der jeweilige Herr zu Ehrenstein, wenn der jeweilige Priester ablebig wird, einen anderen Priester anstellen möge. Außerdem soll jeder Priester, dem der Dienst der Kapelle anbefohlen wird, vorher dem Herrn von Ehrenstein und dem jeweiligen Prior daselbst bei seiner Priesterschaft geloben und schwören, alle ihn anlangende Punkte dieser Gründungsurkunde wahr, fest, stetig und unverbrüchlich zu halten und zu vollziehen. Er darf die Güter, Gelder und Renten, die zur Kapelle und auch zum Spital der armen Leute gestiftet sind oder später einmal dazu gestiftet werden, nicht verkaufen, weggeben, aufsplittern, wüst fallen lassen, versetzen oder zu einzelnen anderen Händen bringen, sondern er soll sie treu verwahren und in gutem Bau halten, ganz nach seinem besten Wissen gebührlich fördern und nicht verschlechtern. Dieser Priester soll sich auch ehrbar und priesterlich verhalten, wie es sich für einen frommen Priester gehört. Der allmächtige Gott wolle verhüten, dass er in einigen ihn betreffenden Artikeln dieser Gründungsurkunde im Detail oder im Ganzen säumig oder vertragsbrüchig würde, und sich dabei nicht ehrlich noch gebührlich verhielte. Falls dies bekannt und durch den jeweiligen Erben und Herrn zu Ehrenstein oder durch die Asbacher Kirchspielsleute dem derzeitigen Probst zu Kerpen dermaßen zur Kenntnis gebracht würde und soweit solche Versäumnisse und Übertretungen durch den Priester geschähen, soll der Kerpener Probst[61] mit Willen und Zutun des Herren und Erben zu Ehrenstein Macht haben, den Priester des Dienstes dieser Kapelle zu entsetzen und einen anderen Priester daran zu setzen, welcher erst durch den jeweiligen Herrn und Erben zu Ehrenstein dem Probst präsentiert werden soll.

---

bachaufwärts. Laut Limpach, Blatt 213, J. Schäfer 1980, Geschichte des Asbacher Landes, Seite 67, und Gensicke 1968, Seite 54, lag ein Ehrensteiner Hof Dasbach auf der kölnischen Seite des Mehrbachs oberhalb von Altenburg mit 41 Morgen, darunter eine Pferdeweide (s. Lit.-Verz.). Obwohl bisher keine entsprechenden Nachrichten aufgetaucht sind, ergäbe es einen Sinn, wenn im Lauf der Zeiten die Fluren des Hofes Dasbach zusammen mit dieser Verpflichtung dem Hof zu Diefenau angegliedert worden wären, so dass Lieferungen im 19. Jahrhundert vom Diefenauer Hof an die Armenstiftung ihre Erklärung fänden.

[55] dem Stifter (Bertram v. Nesselrode) gleich an Aufgaben und Rechten

[56] in besonderer Einführungs-Zeremonie; hierüber schreibt Bertram in seinem Testament von 1502 (Nesselrode Leonie 2008 / Lind, S. 338).

[57] ohne Amtsausübung

[58] damals mit Tonsur und bischöflicher Handauflegung als erste (unvollständige) Diakonats-Stufe der Priesterweihe, ohne dass die spätere zweite eigentliche Presbyterats-Stufe tatsächlich stattfand, wodurch erst wesentliche priesterliche Aufgaben, z. Beisp. Messe zu lesen und einige Sakramente spenden, ermöglicht sind

[59] was im 17. Jahrhundert bezüglich des Altars Unserer Lieben Frau in der Mutterkirche Asbach tatsächlich geschah und was Bertram wahrscheinlich woanders bereits erlebt hatte

[60] lateinisches Wort für Dienst, Werk, Pflichterfüllung, Arbeit

[61] nach der Gründungsurkunde der Pfarre Ehrenstein Wigher van Hassent bzw. doch wohl dessen Nachfolger im Erzbistumsamt mit der Kompetenz des Executors und Kommissars des Kölner Erzbischofs

Dieser neue Priester soll dann auch gleichermaßen angenommen sowie verpflichtet und gebunden sein, wie es bezüglich des amtierenden Ütgenbacher Priesters geschrieben steht. [62]

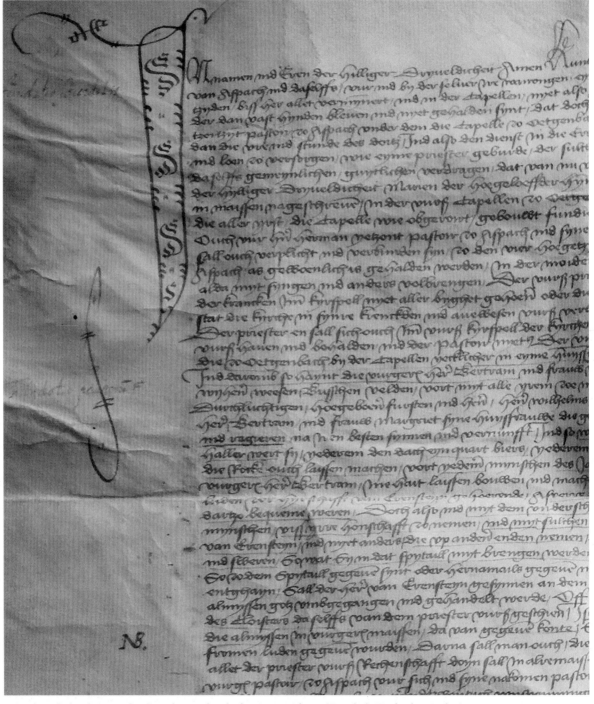

Ausschnitt links oben aus der Gründungsurkunde der Armenstiftung (Fürstlich Wiedisches Archiv)

---

[62] In Kerpen bestand damals das Kollegiatstift (klosterähnliche Gemeinschaft von Weltgeistlichen) St Martin. Der damalige Propst zu Kerpen, Wygherus de Hassent, *Executor* oder *Commissarius* des Kölner Erzbischofs und Kurfürsten, war auf Initiative des Stifters Bertram auch in die Erhebung der Burgkapelle zur Pfarrkirche und in die Gründung des Kreuzbrüderklosters zu Ehrenstein involviert. Hier scheint sein Amt als Executor und Kommissar des Erzbischofs gemeint zu sein. Wir haben keine Nachrichten, dass ein Propst zu Kerpen jemals wegen seiner Pflichten bezüglich des Ütgenbacher Priesters tätig geworden wäre. Wohl standen dem Erzbistum gegebenenfalls auch in späteren Zeiten Aufsichts-Rechte und Pflichten zu. Nach der Übernahme der „Armen" in das Kloster Ehrenstein 1530 übte der Generalobere des Kreuzbrüderordens, z. B. 1630, ein Beaufsichtigungsrecht über Prior und Konvent des Ehrensteiner Klosters (als Nachfolger des Ütgenbacher Priesters) auch bezüglich der Armenstiftung aus (siehe unten; FWA, Regesten 2844, 2847, 2851, 2853).

Besiegelung der Urkunde durch Erzbischof und Kurfürst von Köln Hermann IV von Hessen
Alsdann ist diese löbliche Gründung mit Wissen, Willen, Konsens und wohl bedachtem Ratschluss des Herrn Bertram von Nesselrode und der Frau *Margrete*, seiner Ehefrau, des Herrn Hermann, Pastor zu Asbach, und auch der Kirchspielsgemeinde zu Asbach wie beschrieben vor sich gegangen und geschehen. Weil das Kirchspiel von Asbach und die Kapelle von Ütgenbach unter dem Hochwürdigsten und Hochgeborenen Fürsten und Herrn, dem Herrn Hermann, Erzbischof zu Köln, des Heiligen Römischen Reiches durch Italien Erzkanzler und Kurfürst, Herzog zu Westfalen und zu Engern, Administrator des Stifts Paderborn et cetera (und mit weiteren Titeln), unserem gnädigsten lieben Herrn, im Land und Fürstentum seiner fürstlichen Gnaden und im Kirchenkreis des Kölner Stifts gelegen sind und weil seine fürstlichen Gnade allein immer Patron und erblicher Stifter dieser Kirche von Asbach war und ist und weil es sich darum gebührt, seine fürstlichen Gnaden um Bewilligung dieser Gründung zu ersuchen und deshalb seiner Gnaden Konsens zu erlangen, so haben die oben Genannten, Herr Bertram von Nesselrode und Frau Margrete seine eheliche Hausfrau, Herr Hermann, Pastor zu Asbach, weiter die Kirchmeister und Kirchgeschworenen mit Namen Peter von Limbach, Heinz von Sessenhausen, Dietrich von Drinhausen, Heinrich von Wege[63] und Dietrich von Büsch, wegen der Kirchspielsgemeinde seine fürstlichen Gnaden untertänig und diensteifrig gebeten, alle Inhaltspunkte dieser Gründungsurkunde als der Landesfürst und Gebieter zu bewilligen und in Bezeugung der Richtigkeit dessen seiner Gnaden Siegel vorn dran hängen tun[64] zu wollen. Also bekennen wir Hermann, von Gottes Gnaden Erzbischof zu Köln et cetera, diese gegenwärtige Gründungurkunde, ihren gesamten Inhalt mit Fassung, bewilligt zu haben durch die Beurkundung mit unserem Siegel, das wir darum mit unserem rechten Wissen und Willen vorn an für uns und für unsere Nachfolger und unser Stift hängen tun. Wir geloben auch dabei für uns und unsere Nachfolger und unser Stift, über jedes Teil davon die Hand zu halten, es zu beschirmen, zu beschützen und zu erhalten, soweit das uns vielseitig betrifft und uns als Landesfürst zu tun gebührt.

Die anderen Besiegler
Und wir, Bertram von Nesselrode, Herr zu Ehrenstein, Ritter et cetera, Margrete von Burscheid, seine Ehefrau, und Hermannus von Ahrweiler, der genannte Pastor, bekennen für uns, unsere Erben und Nachfolger, dass jeder von uns sein Siegel dahinter heran gehangen hat, um uns dabei von allen zuvor beschriebenen Sachen zu überzeugen und sie auch mit der Intension derer ewigen festen Beständigkeit zu bezeugen. Und weil wir, die Kirch-Meister und Kirchen-Geschworenen, kein eigenes Siegel haben, so haben wir den edlen und wohlgeborenen Junker, Junker Johann Graf zu Nassau, Herr zu Beilstein[65] et cetera, gebeten, dass seine Gnaden sein Siegel für uns im Zeugnis aller dieser Sachen an diese Gründungsurkunde hängen wolle, was wir Johann, Graf zu Nassau, Herr zu Bielstein et cetera, als wahr bekennen; und wir tun unser Siegel um beider Willen, der beschriebenen ehrbaren Kirchmeister und der Kirchengeschworenen zu Asbach, an diese Gründungsurkunde hängen. Dieser Gründungsurkunden sind drei gleichlautende erstellt, wovon der Herr Bertram und seine Erben und nachfolgenden Herren zu Ehrenstein die eine der Pastor, die

---

[63] Vielleicht ist das heutige Dorf Straßen oder (nach einer Überlegung von Werner Büllesbach) die Straße und Flur „Im Weidgen" zwischen Oberplag und Brüchen gemeint, wo zu damaligen Zeiten der Hof Weidgen (zeitweise auch eine Verkleinerungsform von Weide = Weidenbaum) stand (siehe „Das Asbacher Land", untergegangene Siedlungen, Autor wahrscheinlich Fritz Wiegard). „Wéggen" ist die Dialekt-Bezeichnung für Weidenbäume (Baum-Gattung; Lorenz Klein, siehe Literatur, Nößender Platt).
[64] „Hängen tun" ist eine festgeschriebene Redewendung in dieser Urkunde und manchmal auch in anderen, wohl um dieses Tun besonders hervorzuheben; der Eindruck kann entstehen, dass damit eigenhändiges Tun gemeint sein könnte. Es ist somit immerhin möglich, dass der Kurfürst und Erzbischof die Besiegelung persönlich vornahm beziehungsweise irgendwie persönlich babei war.
[65] Johann II von Nassau Beilstein war von 1499 bis 1513 Pfandnehmer und Verwalter des Kurkölnischen Amtes Altenwied und zumindest zeitweise auch wohnhaft auf Burg Altenwied. Durch die Beteiligung des Erzbischofs und des Grafen zu Nassau wurde die Gründung natürlich aufgewertet.

Kirchmeister und Geschworenen zu Asbach die andere und der vorbeschriebene Priester die dritte inne haben sollen, um sich in allen Teilen danach zu richten. Gegeben in den Jahren unseres Herrn tausend vierhundert neunundneunzig auf Vorabend von Sankt Johanns Enthauptung (28. August).

Erstellung und Verbleib der Urkunden

Die fünf Siegel von links nach rechts stehen für: Hermann Erzbischof von Köln, Bertram von Nesselrode, Bertrams Ehefrau Margarete von Burscheid, Asbacher Pastor Hermann von Ahrweiler, Altenwieder Amtmann Johann Graf zu Nassau.[66]

Die Ausfertigung für die Stifter Bertram und Margarethe von Nesselrode ist wohl im Erbgang auf Schloss Wissen (im heutigen Kreis Kleve) gelandet[67], während das Exemplar für den Stiftungspriester offensichtlich 1530 nach dem Umzug der Pfründner ins Kloster Ehrenstein zum Kloster gelangte und jetzt im Fürstlich Wiedischen Archiv liegt. Die Urkunde für die Pfarrei Asbach verbrannte wohl am 30. Oktober 1854 laut einem Manuskript im Nachlass von Josef Schäfer bei dem verheerenden Großbrand mit dem Archiv des Amtes Asbach[68], nachdem die Verwaltungskommission der Armenstiftung bereits bei der Bürgermeisterei ins Leben gerufen war. Der Urkundentext wurde wahrscheinlich vom Ritter und Erbmarschall Bertram von Nesselrode selbst entworfen, wie die Formulierung „unser Hof in Dasbach" nahelegt. Bertram war des Schreibens durchaus mächtig und darin geübt, wie ein Briefentwurf aus dem Jahr 1488 zeigt[69]. Die zeitaufwendige Ausfertigung wird er einem professionellen Urkunden-Schreiber überlassen haben, der allerdings nicht benannt ist. Man könnte hier neben anderen an den Priester Arnt von Hunff denken, der 1476 als Vikar zur neu errichteten Pfarrei Ehrenstein kam und nach der Gründung des Klosters 1486 als Studierter für verschiedene Aufgaben zu Ehrenstein angestellt blieb, zum Beispiel wahrscheinlich als Lehrer für Bertrams Knappenschule, und 1500 als Priester mit in das Kloster aufgenommen wurde, ohne dem Orden beizutreten.[70] Allerdings wird er 1502 als *her arnolt von honffe* als ehemaliger weltlicher Priester und dieserzeit als einer der zehn Priester des Klosters bezeichnet.[71] Als Ort der Besiegelung der Gründungsurkunde kommt unter anderem die kurkölnische Burg Altenwied mit der Kanzlei des Amtes Altenwied in Betracht, das Graf Johann II von Nassau-Beilstein als Pfandnehmer und Amtmann mit zeitweiligem Wohnsitz auf dieser Burg seit 1499 weitgehend verwaltete.

Auffallend ähnlich bezüglich mancher Inhalte und Bestimmungen, des Gesamtaufbaus, der Pflichten und Rechte der diensttuenden Priester, vieler zum Teil wortwörtlich wiederkehrender Redewendungen und Satzteile, selbst der verordneten Gebete und „guten Werke" für die bedachten Personen und Geschlechter ist die Stiftungsurkunde des Priestersitzes der Heilig-Kreuz-Kapelle zu Süchterscheid vom 21. September 1506. Hier wollte der Erbmarschall Bertram von Nesselrode nach dem Tod seiner Gemahlin 1501 deren Andenken und deren Absichten getreu wie in seinen sonstigen Stiftungen und Testamenten hoch halten.[72]

Eine vollständige Abschrift der Gründungs-Urkunde, allerdings mit weitgehender Übertragung in die Sprache des 18. Jahrhunderts, fertigte am 22. Juli 1771 der apostolische

---

[66] LHA Koblenz, Abtlg. 86, Nr. 2
[67] Kastner hat in seiner Wiedergabe der Urkunde zahlreiche buchstabengetreue Worte und Passagen seiner auf Schloss Wissen aufbewahrten Urkunde mitgeteilt, die von dem Exemplar in Neuwied in manchen Buchstaben oder ganz selten in der Wortwahl abweichen.
[68] zum Brand siehe auch Wiegard 1954
[69] Nesselrode 2008, Abbildung 88
[70] FWA, Regest 2863, V – 1 – 9, Nr. 19
[71] FWA, Regest 2867, V - 1 – 9, Nr. 12
[72] FWA, Regest 2872, V – 1 – 9, Nr. 13 | Helmut Fischer (siehe Literatur) mit dem Urkundentext

Notar *Bartholomäus Joseph Blasius Alffter in Cöln=Rhein* an.[73] Diese schloss er ab mit auf das Papier gedrücktem Wachs-Siegel und folgenden Worten: *Pro Copia per me ex Originali descripta et cum eodem concordante me subscribo et subsigno. Coloniâ hac 22. Julii 1771 Barthol. Joseph Blasius Alfter, Notarius Apostolicus req(uisi)tus m(anu) p(ropr)ia*[74] (Für die [Richtigkeit der] Kopie, durch mich vom Original abgeschrieben und mit demselben übereinstimmend, schreibe ich mich drunter und besiegle ich in Köln, diesen 22. Juli 1771, Bartholomäus Blasius Alfter apostolischer geprüfter Notar, mit eigener Hand). Diese Kopie befindet sich als vergilbtes Papierheft von 10 Seiten im Pfarrarchiv Ehrenstein Selbige Abschrift einschließlich Beglaubigung kopierte und beglaubigte am 8. April 1832 der Fürstlich Wiedische Archiv-Verwalter Jean Hugo von Knopäus in Neuwied; er teilt auch mit, dass die Abschrift des Alfter von dem Urkunden-Exemplar stamme, das 1832 im Fürstlich Wiedischen Archiv Neuwied vorhanden sei, also mit höchster Wahrscheinlichkeit die Urkunden-Ausfertigung für das Kloster Ehrenstein, wie wir es weiter oben schon erörtert haben. Eine Kopie der jeweils beglaubigten Abschriften von 1771 / 1832 tätigte Pfarrer Nikolaus Franke in Asbach am 4. Februar 1867 mit weiterer Angleichung an die neueste Sprechweise. Diese Dritt-Abschrift der Zweit-Abschrift von der Erst-Abschrift veröffentlichte mit weiteren Sprachangleichungen Pfarrer J. P. Reidt in einem Büchlein „Ehrenstein. Krankel bei Asbach Westerwald. 1908." S. 67 – 78. Eine vierte beglaubigte Abschrift der Dritt-Abschrift von Franke findet sich im Pfarrarchiv Ehrenstein, Urkunden-Buch (Abschriften), vom Kirchenvorstand unter dem Vorsitz von Pfarrer Hackenberg und den Mitgliedern Braun, Schellberg, Klein II und Wirtgen am 4.4.1868 beglaubigt. Alle diese Beglaubigungen mitsamt dem Text schrieb noch mal Pfarrer Knorren in ein Papier-Heft mit 11 Seiten ab. Die Wiedergabe der Gründungsurkunde von Frau Haas in moderner Sprache in ihrem Büchlein „Berzbach, ein Dorf feiert 500 Jahre Ehrensteiner Armenstiftung" orientiert sich im Wesentlichen an der Abschrift von Franke. Schon Reidt hatte 1908 seine Wiedergabe der Gründungsurkunde in Abschnitte unterteilt und jedem Abschnitt eine Überschrift hinzugefügt, welchem Beispiel Haas gefolgt ist. Im Fürstlich Wiedischen Archiv, im Landeshauptarchiv in Koblenz und sicherlich woanders auch befinden sich noch weitere zum Teil beglaubigte Abschriften.[75]

Vorlauf und Einrichtung der Armenstiftung

Eine solche Gründung braucht natürlich Vorbereitungen und ein Umfeld, in dem sie eingebettet ist. Bertram wurde etwa 1435 geboren. Seine Mutter, Swenold von Landsberg, starb 1440. Sein reich und mächtig gewordener Vater Wilhelm heiratete 1446 in zweiter Ehe Eva von Ütgenbach, Tochter zu Ehrenstein, Schwester des kinderlosen Adam, des letzten männlichen Mitglieds des Geschlechts der Edlen von Ütgenbach. Eva wurde in jungen Jahren unter dem Namen *Eva Tochter von Ehrenstein* Stiftsdame in Kaufungen und stieg dort unter der entfernt verwandten Äbtissin Berta von Sayn zur Pröpstin des „Stifts des heiligen Kreuzes" für adelige Damen auf, das ursprünglich als Benediktinerinnen-Kloster von der Heiligen Kaiserin Kunigunde und ihrem Gemahl, dem Heiligen Kaiser Heinrich II, im 11. Jahrhundert gegründet worden war. Eva kommt in den Kaufunger Urkunden 1433, 1434 und 1440 vor.[76] Nach der Umwandlung des Klosters in ein Kanonissen-Stift wohl Ende des 13. Jahrhunderts entfiel unter anderem das Ehelosigkeits-Gelübde, so dass die meisten Stiftsdamen als gebildete Adelige mit entsprechender Ausbildung in Kaufungen ohne Makel und ohne ein Gelübde zu brechen heirateten.

---

[73] In Köln befand sich die geistliche (kirchliche) Verwaltung des Erzbistums Köln, die für die Pfarreien Asbach und Ehrenstein und auch für das Kloster Ehrenstein zuständig war.
[74] Kürzel-Zeichen sind, wie weitgehend üblich, durch die gemeinten Buchstaben in Klammern ersetzt.
[75] FWA, Akten, 70 – 12 – 1
[76] Roques, Hermann von, im Auftrage des Historischen Vereines der Dioecese Fulda: Urkundenbuch des Klosters Kaufungen in Hessen, Urkunden Nr. 394, 398, 419

Wilhelm von Nesselrode mit dem Kleve`schen Antonius-Orden[77] und dem darunter verdeckten Bergischen Hubertus-Orden und sein Nesselrodisches Wappen in den Chorfenstern der Kirche zu Ehrenstein

Wilhelms erste Frau Swenold von Landsberg, Mutter von Bertram, und Eva von Ütgenbach, Tochter zu Ehrenstein, zweite Ehefrau des Wilhelm und Stiefmutter Bertrams, in den Chorfenstern von Ehrenstein (alle vier Bilder: L. Nesselrode)

---

[77] Der Kleve`sche Antonius-Ritterorden (auch Halsband –Bruderschaft genannt) wurde nach 1420 (spätestens 1435) und vor 1441 von Herzog Adolf I gegründet und verlor sich ganz am Ende des 15. Jahrhunderts (nach Gorissen / Lit., Seite 37).

Offensichtlich hatte Eva von Ütgenbach, ihrerseits geprägt durch ihre klösterliche Zeit im Stift Kaufungen, in religiösen Dingen beträchtlichen Einfluss auf ihren Ehemann und ihren Stiefsohn Bertram, der bei der Vermählung Wilhelms mit Eva etwa 11 Jahre alt gewesen sein dürfte. Wilhelm und Eva bauten um 1450 eine Kapelle neben die Burg Ehrenstein. Diese wurde von Ritter Bertram und seiner Frau Margarete von Burscheid in Etappen vergrößert, 1477 zu einer Pfarrkirche erhoben und 1486 / 1488 dem von ihnen neu gegründeten Kreuzbrüder-Kloster Liebfrauental zu Ehrenstein eingefügt. Die Stiftungen in Ehrenstein und die Ausstattung der Kirche[78] weisen viele Anklänge an Kaufungen auf. In der Klosterkirche in Kaufungen wurde 1433 unter Mitwirkung der Pröpstin Eva ein Altar „zu Ehren der Heiligen Dreifaltigkeit und der Heiligen Fünf Wunden Gottes" geweiht, der sich neben einem Sankt-Stephans-Altar befand. St. Stephan war der erste Diakon (Diener) der Apostel, der sich besonders um Arme und Bedrängte und um den Dienst an Menschen kümmerte. Ein weiterer Altar in Kaufungen war Unserer Lieben Frau, einer den Apostelfürsten Petrus und Paulus, einer dem Heiligen Kaiser Heinrich, einer der Heiligen Kaiserin Kunigunde, einer dem Heiligen Kreuz und einer der Heiligen Margarete geweiht.[79] Die Kirche Ehrenstein ist der Dreifaltigkeit geweiht; die Zahl Fünf der Wunden Christi kehrt wegen ihrer „mystischen" Bedeutung[80] in den fünf Armen Leuten und in den fünf Armenhöfen wieder; St. Stephan, der erste christliche Märtyrer, war als erster (mit anderen) Diakon ein Patron der Armen, somit auch gewissermaßen (nicht ausdrücklich) Patron der Armenstiftung; das Ehrensteiner Kloster nannte sich nach Maria „Liebfrauenthal"; die Apostel Petrus und Paulus sind als Konsolfiguren im Ehrensteiner Chor dargestellt; nicht völlig ausgeschlossen ist, dass das heilige Kaiserehepaar als empfehlende Heilige des Elternpaares der Margarete von Burscheid in den Glasmalereien fungiert[81]; das Heilige Kreuz steckt im Namen des Kreuzbrüder-Ordens; St Georg, der Namensgeber der ältesten Kirche im Kaufunger Areal, ist neben der Trinität ein weiterer Patron der Ehrensteiner Kirche. 1441 werden *arme luthe zcu Herlishusen der erwirdigen in Gode frawen Berthin eptischen zcu Kaufungen* (Arme Leute zu Herleshausen der in Gott ehrwürdigen Äbtissin Berta zu Kaufungen) in Besitzungen des Stifts genannt.[82] Leider erfahren wir in der verwendeten Literatur sonst nichts über die Organisation und das weitere Schicksal dieser Armen Leute des Klosters Kaufungen in Herleshausen.

Natürlich lagen die Verehrung all dieser Aspekte Gottes, des Heilands und der Heiligen, ihre „Andenken" sowie die „guten Werke" im Trend der Zeit. Offenbar gab aber Eva wichtige konkrete Impulse zu Kirche und Kloster in Ehrenstein, zum Armenspital in Ütgenbach und zur Wallfahrtskapelle in Süchterscheid[83] bei Uckerath, heute Stadt Hennef. Für Süchterscheid hielt Bertram in der Urkunde von 1506 fest, dass die Verehrung des heiligen Kreuzes eine Herzensangelegenheit seiner Stiefmutter war. Auch die Auswahl des Kreuzbrüderordens für das Ehrensteiner Kloster, dessen Gründung auf einen Vorschlag der Eva von Ütgenbach zurückging, spricht für sich. Die Verehrung der fünf Wunden Christi am Kreuz spielte bei der Bevorzugung der Fünf bei der Zahl der Armen Leute und dem Erwerb von Fünf Höfen „im Blankenbergischen" zu ihrer Versorgung gewiss eine Rolle. Die „Copia Anniversariorum", das Verzeichnis der wiederkehrenden Seelenmessen des Klosters Ehrenstein[84], bezeichnet

---

[78] Siehe Nesselrode 2010 (Ehrenstein im Westerwald).
[79] Baumgärtner: Kunigunde, eine Kaiserin an der Jahrtausendwende. Autorin des Abschnitts „Kloster und Damenstift Kaufungen" ist Petra Brödner, S. 100.
[80] Siehe Quellen: 1637, Ægidius de Vriese, der Text ist weiter unten angeführt.
[81] Siehe auch Lind, U., Heimat-Jahrbuch 2011 Landkreis Neuwied | Van Rooijen (s. Lit.) diskutiert, ob es sich nicht gut um die Nothelfer Margarete und Eustachius handeln kann. Die Hl. Margarete war nicht nur Namenspatronin der Frau zu Ehrenstein, Margarete von Burscheid, sondern hatte auch einen Altar in der Kaufunger Kloster-Kirche.
[82] Roques: Urkundenbuch des Klosters Kaufungen, Urkunde 421, S. 459
[83] FWA, 2872, V – 1 - 9 Nr. 13
[84] LA NRW, Depositum Nesselrode-Ehreshoven, Akten Nr. 1740

Eva, gestorben im August 1482[85], mit „fromme und gute Frau, Gründerin der dortigen Kirche, vorschlagende Initiatorin des Konvents in Ehrenstein und Mutter der Armen". Die Namensheilige von Evas vermutlicher Mutter, „Anna von *Solmße* Frau zu Ehrenstein" genannt[86], taucht im verlorenen Sakristeifenster von Ehrenstein auf und der Annen-Altar in der Pfarrkirche Erpel war der Ort ihres Begräbnisses. Die Heilige Anna, Großmutter Jesu, war neben vielem Anderen auch Patronin der Armen. Im Übrigen beschränkte sich die Wertschätzung der Stiefmutter Eva nicht auf Bertram. Von *Johan* dem Jüngeren, Bertrams Bruder, lesen wir in seinem letzten Willen vom 6. Februar 1506, dass er 500 Gulden stiftet, damit ein Priester in Ehrenstein für ihn, seinen Vater, seine Frau, seine Vorfahren, seine Geschwister und seine Kinder auf ewig betet, vor allem aber auch für Eva von *Oitgenbach*.[87]

St.-Georgs-Kapelle, älteste Kirche zu Kaufungen, und Turm der Klosterkirche mit Klostergebäuden 2010

Freilich gab es schon im Mittelalter allenthalben, zum Beispiel auch in Städtchen und Orten wie Linz[88], Oberlahnstein[89], Sinzig und wohl auch in Rheinbrohl[90] Hospitäler in verschiedensten Ausprägungen und mit verschiedensten Aufgaben als Gasthäuser, Pilgerunterkünfte, Armenheime, Altenheime, Pflegeheime, Krankenhäuser, Leprosorien (Heime für Lepra-Betroffene z. B. in Köln und Aachen außerhalb der Mauern – Melaten genannt, abgeleitet von „malus habitus" = schlechter Zustand) usw. Am 25. März 1499 (Jahresanfang nach damaliger trierischer Rechnung) wurde in Mülheim-Kärlich, in der Nähe des Geländes der römischen Villa und des Urmitzer Erdwerkes der Michelsberger Kultur, die

---

[85] Lind, U., 2011, S. 102
[86] Kastner I, Regesten 323 und 324 | U. Lind, 2011
[87] Kastner II, Regest 1301
[88] Burghard: Linz am Rhein. Die Geschichte der Stadt von der Frühzeit bis zur Gegenwart. S. 84ff.
[89] Wikipedia Sept. 2021, Hospitalkapelle St Jakobus; das Armenhospital Oberlahnstein ist 133 erstmals erwähnt.
[90] Josef Schäfer 1974, Seite 84

Kapelle „zum guten Mann" für ein Leprosorium als Wiederaufbau einer 1389 urkundlich erwähnten Vorgänger-Kapelle eingeweiht. 1399 wohnte hier offenbar neben anderen ein Kloffgen von Kettig in einem eigenen Häuschen.[91] Einige Hospitäler waren auch speziell für Arme eingerichtet, so dass sie als zusätzliche Vorbilder für die Stiftung von Bertram und Margarete in Ütgenbach gedient haben könnten, etwa in der Geschichte von Heisterbach oder im Wirken des Kreuzbrüderordens, dessen Kanonien oft ein Hospital unterhielten. Zum Beispiel betreute der Kreuzbrüderorden in Düsseldorf ab den 40er Jahren des 15. Jahrhunderts das „Gasthaus und Armen-Hospital zur Heiligen Anna", das 1709 verlegt und wegen des neuen Trägers, dem Hubertusorden[92] in „Hubertus-Hospital" umbenannt wurde, welches nach der Säkularisation eine gewisse Rolle für die Armenstiftung spielen sollte. Es liegt nahe, dass auch dieses Hospital der Kreuzherren im Zentrum des Bergischen Landes Düsseldorf als Vorbild für die Gründung eines Hospitals des Bergischen Erbmarschalls Bertram in Ehrenstein mit dem dortigen Kreuzherren-Kloster gedient haben kann. Besonders die Hausordnung aus dem Jahr 1500 eines um 1466 durch den Ritter Johan von Loê fundierten Armen- und Siechen-Hauses in Zevenaar[93] für 7 Arme wies in Teilen ähnliche Züge auf wie die Hausordnung in Ütgenbach, wobei die von Kastner mitgeteilte Ordnung in Zevenaar noch ausführlicher das Leben der „Armen" beschreibt.[94]

In Oberbachem bei Godesberg bei der Prümer Kloster-Zelle für 20 Priester sollten in der Marien-Kirche im Jahr 871 täglich 12 Arme gespeist werden [*Pauperes XII cotidie pascunt(ur)*]. Bachem im Bonngau (vermutlich Oberbachem wegen des Marien-Patronats der dortigen heutigen Pfarrkirche) wurde 871 vom Ehepaar Otbert und Hildigard, den vermutlichen Eltern Hartmanns, dem Kloster Prüm „geschenkt" blieb aber mitsamt anderen verschenkten Gütern in der Nutznießung der Hildigard bis zu ihrem Lebensende.[95] Ob dies allerdings dem Lehnsnehmer des Klosters Prüm bezüglich der Elsaff, Bertram von Nesselrode, angesichts der nachlassenden Bedeutung und Einflussnahme des Klosters noch bekannt war, steht dahin, ist aber noch knapp im Bereich des Möglichen. Im Prümer Urbar von 893 wird ein Hospital der Abtei Prüm in unmittelbarem Zusammenhang mit den Klosterbauten zur Aufnahme von armen Pfründnern, beziehungsweise Versorgung von Kranken, Pilgern und wohl auch Bettlern beschrieben.[96]

In Heisterbach hatte 1254 die verwitwete Gräfin Mechthild von Sayn ihren Anteil am Zehnten von Neustadt an der Wied, das Patronat der Pfarrkirche und umfangreiche Schenkungen an Liegenschaften dem Kloster gestiftet, damit Heisterbach in sein bereits bestehendes Hospital weitere 13 Arme aufnehme[97] Wie lange dieses Hospital Bestand hatte, scheint nicht bekannt zu sein. Das zuvor und auch später für Arme und Wallfahrer freigiebige Kloster jedoch geriet in den folgenden Jahrzehnten in eine finanzielle Krise. 1434 hatte Adam von Ütgenbach, der Bruder Evas, diesen Neustädter Zehnten inne und vermachte ihn seiner Frau Maria von Alfter als Widumsgut (Witwenausstattung, sofern die Lebensläufe entsprechend ausfallen sollten); Adam hatte zuvor den Zehnt gegen seinen freien Ütgenbacher Hof in Niederpleis mit dem Kloster Heisterbach eingetauscht.[98] Ein Rücktausch[99] folgte schon

---

[91] Internet April 2020: www.stadtmuseum.muelheim-kaerlich.de/das-erdwerk-urmitz.html)
[92] in der Namenstradition des St.-Hubertus-Ritter-Ordens des Herzogtums Berg, der 1708 aus der Vergessenheit neu ins Leben gerufen wurde
[93] heute in den Niederlanden zwischen deutscher Grenze und Arnhem
[94] Kastner Band II, Regest 913 (um das Jahr 1466) und Regest 1273 (Jahr 1500); weitere Armenfürsorge ist in Band I und im Band III von Kastner (Sachverzeichnis) aufgelistet.
[95] Urkunden Nr 84 vom 20. Okt. 871, folia 32a – 34a, und Nr. 92 vom 26. Febr. 886, folia 83b – 85a, aus dem „Goldenen Buch" von Prüm (s. Lit.)
[96] Nolden, Schwab: Kapitel II des Prümer Urbars
[97] Urkunden-Nummer 126 im Urkunden-Buch von F. Schmitz 1908
[98] Kastner I, Regest 446, Pergamenturkunde mit Siegeln (eins ganz erhalten)
[99] Schmitz, Urkundenbuch Heisterbach, Urkunde 485, Pergament mit Siegeln | Pfarrarchiv Ehrenstein, Abschrift einer Abschrift von fol. 469 des Copeibuches der Abtei Heisterbach im Archiv zu Düsseldorf durch Notar Knips

1435. Es könnte immerhin sein, dass Eva und eventuell auch Bertram von der ursprünglichen Bestimmung des Neustadter Zehnten Kenntnis hatten. Über die Jahrhunderte scheint es keine Nachricht mehr von einem Armen-Hospital in Heisterbach zu geben, was nicht unbedingt bedeuten muss, dass es keins mehr gegeben hätte. Dass Heisterbach als Wallfahrtsort fungierte, ist archäologisch und schriftlich belegt. Eine beträchtliche Zahl der Zisterzienser Klöster besaß ein Hospiz, eine Wohnmöglichkeit für Pilger und Besucher, in der auch Pflegebedürftige und Kranke, gegebenenfalls auch aus der Umgebung für längere Zeit, aufgenommen werden konnten[100], ohne dass es einen Anlass gegeben haben müsste, davon in irgendwelchen Urkunden oder sonstigen Schriften zu berichten. Ein Teil der Pilger kam ja mit Krankheiten, für die man Heilung suchte. Daneben hatten mehrere Zisterzienser-Klöster, darunter Heisterbach, auch ein Infirmatorium, einen Krankenraum innerhalb der Klausur für gebrechliche Konventualen.[101] Das jetzige Altenheim und das Haus Heisterbach für in Not geratene Mütter (Bausteine für das Leben e. V.) sowie das zwischenzeitliche kleine Krankenhaus entstanden erst nach dem Einzug (1919) des Ordens der Cellitinnen.

Es gibt Hinweise, dass Ritter Bertram von Nesselrode und seine Frau schon 1484 eine Armenstiftung im Sinne gehabt und deswegen entsprechende Erwerbungen getätigt haben könnten[102], wovon weiter unten noch zu berichten sein wird. Bertram und seine „liebe eheliche Hausfrau" hatten keine erbberechtigten ehelichen Kinder. Bertrams illegitime Tochter und sein illegitimer Sohn waren wohlversorgt. Die Tochter wurde ins Kloster Merten bei Eitorf „gesandt"; der Sohn Johann von Nesselrode brachte es zum „Herrn" Priester und Pastor von Overath. Im Testament Bertrams vom vierten Fastensonntag Laetare 1502[103] und in seinem Nachtestament vom 27. August 1510[104] kommen seine Beachtung und Fürsorge bezüglich seiner Verwandten und Schutzbefohlenen, auch der weniger Privilegierten, deutlich zum Ausdruck, was ebenfalls noch ausführlicher zu berichten sein wird.

Laut Gründungsurkunde hatten Bertram und seine Frau Margarete drei Güter im Bergischen Land gekauft und beim Herzog Wilhelm von Berg bewirkt, dass alle drei von Abgaben an ihn als Landesherrn befreit wurden, damit sie (besser) der Versorgung von Armen zu Ehrenstein (nicht zu Ütgenbach) dienen konnten[105]. Der Kauf der Güter fand logischerweise statt, bevor 1497 der Landesherr, der Herzog von Berg, dessen Erbmarschall Bertram war und mit dem sehr vielfältige enge Bindungen bestanden, diese Höfe von Abgaben (an sich selbst als Landesherrn) frei stellte, um damit die Versorgung der Armen in Ehrenstein zu unterstützen. Die Urkunde, in der der Herzog Wilhelm und die Herzogin Sibilla für sich und die Erben oder Nachfolger diese Befreiung aussprechen, datiert vom 29.11., Vorabend von St. Andreas, 1497[106]. Sie findet sich als Abschrift von einer Kopie aus dem (Bergischen) *Lagerbuch, fol. 84*, im Fürstlich Wiedischen Archiv.[107] Die Kopie in das *Lagerbuch* tätigte Wilhelm Luninck;

---

[100] Elm und andere: Die Zisterzienser. Seite 494, D 26
[101] Brunsch, Seite 134 und an anderen Stellen
[102] Quelle von 1546, FWA, Akten, 70 – 11 – 15
[103] Welches Datum dieser Sonntag Laetare hatte, hängt von dem jährlich wechselnden Osterdatum ab. Kastner (Regest 1280) nennt den 6. März. Bezüglich der Jahreszahl besteht die Unsicherheit, nach welchem Stil der Schreiber den Jahresanfang setzte. Nach Trierer Stil fing das Jahr mit „Verkündigung", dem 25. März, an, in Köln vorwiegend an Ostern; nach heutiger Rechnung beginnt das Jahr früher, am 1. Januar, so dass nach heutiger Rechnung eher das Jahr 1503 in Frage kommt. Üblich ist aber in solchen Fällen, die Jahreszahl zu benutzen, die in der Urkunde steht!
[104] Nesselrode 2008, Anlage 12 | FWA, Regest 2878 | LA NRW, Depositum Nesselrode-Ehreshoven, Akten 1960
[105] Gründungsurkunde Zeilen 22 und 23
[106] Haas, Barbara, S. 35, nach FWA, Schrank 70, Gefach 11, Faszie 19 |
Repertorium des Privat-Archivs der Grafen von Nesselrode zu Herrenstein, Seite 265 bzw. 89 (Das eigentliche Archiv ging zu einem beträchtlichen Teil im 2. Weltkrieg verloren, der Rest wird noch geordnet und neu katalogisiert und ist nicht zugänglich.)
[107] FWA, Akten, Schrank 70 – 11 – 19, Papier

aus dem Lagerbuch schrieb der Notar Jacob Henrich Wilhelmi ab. In dieser Urkunden-Abschrift sind allerdings mehrfach vier „Erbhöfe" in den Kirchspielen Much und Winterscheid genannt, die „zu Ehrenstein in ein Hospital und Gotteshaus daselbst" gegeben wurden. Die Aussteller der Befreiungsurkunde lassen schreiben (verkürzt, der volle Original-Text befindet sich im Anhang 3):

„*Wir Wilhelm Von Gottes Gnaden Hertzogh zu Gulich zu dem Bergh vnd Grave zu Ravensperch (et cetera) vnd wir Sibilla geborne Marckgraffin Vonn Brandenburch von derselben Gnaden Hertzoghin vnd Graffin der genanter Landen thunn samentlich kundt*: Bertram von Nesselrode, Herr zu Ehrenstein, Ritter und unser Erbmarschall von Berg und seine Ehefrau Margarete von Burscheid haben ihre vier erblichen Hofgüter *zu derscheit, seiffen, Beretzbach, heiden* in unserem Land Blankenberg in den Kirchspielen Much und Winterscheid in ein Hospital und Gotteshaus zu Ehrenstein(!) gegeben, damit arme Leute darin sein sollen. Dieses Hospital, die Armen Leute darin und die genannten Güter sollen Prior und Konvent des Klosters und der Kirche allda, „Unserer Lieben Frauen Tal zu Ehrenstein" genannt, haben und regieren gemäß der darüber gemachten „Fundation"[108]. Als der Erbmarschall und seine Frau uns als Landesherr und Landesfrau gebeten haben, die Stiftung dieser Güter zu bewilligen und die Güter weder mit Schatzung noch Diensten noch Beden[109] zu beschweren, haben wir, Landesherr und Landesfrau, die Schenkung der vier Güter Derscheid, zum Seifen, Berzbach und Heiden bewilligt. Auch wollen wir und sollen unsere Erben und Nachfolger zu ewigen Zeiten weder diese Güter noch den Zubehör mit gewöhnlichen oder ungewöhnlichen Schatzungs-Abgaben oder Diensten oder gebotenen Abgaben belasten oder das geschehen lassen, sondern wir, unsere Erben und Nachkommenden (im Amt) wollen und sollen die genannten, Prior und Konvent, zum Nutzen (*zu behoeff*) des genannten Hospitals die genannten Güter mit allem ihrem In- und Zubehör zusammen mit dem, was vorher schon gespendet wurde und was weiterhin dazu gegeben möchte werden, zu „erblichen" ewigen Zeiten so los, ledig, frei, unbelastet und unbeschwert genießen und gebrauchen lassen, als ob unser Erbmarschall und seine Ehefrau die Güter noch in ihren eigenen Händen hätten, und die Belastungen verhüten und vermeiden würden (wie es bei freiadeligen Gütern die Regel ist)."

Allerdings ist in dieser Urkunde von vier Höfen die Rede und als vierter Hof in der Gegend Much wird darin der Heider Hof aufgeführt, der spätestens seit einer Quelle von 1545 über die Verpachtung der vier Höfe[110] immer unter den Armenhöfen neben den Höfen Berzbach, Derscheid und Seifen genannt wird. 1545 wird der Hof Derscheid durch den Prior und Jaspar Leyen (unsicher zu lesen) von wegen (in Vertretung) der gnädigen Herrschaft und zu Behuf der Armen zu Ütgenbach an *peter zu derschet* und der Hof zum Siefen an *volmer* (unsicher zu lesen) und seine eheliche Hausfrau *trynen* verpachtet. Eine Verpachtung angeboten wird *Johengen zor Heidenn vnd gretgen siner huysfrawen* und dem *Halffman zu Berxbach* (Berzbach) *vnd elsgyn syner huysfrawen*.

Eine weitere Quelle von 1546 auf einem Blatt Papier mit der *Specification* (Vermessung) der Ländereien der vier „freien" Höfe nennt sie „*1484 fundiert*", zum Beispiel den *Hoferhoff fundiert*[111] *in daß Hospital zu Otgenbach im Jahre 1484*. Im nächsten Abschnitt lesen wir: *Verzeichnis des freyen* Hof *derscheidt gehörig in daß Hospital zu vtgenbach fundiert im iarhr 1484 vnd ist von selbiger Zeit in seiner freyheit verbleiben*. Auch der Oberheider Hof wird hier ausdrücklich als „1484 fundiert" bezeichnet.[112] Der Hof zu Derscheid wird auch im März

---

[108] Unter Fundation kann man sowohl den Gründungsakt als auch eine Gründungsurkunde als auch die gegründete Institution verstehen. Diese Gründung eines Hospitals vor dem 29.11.1497 war laut vorliegendem Text vom 29.11.1497 im Kloster Ehrenstein lokalisiert. Eine Fundations-Urkunde hierüber wird auch durch die Swederus-Urkunde sehr nahegelegt, auch wenn so etwas heutzutage nicht mehr vorliegt.
[109] taxierte (geschätzte) Abgaben, Dienste (Fronarbeiten), gebotene (festgelegte) Abgaben
[110] FWA, Akten, Schr. 70 – 11 – 15 (Gnadensachen, Üttgenbacher Armengüter, Verpachtung derselben), Papier
[111] fundiert = gegründet (von Grund auf neu gebaut) oder gestiftet (z. B. mit bestimmter Absicht gekauft)
[112] FWA, Akten, 70 – 11 – 15

1710 in einem Dokument tatsächlich als *freyer atlicher armen hoff zu derscheit so dem Closter Ihrenstein zu gehorig* bezeichnet.[113] Somit könnte 1484 durchaus der Zeitpunkt der Ankäufe von freien adeligen Gütern durch Bertram von Nesselrode gewesen sein, die als adelige Güter bis zu ihrer Stiftung an die „Armen" sowieso frei von bestimmten Abgaben und Diensten waren und die von Bertram wohl schon zum Zeitpunkt des Kaufs für eine Armenstiftung bestimmt waren. Zwischen 1484 und 1546 sind allerdings mehr als 60 Jahre vergangen. Die Quelle benutzt den im Jahre 1546 und auch viel später noch gültigen Namen der Armenstiftung „zu Ütgenbach". Sie macht eher den Eindruck, dass eine mündliche Überlieferung wiedergegeben wurde. Ob jedes Wort über die Geschichte der Höfe genau stimmt, steht damit zwar dahin, die Quelle stellt aber einen recht beachtenswerten Anhaltspunkt dar. Eine Urkunde über eine Instituts-Gründung zugunsten von Armen schon vor 1499 beziehungsweise eine verlässliche Nachricht über ein solches Schriftstück liegt uns nicht vor. Vor 1499 ist jedoch schon eine ziemlich organisierte („gegründete") Anwesenheit von Armen im Kloster Ehrenstein, belegt in der Abschrift der herzoglichen Befreiungsurkunde von 1497, in der Swederus-Urkunde von 1501[114], in der Gründungsurkunde mit „bisherigen" Brennholzlieferungen und in den kurzen Ausführungen Priors de Vriese zur Geschichte der Armen 1637 (siehe unten), nach kritischer Beurteilung dieser Quellen als recht sicher einzustufen.

Die Vermessung 1546 der Ländereien einschließlich der Büsche von allen vier Höfen ergab jeweils etwa 80 Morgen, beim Oberheider Hof: Hofplatz mit Haus, Scheune und Backhaus, Weiher, Garten, kleiner Wiese von anderthalb Morgen, Busch von 17 1/2 Morgen und Ackerland von 58 1/2 Morgen. Die jeweiligen Pachtleistungen sind aufgeführt; sie betreffen in unterschiedlichen Mengen und Zusammensetzungen Weizen, Gemengefrucht[115], Korn (Roggen), Gerste, Hafer und etwas Geld für Weiher und Viehzucht, dazu die Getreidetransporte nach Ehrenstein.[116]

An der Stelle, wo das Gutshaus in Berzbach bis 1973 gestanden hat und wo 1999 ein Gedenkstein zur 500-Jahrfeier der Armenstiftung errichtet wurde, befindet sich heute zusätzlich eine kleine Tafel mit den Hinweisen, dass in Berzbach Ende des 14. Jahrhunderts ein Hof Herzogs Wilhelm II von Berg[117] stand und dass Ende des 15 Jahrhunderts Bertram von Nesselrode den Hof an der Stelle des Gedenksteins gekauft habe. In der sonstigen Literatur findet sich eine Jahreszahl für den Kauf nur einmal für das Jahr 1496[118], jedoch ohne Quellenangabe und ohne irgendeinen weiteren Hinweis. Im Zusammenhang mit dem Erwerb der Herrschaft Löwenburg (Siebengebirge) von seinen Schwägern – aus dem Erbe seiner ersten Frau – war Herzog Wilhelm IV von Berg in Geldnöten und lieh sich von den Einwohnern seines Bergischen Landes Geld. Ein Hentgen *van Berttelsbach* (Berzbach) verlieh dabei 1487 anderthalb Gulden[119]. Ob in dieser Zeit der Herzog seinem Gefolgsmann Erbmarschall Bertram als besondere Gnade Güter verkaufte, oder ob nicht jemand anderes der Verkäufer war, bleibt dahingestellt. Dass Landesherren große landwirtschaftliche Güter an Untergebene verkauften, kam eher selten vor; lieber tauschte man, oder der Landesherr nahm Kredite und verlehnte oder verpfändete, weil das für einen späteren Wiedererwerb der damit verbundenen Einkünfte günstiger war. Auch wäre es ein wenig verwunderlich, wenn in der weitschweifigen Urkunde über die Befreiung der vier Armengüter in der „Much" durch die Landesherrschaft und auch später in den vielen Quellen der Landesherr als Verkäufer nicht erwähnt wäre.

---

[113] FWA, Akten, Schr. 70 – Gef. 11 – F. 15
[114] Siehe unten und im Anhang 3.
[115] schon als Körner-Gemenge (meist von Roggen und Weizen) gesät
[116] FWA, Akten, Schr. 70 – Gef. 11 – F. 15
[117] Wilhelm II war seit 1360 Graf von Berg und wurde 1380 zum Herzog Wilhelm I von Berg erhoben.
[118] Freudemann, S. 86
[119] Haas, S 11: Bayerisches Hauptstaatsarchiv München, Blatt 140b von Rep. P4, Fasz. 34, Nr. 11, „Die Auftragung der Stadt und des Landes Blankenberg"

Ohne weitere Quellen kann man nur mutmaßen, warum in der Gründungsurkunde von 1499 bloß drei Höfe genannt sind, die Bertram und seine Frau spendeten, nachdem das Ehepaar sie gekauft hatte, und 1497 vier Höfe durch den Bergischen Herzog und dessen Frau zu Gunsten des Hospitals von Abgaben befreit wurden. Ein Sinneswandel Bertrams und Margaretes erscheint sehr unwahrscheinlich, da offensichtlich ihr weiteres Leben auf ihre verschiedenen großartigen Stiftungen ausgerichtet war. Vielleicht hatten Bertram und seine Frau Margarete den Heider Hof zum Zeitpunkt der Stiftung fürs Erste in der Verfügungsgewalt des Klosters belassen, um für einzelne religiösem Leben zugewandte Personen, etwa für bestimmtes Personal, eine allseits akzeptierte Versorgung im Kloster zu finanzieren; oder sie und ihre Nachfolger brauchten Zeit, um den Heider Hof durch Zukauf und andere Maßnahmen herzurichten und profitabel zu machen, wie es sich auch beim Wynnenhof in Eitorf nach der Gründung des Armen-Instituts und noch nach dem Tod des Stifters Bertram zutrug. Vielleicht gab es auch Probleme bei Rechtswirksamkeit und Beurkundung des Ankaufs, etwa wie sie in der abschriftlich erhaltenen Kauf-Urkunde von 1506 (siehe unten) durch die Unmündigkeit eines Teils der verkaufenden Geschwister und andere komplizierte Verhältnisse wegen verschiedener Väter in dieser Familie aufscheinen.

Die Königliche Preußische Regierung Koblenz berichtet 1817 in einem Schreiben an den Fürst zu Wied-Runkel[120]: *Eine den Acten beiliegende Urkunde vom Jahr 1506 bezeugt jedoch, daß Dietrich von Scheiderich und Consorten an Bertram von Nesselrode ihre Güter zu Muigh, als nemlich zur Heiden und Boenningen*[121] *verkauft haben.* Es sei aber nicht klar, ob Bertram oder einer seiner Nachfolger den Heiderhof an die Stiftung weitergegeben habe. Eine Kopie dieser Urkunde befindet sich heute im Landes-Hauptarchiv Koblenz[122]. Eine buchstabengetreue Abschrift dieser Kopie kann man im Anhang 5 lesen. Ins moderne Deutsch übertragen und gekürzt heißt es in der Urkunden-Kopie:
Wir, Dietrich von *Schyderich*[123], Herrn Eberhards Sohn, derzeit Steinmeister der Stadt Köln, Syffart gescholten (mit Spitznamen?), fort[124] Wilhelm, Walraff, Friedrich, Konrad, Yssart (möglicherweise auch als Yffart oder ähnlich zu lesen, den Namen Ishard / Isenhard oder Ebert / Eberhard entsprechend?), dazu Rina (aus Katharina gekürzt) und Gretchen, Kinder des seligen Hennen (Johannes oder Henrich / Heinrich) Nannenhaen und seiner Ehehausfrau Nesen (Agnes), verkaufen dem Herrn Bertram von Nesselrode, dem Herrn zu Ehrenstein, Ritter, Erbmarschall des Landes Berg und Amtmann, alle zusammen unser Erbe und Gut im Kirchspiel Much zur Heiden und *Boeningen* (gemeint ist recht sicher Boevingen), wie das alles in Büschen, Feldern, Häusern, Höfen, Wiesen, Weihern „liegt", für die Summe von vierhundert Kaufmannsgulden. Diese Summe hat unser lieber Herr Bertram bereits geliefert, noch ehe dieser Kaufbrief erstellt war, und wir quittieren in diesem Brief die Bezahlung der 400 Gulden. Damit werden Herr Bertram, seine Erben oder der Inhaber dieses Briefs mit Bertrams Überlegungen und Entschlüssen an dem Erbe und Gut erbberechtigt und begütert. Und dazu verzichten wir mit *hant, halme vnd monde* (Hand, Getreide-Halm und mündlichem Versprechen) und geloben in Treue, wenn nötig weiteren Verzicht darauf zu leisten. Und im Falle, dass Bertram einen anders lautenden oder besseren Kaufbrief benötige, werden wir den

---

[120] FWA, Akten, Schrank 70 – 12 – 2, Ius Patronatus und Verwaltung der Stiftung, 1817
[121] Die Frage ist, ob nicht bereits in der nicht mehr vorhandenen Kaufurkunde der nahe Ort „Boewingen" (heute Bövingen) zu Boenningen oder „Boeuingen" (mit Zirkumflex-Akzent über dem U) zu Boeningen (ohne Zirkumflex; weil „u" und „n" in deutscher Schrift sonst fast gleich aussehen) verschrieben wurde.
[122] Abtlg. 86, Nr. 5
[123] wohl auch ein Ort (z. B. am Niederrhein)
[124] „vort Wylhem Walraff, ffrederich Coynrait yssart de tze Ryna, vnd greytge(n) (Schwestern)" und der Anlass für die beiden folgenden Fußnoten sind wohl so zu erklären: Dietrich stammte von einem anderen Vater als die anderen sieben Geschwister; gemeinsam war die Mutter; Wylhem, Walraff, ffrederich, Coynrait und yssart sind fünf Männernamen (Wilhelm, Walram/Waltrabe, Friedrich, Konrad und Ishard/Isenhard bzw. Ebert/Eberhard oder ähnlich), (Katha)Ryna und (Mar)greytgen zwei Mädchennamen; nach *vort* (=weiter) stehen die anderen sieben „Parteien", so dass im ersten Satz der Urkunde sich alles auf Dederich beziehen sollte, was vor *vort* steht.

für ihn oder seine Erben oder den Halter des Briefs auf unsere Kosten liefern. Wir sechs zuvor „gemeldeten" Gebrüder[125], jeder von uns, sind so (in dieser Sache) in unserem dazu genügenden Alter Bürgen geworden. Wenn unsere beiden Schwestern zu mündigen Tagen gekommen sein werden, sollen und wollen wir sie dazu bringen, Verzicht zu „tun". „Zur Urkunde der Wahrheit haben wir, Dietrich und „fort" die anderen Parteien[126], die ehrsamen Landscheffen des Landes von Blankenberg, Heinrich Wendescheid (Name vom Ortsnamen Winterscheid) und Johann von Seelscheid, gebeten, diesen Brief für uns zu besiegeln. Nach Prüfung haben wir Landscheffen in Ermangelung eines eigenen Siegels wie gewöhnlich die Scheffen der Stadt Blankenberg gebeten, ihr Scheffen-Amts-Siegel an diesen Brief zu hängen, was wir Stadtscheffen gerne getan haben, „gegeben in den Jahren unseres Herrn tausendfünfhundert und sechs auf Sankt Walburgas Tag".
Das Motiv für den Verkauf könnte die schwierige Vererbung gewesen sein; ein Geldbetrag kann leichter in acht Portionen geteilt werden.

Sofern uns alle Quellen richtig übermittelt sind, darf man am ehesten vermuten, dass es sich für Bertram 1506 um einen Zukauf zur Arrondierung des Heider Hofes handelte, der 1497 in der Urkunde des Herzogs vorkommt. Jedenfalls zählte 1545 der „Heider Hof", 1546 „Oberheider Hof" genannt, zu den vier Armenhöfen. Der Heider Hof ist gemäß zahlreicher Quellen sicher mit dem Oberheider Hof im heutigen Dorf Oberheiden nordwestlich von Much identisch, dessen Liegenschaften mit oder ohne Einschluss der Hofgebäude wohl bis wenigstens in die zweite Hälfte des 19. Jahrhunderts als Armenhof verpachtet waren[127] und in dessen Nähe z. B. „in der Gemarkung Gerlinghausen" (früher Honschaft Gerlinghausen) die Armenstiftung heute noch Liegenschaften besitzt.[128] Laut Vermessung vom 5. September 1596[129] bestanden die Ländereien überwiegend aus kleinen verstreuten Parzellen. 1812, kurz nach der Säkularisation des Klosters, wurde in einem Brief die Ansicht vertreten, der Heider Hof komme bereits 1477 bei der Gründung der Pfarrei Ehrenstein und Erhebung der Ehrensteiner Schloss-Kapelle zur Pfarrkirche als Stiftungsgut für die Pfarrei Ehrenstein vor. Dies beruht wohl auf einer Missinterpretation: Dort ist von Gütern zu *Heyderstorff* bzw. zu *Hedestarf* (Heddesdorf, heute Neuwied) die Rede.[130]

Seifen – schon 1546 zugleich Höferhof genannt – lag im Kirchspiel Winterscheid im heutigen (seit 1956) Ort Bröleck der heutigen Gemeinde Ruppichteroth unmittelbar an der Grenze, gebildet von einem kurzen und winzigen Floss, zum Kirchspiel Much und hatte nachweislich auch viele Ländereien jenseits der Grenze im Gebiet des Kirchspiels Much. Ob der heutige doch schon mehrere Kilometer entfernt liegende Höffer Hof in der heutigen Gemeinde Much damit irgendetwas zu tun hatte, steht eher unwahrscheinlich dahin. Derscheid, Berzbach und Heiden lagen im Kirchspiel Much.

Verschiedene Quellen berichten von Schwierigkeiten, die von Bertram erbetene und vom Herzog versprochene „Freiheit" der Höfe zu erhalten, und zeigen die Notwendigkeit dieser „Freiheit". So verteidigte 1648 ein B. von Nesselrode zu Ehreshoven als Herr von Ehrenstein die Freiheit der Halfleute zu *derscheidt Houerhoff Berßbach Und Heiderhoff* von Lasten, Beschwernissen und auch von *HonAmbteren.*[131] Das Hon-Amt wurde wohl in bestimmten Abständen von Hof zu Hof weiter gegeben. Es bezeichnete den zeitweiligen Vorsitz in einer Honschaft, die sich im 19. Jahrhundert in Gemarkung umbenannte. Das Amt war praktisch ohne Einkünfte, hatte wenig Gestaltungsmöglichkeiten, machte aber viel Arbeit und Ärger

---

[125] Siehe vorige Fußnote: wir sechs oben gemeldete Gebrüder.
[126] Siehe vorvorherige Fußnote: Dietrich und fort die anderen Parteien.
[127] Maus (Lit.), Seite 9
[128] Siehe Gisbert Becker.
[129] FWA, Akten, 70 – 11 – 15
[130] FWA, V – 1 – 9 Nr. 6, Regest 2845
[131] FWA, Schrank 70 – 11 – 19

wegen der Nähe zur Obrigkeit, der Botengänge, der Abgaben-Sammlungen, des Hineingeratens in Streitigkeiten und so fort. Pfalzgraf Wolfgang Wilhelm weist seinen *diener* Iohann Velder am 22.1.1649 auf Beschwerde des Klosters hin an, die Befreiungsurkunde von 1497 und einen entsprechenden Befehl vom 14. Mai 1577 zu beachten und die Armengüter in ihrer Freiheit zu belassen.[132] Am 22. Juli 1700 werden die *armen Hoff im Kirspell Much benentlich HoverHoff Derscheidt Bertzbach Vnd overHeyd(en)* als von *Mahll licent, Viehesteur Vnd Visitation* (Mahl-Lizenz-Gebühr, Vieh-Steuern und Kontrollen) frei bezeichnet.[133] Eine weitere Verfügung weist auf die Befreiung von Jagd-Diensten für die Pächter hin.

Die „adelige" Freiheit der Höfe hatte allerdings auch eine Kehrseite: Die Besitzer der Höfe waren zum „Ritterdienst" verpflichtet. Ursprünglich bedeutete dies, dem Lehensgeber oder Kriegsherren Kriegsdienst zu Pferd zu leisten. In den uns erhaltenen zwei Urkunden vom 22. Dezember 1707 handelte es sich jedoch stattdessen um 95 Reichstaler, die das Kloster für die Armengüter des Hospitals an das Herzogtum Berg zu zahlen hatte und die dem Kloster auf seine Bitten unter Hinweis auf die besonders prekäre Lage der Armen-Stiftung hin erlassen wurden.[134]

Swyderus, der zweite Prior des Klosters Ehrenstein, berichtet am 22. Februar 1501[135] von ursprünglichen Plänen Bertrams, das Spital im Bereich des Klosters anzusiedeln, und von der Abgabenbefreiung (im Jahr 1497 erfolgt) der drei Güter Berzbach, Derscheid und Seifen durch den Jülich-Bergischen Herzog Wilhelm IV zugunsten des Spitals *yn vnsse*[136] *cloester zo Erensteyn*[137] (nicht in Ütgenbach). Swyderus gibt in seinem Schreiben der Besorgnis Ausdruck, dass das Kloster durch die Armen und ihre Betreuung in seiner eigentlichen Aufgabe, dem Dienst zur Ehre Gottes und zum Heil der Seelen, gestört werden könnte. Swyderus erklärt deshalb den Verzicht auf die Einkünfte aus den drei Armengütern, die ja nach den ursprünglichen Plänen durch die Hände des Klosters geflossen wären (und wahrscheinlich schon zuvor geflossen sind).[138] Ritter Bertram hat verschiedene Male dieser Sorge Rechnung getragen und mehrfach daran erinnert, dass man die Geistlichen in ihrem Tun nicht beeinträchtigen möge[139]. Seine Erben, soweit sie Herren von Ehrenstein wurden, mussten schwören, Kloster und Spital zu verwalten und die Armenstiftung nicht in *overlage* (Schieflage) geraten oder untergehen zu lassen, sondern zu verbessern. Die „Fünf Armen Leute" und der Priester sollten keinen Mangel haben, denn sie sollten Gott „da" dienen. In seinem Testament vom Sonntag Laetare 1502 führt Ritter Bertram aus, dass die nachfolgenden Herren von Ehrenstein, wenn sie dawider handelten „in der Malediktion ständen, genannt Daton & Abbiron, die die Erde lebendig verschlungen hat und die in den Abgrund der Hölle versunken sind". Immerhin kann man davon ausgehen, dass das ursprüngliche Streben Bertrams nach der Gründung eines Spitals im Bereich und unter Leitung des Ehrensteiner Klosters bei der späteren 1530 erfolgten Verlegung dorthin durch seinen Nachfolger als Herr von Ehrenstein eine Rolle spielte.

---

[132] FWA, Akten, 70 – 11 – 19 | Haas, S. 35
[133] FWA, Schrank 70 – 11 – 19
[134] FWA, Akten, 70 – 11 – 19, zwei identische Texte, Papierurkunden von zwei Händen, *auß ihro Churf... sonderbahren g... Befelch* unterschrieben von *Bongardt* bzw. *Freih(err) Hompesch zu Bolhem*
[135] nach heutiger Art des Jahresanfangs: 1502
[136] U und V galten im Mittelalter und in der frühen Neuzeit als ein Buchstabe, am Wortanfang benutzte man meist die Form V, im Wortinnern und am Schluss U. (vr = Uhr, houe = Höfe)
[137] LHA Koblenz, Best. 86, Nr. 3 (spätere Abschrift)
[138] Diese Urkunde des Swyderus ist in der Anlage 3 möglichst wort- und zeilengetreu wiedergegeben.
[139] z. B.: Gelöbnis Bertrams von 1502 in FWA, Nr. 2866 | weiter entsprechende Passagen in seinem Testament und Nachtestament von 1502 und 1510 (FWA 2878 und Nesselrode 2008, Anlage 12) | die Gelöbnisse des vorgesehenen Erben von Ehrenstein, Wilhelm von Nesselrode, Sohn zum Palsterkamp, von 1495 und 1501 (FWA 2860 und 2864)

Wegen der grammatischen Tempera Gegenwart und Vergangenheit im Text der Gründungsurkunde und wegen weiterer Nachrichten, die weiter unten zu behandeln sind, ist es höchstwahrscheinlich, dass zur Zeit der Urkundenausfertigung sowohl die fünf armen Personen bereits ausgewählt als auch ihre „Häuserchen" fertig gestellt und von ihnen bewohnt waren, während der Priester erst etwa zeitgleich mit der Urkunde angestellt wurde. Man muss davon ausgehen, dass Arme, die zur Herrschaft Ehrenstein gehörten, schon an ihrer vorherigen Wohn- oder Arbeitsstelle Zuwendungen erhielten und gegebenenfalls im Burg- und Klosterbereich beieinander lebten.

In seinem Testament vom Sonntag Laetare 1502[140] führte Bertram aus, dass die armen Leute der Burg Windeck „mit Herz" verteidigt sein müssten, damit die „armen Hörigen zur Burg Windeck oben" alle bei ihren alten hergekommenen Rechten, Freiheiten und Gewohnheiten gehalten, beschirmt und geschützt wären. Weiter bestimmte Bertram „mit liebstem Wollen, Bitten und Begehren", dass seine jeweiligen Erben seine alten Bediensteten und armen Leute in den Häusern Ehrenstein und Windeck mit Kost und Kleidung versorgen möchten. Zu Ehrenstein waren das Peter Büchsenmeister (Meister der Kanonen), Jungfer Truitgen, die Hofnarren (*Iecke*) Hennicken und Johan, Johan Eselstreiber und besonders ein lahmer „Kämmerling" Johann, falls er nicht mehr in der Burg dienen und auch nicht mehr da bleiben könnte (wohl angesichts seiner Gehbehinderung); man sollte ihn dann im Kloster *beproeven*[141] und versorgen. Das setzt dort 1502 eine geeignete Unterkunft und andere Vorkehrungen voraus. In den Papieren des Pfarrarchivs Ehrenstein finden sich entsprechende und naturgemäß sehr ungenaue mündliche Überlieferungen. Zum Beispiel heißt es in einer sehr kleinen Geschichte der Armenstiftung aus dem Jahr 1879[142]: *Aber schon zwei Jahre nachher* (nach der Gründung), *1501, wurde die Stiftung vom Stifter selbst an die Kloster-Kanonie zu Ehrenstein übertragen und diese Übertragung zwischen Wilhelm dem Jüngeren von Nesselrode*[143] *und dem Kloster erneuert 1530. Zu Ehrenstein nun genossen die Armen 300 Jahre lang stiftungsgemäß die allseitig sorgsamste Pflege.* Was genau - und ob überhaupt etwas - zum Datum 1501 vereinbart wurde, ist nicht klar. Gut möglich wäre, dass ein Vorblatt oder Umschlag-Blatt aus Papier zur Swederus-Urkunde von 1501 in lateinischer Sprache[144] falsch verstanden worden sein könnte: „Dominus Nesselrodt transtulit habitationem 5. pauperum a conuentu in Oetgenbach" kann übersetzt werden mit „der Herr von Nesselrode verlegte den Wohnsitz der 5 Armen vom Kloster-Konvent (zu Ehrenstein) nach Ütgenbach hin"; man kann aber auch übersetzen: „Nesselrode verlegte den Wohnsitz der 5 Armen aus der Gemeinschaft in Ütgenbach (nach Ehrenstein hin). Der deutsche Ortsname Oetgenbach bildet ja weder eine Akkusativ- noch eine Ablativ-Form; man benutzt stattdessen die Nominativ-Form. Somit kann im Mittelalter-Latein „in Oetgenbach" sowohl „ nach Ütgenbach hinein" als auch „im Ort Ütgenbach liegend" bedeuten. Die Gründungs-Urkunde von 1499 und die Swederus-Urkunde von 1501 selbst berichten aber ausreichend klar über den Einzug 1499 nach Ütgenbach. Jedenfalls ist es zum Beispiel durch die Urkunde 1507 über die Entlastung des Ütgenbacher Offizianten, das Nachtestment Bertrams von 1510 mit dem Bedenken von je 1 Gulden für den Offizianten und jeden Pfründner zu Ütgenbach und die Urkunde über das Wynnengut zu Eitorf von 1514 mit der Geldpacht nach Ütgenbach (und nur alternativ nach Ehrenstein) erwiesen, dass in diesen Jahren die Einrichtung noch in Ütgenbach war.[145] Mit dem Wortlaut der Swederus-Urkunde würde es auch nicht

---

[140] Nesselrode 2008, Anlage 12, fol. 16v, S. 360
[141] „verproviantieren" oder „bepfründen" = zu Proviant (Kost) oder zu einer Pfründe (Kost und Logis) verhelfen (beides über das Französische entstanden aus dem Gerundium oder Gerundiv des lateinischen „providere" = vorsorgen); andere Übertragung: „beprüfen" = probehalber aufnehmen
[142] Geschichte dieser Stiftung im Laufe der Zeiten (s. Urkunden); Knorren, Abschnitt 7, S. 23f. (s. Literatur)
[143] es waren jedoch Wilhelm der Jüngere von Rennenberg und seine Ehefrau Anna von Nesselrode als Herr und Frau zu Ehrenstein
[144] LHA Koblenz, Abtlg 86, Nr. 3
[145] siehe weiter unten

übereinstimmen, wenn eine Vereinbarung Bertrams mit dem Prior Swyderus vom Jahr 1501 über eine Verlegung von Ütgenbach nach Ehrenstein kurzfristig zum 22. Februar 1501 (der ja nach heutiger Gewohnheit wegen des Jahresanfangs am 1. Januar dem Jahr 1502 zugerechnet wird) durch Swyderus sozusagen zurückgezogen worden wäre. In der Überlieferung des Klosters war dieses Datum 1501 jedoch fest verankert. Vielleicht ist auch die oben besprochene Urkunde des Swederus selbst etwas abweichend interpretiert worden.

Auch im Testament Bertrams zur Halbfastenzeit 1502 (Sonntag Laetare) ist der Ort Ütgenbach als Sitz des Hospitals sicher bezeichnet: *Ouch soll meinn Lieue Maigh Der Marschalck vurs. vnnd seine Eruen sonderlich verbunden sein So ich die vunff armer menschen vnnd denn Priester Zo Oetgenbach geproeffent hainn off die hernachmailss geprecht[146] heiten, des haluenn Inn dem Spitaill zu Oitgenbach niet blieuen en khondenn, Die vorder na notturfft zu besorgen vnnd dat spiedall zu besseren dat die Ewiglichenn blieue(n) vnnd Gode da dienen moegen, wannt Ich da einen gantzenn Willen Innen hauenn[147]* [Auch soll mein lieber Verwandter, der genannte Marschall, und seine Erben besonders gebunden sein, weil ich die fünf armen Menschen und den Priester zu Ütgenbach bepfründet habe, wenn sie später Not hätten und deshalb im Spital zu Ütgenbach nicht bleiben könnten, dieselben weiterhin nach Notdurft zu versorgen und das Spital zu verbessern, damit diese auf ewig da bleiben und Gott da dienen mögen, weil ich darin meinen ganzen Ehrgeiz habe].

Immerhin sind schon 1499 in der Gründungsurkunde neben den Pflichten des Ütgenbacher Offizianten Aufgaben des Priors und des Klosterkonventes bei der Verwaltung des Armenfonds aufgeführt, die in der Urkunde von 1501 durch Swederus nicht bestritten werden. In der Urkunde von 1507 (siehe weiter unten) wurde der Ütgenbacher Priester von einem Teil seiner Verwaltungsaufgaben entbunden, welche nun Dederich van der Heyden, wohl ein Angestellter der Herrschaft Ehrenstein, übernahm. Aus der Urkunde von 1514 über den Armenhof Wynnen-Gut zu Eitorf gehen ausgedehnte Mitarbeiten des Klosters bei solchen Erfordernissen in der Verwaltung hervor.

Noch einige Klarheit mehr schafft die Beschreibung der „*Armen*"[148] aus der Hand des Priors Ægidius de Vriese in lateinischer Sprache vom Tag *St. Bartholomæi* (24. August) *Anno 1637*[149] aus dem Kloster zu *unser L. frauenthal in C G Herrligkeit Ehrenstein*, in der es heißt: *pauperes hi pie numero mystico ad honorem 5. vulnerum Christi fundati, quantum ex Scriptis colligere possum primo Sustentati fuerunt ex arce Ehrenstein hinc absente D^no per quaestorem minus bene habiti, hinc conventui commissi, in conventu in illo magno aedificio, ut Signa demonstrant, habitasse videntur. inde Translati in otgenbach Curae Sacellani Commissi, a quo pejus habiti. hinc denua commissi provisioni conventus prout adhuc hodie et^ quia saepe indigni gavisi Sunt, ad annum merito probari deberent, Aut diligentius divini officio intersint, proventus in praesentis distribui posset.*
[Diese „Armen", fromm mit heiliger Zahl zu Ehren der fünf Wunden Christi gegründet, (wurden) zuerst unterhalten aus der Burg Ehrenstein heraus, soweit ich es aus den Schriften lesen kann; von da (wurden sie) bei abwesendem Herrn durch den Zahlmeister weniger gut gehalten; danach als dem Konvent Übergebene „werden sie betrachtet, dass sie" (sollen sie) in dem Konvent, in jenem großen Gebäude, wie Hinweise zeigen, gewohnt haben. Von dort (wurden sie) überführt nach Ütgenbach zur Fürsorge des Kaplans (= durch den Kaplan), (und) von diesem schlechter gehalten; ab da (wurden sie) von Neuem übergeben der Fürsorge des Konvents bis heute usw. Wenn (und weil) sie oft unwürdig und überfröhlich sind, müssen sie bis zu einem Jahr in Würdigkeit erprobt werden. Wenn (und weil) sie jedoch gewissenhafter dem Gottesdienst beiwohnen, kann der Ertrag (der Höfe) zurzeit verteilt werden.]

---

[146] Gebrechen = Not
[147] Nesselrode / Lind 2008, Anlage 12, Seite 350f (Testament Bertrams v. Nesselrode, LA NRW, Depositum Nesselrode-Ehreshoven, Akten 1960)
[148] *Arme* oder *pauperes* = Eigenname der Armenstiftung
[149] siehe Urkunden- und Quellenverzeichnis

Die in der Gründungsurkunde vorgeschriebene Zusammensetzung und Menge an Nahrungsmitteln, Kleidung, Unterkunft und sonstigen kostenintensiven Notwendigkeiten zu Lasten der Stiftungseinkünfte erscheint ausreichend, keineswegs knauserig bemessen und unter Berücksichtigung der Standesunterschiede und der Vorstellungen von „gutem" Essen in dieser Zeit eher großzügig ausgewählt und – besonders wichtig – auf Dauer („ewig") gestiftet. Die jährliche Kontrolle darüber war ja vorgesehen.

Der Lohn des Priesters zu Ütgenbach bestand aus freier Wohnung in separatem „Haus und Hof und allem, was dazu gehört"[150], wobei an einen Garten mit etwas Obst zu denken ist, sowie genügend Brennholz. An Geld erhielt er für seine Dienste in der Kirche Asbach jährlich 12 oberländische Gulden vom Asbacher Pastor aus dessen Einkünften, zum Beispiel dem Zehnten, wobei aus sonstigen Kirchengefällen die Kirchmeister 4 Gulden dem Pastor ersetzten. Außerdem erhielt er den Opfergang am Ütgenbacher Kirchweihfest. Zusätzlich zu den 12 Gulden aus Asbach bekam der neu eingesetzte Ütgenbacher Priester jährlich genügend Brennholz, 5 Gulden von Bertram und Margarete aus dem Hof zu „Dasbach", ein Schwein aus dem Ütgenbacher Wirtschaftshof sowie aus den übrigen Gütern und Einkünften der Armenstiftung Roggen und Gerste für Brot und Bier neben sechs Ellen feinwollenen Tuchs für einen priesterlichen Rock und wohl den Überschuss der Einkünfte beziehungsweise 24 Gulden jährlich vom Kloster Ehrenstein, wohl nachdem im Vertrag von 1507 ein Teil seiner bisherigen Verwaltungs-Arbeit einschließlich der Einnahmen dem Kloster übertragen wurde.

Von Stolgebühren als Extra-Lohn zum Beispiel für Versehgänge ist keine Rede; diese standen ja laut Gründungsurkunde dem Pastor zu. Die Asbacher Pastoren hatten zuvor im Laufe der Zeit Gefälle an sich gezogen, die eigentlich von den Herren von Ütgenbach für den Dienst des Kaplans in der Ütgenbacher Kapelle bestimmt waren. Der Ütgenbacher Kaplan hatte nämlich längst vor der Stiftung seinen Aufenthalt nach Asbach verlegt und erhielt dort vom Pastor Lohn, Brot und Unterkunft, weil er hauptsächlich mit Aufgaben in Asbach beschäftigt war. Die Stelle war wohl auch nicht immer besetzt und man tat bis dahin nur einen zunehmend eingeschränkten Dienst in der Ütgenbacher Kapelle. Man darf davon ausgehen, dass der Unterhalt des Kapellenbaus und die Kosten des Kapellen-Gottesdienstes aus den Stiftungen der Edlen von Ütgenbach finanziert waren. Im achtzehnten Jahrhundert wurde von Kapellenknechten geschrieben, die eigene Einkünfte der Kapelle verwalteten, allerdings ohne die Stifter der Einkunfts-Quellen zu benennen, wovon später noch zu berichten ist.

Ob dem Ütgenbacher Officianten weitere Einkünfte für die Arbeit mit der Armenstiftung zustanden, ist in der Gründungsurkunde nicht behandelt, liegt aber für Überschüsse, die in normalen Zeiten wahrscheinlich anfielen, auf der Hand und wird durch ein Asbacher Visitationsprotokoll des Jahres 1626 nahe gelegt. So ist im Visitationsbericht über die Pfarrei Asbach von 1626 die Rede von 24 Gulden, die dem Ütgenbacher Priester vordem, beschrieben in einem Buch aus dem Jahr 1556, das heißt lange vor 1556, aus dem Kloster Ehrenstein zusätzlich zu seinen Renten aus Asbach und der Herrschaft Ehrenstein zugestanden hätten[151]. Dies ergibt nur Sinn, wenn das Kloster Einkünfte für die Armenstiftung einzog, aber weitere Arbeit für die Armenstiftung dem Ütgenbacher Priester oblag, was gemäß Vertrag mit dem Ütgenbacher Kaplan Johan von Orffich 1507 bis zur Übernahme der Armen-Betreuung im Kloster 1530 der Fall war und was durch die Urkunde von 1514 wegen des Wynnenhofs in Eitorf mit Verwaltungsbeteiligung des Klosters untermauert wird. Dem steht die Urkunde des Swederus von 1501 nicht entgegen, weil Swederus nur Bedenken wegen des Zusammenwohnens von Klosterangehörigen mit fünf

---

[150] Formulierung aus den Akten der Christianität Siegburg im Erzbischöflichen Archiv Köln, 27. April 1626, Protokoll der Visitation mit Zitat aus vergangener Zeit: *Der Priester Aldae soll besitzen hauß vnd hoff vnd alleß, waß darZu gehoerdt.* Inwieweit Reparaturen oder Ausbauten dazu gehörten, ist nicht näher erörtert.
[151] Erzbischöfliches Archiv Köln, Christianität Siegburg, II Spezielle Akten, 57, Dec. Siegb. 1, Asbach Nr. 1, 27. April 1626, Protokoll der Visitation

Armen Leuten ins Feld führte, nicht aber Bedenken wegen Verwaltungsaufgaben äußerte. In der Gründungsurkunde von 1499 ist ja aufgeführt, dass der Prior einen neuen Priester präsentieren sowie bei der jährlichen Rechenschaft und bei der Planung grundsätzlicher Veränderungen, etwa der Aufnahme von mehr als fünf Armen usw., mitwirken sollte.

Am 1. Mai 1507 entband Bertram den diensttuenden Priester zu Ütgenbach *Johan von Orffich* von einem Teil seiner Pflichten (die ihn möglicherweise überforderten), nämlich der Eintreibung – notfalls auf gerichtlichem Weg – und dem Transport der Abgaben aus den drei Höfen *Syffen, Beerlsbach* (Bertelsbach) und *Derscheid* und übertrug den Transport dem (Ded)erich van der Heyden[152], der an *Johan* (in Ütgenbach) lieferte und mit dem Burgherren Ehrenstein abrechnete. Johan von Orffich hieß somit der einzige bekannte Priester für die Armen in Ütgenbach. (Ded)erich war wohl ein Bediensteter Bertrams, des Herrn von Ehrenstein; die mögliche Namensgleichheit mit Dederich von Schyderich, dem Wortführer der Verkäufer des Armen-Hofes zur Heyden im Kirchspiel Much im Jahre 1506, ist wohl eher zufällig. Dem Ütgenbacher Priester oblag weiterhin die unmittelbare Versorgung der Armen mit Kost, Kleidung und Unterkunft in Ütgenbach. Sein Dienst und seine Einkünfte bezüglich der Kapelle blieben unberührt. Die Speisen und gegebenenfalls die Kleidungsstücke für die Fünf sollten jeden Sonntag um 10 Uhr[153] in der Kapelle auf einer Tafel dargeboten werden. Es handelte sich für jeden um 4 Pfund geräuchertes oder grünes Fleisch, für 2 Albus Brot, 7 Quart Bier, 1/2 Pfund Butter und 4 Eier, in der Fastenzeit 7 Heringe (statt Fleisch) und Anderes. Von der Gründungs-Urkunde erhielten der Herr zu Ehrenstein, der Prior des Klosters[154] und der Ütgenbacher Priester Johann je eine Ausfertigung.

Die ersten 31 Jahre der Stiftung und die Übersiedlung nach Ehrenstein 1530[155]

In seinem Nachtestament vermachte Herr Bertram von Nesselrode kurz vor seinem Tod 1510 den Armen Leuten und auch dem *hier* (Herrn) *iohanne van Oetgenbach* jedem Einen einen Gulden, wobei Johann von Ütgenbach mit Herrn Johann von Orffich offenbar identisch ist. Die Kirche (zum Beispiel deren spätgotischen Chor) zu Ütgenbach möge Bertrams Nachfolger als Herr zu Ehrenstein weiter zu Ende bauen (*vort Reyde machen*). Vom Gut zu Eitorf, das denen von Etzbach gehört hatte und bereits zur Hälfte gekauft war, sollte man die andere Hälfte, falls käuflich, auch erwerben. Die Rente zu jährlich acht Gulden aus diesem Gut Philipp Winters sollte man den armen Leuten überlassen und dazu eine Rendite (üblicher Weise 5% Zinsen), die aus 100 Gulden (Kredit) an „den von Düsternau" resultierte. Außerdem sollte eine Rente von sechs Gold-Gulden aus dem Gut zu Scheid, die Bertram seinem natürlichen Sohn Herrn Johann, dem Pastor von Overath, jährlich Zeit dessen Lebens vermacht hatte, nach dessen Tod an das Spital fallen[156]. Hier sollte man von Stund an noch 100 oberländische Gulden (von etwas geringeren Wert als Gold-Gulden) dazugeben, deren Jahresrente Herr Johann, Pastor von Overath, ebenfalls lebenslänglich gebrauchen sollte, und diese Jahresrente sollte nach dessen Tod genauso den Armen Leuten im Spital zufallen. Wenn es für die Armen Leute nicht reichen würde, sollte Bertrams Nachfolger in Ehrenstein einspringen. Für den Fall, dass sein gnädiger Herr zu Köln (der Kurfürst und Erzbischof) ihm

---

[152] Dederich war am ehesten ein Bediensteter Bertrams; weniger wahrscheinlich aber möglich ist Dederich von Schyderich von dem 1506 genannten Hof *zer Heiden* gemeint; (Ded) ist wohl in der Urkunde schlecht lesbar. Quelle: Kastner, Regest 1317, Vertrag Bertrams mit dem Ütgenbacher Priester Johan von Orffich.
[153] 1507 scheint es je nach Gegend mehrere Arten der Stunden-Messung und Stunden-Zählung gegeben zu haben. Am ehesten ist mit 10 Uhr die Zeit 2 Stunden (zu je 1/12 des Tageslichts) vor Sonnenuntergang gemeint.
[154] Laut Regest 2877 des FWArchivs in Neuwied von 1508 lebte Swyderus zur Zeit der Beurkundung (1507) noch.
[155] Die Urkunde der Übernahme nach Ehrenstein vom 21. Februar 1530 (nach heutiger Gewohnheit zum Jahr 1531 gezählt) lag etliche Monate mehr als 31 Jahre hinter dem Datum der Gründungsurkunde vom August 1499.
[156] Über diese jährliche Rente aus dem Gut zum Scheid, Kirchspiel Eitorf, gibt es eine Urkunde von 1503, die im Anhang 4 wiedergegeben ist.

oder den Erben ausstehende Schulden bezahlen würde, wozu man aber nicht drängen möge (und worüber uns auch spätere entsprechende Einkünfte-Mitteilungen nicht vorliegen), sollte man das, was nach dessen Wille flösse, den Armen Leuten zu Ütgenbach zugute kommen lassen. Eine Rente aus dem Amte Kaster (westlich von Köln) sollte man den Armen Leuten zu Ütgenbach überlassen, bis sein Nachfolger als Herr von Ehrenstein die Armen Leute genügend versorgt hätte. Aus einem seiner *schuyffe* (langer und weiter Übermantel) sollte man je einen *geger* (wohl ein Priestergewand, vielleicht mit Kapuze) zu Ütgenbach und Asbach machen lassen.

1511 hatten die Treuhänder Bertrams sein Vermächtnis bezüglich des Etzbach-Gutes von *Philip Winter* in Eitorf umgesetzt: Die fehlende Hälfte, die von den Eigentümern verpfändet war, hatten sie für 50 Gulden eingelöst und den „Armen Leuten", das heißt der später Armenstiftung genannten Institution, (zusätzlich) zugeführt. Die Pacht betrug für das halbe Gut 2 Malter Korn[157]. 1514 verpachteten Herr Wilhelm von Nesselrode, Neffe des verstorbenen Bertram und als Erbe Herr zu Ehrenstein, und der Prior des Klosters zu Ehrenstein zugunsten der Armenstiftung das ganze Etzbach-Gut, nun nach Philip Winter *Wynnen*-Gut genannt. Die Pächter mussten jetzt jährlich 6 Mark für Wiesen und Hofstatt nach Ehrenstein (ans Kloster) oder Ütgenbach (offenbar an den Offizianten der Kapelle) zahlen und 14 Malter Korn Eitorfer Maßes für die Ländereien nach Ehrenstein liefern.[158] Hier scheinen sowohl die Treuhänder Bertrams als auch der ehemalige Eigentümer Winter sowie der Erbe der Herrschaft Ehrenstein und ebenfalls der Prior des Klosters, der offenbar neben den in der Gründungsurkunde genannten Funktionen bereits auch mit Verwaltungsaufgaben betraut war, die laufenden Einkünfte der Armenstiftung deutlich gesteigert zu haben. Die „Pacht" für den halben Hof von 2 Malter Korn plus 8 Gulden Rente für die andere Hälfte entsprechen jetzt 14 Malter Korn plus 6 Mark[159] für das ganze Hofgut. Im Nachtestament Bertrams von 1510 ist von weiteren Leistungen des Erben zu Ehrenstein die Rede, falls das notwendig sei, und in der Urkunde des *Philip Winter* von 1511 sind, falls nötig, weitere „Verzichte" (Verkäufe) der Eheleute Winter angedacht. 1514 werden 28 Ländereien (Äcker) meist mit der Flur oder sonst wie benannt, die zum Wynnenhof gehörten.

In den zur Verfügung stehenden Urkunden tauchen die „Armen Leute" 1525 wieder auf im Vertrag über die in nicht vor drei Jahren zu schließende Ehe für die noch im Kindesalter befindlichen Wilhelm (den Jungen[160]) zu Rennenberg etc. und Anna von Nesselrode[161], Urgroßnichte des Bertram von Nesselrode der Gründungurkunde. Das löbliche Kreuzbrüder-Kloster zu Ehrenstein und das Spital zu Ütgenbach sollten weiterhin ausreichend begütert und die im Spital befindlichen Leute gut verpflegt und versorgt werden. Erstaunlich ist, dass solche Pflichten in dieser Urkunde erwähnt sind; des Gründers Forderungen an seine Erben waren offensichtlich noch ganz gegenwärtig. Der Kölner Erzbischof Hermann von Wied belehnte 1526 Wilhelm den Jungen von Rennenberg mit Ehrenstein.[162]

Am 21. Februar 1530[163] wird die Verwaltung der Armenstiftung ganz in die Hände des Klosters gelegt. Die Urkundenabschrift, siehe Urkundenverzeichnis 1530 und Literatur-Verzeichnis

---

[157] Für ein Malter Getreide (sehr ungefähr ein Doppelzentner) zahlte man sehr ungefähr 5 Mark Silber (1 Mark = sehr ungefähr 230 Gramm Silber).
[158] Siehe Urkunden-Verzeichnis.
[159] 1 Mark enthielt je nach Zeit und Prägestätte um 230 g Silber und entsprach etwa 1,33 Goldgulden zu etwa 2,5 g Gold, je nach Zeit und Prägestätte; mit Gulden könnten aber auch minderwertige silberne „Gulden" gemeint sein.
[160] Sein Vater hieß Wilhelm II, sein Ururgroßvater Wilhelm I von Rennenberg (siehe E. Lind 1968).
[161] Siehe Urkunden-Verzeichnis Kastner II, Regest 1461; Annas Vater, Herr zu Ehrenstein, hieß ebenfalls Bertram von Nesselrode und starb 1524; dessen Vater und Herr zu Ehrenstein war Wilhelm von Nesselrode, gestorben 1517, Neffe des Stifters Bertram.
[162] FWA, Regest 2823 | siehe auch Lind, Elli, 1968
[163] Nach damaligem Kalender mit späterem Jahresanfang zählten im Trierer und Kölner Raum Februar und 1. März noch zum selben Jahr wie der davorliegende Dezember.

(FWA, Akten, 70 – 12 – 1, sowie Kastner II, Regest 1489) ist nebst einer Übertragung ins heutige Deutsch im Anhang 7 wiedergegeben.

Wilhelm der Junge und seine Gemahlin Anna von Nesselrode, Freiherr und Frau zu Rennenberg und Ehrenstein (beide noch in jugendlichem Alter) übergeben wenigstens ein Jahr lang mit der Möglichkeit einer Kündigung nach jeweils einem weiteren Jahr die Armen Leute zu Ütgenbach, die nach dem Willen des Gründers immer ein Priester und fünf Personen zu Ütgenbach sein sollen, und deren Unterhalt an Prior und Konvent des Kreuzbrüderklosters. Prior und Konvent sollen alle Gefälle erheben, die den „Armen Leuten" jährlich zukommen. Wenn etwas davon auf die Burg Ehrenstein geliefert wird, werden die Herren zu Ehrenstein das im hohen Maß weitergeben. Davon soll das Kloster im nächsten Jahr deren Unterhalt und Versorgung gewährleisten, nämlich *den Armen vyß dem Cloister zu Erenstein zusamen* alle Samstage liefern Speck oder vergleichbares Fleisch, 2½ Pfund Butter, ein Achtel *bryemeels*[164] oder anderes Gemüse[165], dazu alle vier Wochen Mehl oder Brot aus drei bis vier Simmer[166] Roggen, jährlich etwa 17 Ohm[167] Bier. Außerdem soll pro Jahr jeder Einzelne graues Tuch (für einen Rock) und zwei Paar Schuhe erhalten. Selbst bei eventuellen Klagen muss das Kloster nur bis an den Rahmen der fundierten Einkünfte Unterhalt gewähren. Bei Sterbefällen sollen die Stellen von den Herren zu Ehrenstein an andere Bedürftige vergeben werden, ohne Einsprache von Prior und Konvent. Das erste Jahr soll am 1. März 1531 enden; Prior und Konvent können dann wie in allen folgenden Jahren verlängern oder unter Rückgabe der Einkünfte aufhören. Prior und Konvent sollen die Armen beaufsichtigen, dass sie Gott dienen, guten Betragens sind, nichts Schlechtes unternehmen und ihre Gebrauchsgüter in Schuss halten.

Renier Roidkin, Ehrenstein von Westen um 1725 (Bild: L. Nesselrode)

---

[164] vielleicht Brombeer- oder (etwas unwahrscheinlicher) Pflaumen-Mus (im hiesigen Dialekt Brämel für Brombeere bzw. Brômm für Pflaume)
[165] Mus, (Koch-) Gemüse oder Speise jeder Art
[166] 1 Simmer fasste je nach Gegend etwa 30 Kubikdezimeter
[167] 1 Ohm oder Ahm: mehr als 100 Liter. Bier wurde wohl überall in Backhäusern aus Gerste selbst hergestellt.

Die Bedenken des schon gestorbenen Priors Swyder bezüglich der Unruhe durch die Pfründner spielten offenbar jetzt eine geringere Rolle und die allgemeine Ausrichtung des Ordens der Kreuzbrüder auf Kranke und Arme rückte mehr in den Vordergrund. Vielleicht war nun auch mehr Arbeitskapazität für die Versorgung der Pfründner und die Verwaltung der Stiftung frei. Man darf gewiss auch an die Entlohnung denken, die nun vom Kloster nicht mehr zu Händen des diensttuenden Kaplans in Ütgenbach für die Betreuung der Pfründner von den Einkünften der Stiftung abgeführt werden musste. Eine weitere Rolle könnte eine schlecht funktionierende Verwaltung in Ütgenbach gespielt haben, wie es im Bericht des Priors de Vriese angedeutet wird.[168]

Diese Urkunde gibt uns ausreichende Sicherheit, dass die Pfründner 1530 nach Ehrenstein umgezogen sind. Der Passus „*den Armen vuß dem Cloister zu Erenstein zusamen*" spricht durch die Wortstellung weitgehend für Arme aus dem Kloster, denn es heißt nicht: „den Armen zusammen aus dem Kloster Ehrenstein", worunter man eher Speise-Lieferungen aus dem Kloster verstehen könnte. Wenn die Pfründner weiter in Ütgenbach geblieben wären, hätte der Ütgenbacher Priester für deren schickliches und gottesfürchtiges Verhalten die Verantwortung behalten müssen und diese wäre nicht ausdrücklich auf das Kloster übertragen worden. Auch die Formulierung „Übergabe der fünf Personen und deren Unterhalt (außer Essen doch wohl auch Unterkunft[169])" weist in diese Richtung. Weitere Nachrichten untermauern das. In der Pfarrei Ehrenstein und bei allen, die mit der Säkularisation 1812 betroffen oder befasst waren, galt das Jahr 1530 als Datum für den Umzug der Armen nach Ehrenstein als überkommenes Wissen zumindest im 19. Jahrhundert.[170] 1545, in der Kirchspielsachte Neustadt und Asbach, ist die Tätigkeit des Offizianten der Kapelle Ütgenbach, der dort wohnen und sowohl in der Ütgenbacher Kapelle als auch in der Mutterkirche tätig sein sollte, in Einzelheiten beschrieben, ohne dass die Armen erwähnt sind[171]. Diese Nichterwähnung der in der Gründungsurkunde aufgeführten Pflichten des Priesters im Bereich der Armenstiftung ist mit unserem heutigen Erkenntnisstand ein weiteres Indiz dafür, dass die Pfründner 1545 bereits im Bereich des Klosters Ehrenstein untergebracht waren.

Keine spätere Quelle belegt auch nur halbwegs eine spätere Zeit für den Umzug nach Ehrenstein. Das Protokoll über die Visitation der Asbacher Pfarrei aus dem Jahr 1626 enthält einen Bericht über die Vorschriften zum Umgang mit „certa constituta domus seu hospitale", dem „gewissen fundierten Institut oder Spital, für fünf Arme Leute". Dass mit diesem Begriff nicht ein „sicheres Hausgebäude" (als andere mögliche Übersetzung) gemeint war und dass dieser Bericht eine Zeit deutlich vor 1556 beschreibt, ist nur auf den zweiten Blick erkennbar. Zusätzlich gibt es für diesen Teil der Quelle mehrere Möglichkeiten der Zuordnung von Begriffen untereinander.[172] So galt dieses Protokoll bei vielen Autoren verständlicher Weise bisher als Hinweis auf ein Weiterbestehen der Armen-Unterkünfte in Ütgenbach bis wenigstens 1626. Dass eine andere Zuordnung dieser Begriffe untereinander richtig ist, wird erst dadurch ganz deutlich, dass der Bericht sich ziemlich wortwörtlich 1662 im „Hausbuch" des Hilarius Limpach mit der Zeitangabe „vor mehr als hundert Jahren (also deutlich vor 1562) niedergeschrieben" wiederfindet. Außerdem lag die Urkunde von der Übertragung der Versorgung „der Armen aus dem Kloster zu Ehrenstein" an Prior und Konvent im Jahr 1530 den hiesigen Historikern in ihren Unterlagen offensichtlich nicht vor, als sie einen späteren Umzug in Erwägung zogen.

Gegen eine Unterbringung in Ehrenstein könnte die Tatsache angeführt werden, dass in den Pachtverträgen und Urkunden über sonstige Einkünfte des gesamten 16. Jahrhunderts und

---
[168] siehe unten; FWA, Akten, 70 – 11 – 19.
[169] siehe Fußnoten im Anhang 7.
[170] siehe Knorren im Literaturverzeichnis
[171] Kirchspielsachte, siehe Quellenverzeichnis
[172] Siehe auch Kapitel „Visitation der Pfarrei Asbach durch das Dekanat am 27. April 1626".

beliebig später der Name der Armenstiftung „die Armen Leute zu Ütgenbach" oder ähnlich lautet. Beispielsweise berichtet Strange (s. Lit.) von einer Urkunde vom 14. März 1582, in der Sophia, geb. von Nesselrode, und ihr Sohn Bertram von Loê als Inhaber der „Gerechtigkeit am Kloster Ehrenstein und am Hospital zu Oetgenbach sowie an der Collation der Vicarie zu Süchterscheid" genannt sind. Allerdings findet sich bei der Nennung der Armenstiftung die Ortsbezeichnung zu oder in Ütgenbach wenigstens bis ins 19. Jahrhundert Zum Beispiel wird in Pachtbriefen von 1789[173] der Prior Herschel als *provisor deren Ütgenbacher armen* sowie der Hof Oberheiden als *dem Spital zu Ötgenbach zustehend* bezeichnet. Zwischen der Königlich Preußischen Regierung in Koblenz und dem Fürst von Wied Runkel kam es am 21.04.1819 zu einer Vereinbarung über die *Uetgenbacher Armenstiftung.*[174] Diese Armen wohnten aber ganz sicher nicht mehr diese ganze Zeit zu Ütgenbach, sondern in Ehrenstein. Oft genug setzen sich solche Ortsnamen fest, obwohl die namengebende Verbindung längst nicht mehr besteht. So war der Kurfürst von Köln nach der Schlacht von Worringen zwar noch Kölner Erzbischof, kaum aber noch der Beherrscher der danach freien Reichs-Stadt Köln. Trotzdem wurde er weiter Kölner Kurfürst genannt. Die zu Ütgenbach gestiftete Armeneinrichtung und deren Pfründner blieben entsprechend auch die „Armen zu Ütgenbach", obwohl die Armen in Ehrenstein und nicht mehr in Ütgenbach wohnten, jedoch nach den gleichen Direktiven wie zuvor in Ütgenbach mit den Mitteln der Stiftung versorgt wurden.

Nur in der Gründungsurkunde werden die Aufgabe und das Recht des Propstes zu Kerpen (dem Commissar und „Vollstrecker" des Erzbischofs von Köln – ein Amt, das die späteren Pröpste nicht hatten) bei Beaufsichtigung oder Enthebung des Ütgenbacher Offizianten erwähnt. Als Nachfolger in der Stellung des Offizianten bezüglich der Armen unterstanden Prior und Konvent des Klosters stattdessen der Kreuzbrüder Ordensobrigkeit sowie dem Erzbischof (archiepiscopos = Erzaufseher) und der Pfarr-Aufsicht des Generalvikariats des Erzbistums Köln. Natürlich wurden die Vorschlagsrechte der Honschaft Ütgenbach (oder Schöneberg genannt), des Asbacher Pfarrers mit den Asbacher Kirchspielsleuten und des Herren von Ehrenstein für aufzunehmende Pfründner sowie das definitive Ernennungsrecht des Herren von Ehrenstein neben den schon von Anfang bestehenden Rechten und Pflichten des Klosters und des Ehrensteiner Herren in der Übernahme-Urkunde von 1530 nicht berührt. Der Kaplan der Ütgenbacher Kapelle hatte mit der Verwaltung, Betreuung und Aufsicht der Pfründner und den entsprechenden Einkünften nach 1530 nichts mehr zu tun, eigentlich wohl aber mit den gestifteten Messen in der Kapelle und dem Erhalt der Bausubstanz und der Funktion dieses Gotteshauses. Im Letzteren wurde er von Kapellen-Knechten unterstützt, wie es aus späteren Quellen, zum Beispiel des Pfarrers Vogt, hervorgeht. Wenn diese Kaplanstelle nicht besetzt war (was wohl überwiegend der Fall war) und der Pfarrer die Messfeiern übernahm, standen diesem die Einkünfte und die Aufsicht über die Kapellen-Knechte zu.

1626, laut Visitationsprotokoll, und 1726, laut Status-Bericht des Pastors Vogt, war die Stelle des Offizianten in Ütgenbach nicht besetzt, wohl auch weil er keine Verpflichtungen gegenüber den Armen mehr hatte. Für 1630 legt ein ordensinternes Visitationsprotokoll des Ehrensteiner Klosters nahe, dass die „Fünf Armen" im Klosterbereich Ehrenstein wohnten. Im Folgenden werden die aufgeführten Quellen in der Zeitenfolge oder ihrem ursächlichen Zusammenhang noch näher erörtert.

Das Leben der Pfründner in Ütgenbach und Ehrenstein

Überkommen sind uns im Wesentlichen nur Urkunden und Schriftstücke mit juristischer, meist besitzrechtlicher, Bedeutung. Über das alltägliche Leben der Pfründner in Ütgenbach in

---

[173] Landeshauptarchiv Koblenz, Abteilung 86, Nr. 10 bis 13. Siehe Quellenverzeichnis und Kapitel „Regelmäßige Einkünfte und Besitz der Armenstiftung bis zur Säkularisation".
[174] Siehe Quellenverzeichnis.

ihren kleinen „Häuserchen" wurde nicht gezielt berichtet, sondern nur soweit es den eigentlichen Gegenstand des Schriftstücks berührte. Jedenfalls lebte jeder arme Mensch allein in seinen vier Wänden in einer gewissen Privatsphäre. Eine offene Feuerstelle mit Kamin und höheneinstellbarer Hängevorrichtung für Kessel mit Bügel, Sitzgelegenheit mit Tafel zum Essen und eine Bettstelle mit Streusack und Bedeckung werden als einfache Ausstattung des vermutlich einzigen Räumchens gereicht haben. Die Pfründner durften Hausrat mitbringen. Vielleicht spendeten eine Tür mit eigens zu öffnendem Oberteil und ein Fensterchen aus dünner Tierhaut und sowieso das Feuer etwas Licht. Geld und Einkaufsmöglichkeiten waren nicht extra vorgesehen. Über sanitäre Anlagen lässt sich spekulieren. Wasser gab es wahrscheinlich in einem „Bôrren"[175], einer mittels Mauer gefassten Quelle mit kleinem Dach, ganz nahe der Kapelle, deren Wasser ja als heilkräftig besonders bei Augenleiden galt und wo noch heute ein wenig Wasser für einen Brunnen fließt. Gewiss bildete man gewisse Arbeitsgemeinschaften, zum Beispiel beim Waschen, Kochen, Reparieren, Holzbereiten, Versorgungsgängen usw., und half sich auch sonst bei Krankenpflege und Sondertätigkeiten, wie das damals überall in Nachbarschaften üblich war, soweit dies nicht dem Priester oblag. Ihre Behausungen standen am ehesten nahe dem Haus und der Hofreite (Hof-Grundstück) des Priesters, bei der zerfallenen Wasserburg und der neu hergerichteten Kapelle, nicht weit vom verpachteten Wirtschaftshof und den vielen Fischteichen am Ütgenbach.

Renier Roidkin um 1725 (aus dem Bilderschatz von L. Nesselrode): Ütgenbach von Westen, links die Kapelle, rechts daneben ein Haus (Domizil des Kaplans? oder zum Wirtschaftshof gehörig?), weiter rechts rundliche Motten-Reste mit Rundgraben und (damaligem) Rest-Teich, da herum die Reste des Walls, wohl ein Gebäude des Wirtschaftshofes, dessen Standort nicht sicher dem Mottenhügel oder dem Wall oder der Umgebung zuzuordnen ist. Eventuell weitere Bauten rechts davon. Reste von Erdbewegungen hinter der Kapelle (unterhalb des Kapellenchores) oder hinter dem fraglichen Kaplans-Haus könnten vielleicht als Standort der „Armen-Häuserchen" gesehen werden.

---

[175] Dialekt-Ausdruck, entsprechend „Born" im Hochdeutschen, mit etwas eingegrenzterer Bedeutung

Ob der Priester eine Hilfe in seinem Haushalt beschäftigte, die auch für die Pfründner mit sorgte, steht dahin. Wahrscheinlich waren die Mitbewirtschaftung eines Kräuter- und Gemüsegartens und das Ernten von etwas Obst von wenigen Bäumen, vielleicht auch das Halten weniger Hühner oder einer Katze möglich. Jedenfalls wird 1663 im Hausbuch des Hilarius Limpach erwähnt: *bey und in dem hoff Vtgenbach haben die Armen einen garten helt 1 morg(en)*. Dieser Garten und ein weiterer Morgen sind als Länderei der Kapelle ohne Pachteinkunft aufgeführt. Gewiss war der ein oder andere der Armen noch so rüstig, sich hier gegen entsprechende Miternte zu betätigen. Entsprechende gegenseitige Hilfen waren bestimmt auch auf dem verpachteten Ütgenbacher Wirtschaftshof willkommen, sind aber nicht dokumentiert, wohl aber, dass der Hof ein Schwein für die Versorgung des priesterlichen Offizianten lieferte. Dieser Wirtschaftshof, mit der Burg Ehrenstein kurkölnisches Lehen der Nesselrodischen Familie, wurde erst 1837 / 1848 aufgegeben; der Pächter zog nach Reeg[176], das Gebälk wurde in Asbach wiederverwertet.[177]

Ziemlich benachbart gab es die Siedlungen Krankel, Schöneberg, Ückertseifen, Heide, Entschladen, Kallscheid und Dinspel. Wichtige Pflichten waren die täglichen, laut gesprochenen Gebete in der Kapelle für die Stifter und deren Geschlechter, die man wohl gemeinsam verrichtete, und gewiss die Teilnahme an den mindestens vier Messen pro Woche und sonstigen Gottesdiensten. Bei der Auswahl eines aufzunehmenden Pfründners spielten neben der Bedürftigkeit und Herkunft die Eignung für eine solche Gemeinschaft mit religiösen Pflichten und die fromme Grundhaltung als auch sittliches Verhalten die entscheidende Rolle.

Zur Frage des Geschlechts der Pfründner haben wir bis 1530 keine ausdrücklichen Nachrichten und nur wenig Hinweise, außer dass die Pfründner, die 1499 in Ütgenbach einzogen, wohl vorher schon in Ehrenstein in der Obhut des Klosters zusammengelebt hatten und es sich deshalb nur um Männer gehandelt haben wird. Im Ehrensteiner Buch der Gestorbenen, das mit einem Eintrag von 1654 beginnt und ab 1692 regelmäßig geführt ist, erscheinen nur männliche Leute aus dem „Institut der Armen". Nach der Säkularisation des Klosters schreibt am 3.3.1818 der Altenwieder Beamte Mengelberg in einem Bericht[178]: *Jedes Kirchspiel hat zwar seine eigene armen Stiftungen, dieselbe waren aber bisheran sehr unbedeutend. Dann besteht zu Ehrenstein eine Armen Stiftung für fünf alte Leuthe mänlichen Geschlechts, die aber bis dahin nur mit drey Individuen besetzt ist, da die Einkunften nicht erlauben mehrere darauf anzunehmen.* Tatsächlich ist es schwer vorstellbar, dass Frauen zur damaligen Zeit im Bereich eines Männer-Klosters gewohnt hätten. Dies gilt zwar nicht im gleichen Maße für die Pfründnerhäuslein bei Haus und Hof des Priesters in Ütgenbach, die ja bis 1530 als Unterkunft dienten; aber überall wurde die männliche Form des Artikels oder Pronomens gewählt, wenn von einem Armen die Rede ist, was allerdings auch darauf beruhen kann, dass jeweils Bezug auf einen maskulinen Begriff, zum Beispiel einen „armen Menschen" genommen ist. Kurz nach der Säkularisation nahm der Rentmeister der Armenstiftung zu Ehrenstein kurze Zeit an, man habe grundsätzlich Ehelosigkeit im ganzen Leben als Voraussetzung für die Aufnahme in das Armen-Institut verlangt, wobei aber von dem Neustadter Pfarrer Heder[179] klar gestellt wurde, dass Alleinstehende gemeint seien, also auch Witwer und nicht nur Junggesellen.[180] Schon wenig später, in den Dreißiger Jahren des 19. Jahrhunderts, erhielten auch verheiratete Männer bei Armut und Arbeitsunfähigkeit eine Pfründe in Form von Geld allerdings in ihren eigenen Wohnungen. Erst für die Zeit nach

---

[176] Wiegard, Dorfbuch Altenburg
[177] Schäfer, Josef, 1980
[178] Pfarr-Archiv Ehrenstein, Hospital
[179] Beispiel für das Kompetenzgewirr um 1818: Ehrenstein als Teil der Honschaft Schöneberg gehörte zwar zum zivilen Amt Neustadt nicht aber zum kirchlichen Kirchspiel Neustadt.
[180] FWA, Akten, 20 – 12 – 2, 8.12.1818

Ehrenstein als Wohnort für Pfründner am Ende des 19. Jahrhunderts, erfahren wir davon, dass auch Frauen als persönliche Empfänger in den Genuss von Geld-Zuwendungen aus der Stiftung kamen. Die erste echte Pfründnerin mit Kleidung, Verpflegung und stiftungseigener Unterkunft erscheint erst 1899 im 1887 eröffneten Hospital in Asbach.[181]

Über die Unterbringung im Klosterbereich Ehrenstein lesen wir in unseren Schriftstücken wenig. Prior Svyderus berichtet in seiner Urkunde ausreichend deutlich davon, dass die Armen vor ihrer Unterbringung in den „Häuserchen" zu Ütgenbach „im Kloster" zu Ehrenstein gelebt hätten. Prior de Vriese sah in seiner Beschreibung der Armenstiftung von 1637[182] die Armen vor ihrer Verlegung nach Ütgenbach ebenfalls im Klosterbereich und vermittelt den Eindruck, dass sie auch nach der Rückführung nach Ehrenstein 1530 wieder in Klostergebäuden gelebt hätten. Denselben Eindruck vermittelt der Bericht über die Visitation des Klosters 1630 durch den Orden. Knorren schrieb mindestens 60 Jahre nach der Säkularisation in den siebziger Jahren des 19. Jahrhunderts, wohl für die gesamte Zeit vor der Säkularisation, von einem eigenen Haus für die fünf Pfründner neben dem Kloster, allerdings ohne Quellen oder weitere Einzelheiten zu erwähnen[183]. Bei entsprechender Quellen-Kritik wird man dies eher nicht als sicher ansehen können. Es kann sich sehr gut um einen Mini-Anbau oder ein separates kleines Teil des riesigen Gebäudes gehandelt haben. Nach der Säkularisation am 6. Juli 1812 wurde einmal ein Kleinstgebäude (*Gebäuchen*) für die Armen „im Vorhof des Klosters" erwähnt[184]. Was daraus geworden ist, entzieht sich unserer Kenntnis; jedenfalls war dies nur ein sehr provisorischer Aufenthalt im Sommer 1812, ehe endgültig klar wurde, welchen Zwecken das zu der Zeit im Besitz des Wied-Runkelschen Fürstenhauses befindliche Klostergebäude zugeführt bzw. eben nicht zugewendet werden konnte. Kurze Zeit später, noch im selben Jahr 1812, wohnten die Pfründner wieder ausdrücklich im Klostergebäude, was mehrfach berichtet ist. Weitere Einzelheiten, zum Beispiel, ob es außer den erwähnten einzelnen Zellen einen Gemeinschaftsraum gab, erfahren wir nicht. In Notzeiten war der Kälteschutz mit Feuerholz und warmer Kleidung wegen der knappen Mittel unzureichend.

Manche von den Pfründnern konnten sich im Klosterbereich als Diener, Schneider (in anderer Übersetzung: Gärtner) oder mit Küsterdiensten usw. nützlich machen, wie wir aus dem Totenbuch der Pfarrei und sonst erfahren. Ein Bote zu den Mucher Höfen mit Zehrgeld aus dem Jahr 1812 ist namensgleich mit einem Pfründner Knaus, dessen Name nicht einheimisch und damit in der infrage kommenden Gegend wohl singulär ist. Die Nachbarn in Ehrenstein schmolzen im Verlauf der drei Jahrhunderte erheblich zusammen. Die Burg wurde 1632 teilweise zerstört; die Herren von Ehrenstein lebten schon länger kaum noch dort. Die in Altenburg wohnhaften 22 Burgmannen als Schutzleute Ehrensteins verloren ihre Funktion.[185] Die Mühle und mehrere Handwerksstätten in der Vorburg und der nahen Umgebung wurden aufgegeben, bis während der endgültigen Säkularisation 1812 nur noch ein landwirtschaftlicher Pachthof und eine Försterei in der „Freiheit" übrig waren.

Dass manche Armeninstituts-Angehörige ihren Ursprung von weit her hatten, zum Beispiel der oben erwähnte Nicolaus Knaus aus dem Luxemburgischen, mag zum Teil damit zusammenhängen, dass sie aus einer anderen Herrschaft des Herrn von Ehrenstein kamen, also einem Herren zu Ehrenstein als Herrn gedient hatten, der ja auch noch woanders Wohnsitze und Arbeitstätten sein eigen nannte. Die Stifter bestanden in der Gründungsurkunde darauf, dass auf alle Fälle fünf Pfründner aufgenommen sein sollten, auch falls sie – mangels geeigneter Armen im Herrschaftsbereich Ehrenstein (also in den einzelnen

---

[181] Protokollbuch der Verwaltungskommission der Armenstiftung
[182] siehe Verzeichnis der Urkunden und Quellen
[183] Knorren: Die Pfarrei Ehrenstein, geschichtlich dargestellt. Seite 23
[184] Pfarrarchiv Ehrenstein, „untertänigster Bericht des Amtsrat Mengelberg an Herzogliche hochpreisliche Regierung Nassau (siehe Quellen)
[185] siehe auch J. Schäfer 1980, Seite 68

zerstreuten dem Herrn zu Ehrenstein erblich gehörenden Höfen), in der Honschaft Ütgenbach (später eher ausschließlich Honschaft Schöneberg bzw. ab 1817 Gemeinde Schöneberg[186] genannt) und im ganzen Kirchspiel Asbach – von woanders her stammten. Bezüglich der Kandidaten ist ausdrücklich erwähnt: *Ind wae[187] die vunff arme mynschen, nyet viss den vurscreven luden, in maissen vurscreven zo krygen weren so sall der priester vurscreven myt raide eyns Heren van Erensteyn, ind nyet anders, die vp anderen enden nemen* (Und wenn die fünf Armen nicht unter den benannten Bewohnern in der vorgeschriebenen Art zu kriegen wären, soll der Priester sie nach dem Ratschluss des Herren von Ehrenstein, und nicht anders, von anderen Orten aufnehmen).

Vom sonstigen Leben der „Armen Leute" ist kaum etwas bekannt. Offenbar über lange Zeit wurden die Gebete und Messbesuche, nun natürlich in der Ehrensteiner Kirche, weiter geführt. Im Dezember 1812, gut ein halbes Jahr nach Aufhebung des Klosters, meinte der gewesene Prior Collig, die „Armen" müssten stiftungsgemäß *unter den Augen eines Geistlichen leben und ihre Gebete verrichten.*[188] Noch für 1851, als die Pfründner in ihrer vorbestehenden eigenen Wohnung mit Geld versorgt wurden, erfahren wir, *daß jeder Präbendar ein tägliches Gebet zu verrichten hat und zu dem täglich eine h. Messe hören oder im Falle einer Krankheit und einer sonstigen Behinderung durch einen seiner Angehörigen hören lassen muss*[189] (wohl nur, wenn diese Angehörigen im selben Haushalt durch die Zahlungen der Stiftung von jährlich 41 Talern und 20 Silbergroschen in gewisser Weise mit versorgt wurden). Verschiedene Personen, Priester als auch Laienbrüder als auch Bedienstete, werden sich um die nötige Verwaltung der Stiftung und Versorgung der Menschen im Kloster, einschließlich der Pflege bei Krankheit, gekümmert haben.

Dass harte Zeiten, zum Beispiel bei Kriegswirren und Wetterturbulenzen, nicht spurlos an den Pfründnern vorbeigezogen sind, ist belegt. Am *21ten 8bris* (21. Oktober) *1724* schreibt ein Prior in einem Brief an den Kurfürsten von Berg, dass *die Hospital armen ahn dem lieben brod mangel leyden müßen.*[190] Zu Anfang des Dreißigjährigen Krieges waren die jährlichen Einkünfte der Stiftung nicht eingekommen.[191] Beim Beschuss und der teilweisen Zerstörung der Burg Ehrenstein durch die „Schweden" mit Plünderung und „Verwüstung" von Kirche und Kloster und Gefangennahme von Patres auf Lösegeld 1632 sowie der Plünderung wenige Monate später durch die „Hessen"[192] können auch die Armen nicht schadlos geblieben sein. Auch die Plünderungen der ganzen Gegend und des Klosters durch die „Franzosen" 1795 und 1796[193] kann nicht spurlos an ihnen vorbeigezogen sein. Die Folgen der Aufhebung des Klosters 1812 waren Einschränkungen in jeder Beziehung für die sonst mittellosen Pfründner, zum großen Teil bedingt durch die Streitereien um und die Wirren in der Zuständigkeit für die Verwaltung der Armenstiftung. Die Zahl der Pfründner sank in dieser Zeit bis sich die Verhältnisse wieder geklärt hatten.

Die Zeit bis zum Dreißigjährigen Krieg

Mindestens schon im 15. Jahrhundert bestand in Asbach eine weitere Priesterstelle an einem Marien-Altar in der Pfarrkirche zu Asbach; das Präsentationsrecht hatte die Zivilgemeinde des Kirchspiels. Der Altar war mit stattlichen Gütern, zum Beispiel im Kirchspiel Neustadt

---

[186] Ortschronik Asbach
[187] „wa" gesprochen (Dehnungs-e) = wo, wie, hier mit wenn gleichzusetzen (Lexer, siehe Literaturverzeichnis)
[188] Franke 2012, S. 283, nach LHA Koblenz, 331 Nr. 609, S. 243ff
[189] FWA, Akten, 70 – 12 – 2, Schreiben des Asbacher Pfarrers Strunck an den Dechant Krautwig zu Erpel 1851
[190] FWA, Akten, 70 – 11 – 19
[191] siehe Visitationsbericht des Klosters 1630
[192] FWA Akten, Schr. 8, Gef. 1, Fasz. 2
[193] Kisky / Kettner / Leisenheimer | Nesselrode 2010 | J. Schäfer, 1964, berichtet von Plünderungen aus einer Eichentruhe mit Messgeräten, Kirchen-Wäsche und Geld am 21. August 1795 im Kirchturm von Asbach. | Wiegard 1941

bei Hammerhof, ausgestattet[194]. Diesem Altar hatte schon Godart von Ütgenbach zu Brochhausen[195] 1406 einen Hof in der Asbacher Elsaff per Urkunde verkauft. Trotzdem war der Hof dem Erben Godarts, Adam von Ütgenbach, wieder anheimgefallen, weil offenbar die Verkaufs-Genehmigung des Lehnsherrn, des Klosters Prüm, fehlte. Adam und seine Frau verzichteten 1455 in einer Urkunde zugunsten des Priesters, der mit diesem Altar ausgestattet war, auf alle Vorteile und Einkünfte, die aus dem Hof erwuchsen und gaben noch ein Osterbrot, eine Gans und eine Mark als Gegenwert alter Einkünfte dazu. Erbmarschall Bertram von Nesselrode und seine Frau Margarete machten diesen ererbten Lehen-Hof um 1501 frei von Abgaben an den Altar, indem sie eine Erb-Pacht über 6½ Malter Hafer aus ihrem Hof zu Dasbach an den Altar, bzw. an seinen damaligen Offizianten Arnold von Ersfeld stifteten.[196] Allerdings entrichtete der Hof in der Elsaff dem Marienaltar 1662 wieder pro Jahr 6 Malter Hafer, 100 Eier, 2 Hähne und ein „Osterbrot" zu 6 Albus[197]. Vielleicht geschahen in der ersten Hälfte des 16. Jahrhunderts weitere Stiftungen[198]. 1626 aber war auch diese Priester-Stelle in Asbach unbesetzt[199]. 1635 bis 1656 waren in ziemlichem Wirrwahr nacheinander zwei Brüder Herresdorf als Aspiranten dieses Benefiziums vorgesehen, wobei aber ein Gottesdienst an diesem Altar kaum erreicht wurde.[200] Hundert Jahre vorher, 1548 wurde jedenfalls Goswin Holt auf diesen Altar der seligen Jungfrau Maria (Beatae Mariae Virginis) investiert. Offenbar herrschte zu dieser Zeit im Kirchspiel ein Interesse an geregelten Messen und geistlichen Diensten[201], was später nicht immer der Fall war.

In der Kirchspiels-Achte Asbach vom 2. und 3. Juni 1545[202] heißt es unter Punkt 16:
It(em) Eß sollen drey Priester Zu Aspach sein, deren soll einer
Zu Vitgenbach haußhalten, aber alle Sontags Zwischen Ostern
vnd Pfingsten, alle Vnser Lieben Frawen tagh, alle Aposteltage,
alle Hochzeiter, vnd Brautloffs tage, sol Er Zu Aspach sein vnd
aldah helffen dienen

Einen Tag vorher tagte das „Ding" (Thing, Gericht und Versammlung der Nachbarn, der nahe beieinander Bauenden) in Neustadt. Eine Achte oder Weistum war eine Sammlung von grundsätzlichen Rechten und Pflichten der Zivilgemeinde, hier der jeweiligen Zivilgemeinde Kirchspiel mit den Flurgrenzen der jeweiligen Pfarrei. Im Verständnis der Nachbarn überschnitten sich dabei öfter die Aufgaben und Rechte der kirchlichen und zivilen Verwaltung. Die drei Kirchspiele im kurkölnischen Amt Altenwied, Asbach, Neustadt und Windhagen, waren im Schöffengericht der „drei Dingstühle" unter einem vom Landesherrn ernannten Schultheißen vereint.

Die drei Priester in Asbach waren: der Pastor, der Offiziant am Marienaltar und der Offiziant der Kapelle zu Ütgenbach. Letzterer sollte in Ütgenbach wohnen, aber an besonderen Tagen in Asbach bei der Messe und den Gottesdiensten mitmachen: an allen Sonntagen zwischen Ostern und Pfingsten, an allen Marienfesten, an allen Apostelfesten, an allen Höchstfeiertagen (als *Hochzeiter* bezeichnet: Weihnachten, Ostern, Pfingsten und Mariae Himmelfahrt) und an allen Tagen mit einem Brautgelöbnis (heute Hochzeit genannt). Von einer Speisung und Betreuung der Pfründner oder der Verwaltung der Armenstiftung ist

---

[194] Josef Schäfer: Kirche und Pfarre St Laurentius Asbach (Westerw.), S. 49ff., und in einem Manuskript, das sich in seinem Nachlass befand
[195] Motte (kleine Wasserburg) bei Neuenhof, Gemeinde Kircheib
[196] siehe Urkunden-Verzeichnis Kastner, Regest 700 und 1291. Weil Margarete von Burscheid, Frau zu Ehrenstein, schon 1501 verstarb, bezieht sich die Datumsangabe „1504" in dieser Urkunde vielleicht nur auf die endgültige Ausfertigung der Urkunde.
[197] kleinere Silbermünze
[198] siehe Schäfer, 1951, S. 50
[199] siehe Visitations-Protokoll im Text
[200] Limpach, S. 112f
[201] J. Schäfer, Kirche und Pfarre St. L. Asbach, Seite 50f.
[202] siehe Quellenverzeichnis, hier die Wiedergabe in FWA, Akten, Schrank 6, Gefach 4, Fascie 10

in der Kirchspielsachte keine Rede, obwohl es sich hier für die Nachbarn (nahe Bauenden), das heißt für die zum Ding, zur Volksversammlung, Berechtigten, um eine Einrichtung ihres Interesses handelte, nämlich um die Versorgung von mindestens zwei Bedürftigen aus dem Kirchspiel, einen aus dem gesamten Kirchspiel Asbach und einen anderen aus der Honschaft Ütgenbach, der späteren Honschaft Schöneberg, die im 19. Jahrhundert die Bezeichnung Gemeinde Schöneberg erhielt, und die 1499 wohl bereits mehr als 300 Jahre zum Kirchspiel Asbach gehörte, das 1183 urkundlich erstmals erwähnt ist[203]. Diese beiden und möglicherweise auch die, die aus der Herrschaft Ehrenstein stammten, hätte man sonst mittels anderer eher unergiebigerer Ressourcen, etwa durch Bruderschafts- und Nachbarschaftshilfe, unterstützen müssen.

1626 und 1664 gab es keinen Vikar (Pastor- Vertreter) beziehungsweise Kaplan (Kapellen- Priester) mehr in Ütgenbach. 1626 wurde die Pfarrei Asbach streng visitiert und beschrieben, sogar der dieserzeitige Pfarrer abgesetzt. In einem Bericht, wohl an eine vorgesetzte Dienststelle, vom 9. Juli 1664 schreibt der tatkräftige und unbescholtene Pastor Joannes Kleinermans, ein Pater aus dem Kreuzherrenkloster zu Ehrenstein, dass ihm in Ütgenbach ein Gottesdienst zu Ostern mit Beichthören und Kommunionausteilung an die Umwohner obliege, dann einer am vierten Wochentag nach Ostern und schließlich einer am Fest der (Kapellen-)Weihe (Anfang September), wofür er nichts erhalte.[204]

Ein Teil dieses Berichts folgt hier:

Capellae sunt dua quarum Vtgenbach Vocat(ur) una altera ad
Kapellen existieren zwei, deren eine Ütgenbach genannt wird, die andere zum
sanctam Crucem zu böchholtz. Verum nullus tempore admi=
heiligen Kreuz zu Buchholz. Jedoch niemals in der Zeit meines (Pastoren-)Dien=
nistrationis meae fundationes certas audire potui: nisi quod
stes konnte ich richtige (Mess-)Stiftungen erfahren außer: dass
tertie in Vtgenbach fecerim et facere debuerim officium,
ich dreimal in Ütgenbach (Gottes-)Dienst machen und machen müssen solle,
semel in paschate[205] audiendo confessiones et communicando
einmal an Ostern zum Beicht-Hören und Kommunizieren
circumiacentes homines, deinde Feria[206] quarta post
für die umwohnenden Menschen, dann am vierten Wochentag (Mittwoch) nach
pascha[207], et in festo dedicationis, de quo labore nihil.
Ostern und am Fest der (Kapellen-)Weihe[208], von welcher Arbeit nichts (an Entlohnung).
In capella Bochholtz 2do fit officium Semel in paschate
In der Kapelle zu Buchholz zum Zweiten geschah (Gottes-)Dienst einmal an Ostern
vt supra deinde in festo Inuentionis sanctae Crucis ex
wie oben (in Ütgenbach), dann am Fest der Auffindung des Heiligen Kreuzes[209], aus
quo labore (undeutlich zu lesen) *annue sex florenos colonienses percipio*
welcher Arbeit ich jährlich sechs Florentiner kölnischer Währung[210] erhalte.

Visitation der Pfarrei Asbach durch das Dekanat am 27. und 28. April 1626

In der Literatur wird der Bericht über die Visitation der Pfarrei Asbach im Jahr 1626 oft als Indiz für den Fortbestand der Einrichtung in Ütgenbach herangezogen. Das liegt daran, dass

---

[203] Goerz, Mittelrheinische Regesten II, S.142
[204] Erzbischöfliches Archiv Köln, Christianität Siegburg, II Spezielle Akten, 57, Dec. Siegb. 1, Asbach Nr. 1.
[205] Pascha (Ostern), im Kirchenlatein mit völlig unregelmäßiger Deklination aus verschiedensten Spachwurzeln
[206] unsicher zu lesen
[207] Feria (schlecht lesbar) quarta post pascha (vierter Wochentag nach Ostern)
[208] laut Josef Schäfer (1980, siehe Literatur) Seite 22 immer Anfang September
[209] Das Fest wurde damals am 3. Mai wohl mit Wetter- und Felder-Segen gefeiert.
[210] Münze zu etwa 3,5 Gramm Gold

man den Text in entscheidenden Punkten falsch verstehen kann. Am 27. April 1626 reisten die Kommissare zur Visitation in Asbach an und verließen Asbach am nächsten Tag. Der lange Bericht könnte von dem Notar wohl auch erst später fertig gestellt worden sein. Am Vortag hatte man die damals arme Pfarrei Windhagen visitiert und einiges beanstandet. In Asbach waren die Verhältnisse viel schlimmer und letztlich hat man den Pastor Paltzell hauptsächlich wegen seines eheähnlichen Verhältnisses, aus dem natürliche Kinder im Nachbar-Kirchspiel Oberpleis existierten, entlassen. Wilhelm Paltzell oder Pfalzel war seit 1607 Pastor in Asbach. Aus seiner Zeit stammte eine Glocke, die aber 1913 wegen Schadhaftigkeit eingeschmolzen wurde (J. Schäfer 1951, Seite 35f). Er ist im 1601 beginnenden Bruderschaftsbuch Neustadt als *Religiosus* an erster Stelle nach den aus dem Vorgängerbuch abgeschriebenen Eintragungen aufgeführt zusammen mit seinen Eltern, Hanß Müller und Maria, seinem Bruder Johan und drei Schwestern, Margareth, Barbara und Martha, von denen mindestens eine seine Haushälterin war.[211] Er kümmerte sich auch um den Besitz des Asbacher Altars bei Hammerhof in der Neustädter Honschaft Bülingen.

Die bezüglich der Armenstiftung besonders interessierenden Passagen des Berichtes mögen zeilengetreu übertragen ins heutige Deutsch folgen, während die buchstabengetreue Abschrift im Anhang 8 nachgeschlagen werden kann; der Text, auch die Teile, die hier nicht wiedergegeben sind, wurde im üblichen Kirchenlatein geschrieben, nur bei Zitaten oder Spezialbezeichnungen wurde Deutsch verwendet:

> Im selben Jahr und Monat wie oben[212], aber am Sonntag,
> den siebenundzwanzigsten, sind wir nach Asbach hingekommen
> und zuerst, da der Pastor, dazu mit seinen Pfarrangehörigen nach üblichem
> Brauch, wie erklärt wurde, auf einer zur nah gelegenen Kapelle in Ütgenbach
> gemachten Prozession abwesend war, betraten wir
> die zugehörige Pfarrkirche und darin, auf dem Hochaltar,
> fanden wir Schlüssel des Allerheiligsten und den Sakramentsschrein oder Ort
> verehrungswürdigen Sakraments offen, und auch noch dort den Kelch fast
> voll mit Hostien, die, wie der Pastor berichtete und eingestand,
> konsekriert waren, und da trat weder mit Licht noch notwendigem
> Zunder eine Lampe in Erscheinung, obwohl einst dort eine gewesen war,
> und Öl, von damals bis heute angeordnet, doch nicht mehr
> drin zu sein berichtet wird.

Verehrenswerter Tabernakel steht offen

> Als der Pastor mit den Seinen von der Prozession zurückkam,
> taufte er sofort ein bestimmtes Mädchen und ließ zu dem Akt der
> Initiation und Regeneration zwei Patinnen zu
> gegen die neueste Anordnung.

Er ließ zwei Patinnen zu. Zu erkennen war, dass er als dritten einen Paten zulassen würde, also wurde gegen die Order verstoßen.[213]

---

[211] S. 14: *Vor Herr Wilhelmen Pfaltzell Pastoren zu Aßpach Hanß Müller seinen Vatter vnd Maria seine Mutter, vor seinen Bruder Johan, vnd seine Schwesteren Margareth Barbara vnd Martha vnd vor das ganze Geschlecht*

[212] Am 26. April 1626 wurde die Pfarrei Windhagen visitiert, worüber mehrere Seiten am Anfang des Protokollheftes berichten.

[213] Offenbar gab es eine Order, nur zwei Paten zuzulassen.
Ende des 16. Jahrhunderts waren im Kirchspiel Neustadt nicht mehr als drei Paten zugelassen, laut Punkt 8 der *Kirchen ordnungh des Hoech vnd Wolgeborne(n) Fursten vnd Herren, Herre(n) Salentins, Graue(n)* (Grafen) *vnd Herren Zu Isenburgh vnd Grensaw (et cetera) Vnseres Gnedige(n) Fursten vnd Herre(n) (et cetera).: I(tem) es sollen auch nit mehr als drey Patten vnd Gotten* (Patinnen) *zu ein(em) kindt gepetten* (gebeten, geladen) *werden.* Salentin war von 1567 bis 1577 Kurfürst und Erzbischof von Köln (noch ohne Priesterweihe). Nach seiner Resignation als Erzbischof wurde er Pfandherr des Amtes Altenwied sowie von Neuerburg und Linz bis zu seinem Tod 1610. Gemäß seiner Titel im Bruderbuch erließ er die Kirchenordnung in dieser letzten Zeit. Diese Kirchenordnung scheint für den ganzen quasi landesherrlichen Bereich (also auch für Asbach) gedacht gewesen zu sein. Er hatte auch den Pfarrer Pfaltzel eingesetzt (J. Schäfer in: Asbach Westerwald 1990).

Und obwohl der Pastor durch den Herrn Kommissar dort ernstlich
ermahnt wurde, bis auf Weiteres zuhause zu bleiben, damit er
als Beschuldigter die Prüfung beginnen lasse, die Bestimmung der Kapellen,
Altäre und Vikariate aufzeige und für Verstöße
pflichtschuldig einstehe und tätig sei, ging der Besagte in höchster
Missachtung davon zur Zusammenkunft und zur Wohnung
jener, die das Mädchen zur Taufe brachten,
und auch jener, die die Taufzeugen und Zeuginnen akzeptierten.
    Bevor aber dies so geschehen ist, ist dieselbe Kommission
des hochwürdigen Herrn Vikars nicht nur demselben Pastor sondern auch
dieser Gemeinde als Anwesende angekündigt und der Prüfungszweck
öffentlich dargetan worden.
    Weil eben der Pastor so verächtlich handelte,
fuhr der Herr Kommissar auf seine Prüfungs-Art fort
und befahl mir[214], alles gewissenhaft zu notieren.
    In der Kirche sind fünf Altäre, aber nach Auskunft des Pastors:
alle ungeweiht, zählen zu seinen (des Pastors) Entgelten und Einkünften,
und sind mit Ausnahme des Altars B. M. Virginis [215] verlassen.

Einkünfte des Altars der seligen Maria, die der Sohn des Bonner Konsuls Herestorff hat.
    Der Altar der Seligen Jungfrau Maria hat gemäß einem bestimmten Register
jährlich an Einkünften sicherlich an Geldern dreißig
und ungefähr achteinhalb umlaufende Taler.
Und aus bestimmten Gütern im Hammer[216] gelegen
in den einzelnen Jahren zweiundzwanzig Malter Hafer.
Es wird gesagt, dass dessen Präsentation durch diese Kirchspiels-Gemeinde,
dessen Investitur [217] aber durch den Pastor selbst
erwartet wird, worüber ein Dokument aus Pergament existiert
aus dem Jahre 1565.

Kapelle in Ütgenbach und deren Einkünfte
    Die Kapelle in Ütgenbach, von Edelherren gegründet,
hat ihre sicheren Güter und jährlich als Rendite
oder Pachten zweiundzwanzig umlaufende Florin [218] und
12 Albus[219], welche der derzeitige Asbacher Pastor erhält.
Diese Kapelle ist in guter Struktur und
mit erneuertem Dach[220] erstellt und hat einen einzelnen
Altar und es geschehen und bieten sich dar durch das ganze Jahr
vier Opfergänge, und was aber der Pastor genau erhält[221],

---

[214] „Mir" bezieht sich auf den „abgeortneten, geprüften und angenommenen Notar Joannes Steinmanns", der diesen insgesamt 26 Seiten langen Bericht erstellt hat, davon 5 Seiten über die Pfarrei Windhagen und 21 Seiten über die Pfarrei Asbach.

[215] Laut Kastner Band I, Regest 700, und Band II, Regest 1291, stifteten Godert von Ütgenbach 1406, Adam von Ütgenbach 1455 und Bertram von Nesselrode 1504 Memorien, die von dem Bediener des Muttergottes-Altars in der Asbacher Pfarrkirche zu halten waren.
Nach Josef Schäfer, „Aus der Geschichte der Vikarie zu Asbach" (siehe in Literatur: Kirche und Pfarre St. Laurentius Asbach, Seite 50) stiftete wohl auch Peter Mont um das Jahr 1539 eine Messe, die von der Vikarie BMV (Beatae Mariae Virginis = der Seligen Jungfrau Maria) zu feiern war.

[216] Wohnplatz im Kirchspiel Neustadt am Pfaffenbach, nach dem damals dort befindlichen Hammerwerk zur Erz-Bearbeitung benannt

[217] Einsetzung (eigentlich Einkleidung)

[218] Goldmünzen

[219] Silbermünzen: Je nach Ort und Zeit machten sehr grob gesehen zwei bis sechs Dutzend kleine Silbermünzen eine der verschiedenen Goldmünzen aus.

[220] Mittellatein (nach Köbler) sartura = Flickstelle, Ausbesserung; sartatectum = Dachreparatur

ist, wie man sagt, festgehalten in besiegelten Urkunden[222] verwahrt in Obhut der Kirchmeister und desselben Pastors.

Das Hospital in Ütgenbach

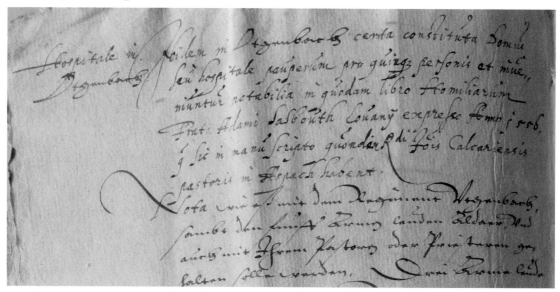

Der lateinische Text ist im Anhang 8 wiedergegeben.

Die ebenda in Ütgenbach feste, institutionalisierte Heimstatt[223] oder das Armen-Hospital für fünf Personen[224] und Nachrichten werden gefunden in einem gewissen Buch von Predigten des Fraters Adam Sasbouth Covanius, gedruckt im Jahr 1556, welches sie genau so in einer bestimmten Handschrift des hochwürdigen Asbacher Pastors Jois Calcariensis[225] haben:
(Zitiertes) Schriftstück[226], wie es mit dem Regiment Ütgenbach, samt den fünf Armen Leuten da, und auch mit Ihrem Pastor oder Priester gehalten werden soll. Drei Arme Leute soll die Herrschaft zu Ütgenbach auswählen, woher sie die auch kennen, nach ihrem Gefallen,

Armengehalt doch zwei aus dem Kirchspiel Asbach. Diesen genannten Armen soll man alle Jahre fünf Ellen grauen weißwollenen Tuchs, geben und ihnen einen Rock davon machen lassen, ebenso alle Jahre zwei Paar Schuhe für jeden, außerdem jedem zwei Wagen Brennholz,

---

[221] Das Opfergeld zur Kirchweihe der Kapelle stand dem Priester der Kapelle zu.
[222] zum Beispiel in der Gründungsurkunde der Armenstiftung
[223] „certa constituta domus seu hospitale" wurde schon mehrfach etwa mit „sicheres erbautes Hausgebäude oder Hospital-Gebäude" übersetzt, was zwar ebenfalls korrekt übersetzt ist, aber den Sinn nicht trifft.
[224] Bisher hat man bei der Übersetzung verschiedentlich ein gedachtes „ist" hinzugefügt (was nicht ungewöhnlich wäre) und dadurch die Meinung vertreten, dass das Hospital noch 1626 in Ütgenbach vorhanden gewesen wäre. Auf selbe Art könnte man aber auch ein „war" einfügen („In Ütgenbach war ein festes eingerichtetes Heim oder Hospital für fünf Personen" und ...). Siehe auch die Ausführungen im Kapitel „Die ersten 31 Jahre der Stiftung und die Übersiedlung nach Ehrenstein 1530"
[225] Josef von Kalkar
[226] Nota (Lateinisch) kann sowohl als Imperativ 2. Person Singular von „notare" mit „beachte" übersetzt werden als auch als Substantiv Singular „Marke, Inschrift, Schriftstück, Zitat" des Fraters Covanius bedeuten.

weiter alle Tage eine Kanne Bier für jeden,
fort alle Tage zwei Brot samt allem,
was dazu gehört an Fleisch,
Butter, Käse, Hering, Salz usw. jeweils nach seinen
Maßen.

Priesters Unterhalt zu Ütgenbach   Der Priester dort soll besitzen Haus
und Hof und alles, was dazu gehört,
dazu an jährlicher Geld-Rente zwölf Gulden zu
Asbach, davon soll acht der Pastor [227]
und die Kirchmeister vier Gulden geben.
Weiter soll derselbe Priester vom Kloster Ehrenstein
haben vierundzwanzig Gulden.
Ferner soll der Priester auch alle Jahre
erhalten fünf Ellen Tuchs für eines Priesters
Rock, für sein Brot drei Malter Korn,
für sein Bier drei Malter Gerste, für sein
Fleisch ein fettes Schwein aus dem Hof zu Ütgenbach und zwei Wagen Brennholz.
   Hierbei wird noch der Bericht gegeben,
dass für so einen Unterhalt des Priesters und der fünf
Armen das Kloster zu Ehrenstein
fünf Höfe[228], in der Much gelegen, habe,
die von den adeligen Gründern aus Ütgenbach
dafür nach Erbrecht gegeben worden sind.

Achtung: über alles oben Gesagte wird Rechenschaft abgelegt.

Kapelle in Buchholz   Die Pfarrkirche zu Asbach hat noch eine andere
Kapelle, zu Buchholz gelegen, mit ihren
Besitzungen, Gütern und Gerechtsamen, die diesmal nicht besucht
noch beschrieben werden wird.

Bruderschaft der seligen Jungfrau Maria
   Auch die löbliche Bruderschaft der Seligen Jungfrau Maria
wird dort[229] erhalten, aber nicht gut verwahrt: sehr große
Fehlerhaftigkeit aus Nachlässigkeit der Pastoren. Es gibt ein
liber Fratrum, auf Deutsch Brüderbuch genannt, vom Jahr
des Herrn 1530.
   Die Bruderschaft wird gefeiert viermal im Jahr
mit Zelebrieren und Gestalten von Messen
und darüber hinaus werden Gastmahle serviert.

Die Kosten dieser Gastmähler wären zu verwandeln
in den Unterhalt eines Schulmeisters[230].
   Die jährlichen Einkünfte nach der angeführten Bestimmung
machen an Geld etwa siebzig Florin
in umlaufender kölnischer Währung und an Hafer einundzwanzig Malter
und drei Viertel.[231]

---

[227] „der Pastor": offensichtlich fehlen diese zwei Worte
[228] Hier sind im Gegensatz zur Gründungsurkunde nicht drei, sondern fünf Höfe „in der Much" (soll wohl heißen „im Bergischen Land") aufgeführt. Zu den drei Höfen der Gründungsurkunde kamen einige Jahre später der *Hof „zer Heyden"* im Kirchspiel Much und der *Wynnenhof* bei Eitorf hinzu.
[229] Mit „dort" ist offensichtlich Asbach mit dem Pastorat, der Pfarrkirche und besonders dem Marieenaltar in der Pfarrkirche gemeint.
[230] (Ludimagister) ein Lehrer fehlte trotz entsprechender Empfehlung in Asbach.

Den gleichen Wortlaut der Bemerkungen des Covanius übermittelt uns Hilarius Limpach 1662 in seinem Hausbuch[232]. Eine seiner zwei Abschriften gibt wohl die Original-Buchstaben des Covanius oder des Abschreibers aus Kalkar wieder; seine zweite Abschrift benutzt die gleichen Worte allerdings in etwas moderneren oder südlicheren Sprechweise, so dass insgesamt diese Bemerkungen in drei leicht voneinander abweichenden Sprechweisen vorliegen. Dies bedeutet, dass knapp 40 Jahre nach dem Visitationsprotokoll die Predigten des Covanius als handschriftliche Abschrift des Asbacher Pfarrers Kalkar noch verwahrt waren. Da weitgehend Wortgleichheit besteht, sind auch die wenigen kommentierenden Sätze des Hilarius Limpach von Wichtigkeit. Seine Kommentare und die älteste Fassung der Bemerkungen des Covanius folgen hier:

Nota: Vber Altigkeit welcher gestalt der H(err) Pastor Vnd die gewesene funff HaußArmen im hoff Vtgenbach bey der Capellen Schonenberg(er) honschafft Cirßpels Asbach vor diesem Verpfleget worden (Notiz: über die Vergangenheit, welcher Gestalt der Herr Pastor und die gewesenen fünf Hausarmen im Hof zu Ütgenbach bei der Kapelle der Honschaft Schöneberg des Kirchspiels Asbach vor dieser Zeit verpflegt worden sind):

Nota   Wie es mit dem Regiment der Kirchn Vtgenbach samt den V armn Luidn aldair und och mit örem Pastoir oder Prister aldair gehaltn sall werdn:

drye arme Luidt sall das ...[233] zu Vtgenbach nemn wair sy sy wyßn nach öerem gefall, oder zweyn aus dem KirsPel AsPach, dysn Vorsch(reuen) armn sall mn alle Iair V. elln grawes wulln doychs eynem yden geVn, undt laißn ynn einn langn Roeck dairVan machn.

It(em) alle iair II paar schoen eynem yedern.

It(em) alle iair eynem yderm II waeghn brennholtz.

It(em) alle dage eyn Kann Birs inem ydern.

It(em) alle wochn II Broyt sampt alle des dairzu gehoirt, aen Vleyß, bodter, Keyß, Herrinck, saltz ec. nae sinder[234] maißn

Der Priester aldair sall besitsn huyß undt hoff undt alles wes dairzu gehoert, dairzu an geltrentn xii guldn, Zu aspach, der sal der Pastoir geVn Viii, der Kirchenmeister iiii.

Was der Pryester dair foer doen sall, soe Zu aspach so zu Vtgenbach, fynt mn in bryve undt Zegel, liegende yn der Kyrchn Aspach ec. (Was der Priester dafür tun soll zu Asbach und zu Ütgenbach, findet man in Brief und Siegel in der Asbacher Kirche liegen.)

Der Pryester al dair sal oech havn iiiii elln s(ein[235]) doychs alle Iair voer enn Pryesters Rock.

It(em) Voir syn broidt iii malder Korns, Voir syn byer iii malder ... Voir syn Vleyß eyn ... (Der Priester dort soll auch erhalten 5 Ellen feinen Woll-Tuchs alle Jahre für einen Priesterrock; außerdem für sein Brot 3 Malter Korn, für sein Bier 3 Malter ..., für sein Fleisch ein ...).

pro memoria hab Ich Hilarius Limpach obigeß auß einem vber hundert Iarigen buch, darin daß Regiment der Kirch Vtgenbach vnd sonsten vor in daß buch geschrieben hirhin extrahirt, Vnd weilen die schrift Niederländisch gewesen, so hab Ich den extract mehrentheilß zu teutsch geschrieben (Zum Gedenken habe ich, Hilarius Limpach, Obiges aus einem überhundertjährigen Buch, worin das Regiment der Kirche Ütgenbach und Sonstiges vordem geschrieben ist, hierhin extrahiert. Und während das Schreiben in Niederländisch gehalten war, habe ich den Auszug in Deutsch geschrieben).

Die beiden Lücken in beiden Abschriften entsprechen offenbar Unlesbarkeiten der abgeschriebenen Vorlage, aus welchen Umständen auch immer diese entstanden sind.

---

[231] Zwischen Vettelschoß und Seiferhof bei Willscheid lagen knapp 25 Morgen landwirtschaftlich genutzter Grundstücke der Bruderschaft Asbach, die eine Pacht von 5 Maltern Hafer erbrachten. (Steuern von geistlichen und adeligen Ländereien 1666, FWA).

[232] siehe im Literaturverzeichnis Limpach und Gensicke

[233] Lücke, auszufüllen laut der 1626 mitgeteilten Version mit: „Herrschaft" (Herren-Einrichtung, Geschäft und Beschäftigung der Herren, der jeweilige Herr)

[234] wohl statt „siner" (seiner) verschrieben

[235] feiner Wollstoff (Lexer, s. Literatur)

Gegenüber dem Text von 1626 fehlt der ganze Satz über die zusätzlichen Einkünfte des Ütgenbacher Priesters von Seiten des Ehrensteiner Klosters. Ob dafür dieselben Gründe verantwortlich sind wie für die wenigen ausgelassenen Worte am Anfang und Ende der Abschrift, ist nicht zu entscheiden.

In dem ausführlichen und sehr langen Visitations-Protokoll von 1626 ist nichts von einer Inaugenscheinnahme Ütgenbachs und seiner Gebäude durch die Kommission erwähnt, und man kann das aus dem Text auch nicht als wahrscheinlich herauslesen. Im Gegenteil: der Pastor war zu einer Prozession nach Ütgenbach abwesend, währenddessen die Kommission die Kirche besichtigte. Auch die Buchholzer Kapelle wurde nicht besichtigt. Die Visitation dauerte zwei Tage und man war mit Überprüfung der Pfarrkirche, mit der Pfarr-Verwaltung durch den Pastor sowie mit Zeugenvernehmungen reichlichst beschäftigt. Ein Notar besorgte die Niederschriften hauptsächlich in Latein.

Autoren der bisherigen Literatur haben aus dem Protokoll mehrfach ein Fortbestehen der Armen-Häuschen herausgelesen. „Certa constituta domus seu hospitale" wurde dabei etwa mit „sicheres konstruiertes Hausgebäude oder Hospital-Gebäude" wiedergegeben, was ja – ohne Berücksichtigung des Zusammenhangs – durchaus richtig übersetzt ist, besonders wenn man noch ein nicht vorhandes „*est*" (ist, besteht) ergänzt, so dass man etwa „in Ütgenbach ist das Hospital" übersetzte. Da man die Vergangenheit des örtlichen Bestehens in Ütgenbach nicht erwartete, hat man natürlich an die Lese-Möglichkeit „war" auch nicht gedacht. Es liegt nahe, dass hier eine „in besonderer Art instituierte Wohnstatt" gemeint ist mit den späteren Bezeichnungen wie „Armeninstitut" oder „Armenstiftung". Solche Auslassungen des Schreibers und entsprechende „Ergänzungen" durch den Leser waren in damaliger Zeit durchaus üblich. Falls man allerdings reine Grammatik ohne Ergänzungen gelten lässt, dann gilt: „Armenistitut und Nachrichten darüber werden (im Pfarrarchiv) als Abschrift aus einem 1556 gedruckten Predigtbuch gefunden".

Der im nächsten Absatz in frühneuhochdeutscher Sprache beginnende Teil wurde wohl meist nicht als Zitat eines sehr alten Textes erkannt, was ja erst in der Darbietung des Hilarius Limpach richtig deutlich wird. Dieser Artikel des Sasbouth Covanius bezieht sich aber ausdrücklich auf eine Zeit vor 1556, was auch für den lateinischen Satz über das Hospital in Ütgenbach gelten muss. Funktionsfähige Reste der fünf Armen-Hütten zu dieser Zeit, 1626, sind somit eher nicht mehr anzunehmen. Da der Pastor die dem Ütgenbacher Priester zustehenden Einkünfte – wohl wegen „eigenleiblicher" Gottesdienste in Ütgenbach – für sich selbst einzog, ist der Schluss naheliegend und zulässig, dass die Ütgenbacher Kaplan-Stelle zur Zeit der Visitation nicht besetzt war, und dass für die unmittelbare Versorgung der Pfründner jetzt andere (das Kloster Ehrenstein unter Aufsicht des Herrn von Ehrenstein) zuständig waren. Dagegen könnten Haus und Hof für den Priester noch existiert haben, weil einem eventuell neu anzustellenden Vikar zu Ütgenbach noch Einkünfte und Einrichtungen wegen seiner priesterlichen Leistungen in der Kapelle gemäß der Stiftung zustanden.

Auf jeden Fall bestand 1626 noch der nesselrodische Wirtschaftshof mit einer ausgedehnten Landwirtschaft und möglicherweise mit einer noch ergiebigen Fischzucht in den vielen aufgestauten Teichen zu Ütgenbach. Dieser Hof endete wohl um 1837 b i s 1848.[236] Man forstete die landwirtschaftlichen Flächen zu dem heutigen Buchenwald auf, während die zahlreichen Fischteiche, deren Dämme zu unbekannter Zeit durchbrochen wurden, aufgegeben blieben.

Zwischenzeitlich, am 13. Juni 1787, erhielt die Kapelle eine erneute Funktion. Zur Entlastung des Pfarrers von Asbach wurde auf erzbischöfliche Veranlassung in der Kapelle Buchholz ein Sonntags-Gottesdienst durch einen Lokalkaplan für die nahe liegenden Ortschaften eingerichtet und ein Kaplan in Asbach, den der Pastor zu versorgen hatte, sollte neben anderen Pflichten sonn- und feiertags in der Ütgenbacher Kapelle Unterricht in

---

[236] Wiegard 1955 (Dorfbuch), S.84 / Josef Schäfer 1980 (Kapelle zu Ütgenbach), S.260

Christlicher Lehre erteilen.[237] Außerdem wurde im ganz nahe gelegenen Dorf Heide eine Schule mit einem Schulmeister eingerichtet.[238] Zu dieser Zeit war Schule weitgehend eine kirchliche, nur ausnahmsweise eine gemeindliche, Angelegenheit. Überlegungen zu mehreren verschiedenen Zeiten, die Kapelle zu einer Pfarrkirche zu erheben, wurden jeweills verschoben oder abgelehnt.

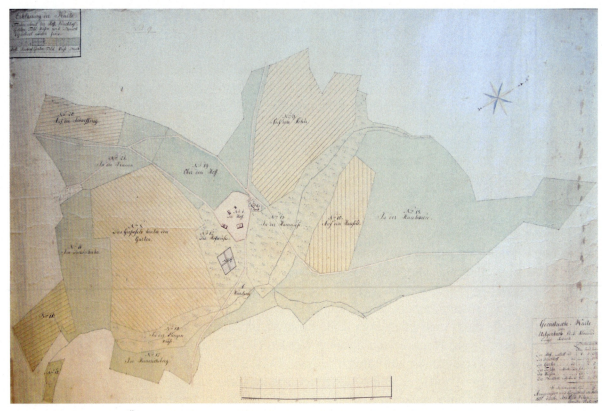

Geometrische Karte des Ütgenbacher Hofes aus 1805 (Karte aus dem Besitz des Grafen Nesselrode)

Einkünfte der Ütgenbacher Kapelle

Über später noch vorhandene und von Kapellenknechten verwaltete Einkünfte der Ütgenbacher Kapelle berichten Hilarius Limpach in seinem Hausbuch, begonnen 1662, und der Asbacher Pfarrer Vogt 1726 in seinem Bericht über den Zustand der Asbacher Pfarrei.

Limpach führt für 1663 zunächst Landbesitz der Ütgenbacher Kapelle in den nahen Dörfern rund um Ütgenbach auf, der als *Lehnungen*[239] bezeichnet wird und dessen jährliche Pacht angegeben ist. Unterschieden ist in *Wiesen* und *Landerey*. Zu einem der Felder gehörte auch ein kleiner Busch. Die Pacht für die Wiesen betrug insgesamt 4 Goldmünzen, etliches an Silbermünzen und etwas Hafer. An jährlichen Haferrenten erhielt die Ütgenbacher Kapelle zusammengerechnet 6 Malter und ein Viertel. Man unterschied zwischen Kölner Maß und Bonner Maß, das Asbacher Maß richtete sich nach dem Kölner Maß; das Bonner Malter enthielt eine Kleinigkeit weniger. Diese Einkünfte scheinen teils der Instandhaltung der Kapelle und teils ihrem Bediener, also einem Kaplan oder dem Pastor selbst bei Fehlen eines Vikars zugute gekommen zu sein. Limpach erwähnt daneben auch: *Bey vnd in dem hoff Vtgenbach haben die Armen einen garten helt 1 morg(en). Noch haben die Armen einen morgen in g(emelte)m hoff zu Vtgenbach* (an Länderei, also Acker, im Besitz der Armenstiftung).

---

[237] Pfarrarchiv Ehrenstein, dargelegt in einer Abschrift der *Urkunde über die Dismembration der Pfarre Asbach, über die Errichtung der Pfarre Buchholz und über die bessere Einrichtung der Pfarreien Asbach und Ehrenstein am ersten Mai tausend acht hundert fünf und dreißig*
[238] Wiegard : Dorfbuch des Schulbezirks Altenburg, Seite 45ff
[239] Dauerpacht; manchmal wird ein im Erbgang folgender Pächter genannt.

Pastor Vogt beginnt 1726 seine Schilderungen mit einer ausdrucksstarken Einleitung:

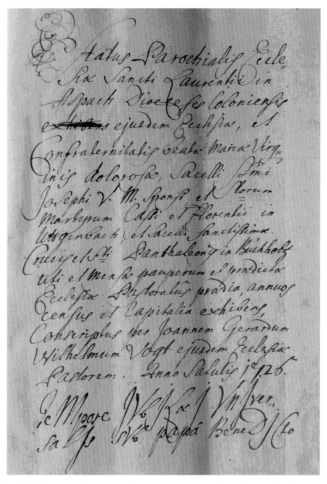

Status Parochialis Eccle-|siae Sancti Laurentii in | Aspach Dioecesis Coloniensis | (durchgestrichen: exhibens) eiusdem Ecclesiae, et |Confraternitatis beatae Mariae Virg-|inis dolorosae, Sacelli S(anctis)s(i)mi | Iosephi V. M. Sponsi et S(anc)torum | Matyrum Cassi et Florentii in | Uttgenbach, et Sacelli Sanctissimae | Crucis et S(anc)ti Pantaleony in Buchholz | uti et Mensae pauperum et praedictae | Ecclsiae Pastoratus praedia annuos | census et Capitalia exhibens, | Conscriptus per Ioannem Gerardum | Wilhelmum Vogt ejusdem Ecclsiae | Pastorem. Anno Salutis 1726. | teMpore IVbILaeI VnIVer-|saLIs sVb papa beneDICto
(Status der Pfarrkir|che Sankt Laurentius in | Asbach der Kölner Diözese | – [240] von derselben Kirche und | von der Bruderschaft der seligen Jung|frau Maria, der schmerzreichen, von der Kapelle des heiligsten | Josef, dem Mann der Jungfrau Maria, | und der heiligen | Märtyrer Cassius und Florentius in | Ütgenbach, und von der Kapelle des heiligsten | Kreuzes und des hl. Pantaleon in Buchholz | wie auch vom Armentisch und vom | Pastorat besagter Kirche[241] die Güter, die jährlichen | „Zinsen" und die Kapitalien aufzeigend – | zusammen geschrieben durch Johann Gerhard | Wilhelm Vogt, selbiger Kirche | Pastor. Im Jahr des Heils 1726. | zur Zeit des universellen Jubiläums unter Papst Benedikt [242].)

Zunächst fällt sowohl bei Limpach als auch bei Vogt die (unrichtige) Nennung der Märtyrer Cassius und Florentius als Patrone der Ütgenbacher Kapelle auf. Der wirkliche Patron war eigentlich immer der heilige Florin, vom Schwabenherzog Hermann und seinen Verwandten im 10. Jahrhundert in die weitere Umgebung von Koblenz eingeführt, und nicht der

---

[240] durchgestrichen: welcher aufzeigt (aufzeigend)
[241] „besagter Kirche" steht im lateinischen Text in der vorausgehenden Zeile
[242] Die Großbuchstaben M D C L L V V V V I I I I I I ergeben als römische Zahlen zusammen gerechnet 1726.

namensähnliche Märtyrer Hl. Florentius, der zusammen mit dem Hl. Cassius Patron des Bonner Münsters ist, dem Sitz des Archediakonats für Asbach, aus dessen Kollegium viele Pastoren in Asbach kamen.

Laut Vogt hatte 1726 die Kapelle Ütgenbach an ausstehenden Kapitalien gegen *gnugsame* Unterpfände gut 377 Reichstaler, die mit 5% verzinst waren, woraus sich knapp 19 Taler pro Jahr errechnen. Für neun dieser Kapitalien sind Stiftungen von wiederkehrenden Jahresmessen, Anniversarien, zugunsten der Seelen benannter Verstorbener angegeben, wobei die Zinsen in allen Fällen von Personen anderen Namens, oft auch anderen Ortes, getragen wurden. Hierbei dürfen wir an Abkömmlinge oder Verwandte späterer Generationen denken. Seelenmessen waren eine gewichtige Geldquelle für Klöster und die sonstige Priesterschaft. Neben den „Pensionen" von verliehenem Geld beschreibt Pastor Vogt 1726[243] ausführlich die regelmäßigen jährlichen Einkünfte der Kapelle Ütgenbach in Form von Haferabgaben (Renten) und Pachterträgen von Land, Wiesen und Busch. Bei der Aufzählung durch den Pastor Vogt der Pachten und Haferzinsen finden wir einen großen Teil der Grundstücke wieder, die Limpach recherchiert hatte. Insgesamt betrugen die Zinsen der Kapitalien, der Wert der Hafer-Zinsen und die Pachten der Güter jährlich 110 Gulden und 18 Silberlinge. Hiervon erhielt der jeweilige Pastor 5 Reichstaler für seine Dienste. Daraus lässt sich schließen, dass auch zu der Zeit des Pastors Vogt die Stelle des Ütgenbacher Vikars nicht besetzt war. Der Rest des Geldes verbrauchte sich für Erhalt und Erneuerung des Bauwerks und die Ausgestaltung des Gottesdienstes, mit Zierrat umschrieben. In einem Bericht 1787 sind Ausgaben in diesem Bereich für Wäsche, Kerzen, den Kapellendiener und den Leyendecker[244] aufgeführt. Es ist gut möglich, dass Teile dieser Kapelleneinkünfte auf die Stiftungen, etwa von Grundstücken, der Herren von Ütgenbach und des Ehepaares Bertram und Margarete von Nesselrode zurückgingen. Die in der Gründungurkunde von Bertram und Margarete der Kapelle gestifteten Einkünfte aus dem Dasbacher Hof könnten in veränderter Form auf den Diefenauer Hof gelegt worden sein. Wenn diese verschiedenen Vermutungen zutreffen, waren die Forderungen zur (dann zusätzlichen) Finanzierung von tradierten Seelenmessen für die Stifter und deren Geschlechter auf Kosten der Armenstiftung im 19. Jahrhundert nach der Säkularisation unberechtigt. Diese Seelenmessen kamen spätestens im 19. Jahrhundert zum Erliegen, vermutlich jedoch schon erheblich früher.

Für das Jahr 1630 lesen wir von den fünf Armen in einem ordensinternen Visitationsbericht des Klosters Ehrenstein:[245] Die Armen wohnten 1630, wie der Text am ehesten nahelegt, in Ehrenstein, nach gewissen Hinweisen[246] wahrscheinlich im großen Klostergebäude. Es ist ja vermutet worden, dass der „Schwedeneinfall" 1632 mit Zerstörung eines Teils der Burg und Plünderung des Klosters in Ehrenstein auch die „Häuserchen" in Ütgenbach verdorben hätte und die fünf Armen deshalb nach Ehrenstein gezogen wären. Das kann nicht stimmen, wenn 1530 und 1630 der Tisch der Armen bereits in Ehrenstein gedeckt war. Aus dem Protokoll geht allerdings hervor, dass zumindest in Kriegszeiten mit den damit verbundenen Verwerfungen allerorten die Pacht- und Zinseinkünfte nicht immer entrichtet werden konnten. Der Dreißigjährige Krieg wütete immerhin schon 12 Jahre, wenn auch bis dahin nicht mit Schwerpunkt in unserer Gegend. In dem Visitationsbericht des Klosters heißt es unter Punkt 5, wo Fragen der Finanzkontrolle behandelt werden:

„In diesem Zusammenhang erfahren wir von Seiten der Fünf Armen,
dass jene Almosen, von den vorbildlichsten Gründern dieses Konvents
in Gang gesetzt und freigiebig zu diesem Gebrauch gespendet, nicht ausgeteilt werden; wir

---

[243] Erzbischöfliches Archiv Köln, siehe Quellen 1726
[244] Leyen waren in unserer Gegend Schieferplatten. Somit war 1787 das Dach wohl schon lange mit Schiefer gedeckt.
[245] siehe Quellen 1630
[246] siehe oben das von der Visitation unabhängige Schriftstück des Priors de Vriese, FWA, Akten, 70 – 11 – 19

stellen fest, dass weder Prior noch Konvent zum Verteilen oder
Hergeben reichlicherer Almosen angehalten sind, als sie von diesen Abgaben jährlich
empfangen. Und deshalb[247]
Und deshalb werden sie den großzügigen Nachfolger dieser Stiftung anflehen, dass die genannten Abgaben entweder durch seinen Zahlmeister
oder durch andere getreulich dem besagten Konvent eingelöst werden mögen.
Weil gleichwohl der Herr sagte, dass wir die Armen immer bei uns halten werden,
und wie sehr wir es gut zu machen gewollt haben werden, sind wir im Stande
und Willens und ordnen an, dass Prior und Konvent gemäß
der Mittel der genannten Hausgemeinschaft ihnen großzügig austeilen. Gott, der
auch das Schöpfen frischen Wassers nicht unentgolten lässt,
möge euch reichlich belohnen. So sei es."
(Die Abschrift dieses Auszugs aus der Urkunde in zeitentsprechendem Latein findet sich neben Fotokopien im Anhang 11.)

Regelmäßige Einkünfte und Besitz der Armenstiftung bis zur Säkularisation

Bei den Einkünften der Ütgenbacher Kapelle interessieren uns besonders Vogts Ausführungen zur 1726 bestehenden Ausstattung einer „Tafel der Armen"[248], die in 37 verliehenen Kapitalien bestand, welche mit 4% verzinst wurden. Es handelte sich um Kleinkredite der Kapelle zu Ütgenbach in der Verwaltung von Kapellen-Knechten[249], deren Zinsen von 4% der Mensa pauperum (Armen-Tafel) über den Provisor (Fürsorger) der Armen, also dem Unterhalt der Armen, zuflossen. Die geringste verliehene Summe betrug gut 3 Taler, die höchste Summe 40 Taler. Insgesamt standen gut 587 Taler zur Verleihung bereit. Kreditnehmer waren ausschließlich „Nachbarn" des Kirchspiels Asbach. Möglicherweise wurden die schuldigen Kredite auch vererbt, weil je einmal eine Tochter und ein Sohn als Schuldner aufgeführt sind. In einem Fall ist nur Schenkung vermerkt, das heißt, dass ein Kredit mit diesem Geld noch nicht vergeben war: Magdalena von Birken (heute Ortsteil von Krumbach) schenkte den Armen an Kapital 83 Reichstaler und 26 Albus. Der Schenkungsgrund ist nicht vermerkt. Almosen für Arme galten als gute Werke für die eigene Seligkeit und die der Angehörigen usw. Ob es sich hier um unsere Armen-Stiftung oder eine Einrichtung der Pfarrei handelte, steht dahin.

Vogt schreibt: *Status Mensæ pauperum | Welcher bestehet in einigen | Geld Capitalien, so den Armen | schuldig seint | alß für neßens Balthasar in | der bennau ist d(en) Armen | in Capitali schuldig Rthr* (Reichsthaler) *alb* (Albus) *hr* (Heller) *| schuldig ad 23 65 | Hans Wilhelm zu Rindhausen In | Cap(itali) schuldig ad 40 | Theiß in der Hecken 13 26* (hier folgen die Namen der anderen Kreditnehmer, beziehungsweise der einen Schenkgeberin, Wohnort und Summe).

Summa laterum (Summe der Seiten) *der Armen | Capitalien 587 Rthr. 33 A(lbus) | Welche mit 4. pro cento Verpensio=| nirt werden, Und durch zeitl(iche)n | Provisorem pauperum cum præ=| Scito D(omi)ni Pastoris pauperibus | distribuirt* (durch den derzeitigen Armen-Fürsorger mit vorherigem Wissen des Herrn Pastors verteilt) *werden ahn brodt, Kleidung e(t cetera).*

An Zinsen für den Tisch der Armen errechnen sich jährlich etwa 23 1/2 Taler, die dem *Provisor* der Armen für Unterkunft, Nahrung und Kleidung usw. übergeben wurden mit „Vorherwissen" des Asbacher Pfarrers (als zeitweilig diensttuender Priester der Ütgenbacher Kapelle und auf jeden Fall Aufsicht führenden Pfarrer).

---

[247] zu damaliger Zeit war es durchaus üblich, erste Worte der folgenden Seite auch am Ende der vorangehenden Seite hinzuschreiben
[248] Erzbischöfliches Archiv Köln, siehe Quellen 1726
[249] und nicht von „Knechten" der Pfarrei, etwa dem Offermann, dem Kirchmeister, den Kirchengeschworenen, den Sendscheffen u. a.

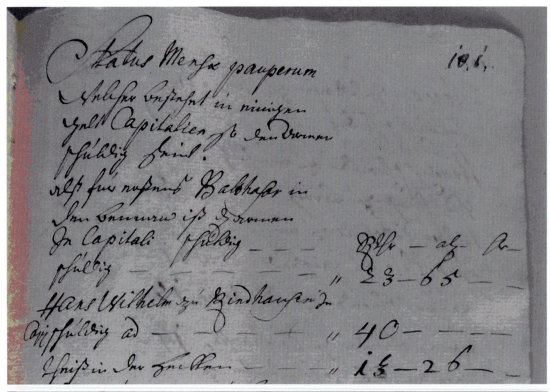

Anfang und Ende des Berichts von Pfarrer Vogt (3 Seiten, Erzbischöfliches Archiv Köln, siehe Quelle 1726) über die Mensa Pauperum

Mit Provisor der Armen wurde vom 16. bis 18. Jahrhundert durchgehend etwa in Pachtverträgen „in der Much" der Prior des Klosters Ehrenstein bezeichnet. Unentschieden dürfte sein, ob es 1726 noch einen weiteren „Provisor der Armen" als Verwalter eines kirchlichen Armenfonds der Pfarrei Asbach mit Armentafel gegeben hat, über den es im Pfarrarchiv ab dem frühen 19. Jahrhundert Nachrichten gibt und der hier gemeint sein könnte. Immerhin kommt auch im *Bröederbuch* Neustadt (Blatt 155) 1722 bei einer *bruderschaff rechnung* ein *Georgh Etscheidt Von Eilenbergh Sendscheffen Vndt Armen Provisor* (für die Neustädter Bruderschaft) vor. Josef Schäfer sah diese *mensa pauperum* sogar als Vorläufer der Armenstiftung[250]. Die Armenfürsorge nach der Säkularisation in den Kirchspielen (im Amt Altenwied: Asbach, Windhagen und Neustadt) wurde in einem Brief vom 3. März 1818 vom Amtsrat Mengelberg als unbedeutend klassifiziert gegenüber dem in den Zeilen darunter

---

[250] Siehe Literatur „Josef Schäfer 1961" Seite82 (allerdings ohne nähere Begründung oder Belege)

beschriebenen Ehrensteiner Armenfonds: *Jedes Kirchspiel hat zwar seine eigene armen Stiftungen, dieselbe waren aber bisheran sehr unbedeutend. Dann besteht zu Ehrenstein eine Armen Stiftung für fünf alte Leuthe mänlichen Geschlechts, die aber bis dahin nur mit drey Individuen besetzt ist, da die Einkünften nicht erlauben mehrere darauf anzunehmen.* [251]

Wir sehen hier und auch sonst an allen hiesigen Orten, dass kirchliche und kirchennahe Institutionen als Verleiher überschaubarer Geldsummen üblicherweise zu 4 bis 5% Zinsen für die ansässige Bevölkerung tätig waren, ohne dass uns dies in irgendeiner Weise in Dokumenten dieser Zeit als unmoralisch oder ungesetzlich gewertet entgegentritt. Offenbar galt dieses Angebot bei entsprechender Nachfrage als seriös und die Zinsen angesichts des Risikos und des Aufwandes angemessen.

1666 musste „der Armenhof zu Ütgenbach" 12 Albusse Grundsteuer für Hof und Garten von 2 Morgen in Ütgenbach an den Landesherren erbringen.[252] Limpach schrieb ja ebenfalls von 1 Morgen Garten und 1 Morgen Land (Acker)[253] der Armen in Ütgenbach. Man mag dies, Hof und Garten, als den Platz interpretieren, auf dem in der Anfangszeit der Stiftung die 5 Häuschen der Armen gestanden hatten; infrage käme etwas weniger wahrscheinlich die Hofreite für den Ütgenbacher Priester, die in diesen Schriftstücken nicht erkennbar erwähnt ist. Jedenfalls sind diese Armen-Grundstücke separat von dem Nesselrodischen Ütgenbacher Hof aufgeführt. Dagegen wird außerdem die *Capell Vdgenbach* mit 15 *m(orgen)* und 1 *V(iertel)* Ländereien und mit Wiesen und Baumgarten zu etwas mehr als 4 Morgen erwähnt, worin die Hofreite des Priesters ja wahrscheinlicher enthalten sein wird. [254]

Außer jährlichen Pachten von Gütern standen für die Versorgung der Armen durch das Kloster, namentlich den Provisor der Armen in Person des Priors, jährliche Zinsen von verliehenen Kapitalien zur Verfügung. Eigentümer der Güter und Kapitalien war die Armenstiftung, im ersten Jahrhundert ihres Bestehens meist „Arme Leute zu Ütgenbach" oder ähnlich benannt, daneben später auch öfter „Ehrensteiner Armenstiftung", „Institut der Armen" oder ähnlich. Solche Zinsen, oft mit Renten bezeichnet, ergaben sich beispielsweise aus dem Kredit Bertrams, dessen Zinsen von dem Gut zu Scheid erwirtschaftet wurden, die Bertram seinem natürlichen Sohn, dem Pfarrer zu Overath, zukommen ließ und die nach dessen Tod der Armenstiftung zufließen sollten (siehe oben). Da wir später nichts mehr davon lesen, kann es sein, dass dieser Kredit wieder eingelöst wurde und diese Summe nach Bertrams Willen einer neuen Kreditvergabe zugunsten der Armen zur Verfügung stand.

Wegen der jährlich wiederkehrenden Quittierungen der Zinszahlungen hatten die Mönche offenbar den verwendeten juristisch korrekten Text in Kopie verwahrt, um ihn mit weniger Zeitaufwand bei Fälligkeit in die nächste Quittung abzuschreiben. Zwei solche Vorlagen für Quittungstexte sind uns überliefert, sie betreffen jeweils einen Geldverleih der Armenstiftung an Mitglieder der Nesselrodischen Verwandtschaft. Die beiden Originaltexte in Frühneuhochdeutsch sind im Anhang 9 wiedergegeben. Einer aus 1586 lautet übertragen:

Wir N(ame) N(ame) Prior und der ganze Konvent zu Ehrenstein des Kreuzbrüderordens bekunden für uns und unsere Nachkommenden, dass wir als Zinseinnehmer[255] der „Armen Leute zu Oitgenbach", vom seligen[256] Herrn Bertram von Nesselrode, gewesener Erbmarschall des Landes Berg, gestiftet und errichtet, empfangen haben von der Edlen Jungfer Katherina Kloirß, geborene von Lutzenrode[257], acht Goldgulden Kurfürster Münzen,

---

[251] FWA, Akten, 92 – 3 – 4
[252] FWA, Akten, Steuersachen, Schrank 68, <u>Steuern von geistlichen und adeligen Ländereien</u> im Amt Altenwied, 1666, Blatt 28, siehe Quellen
[253] Limpach, Blatt 37 (60)
[254] FWA, Akten, Steuersachen, Schrank 68, <u>Steuern von geistlichen und adeligen Ländereien</u>, Blatt 28
[255] AufFenders = Auffinder (von Erträgen), Zinseinnehmer
[256] gestorbenen
[257] wohl Verwandtschaft der von Nesselrode: eine Schwester Bertrams heiratete vor 1455 einen Albrecht von Gevertzhan genannt von Lützerode (Nesselrode 2008, Seite 321)

aufrecht und gut von Gold und schwer von Gewicht, welche acht zuvor beschriebenen Goldgulden den „Armen Leuten zu Ütgenbach" erschienen (zugekommen) und zugefallen sind auf Martini (Sankt-Martins-Tag, 11. November, der übliche Tag für Pacht- und Zinszahlungen) dieses bald abgelaufenen achtundachtzigsten[258] Jahres, des vorüber gegangenen. Wir sagen deshalb die geachtete Edle Jungfer Catharina Cloirs usw., und wenn den Erben und allen den Ihren denn fürderhin Quittierung nötig wäre, von diesen und allen anderen vergangenen Terminen quitt, los, ledig und bedanken uns guter genügender Bezahlung. Zu Urkunde der Wahrheit habe ich, vorbenannter Prior, unser Priorats-Siegel auf die Freifläche dieser gegenwärtigen Quittung gedrückt. Im Jahr unsers Herrn 15... [259]

Die zweite Quittungs-Vorlage gehört wohl auch in die zweite Hälfte des 16. Jahrhunderts:
Wir Brüder, N. N. jetziger Prior und der allgemeine Konvent des Kreuzbrüderordens zu Ehrenstein, tun kund und bekunden für uns und unsere Nachkommen, dass wir empfangen haben von dem ehr- und achtbaren wie frommen Johann Nagel, Rentmeister und Befehlshaber der Weingärten zu Honnef, wohnhaft im Loê-Hof, von wegen der Sophia geborene von Nesselrode, Witwe zu Loê, Frau zu Wissen (Ehrenstein durchgestrichen) und Palsterkamp XXIIII Taler, die unserm Konvent zu Ehrenstein erschienen und zugefallen gewesen sind, jährlicher Pension auf den bald vergangenen Tag Martins, des heiligen Bischofs, vom Jahr ... gut entrichtet und wohl bezahlt hat.
Ebenso noch sechs Taler von wegen der „Armen zu Ütgenbach" auf dieselbe Zeit. Wir sagen deshalb unserer Gnädigen Frau, auch dem gemeldeten Rentmeister zu Ehrenstein[260] und, wenn sonst weiters Quittierung notwendig wäre, von diesen und allen vergangenen[261] Terminen ganz quitt, los und ledig und bedanken uns guter und genugsamer Bezahlung. Dessen zu Urkunde der Wahrheit (Richtigkeit) habe ich, der vorgenannte Bruder N. für mich und meine Konventsbrüder diese Quittung mit meinem Priorats-Siegel versiegelt, gegeben im Jahr 15... [262]

Der Erbmarschall gründete seine Stiftung auf Nachhaltigkeit, das heißt, er setzte auf regelmäßig eintrudelnde Zinsen von Krediten oder auf regelmäßige Pachten aus sich selbst tragenden landwirtschaftlichen Gütern, wofür er im Laufe der Zeit auch über seinen Tod hinaus erhebliche Eigenmittel einsetzte. Er hatte aber nichts dagegen, wenn andere sich an seiner Fundation beteiligten. Oben sind schon einige regelmäßige Einkünfte der Armenstiftung beschrieben worden. Als erstes erwarb Bertram laut Gründungsurkunde die drei landwirtschaftlichen Güter zum Syfen, Derscheid und Berzbach und laut Lastenbefreiungs-Urkunde von 1497 „Hof, Erbe und Gut Heiden" sowie laut Urkunde von 1506 über den weiteren Kauf von *erue vnd guet im Kirspell van muyche gelegen, genant zor heyden vnd boeuyngen we dat all dae in ... huysen hoeuen ... gelegen is*, die auf 12 oder 14 Jahre verpachtet wurden. Dabei war nach Ablauf der Pachtzeit bei ordentlicher Verwaltung die Wiederverpachtung an denselben Pächter oder bei dessen Ausscheiden, zum Beispiel bei Tod oder Arbeitsunfähigkeit, an Nachkommen oder Verwandte die Regel. Da die Weitergabe keine Teilung durch Erbfolge nach sich zog, war eine langfristige Planung durch die Pächter erleichtert. Gebäude und Land wurden von den Pächtern in Schuss gehalten, die Gebäude auf Kosten der Pächter auch erneuert, wobei ausschließlich das Bauholz, noch im Wald als lebende Bäume stehend, aus dem Eigentum der Armenstiftung unentgeltlich angewiesen wurde.

Nachdem Bertram seine Pläne für ein Spital in Ehrenstein aufgegeben hatte, entschied er sich für dessen Aufbau in Ütgenbach. Sicher auf eigene Kosten ließ er spätestens ab 1499 die

---

[258] Hier wurde vergessen, die Jahresangabe in der Textvorlage wegzulassen.
[259] FWA, V – 1 – 9 Copialbuch I, Blatt CXXXII
[260] Hier wird wohl der Rentmeister von Honnef zugleich Rentmeister für Ehrenstein gewesen sein.
[261] verlitten = vorbeigeleiteten, vergangenen
[262] FWA, V – 1 – 9, Copialbuch I, fol. CXXXI verso

wahrscheinlich sehr alte und wohl letztmals im 13. Jahrhundert erneuerte Kapelle in Ütgenbach großzügig in Stand setzen, Haus und Hof für den priesterlichen Offizianten der Kapelle erstellen und die fünf „Häuserchen" für die Armen erbauen. Von der Asbacher Pfarrei verlangte und bekam er eine Beteiligung an den Kosten für den Priesterunterhalt, da der Kaplan in der Asbacher Kirche mit eingesetzt wurde. Messe-Stiftungen in der Ütgenbacher Kapelle waren schon durch die Herren von Ütgenbach an die Kapelle gekommen, aber bis dahin fanden nur noch eingeschränkt Gottesdienste in der Kapelle statt.

Gegen ein Entgelt von 120 Goldgulden erwirkte 1503 Bertram von Nesselrode eine Hypothek auf das Gut zum Scheid im Kirchspiel Eitorf zwischen Eitorf und Süchterscheid. Der Hof leistete im Namen der Besitzer als eine Art Pacht eine „ewige Jahresrente" von 6 Goldgulden zunächst an den natürlichen Sohn Bertrams, den „würdigen Herrn Johann von Nesselrode, Pastor zu Overath", und nach dessen Tod an den Offizianten (diensttuenden Priester) der Kapelle zu Ütgenbach, teils für mehr Gottesdienste, teils für den besseren Unterhalt der Armen. Diese Jahresrente konnten die Eigentümer des Hofes, Junker Heinrich Herr von Reichenstein und seine Frau Jungfer Margret von Zombreff, gegen Entrichtung von 120 Goldgulden zurückkaufen. Ob dies geschehen ist, entzieht sich unserer Kenntnis, ist aber anzunehmen, weil von dem Hof später nichts mehr in den zur Verfügung stehenden Quellen zu lesen ist. Dagegen könnten die 120 Goldgulden als erneut verliehenes Kapital einen jährlichen Zins von 6 Talern (etwa 5%) erbracht haben, den in der 2. Hälfte des 16. Jahrhunderts Sophia geborene von Nesselrode, Witwe zu Loê und Frau zu Wyssen, entrichtete (siehe oben).

In seinem Nachtestament von 1510 kurz vor seinem Tod vermachte Bertram seinem natürlichen Sohn Johann zu Overath zusätzlich die Zinsen aus 100 Gulden, die nach dessen Tod ebenfalls an die Armen zu Ütgenbach fallen sollten. Außerdem vermachte er der Armenstiftung die Zinsen von 100 Gulden, die er dem von Düsternau verliehen hatte.

Im Etzbach- oder Wynnen-Gut zu Eitorf ließ Bertram nach seinem Tod seine Treuhänder noch 50 Gulden investieren und bat seinen Neffen und Nachfolger in der Herrschaft Ehrenstein Wilhelm von Nesselrode weiter zu investieren, wodurch die Pacht für die Armen 1514 auf 14 Malter Korn und 6 Mark erheblich gesteigert werden konnte.[263] Am 26. Januar 1568 wird dieses Wynnen-Gut zu Eitorf von den beiden Rentmeistern Hecht und Koch weiter verpachtet. Der Ertrag beläuft sich nunmehr jährlich auf 12 Malter gute Kornfrucht und 10 Mark kölnischer Währung. Etwas Korn ging noch an eine Vikarie beim Altar „Unsere Liebe Frau zu Eitorf" und nach „Rindorf".[264] Im Vermessungsprotokoll vom 30. und 31. August 1596 wird die Lage der Gebäude des *Weinen hoff* als *ihm dorff zu Eyttorff* angegeben.[265] Mit den drei Höfen der Gründungsurkunde „in der Much" machen der Etzbacher oder Wynnen-Hof und der Heider Hof die Zahl der Armenhöfe auf fünf voll.

Am 10.02.1562 verpachteten der Prior und Armen-Provisor Dederich von Arnhem, der Subprior und der Senior des Klosters Ehrenstein den Hof zu *Syphen* auf 12 Jahre, kündbar nach 6 Jahren, an Johentgen von Balderaidt van Kellemich und dessen Frau. Jährliche Pachtabgaben waren: 1 Malter Weizen, 5 Malter Roggen, 2 Malter Gerste, 9 Malter Gemenge-Frucht[266], 8 Malter Hafer, 1 Schwein, ½ Rindvieh und 2 Liefer-Fuhren nach Ehrenstein. Die Bauten und Zäune mussten in Ordnung gehalten bleiben; Bauholz wurde

---

[263] Kastner I, Regest 1390
[264] Kastner II, Regest 2430.
Das Benediktinerinnen-Kloster Schwarz-Rheindorf war in Eitorf (ähnlich wie in Ütgenbach) begütert (Deutsch, siehe Literatur, Seite 19).
[265] FWA, *Acta Die secularisirte Canonie Ehrenstein bei Neustadt ...*, 70 - 12 - 1, spätere Abschrift, *Verzeichnis der Guetter, so in das Hospitall tzu Utgenbach gehorigh, Anno 96 am 30ten vnd 31ten Augusti von Arnt vf dem Adscheid geschworn Landmeßer vnd Heinrich zu Junckersfelt Vleißig gemeßen*
[266] Hier ist wohl wie am häufigsten Roggen und Weizen gemeint; selten verstand man darunter Roggen mit Gerste oder mit Erbsen gemischt. Die Gemenge-Früchte wurden zugleich auf dem Feld gesät und gezogen, weil sich ausgesuchte Pflanzenarten gegenseitig unterstützen können.

dafür aus dem zugehörigen Wald angewiesen. Drei Zeugen sind benannt: Bruder Henrich (ein Konventuale oder der Bruder des Johentgen?), Joist zu Eitorf (vom Wynnen-Gut?) und ein Wirt zu Ruppichteroth.[267] Der Wohnteil des Hofes besteht vielleicht heute noch in der Sieferhofer Straße in Bröleck; etwas weiter oben steht noch eine altertümliche Scheune. Die alte Grenze zwischen Kirchspiel Much (Flur Höverberg und Eichhof) und Kirchspiel Winterscheid (wohl Hofreite des Siefer Hofes), heute zwischen den Gemeinden Much und Ruppichteroth, bildet ein kurzes Bächlein mit kleinem Teich.

Das Armengut Seifer Hof „in der Much", wurde 1637 vom Prior de Vriese[268] auch Villa *zum Seiffen oder Hofferhoff* genannt. Der Armen-Provisor und Prior Philip Collig bewilligte am 19. April 1802 den Tausch eines kleinen Platzes von 12½ Ruten, der zum *fundirten ArmenHoff, Höver genannt,* gehörte, aber im Bereich des Peter Schumacher vom Felder Hof (im heutigen Bröleck) lag, gegen ein Waldstück von 36 Ruten in der Hard längs einem Busch, der zum *den Armen fundirten Höver Hoff* gehörte. Der Halfwinner des Höver Armen-Hofes hatte dazu ein Gutachten beigebracht. *Better* (Peter) *schumacher vom Velterhof* (Felder Hof) *Kirsspels winterscheit* unterschrieb auch im Namen seiner Frau.[269]

Vermutlich der Siefer Armenhof in Bröleck; links oben die Scheune (vielleicht das noch ältere Haus?)

Am 3. Juni 1566 verpachteten Derich Hecht und Dirich Kock, Loêsche und Rennenbergische „Diener" zu Ehrenstein für die „Armen Leute des Hospitals zu Ütgenbach" an Johan Hennendail und dessen Frau Catharina den Hof zu Berzbach auf 14 Jahre, kündbar nach 7 Jahren. Die Jahrespacht betrug 3 Malter Korn, 2 Malter Gerste, 8 Malter Gemenge, 8 Malter Hafer und eine Liefer-Fuhre nach Ehrenstein. Nötigenfalls übernahm der Prior weitere Liefer-Fahrten. Von der Nachzucht mussten die Pächter die Hälfte der schlachtreifen Ferkel und Rinder abgeben. Für Erneuerung von Gebäuden durften sie Holz aus dem zugehörigen Wald nehmen. Obst- und Eichenbäume mussten jährlich gepflanzt werden. Die Ländereien mussten gedüngt werden. Bürgen sind benannt.[270]

---

[267] Kastner II, Regest 2289
[268] siehe Quellenverzeichnis, FWA
[269] FWA, Schrank 67, Gef. 1, Fasz. 2
[270] Kastner II, Regest 2402

In einem Güterverzeichnis von 1589 gehörten zum Berzbacher Hof gut 38 Morgen Land; darin ist auch aufgezeigt, dass diese Ländereien seit 1484 in ihrer Freiheit verblieben seien. 1572 belehnte der Prior Doyst zu Ehrenstein im Namen der Armen Leute aus Ütgenbach den *Jaspar van Busz* und seine Frau *Mettel* mit dem *Hoff zu Bersbach*. Als weitere Pächter folgten 1598 Wilhelm Vedder, mindestens seit 1732 Familie Guld und ab 1759 Familie Steimel. Ein Anton Steimel konnte 1774 allerdings den Hof nur übernehmen, wenn er seine lahme Schwester weiter im Hof belassen würde.[271] Ob dafür der Prior im Namen der Armenstiftung einen kleinen Pachtnachlass gewährte, ist nicht ersichtlich. Jedenfalls war allseits Konsens, dass die lahme Schwester versorgt sein sollte. Eine Pfründnerstelle in Ehrenstein kam ja für eine Frau sicher nicht in Frage, zumal sie auch nicht ganz unmittelbar zur Herrschaft Ehrenstein gehörte.

Gedenkstein zur Fünfhundert-Jahr-Feier in Berzbach, wo der Armenhof stand.

Rückseite des Steins, ehemals wohl Kreuzwegstation.

Pächter der Armenhöfe vererbten von dem gepachteten Land nichts wirklich. Nach ungeschriebener Gewohnheit wurden aber die Armenhöfe an einen einzigen Verwandten des ausscheidenden Pächters „verlehnt", der willens und fähig war, einen solchen Betrieb zu führen.

Am 13. Januar 1567 gaben die beiden aus dem Jahr 1566 bekannten Rentmeister zu Ehrenstein Dederich Koch und Dederich Hecht namens der Anna (verwitwete von Rennenberg) Frau von *Nesselraide* zu Ehrenstein und des Junkers Franz von Loê den Hof *zer Heyden* im Kirchspiel *Moich* zur Pacht auf 14 Jahre an *Alleff van Gebichuyssen* (Gibbinghausen) und dessen Frau Trintgen, Tochter des verstorbenen Peter van Stumppen (wohl Mucher Ortsteil Stompen), des Vorpächters auf dessen Tod hin. An Pacht waren für die Armen an den Konvent zu liefern 3 Malter Korn, 4 Malter Gerste, 8 Malter Gemenge, 8 Malter Hafer, je ein halbes Schwein und Rind aus der Nachzucht sowie 3 Mark für die Weiher. Als Zeuge ist neben Johan von Balderaidt, Halfmann[272] *zum Syphen* und Derscheid,

---

[271] Haas, Seite 38 – 41, nach FWA 70 - 11 - 15
[272] Halfmann oder Halfwinner, ursprünglich Bezeichnung für einen Pächter, der die Hälfte des Reinertrages an den Besitzer zu entrichten hatte, später, das heißt dieserzeit, allgemein als Bezeichnung für Pächter gebraucht

den wir 1562 als neuen Pächter zu Siefen kennengelernt haben, ein Bruder (des Johann?) genannt. Gut einen Monat später am 27. Februar wurde dem neuen Halfmann zur Heiden Allef Stompen, wie man ihn jetzt nach seinem Schwiegervater schrieb, ein kleiner Pachtnachlass von je einem Malter Gerste und Hafer gewährt, weil der Hof teilweise „verwüstet" war, laut Bescheinigung der beiden Rentmeister sowie des Kloster-Priors und Subpriors.[273]

In der Abgabenbefreiung des Herzogs von Berg von 1497 ist der Heider Hof wörtlich an vierter Stelle wiederholt mit aufgeführt, in der Gründungsurkunde der Armenstiftung nicht. 1506 kaufte Bertram von Nesselrode in Heiden und Bövingen Güter. Der Grund für den Kauf ist uns nicht explizit überliefert; am ehesten tat Bertram es, um das schon zuvor gekaufte Gut in Heiden zu arrondieren.

Spuren von ehemaligen kleinen Weihern bei Oberheiden, die aber wohl nicht zum Armenhof gehörten.

Der Kaufvertrag ist uns als Kopie im Landes-Hauptarchiv Koblenz zugänglich[274] und beinhaltet sehr zusammengefasst Folgendes (der Originaltext und eine Übertragung ins moderne Deutsch befindet sich im Anhang 5):

„*Wyr Dederich van Schyderich, Heren Euerhartz Son, Steynmeyster zortzyt der Stede Coelen, Syffart schelten, vort Wylhem Walraff, ffrederich Coynrait yffart, de tze Ryna, vnd greytge(n) seligen hennen Nannenhaen vnd Nesen[275] syner eliger huysfrauwen Kynder* verkaufen *myt hant, halm vnd monde* unserm lieben, strengen und frommen Herrn Ritter, Erbmarschall und Amtmann Bertram von Nesselrode unser ganzes gemeinsames Erbe und Gut *zer heyden vnd boenyngen[276] we dat all dae in buschen, velden huysen, hofen, wesen, wyeren, in Nass vnd*

---

[273] Kastner, Band II, Regest 2421
[274] LHA Koblenz, Abteilung 86, Nr. 5
[275] Hennen = Kurzform von Heinrich oder Johannes, Nesen = Kurzform von Agnes
[276] vielleicht schon in der Originalurkunde (die nicht mehr vorliegt) wohl aus boeuingen verschrieben; durch Vergessen des Akzents wird in deutscher Schrift N aus U (V); der Ort Bövingen ist heute mit dem Ort Oberheiden zusammengewachsen

droege gelegen is, cleyn noch groiss, neit dauan yussgescheiden[277] für vierhundert Kaufmannsgulden zu je zwanzig Weißpfennigen kölnischer Währung, die unser Herr schon entrichtet hat. Für die sechs Gebrüder und die zwei noch unmündigen Schwestern siegeln die Landscheffen *hynrich wendescheit vund Johan Seylscheit des lantz van Blankenberg* mittels des Amts-Siegels der Scheffen *der Stat Blanckenburch,* da die Landscheffen kein eigenes Siegel besitzen.

Der Verkauf war für die acht Erben wohl deshalb notwendig, weil eine gerechte und allseits akzeptierte Erbteilung unter den acht Geschwistern schwer möglich gewesen sein dürfte.

Jedenfalls gehörte dieser Hof, wie auch das Wynnengut zu Eitorf, ziemlich von Anfang an in den Reigen der Armenhöfe in der Herrschaft Blankenberg und wird urkundlich ab 1545 als Armenhof mit den anderen Armenhöfen zusammen bezeichnet. Mindestens seit 1546 nennen sich dieser Hof und das Dorf auch „Oberheiden", wohl im Gegensatz zum Dorf Niederheiden, das gut drei Kilometer entfernt liegt. Teile der Liegenschaften des Hofes waren bis wenigstens 1885[278] und bis ins 20. Jahrhundert hinein[279] im Besitz der Armenstiftung. Nach Mitteilung von Herrn Heinz Maus lag der Hof wahrscheinlich etwas unterhalb der jetzigen Dorfmitte und des eindrucksvollen Kreuzes im abfallenden Wiesengelände, wo es „im Halfenhof" heißt und wo die Kinder Schlitten fahren konnten. Bis zur „Zusammenlegung" vor wenigen Jahrzehnten waren dort noch Mauerreste sichtbar.

Schließlich erwirkte am 12. Mai 1569 Rolman von Hulß, Prior in Ehrenstein und Provisor der Armen des Hospitals zu Ütgenbach namens des Loé'schen Rentmeisters Dederich Hecht (als Bevollmächtigter des dieserzeitigen Herren von Ehrenstein) einen Pachtvertrag mit Johan auf der Hoe und dessen Frau Grietgen wegen des Hofs zu Derscheid. Die Pacht betrug 1 Malter Korn, 15 Malter Gemenge und 9 kölnische Gulden. Die Getreidefuhren nach Ehrenstein hatten die Pächter zu übernehmen. Beim Auszug der Pächter musste alles auf dem Hof verbleiben. Zeugen waren Henrich und wieder der benachbarte Halfmann zum *Seiffen,* jetzt *Johentgen van Walderaet* (mit W statt B) geschrieben.[280]

Der buchstabengetreue Originaltext eines Pacht- oder Verlehnungs-Briefs ohne Siegel für den Hof Derscheid aus dem Jahr 1604 findet sich im Anhang 10. [281] Er lautet ins moderne Deutsch übertragen:

Wir Prior Quirinus Judensis und der Konvent zu Ehrenstein verlehnen mit diesen „Zetteln" für vierzehn Jahre mit dem Jahresanfang auf Petrus zum Römischen Bischofsstuhl (22. Februar) – zur Halbzeit mit einem halben Jahr Frist auf Wunsch aufkündbar – an Heinrich Schuhmacher von Junkersfeld und seine Frau Elsgen den Ütgenbacher Armenhof zu Derscheid in seinen Grenzen (Malen und Pfählen) mit Büschen und Feldern sowie Wasser und Weide. Heinrich soll jährlich dem Konvent für die „Armen zu Ütgenbach" als Pacht auf Martinstag, oder bis vierzehn Tage später, frei (von Kosten für den Konvent) liefern: 2 Malter Roggen, 1 Malter Gerste, 7 Malter Gemengefrucht, 4 Malter Hafer, 4 Schweine, 1 vierjähriges Rindvieh, ½ Gewichtsmaß[282] Karpfen für den Weiher, der bei Seifen[283] liegt.

---

[277] Wir , Dietrich von Scheiderich, Herrn Eberhards Sohn, Steinmeister der Stadt Köln, Siegbert Schelten, dann Wilhelm, Walraff, Friedrich, Konrad, Eibhard (? oder Ishard usw.?), dazu (Katha)Rina und Gretchen des verstorbenen Hannes Nannenhahn und der [Ag]nes, seiner Ehefrau, Kinder verkaufen mit Hand, Halm und Mund (Handschlag, Getreidehalm-Überreichung und Versprechen) ... unser ganzes gemeinsames Erbgut zur Heiden und Bövingen, wie das alles da in Büschen, Feldern, Häusern, Höfen, Wiesen, Weihern, nass und trocken liegt, nichts, weder klein noch groß, davon ausgeschieden ...

[278] Maus, Seite 9

[279] Kommissionsprotokolle

[280] Kastner, Band II, Regest 2463

[281] FWA, Akten , 70 – 11 – 19, Papierzettel.

[282] „wach" (wohl verwandt mit Gewicht, wiegen); für „Waage" gibt Verdenhalven (s. Lit.), allerdings als lokal begrenztes Gewichtsmaß für Eisen, gut einen Zentner an

Diese Eheleute sollen den Hof in ehrbarem Bau halten, kein Holz davon verkaufen oder abführen noch abführen lassen sowie ihm keine Besserung (Dung oder Streu) „abführen tun" usw. Wenn etwas an Zimmermannsarbeit zu machen ist, soll man Holz (aus dem zugehörigen Wald) anweisen und sie sollen es auf ihre Kosten tun lassen. Wenn nun aber entgegen allem Vertrauen diese Eheleute an einem vorgenannten Artikel und Punkt säumig würden, teilweise oder im Ganzen, oder eine Pachtzahlung bis nahe an die nächste versäumt würde, sollen sie sich selbst der Lehnung entzogen haben und der Lehen-Vertrag wäre damit nichtig, und (sollen wir) die Säumnis der Güter nach der Erkenntnis guter Nachbarn und Leuten an ihnen uns „erholen". Damit alles ohne Arglist und Gefährdung gehalten werde, ist es geschehen auf gute Aufsicht hin des Edlen und Ehrenfesten Wilhelm von Nesselrode, des Herren zu (Herren-)Stein und Ehrenstein mit weiteren Titeln in Gegenwart ihrer Achtbarkeit, des Schreibers Wilhelm Essengen et cetera. Und zu größerer Bezeugung, die Wahrheit stetig und fest zu halten, seien dieser Zetteln zwei erstellt, beide von einer Hand geschrieben und durch die Hilfe Christi von niemandem beschnitten, und von denen jede Partei einen hat. Gegeben im Jahr tausend sechshundert und vier nach Christus.

Jahreszahl im Gebälk der heutigen Scheune des Derscheider oder Gräf-Hofes: Anno 1801

1637 zählt Prior Aegidius de Vriese auf Latein folgende Abgaben der fünf Bergischen Höfe auf[284]:
Preditus pauperum in Otgenbach ad numerum quinq(ue) vulnerum Christi fundat. per G. D. Bertramum de Nesselrode ec. (Güter der durch den großzügigen Herrn Bertram von Nesselrode mit weiteren Titeln in Ütgenbach in der Zahl der fünf Wunden Christi bestifteten Armen):
Villa derscheid: 3 Malter Korn, 2 Malter Gerste, 12 Malter Hafer, ein Schwein, eine Kuh von 4 Jahren, ½ Gewichtsmaß[285] Karpfen.[286]
zur Heiden: 3 Malter Korn, 3 Malter Gerste, 7 Malter Mischfrucht, 7 Malter Hafer, 8 Florentiner (besondere Gulden), 1 Schwein, 1 Kuh, ½ Gewichtsmaß Karpfen.

---

[283] in der Talschlucht (Seifen) mit kleinem „Floss", wohl beim Hof Seifen, der kaum 1 km Luftlinie weg liegt, wo sich noch heute ein kleiner Teich auf der Grenze zwischen den Gemeinden Much und Ruppichteroth befindet.
[284] siehe Verzeichnis der Quellen: FWA, Akten, 70 – 11 - 19
[285] Verdenhalven 1968 gibt als mögliches Gewicht für eine „Waage" etwa einen guten Zentner an
[286] ähnlich der Pacht von 1604

Zum Seiffen oder *Hoffer Hoff*: 5 Malter Korn, 3 Malter Gerste, 12 Malter Hafer, 3 Florentiner, Kuh, Schwein.
Gertzbach (wohl Lesefehler: Bertzbach[287]): 2½ Malter Korn, 3 Malter Gerste, 12 Malter Hafer, 6 Florentiner, Kuh, Schwein, ½ Pfund Pfeffer, ½ Pfund Ingwer.
Villa in Eittorf: 11 Malter Korn, 8 Malter usw.

Karpfen konnte man gewiss lebend in wassergefüllten Tonnen transportieren und Schlachtvieh ebenfalls lebend nach Ehrenstein treiben oder fahren. Ob das wirklich geschah oder ob man das Fleisch salzte und trocknete, räucherte bzw. pökelte, geht aus den Dokumenten nicht sicher hervor, auch nicht, was der Propst und Armenprovisor mit dem Getreide und den übrigen Abgaben machte, etwa ob sie teils verkauft und teils in Klosterküche und Armenküche verbraucht wurden und wie die Abrechnung zwischen Kloster und Armenstiftung vonstattenging. In der Verwaltung der Güter mischte die Herrschaft Ehrenstein durch Aufsicht und eigene Betätigung kräftig mit.

1676 scheinen die Getreidelieferungen als Pacht nach Ehrenstein Vergangenheit zu sein; nun zahlte man wohl ausschließlich Geld. Der Höfferhof ebenso wie Derscheid lieferte 49 Gulden, der *Heyderhoff* ebenso wie Berzdorf 39 Gulden und 20 Albus.[288] Auch später zahlte man die Pacht in Geld.

Die Pächter wurden als Halfwinner, Halfleute oder Halfen bezeichnet. Der Name stammt noch aus einer Zeit, in der die Pacht die Hälfte der Ernte betrug und der Pächter die andere Hälfte „gewann". Die Armenstiftung rechnete aber durchgehend mit festgelegten Ernte-Erträgen oder Geld ab. Baukosten mussten die Pächter selbst aufbringen; das Holz dazu kam dagegen aus Wäldern der Armenstiftung, die von den Pächtern zu pflegen waren. Über Schwierigkeiten, Pächter für die Höfe zu finden, wird kaum berichtet, wohl aber über Anpassungen an Unglück und Not. Eine gewesene Halbwinnere Girth zu Derscheid hatte 1710 Geldschulden.[289] Dagegen konnte der Pächter Faber zu Oberheiden[290] bei seinem Tod 1885 den Finanz-Grundstock von vielleicht 5000 Talern für das Altenheim und Krankenhaus St. Josef zu Much gegen ein Vorzugs-Recht für Bewohner von Oberheiden stiften.[291] Vielleicht hatte er (oder man) die weitgehend gleichzeitige Gründungs-Vorbereitung des Spitals in Asbach durch die Armenstiftung als Vorbild und Anregung genommen. Die von Bertram von Nesselrode gestifteten freiadeligen Höfe waren offenbar zumindest in normalen friedlichen Zeiten gewinnbringende Güter. Von Bedeutung scheint auch der Ausdruck Lehnung (nicht Verpachtung) zu sein. Eine Lehnung sollte wohl vom Leihgeber vom Brauchtum her eher nicht ohne weiteres zurückgenommen werden und eine Weiterverlehnung innerhalb der Lehnsnehmer-Familie war das Übliche. An den Bauten erlangten die Lehnsnehmer wegen ihrer Eigenleistungen möglicherweise gewisse gefühlte, aber nicht dokumentierte und juristisch bindende Rechte.

Es mögen noch einige Pächter der fünf Höfe im Bergischen (bis Ende des 18. Jahrhunderts im Amt Blankenburg) genannt werden:
Für die 1560er Jahre befinden sich auf Schloss Wissen die von Kastner als Regesten veröffentlichten Pachtverträge der bergischen Armenhöfe mit folgenden Pächter-Namen:
Johentgen van Balderaidt van Kellemich für den Hof *Syphen*, 1562; als Zeugen Bruder *Henrich* (wohl Bruder des Johentgen Balderaidt, siehe unten beim Hof zu Derscheid), *Joist zu Eytorp* (vom Wynnenhof?) *und Johan Neefgen*, Wirt zu Ruppichteroth.
Johan Hennendail für den Hof zu *Bersbaich*, 1566; als Bürgen Gebrüder *Peter zu Wege* (wohl Mucher Ortsteil Weeg) *und Clais in der Wanden*.

---
[287] in der damals üblichen „Deutschen Schrift" sehen die Großbuchstaben G und B oft sehr ähnlich aus
[288] FWA, Akten, Schr. 70 – Gef. 11 – F. 15
[289] FWA, Akten, Schr. 70 – Gef. 11 – F. 19
[290] ganz zuletzt wohl auch Käufer des Hofes und der Hofreite
[291] Maus, Oberheiden (Seite 9), s. Literaturverzeichnis

Alleff van Gebichuyssen und dessen Frau *Trintgen*, Tochter des †Peter *van Stumppen* für den Hof *zer Heyden*, 1567; etwa sechs Wochen später heißt *Alleff* in einem weiteren *Zettel Stompen*; Zeugen: Bruder *Lodwich* und *Johan van Balderaidt, Halfmann zum Syphen und Derscheit.*

Kerstgen van Langenscheit und Veiß (seine Frau) für das *Wennen*-Gut zu *Eytorp*, 1568.

Johan auf der Hoe, der Groiß, und Grietgen, für den Hof zu *Derscheit*, 1569; Zeugen *Henrich und Johentgen van Walderaet* (mit W), *halfmann zum Seiffen.*

Im Jahr 1789 verpachten Prior Herschel und Konvent auf 12 Jahre an [292]

Anton Steimel und Anna (Eheleute) den freien Hof der armen zu Berzbach, für 35 Rthlr (14ten April),

Hennen Schmiz den Hof Derscheid für 30 Rthlr (den 6ten Juli),

Peter Wilms den dem Spital zu Ötgenbach zustehenden Hof Oberheiden im Kirchspiel Much für 45 Rthlr (Juli 18.),

Johann Schmiz den Hof zu Seiffen modo Heverhoff für 28 Rthlr (Sept. 1.).

In einer Benachrichtigung der Verwaltung Altenwied an die Pächter vom 20.09.1812 sind folgende Namen genannt:[293]

Peter Franchen zu derscheid,

Joh. Schmiz auf dem höferhofe,

Anton Hemmel zu berzbach („Hemmel" wahrscheinlich aus Steimel verschrieben[294])

Der Rendant (Rechnungsführer) Johann Stroh führt 1846 folgende Pächter auf: [295]

Heinrich Heiden zu Oberheider Hof.

Heinrich Peters zu Pärzbacher Hof.

Heinrich Franken zu Derscheider Hof.

Deotor Schmitz zu Höfer Hof

Die mit Wirren gespickte Zeit um die Säkularisation[296]

Die im folgenden Kapitel mitgeteilten Fakten stammen zum überwiegenden Teil aus den Schriften von Gerhard Franke aus den Jahren 2012, 2013 und 2015 (siehe Literaturverzeichnis). In diesen Schriften sind in exakter Arbeit alle benutzten Quellen möglichst in zeitlicher Reihenfolge meist mit Seitenangaben aufgeführt und viele Karten und Porträts der Akteure veröffentlicht. Im Folgenden ist deshalb darauf verzichtet, jede der sehr zahlreichen Nachrichten, die sich bei Franke 2012 finden, mit der entsprechenden Quellenangabe zu belegen. Dem wissenschaftlich Interessierten ist damit zu empfehlen, ausführlicher bei Franke 2012 selbst nachzulesen.

Das Ende des 18. Jahrhunderts und der Anfang des 19. Jahrhunderts liefen in Europa und auch in der übrigen Welt mit vielen Kriegen und großen Veränderungen in Weltanschauung und täglichem Leben über die Bühne der Geschichte. Die Französische Revolution ab 1789 entlehnte einiges von der Aufklärung sowie der niederländischen und amerikanischen Unabhängigkeit: die Abschaffung der absolutistischen Monarchie, die Trennung von Kirche und Staat, die Auflösung der Privilegien von Adel, Geistlichkeit, „Ständen", Gilden und Zünften, insbesondere die Abschaffung der Leibeigenschaft und der unentgeltlichen Herrendienste (die aber auch einige von den Landleuten gewünschte Aspekte hatten), die Ausrufung von Idealen (Freiheit, Gleichheit, Brüderlichkeit) und Einsetzung bestimmter Menschenrechte und Bürgerrechte. Daneben ergaben sich außer heftigsten Wirren, einer Terrorherrschaft der Jakobiner und dauernden Kriegen gegen reaktionäre Nachbarn die

---

[292] Landes-Hauptarchiv Koblenz, Abteilung 86 Ehrenstein, Nr. 10, 11, 12 und 13 (Originale)

[293] Pfarrarchiv Ehrenstein, Seite 16 von: die Verwaltung der Ehrensteiner Armenstiftung betreffend

[294] siehe Haas, Seiten 40f; Hubert und Anton Steimel pachteten 1759 und 1774. Heinrich Peters 1813.

[295] FWA, 70 – 12 – 3, Jus Patronatus

[296] von saeculum (Zeitalter usw., auch Zeitgeist, Weltlichkeit): Einfügung in den Zeitgeist, Verweltlichung von Kirchengut.

Einführung der allgemeinen Wehrpflicht und die Erstellung eines schlagkräftigen Heeres. 1792 bis 1801 wurde das französische Staatsgebiet bis an die „natürliche" Ostgrenze, Alpen und Rhein, erweitert. Napoleon konnte 1799 seine Alleinherrschaft als Erster Konsul durchsetzen und beendete 1804 die erkämpfte Republik mit seiner Krönung zum Kaiser von Frankreich. Im gleichen Jahr ließ sich der Kaiser Franz II im Römischen Reich Deutscher Nation zum erblichen Kaiser Franz I von Österreich erheben; am 6. August 1806 dankte er als Römischer Kaiser endgültig ab.

1794 besetzten die Franzosen das linke Rheinufer, wodurch die Wittelsbacher Gebiete Jülich und Berg getrennt wurden und nach einigen Wittelsbacher Wirren 1806 das jetzt zum Großherzogtum (im diplomatischen Rang eines Königtums) erhobene Herzogtum Berg dem Schwager Napoleons Joachim Murat unterstellt wurde. 1808 wurde Murat König von Neapel und Napoleon verwaltete das Großherzogtum Berg selbst, ohne es dem Staatsgebiet Frankreichs einzuverleiben; nach kurzer Zeit übergab er es einem minderjährigen Neffen, verwaltete es aber als dessen Vormund in gleicher Weise weiter. Als Verwaltungsinstanz entstand eine „französische Domainen-Direktion".

Die kurkölnischen Ämter Altenwied und Neuerburg gerieten 1802 als Ersatz für die verlorene Reichsgrafschaft Krieschingen (Lothringen) im Vorgriff auf den Reichsdeputations-Hauptschluss von 1803 (Schlussakte der Reichsdeputation[297]) durch Säkularisation des erzbischöflichen Kurstaates Köln in das Fürstentum Wied-Runkel. Bei der Gründung des Rheinbundes 1806 übernahm das Herzogtum Nassau dieses Fürstentum durch Mediatisierung, während Linz 1802/03 zum Fürstentum Nassau-Usingen kam, welches 1806 durch Zusammenschluss mit Nassau-Weilburg ebenfalls im Herzogtum Nassau aufging. Da sich die Fürstentümer Wied-Runkel und Nassau-Usingen 1802 nicht ganz einig über die Entschädigungsgebiete waren, wandte sich Wied-Runkel an den Geheimen Rat, Präsidenten der kurkölnischen Regierung, Statthalter im Vest Recklinghausen, Amtmann zu Blankenberg usw. Graf Johann Franz Joseph von Nesselrode-Reichenstein um Hilfe bei der Suche nach wichtigen Urkunden-Beweisen und sogar um Anweisung zur Übergabe an eigene Bedienstete im Amt Neuerburg. Allerdings kamen hinhaltende Antworten: die Urkunden seien nicht sofort greifbar und man habe keine Direktiven für diese Situation.[298] Nach der endgültigen Besiegung Napoleons und der Neuordnung Europas auf dem Wiener Kongress 1815 konnte Preußen sowohl das Herzogtum Nassau als auch das Großherzogtum Berg seinem weitgehend neu gewonnenen Gebiet im Rheinland hinzufügen.

Im Reichsdeputationshauptschluss (RDHS) 1803 war festgelegt, dass es den souveränen Landesherren freistand, Männerklöster nach ihrem Gutdünken als „Ersatz für an Frankreich verlorene Besitzungen auf der linken Rheinseite" aufzulösen, allerdings nicht ohne ordentliche Pensionen für die dann einkunftslosen bzw. einkunftsgeminderten Geistlichen. Pfarreien und „milde" Stiftungen, z. B. in der Armenfürsorge, einschließlich ihres Besitzes waren ausdrücklich davon ausgenommen und weiterhin zu erhalten. In Hinsicht auf die Konfessionen durften die bisherigen Kirchen nicht zugunsten einer vom Herrscher gewünschten Konfession benachteiligt werden, jedoch stand es den Landesherren frei, andere (zugelassene) Konfessionen zu dulden.

Das Kreuzbrüder-Kloster Ehrenstein und die von ihm verwalteten Institutionen, die Pfarrei Ehrenstein sowie die Nesselrodische Armenstiftung, standen von Anfang an in der Gefahr der Säkularisation zunächst durch den Fürsten Carl Ludwig zu Wied-Runkel mit seiner Verwaltung in Dierdorf. Der Patron dieser Armenstiftung war der Besitzer von Burgruine und

---

[297] unter anderem Versammlung der Unterhändler von acht wichtigen Staaten Deutschlands nach entsprechenden militärischen Niederlagen des deutschen Kaisers in den Napoleonischen Kriegen, der 1804 die österreichische Kaiserwürde annahm und 1806 der deutschen Kaiser-Krone entsagte

[298] Zur Säkularisation des Klosters Ehrenstein wird hier über weite Strecken ausführlich Franke 2012 mit seinen exakten Quellenangaben, Hinweisen und Beurteilungen zitiert, verwertet und genutzt, ohne jedes Mal seine Schriften mit Seitenzahl erneut anzugeben.

Freiheit Ehrenstein Graf Johann Franz Joseph von Nesselrode-Reichenstein, der bis zur endgültigen Säkularisation des Kurfürstentums Köln 1803 in dessen Diensten und zugleich Erbmarschall des Herzogtums Berg war. Bezüglich der Armenstiftung kamen ihm die Ernennung neuer Pfründner der Armenstiftung und eine gelegentliche Aufsicht über die Verwaltung zu, während dem Kloster, meist in Person des Priors, die eigentliche Arbeit und Durchführung der Entscheidung oblag. Nicht selten waren dabei in der Wirklichkeit Maßnahmen von Kloster, Pfarrei und Armenstiftung kaum zu trennen. Der halbe Hof Willscheid wurde beispielsweise von Bertram und Margarete der Pfarrei zu deren Gründung 1477 gestiftet. 1645 kaufte das Kloster (nicht die Pfarrei) die zweite Hälfte dazu[299]. Die Güter des Klosters und die der Armenstiftung zu Eitorf (des Wynnenhofes) wurden Ende des 18. Jahrhunderts vom Kloster in einem Akt an einen Pächter verpachtet. Der größte Teil der Güter von Kloster, Pfarrei und Armenstiftung lag im Bergischen. Dagegen hatte die durch das Herzogtum Berg säkularisierte Zisterzienser-Abtei Heisterbach, mit ihren Klostergebäuden im Bergischen gelegen, Güter im Kirchspiel Neustadt, deren Zins- und Pachtregister das Herzogtum Berg anforderte und auch erhielt. Bis 1806 war das Bergische Land noch Teil des Wittelsbacher Kurfürstentums Pfalz-Bayern, dessen Staatsinteresse sonst eher bei den bayerischen und pfälzischen Gebieten lag.

Als unfreundlichen Akt musste Wied-Runkel empfinden, dass die (Pfalz-Bayrische) Bergische Landesdirektion in Düsseldorf auf Antrag des Bergischen Forstamts dem Kloster Ehrenstein am 19.10.1802 verbot, die klostereigenen Wälder zu administrieren (verwalten) und Holz zu schlagen. Auf entsprechenden Protest von Wied-Runkel wegen eigener Ansprüche und auf den Hinweis des Grafen Nesselrode-Reichenstein hin, dass es sich bei diesen Wäldern nicht um Klostergut, sondern um Besitz der nicht zu säkularisierenden „milden" Armenstiftung handele, antwortete Düsseldorf mit einiger Verzögerung; es habe sich nicht um eine Enteignung gehandelt, sondern lediglich um die Entziehung der Administration der Wälder, weil das Kloster sich 1801 bei der Holzentnahme willkürlich und nicht im Geringsten nach Forstgrundsätzen gerichtet habe. Was mit den Besitzungen geschähe, würden Reichsgesetze und die Anordnungen des Pfalz-Bayrischen Kurfürsten noch zeigen.[300]

Im Kloster Ehrenstein war klar, dass Wied-Runkel sich mit dem Gedanken beschäftigte, das Kloster zu säkularisieren, sofern dabei ein Gewinn herausspränge. Nach der Säkularisation des Kurfürstentums Köln 1803 verlor Graf Johann Franz Josef von Nesselrode-Reichenstein alle seine kurkölnischen Ämter. Wohl wegen der Schwierigkeiten mit dem Herzogtum Berg und der Frage, ob überhaupt nennenswerte Einnahmen zu erzielen wären, schob Fürst Carl Ludwig zu Wied-Runkel die eventuelle Säkularisierung des Klosters Ehrenstein vor sich her und unternahm bis zur Bildung des Rheinbundes 1806 in dieser Richtung nur Unwesentliches.

Immerhin nahm am 3. November 1804 ein Amtsrat Cramer den Schlüssel des Klosterarchivs in Verwahrung; ein Verzeichnis der Archivalien und schließlich ein Revers bezüglich des Empfangs des Archivs wurden erstellt.[301] Prior Collig wurde zu den vielseitigen detaillierten Vermögensverhältnissen, dem Patronat über die Armenstiftung, den Regeln der Einsetzung des Priors, der Besetzung der Pfarreien Ehrenstein, Peterslahr und Oberlahr, die von Klostergeistlichen geführt wurden, usw. befragt. Über die am 1. Dez. 1804 erfolgte Verbringung des Archivs[302] vernehmen wir zusätzlich die folgende Nachricht: *Der letzte Prior Kollig hatte als Pastor, wie oben schon bemerkt, sich bemüht, die Ehrensteiner Pfarrgüter wieder zu erhalten. Während dieser Unterhandlungen kommen (Wied-Runkelsche) Commissarien zu ihm, besprechen sich mit ihm, unterhandeln, trinken, und*

---

[299] FWA, 37 – 4 – 6 | Lind Elli, Geschichts-Chronik von Vettelschoß und seinen Ortsteilen. S. 33 | Lind Ulf, Liegenschaften d. Klosters Ehrenstein im Kirchspiel Neustadt/Wied, Heimatjb. 2014 Landkr. Neuwied, S. 174ff.
[300] Franke 2012, S. 242f.
[301] laut eines Briefs von Graf Nesselrode an den Fürsten zu Wied-Runkel vom 15.10.1816, FWA, 70 – 12 – 1
[302] Franke 2012, S. 244 und S. 248

machen ihn so betrunken, dass er nichts mehr von sich wusste; währenddessen werden die Akten, Urkunden, Güterverzeichnisse etc. auf einen Karren geladen, und fort sind sie. So hat Kollig selbst erzählt.[303] 1805 kam es noch einmal zu einem Briefwechsel zwischen Fürstentum Wied-Runkel und Herzogtum Berg, ohne dass von einer Seite bei der verworrenen Lage und den nur geringen zu erwartenden Säkularisations- Einnahmen eine zielführende Handlung ergriffen wurde.[304]

Das Kloster Ehrenstein hatte im Bergischen als Eigenbesitz zur Eigennutzung Weingüter, unter anderem bei Honnef und Königswinter, Landwirtschafts-Güter und Wälder, unter anderem bei Eitorf, „in der Much" und bei Windeck. Daneben bewirtschaftete es die Güter, die bei der Gründung der Pfarrei Ehrenstein zu deren Finanzierung gestiftet worden waren, wobei die damit verbundenen Verpflichtungen bei der Inkorporierung der Pfarrei in das Kloster 1486/1488/1489 keineswegs aufgehoben, sondern betont wurden. Und schließlich verwaltete das Kloster noch die Armengüter. Pfarrei- und Armengüter sollten und durften gemäß RDHS nicht säkularisiert werden. Umstritten war allerdings, ob es sich in Ehrenstein überhaupt bzw. wieweit es sich um Pfarr- und Armengüter handelte. Umgekehrt besaß die von Berg säkularisierte Zisterzienser Abtei Heisterbach Einkünfte im Kirchspiel Neustadt (dieserzeit zu Nassau gehörig), zum Beispiel große Teile des Zehnten, den Mechthild von Sayn 1254 nebst dem Patronat der Pfarrei Neustadt gestiftet hatte, um das schon 1225 bestehende Hospital im Klosterbereich Heisterbach für zusätzlich 13 Arme zu erweitern. Über das Schicksal dieses Hospitals gibt es wenig zu lesen. Neben dem Hospital gab es in Heisterbach noch ein *Infirmitarium* (Krankeneinrichtung) als Bestandteil der Klausur, wohl nur für Kloster-Angehörige, ausdrücklich nicht für Frauen.[305] Man geht davon aus, dass so gut wie immer Pilger durch das Kloster Heisterbach beköstigt und wo möglich auch beherbergt wurden. Nach der Säkularisation am 1.12.1803 scheint es keine wohltätige Einrichtung mehr in Heisterbach gegeben zu haben. Erst nach dem Einzug der Schwestern des Cellitinnen-Ordens 1918 entstanden ein kleines Krankenhaus (vorübergehend), ein Altenheim (inzwischen in anderer Trägerschaft) und in letzter Zeit als ehrenamtliche Initiative das Haus Heisterbach, eine Einrichtung für Schwangere und alleinerziehende Frauen in Notlagen.[306]

1806 bei der Gründung des Rheinbundes als Zusammenschluss von zunächst 16, später deutlich mehr, deutschen von Napoleon abhängigen bzw. mit ihm verbündeten Staaten östlich des Rheins – ohne Preußen und Österreich – wurden noch mal etliche kleinere zuvor reichs-„unmittelbare" (nur dem Kaiser unterstellte) Territorien mediatisiert. Die beiden Fürstentümer Wied-Runkel und Wied-Neuwied fielen an das neu entstandene Herzogtum Nassau. Die zwei Wiedischen Fürsten behielten jedoch ihren Titel und Rang und blieben Standesherren mit der niederen Gerichtsbarkeit, Verwaltungsaufsicht, Polizeigewalt, Kirchenangelegenheiten, Schulwesen einschließlich Lehrerernennung und mit grundherrlichen Rechten.[307] Berg, jetzt Großherzogtum, schied aus der Wittelsbacher Herrschaft aus; und zum Großherzog setzte Napoleon seinen Schwager Murat ein, bis er diesen 1808 zum König von Neapel erhob und die Regierung des Großherzogtums selbst übernahm, ab 1809 als Vormund für seinen vierjährigen Neffen Napoleon Louis. Der ehemalige kurkölnische Geheimrat und höchst wie vielfältig beamtete Graf Johann Franz Josef von Nesselrode-Reichenstein, zusätzlich bisheriger Bergischer Erbmarschall, wurde nun zum Bergischen Innenminister mit Kriegs- und Justiz-Ressort berufen. Gemäß der Rheinbundakte lag jetzt die Durchführung der Kloster-Säkularisation beim Landesherren des Herzogtums Nassau; der Erlös sollte aber dem

---

[303] s. Lit. Nesselrode 2013, S. 190, nach einem Schreiben von 1935 aus dem Pfarrarchiv Peterslahr über einen Bericht des Pfarrers Holzinger in Sayn von 1847
[304] Franke 2012, S. 246f.
[305] Brunsch (siehe Literatur), S.134
[306] Brunsch (s. Literatur-Verz.) | Swen Holger, S. 134 | und die heimatkundliche Literatur von Dollendorf und Heisterbach (z. B. Schmitz, Ferdinand)
[307] November 1826 Königlich Preußische Genehmigung und April 1827 erneute Einrichtung für die Fürstlich Wiedische Regierung (siehe auch Büllesbach 1813)

Standesherrn Fürst von Wied-Runkel zustehen; offenbar fühlte sich aber trotzdem auch das von Napoleon beherrschte Großherzogtum Berg mit seinem "französischen Gouvernement" bezüglich der im Bergischen liegenden Besitzungen empfangsberechtigt.

Graf Johann Franz Josef von Nesselrode-Reichenstein hatte die Herrschaft Ehrenstein geerbt und kürte offensichtlich bis dahin als „Patron" in Abstimmung mit dem jeweiligen Prior im Sinn der Gründungsurkunde und der Beurkundung von 1530 die Pfründner, auch aus seinen überall verstreuten „Herrschaften", ernannte sie und hatte ein Auge auf alles, was mit der Stiftung zusammenhing[308]. Am Fortbestand der Armenstiftung und auch der Pfarrei war er als Erbe des Stifters Bertram aus seinem Geschlecht natürlich höchst interessiert. Insofern stand er wegen seiner eigenen Interessen in einem gewissen Konflikt mit den Interessen seines Dienstherrn.

Renier Roidkin: Ehrenstein von Osten um 1725[309]; das östliche niedrigere Bauwerk der Burg hatte im Gegensatz zum Palas noch ein Dach. War der kleine Anbau an der Nord-Ost-Ecke des Kloster-Vierecks oder andere Gebäudeteile das Obdach für die 5 Armen? (Bild: L. Nesselrode)

Wegen der komplizierten Gesamtgemengelage geschah zunächst nicht mehr sehr viel. Zu alledem war die Priesterschaft des Klosters, das zugleich die drei Pastoren in den Pfarreien Ehrenstein, Peterslahr und Oberlahr stellte, in sich gespalten, zerstritten und untereinander wenig diszipliniert, was die Säkularisation eher noch beförderte. Nach dem Tod des Priors Herschel 1794 hatte der Kölner Erzbischof eine Wahl des Priors durch den Konvent nicht anerkannt und den Konventualen Philipp Collig per Dekret eingesetzt[310]. Der Peterslahrer Pastor Schwamborn (als Favorit für das Amt des Priors) war Subprior.

In einem ausführlichen Bericht des Amtes Altenwied im Jahr 1810 schreibt der Nassauische Amtsrat Mengelberg zu Asbach, Prior Collig habe sich 1806 durch den Kölner Generalvikar als Pfarrer in Ehrenstein ausdrücklich nochmals einsetzen lassen. Die Mehrzahl der noch lebenden Konventualen sah das als Versuch der persönlichen Bereicherung Colligs an. Es war

---

[308] FWA 70 – 12 – 1, Briefe des Grafen an Fürst Wied-Runkel 1816
[309] Foto von L. Nesselrode
[310] Franke 2013, S. 171ff.

andererseits aber günstig für den gefährdeten Fortbestand der Pfarrei während der zu erwartenden Säkularisation, denn die winzige Pfarrei bestand praktisch nur noch aus der Klostergemeinschaft (1806 Prior, sieben andere Geistliche und ein Laienbruder), den Armen Leuten der Stiftung und den Haushalten eines Försters und eines Pachtbauern, wenn man von Pilgern, Besuchern, Dienstpersonal usw. absieht. Um 1725 zeichnete Roidkin das östliche Burggebäude noch mit Dach. Die Burgherren wohnten zwar längst nicht mehr dauerhaft in der teilweise ruinierten Burg Ehrenstein, betrieben aber noch von den unzerstörten Teilen der Burg aus, in der bis wenigstens 1732 noch ein Wildmeister wohnte[311], die Verwaltung ihrer Herrschaft, zum Beispiel die Verpachtung ihrer landwirtschaftlichen Güter, die Jagd und die Forstwirtschaft. Später geschah dies wohl auch von Gebäuden der Vorburg aus und noch später vom circa 1828 erbauten Jagdhaus Diefenau aus, womit wir wohl dem Begriff Herrschaft, zu weiten Teilen eine Tätigkeit, wie er in der Gründungsurkunde und auch in den folgenden Zeiten verwendet wurde, näherkommen.

In einem Vergleich mit Wied-Runkel blieb 1806 das Nesselrodische *Leibgedinge* (Versammlung, Besprechung und „Gerichts"-Entscheidung strittiger Fragen unter dem Vorsitz eines den Herren vertretenden „Dingers") *zu Ehrenstein-Ütgenbach und in der Elles* bestehen und Appelationsinstanz wurde die *fürstl. Regierung zu Wied-Runkel*. Laut einem im Pfarrarchiv Ehrenstein befindlichen Aufsatz hatten *noch im Jahre 1810 die Bewohner von Reeg, Altenburg und Heide an das Nesselrodische Leibgeding Sattelhafer abzuliefern; die Bewohner des unteren (südlichen) Teils von Altenburg mussten dem Nesselrodischen Förster und dem Rentmeister sowie dem dortigen Pächter körperliche Arbeiten verrichten; Kurmuth und alle diese Lasten* (Dienste und Abgaben) *wurden durch herzoglich nassauische Edikte vom 1. und 3. September 1812 ohne Entschädigung aufgehoben; ... dennoch mussten bis zum Jahre 1848 die Insassen des oberen Teils von Altenburg Jagdfrondienste leisten. Jagdfrohnden*, Treiberdienste, waren allerdings bis dahin im ganzen Amt Altenwied von den „Eingesessenen" zu leisten überwiegend an das Fürstlich Wiedische Haus, daneben in kleineren Bezirken an das Haus Nesselrode. In wenigen Bezirken bestand neben dem frondenpflichtigen Jagdrecht des Wieder Fürstenhauses eine frondenfreie „Koppeljagd" der Pfarrei Neustadt bzw. des Fürsten Salm-Kyrburg als zusätzliches Jagdrecht. 1848 wurde die Jagdfronde im gesamten Wiedischen Fürstentum abgeschafft[312] und schließlich gab das Fürstenhaus Wied seine Standes–Herrschaft an Preußen ab. Die Ablösung des Zehnten durch Zahlungen kleinerer Summen innerhalb von bis zu vier Jahrzehnten wurde im Asbacher Raum 1876 abgeschlossen.[313] Andere Steuern blieben oder kamen dazu. Der 1812 erloschene Arbeitsdienst betraf 22 Eingesessene des „unteren Teils von Altenburg". Diese Anzahl entsprach der Anzahl der *Burgmänner, an deren Stelle sie getreten.*[314] Die Wortwahl „Leibgedinge" geht geschichtlich sehr weit in die Vergangenheit zurück, in der Leibeigenschaft noch tatsächlich existierte und zahlreiche Urkunden von Tausch, Schenkung oder Verkauf von Leibeigenen berichten. Offensichtlich waren Bedienstete der Burg noch vor ihrer teilweisen Zerstörung 1632, etwa Wachleute, Diener, Köche, Handwerker usw. an eine Kate mit kleiner Hofreite in Altenburg gekommen, deren Gebäude sie selbst weitgehend erstellten und in Schuss hielten, wie das wohl auch bei der landesherrlichen Burg Altenwied im Tal-Ort Kodden (oder Koddenau = Au mit Katen) der Fall war. Andere freiadelige und geistliche Güter in Altenburg und Reeg waren gewiss nicht betroffen, wohl aber alle

---

[311] Wiegard 1955, S. 79, nach dem „Totenbuch" der Pfarrei Ehrenstein | Taufbuch des Pfarrarchiv Ehrenstein: 30. März 1732: Taufe der Gertrud Telenberg, mit den Eltern *Antonio Telenberg Venatore hic ex arce, et Christina Steingens* (mit den Eltern Antonius Telenberg, Wildhüter hier aus der Burg, und Christina Steingens
[312] siehe Literatur: Brog, Burg und Amt Altenwied, Seite 72f., nach FWA 49 – 11 – 5
[313] siehe Literatur: Josef Schäfer, Kirche und Pfarre St. Laurentius Asbach, Seite 48
[314] Pfarrarchiv Ehrenstein, abschriftlich; nach einer Notiz am Ende des ersten Teiles von zwei Teilen aus der Feder von *Stadtarchivar Geh. Rath Dr. Wegeler Coblenz*; der früheste Zeitpunkt der Erstellung dieses Aufsatzes muss nach 1848 liegen, weil dieses Jahr als Ende des Jagddienstes genannt ist.

Nesselrodischen Güter in den Honschaften Schöneberg und Elsaff sowie wohl auch im Kirchspiel Flammersfeld wegen der dort befindlichen von Sayn verlehnten Nesselrodischen Güter.

Wegen der Säkularisation des Klosters Ehrenstein beriet man sich zwischen Wied-Runkel und Nassau lange Zeit hin und her, bis 1808 das Nassauische Staatsministerium in Wiesbaden entschied, Kloster Ehrenstein aufzulösen und den Ertrag dem Fürsten Wied-Runkel zu überlassen. Aber erst im Januar 1810 wurde Amtsrat Mengelberg zu Asbach vom herzoglichen Regierungsbezirk mit Sitz in Ehrenbreitstein beauftragt, zur Vorbereitung der Kloster-Auflösung nach entsprechenden Recherchen einen sehr ausführlichen und detaillierten Bericht in 7 Paragraphen zu erstellen, was dieser in den folgenden Monaten auch erledigte. Mit dem Vorwand, es sei zu befürchten, dass Nassau mit den Klostergütern im Bergischen zugleich die Pfarrei- und Armengüter einziehe, kündigte das Großherzogtum Berg an, die Güter des Klosters in seinem Gebiet einziehen zu müssen.[315] Zu der Zeit thronte Napoleon, als Souverän des Großherzogtums Berg, auf dem Höhepunkt seiner Macht. Er hatte 1812 die Niederlande und große Teile des heutigen Nordwestens Deutschlands dem Französischen Staat einverleibt und in „ganz" Europa waren seine Verwandten als Herrscher eingesetzt. Der katastrophale Krieg gegen Russland in der zweiten Jahreshälfte läutete jedoch den Untergang seiner Dynastie ein.

Obwohl Vieles im Kompetenzgewirr nicht geregelt war, wurde auf Veranlassung Nassaus schließlich der Dierdorfer Wied-Runkelsche Hofkammer-Rat Wentzel beauftragt, die Säkularisierung des Klosters Ehrenstein vorzunehmen. Am 20. und 21. April 1812 erhielten die noch lebenden sechs Klostergeistlichen ein Pensionsdekret, dazu einen Vorschuss von 75 Gulden auf ihre folgende Pension. Prior Collig, gebürtig in Koblenz, blieb im Klostergebäude wohnen, kümmerte sich um die Stiftungsarmen und versah weiter den Seelsorgedienst in der Ehrensteiner Kirche und Pfarre. Der Subprior Schwamborn, aufgewachsen in Asbach, zog zum nahen Peterslahr im Bistum Trier, wo er bisher als Pfarrer gearbeitet hatte, und fungierte dort weiter bis zu seinem Tod 1814. Der Konventuale Löhndorf, geboren in Linz, versah weiterhin seine Pastoren-Tätigkeit im kaum entfernter gelegenen Oberlahr im Erzbistum Köln und konnte 1814 nach dem Tod des Pastors Schwamborn auch die nahe Pfarrei Peterslahr im Bistum Trier übernehmen. Die Konventualen Schneider, aufgewachsen in Leubsdorf und 1814 gestorben, Rolshoven, in Köln geboren, und Berresheim aus Andernach zogen nach wenigen Tagen aus und übernahmen wohl keine Ämter mehr. Die Dienerschaft, fünf Personen, wurde entlassen und schließlich auch auf Umwegen bezahlt. Klostergebäude und Klosterbesitz in der zu Nassau gehörenden Umgebung, zum Beispiel eine Wohnung in Linz und dortige Weinberge mitsamt klostereigenem Inhalt wurden eingezogen. Ein Teil davon, zum Beispiel Kleinkram, Weinvorräte in Linz, die Klosterbibliothek, etwas Vieh sowie kleine Grundstücke in Ehrenstein, wurde etwas später versteigert.

Die Versorgung der Armen, die Besitzverhältnisse und das Patronat der Armen-Stiftung waren nicht geklärt, noch viel weniger die Besitzverhältnisse der Pfarrei Ehrenstein und die damit verbundenen Rechte und Verpflichtungen. Als vorläufige Maßnahme übernahm Prior Collig wie bis dahin die priesterliche Aufsicht und Versorgung der vier lebenden Pfründner, die im westlichen (noch existierenden und im 20. Jahrhundert neu erstellten) Prioratsflügel des Klostergebäudes wohnten. Zunächst kamen noch einige Lebensmittel aus dem Vorrat des Klosters. In Nassau waren verschiedene Behörden in die Versorgung der Armen involviert und die Ansichten waren nicht immer die gleichen: Staatsministerium in Wiesbaden, Regierung in Ehrenbreitstein, Hofkammer in Weilburg, Amt Altenwied in Asbach, Obereinnehmerei Neuerburg. Daneben gab es noch (mit anderen Interessen) die standesherrliche fürstliche Verwaltung Wied-Runkel in Dierdorf.

---

[315] Franke 2013, S. 171ff.

Nach Bekanntwerden der Aufhebung des Klosters Ehrenstein zog die Domänenverwaltung des Großherzogtums Berg sämtliche Ländereien und Besitztümer von Kloster, Pfarrei und Armenstiftung im Bereich Berg ein und entzog so insbesondere den Armen die allermeisten Ressourcen für Nahrung und Kleidung. Um wenigstens etwas von der ursprünglichen Armenstiftung zu erhalten[316], schlug Graf Johann Franz Joseph von Nesselrode-Reichenstein daraufhin dem Statthalter Napoleons Comte de Beugnot in einem Brief vor, die Armenstiftung in das Hubertus-Hospital in Düsseldorf zu inkorporieren, indem die Domänenverwaltung die Güter dem Hospital übergeben sollte und die Armen nach Düsseldorf umziehen könnten.[317] Ferner bat er den Comte, die Pfarrgüter in der Domänen-Administration zu belassen, bis Nassau die Pfarrei in Ehrenstein wieder errichtet hätte. Darüber schrieb er 1816 bei geänderten Umständen der großen Politik aus Herten an den Fürsten zu Wied-Runkel: *Die ebengedachte Erklärung ware aber nicht freiwillig. Sie erfolgte, weil bey den damalig – leidigen Zeit-Verhältnissen darin das einzige Mittel lage, die einmal dem Unterhalte der Armen gewidmeten Güter den Armen gegen die drohende Gefahr des gänzlichen Verlustes zu retten; Auf meine eigene Zuständigkeiten habe ich als Patron nicht verzichtet.*[318]

Dieses Hubertus-Hospital hat freilich eine interessante Geschichte: Es entstand in der 2. Hälfte des 13. Jahrhunderts für „Pilger, Arme und Kranke" und wurde in den 40er Jahren des 15. Jahrhunderts als „Gasthaus und Armen-Hospital zur Heiligen Anna" in der Stadt Düsseldorf von Kreuzherren in Besitz genommen und verwaltet. 1709 versetzte man es ins neue Stadtgebiet Kasernenstraße und taufte es in St. Hubertus-Hospital um, weil es dem Hubertusorden übereignet wurde.[319] Das Hubertus-Hospital in Düsseldorf unterhielt um 1812 etwa 36 bedürftige und kranke Leute und war in diesen wechselvollen Zeiten ebenfalls allen möglichen Veränderungen und Einschränkungen ausgesetzt. Es besteht heute noch im Stadtteil Bilk in der Neußer Straße.[320]

Ein Umzug dahin kam aber bei der unübersichtlichen Situation und der schon 1813 ins Wanken geratenen und nach der Völkerschlacht zu Leipzig im November 1813 beendeten Herrschaft Napoleons nicht zustande. Ende 1813 entstand unter provisorischer Verwaltung Preußens ein General-Gouvernement Berg, bis Berg 1815 durch den Wiener Kongress endgültig zum Staatsgebiet Preußens kam. Napoleon hatte zumindest versucht, die im Bergischen, Kurkölnischen und Kurtrierischen höchstens in rudimentösen Überresten noch bestehende Leibeigenschaft einzuschränken oder abzuschaffen, und das Rechtswesen, die Kommunalverwaltung und Vieles mehr nach französischem Vorbild umzugestalten und zu modernisieren. Die Einführung der Wehrpflicht und der Einsatz dieser bergischen Wehrpflichtigen in verlustreichen Angriffs-Kriegen etwa in Spanien und in Russland mit seinem sibirischen Winter und den unzähligen Kriegstoten stießen natürlich nicht auf ungeteilte Zustimmung, zumal durch Missernten, Kriegswirren mit Kontributionen und Plünderungen und andere Umstände die Landbevölkerung trotz rechtlicher Verbesserungen in erheblich größere Not als zuvor geriet.

Schon im Juni 1812 wurde der Nassauische Wunsch formuliert, eine Lokalverwaltung für die Armenstiftung in Ehrenstein zu errichten.[321] Außer einem Teil der Kloster-Vorräte standen der Armenstiftung kleine „Renten", nämlich 5 Reichstaler „current", 3 3/4 Malter Korn

---

[316] so Graf Nesselrode in späteren Schriftstücken (FWA 70 – 12 – 2)
[317] Franke 2012, S. 280
[318] FWA, Akten, 70 – 12 - 1, Brief des Grafen Nesselrode-Reichenstein an den Fürsten Wied-Runkel, vom 30. Mai 1816
[319] derzeitige Seite im Internet, Wikipedia „Kreuzherren-Kirche (Düsseldorf)"
[320] derzeitige Seite im Internet, Wikipedia „Hubertus-Stift". Der Hubertusorden war nach einer langen stillen Pause eine Nachfolgeeinrichtung des ursprünglichen Hubertusordens, dem Bertram, seine Frau und sein Vater angehörten.
[321] Pfarrarchiv Ehrenstein, Abschriften „die Verwaltung der Ehrensteiner Armenstiftung betr."

und 6 Maß Butter, aus dem Nessselrodischen Hof Diefenau zu, dessen Hofgebäude heutzutage nicht mehr existieren. Inwieweit die Mensa pauperum der Ütgenbacher Kapelle noch funktionierte, steht dahin, ebenfalls ob noch gewisse Zinsen von ausgeliehenen Geldern flossen; jedenfalls ist davon nichts in den eingesehenen Unterlagen erwähnt. Prior Collig hatte die Versorgung der Armen, kurzfristig im Namen Wied-Runkels, übernommen, bis die Nassauische Obereinnehmerei Neuerburg mit ihm einen vorläufigen Vertrag schloss, dass er für 20 Kreuzer auf Kosten Nassaus pro Pfründner und Tag die Versorgung übernähme. Die Nassauische Hofkammer in Weilburg verlängerte diese Abmachung auf unbestimmte Zeit. Da Collig keine Zahlungen für die Pfründner erhielt, schoss er aus eigener Tasche vor und teilte mit, bald aus der Versorgung ausscheiden zu müssen. Der von Nassau provisorisch mit der Verwaltung der „Armen" betraute Altenwieder Amtsrat Mengelberg zu Asbach legte nun 37 Gulden aus der eigenen Tasche aus, um die Schulden bei Collig zu begleichen. Trotzdem wuchsen im Laufe der Zeit die Nassauischen Schulden bei Collig weiter an. Gegen Ende des Jahres 1812 war die Versorgung schon nicht mehr zureichend. Neben der Teuerung von Lebensmitteln gab es Schwierigkeiten mit der Brennholzversorgung, und die Ausgabe insbesondere von warmer Winterkleidung und von entsprechenden Schuhen war nicht mehr gegeben. Amtsrat Mengelberg berichtete schriftlich, dass der Pfründner (und Küster) Perzborn weder Leintücher noch Decke habe und unter bloßen Lumpen schlafe.[322] Mengelberg befürwortete zur Kosteneinsparung die Versorgung der Pfründner in Privathaushalten in Ehrenstein, weil das aber nicht zustande kam, in der weiteren Nachbarschaft. Dagegen wandte sich wieder der Pastor Collig mit dem Hinweis, die Pfründner sollten stiftungsgemäß *unter den Augen eines Geistlichen leben und ihre Gebete verrichten.*

Trotz der Entwicklungen im Bergischen Gebiet, jedoch wegen der vielen ungeklärten Rechtsfragen zwischen den Staaten und innerhalb der Staaten, geschah im Wesentlichen weiterhin nichts, was die Situation der Pfründner verbessert hätte. Zunächst drei Pächtern der Armengüter in der Much (Seifen, Derscheid und Berzbach) teilte man seitens Nassaus zwar mit, dass jetzt das Amt Altenwied für die Entgegennahme der Pacht und die Armenversorgung zuständig sei, doch überantwortete der Bergische Statthalter, Comte de Beugnot, die Armengüter einschließlich deren Erträge dem Hubertus-Hospital in Düsseldorf.

Am 29. März 1813 starb einer der vier Pfründner in Ehrenstein. Im Herbst 1813 durften sich die verbliebenen drei Pfründner in der Umgebung, außerhalb der Pfarre Ehrenstein, einen Hauswirt suchen, der sie für 75 Gulden pro Jahr beköstigen, unterbringen und kleiden wollte, was knapp zwei Dritteln der Kosten bei Collig entsprochen hätte. Jedoch fanden mindestens bis November 1814 gar keine Zahlungen an die Wirte statt. Im Sommer 1814 entließen die privaten Wirte wegen fehlender Begleichung der Unkosten die drei Pfründner aus ihren Haushalten.[323] Offensichtlich kamen sie wieder im Klostergebäude unter, denn die Sterbefälle mit Beerdigung von *Bertsborn* 1817, von *Knaus* 1824 und von *Ehrenberg* 1825 sind im Totenbuch der Kleinst-Pfarrei aufgezeichnet. Ein verzweifelter Brief der Pfründner und ein entsprechender Notbrief des Pastor Collig an den inzwischen ausgebooteten Patron Reichsgraf Johann Franz Josef von Nesselrode-Reichenstein sind uns im Pfarrarchiv Ehrenstein erhalten geblieben. Das Nesselrodische Verwaltungsamt hatte 1814 auf die nicht besetzten Pfründner-Stellen hingewiesen.

Das Herzogliche Nassauische Staatsministerium in Wiesbaden hoffte auf baldige Zahlungen aus dem nunmehr preußisch verwalteten Düsseldorf, wohin ja die Pachtzahlungen der Mucher Armengüter Oberheiden, Berzbach, Derscheid und Seifen geflossen waren. Die Verwaltungs-Commission der Armenpflege für das Hubertus-Hospital in Düsseldorf zeigte sich auch durchaus verständig und zuvorkommend. Sie schrieb am 17.10.1814 (als der Stern Napoleons nach seiner Abschiebung auf die kleine Insel Elba im Untergehen begriffen war und Preußen

---

[322] Franke 2012, S. 283
[323] Pfarrarchiv Ehrenstein, Armenstiftung

die Verwaltung übernommen hatte) an den Pfarrer Collig, dass die Armen nichts verlieren sollten, Collig die vorgestreckten Zahlungen zurückerhalten würde, er wichtige Papiere einsenden und möglichst gutachterliche Stellungnahmen bezüglich des weiteren Vorgehens machen möge. Am 29.10.1814 stellte sie die Frage, ob die verbliebenen Pfründner es vorzögen, 75 Gulden im Jahr neben einem Zuschuss für Kleidung in Ehrenstein zu verzehren oder in Düsseldorf Kost und Pflege zu genießen. Im Dickicht der jeweiligen (wechselnden) Verwaltungen scheinen Verzögerungen unausbleiblich gewesen zu sein. Im April 1815 endlich gingen im Amt Altenwied 837 Francs und 98 Centimes aus Düsseldorf ein, so dass wohl ein Teil der vielfältigen Schulden bezüglich Beköstigung und Unterhalt der Armen beglichen wurde.[324] Zur weiteren Verwaltung notwendige Papiere, zum Beispiel über noch ausstehende Pachtzahlungen, ließen aber im Dschungel der Behörden noch auf sich warten.

Nachdem der ehemalige Prior und noch amtierende Pastor Philipp Collig am 14. Januar 1824 gestorben war, hörte wohl bald die Wohngemeinschaft der Armen auf. Der letzte der 1812 noch lebenden Pfründner Ehrenberg starb 1825 in Ehrenstein, wobei unklar ist, ob er ganz zuletzt bei seinen Verwandten in Ehrenstein wohnte oder mehr oder weniger allein, vielleicht zusammen mit dem Opfermann Becker im Klostergebäude. 1416 wurden die vier Mucher Höfe dem Verwalter der Armenstiftung, Amtsrat Mengelberg des Amtes Altenwied zu Asbach, nunmehr unter Preußischer Landes- wie Wied-Runkelscher Standesherrschaft, übergeben, so dass die Einkünfte ohne zeitaufwendige Umwege sofort an Ort und Stelle flossen. Dem Amtsrat Mengelberg war nach der Säkularisation 1812 mehr oder weniger im fließenden Übergang die Verwaltung des Armenfonds aufgebürdet worden. In größter Not hatte er ein Ohr für die Verzweifelten, schrieb sich die Finger wund und besorgte mehrfach Naturalien für die Verpflegung der Armen oder gab Vorschüsse auch aus seiner eigenen Tasche.

Das Armengut in Eitorf war infolge der Wirrnisse der Napoleonischen Kriege und einer vielleicht etwas unexakten Verwaltung des Klosters für die Armenstiftung verloren gegangen. Demselben Bauern waren in einem Akt Güter des Klosters und Güter der Armenstiftung verpachtet worden, ohne dass die jeweiligen Flächen und ihr Zubehör dem jeweiligen Eigentümer zugeordnet wurden. Sowohl wegen Kriegskontributionen (Abgaben an Besatzungsmächte) als auch wegen anderer Schulden des Klosters waren dann neben klostereigenen Liegenschaften auch Teile des dort vom Kloster verwalteten Armen-Gutes zwangsweise veräußert worden.[325] Ein Rückkauf war nicht mehr möglich, zumal die Unterscheidung in Kloster- oder Armengüter sehr schwierig geworden wäre. Wied-Runkel säkularisierte mitsamt dem verbliebenen Rest der Klostergüter auch den Rest des Armengutes und musste dafür später eine jährliche „Rente" in Form von 2 Malter Korn und 6 Goldgulden der Armenstiftung überlassen[326], die letztendlich noch deutlich erhöht wurde (siehe unten).

Wied-Runkel hatte auch die Pfarrgüter säkularisiert, das heißt die Güter und Einkünfte, die Bertram und Margarete 1477 der neu zu gründenden Pfarrei Ehrenstein stifteten, und die 1486 dem Kreuzbrüderkloster neben neuen Stiftungen übergeben wurden, damit das Kloster die Pfarrei mit der Seelsorge und den sonstigen Pfarraktivitäten weiterführen konnte. Eine Auflösung der winzigen Pfarrei nach der Säkularisation kam wohl auch deshalb nicht zustande, weil die Ehrenstein nahen Wohnplätze und Dörfer von ihrer zu weitläufigen und zu kopfzahlstarken Pfarrei Asbach nicht gut versorgt werden konnten. Schon seit dem späten 18. Jahrhundert wurde nämlich in Erwägung gezogen, die Kaplanei Buchholz aus der Pfarrei Asbach auszugliedern und in einem weiteren Teil der Pfarrei Asbach Aufgaben an die kleine Pfarrei Ehrenstein abzugeben. Dies geschah 1835, indem Buchholz selbständige Pfarrei wurde und die nahe Ehrenstein gelegenen Ortschaften Altenburg, Kaltehöhe und Reeg der

---

[324] Franke 2012, Seite 296
[325] Pfarrarchiv Ehrenstein, Buch 10, Abschrift mit Schreibmaschine
[326] Pfarrarchiv Ehrenstein, Korrespondenz der Herzoglich Nassauischen Regierung in Ehrenbreitstein mit dem Herzoglich Nassauischen Amt Altenwied im Juli 1812

Pfarrei Asbach ausschließlich bezüglich der Seelsorge dem Ehrensteiner Pfarrer übermittelt wurden. Der Erzbischof von *Cöln*, Ferdinand August Graf von Spiegel, stiftete als Honorar für diese Seelsorge aus einem Fonds, der zu seiner freien Verfügung stand, die jährlichen Zinsen eines Kapitals.[327] Trotzdem wurde 1849 eine Pfarre Ütgenbach diskutiert, die den größten Teil der Gemeinde Schöneberg umfasst hätte. Hiergegen wandte sich aber Graf Felix Droste Vischering von Nesselrode Reichenstein und der Plan wurde schnell wieder fallen gelassen.

Wied-Runkel musste dafür, dass eigentlich die Pfarreigüter mit ihren Revenuen nicht hätten säkularisiert werden können, die übrigen Kosten der Pfarrei und, wie sich im Lauf der Jahrzehnte des 19. Jahrhunderts bei entsprechenden Prozessen der Rechtsnachfolger aus dem Hause Wied-Neuwied herausstellte, die noch viel teurere Kirchenbaulast, zumindest eine größere Reparatur im Jahre 1873, übernehmen.[328] Beim Tod des kinderlosen Fürsten Carl Ludwig am 9. März 1824 und seines Bruders Friedrich Ludwig zu Wied-Runkel wenige Wochen später am 28. April 1824[329] erbte ihr entfernter Vetter Fürst Johann August zu Wied-Neuwied dessen Besitzungen mit Rechten und Pflichten. Insgesamt scheint offen, wieweit sich die Säkularisation des Klosters Ehrenstein für das Fürstenhaus Wied gelohnt hat. Dasselbe gilt für das Herzogtum Nassau, das zumindest zunächst die Pensionen der Priester des aufgehobenen Klosters wohl als Vorschuss übernahm. Ob dies bezüglich noch Nassauische Forderungen an Wied bestanden und eine Zahlung stattfand, steht dahin. Vorschüsse für die Armen der Stiftung wurden wohl, wie schon oben erwähnt, aus den späteren Rückführungen der Verwaltungskommission der Armenpflege des Hubertus-Hospitals Düsseldorf beglichen.

Während des Wiener Kongresses kam es zu einer neuen Landkarte Europas. Preußen dehnte sich bis weit über den Rhein nach Westen aus und übernahm dabei neben vielen anderen Gebieten das Herzogtum Nassau und das Großherzogtum Berg und bildete aus großen Teilen davon nach einigem Hin und Her die Rheinprovinz, wobei Altenwied letztendlich zum Regierungsbezirk Koblenz und die Kirchspiele Much, Winterscheid und Eitorf zum Regierungsbezirk Köln kamen. Rechtsnachfolger sowohl von Nassau als auch von Berg war also das Königreich Preußen. Im Siebenjährigen Krieg hatte der Bruder des ersten Fürsten zu Wied, Carl, entscheidend auf preußischer Seite operiert. In der Zeit Napoleons stand das Fürstenhaus Wied eher gegen Napoleon und wurde von ihm entsprechend nicht gerade belohnt, so dass Preußen zu einer gewissen Dankbarkeit verbunden war, was sich vielleicht in einer Großzügigkeit in Bezug auf die Standesherrschaft des Wiedischen Hauses unter Preußen bemerkbar machte.

Die größte Not der Pfründner war nun zu Ende. Sie erhielten jetzt eine Präbende in Form regelmäßiger Geldzuwendungen und wohnten privat in ihrer bisherigen Wohnung oder bei Verwandten usw. Am 6.1.1815 hatte der Nesselrode-Reichensteinische Rat Schötter zu Herten mitgeteilt, dass sich der hochgräfliche Patron aus staatlichen Streitigkeiten um Ehrenstein heraushalten, jedoch sein Patronat und besonders die Armenstiftung selbst erhalten wolle.[330] Dem Grafen Johann Franz Joseph Nesselrode-Reichenstein gehörte ja noch die Burgruine und in der ehemaligen Vorburg eine Landwirtschaft und die Försterei mit dem Förster Pattberg. Dem Grafen war trotzdem das Patronat über die Armenstiftung (und auch über die Pfarrei) entzogen, so dass nun Fürst Carl-Ludwig zu Wied-Runkel (auf Anregung lokaler Beamter oder lokaler Pfarrer) bestimmte, wer als Pfründner aufgenommen wurde. Dabei wurde davon ausgegangen, dass die Canonie (das Kloster) das Ernennungsrecht der aufzunehmenden Pfründner innegehabt und ausgeübt habe, was aber nach mehrfachen Angaben des damaligen Besitzers der „Herrschaft Ehrenstein", des Reichsgrafen von

---

[327] diesbezügliche Urkundenabschriften im Pfarrarchiv Ehrenstein
[328] mehr dazu bei Nesselrode 2013 / 2014 und Knorren 1879
[329] Gondorf siehe Lit.
[330] FWA, Akten, 70 – 12 – 2

Nesselrode Reichenstein, nicht der Fall war und auch weder aus der Gründungsurkunde und erst recht nicht aus der Übertragungsurkunde auf das Kloster von 1530 herausgelesen werden kann. Auch in späteren Schriftstücken ist das Recht zur definitiven Leitung und Befehlsgewalt der jeweiligen Herren von Ehrenstein klar erkennbar, zum Beispiel in der oben schon angeführten Verkaufs-Urkunde vom 14.3.1582, in der Sophia, geborene von Nesselrode besonders und ihr Sohn Bertram von Loê als Inhaber der „Gerechtigkeit" am Hospital zu Ütgenbach bezeichnet sind. Die Fürstlich Wiedische Seite führte ins Feld, dass *das Kloster Ehrenstein ... nach vorliegenden Prozeßacten im Jahr 1772, wo einmal ein Graf von Nesselrode sich dieses Ernennungsrecht aneignen wollte, sofort mit demselben einen Rechtsstreit hierüber angefangen hat.* Die Königlich-Preußische Regierung in Koblenz glaubte sich für diese Patronats-Frage als privaten Rechtsgegenstand nicht zuständig, weil im Reichsdeputations-Hauptschluss dazu keine Aussage getroffen war, wohl aber bezüglich der Aufsichts- und Förderungspflicht von Landesherren bezüglich frommer und milder Stiftungen, die die Königliche Regierung in Bezug auf die Armenstiftung in Anspruch nahm.

Zeitlich nach Anhörung des ab 1815 von allen Staatsämtern freien Grafen von Nesselrode-Reichenstein und des Erzbischöflichen Kölnischen Generalvikariats als kirchlicher Instanz einigten sich 1819 weitgehend das Fürstliche Wiedisch-Runkelsche Haus und die Königlich-Preußische Regierung in Koblenz durch einen Vergleich bezüglich des umstrittenen Besitzes und der Einkünfte von Armenstiftung und Fürstlichem Haus zu Wied-Runkel. Unterhändler waren für die Königlich-Preußische Regierung Koblenz der Neuwieder Landrat von Gaertner und für seine Durchlaucht den Fürsten zu Wied-Runkel der Bevollmächtigte Pasch:
Der Berzbacher, Derscheider, Höfer und Heider Hof gehörten danach der *Ütgenbacher Armenstiftung*, ebenso die Abgaben des Nesselrodischen Diefenauer Hofes, nämlich *Drey Malter zwölf Viert. Korn Altwieder Maßes, Sechs Maas Butter und Fünf Reichsthlr. Geld.* Wegen der Schwierigkeit und Unmöglichkeit, die Güter und Einkünfte zu Eitorf (genau) zu ermitteln, verzichtete die Armenstiftung einerseits auf alle Güter, Gerechtsame, Renten und Gefälle zu Eitorf; sie verzichtete auch auf alle Ansprüche gegen den Fürsten zu Wied-Runkel als „Nachkommenden" der Canonie Ehrenstein. Andererseits verzichtete der Fürst „wegen der Gesinnung, keineswegs die Armenstiftung zu schmälern", auf die jährlich 15 Reichsthaler, die die Höfe Berzbach und Seifen zusammen an die Canonie zu liefern hatten, weil diese den Zehnten der beiden Höfe für das übliche etwa Zwanzigfache gekauft hatte; zusätzlich übernahm der Fürst hauptsächlich als Ausgleich für den Verzicht der Stiftung auf Eitorfer Güter und Revenuen eine jährliche Lieferung zu *Martini* von 12 Malter Korn Koblenzer Maßes in die (Armen-)Rentei Ehrenstein ab dem Jahr 1816, dem Zeitpunkt ab dem der Fürst (und nicht mehr das Großherzogtum Berg) im Besitz der Eitorfer Güter war. Bis zum Fälligkeitsjahr 1818 sollte statt des Korns Geld zum Marktpreis von Korn in Linz fließen. Zur Sicherheit sollte per Hypothek die Pacht des Hofes Schützeichel dienen.[331] Die Einkünfte aus dem Wynnenhof zu Eitorf lagen laut der um 1818 nicht zu Rate gezogenen Urkunde von 1514 allerdings noch etwas höher bei 14 Malter Korn und 6 (Silber-) Mark. Der Hof Schützeichel im Amt Neustadt wurde 1659 vom Kreuzbrüder-Kloster Köln der Anna Margaeretha Spee zu Bruchhausen, Tochter der unglücklichen „Hexenkönigin" abgekauft. Dieses Kloster überließ den Hof zwei Jahre später dem Kreditgeber über die 500 Reichsthaler, dem Kreuzbrüder-Kloster Ehrenstein. Dieses Klostergut zwischen Jungfernhof und Neschen, etwa beim Gebäude der ehemaligen Autobahn-Polizei, fiel infolge der Säkularisation 1812 an Wied-Runkel[332] und existiert heute nicht mehr.

Im März 1820 wurde der Altenwieder Preußische und Wiedische Amtsrat Mengelberg zu Asbach (zuvor schon in Kölnischen und Nassauischen Diensten) auf eigenen Wunsch hin als Provisor der Armenstiftung von dem bisherigen (Armen-)Rentmeister zu Ehrenstein

---

[331] FWA, Akten, 70 – 11 – 19, am Ende des Stoßes von Papieren
[332] Lind Ulf, Heimat-Jahrbuch 2014 Landkreis Neuwied, S. 176

Hümmerich unter wiedischer Regie abgelöst.[333] Dem Letzteren gelang es, in relativ kurzer Zeit trotz sehr hoher Steuern auf die Bergischen Höfe erhebliche Außenstände einzutreiben, erhebliche Schulden zu begleichen und sogar kleine Aktiv-Summen zu verleihen. Ab 1822 wurden wieder fünf Präbendare durch eine finanzielle Zuwendung unterstützt. Ein Vorschlag des Asbacher Pfarrers Wirtz als Vertreter in der unbesetzten Pfarrei Ehrenstein, je eine halbe Unterstützung an zwei Personen zu vergeben, wurde nicht weiter verfolgt.

Für den historisch interessierten Leser ist es erstaunlich, wie über mehrere Jahrzehnte Urkunden über die Gründung und den Verlauf der Armenstiftung herbeigeschafft (oder eben nicht hinzugezogen) wurden, um eigene Positionen zu untermauern und die des Gegners zu schwächen. Gewiss wären wir ohne diese Neigung, Rechtsansprüche aus Urkunden der Gründungszeit abzuleiten, nicht in der Lage, so viele Einzelheiten aus der Geschichte dieser Stiftung zu beleuchten und zu erörtern, wie sie uns heute noch in den Archiven geboten werden.

Gegenüber der Gründungsurkunde war die Stiftung doch erheblich verändert worden. Die Pfründner lebten nicht mehr als Wohngemeinschaft mit wenigstens einem Priester beisammen und waren nur noch neben gottgefälligem Leben zu täglichen Messbesuch verpflichtet, der allerdings bei Verhinderung wenn möglich von einem Ersatzmenschen übernommen werden konnte[334], wobei der die Messe lesende Priester ja eine gewisse „Aufsicht" ausübte. Ein gewisses Vorschlagsrecht des Asbacher Pfarrers für nachrückende Pfründner blieb, wenn auch nicht ausdrücklich, bestehen, indem der jeweilige Asbacher Pfarrer Commissions-Mitglied war. Die Ausdrücke Honschaft Ütgenbach und Herrschaft Ehrenstein wurden nicht mehr richtig verstanden und deshalb auch nicht mehr richtig umgesetzt. Immerhin kamen die Nachrücker jetzt aus der übersichtlichen Umgebung, zum größten Teil aus der Gemeinde Schöneberg. Da das Kloster nicht mehr existierte, übernahmen dessen Rechtsnachfolger, das Fürstenhaus Wied und die königlich preußische Regierung in Koblenz mit ihren kommunalen Hilfsorganen, jetzt die Verwaltung der verbliebenen Pachthöfe und Einkünfte, die Austeilung der Zuwendungen, den Schriftverkehr usw.. Die Herren von Ehrenstein blieben lange Zeit, bis zur Übereinkunft Nesselrode mit Wied 1866, ausgeschaltet, obwohl die königliche Regierung in Koblenz später feststellte, dass der Beweis nicht erbracht sei, dass das Kloster und nicht die Herren von Ehrenstein in den entscheidenden Bereichen die Stiftung verwaltet hätte. Immerhin blieb der Fürsorge-Gedanke der Gründung erhalten, Armen einen einigermaßen sorgenfreien Lebensabend gegen die Leistung eines gottgefälligen Betragens (auch zum eigenen Seelenheil) und gewisser Gebete für die Stifter zu ermöglichen.

Die große Not, und die „Notwendigkeit" der Armenstiftung in der sogenannten „guten alten Zeit", werden uns deutlich, wenn wir uns einige (in den Bewerbungsschreiben wohl oft von Vertrauenspersonen pointiert dargestellte) Umstände der Bewerber um eine Pfründe kurz nach der Säkularisation[335] vor Augen führen:

1818: *unvermögend, ohne ihn unterstützende Verwandte, und kränklich.*

1822: 65 Jahre alt, *daß er ... seit Jahr und Tag an einem schweren Uebel des linken Armes zu Bette liegt, auch sein bischen Vermögen theils an ärztliche Hilfe, theils zum Unterhalt seiner Familie bis herzu verwendet hat, und nun an allem Mangel leidet folglich im Elende lebt, wird andurch Pflichtmäßig beurkundet. Waldbreibach 26ten Januar die Bürgermeisterey Neuerburg.*

1822: 64 Jahre alt, bucklig, verschuldet, arbeitsunfähig.

---

[333] FWA, Akten, 70 – 12 – 2
[334] Reidt, S. 81
[335] Die meisten Beispiele stammen aus FWA, Akten, 70 – 12 – 1 und 70 – 12 – 2.

1828[336]: *daß er einer Seite ein Lahmung hat, daß er zum Arbeiten unfähig ist, und von vier Kindern ist Eines Lahm, und das ander Wahnsinnig, und sein weniges Vermögen ist weit überschuldet.*

1836: *Ich bin ein 62-jähriger Mann und meine Frau ist 65 Jahre alt, aus Warschau gebürtig und kann mir in hiesiger Gegend nichts verdienen. Früher habe ich 15 Jahr beim preußischen Militair gedient und lebe jetzt mit meiner Frau in der größten Dürftigkeit mich kümmerlich erhaltend von milden Gaben meiner Nachbarn.*

1851: 70-jähriger Greis, Leibschaden, Altersschwäche, zu aller Arbeit unfähig, kein Vermögen, kein eigenes Obdach, fristet sein Leben durch die Barmherzigkeit mildtätiger Leute.

1851: einer derartigen Unterstützung sehr bedürftig und besitzt nicht das geringste Vermögen, gebrechlich, ein taubstummes und ein fast blindes Kind, sehr geachtet, ehrlich und brav.

Arme im Totenbuch der Pfarrei Ehrenstein und Arme in anderen Quellen

1714, 29. Aug.:	Schwartz, godefridus; *è numero Pauperum obiit godefridus Schwartz* (aus der Zahl der Armen starb ...).
1716, 30. Xbris (Dezember):	*Eydorff, Jacobus è numero pauperum, obiit ...*
1727, 26. 9bris (November):	*Meyer, Tilmannus, è numero pauperum ...*
1739, 8. 9bris (Nov.):	*Jansen, Petrus Wilhelmus ex Herthen[337], è numero paup.*
1740, 1. Ap.:	*Cilles ex Altenburg, è numero pauperum.*
1742, 20. Junii:	*Andreas ex Uckerrat molitor (Müller), è n. paup.*
1746, 20ma 7bris (20. Sept):	*Engel ex Altenburg, è no. pauperum, R(equiescat) i(n) p(ace).*
1762, 5ta Martii de nocte:	*SWarz, Antonius, qui per multos annos in Canonia hac qua pauper Vixit* (5ter März nachts Anton Schwarz, der viele Jahre in diesem Kloster als Armer lebte).
1765, *de nocte 16ta januarii*:	*Happ, Stephanus*, (nachts am 16. Januar): *famulus canoniae huius et pauper ex patria montensi oriundus* (Diener dieses Klosters und Armer, aus dem Bergischen Lande stammend).
1765, zwischen 23. u. 24.1.:	*Hiltrop, Stephanus, sartor[338] hic et pauper oriundus ex Herten* (Schneider hier und Armer, stammend aus Herten).
1782, 11. Mai:	*Eiffler, Petrus, pauper et canoniae famulus* (Armer und Klosterdiener)
1786, *die 10. junii sep. est*:	*Buchholz, Henricus, pauper in canonia o(mn)ibus ecclesiae sacramentis munitus hac in valle* (ist am 10. Tag des Juni begraben worden, ein Armer im Kloster mit allen Sakramenten der Kirche versehen in diesem Tale).
1813, März am 29sten:	*Neuking[339], Henricus, per plures annos hic inter Pauperes admissus* (viele Jahre hier unter den Armen zugelassen). Hoch wahrscheinlich wurde Henrich Neuking am 6.6.1812 vom Amtsrat Mengelberg in einem *unterthänigsten Bericht an herzoglich Hochpreisliche Regierung* (Nassau) mit „Henrich Müller aus dem Vest Recklinghausen 82 Jahre alt und seit 20 Jahren auf dieser Stiftung" bezeichnet[340].

---

[336] Pfarrarchiv Ehrenstein, Hospital, Armenstiftung, eins der ersten Blätter
[337] ex scheint hier „geboren in" oder „stammend aus" zu bedeuten
[338] Sartor kann abgeleitet werden von sarcire (ausbessern) oder sarire (jäten, Garten pflegen): Ausbesserer (Flickschneider) oder Jäter (Gärtner); im hier gebrauchten Kirchenlatein bezeichnet sartor den Schneider (P. Lachat: Lateinische Bezeichnungen in Kirchenbüchern), im klassischen Latein eher den Jäter.
[339] eventuell sprachlich mit „niuwen" (in der Stampfmühle enthülsen, siehe Lexer (Literatur), vewandt
[340] Pfarrarchiv Ehrenstein, Blatt 9 eines Hefters mit Schriftstücken über die Armenstiftung

1817, *vigesima 1ma Aprilis:* *Bertsborn, Martinus (21. April), ex Lints, per plures annos hic inter pauperes admissus, et sep(ultus) 24ta aprilis, Anno aetatis 70:* (im siebzigsten Altersjahr).

1824, *30ma Ja(nu)arii:* *Knaus, Nicolaus in Ehrenstein, ex instituto pauperum in Ehrenstein, prouut[341] omnibus moribundorum Sacramentis rite munitus obiit 2da feb. dicti An(ni) in Ehrenstein sep(ultus) est, erat aetat(is) 72 An(norum), solutus, mortuus an einem Brustf(ieber)* (am 30. Januar 1824 starb Nicolaus Knaus aus dem Armeninstitut in Ehrenstein, sehr wohl mit allen Sakramenten versehen; am 2ten Februar dieses Jahres wurde er in Ehrenstein begraben, er war 72 Jahre alt, alleinstehend, gestorben „an einem Brustfieber"). Wahrscheinlich war Niklas Knaus am 20. Juli 1812 als Bote zu den Mucher Höfen tätig. Er diente Pfarrer Collig als Opfermann und Messdiener und erhielt von diesem kleine Zuwendungen. Bis zuletzt wohnte er im Klostergebäude.[342]

1825, *Majus, 1ma, mortuus et 4ta sepultus est:*
Ehrenberg, Petrus, solutus (alleinstehend), *ex Ehrenstein, ex instituto pauperum ibidem* (aus dem Armeninstitut daselbst), *aetatis 78 Annorum,* Altersschwäche. Er hatte Verwandte in Ehrenstein, wohnte aber im Klostergebäude.

1838, 11. Januar: Becker, Wilhelm, Witwer aus Ehrenstein, geb. in Günterscheid / Pfarrei Windhagen, starb mit 77 Jahren, „hinterließ" 6 Kinder. Hic Wilhelmus Becker erat ex instituto pauperum in Ehrenstein (dieser war aus dem Armeninstitut in Ehrenstein), Wassersucht. Er wurde nach dem Tod des Nikolaus Knaus 1824 als Präbendar der Armenstiftung aufgenommen, damit er dem Asbacher Kaplan, der nach dem Tod Colligs den Dienst in der Ehrensteiner Kirche versah, als Messdiener und Opfermann helfen konnte (womit für Wied-Runkel weniger Ausgaben für die Pfarrei verbunden waren). Zuvor hatte er der Wiedischen Rentei in Ehrenstein gedient, welchen Dienst jetzt (1824) sein Sohn übernahm.[343] Drei seiner erwachsenen Töchter heirateten in Ehrenstein, eine unverheiratete Tochter starb dort.[344] Damit könnte er sowohl bei seiner Familie außerhalb des Kloster-Bereichs in der ehemaligen Vorburg Ehrenstein oder auch allein wegen seiner Hilfsdienste in der Kirche neben den Räumen für den Pfarrer im Klosterbau gelebt haben. Für später wird berichtet, dass der Pastor im 1. Stock wohnte und wirtschaftete, der Küster mit Kleinstlandwirtschaft im Erdgeschoss.

Vier Arme sind in einem Brief des damals Nassauischen Amtes Altenwied an die Nassauische „Herzogliche hochpreisliche Regierung" vom 6. Juli 1812 erwähnt[345]. Dies sind: Martin Perzborn von Linzerhausen, 63 Jahre alt, bereits 25 Jahre in Ehrenstein (identisch mit Martinus Bertsborn von Lints, leistete Küsterdienste).

---

[341] wohl aus prout verschrieben
[342] FWA, Akten, 70 – 12 – 2
[343] FWA, Akten, 70 – 12 – 2, etwa 60. Seite
[344] Petersohn (s. Lit.), Kirchenbuch der Pfarrei Ehrenstein, bzw. Windhagen
[345] Pfarrarchiv Ehrenstein | Franke 2012 S. 281 – 283, nach LHA Koblenz, 331 Nr. 609 (S. 171 bis 246)

Heinrich Müller aus dem Vest Recklinghausen, 82 Jahre alt, seit 20 Jahren auf dieser Stiftung (es ist ziemlich sicher, dass Heinrich Müller mit Henricus Neuking, † am 29.3.1813 (siehe oben), identisch ist, denn „von den am 6. Juli 1812 noch lebenden Pfründnern starb einer am 29. März 2013"[346]); er litt 1812 an „kranken Füßen".

Peter Ehrenberg von Altenburg, 63 Jahre alt, seit 17 Jahren in Ehrenstein (identisch mit Petrus Ehrenberg).

Niclas Knaus aus dem Herzogtum Luxemburg (dort geboren), 58 Jahre alt, seit sechs Jahren in Ehrenstein (auch in einem Brief v. 20.3.1813 erwähnt, identisch mit Nicolaus Knaus,).

Nach der Säkularisation des Klosters wurden folgende Pfründner nach Prüfung und Ernennung durch den neuen Patron, den Fürsten von Wied zu Runkel (Dierdorf), in Ehrenstein aufgenommen:

Peter Fischer, *vom Thalhofe gebürtig*, circa 60 Jahre alt, Junggeselle, früher kurkölnischer Husar, konnte auch als Bergknappe nicht mehr arbeiten, diente zuletzt als „Knecht" bei Prior Collig. Als *engbrüstig* und praktisch arbeitsunfähig aufgenommen am 26. April 1817, starb er am 19.05.1818.

Peter Hoppenau zu Ehrenstein, ein sechzigjähriger Junggeselle, kam innerhalb von Tagen an die Stelle des verstorbenen Peter Fischer und starb schon am 12. Oktober desselben Jahres. Geboren in Borscheid, zog er nach seiner Tätigkeit als Bergknappe zu seinem Bruder (Antonius † 1817) und lebte 1818 noch dort bei dessen Schwiegersohn in dürftigen Verhältnissen. Er ist laut Totenbuch der Pfarrei in Ehrenstein gestorben. Die Familie Hoppenau bewirtschaftete als Pächter das Nesselrodische landwirtschaftliche Gut, das zur Freiheit der Burg gehörte.[347]

Peter Ammerich, wohnhaft zu Asbach, war früher beim kurkölnischen Militär, aufgenommen am 20. Okt. 1818, noch Präbendar am 30.11.1821. Jeder Präbendar erhielt zu dieser Zeit *quartaliter* (pro Vierteljahr) 18 f (Florin) und einige Kleinmünzen sowie alle 2 Jahre eine vollkommene Montur (Kleidung und Schuhe).[348]

Franz Linnig zu *Walchenbach* (Walgenbach) wurde Ende 1821 als vierter Präbendar angenommen. Die anderen drei waren Niclas Knauß, Peter Ehrenberg und Peter Ammerich. Knauß und Ehrenberg sollten im Canonie-Gebäude (jetzt Eigentum des Fürsten zu Wied) wohnen bleiben, da die alten Zellen sonst nicht gebraucht wurden. Franz Linnig wurde schon am 8.1.1822 beerdigt.[349]

Johannes Endenich aus Wüscheid, Pfarrei Waldbreitbach, Amt Neuerburg[350], war im Januar 1822 Bewerber. Er starb wahrscheinlich auch kurz nach seiner Aufnahme.

Anton Ehrenberg von Hinterplag wurde mit 64 Jahren aufgenommen im April 1822 als erster nach der Säkularisation und den daher resultierenden zunächst knappen Mitteln jetzt bei besserer Kasse auf eine fünfte Stelle, wie es in der Gründungsurkunde vorgesehen war.

Wilhelm Beker zu Ehrenstein, 1824 aufgenommen, alt, *ehemaliger Renteydiener, sehr arm, ehrlich aber kümmerlich sein und seiner alten Frau Leben von dem, womit ihn sein Sohn der* (derzeitige) *Renteidiener* (des Rentmeisters Hümmerich) *unterstützt, durchbringend,* noch geeignet als *Opfermann.*[351]

Peter Entschladen von Kalscheid, Präbendar ab 1825 nach dem Tod des Peter Ehrenberg.

Appollinar Klein zu Köttingen, Präbendar 1825.

---

[346] Franke 2012, S. 289
[347] FWA, Akten, 70 – 12 – 2
[348] FWA, Akten, 70 – 12 – 2, Die Ernennung der Armen ... 1817 bis 1836
[349] FWA, Akten, 70 – 12 – 2
[350] Wüscheid im Kirchspiel Waldbreitbach gehörte damals vorübergehend (zumindest 1823, S. 5 der Ortschronik der Bürgermeisterei Neustadt) zum selben Amt Neuerburg wie Schöneberg und ein Teil der Pfarrei Neustadt.
[351] FWA, Akten, 70 – 12 – 2

Jos. Heinr. Dittscheid von Büllesbach (*Hecken*), aufgenommen 04.03.1828, † 19.4.1836.
Becker zu Wallrod, April 1836 Bewerber, da die Stelle bereits vergeben war, wurde er für diesmal nicht angenommen.

1846 werden in einer Abrechnung des Rendanten Johann Stroh folgende 5 Pfründner genannt (sie erhielten je 41 Reichstaler und 20 Silbergroschen pro Jahr)[352]:
Wilhelm Höffer von Schluthen,
Peter Entschlathen von Schönenberg,
Johann Klein von Walgenbach,
Mechel Becker von Limbach,
Apulinar Walgenbach von Hombach (Pfarrei Neustadt).

Wilhelm Höfer v. *Schludhof* (Schluten) im Kirchspiel Asbach (1851).[353]
Andreas Heinz, 1851 Bewerber, am 2. April 1851 Pfründner, ehemals Pächter eines Gemeindegutes in Mettelshahn; nach dem Verkauf des Anwesens durch die Gemeinde Bertenau arbeitete er längere Zeit außerorts und wurde deshalb von ihr als Auswärtiger nicht unterstützt, später wohnhaft in Vogtslag und Ehrenberg.[354]
(Johann) Wilhelm Wirtgen zu Ehrenstein, 1851 Bewerber, wahrscheinlich identisch mit dem 1873 in Ehrenstein verstorbenen Wilhelm Wirtgen, 35 Jahre lang Küster in Ehrenstein, verheiratet mit (Eva) Gertrud, geb. Becker, † 1861 in Ehrenstein.[355]

Ob alle Bewerber in die Stiftung aufgenommen wurden, ist nicht klar; die Akten enthalten ja in der Überzahl Briefe und Nachrichten mit jeweils anderen Themen. Ein Präbendar wohnte im Amte Neuerburg zu Siebenmorgen, wobei der Umstand zu berücksichtigen ist, dass die Gemeinde Schöneberg von 1823 bis 1843 vom Amt Neuerburg mit verwaltet wurde.[356] Der Rentmeister Buchsiel berichtet 1851 auch davon, dass im Kirchspiel Asbach nicht immer ein Bewerber für eine Pfründnerstelle auftauchte und daher die freie Stelle nach außerhalb vergeben wurde. Auf die Nennung von späteren Pfründnern wird in dieser Arbeit mit Rücksicht auf eventuelle Persönlichkeitsrechte verzichtet.

Die Zeit nach den Wirren der Säkularisation bis zum Hospitalbau in Asbach

Für das Fürstenhaus Wied trat 1824 der Umstand ein, dass mit dem Tod des Fürsten Carl Ludwig von Wied zu Runkel dessen gesamtes Erbe mangels eines erbberechtigten Nachkommen an den Fürsten Johann August von Wied zu Neuwied fiel und die Teilung im 16. Jahrhundert in die damalige obere und untere Grafschaft Wied aufgehoben wurde. (Allerdings sprangen in der Zwischenzeit jeweils Verwandte des Regenten der anderen Grafschaft ein, wenn eine Linie ohne männliche Nachkommen ausstarb). Mit dem Erbe seines entfernten Vetters musste sich nun Fürst Johann August den verbliebenen Wirren um die Pfarrei Ehrenstein und die Armenstiftung widmen. Sein Bruder war Prinz Maximilian Alexander, der auf eigene Kosten 1815 bis 1817 in Nacheiferung Humboldts eine ethnologische und naturwissenschaftliche Forschungsreise unter anderen zu den indigenen Botukuden ins brasilianische Hinterland und 1832 bis 1834 zusammen mit dem Maler Carl Bodmer ins Hinterland von Nordamerika westlich des Missouri sehr erfolgreich und mit beachtlichem Ruhm durchführte. Die Indianer-Romantik eines Karl May ist wohl von ihm mit beeinflusst gewesen. Die Brüder August, Maximilian und Carl hatten sich an den Kriegen gegen Napoleon beteiligt. Der Bruder Prinz Christian erlag 1800 einer Verletzung im Krieg

---

[352] FWA, Akten, 70 – 12 – 3, Jus patronatus, 1851 bis 1866, Tabelle
[353] FWA, Akten, 70 – 12 – 3, Jus patronatus, 1851 bis 1866, Brief des Rentmeisters Buchsiel vom 5.4.1851 an Fürstliche Rentkammer Neuwied. Dieser Wilhelm Höfer könnte ein jüngerer Verwandter des von J. Stroh genannten Wilhelm Höffer sein.
[354] FWA, Akten, 70 – 12 – 3, Jus patronatus, 1851 bis 1866
[355] Totenbuch Ehrenstein im Pfarrarchiv Ehrenstein
[356] Büllesbach 2013, Seite 25 | Ortschronik der Bürgermeisterei Neustadt, Seite 5

gegen Frankreich auf Seiten Österreichs; der Bruder Prinz Victor fiel 1812 auf englisch-spanischer Seite in Spanien. Das Fürsten-Haus Wied galt wie die meisten Herrscherhäuser über Jahrzehnte hinweg wegen der zum Fürstenstatus gehörenden aufwendigen Hofhaltung als knapp finanziert.

1824 nach dem Tod des durch die Säkularisation emeritierten Priors Collig, der aber weiter im Amt des Pfarrers verblieben war, wurden die Verwaltung der winzigen Pfarrei und der Gottesdienst zunächst durch den über 74-jährigen Asbacher Pfarrer Wirtz[357] beziehungsweise seinen Kaplan Buslay aufrecht erhalten, bis wenige Jahre später wieder ein eigener Pfarrer, Peter Jos. Emonds, eingesetzt wurde. Nach dessen Versetzung 1831 versorgte Herr Buslay erneut bis 1838 die Pfarrei von Oberlahr aus, wo er inzwischen Pastor geworden war. Nach dem folgenden Ehrensteiner Pfarrer Wichterich sprang Herr Buslay 1850 / 51 nochmals aushilfsweise von Oberlahr ein, bis Pfarrer Hochscheid Ehrenstein wieder besetzte.[358] Somit blieb der Westflügel des in das Eigentum des Wieder Fürstenhauses säkularisierten Klosterbaus als Pastoratstube und Wohnung für den Pfarrer erhalten, während die drei anderen Flügel bei fortschreitendem Verfall schließlich abgerissen und die Steine neben Balken als Baumaterial verkauft wurden. Der Heimatforscher Matthias Reufels zeigte Fritz Wiegard noch eine Wiedische Quittung über den Verkauf gebrauchter Baubalken.[359] Am 13. Mai 1829 sollte bereits der Klosterbau mit Ausnahme des Westflügels *an den Mehrstbietenden auf Abbruch versteigert* werden.[360] Der Verkauf des „linken" Flügels stand beispielsweise 1846 bevor[361]. Wie wir oben schon gesehen haben, blieben auch wenige Zellen für die Stiftungs-Armen mindestens bis zum Tod Colligs in Gebrauch. Später fanden auch Leute für den Küster- und Opfermannsdienst im westlichen Flügel ein Unterkommen. Ferner ist in den uns erhaltenen Quellen die Rede von einer „Rentei", wohl einer Art Dienstzimmer mit Stauraum (zum Beispiel für das nach Ehrenstein zu liefernde Getreide), zur Verwaltung der Armenstiftung in Ehrenstein. Das Klostergebäude gehörte ja jetzt dem Wiedischen Fürstenhaus, welches verantwortlich war für den Fortbestand der Pfarrei, deren Güter und Einkünfte in den Wirren der Säkularisation, nach späterer Auffassung zu Unrecht, eingezogen waren, und verantwortlich für das Funktionieren der Armenstiftung, deren Güter und Einkünfte zu einem großen Teil bei der Stiftung verblieben waren.

Die Armenstiftung stand unter der Aufsicht der Königlich Preußischen Regierung zu Koblenz und wurde von einem Fürstlich Wiedischen Rentmeister oder Rendant mit einer Dienstadresse und Räumlichkeiten im Klosterbau zu Ehrenstein verwaltet. Von diesen Rentmeistern begegnen uns in den Akten nach dem Altenwiedischen Amtsrat Mengelberg zu Asbach die Namen Hümmerich (ab 1820), Johann Stroh und Buchsiel (vierziger und fünfziger Jahre).

„In der Much" fungierte ein Oberaufseher der dortigen Ehrensteiner Armengüter, zum Beispiel 1841 der Gastwirt und frühere Bürgermeister Albert Soentgen in Much, der 1841 einen notariellen Pachtvertrag mit 16 Paragraphen über 18 Jahre mit Heinrich Peters über den Hof Berzbach abschloss, dessen Gebäude dringend einer größeren Reparatur bedurften[362]. Heinrich Peters war ab oder nach 1813 Pächter des Armenhofes in Berzbach. Sein Sohn Johann folgte 1851 nach Heinrichs Tod.[363] 1883 war noch der dieserzeitige Bürgermeister

---

[357] Pfarrarchiv Ehrenstein, Hospital, Abschrift des Briefes vom 30. Oktober 1823 an das Generalvikariat des Erzbistums Köln zu Deutz
[358] Pfarrarchiv Ehrenstein, *Rentbuch Lagerbuch* der Kirche Ehrenstein, Abschrift in ein Papier-Heftchen, Seite 6
[359] Wiegard (s. Lit.), Besitzverhältnisse in der Gemarkung Ehrenstein
[360] Nesselrode 2013 / 2014, S.194. | Pfarrarchiv Ehrenstein, Akte 6
[361] Pfarrarchiv Ehrenstein, Brief der Fürstlichen Verwaltung an den Ehrensteiner Pfarrer
[362] Haas, Barbara, Seite 41ff. | Urkunde über die Verpachtung an Heinrich Peters 1841. Die Fotokopie der ersten Seite der Urkunde vom 22. Dezember 1841 und die Abschrift der gesamten Urkunde sandte Herr Herbert Haas an Herrn Klaus Helfert, der dies als Fotokopie zugänglich machte.
[363] Haas, Barbara, S. 43

von Much mit der Aufsicht über die Armenhöfe gegen Entgelt betraut, was man allerdings baldmöglichst abstellen wollte.[364]

Pachtvertrag als Notarsurkunde: Wir ...König von Preussen ... Thun kund und fügen hiermit zu wissen, daß vor unserem in Eitorf wohnenden Notar Friedrich Reicherz aufgenommen worden ist, nachstehende Urkunde.

Die fünf Präbendare erhielten in regelmäßigen Zeiträumen Geldbeträge. Sie bildeten praktisch keine Gemeinschaft unter priesterlicher Aufsicht mehr und wohnten in ihren selbst beschafften oder ererbten Unterkünften. Sie sollten aber täglich eine heilige Messe besuchen, bestimmte Gebete verrichten und im Verhinderungsfall jemand anderen die Messe besuchen lassen. Ab und zu gab es Zuschüsse für Kleidung. Der Diefenauer Hof leistete seine Verpflichtungen (ob anstatt einer Verpflichtung des Dasbacher Hofes gemäß Gründungs-Urkunde, wie man vermuten könnte, steht dahin) und das Fürstlich Wiedische Haus seine Lieferungen an Stelle der Lieferungen des vergangenen Wynnengutes zu Eitorf. Die vier Armenhöfe „in der Much" zahlten die Pacht in Geld; die Pachtverträge wurden auf dem Verwaltungsweg verlängert oder neu vergeben. Die Verwaltung kostete nur kleine Anteile an den Einkünften und für das Fürstliche Haus sprang wohl nichts heraus, wenn man von dem Renommee absieht, das mit der Fürsorge für Arme zusammenhängt. Die Fürstliche Familie

---

[364] Protokollbuch der Verwaltungskommission der Armenstiftung

war in der Stadt Neuwied besonders im Anfang des 19. Jahrhunderts und auch später und anderswo durchaus im sozialen Bereich tätig. Der Zeitgeist hatte die Nöte der armen Gesellschafts-Schicht auch während der Kriegswirren und der Säkularisation nicht völlig verdrängt. Von der Bevölkerung gab es hin und wieder Spenden zum Beispiel in Form von Vermächtnissen. Der Rechner und „Steuerempfänger" Heinrich Rübhausen, gebürtig aus Uckerath und kurzzeitig nach 1838 Verwalter der Bürgermeisterei Waldbreitbach (mit Neustadt und Schöneberg)[365] vermachte der Armenstiftung sein Haus in Uckerath, das 1853 zugunsten des Fonds verkauft wurde.[366]

Am 26. Oktober 1848, dem Jahr des Umbruchs, des Aufblühens von Volkstum, Freiheit und Demokratie, mit preußischer Märzrevolution und nachfolgender Reaktion kam es zu einem Vertrag der Preußischen Krone mit seiner Durchlaucht dem Fürsten Hermann von und zu Wied, einer gebildeten Persönlichkeit mit liberaler Gesinnung sowie mit philosophischen Neigungen, die sich in anonymen Veröffentlichungen manifestierten.[367] Er beschleunigte und erleichterte die Ablöse des Zehnten durch Ermäßigung der Entschädigung des Zehntempfängers durch den bisherigen Zehnzahler, verzichtete entschädigungslos auf Jagdfrohnden und vergütete Wildschäden. Fürst Hermann hatte sich schon seit zwei Jahren um die Entbindung von der Standesherrschaft bemüht, zumal die Ausgaben für diese Pflichten die Einnahmen überstiegen. Die Wiedische Standesherrschaft erlosch durch seinen Verzicht bis auf symbolische Reste gegen eine finanzielle Abfindung[368] und natürlich bei verbleibenden Eigentumsrechten. So gingen neben den Befugnissen in den Kommunen auch alle Verwaltungs- und Ernennungsbefugnisse bezüglich der Armenstiftung an den Preußischen Staat beziehungsweise dessen Verwaltungsorgane über. Unter diesen zu nennen sind die königliche Regierung in Koblenz unter Aufsicht des Regierungspräsidenten in Koblenz und des Ministeriums in Berlin für Inneres, die Kommunalbehörden des Kreises Neuwied und des Amtes (oder der Bürgermeisterei) Asbach sowie die Rechnungs-Stelle der Armenstiftung in Ehrenstein. Allerdings erhob die Fürstliche Rentkammer beim Königlichen Oberpräsidenten zu Koblenz Beschwerde gegen den Entzug des Ernennungsrechtes bezüglich der Pfründner, dem 1860 stattgegeben wurde[369], wobei unklar ist, ob das Fürstenhaus davon noch einmal Gebrauch machte, weil diesbezügliche Verhandlungen des Fürstenhauses mit dem Gräflichen Haus Nesselrode im Gange waren, die 1866 zum Abschluss kamen und das Ernennungsrecht wieder an die Grafen Nesselrode zurückkehrte.[370]

1851 wenden sich unter der Triebfeder des Arztes Dr. Tilgen aus Heide die Einwohner von Ehrenstein, Altenburg, Kalscheid, Krankel, Schöneberg und Heide an den Kardinal in Köln um Wiederherstellung der Armenstiftung und der Vikarie in Ütgenbach.[371] Wie wir in einem Brief vom 2. Februar 1851 des Asbacher Pfarrers Strunck an den Landdechanten und Pastor Krautwig zu Erpel erfahren, war die Verpflichtung zu täglichen Gebeten (für die Herrschaft Ehrenstein) und ein täglicher Messebesuch der Präbendare, bei Verhinderung durch einen Angehörigen, noch durchaus in der Ausübung. Jeder Präbendar erhielt jährlich 41 Thaler und 20 Silbergroschen.[372]

Am 23. März 1853 übertrug die Königliche Regierung in Koblenz die Verwaltung der Armenstiftung einer von ihr ins Leben gerufenen „Commission" in Asbach. Davon erfahren

---

[365] Ortschronik der Bürgermeisterei Neustadt, Seite 7
[366] Schäfer 1966, S. 104
[367] „Das unbewußte Geistesleben und die göttliche Offenbarung" und „Ein Ergebniß aus der Kritik der Kantischen Freiheitslehre" (siehe Lit.: Krüger S. 98 und Tullius S. 92)
[368] Tullius, S. 93 | Büllesbach 2013, S. 28 | FWA, Akten, 70 – 12 – 3, Jus patronatus
[369] FWA, Akten, 70 – 12 – 3, Jus patronatus, 1851 bis 1866
[370] siehe drei Abschnitte weiter unten
[371] Pfarrarchiv Ehrenstein, *Ehrenstein-Uettgenbacher Armenstiftung*, Abschrift
[372] FWA, Akten, 70 – 12 – 3

wir in einem Brief vom 23. März 1853 der Abteilung des Innern der Königlichen Regierung in Koblenz an den Landrat Runkel in Heddesdorf[373] und in einem Brief der „Königlichen Regierung *Abtheilung* des Inneren" vom 10. September 1867 an *Den Pfarrer Herrn Hackenberg Ehrenstein.*[374] Diese Commission setzte sich zusammen aus dem Bürgermeister des Amtes Asbach (von der Königlichen Regierung in diesen Briefen neben Bürgermeisterei auch Samtgemeinde genannt, zu dieser Zeit nach Auflösung des Amtes Altenwied deckungsgleich mit den Pfarreien Asbach, Ehrenstein, Buchholz und Windhagen), *dem Ortsgeistlichen daselbst sowie dreien Mitgliedern des Sammtgemeinderathes der Bürgermeisterei* Asbach. Die Verrechnung der Stiftungsgelder wurde dem bisherigen Rendanten Buchsieb gegen eine Kaution in Höhe eines Sechstels der bisherigen durchschnittlichen jährlichen Einnahmen der letzten drei Jahre übertragen. Gegen die Zusammensetzung der Commission erhoben nach einiger Zeit eigene Ansprüche der Pfarrer von Ehrenstein und der Kirchenvorstand der Pfarrei Asbach. Beschlussfähigkeit gab es mehrmals auch beim Fehlen zweier Mitglieder und mehrmals bei einer Gegenstimme bezüglich des Beschlusses.

Am 18. November 1863 verfassten 30 männliche *Bewohner der Honnschaft Schöneberg, der Herrschaften Uetgenbach und Ehrenstein ... zur Wahrung ihrer Interessen an der sogenannten Ehrensteiner Armenstiftung* in Heide ein Schreiben mit drei Verhandlungs-Punkten, wobei zwei ernannte Vertreter, Anton Schelberg zu Altenburg und Mathias Koch zu Krankel, *in Gemeinschaft mit dem Familienhaupte* (der Nesselrodischen Stifter) *und dem Kirchenvorstand zu Asbach* die gemeinschaftlichen Interessen beraten und wahrnehmen sollten. Erstens sei die Stiftung in der Gründungs-Urkunde der Kapelle Ütgenbach überwiesen worden, die im Kirchenvorstand zu Asbach ihre gesetzliche Vertretung habe; dies sei nach der Verlegung nach Ehrenstein von dem Kloster noch in etwa eingehalten worden. Zweitens solle der Kaplan zu Ütgenbach als Rechnungsführer und Verwalter der Stiftung an allen Fest- und Sonntagen sowie an drei (weiteren) Wochentagen eine heilige Messe für die Stifterfamilie halten; dies sei wegen der kürzeren Entfernung nach Ütgenbach als nach Asbach immer noch für die (meisten) Bewohner der „Honschaft" Schöneberg von Bedeutung. Drittens bestimme *die Urkunde, daß von den Pfarrgenossen aus den Herrschaften Uetgenbach und Ehrenstein dem Familienhaupte des Stifters geeignete arme Männer zur Ernährung aus den Stiftungsrewenüen vorgeschlagen werden sollen.*[375]

1863 übte die Königliche Regierung in Koblenz das Ernennungsrecht auf Vorschlag der Commission aus und teilte dies dem Grafen Nesselrode mit. Das Erzbischöfliche General-Vikariat Köln war in die Entscheidungs-Prozesse bezüglich der Stiftung durch den Asbacher Pfarrer einbezogen und wirkte mäßigend ein. Pfarrer Franke, als Mitglied der Verwaltungs-Commission, und der Kirchenvorstand von Asbach, die in der Stiftung eine rein kirchliche Einrichtung der Filial-Kapelle Ütgenbach sahen, erhielten die Erläuterung, dass weder die Kapelle Ütgenbach, noch die Pfarrei Asbach, noch der Vikar in Ütgenbach im Besitz der Armenstiftung gewesen seien und dass die Verwaltung durch den Vikar und später durch das Kloster unter einschränkender Aufsicht gestanden hätte.[376] Offensichtlich hatte die Stiftung sogar die „Ehre", dass sich das Königlich-Preußische Innenministerium in Berlin 1866 hiermit beschäftigte. Es schrieb an den Kirchenvorstand, dass keine Veranlassung vorliege, den hergebrachten Zustand im Verwaltungswege zu ändern. Es bleibe den Interessenten überlassen, eine richterliche Entscheidung herbeizuführen (worüber keinerlei Nachrichten vorliegen).[377]

---

[373] Pfarrarchiv Ehrenstein, *Ehrenstein=Uettgenbacher Armenstiftung*, Original
[374] Pfarrarchiv Ehrenstein, *Ehrenstein=Uettgenbacher Armenstiftung*, Abschrift
[375] Pfarrarchiv Asbach, Karton Armenfonds
[376] Pfarrarchiv Ehrenstein, *Ehrenstein-Uettgenbacher Armenstiftung*, Abschriften
[377] Pfarrarchiv Ehrenstein, *Ehrenstein-Uettgenbacher Armenstiftung*, Abschriften

Der Pfarrer Hackenberg von Ehrenstein sah sich in einem Schreiben vom 17. Juli 1867 und in weiteren Schreiben als Nachfolger des Priors des aufgelösten Kreuzbrüderklosters und damit als „geborenes Mitglied" der *Commission*. Er sei der Nachfolger des Priors und Pfarrers von Ehrenstein. In der Gründungsurkunde sei zwar der Pfarrer von Ehrenstein nicht ausdrücklich erwähnt, jedoch seien vom Ertrag der Armenstiftungsgüter 3/5 für die Herrschaft Ehrenstein vorgesehen gewesen, die er vertrete. Er sprach auch die Messestiftungen der Gründungsurkunde und die Einkünfte der Armenstiftung vom Hof Dasbach an, die derzeit noch in die Armenkasse flössen.[378] Diese Einkünfte dienten dem Unterhalt des Kapellenbaus, den Nebenkosten der Gottesdienste sowie dem Honorar des diensttuenden Priesters. Ob hiervon tatsächlich etwas in die Armenstiftung floss, ist sonst bisher nicht belegt und eher zweifelhaft. Wir erfahren hier auch nebenbei, dass 1866 Verpachtungen von Armengütern bei Much stattfanden und dabei erhebliche Zehrsummen für die gemeinsame Reise der beiden königlichen Kreissekretäre aus Neuwied nach Much auf Kosten der Armenstiftung anfielen. Pfarrer Hackenberg erhielt unter anderem im Mai ein Antwortschreiben der Commission, unterschrieben von dem Bürgermeister Zimmermann, weiteren Mitgliedern und dem Schöffen Braun aus Reeg bei Ehrenstein[379], und wurde letztendlich am 21. Dezember 1867 von der königlichen Regierung in Koblenz abschlägig beschieden[380].

In diesem Briefwechsel 1867 erfahren wir auch, dass bereits ein Weisenhaus aus den Rücklagen der Armenstiftung diskutiert wurde, was auf günstige Einnahmen zurückzuführen war, die die Kosten für die finanzielle Unterstützung von fünf Armen überstiegen. Als Standort war Asbach ins Auge gefasst, wo 1886 bis 1887 tatsächlich ein Krankenhaus mit Altenheim aber ohne Weisenhaus errichtet wurde. Pfarrer Hackenberg brachte zuvor aber auch Ehrenstein als Standort mit ins Spiel. 1868 besprach die Armen-Commission unter dem Vorsitz des Bürgermeisters Zimmermann den Bau (wohl für Pfründner, Waisenkinder und Kranke) und unterrichtete auch Hochwürden in Ehrenstein von deren Ansichten über die Vorzüge Asbachs gegenüber Ehrenstein bezüglich Arzt, Apotheke und Geschäftsverkehr.[381] Der Bau jedoch wurde wegen fehlender Mittel auch nach einer Einschätzung der Regierung in Koblenz 1873 vorläufig vertagt.[382] 1869 erhielten fünf Arme je 159 Mark pro Jahr.

Am 9. Nov. 1866 war das Recht zur Auswahl und Ernennung der Pfründner der Ehrensteiner Armenstiftung wieder an die Herren von Ehrenstein, nach dem Erbgang an die Grafen Droste zu Vischering von Nesselrode-Reichenstein, zurückgegeben und die Armenkommission davon in Kenntnis gesetzt worden.[383] Der Wieder Fürst Hermann war 1864 gestorben und 1865 verstarb Graf Felix Droste zu Vischering von Nesselrode-Reichenstein, der in der Kirche Ehrenstein beigesetzt wurde. In dem Vertrag mit dem nachfolgenden Fürsten Wilhelm zu Wied entschädigte der nachfolgende Graf Hermann Droste zu Vischering von Nesselrode-Reichenstein den Fürsten gleichzeitig für die Liegenschaften um die Stammburg, die durch die Säkularisation des Klostervermögens an Wied gekommen waren, so dass das Fürstliche Haus zu Wied am Ort Ehrenstein alle Liegenschaften gänzlich abgab. Graf Nesselrode gab die erworbenen Grundstücke mit Kirche, Pfarrwohnung und Garten an die Pfarrei weiter.[384] Er finanzierte auch die spätere Restaurierung der wertvollen Glasfenster. Somit wurde die Pfarrei Ehrenstein Eigentümer der Kirche und des Restes der Klosterbauten. Allerdings wurde Wied in einem Kirchenbau-Prozess über drei Instanzen letztendlich am 19.09.1873 verpflichtet, die Instandsetzung der maroden Kirche zu finanzieren und sie zu unterhalten. In einem Dotations-Prozess ebenfalls

---

[378] Siehe oben unter „Einkünfte der Ütgenbacher Kapelle". Hierzu gibt es zahlreiche Ungereimtheiten. Zur Zeit der 1860er Jahre flossen laut aller anderen Quellen nur Revenuen aus dem Hof Diefenau.
[379] Pfarrarchiv Ehrenstein, *Armenstiftung,* Seite 20
[380] Pfarrarchiv Ehrenstein, *Ehrenstein-Uettgenbacher Armenstiftung,* Abschriften
[381] Pfarrarchiv Ehrenstein, Brief vom 29. Mai 1868
[382] Rhein- und Wied-Zeitung 1927 und Amtsbürgermeister Dr. Kuhn in einem Zeitungsartikel 1937
[383] FWA, Akten, 70 - 12 - 3, Nachricht der Fürstlichen Rentkammer an Königl. Regierung Koblenz, Abschrift
[384] Kettner, Ehrenstein 1477 - 1977, Seite 7

über drei Instanzen wurden dem Pfarrer, dem Küster und dem Organisten adäquate Gehälter sowie Wohnung mit Garten zugestanden. 1887 löste der Fürst zu Wied seine Verpflichtungen gegenüber der Pfarrei vertraglich durch Einmalzahlung von 30000 Mark ab.[385] Die Roggen-Rente, die das Fürstliche Haus wegen der verkauften Ländereien (Wynnenhof) zu Eitorf an die Armenstiftung zahlte, wurde 1876 durch eine Einmalzahlung von 6036 Mark endgültig abgelöst,[386] was die Rücklagen der Armenstiftung erheblich steigerte, so dass das verliehene Kapital tüchtig Zinsen eintrug und die Überschüsse stiegen.

Die Diskussion um einen mit solchen Mitteln zu erstellenden Bau für Arme, Waisen, Pflegebedürftige und / oder ein Krankenhaus, seinen Standort usw. wurde von verschiedenen Seiten mit viel Emotion geführt. Der Arzt und Lokalpatriot Dr. Markus Tilgen, geboren als Sohn des Arztes Dr. Johann Ludwig Tilgen in Heide, ganz nahe bei Ütgenbach, brachte seine Gedanken in einer zu Linz 1870 erschienenen Druckschrift „Die Ehrensteiner Armenstiftung – Zur Aufklärung" zu Papier. Reidt fasste 1908 die heute nicht mehr aufzutreibende Schrift dankenswerterweise in seinem Buch „Ehrenstein" auf zwei Seiten zusammen. Nach der Schilderung der Geschichte der Stiftung griff Tilgen einen Vorschlag der königlichen Regierung auf, die Überschüsse weiteren Armen und Waisen zuzuwenden. Er sprach sich daneben gegen einen kostspieligen Bau in Asbach aus und plädierte eher für bescheidene Unterkünfte in oder bei Ütgenbach. *Dr. Tilgen führt dann die Vorteile näher aus, die nicht bloß für die Armen, sondern auch für die Steuerzahler der bez. Gemeinden der Bürgermeisterei Asbach erwachsen ... würden.*[387]

Die Armenkommission trat einige Male im Jahr auf schriftliche Einladung des Vorsitzenden hin in Asbach zusammen und beschloss einige Tagesordnungspunkte, die vom Vorsitzenden in knapper Form in einer Kladde festgehalten wurden. Die Aufzeichnungen von 1853 bis 1878 liegen uns leider nicht vor. Die vermutlich zweite Kladde von April 1878 bis 1978 ist uns erhalten geblieben. Sie beginnt ohne Vorwort oder sonstige Erklärung, so dass man von einer vorangehenden Kladde ausgehen darf. Neben der Aufzählung der teilnehmenden Personen und den entschuldigt oder (zum Zeitpunkt der Sitzung) unentschuldigt Fehlenden ging es bis zum Jahrhundertwechsel und darüber hinaus auch regelmäßig um die Kassen-Führung und weitere Verwaltungs-Angelegenheiten. Natürlich sind in den knappen Zeilen nicht die Vorkommnisse und Aufgaben mit Beweggründen, Vor- und Ablauf sondern nur die endgültigen Beschlüsse der *Commission* verzeichnet.

Diese Kladde stellt die ergiebigste Quelle für die folgenden Ausführungen für den Zeitraum bis 1900 dar. Benutzte andere Quellen sind in den Fußnoten angegeben.

Am 28. April 1878 hatten sich unter dem Vorsitz des Bürgermeisters Richard Bidgenbach der Schöffe Braun von Reeg und der Vorsteher (der Gemeinde Hussen) Anton Tilgen von Löhe bei Abwesenheit von Pfarrer Nikolaus Franke von Asbach versammelt: *1.) Es wurde beschlossen dem Wilhelm R... aus Sessenhausen ein Darlehen von 1200 M. gegen 5% Zinsen und hypothekarische Sicherheit zu gewähren. 2.) Die Commission beauftragte den Vorsitzenden, das bei der Kreissparkasse deponierte Kapital, was nur 3 1/3% Zinsen bringt, zu kündigen und entweder gegen sichere Hypotheken zu 5% auszuleihen oder soweit dies nicht zu ermöglichen zum Ankauf von 4 1/2% Staatspapieren zu verwenden. 3.) Es wurde beschlossen für das Etatjahr 1878/9 aus den Revenuen des allgemeinen Fonds* (aus in der Gründungsurkunde nicht genannten Quellen stammend) *1500 M. als Unterstützungen an Arme und Kranke gemäß Regierungs-Verfügung vom 19. December 1873 auszutheilen. Die Commission hält es jedoch im Interesse der besseren Verwendung dieser Unterstützungen, wenn dieselben nicht in kleineren monatlichen oder vierteljährlichen Raten ausgetheilt*

---

[385] 1893 wurde Ehrenstein wieder Kloster, indem Franziskaner ihren Einzug hielten und die Pfarr-Arbeit übernahmen, bis sie 1953 von Kreuzherren aus den Niederlanden wieder abgelöst wurden (Kettner und Leisenheimer 1986)
[386] Reidt, S. 81
[387] Reidt, S. 82f. | siehe auch Schäfer 1966, S. 104

werden, wie das bisher geschehen, sondern in halbjährlichen und entsprechend größeren Beträgen ausgegeben werden.
Am 3. Juni 1878 ist die Commission mit dem dritten Mitglied aus dem Samtgemeinderat Vorsteher Wilhelm Klein aus Germscheid wieder vollständig besetzt und alle sind anwesend. Franz Karl Schumacher vom Felderhof (heute Bröleck) möchte aus dem Ackerland des zur Armenstiftung gehörenden *Höverhofes* ein Stück ankaufen. Dies wird aber abgelehnt, solange die Zinsen aus der Kaufsumme die Pachterträge nicht sehr deutlich übersteigen werden. Eine Summe von 3300 Mark wird an einen Privatmann aus Asbach zu 5% mit Sicherung durch eine doppelt so hohe Hypothek verliehen und eine Summe von 2000 Mark an die Gemeinde Schöneberg zu 4 1/2% Zinsen, sofern die oben genannte Zurückziehung des bei der Kreissparkasse deponierten Kapitals genehmigt wird. Man wartet auf eine Entscheidung des Herrn Grafen Nesselrode bezüglich des Vorschlags der Commission für die Besetzung frei gewordener Präbendarstellen.
Am 27. Juni 1878 werden die Rechnungen von Einnahmen und Ausgaben des Jahres 1877/78 erstellt: im *Allgemeinen Fonds* (Einnahme 5375,67 Mark) verbleibt ein Bestand von 3386,99 Mark, im Fonds der *Gräflichen Nesselrodischen Familienstiftung* (Einnahme 3053,76 M.) ein Bestand von 1410,25 Mark. Der Allgemeine Fonds bezog seine Einkünfte aus seinem Armengut Oberheider Hof, dem Zufluss wegen des verlorenen Wynnenhofes in Eitorf, aus dem Nesselrodischen Hof Diefenau und aus Spenden und Vermächtnissen Bertrams und anderer Personen zu allen Zeiten der Stiftung. Aus ihm flossen in der 2. Hälfte des 19. Jahrhunderts passagere Unterstützungen an viele Personen. Der Gräflich-Nesselrodische Familien-Fonds finanzierte sich wohl aus den drei bereits in der Gründungsurkunde genannten Hofgütern „in der Much". Er diente dem Unterhalt der Präbendare.
Bezüglich der Rechnungsprüfung war die Commission sehr genau: Einmal hatte der Rendant (Rechnungsführer, kein Commissions-Mitglied) einen kleinen Fehler hinter dem Komma gemacht und dadurch 2 Pfennige zuviel *Remise* (Entgelt) erhalten; diese musste er im folgenden Jahr zurückzahlen. Die Anlage des Geldes bei der Kreissparkasse in Staatspapieren war vom Landrat nicht genehmigt. Im September 1878 wurde für einen verstorbenen Präbendar aus Krumscheid ein neuer Anwärter aus Schöneberg vorgeschlagen. Aus dem Allgemeinen Fonds sollten einmalige Unterstützungen an Arme und Kranke des Kirchspiels Asbach in Höhe von 750 M. ausgeteilt werden. Man wendete nichts gegen den Verkauf zweier Fichten (undeutlich zu lesen) vom Oberheider Hof durch den (Neuwieder) Kreissekretär Schimmelpfennig ein. Die Zweckmäßigkeit eines Verkaufs des ganzen Oberheider Hofes wollte man erst besprechen, wenn das Landratsamt Vorschläge gemacht hätte. Weiteres Geld sollte gewinnbringender angelegt werden. Im Dezember genehmigte man den Verkauf der Naturalien-Abgaben vom Diefenauer Hof. Für eine vakante Präbendarstelle wurde ein Mann aus Heide vorgeschlagen. Die Anregung des Königlichen Landratsamtes, über den Bau eines Armenhauses zu beratschlagen, wurde zurückgestellt, weil der Bau die Bestände aufbräuchte und nichts mehr für den Betrieb der Anstalt zur Verfügung stände. Der Gemeinde Elsaff wurden 3500 Mark verliehen zu 5% Zinsen bei fünfzehnjähriger *Amortisation* (Rückzahlung in Raten innerhalb von fünfzehn Jahren).

1879 waren ohne die regelmäßig sich wiederholenden Angelegenheiten die wichtigsten Beratungspunkte: Der Vorsitzende wurde für dauernd ermächtigt, an Gemeinden der Bürgermeisterei Asbach Kapital zu 4½ % Zinsen mit von der Königlichen Regierung genehmigtem Tilgungsplan auszuleihen. Ein Präbendar erhielt eine unerwartete Erbschaft; die Commission schlug deshalb vor, die Präbende zurückzuziehen und einen anderen Mann damit zu bedenken; dies wurde aber vom Patron, dem Herrn Grafen Nesselrode, der jetzt regelmäßig die Pfründner ernannte, nicht erlaubt.

1880 ermäßigte die Commission den Zinssatz für die Gemeinde Elsaff von 5 auf 4 1/2 %, weil sie (teilweise in der Pfarre Buchholz und) teilweise in der Pfarre Asbach lag. Mit der Übertragung des Pachtverhältnisses des P. Joseph Schmitz vom Höverhof resp. Sieferhof an

Gerhard und Johann Sieberts aus Hatterscheid (nahe bei Winterscheid) erklärte sich die Commission einverstanden. Der Vorsitzende wurde beauftragt, bei der Königl. Regierung anzufragen, *ob und wenn unter welchen Bedingungen an eine allmälige Veräußerung der Grundgüter der Stiftung herangetreten werden solle.* Das Mitglied Schöffe Braun aus Reeg starb 1880. An seine Stelle trat im Oktober der Vorsteher (der Gemeinde Krautscheid) Conrad Thür aus Jungeroth. Dem Steuerempfänger Schlieben zu Asbach übertrug man die Rendantur der Armenstiftung für 3% *Remise* (Entgelt). Die Aufsicht über die Grundgüter der Armenstiftung bekam der Bürgermeister Komp zu Much für ein Entgelt von 60 M. jährlich. Die Königliche Regierung wurde gebeten zu bestimmen, ob dieselbe Bevorzugung von Armen aus der Gemeinde Schöneberg bei der Präbendenvergabe aus dem Familienfonds auf Grund der Stiftungsurkunde von 1499 auch bei der Austeilung von Unterstützungen aus dem Allgemeinen Fonds gelten sollte. Die Zahl der Präbenden wurde von 9 auf 11 erhöht. Trotz des Urkunden-Wortlauts der Dismembration (Abtrennung) der Pfarrei Buchholz aus der Pfarrei Asbach vom 1. Mai 1835 blieben offenbar *die Wohltaten der Armenstiftung* für die Angehörigen der Buchholzer Pfarrei erhalten, so dass eine Präbende einem Armen aus Seifen, Pfarrei Buchholz, zugute kam. Für Notfälle im bevorstehenden Winter stand etwas Reserve zur Verfügung.

1881 sind nur zwei Sitzungen in der Kladde für die Commissions-Protokolle verzeichnet. Der Vorsitzende wurde beauftragt, mit dem Grafen Nesselrode Verhandlungen über die einmalige Ablösung in Geld von den jährlichen Abgaben des Diefenauer Hofes an die Armenstiftung zu führen. Der nicht näher ausgebreitete Vertrag wurde im Oktober des folgenden Jahres genehmigt.

1882 beschloss die Commission den Verkauf einer Parzelle in der Flur 10 der Gemeinde Löbach an einen Peter Joseph Keppler zu *Höferhof* (auch *Höfferhof* geschrieben). Hierbei handelt es sich aber ausdrücklich nicht um den Siefer Hof, ebenfalls *Höverhof* (oder anders geschrieben) genannt, im heutigen Bröleck in der heutigen Gemeinde Ruppichteroth, sondern um den einige Kilometer entfernten heutigen Höfferhof. Der Weiler Löbach liegt etwa in der Mitte zwischen Bröleck und Höfferhof. Die Orte Höfferhof, Löbach und Derscheid mit der Flur Höverberg gehören heute zur Gemeinde Much. Die verkaufte Parzelle wurde bis dahin vom Pächter des Siefer Hofes bewirtschaftet. Der Käufer musste deshalb dem Pächter zu Siefen eine Abfindung leisten. Einen größeren Ortsteil namens Höfferhof gibt es noch mal am Nordrand von Neunkirchen in etlichen Kilometern Entfernung.

Im Oktober 1882 erhielten zwei Mitglieder der Kommission den Auftrag, die in den Bürgermeistereien Much und Ruppichteroth liegenden Grundgüter (landwirtschaftliche Flächen) zu besichtigen und sich über den Kauf- und Pachtwert der Ländereien und die vorhandene Kauflust zu erkundigen, um sich ortskundig zu machen. Man überlegte, ob und wie weit sich ein Verkaufsversuch zur Erzielung eines größeren Gewinns aus dem Vermögen der Armenstiftung empfehle, denn die Pachten waren allgemein niedriger als die Zinsen, die man aus einem in Kredit gegebenen Verkaufserlös erzielen konnte. Diese Aufgabe übernahmen gegen Ersatz der Auslagen der Vorsitzende, Bürgermeister Richard Bidgenbach, und das neue Mitglied Conrad Thür, Vorsteher der Gemeinde Krautscheid. Das Mitglied Pfarrer Franke stimmte dagegen, weil er den Verkauf nicht für zweckmäßig und nicht im Einklang mit der Stiftungsurkunde stehend ansah. Laut Akten des Landratsamtes Neuwied[388] entschied die Königliche Regierung in Koblenz, dass Grundbesitz-Verkäufe im Wesentlichen nur erlaubt seien, wenn anderes Grundeigentum dafür erworben würde. Anderes sei mit dem Willen der Gründer nicht vereinbar.

1883 sollten Waldparzellen, deren Verpachtung auslief, nicht weiter verpachtet sondern verkauft oder in Eigenverwaltung mit Kiefern besät werden. Die Grundflächen aller vier Höfe waren im Mai teils parzellenweise teils im ungefähren Ganzen verpachtet. Die Verpachtung

---

[388] LHA Koblenz, Abtlg. 475, Fach 163, Nr. 6, Schriftstücke betreffend die Ehrensteiner Armenstiftung von 1852 bis 1906

von Grundgütern des Oberheider, Berzbacher und Höferhofes sollte im Herbst durch den Commissions-Vorsitzenden Bürgermeister Bidgenbach und das Commissions-Mitglied Thür ohne teure Hinzuziehung eines Notars auf 12 Jahre erfolgen. Auffällig ist, dass die Hofgebäude in Siefen und Derscheid nicht in den Pachtverträgen enthalten zu sein scheinen. Eine Kurznachricht, dass die Gebäude der Mucher Armen-Höfe in den Vierziger Jahren des 19. Jahrhunderts verkauft worden seien, ist leider weiter nicht erläutert und belegt.[389] Alle Umstände legen allerdings nahe, dass die alten vier „freiadeligen Armengüter" in der Much nur noch virtuell und ihrem Namen nach existierten und zunehmend in kleinere Pachteinheiten aufgeteilt waren. Die alten Gutsgebäude mit den Hofreiten hätten dann zur Veräußerung angestanden, wenn sie nicht bereits an bisherige Pächter veräußert waren. Teilweise erfahren wir Näheres im Bericht des Bürgermeisters Bidgenbach über die Inaugenscheinnahme der vier Güter in der Much im Mai 1883 an das Landratsamt Neuwied:[390] Der Höverhof war parzellenweise verpachtet, der Derscheiderhof weitgehend ganz an Gerhard Gräf bis 1890 verpachtet. Die Gebäude mit der Hofreite zu Berzbach seien ca. 20 Jahre zuvor an Wilhelm Peters verkauft worden, also etwa 1863 oder wenige Jahre davor oder danach. Auf der kleinen Tafel neben dem Gedenkstein zum 500-jährigen Bestehen der Ehrensteiner Armenstiftung in Berzbach steht: *1870 Kauf der Gebäude und Teil der Landflächen von Familie Peters. Die übrigen Ländereien, ca. 40 ha verbleiben in der Stiftung.* Dies stimmt einigermaßen mit den Ausführungen Bidgenbachs überein. Auch die Gebäude des Oberheider Hofes, deren Verkäuflichkeit 1878 im Gespräch war, waren laut Bidgenbach 1883 bereits verkauft, hochwahrscheinlich an den im Buch von Heinz Maus beschriebenen und 1885 verstorbenen Pächter Peter Faber. Der zuverlässige Heimatkundler Josef Schäfer, dem möglicherweise weitere Quellen zur Verfügung standen, hat berichtet[391], dass unter Bürgermeister Zimmermann (im Amt von März 1838 bis 4. August 1875) und unter Pfarrer Franke (im Amt 1857 bis 26. November 1886, der aber 1883 auf alle Fälle gegen jede Art Verkauf stimmte) die Veräußerung der Gebäulichkeiten der Pachthöfe betrieben worden sei, welche mit einer kleinen Nutzfläche ins Eigentum der Pächter übergegangen seien. Dies werden wir bei unserem Wissensstand auch für Derscheid und Sieferhof in Erwägung ziehen müssen, zumal sich – bezüglich Derscheid – in einem kostenpflichtigen Auszug von 1872 aus dem „Grundsteuer-Kataster in der Parzellen-Mutterrolle 1866 bis 1868 der Gemeinden Wersch, Bonrath, Löbach, Gerlinghausen und Much, eingetragene Grundgüter Ehrensteiner Armengut"[392] keine Grundstücke mit der sinngemäßen Nutzungsbezeichnung „Hof" oder „Hofreite" finden. Wohl deuten noch Flurbezeichnungen für Wiesen und Gärten mancherorts auf frühere Hofgebäude hin. Dagegen findet sich in einem Auszug für das Landratsamt Neuwied über den Armenhof Oberheiden aus dem Grundsteuer-Kataster, Kataster-Jahrgang 1831, für die Gemeinde Gerlinghausen, Flur VIII (Oberheiden), Parzelle 414 und 415, die Bezeichnung „Halfenhof" mit dem mit roter Tinte in anderer Handschrift offenbar später angebrachten Zusatz „verkauft".[393]

1883 bekundete Wilhelm Peters zu Berzbach sein Interesse, der Armenstiftung ein großes Stück Land nahe dem Land des Berzbacher Hofes zu verkaufen, wozu die Commission sich zunächst nicht ganz abgeneigt zeigte, allerdings zu einem ermäßigten Preis (schließlich einigte man sich nicht). *Der Kaufpreis sowie die Kosten eines event. Neubaues von Wohnhaus und Stallung sollen durch Verkauf von Grundstücken des Höverhofes* (auch Sieferhof genannt im heutigen Bröleck) *gedeckt werden, worüber weiterer Beschluß vorbehalten bleibt.* Wilhelm Peters ist als bisheriger Pächter des Berzbacher Hofes bezeichnet. Hierzu würde es passen, wenn die Pächterfamilie Peters vorzeitig einen größeren Landbesitz von anderer Seite

---

[389] Das Asbacher Land (siehe Literatur, Herausgeber Fritz Wiegard), Seite 27, Autor wohl Christian Stein
[390] LHA Koblenz, Abtlg. 475, Fach 163, Nr. 6, Schriftstücke betr. die Ehrensteiner Armenstiftung, fol 13
[391] Heimatkalender 1966 des Landkreises Neuwied, Seite 104
[392] Verbandsgemeindearchiv Asbach, Bestand MA, Nr. 950-01, Bd 2
[393] Besitz Heinz Maus, kleines Büchlein mit Kartenteil, Karten vom Geometer-Eleven Willmeroth

zusätzlich zum Armen-Pachtland gekauft hätte, um mehr Anbaufläche bewirtschaften zu können. In der Schrift von Barbara Haas sind aus Kirchenbüchern in verschiedenen Generationen der Pächterfamilie Peters mehrere Personen mit dem Vornamen Wilhelm verzeichnet. Sie schildert, dass die Gebäude des „alten" Berzbacher Hofes gemäß Pachtvertrag von 1841[394] ziemlich verfallen waren, aber letztendlich bis ins 20. Jahrhundert bei der Familie blieben, und dass bei ihren Forschungen unklar blieb, wann die alten Gebäude mit Hofreite eigentumsrechtlich an die Pächterfamilie Peters gekommen seien.

Das Nichtauftauchen der Gebäude in Kauf-Akten könnte jedoch auch damit zusammenhängen, dass ein damals notierter Verkauf eines Hofgrundstücks heutzutage nicht ohne weiteres erkannt werden könnte, wenn er nur mit der nichtssagenden Kataster-Nummer des Grundstücks bezeichnet ist und für die Bauten je nach Baufälligkeit oder Gebrauchsunfähigkeit nicht viel berechnet werden konnte. Schon seit Jahrhunderten durften die Pächter zwar in den Waldparzellen der Stiftungshöfe nach Zuweisung Bauholz schlagen, die Kosten für alles andere bei Bau und Instandhaltung aber ging auf ihre Kappe, so dass nicht nur die Mobilien der Gebäude sondern auch die Bauten selbst in gewisser Weise als „Zubehör" der Pächter angesehen werden konnten, was erklären würde, dass zum Beispiel am vermutlichen Siefer Hofhaus im 18. Jahrhundert nicht die Armenstiftung als Bauherr eingraviert wurde, sondern wohl die Pächter des Hofes (Iohannes Berdram Seibertz und Maria Catharina Zimmermans) als tatsächliche Erbauer.

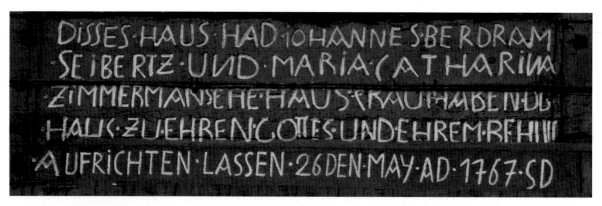

Inschrift auf wahrscheinlich über einander platzierten Balken am Haus in der Sieferhofer Straße 3. Die Handschrift ist durchgehend dieselbe, so dass die Platzierung trotz „holperigem" Text richtig erscheint.
DISSES HAUS HAD IOHANNES BERDRAM SEIBERTZ UND MARIA CATHARINA ZIMMERMANS EHEHAUSFRAU HABEN DIS HAUS ZU EHREN GOTTES UND EHRE...[395] AUFRICHTEN LASSEN 26DEN MAY AD (anno domini) 1767 SD [396]

Unter Vorbehalt wurde von der Verwaltungs-Commission im Herbst die Verpachtung des Berzbacher Hofes an Gerhard Saamen und Genossen zu Berzbach genehmigt. Ein großer Teil der Oberheider Hofes wurde verpachtet, wobei über die noch zur Verpachtung anstehenden Parzellen weiter zu verhandeln war. Ähnliches galt für die Parzellen des Höverhofes; hier ist der Hof selbst nicht aufgeführt. Manche Parzellen dieses Höverhofes (zu Sieferhof) kamen zum Verkauf und zwar: a) an Peter Franken zu Sieferhof Stücke in der Flur 10 der Gemeinde Löbach, b) an Heinrich Sieberz zu Sieferhof je ein Stück Land und eine Wiese in derselben Flur, c) an Johann Peter Schumacher zu Felderhof zwei Stücke Acker in derselben Flur 10 der Gemeinde Löbach sowie ein Acker-Stück plus eine Wiese in der Flur 7 der Gemeinde Brö(h)l, d) an Wilhelm Busch zu Sieferhof eine Wiese in der Gemeinde Bröl, e) an Heinrich Gießelbach zu Felderhof ein weiteres Stück der Flur 10 der Gemeinde Löbach, f) schließlich

---

[394] 22. Dezember: Notarsurkunde, Verpachtung an Heinrich Peters (siehe Quellenverzeichnis)
[395] Eine sichere Lesung der weiteren Zeichen scheint kaum möglich. In Erwartung der Muttergottes ergäben die Buchstaben „EHREN BE(atae) M(ariae) V(irgini)S beispielsweise: zu Ehren der Seligen Jungfrau Maria
[396] SD bedeutet vielleicht: secundum Dominum = „gemäß dem Herrn" oder salus Domini = „Segen des Herrn" oder salus domui = „Glück dem Haus" oder salutem dicimus = „wir grüßen" bzw. „wir wünschen Glück" usw.

teils an Karl Schumacher zu Felderhof, teils an Hubert Krey zu Schmitzdorf in Flur 7 der Gemeinde Bröl ein Ackerstück. Pfarrer Franke stimmte gegen den Verkauf, weil das der Gründungurkunde nicht entspräche.
Man wollte beim Neuwieder Landrat beantragen, die teure Aufsicht über die Güter einzustellen und die entsprechende Bestallung des Mucher Bürgermeisters zurückzuziehen. Die 19 Namen der durch den Allgemeinen Fonds einmalig Unterstützten sind aufgeschrieben (jedoch undeutlich zu lesen). Es handelte sich, soweit erkennbar, um 10 Witwen, wohl 5 unverheiratete Frauen und 4 Männer.

Für 1884 standen wie so oft Rechnungsprüfung und Präbendar-Wechsel wegen Abgang durch Tod an. Die Zahl der Präbendare wurde auf 13 erhöht, danach entfielen „gemäß der Gründungsurkunde" 9 auf die Gemeinde Schöneberg und 4 auf die übrige Pfarrei Asbach und die Pfarrei Buchholz. Eine Frau, die bis dahin regelmäßig Unterstützung aus dem Allgemeinen Fonds erhielt, verzichtete. In späterer Zeit mutmaßte man, dass die Sorgen während einer Typhus-Epidemie im Jahre 1884 dem Bau eines Krankenhauses Vorschub geleistet hätten.

Vom Hospitalbau bis zur Jahrhundertwende 1900

Baurat Eschweiler aus Siegburg wurde 1885 erkoren, die Baukosten für ein Armen-, Kranken- und Waisenhaus zu ermitteln: 2 Krankensäle, 4 Krankenzellen, 2 Schlafsäle für Waisenkinder zu 10 Betten, 1 Saal zum Tagesaufenthalt der Waisen, 3 Wohnräume für 2 Krankenpflegerinnen, 1 Schlafzimmer für 5 Präbendare, 1 Wohnzimmer für dieselben, 1 Speisesaal, 1 Küche, 1 Vorratskammer, 1 Stall für 3 „Stück" Rindvieh. Am 26. Mai 85 erfolgte die Beschlussfassung für den Bau des Hospitals, der vorbehaltlich der Zustimmung der Königlichen Regierung Koblenz so bald wie möglich ausgeführt werden sollte. Das Grundstück „auf dem Krebs" (nahe an Wall und Graben) bei Asbach war schon etwa 20 Jahre zuvor erworben worden; seine Verpachtung als landwirtschaftliche Fläche wurde gekündigt, soweit es bebaut werden sollte beziehungsweise als Arbeits- und Lagerplatz für den Bau gebraucht wurde. Der Landrat zu Neuwied vermittelte eine Beihilfe von 10000 Mark aus der Kreiskasse und die Commission verfügte über 30000 Mark aus Eigenmitteln der Stiftung für die Baukosten einschließlich der Kosten für Brunnenwasser und Einfriedung. Der Familienfonds hatte Gelder angespart – was wohl auch für den Allgemeinen Fond gegolten haben wird. Man fragte sich sogar, ob die Errichtung einer Ziegelei für den Bau opportun wäre. Die Inneneinrichtung mit Gerät, Möbeln usw. hoffte man als Beihilfe vom Malteserorden zu erlangen. Die Pflege sollte einem katholischen Schwestern-Orden übertragen werden; zunächst wollte man das Marienhaus der Franziskanerinnen in Waldbreitbach kontaktieren. Die Bauausführungen beschloss man durch zweimalige Inserate in neun Lokalzeitungen der Umgebung bis Köln ausschreiben zu lassen. Den Zuschlag für die Bauarbeiten erhielt der Maurermeister Anton Germscheid aus Himberg, der aber nach Asbach ziehen und bis zum Ende des Baues dort wohnen musste. Das Äußere des Gebäudes erhielt eine besondere Verklinkerung durch gelbliche „Beueler Ziegel". Ende des Jahres war nur noch die Rede von „Armen- und Krankenhaus"; offenbar wurde die Idee einer Aufnahme von Waisenkindern aufgegeben, ohne dass dies in den Commissions-Protokollen erwähnt ist. Aus dem Pfarrarchiv Asbach (Fach Armenfonds) wissen wir, dass zu dieser Zeit Waisenhäuser mit „genügend" Platz außerhalb von Asbach vorhanden waren.
Vierzig Unterstützungen zu monatlich sechs Mark wurden vom Allgemeinen Fonds ab April 1885 ausgeteilt. Bedacht waren wieder überwiegend Frauen, insbesondere Witwen, meist aus der Gemeinde Schöneberg. Im August entzog man drei Frauen die Unterstützung, weil sie sich geweigert hatten, Kinder einer Familie zu *pflegen*, obwohl sie dazu fähig gewesen wären.

Die Kosten für die Teilung eines Grundstücks, das von einem Johann *Vaper u. Gnn.*[397] zu Oberheiden gepachtet war, sollte der Allgemeine Fonds übernehmen. Sicherheiten von Hypotheken wegen ausgeliehener Gelder wurden geregelt. Die Zahl der aufzunehmenden Präbendare stieg nach Verfügung der Königlichen Regierung auf sechs; fünf andere sollten weiter zuhause unterstützt werden; insgesamt sank die Zahl damit ebenfalls auf Verfügung hin wieder auf 11.

Der Vorsitzende der Armen-Commission und Bürgermeister der Samtgemeinde Asbach Richard Bidgenbach übernahm zum Jahreswechsel 1885/86 die Bürgermeisterstelle Heddesdorf und wurde durch den vorläufig noch kommissarischen Bürgermeister Ludwig Kurtz ersetzt.[398] Unter seinem Vorsitz – und festgehalten in der Niederschrift mit zwar jeweils besser zu unterscheidenden dagegen aber extrem kleingeschriebenen Buchstaben – fanden die Beratungen der Commission 1886 in gleicher Weise wie zuvor statt. Ab Mai fehlte der Pfarrer und Definitor Nikolaus Franke wegen Erkrankung; er starb am 26. November 1886[399]. Man wollte bezüglich der Pflege im Hospital auch mit dem katholischen Orden der Dienstmägde Christi in Dernbach in Verbindung treten. Im Juli entschied sich die Commission aber, die Leitung des Hospitals den Franziskanerinnen-Schwestern des Klosters Marienhaus in Waldbreitbach zu übertragen unter Bedingungen, die der Landrat mit ihnen zu verhandeln hätte. Die sechs aufzunehmenden männlichen Präbendare wurden vorgeschlagen; vier stammten aus der Gemeinde Schöneberg, einer aus der übrigen Pfarre Asbach, einer aus der Pfarre Buchholz. Die Finanzen für das Hospital stammten aus dem „Familienfonds".

Am 5. Juni 1886[400] legte man den Grundstein zum Krankenhausbau. Bei dieser Feier deponierte man eine versiegelte Flasche mit den umlaufenden Münzen und einem Dokument in den „rechtsseitigen" Pfeiler der Eingangstüre. Das Dokument enthielt anerkennende Worte zur Geschichte der Armenstiftung, die Bezeichnung der staats- und kirchentragenden Personen sowie der mitwirkenden Leute zum Beispiel der Commissions-Mitglieder usw. Das Grundsteindokument ist in der Ortschronik der Bürgermeisterei Asbach auf mehr als zwei Seiten dargelegt. Die Abschrift davon findet sich im Anhang 14.

Zwischen der General-Oberin des Klosters St. Marienhaus bei Waldbreitbach einerseits und dem Curatorium der Ehrensteiner Stiftung andererseits wurde am 13. Mai 1887 folgender Vertrag abgeschlossen[401]:

§ 1 Die General-Oberin des Klosters St. Marienhaus übernimmt es, die Krankenpflege und die Leitung des Haushaltes in dem neu erbauten Krankenhaus zu Asbach durch Schwestern ihrer Genossenschaft unter Bezeichnung einer derselben als Oberin ausüben zu lassen. Für den Anfang sind drei Schwestern in Aussicht genommen. Jedoch nach Ausweis des Bedürfnisses und der Mittel des Hauses soll die Zahl der Schwestern vermehrt werden.

§ 2 Die Ordensschwestern erhalten in dem Krankenhause besondere für sie bestimmte Wohnräume, eine sogenannte Klausur, die von den übrigen Räumen des Hauses, entsprechend ihren Ordensregeln, durch eine Klausurthüre abgetrennt ist. Sie stehen in kirchlicher und Disziplinar-Hinsicht unter ihren kirchlichen Vorgesetzten und der General-Oberin des Mutterhauses. Dem entsprechend hat die General-Oberin das Recht die Tagesordnung der Schwestern entsprechend ihrer Regeln und Statuten festzusetzen, so jedoch

---

[397] Mehr ist im Protokoll nicht aufgezeichnet. Hieß der Pächter (mit Genossen) vielleicht Faber, als ein Verwandter des Junggesellen Peter Faber, der 1885 als Pächter des Oberheider Hofes gestorben war und von Herrn Maus in seinem Büchlein „Oberheiden" beschrieben wird? (Siehe Literatur)
[398] Ortschronik Asbach
[399] Schäfer, 1951, in: Kirche und Pfarre St. Laurentius Asbach (s. Literatur), S. 44
[400] Nach Berichten anlässlich der Jubiläumsfeiern 25 und 40 Jahre später legte man den Grundstein am 7. Januar; der 6. Juni als Datum in der Ortschronik Asbach scheint aber nach Quellen-Kritik zutreffend zu sein.
[401] Waldbreitbacher Franziskanerinnen e. V., Zentrales Ordensarchiv, Asbach Akten 1887 – 1955, Mappe „Wichtige Schreiben"

daß die Krankenpflege nicht darunter leidet; sie hat auch das Recht der Versetzung und Ueberweisung der Schwestern.

§ 3 Die Hausordnung für die Pfleglinge bestimmt die Oberin zu Marienhaus mit Genehmigung des Vorstandes der Ehrensteiner Stiftung.

§ 4 Die drei Schwestern erhalten im Krankenhaus freie Kost und Logis.

§ 5 Der Vorstand des Krankenhauses bezahlt alljährlich pro Schwester 100 Mark in halbjährlichen Raten postnumerando an die Oberin zu Marienhaus.

§ 6 Der Oberin des Krankenhauses steht es zu, das notwendige Dienstpersonal anzustellen, zu überwachen und eventuell zu entlassen. Für den Anfang wird zur Versorgung der Mägde-Dienste im Hause eine Dienstmagd gehalten. Die Magd wird von dem Vorstand bezahlt.

§ 7 Beide kontrahierende Theile behalten sich das Recht der Kündigung des vorstehenden Vertrages vor unter beiderseitiger Festsetzung einer sechsmonatlichen Kündigungsfrist.

Asbach, den 13. Mai 1887
Der Vorsitzende der Commission der Ehrensteiner Armenstiftung. Kurtz Bürgermeister.
Schwester Agatha Simons General-Oberin
Gesehen und genehmigt
Trier den 20 mai 1887 + M Felix Bischof von Trier

Nach Zustimmung der Königlichen Regierung in Koblenz und des Erzbischöflichen Generalvikariats Köln konnte die Eröffnung des Hospitals am 20. Juli 1887 stattfinden. Schwester Bibiana Stuppertz, Oberin der Franziskanerinnen in Asbach bis 17.10.1902, leitete die Hauswirtschaft und Pflege.[402] Ihre Leistungen und die ihrer drei tüchtigen und selbstlosen Mitschwestern wurden in späteren Kommentaren immer mit höchstem Lob hervorgehoben. Auf Schwester Bibiana folgte 1902 Schwester Mechtildis Drucks.

Bauzeichnung, Ansicht des Hospitals. Zentrales Ordensarchiv Waldbreitbacher Franziskanerinnen, Asbach, Chronik.. Alle Rechte an den drei Fotos der Bauzeichnungen des Hospitals zu Asbach liegen beim Waldbreitbacher Franziskanerinnen e. Verein.

---

[402] Berichte in der Rhein- und Wied-Zeitung zum 25. und 40. Bestehen des Hospitals. Quelle: Zentrales Ordensarchiv der Waldbreitbacher Franziskanerinnen, Asbach, Chronik.

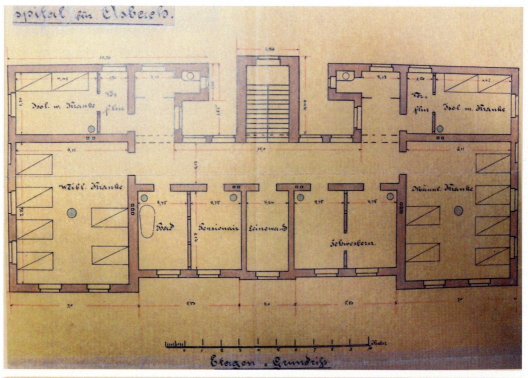
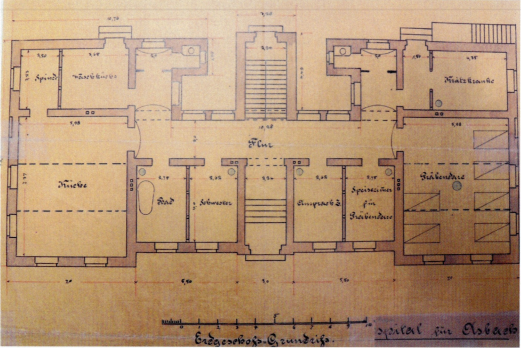

Bauzeichnungen des Hospitals[403]
Sechs Betten in einem kleinen Schlafsaal und ein Speisezimmer für Präbendare sind eingezeichnet.

Bei der Finanzierung traten 1887 Erschwernisse ein. Der Kreis Neuwied stellte zunächst statt 10000 M. nur 5000 M bereit, die andere Hälfte sollte in zwei Raten, erst je im Abstand von 2 Jahren folgen. Die Beihilfe des Malteser-Ordens, mit der man relativ fest gerechnet hatte, wurde nicht gewährt. Man musste die Reserven der Stiftung angreifen.

---

[403] Zentrales Ordensarchiv Waldbreitbacher Franziskanerinnen, Asbach, Chronik.
Alle Rechte an den drei Fotos der Bauzeichnungen des Hospitals zu Asbach liegen beim Waldbreitbacher Franziskanerinnen e. Verein.

Die Präbendare zahlten stiftungsgemäß nichts; die im Hospital aufzunehmenden Kranken mussten in den meisten Fällen für die Kosten selbst aufkommen. Ausnahmen waren möglich insbesondere für „Fondsarme"; auch war für die Bewohner der Pfarreien Asbach und Buchholz ein niedrigerer Satz als für Ortsfremde vorgesehen: Man dachte dabei an 80 Pfennig pro Tag beziehungsweise 1 Mark für die Ortsfremden. Für betuchte Leute standen höhere Standards und höhere Sätze im Gespräch. Der Distriktarzt Dr. David Wackermann sollte die Behandlung im Krankenhaus übernehmen. Dr. Markus Josef Tilgen von Heide, Arzt im Asbacher Bezirk, war 1876 gestorben.[404] Da Dr. Wackermann von der Bürgermeisterei bereits ein Entgelt für die Tätigkeit im „Distrikt" erhielte, bekäme er für die Behandlung in der üblichen III. Klasse nichts, in den höheren Klassen wäre aber sehr wohl ein Honorar von den Patienten selbst zu leisten. Dr. Wackermann war offenbar praktizierender Protestant und spielte bei der Entstehung der evangelischen Pfarrei Asbach-Kircheib 1879 eine tragende Rolle.[405] Über diesbezügliche Schwierigkeiten mit den katholischen Schwestern und Bewohnern finden sich in den zu Rate gezogenen Unterlagen nicht die geringsten Hinweise. Er war außerdem auch in der Zivilgemeinde anwesend, kümmernd und tätig. Ein Einwohner durfte nach Abtretung seines gesamten Vermögens von etwa 2700 Mark an die Hospitalverwaltung für immer in das Hospital aufgenommen werden, ohne als Präbendar zu gelten.
Am 27. September wurde Pfarrer Vogel als neues Commissions-Mitglied eingeführt.

1888 trat der Gemeindevorsteher August Koch von Wilsberg an die Stelle des Gemeindevorstehers Conrad Thür, verstorben im Juli 1888, und verpflichtete sich durch Handschlag mit dem Vorsitzenden an Eides statt. Eine *landarme* Frau wurde gegen eine tägliche Gebühr von 80 Pfennigen pro Tag in das Hospital aufgenommen, ebenso ein Einwohner der Gemeinde Windhagen gegen 270 Mark jährlich, eine weitere Frau aus Walgenbach für 50 Pfennige pro Tag. Der Pflegesatz plus Kosten für Medikamente sollte in der III. Klasse 1 Mark betragen. Eine per Vermächtnis an die Stiftung gekommene Scheune nebst Grundstück stand zum Verkauf. Das Hospital hatte im Betrieb des ersten Rechnungsjahres etwa gleich viele Einnahmen wie Kosten. Ein Kind aus der Gemeinde Schöneberg war 1 Monat lang im Hospital untergebracht; die zuständige Gemeinde zahlte dafür 50 Pfennig pro Tag. Die oben genannte Frau aus Walgenbach brauchte in Anbetracht ihrer Arbeitsfähigkeiten (für das Hospital) und ihres Fleißes nichts mehr zu bezahlen, welche Vergünstigung ab 1. Jan. 1889 wieder zurückgenommen wurde. Eine Frau aus Neustadt durfte ins Hospital aufgenommen werden, wenn sie ihr Kapitalvermögen von etwa 1200 Mark der Ehrensteiner Armenstiftung verschriebe. Ein Eiskeller wurde ins Auge gefasst. Die Portoauslagen des Bürgermeisters für die Stiftung sollten per Pauschale monatlich erstattet werden. Dieser Beschluss entstand unter Federführung des Pastors Vogel in Abwesenheit des Bürgermeisters.

1889 sollte ein Krankentransportwagen gekauft werden; eine Fahrt würde 1 Mark kosten. Eine Klingelanlage wurde vorgesehen. Graf Nesselrode hatte noch das Ernennungsrecht für Präbendare. Drei Frauen konnten unentgeltliche Pflege im Hospital genießen (obwohl sie keine Präbendarstelle erhielten). Die Lebensmittelversorgung wurde geregelt, indem einzelne Lieferanten mehr oder weniger ein Monopol im Gegenzug für einen Preisnachlass erhielten. Zur *Hospitalbaukasse* war vermerkt: „Einnahmen und Ausgaben 58341 Mark", womit wohl die Gesamtkosten des Hospitalbaues gemeint waren.
Bezüglich der Verpachtung des Derscheider Hofes wollte man zunächst untersuchen, ob ein einzelner Pächter das gesamte Land pachten sollte oder ob eine parzellenweise Verpachtung

---

[404] Schäfer, Josef, 1980, S. 37f
[405] Gran (s. Lit.) in Asbach Westerwald. | Petersohn (s. Lit.) Familienbuch Asbach und Buchholz 1811 – 1900, Anhang III Evangelische Einwohner ..., Seite 1050f.

günstiger wäre. Die zum Derscheider Hof gehörenden Acker-, Wiesen- und Waldstücke waren zusammen mit einem Stück, das zum Höverhof gehörte, zuletzt 1878 an den Pächter Gerhard Gräf zu Derscheid verpachtet worden. Diese Verpachtung wurde schließlich bis 1898 *unter Bürgschaft des A. Johann Gräf zu Feld* verlängert und die Pacht betrug jährlich 570 Mark. Eichen, Buchen und Kiefern durfte der Pächter nicht entnehmen, jedoch hatte er für die entsprechende Nachzucht zu sorgen.

1890 konnte ein Kredit der Fundation an die Schulkasse Asbach nicht mehr aufrecht erhalten werden und wurde gekündigt. Dem außerhalb wartenden Bürgermeister Kurtz wurden 150 Mark jährlich für die Besorgung der Dienstgeschäfte der Armenstiftung zugebilligt. Im Hospitalgebäude befanden sich eine Waschküche und ein Bad. Von einer geplanten allgemeinen Wasserleitung für Asbach war die Rede. Wegen „ungünstiger (finanzieller) Verhältnisse in der Hospital-Verwaltung" wurde eine fünfte Krankenschwestern-Stelle für 100 Mark pro Jahr abgelehnt. Reparaturen fielen an. Die Ausgaben im Hospital waren aber durch Einnahmen ziemlich genau gedeckt. Der Regierungspräsident setzte einen Betrag von 25000 Mark als Rendite bringende Einlage für den Allgemeinen Fonds der Armenstiftung bei der Kreissparkasse fest. Der Gräfliche Familien-Fond hatte keine Reserven mehr. Das Hospital war Eigentum der Armenstiftung. Der Hospitalbetrieb finanzierte sich aus den in eine eigene Kasse fließenden Einnahmen von den Inanspruchnehmenden, etwa Kranken im Krankenhausteil oder den weniger hilfebedürftigen Selbstzahlern und den Pfründnern mit festen Sätzen aus dem Familienfonds im Wohnteil. Der Preis eines Bades für einen Besucher möchte festgelegt und veröffentlicht werden. [406]

Am 18. Juli 1890 erteilte der Landrat Runkel in Heddesdorf dem Bürgermeister Kurtz einen Plan zur Führung des Hospitals: Die lokale Oberin der Ordensschwestern leitete die Haushaltung unterstützt durch den Pfarrer. Der Samtgemeinderat schlug jährlich zwei Ortseingesessene vor: Der eine hatte *Viktualien* (Lebensmittel) und anderen Waren zu prüfen, indem er unter anderem wöchentlich einmal das Essen kosten musste. Der zweite kümmerte sich um das Vieh, seine Wartung und Fütterung, seinen An- und Verkauf und um den Garten. Lieferanten sollten einmal im Monat bezahlt werden, indem der Bürgermeister anwies und der Rendant auszahlte. Die Oberin musste den Bürgermeister fragen, wenn sie Kranke aufnahm. Dieser war zur Führung eines Kranken-Buches verpflichtet. Die Remise des Rendanten bemaß sich so, wie es im Gemeindeverwaltungs-Bereich üblich war. Die Mitglieder der Verwaltungs-Commission arbeiteten ehrenamtlich. Die Porto-Kosten erfuhren eine Regelung. Bei bestimmten Themen sollte der Bürgermeister die Oberin und den Rendanten zur Commissions-Sitzung hinzuziehen.

1891 gab es einen Wechsel des Rentmeisters, also desjenigen, der die einzelnen Ein- und Ausgänge in den verschiedenen Kassen der Stiftung zu verwalten hatte. Hierbei und in fast allen entscheidenden Dingen hatte die Regierung in Koblenz das letzte Wort, oft vertreten durch das Landratsamt des Kreises. Der neue Rentmeister Ludes hatte eine Kaution von 500 Mark zu stellen. Der Etat 1891/92 für die Einnahmen und Ausgaben des Hospitals betrug je 5500 Mark. Kredite aus dem Allgemeinen Fonds zu 4% Zinsen gegen Hypotheken an Bewohner der Pfarreien Asbach und Buchholz wurden weiter vergeben. Die Verpachtungen der Grundstücke der *Höfe Berzbach, Oberheiden und Höfer* standen für das folgende Jahr an. Bei Oberheiden wurden Flächen im Bereich des Dorfes Eckhausen verpachtet. Bei Berzbach und Marienfeld musste die Verpachtung verschoben werden. Die Flächen bei Siefen und Derscheid wurden relativ kleinteilig in verschiedene Richtungen vermietet, so dass man eigentlich wohl kaum noch von vier großen Hofgütern in der Much sprechen konnte, sondern eher von verstreutem Land- und Waldbesitz, der zuvor je zu den vier Großgütern der

---

[406] Pfarrarchiv Ehrenstein, *Armenstiftung,* Abschrift

Armenstiftung gehört hatte. Pächter im Gebiet Sieferhof und Derscheid wurden (soweit lesbar):
Maria Anna Zimmermann zu Sieferhof (heute Bröleck) – für ½ Mark,
Witwe Wilhelm Busch daselbst – 40 Mark,
Gerhard Siebertz zu Höferhof,
Heinrich Siebertz zu Sieferhof – 30,5 Mark, ,[407]
Johann Hermerath (auch Name eines Nachbardorfs) zu Derscheid,
Heinrich Wilhelm Schmitz daselbst,
Heinrich Steimel (Name früherer Pächter von Armenhöfen) zu Derscheid, – 1 Mark Pacht!
Johann Martin Tüschenbonner (Tüschenbonnen ist auch der Name eines Nachbardorfs) zu (dem nahen Ort) Birrenbachshöhe,
Johann Krämer zu Felderhoferbrücke (heute auch zu Bröleck gehörend),
Gerhard Felder daselbst (der Felder Hof war ein Nachbarhof des Siefer Hofes im heutigen Bröleck, Feld ist der Name eines Dorfes etliche Kilometer entfernt).

Im Januar 1892 beschloss die Commission, Grundstücke des Hofes Siefen im heutigen Bröleck (dieser Zeit Gemeinde Broel) und in der dieserzeitigen Gemeinde Löbach zu verkaufen, weil offenbar per Kreditvergabe ein höherer Gewinn als mit Verpachtung zu erzielen war. Die Grund-Güter des Berzbacher Hofes wollte man für 750 Mark pro Jahr wohl auf 8 Jahre (schlecht lesbar) an den Ackerer Johann Becker zu Berzbach verpachten, was aber nicht zustande kam, weil ein Bürge seine Bürgschaft zurückzog. Man verpachtete dann einem anderen Pächter namens Witteler.
Weitere Grundstücke in den Orten Broel und Löbach wurden für 8 Jahre verpachtet an *Gerhard Sieberz*[408] *zu Höferhof, Carl Schumacher zu Felderhof, Johann Peter Schumacher zu Felderhof, Wilhelm Schmitz zu Derscheid und Johann Martin Tüschenbönner zu Birnbachshöhe* und einen Monat später an *H. Steimel zu Derscheid unter Bürgschaft des Gerhard Sieberz zu Höferhof* und an die *Gebrüder Gräf zu Damm unter guter Bürgschaftsleistung*. An Peter Gräf zu Derscheid wurde bald darauf eine weitere Fläche verpachtet unter der Bürgschaft des Johann Gräf daselbst. An den Kaufmann Leven zu Kalk wurden einige Flächen beim Siefer Hof verkauft. Den Erlös steckte man zum Teil in die Ablöse von Verbindlichkeiten.
Trotz eines weiteren Antrags diesmal der Generaloberin des Marienhauses zu Waldbreitbach lehnte die Commission wegen der Kosten von 100 Mark pro Jahr eine fünfte Schwester nochmals vorläufig ab. Die Ortskrankenkasse Neuwied entstand; würde sie die Kosten für die Medikamente übernehmen, könnte man die Tageskosten für die Patienten reduzieren. Bezüglich der Reinigung und Desinfektion gab es besondere Regelungen.
1893 geschahen noch geringfügige Verpachtungen in Derscheid und Sieferhof. Waldstücke brauchten Aufsicht, Verwaltung und Holzbewirtschaftung.

1894 stieg der Lohn des neuen *Gemeindeempfängers* als gleichzeitiger Rechner der Armenstiftung auf 300 Mark jährlich und seine bei der Kreissparkasse zu hinterlegende Kaution auf 1000 Mark. Eine Pfründnerstelle für die Gemeinde Schöneberg konnte nicht besetzt werden, weil eine geeignete Person nicht zu finden war. Statt des Commissions-Mitglieds Klein erscheint in der Anwesenheitsliste das Mitglied Schmitz. Bald sollten auch der Plan eines Eiskellers und die Erstellung eines neuen landwirtschaftlichen Ökonomiegebäudes verwirklicht werden. Wegen Infektionen mit der Notwendigkeit der Isolierung der Kranken und anderer Ursachen stand ein Erweiterungsbau des Krankenhauses an, was aber in Bezug auf die landwirtschaftlichen Gebäude und das Isolierhaus erst nach

---

[407] War dieser Familienname Siebertz entstanden aus Siefens > Siefers > Siebers > Sieberz (üblicherweise bedeutet Sieberz: Familie oder Sohn des Siegbert)
[408] So heißen auch die Familien, die heute in der Sieferhofstraße Nr. 3 und 5 wohnen.

1904 in Angriff genommen wurde. Die Kosten sollten aus den Rücklagen der Stiftung getragen werden.

1895 wurde der jahrs zuvor mit dem Kronen-Orden dekorierte Distrikt- und Hospitalarzt Dr. Wackermann abgelöst durch Dr. Paul Kraemer.[409] Im Laufe der sich hinziehenden Umbauten entstanden ein weiterer östlicher Krankenhausflügel, eine Kapelle, und ein Eiskeller im Hospitalgarten. Pläne wegen der landwirtschaftlichen Bauteile verschob man auf später. Trotz der Bauvorhaben vergab man weitere Kredite. Ein Bürge aus Felderhoferbrücke übernahm die Pacht eines ausgeschiedenen Pächters für einen Acker zwischen Sieferhof und Derscheid.

1896 verpachtete man zur Steingewinnung ein Stück zu mäßigem Preis in der Gemeinde Ruppichteroth. Graf Nesselrode besaß noch das Ernennungsrecht für die Präbendare der Armenstiftung. Durch den Tod des pachtenden Bauern vom Daushof, Gemeinde Gerlinghausen, ganz in der Nähe und unterhalb von Oberheiden, fand auch dort ein Pächterwechsel zum bisherigen Bürgen statt. Beim Sieferhof sollte eine Holzparzelle verkauft werden. Für im Altenteil des Hospitals auf Kosten der Gemeinden Untergebrachte betrug der Pflegesatz 80 Pfennig pro Tag *incl. Arzt und Medikamente*. Lebensmittel lieferten schon seit Anfang an ausschließlich je ein Händler, Bäcker, Metzger usw. aus der nahen Umgebung zu reduzierten Preisen. Aus dem Eiskeller durfte etwas Eis eimerweise gegen kleines Geld abgegeben werden.

1897 trat an die Stelle des Commissions-Mitglieds Schmitz das Mitglied Laufenberg. Weitere Kredite wurden vergeben. Man bewilligte endlich auf Widerruf die fünfte Stelle für eine Krankenschwester aus dem Franziskanerinnen-Mutterhaus Waldbreitbach. Für ihre Tätigkeit zu Tages- und Nachtzeiten und praktisch ohne Ruhetag zahlte die Hospitalkasse der Armenstiftung neben der Stellung von Kost und Logis weiterhin 100 Mark im Jahr an das Mutterhaus. Das war fast nur der Preis für ein Ordenskleid![410] Dem Distrikt- und Hospitalarzt Dr. Kraemer kam ein Entgelt von 150 Mark pro Jahr aus der Hospitalkasse zugute, wofür er sich verpflichtete, Krankenschwestern, Personal, abonnierte Dienstboten von Herrschaften und arme Kranke unentgeltlich ärztlich zu behandeln. Die Commission bewilligte auch etwas Mobiliar für das Hospital. Und sie billigte den Verkauf einer Parzelle beim Sieferhof in der Gemeinde Löbach für 400 Mark an den Hotelier Lucke zu Felderhoferbrücke.

1898 beschloss die Commission, *dem bisherigen langjährigen Pächter des Derscheider Hofes*[411], *dessen Pachtperiode am 11. November 1898 abläuft, auf die weitere Dauer von acht Jahren und zwar vom 11.11.1898 bis ... 1906 unter Bürgschaft des Ackerers Johann Gräf zu Feld*[412] *zu dem jährlichen Pachtpreis von 550 Mark die nachstehenden bisher zu dem Derscheider Hofe verpachtet gewesenen Grundstücke zu verpachten:* Es folgen 32 Parzellen.

Da 1899 in der Gemeinde Schöneberg keine alten Männer zu finden waren, die das Angebot der Präbendarstellen im Hospital annehmen wollten, entschied man sich, die Aufnahme von zwei alten Frauen aus der Gemeinde befürwortend bei der Regierung zu beantragen. Auch eine Witwe aus Rindhausen sollte nach Zustimmung und Ernennung durch den Grafen Hermann von Nesselrode als Präbendarin ins Hospital aufgenommen werden. Das Vermächtnis eines *verstorbenen Fräuleins* über 150 Mark für Fensterläden wurde mit Dank angenommen. Der Fabrikbesitzer Adolf Leven von Kalk kaufte einige Waldparzellen bei Sieferhof. Zur Verbreiterung eines Weges zwischen Felderhof und Birnbacherhöhe stellte die Armenstiftung kleine Teile von Grundstücken zur Verfügung. Ein kleines Grundstück in Broel wurde einem Ansässigen verkauft. Grundstücke mit wenig Pachtertrag sollten mit Kiefern aufgeforstet werden.

---

[409] Rhein- und Wied-Zeitung vom 26. Juli 1927
[410] Klosterarchiv
[411] wohl der 1888 genannte Gerhard Gräf, dessen Familie wohl auch die Hausparzellen erwarb, weil der Hof nach Aussagen des heutigen Bewohners zeitweise Gräfes-Hof hieß
[412] Ort im Kirchspiel Much, einige Kilometer entfernt

Im Jahr 1900 entschied Graf Nesselrode noch die Ernennung der Präbendare. Eine weitere sechste Krankenschwester der Franziskanerinnen durfte im Hospital eingestellt werden. Das „Dienstboten-Abonnement" wurde für den Fall eines Patienten mit eigenem Personal angepasst. Kleinteilige Grundstücke des „Hofgutes" zu Oberheiden, auch in der weiteren Umgebung Oberheidens, wurden an verschiedene Interessenten verpachtet.

Wandlungen der Stiftung im 19. Jahrhundert

Den Stifterwillen in einzelnen Punkten zu erfüllen, so wie man ihn zu verstehen vorgab, machte man sich meist besonders dann zu eigen, wenn es sowieso gut passte. Drei der Pfründner waren laut Gründungsurkunde aus der Herrschaft Ehrenstein zu wählen, einer aus der restlichen Honschaft Schöneberg (in der Gründungsurkunde Ütgenbach genannt) und einer aus der restlichen Pfarrei Asbach, von der 1835 die Pfarre Buchholz abgetrennt wurde. Eine entsprechende Auswahl wurde zumindest einigermaßen bis 1900 versucht. Als zentrale Entscheidungs-Instanz war in der Gründungsurkunde ausdrücklich der jeweilige Herr zu Ehrenstein gedacht. Zur Jahrhundertwende 1900 bestand nur noch ein geringer Rest des Einflusses der Stifterfamilie, beziehungsweise des jeweiligen Nesselrodischen Besitzers der Burgruine und der ehemaligen „Freiheit" Ehrenstein, auf die Ehrensteiner Armenstiftung in Gestalt des Ernennungsrechtes und - bei Gelegenheit - der Auswahl der Pfründner. Die ehemalige Herrschaft Ehrenstein war bis auf den Besitz der Burgruine und des Geländes der ehemaligen Freiheit einschließlich der Vorburg ohne das Gelände der Kirche und des ehemaligen Klosters geschrumpft. Die Leitung der Stiftung lag jetzt grundsätzlich bei der Königlich Preußischen Regierung in Koblenz, oft vertreten vom Landrat bzw. dessen Amt des Kreises Neuwied. Die eigentliche Arbeits-Entscheidung oblag seit 1853 der Verwaltungs-Commission unter dem Vorsitz des Amtsbürgermeisters der Samtgemeinde Asbach. In der Commission waren außer dem Bürgermeister immer der katholische Pfarrer von Asbach und noch drei Angehörige des Samtgemeinderates, fast immer Vorsteher von Gemeinden innerhalb der Pfarreien Asbach, Ehrenstein und Buchholz, als Mitglieder vertreten. Das war deutlich mehr Einfluss als den Honschaftsleuten Ütgenbach und den Kirchspielsleuten Asbach in der Gründungsurkunde (dort bei der jährlichen Rechenschaft) zugebilligt war. Von einer jährlichen Rechenschaft des Priors und des Konvents und einer Beteiligung der Honschaft Schöneberg und des Kirchspiels Asbach erfahren wir allerdings schon zu Zeiten der Verwaltung durch das Kloster nichts, was aber auch daran gelegen sein kann, dass der Anlass der jeweiligen Quellenerstellung nie mit einer Rechenschaft in Zusammenhang stand. Der Rechnungsführer der Stiftung war zur Jahrhundertwende 1900 gleichzeitig als Rechnungsführer im Bürgermeisteramt beschäftigt. Die Gebete der Pfründner für die Stifter sind um 1900 in den Quellen nicht mehr erwähnt. Die in der Gründungsurkunde behandelten Messfeiern mit den Pfründnern zugunsten des Seelenheils der Ütgenbacher und Nesselrode kommen zwar in den Quellen zu Zeiten der Klosterverwaltung nicht mehr vor, was aber nicht ausschließt, dass sie neben den zahlreichen anderen gestifteten Messen in der Ehrensteiner Kirche gehalten wurden. Da bis wenigstens in die Fünfziger Jahre des 19. Jahrhunderts einige Dezennien lang nach der Säkularisation noch von einer Verpflichtung der Pfründner zu einen täglichen Mess-Besuch irgendwo in erreichbarer Nähe die Rede ist, scheint ein täglicher Mess-Gang der Pfründner in Ehrenstein bis zur Säkularisation ziemlich wahrscheinlich, ja geradezu selbstverständlich. Jedenfalls mutmaßte der Asbacher Pfarrer Franke in einem Briefwechsel im September 1865 mit dem Domkapitular Broin in Köln[413], dass drei Messen an Wochentagen sowie eine an jedem Sonn- und Feiertag zum Seelenheil der Stifterfamilien bis zum Tode Prior Colligs gehalten worden seien, danach nicht mehr. In der Urkunde von 1530 mit der vollständigen Verlegung der Stiftung ins Kloster Ehrenstein sind Messen und religiöse Verpflichtungen der Pfründner nicht Gegenstand des Textes. Dagegen ist die Versorgung der Ütgenbacher Kapelle durch einen Priester (Kaplan) zu Ütgenbach in der

---

[413] Archiv der katholischen Pfarrei Asbach, Karton Armenfonds

Kirchspielsachte von 1545[414] durchaus ein Thema. Pastor Vogt berichtet 1726 [415]von Messen und entsprechendem Einkommen dafür in der Ütgenbacher Kapelle sowie von Stiftungen zu Ütgenbach für die „Armentafel". Pfarrer Franke wusste 1865 davon offenbar nichts mehr. Die in der Gründungsurkunde genannten entsprechenden Stiftungen der Ütgenbacher Edelherren hat wohl der Besen der Zeit zugekehrt.

Den Pfründnern sollte laut Gründungsurkunde immer ein Priester vorstehen; unter seiner Aufsicht mussten sie recht viel unter anderem für das Seelenheil der Stifterfamilien beten und Messe hören. Der kirchliche Einfluss beschränkte sich seit 1853 auf die Mitgliedschaft des jeweiligen katholischen Asbacher Pfarrers in der fünfköpfigen Commission und zusätzlich ab dem Hospitalbau auf die Leitung und Erbringung der Pflege und der Hauswirtschaft durch die Franziskanerinnen von Waldbreitbach im Hospital mit seinen Funktionen als Krankenhaus und Altenheim. Dem Hospitalbau hatte man schlussendlich durchaus im mutmaßlichen Sinne der Gründer eine Kapelle beigefügt, in der auch regelmäßig Messen gelesen wurden. Die „Wohltaten" der Stiftung erstreckten sich Ende des 19. Jahrhunderts auf einen viel größeren Personenkreis als zur Zeit der Gründung. Sechs Präbendare, ganz zuletzt auch welche weiblichen Geschlechts, erhielten Unterkunft, Kleidung, Verpflegung, geistliche und soziale Betreuung im Hospital, was in etwa dem mitmenschlichen Impetus des Gründerehepaars entsprach; weitere Präbendare wurden im eigenen Zuhause dauerhaft unterstützt und eine größere Anzahl von Armen erhielt vorübergehende Zuwendungen, unterschiedlich viele sicherlich eine gelegentliche Mahlzeit, was in den Hungerjahren des 20. Jahrhunderts noch viel bedeutsamer wurde und was dem Willen der Stifter gewiss nicht entgegen stand. Dazu kam der Aspekt der medizinischen Betreuung, der um 1500 nicht soviel Bedeutung hatte, weil zu der Zeit ein großer Teil der Krankenbehandlung im familiären und nachbarschaftlichen Umfeld, auch bezüglich mancher Teilbereiche im klösterlichen Umfeld stattfand.

Die Einkünfte der Stiftung beruhten von Anfang an auf Pachtzahlungen und Kreditzinsen. Um 1900 existierten noch Ländereien von den vier landwirtschaftlichen Gütern in der Gegend von Much aus der Gründungszeit um das Jahr 1500, die noch, oft kleinteilig, an verschiedene Landwirte verpachtet waren. Soweit davon Grundstücke, auch Hof- und Waldparzellen, verkauft waren, hatte man das Geld vorwiegend bei Banken oder, was zinsgünstiger war, in Krediten an einheimische Gemeinden oder Privatpersonen angelegt, mit entsprechenden Hypotheken als Sicherung. Ein landwirtschaftliches Gut in der Gemeinde Eitorf war von Wied-Runkel in der Eile zu Unrecht säkularisiert worden, wofür zunächst eine jährliche Entschädigung floss, bis sie schließlich abgelöst wurde durch eine entsprechend hohe Einmalzahlung der fürstlichen Erben Wied-Neuwied mit der Möglichkeit für die Stiftung, jährlich Kapitalzinsen zu erzielen. Im Asbacher Raum waren gelegentliche Spenden und Vermächtnisse getätigt worden. Von den insgesamt erzielten Überschüssen konnte man den Hospitalbau finanzieren, ohne notwendige Reserven anzugreifen.

Besonders in der zweiten Hälfte des 19. Jahrhunderts sind doch allmähliche Verbesserungen im Alltagsleben für die hiesige Bevölkerung spürbar. Die Hilfsbereitschaft innerhalb der Bevölkerungen war groß. Der Staat und die Kommunen übernahmen in steigendem Maße die Fürsorge für Notleidende und den öffentlichen Medizinaldienst. Friedrich Wilhelm Raiffeisen, geboren und im reformierten Pietismus erzogen (durch seinen Vater, den Bürgermeister, und seinen Paten, den Pastor) in Hamm an der Sieg, hatte 1847 seinen *Weyerbuscher Brodverein,* 1849 seinen *Flammersfelder Hülfsverein zur Unterstützung unbemittelter Landwirte* in der Nähe von Asbach und in Heddesdorf mit Unterstützung des Fürsten Wilhelm von und zu Wied seinen ersten *Darlehenkassen-Verein* gegründet und damit Geschichte geschrieben. Adolph Kolping kümmerte sich auf katholischer Seite mit seinem ersten 1849 in Köln gegründeten Gesellenverein um die Nöte von Handwerksburschen. Marx, Engels, Lasalle und Liebknecht schufen eine sozialistische Politik. Kaplan Georg Friedrich

---

[414] siehe Quellenverzeichnis
[415] siehe Kapitel Einkünfte der Kapelle Ütgenbach und siehe Quelle von 1726 Erzbischöfliches Archiv Köln

Dasbach, geboren 1846 in Horhausen, setzte sich bis zu seinem Lebensende als Priester Publizist und Politiker besonders im Bereich des Bistums Trier für soziale Belange von Bauern, Bergleuten und Verarmten sowie für genossenschaftliche Modelle ein.[416]

Im Asbacher Kirchspiel bestand bereits ein *kirchlicher Armenfonds* neben der Armenstiftung Ehrenstein, wie es aus einem Hinweis auf Armenrechnungswesen der Jahre 1806 bis 1825, 1826 bis 1831, 1832 bis 1836, 1837 bis 1842 und 1843 hervorgeht[417] und den Amtsrat Mengelberg 1818 aber als *sehr unbedeutend* einschätzte[418]. Für den 18. Januar 1839 ist ein Kontrakt zur Beköstigung und Pflege des Anton Klein für zwei *Sgr* (Silbergroschen) den Tag zwischen dem übernehmenden Apollinar Jünger und dem Armen-Vorstand, dem Pfarrer und dem Bürgermeister Mäurer erhalten. Für die Bekleidung würde die Armen-Verwaltung sorgen mittels Spenden und Kollekten in der Asbacher Kirche und mittels des „Kirchspiels-Armenfonds.[419] Am 21. April 1844 verfügte der Königliche Oberpräsident der Rheinprovinz, dass die hiesigen (in der Samtgemeinde Asbach) Armenfonds *sämtlich kirchlicher Natur sind* und deren Verwaltung den kirchlichen Strukturen zukomme, weil schon 1792 das Erzbistum Köln wegen dieses Fonds-Vermögens tätig gewesen sei. Erwähnt ist eine Armen-Commission (nicht identisch mit der Verwaltungs-Commission der Ehrensteiner Armenstiftung). In den Hungerjahren nach Vulkanausbrüchen 1846 mit weltweiten Klimafolgen wurden per Hausbesuche regelmäßige Spenden-Versprechen in Geld oder Lebensmitteln von Einwohnern der Pfarrei Asbach in den Gemeinden Schöneberg, Limbach, Asbach und Elsaff gesammelt und notiert. Dieser Fonds verteilte neben Geld und / oder Lebensmitteln auch Kleidung und Schuhe, die zum Teil bei hiesigen Schuhmachern von in Köln gekauftem Leder hergestellt wurden. An solchen Gaben beteiligte sich gelegentlich, zum Beispiel an Weihnachten 1853, also nach der Niederlegung ihrer Standesherrschaft 1848, auch die fürstliche Familie von und zu Wied.

1864 ließ daneben offenbar, soweit das aus den spärlichen Akten zu ersehen ist[420], die Königliche Regierung bürgerliche Armenverwaltungen gründen, die wohl kirchspielsweise organisiert und jeweils von einem Vorstand und einer Armen-Commission geführt wurden, wo Bürgermeister und Pfarrer ständige Mitglieder waren und denen gleich viele Mitglieder aus der Gemeindevertretung und dem Kirchenvorstand angehörten. Die Mittel dazu sollten einerseits von den hierhinein zu übertragenden kirchlichen Armenfonds stammen und andererseits aus Tanzmusikgeldern, Ordnungsstrafen, Geschenken und Anderem, zum Beispiel Vermächtnissen des Fürsten Carl Ludwig von Wied, kommen. Waisenkinder wurden bei Pflegefamilen oder in Waisenhäusern außerhalb der Asbacher Gegend versorgt, worauf der Preußische Staat ein kontrollierendes Auge hatte. Ein besonderes Motiv für die Förderung der armen Jugend war die Wahrnehmung der Schulpflicht, um die aufwachsende Generation für die Anforderungen der gewandelten Gesellschaft und Wirtschaft zu ertüchtigen. Der Schulbesuch wäre sonst durch die Notwendigkeit des Bettelns erschwert worden.[421]

Erstaunlicherweise hatten sich in Asbach, Buchholz und Windhagen 1839 trotz langer Friedenszeit sogar *Lokalvereine zur Unterstützung (be)dürftiger Angehörige von Kriegsreservisten und Wehrmännern* gebildet.

Die Bismarck'schen Sozialgesetze mit der Einführung von Krankenkassen, Unfall- und Rentenversicherungen, längere Friedenszeiten, der Wirtschaftsaufschwung und die Steinbrüche mit mehr Verdienstmöglichkeiten, Fortschritte in der Medizin, Hygiene und

---

[416] Schäfer, Albert, 2002, siehe Literaturverzeichnis.
[417] Pfarrarchiv Asbach, Fach Armenfonds, loses Blatt Papier
[418] FWA; Akten; 92 – 3 – 4, Brief (Bericht an die Obrigkeit) vom 3. März 1818: *Jedes Kirchspiel hat zwar seine eigene armen Stiftungen, dieselbe waren aber bisheran sehr unbedeutend. Dann besteht zu Ehrenstein eine Armen Stiftung für fünf alte Leuthe männlichen Geschlechts, die aber bis dahin nur mit drey Individuen besetzt ist, da die Einkünften nicht erlauben mehrere darauf anzunehmen.*
[419] Pfarrarchiv Asbach, Fach Armenfonds, loses Blatt Papier
[420] Pfarrarchiv Asbach, Fach Armenfonds, loses Blatt Papier
[421] Pfarrarchiv Asbach, Fach Armenfonds, viele lose Blätter Papier

Technik im Alltag und vieles mehr blieben nicht ohne Wirkung. Die Not war nicht behoben, aber gelindert. Die Armenstiftung mit ihrem Willen und ihrem Auftrag zu helfen konnte sich jetzt zusätzlich in zunehmendem Maße anderen Feldern, besonders der Bereitstellung spezialisierter medizinischer Einrichtungen, zuwenden. So behielt die Stiftung weiterhin, wenn auch den neuen Zeiten und Umständen angepasst, ihre Bedeutung, Sinnhaftigkeit, Vorbildlichkeit und Ausstrahlungskraft.

Anhang 1
Frühneuhochdeutscher und heutiger schriftdeutscher
Wortlaut der Originalgründungsurkunde

Die Urkunde vom 28.08.1499 auf Pergament befindet sich im Fürstlich Wiedischen Archiv, V – 1 – 9, Nr. 1; die Siegel sind verloren, die Siegelbänder aber vorhanden.
Auf der Rückseite des Pergaments findet sich folgende Bezeichnung:
Fundatio officii in sacello sti Florini in Oetgenbach & quinq(ue) pauperu(m) ad honorem quinq(ue) vulneru(m) Christi ibidem alendoru(m), quid illos distribuendum sit (ec.)
facta per Dominu(m) Bertramu(m) de Nesselrode domin(um) in Ehrensteinum 1499
[Stiftung des Priester-Dienstes in der Kapelle des Hl. Florin in Ütgenbach und der fünf dort zu unterhaltenden Armen zu Ehren der fünf Wunden Christi; was so jenen auszuteilen sei usw.; erstellt durch den Herrn Bertram von Nesselrode, den Herrn zu Ehrenstein, 1499].

In dieser buchstabengetreuen Abschrift auf der linken Seite sind Kürzelzeichen durch Buchstaben in Klammern ersetzt, nur das häufige Kürzelzeichen in vurschreuen (vorn beschrieben) wird meist durch einen Punkt wiedergegeben (vurs.), obwohl der Punkt oder der Doppelpunkt als Kürzelzeichen erst später üblich wurde. Einziges Satzzeichen der Urkunde ist der Strich, der in der Wiedergabe als Beistrich (Komma) erscheint. Groß- und Kleinschreibung in der Urkunde sind ohne feste Regeln und haben fließende Übergänge, so dass bei der Wiedergabe zwangsläufig Unsicherheiten auftreten, wobei das für die Bedeutung ohne Belang ist. Die Abschrift erfolgt Zeile für Zeile; die Zeilenzahlen sind hinzugefügt. U und V werden vom Urkundenschreiber wie damals üblich als ein und derselbe Buchstabe gehandhabt; am Wortanfang steht mit sehr wenigen Ausnahmen V (beispielsweise „viss" [mit i als Füllsel] für „uss" = „aus" im modernen Deutsch), im Wortinnern steht U. Der Lautwert von U und V kann unserem heutigen U oder unserem F entsprechen, im Wortinnern auch dem heutigen W oder einem Laut zwischen F und W, wie ihn manche Dialekte kennen (beispielsweise vurschreuen [furschrewen] = vorn beschrieben). Diese Regeln bezüglich der Buchstaben, der Kürzel und der Interpunktion gelten auch für die anderen wiedergegebenen Urkunden in der gesamten Arbeit.

Auf der rechten Seite ist eine möglichst zeilen-, stellungs-, grammatik- und wort-, zumindest wortstammgetreue Übertragung in die heutige Sprechweise angestrebt. Manche Unzulänglichkeit muss dabei in Kauf genommen werden. Wenn das Verständnis zu sehr gefährdet erscheint, ist davon abgewichen. Die in der damaligen Schriftsprache üblichen gelegentlichen Weglassungen von Hilfsverben und dergleichen wurden in Klammern ergänzt. Dem Verständnis dienliche Erläuterungen finden sich ebenfalls in Klammern. Die gesamte Urkunde besteht eigentlich aus einem einzigen Satz. Die Sätze in der Übertragung sind also der Lesbarkeit wegen gebildet, besonders wo in der Urkunde Hauptsätze durch „und" oder dergleichen aneinander gereiht sind. Aber auch Nebensätze sind in selbständige Sätze umgewandelt. Die Übertragung erfolgt wo möglich Zeile für Zeile der Urkunde; die Zeilennummern sind hinzugefügt.

1. IM namen ind Eren der Hilliger Dryueldicheit Amen Kunt ind offembair sy allen ind yecklichen Cristen mynschen, die myt dieser loeffliger fundacien, ersoicht werden, oder vur komen sulle, Also as die Edell Hyrschafft van Oetgenbach H(er)en zo Erensteyn, seliger gedechtnysse, vur langen Iai(re)n ire wanonge ind gesess(e) zo Oetgenbach Im(m) kyrspel	1. Im Namen und zu Ehren der Heiligen Dreifaltigkeit, Amen: Kund und offenbar sei allen und jeglichen Christenmenschen, die mit dieser löblichen Gründungsurkunde aufgesucht werden sollen, oder (denen diese) vor (Augen) kommen solle, dass die Adelsherrschaft von Ütgenbach, die Herren zu Ehrenstein seligen Gedächtnisses, vor langen Jahren ihre Wohnung und ihren Sitz zu Ütgenbach im Kirchspiel
2. van Aspach ind daselffs, vur ind by der seluer Ire wanongen, eyne Capelle gehat die Sy bynnen irre fryheit vur dem Sloss gebowt, ind myt etlichen gulden ind Renten, begyfftiget haynt, wilche Ire wanonge ind Sloss zo Oetgenbach verstuyrt ind zo brochen worden is Ind dem na ouch der gotlige dienst der vurs(chreuen) Capellen zo Oetgenbach van tzyden zo	2. von Asbach und daselbst, vor und bei ihrer selben Wohnung, eine Kapelle gehabt (haben), die sie binnen ihrer Freiheit vor dem Schloss gebaut und mit etlichen Geldern und Renten (regelmäßige Einkünfte) begabt haben. Diese ihre Wohnung und Schloss zu Ütgenbach ist zerstört und zerbrochen worden und demnach (ist) auch der Gottesdienst in der zuvor beschriebenen Kapelle zu Ütgenbach von Zeiten zu
3. tzyden, biss her allet vermyn(n)ert, ind in der Capellen, nyet also geschiet, als sich waill getzempt ind geeyget hette, So vur hyn die Capelle van der hyrschafft van Oetgenbach selige vurs(chreuen) also begult ind begyfftiget geweist is, dat alle wochen durch dat gantze Iair, nyet myn dan dry myssen, in die Ere gotz in der seluer Capellen geschien soulden	3. Zeiten bisher ganz gemindert und (ist) in der Kapelle nicht so geschehen, wie es sich richtig geziemt und geeignet hätte. Denn davor ist die Kapelle von der seligen (ausgestorbenen) benannten Herrschaft von Ütgenbach so mit Geld ausgestattet und begabt gewesen, dass alle Wochen durch das ganze Jahr nicht minder denn drei Messen zur Ehre Gottes in derselben Kapelle geschehen sollten,
4. der dan vast hynden bleuen ind nyet gehalden synt, dat doch got almechtich den ghienen vertzyen wille, die schoult dair ane gehat hauen, Sulchs dan der Strenge ind vrome He(r)r Bertram van Neesselroide He(r)r zo Erensteyn Ritter Erffmarschalck des lantz van dem Berghe ind Amptman (et) c(etera) zosampt den Eirsamen H(er)n Herman va(n) Arwylre	4. deren (meiste) dann fast unterblieben und nicht gehalten worden sind, was doch Gott, der allmächtige, denjenigen verzeihen wolle, die Schuld daran gehabt haben. Solches haben dann der strenge (Teil des Titels Marschall) und fromme Herr Bertram von Nesselrode, Herr zu Ehrenstein, Ritter, Erbmarschall des Landes Berg und Amtmann etc. samt dem ehrsamen Herrn Hermann von Ahrweiler,
5. tzortzyt pastoir zo Aspach under dem die Capelle zo Oetgenbach in synre Kyrspele gelegen is, ind die froeme Eirbere kirspelslude daselffs gemeynligen, vngerne gesien ind gehat, Ind daromb myt betrachtonge dat alle mynschen vp diesem vergencklichen ertriche ind Jamerdaile sterfflich synt, Ind nyet sichers dan der doit ind nyet vnsichers,	5. zurzeit Pastor zu Asbach, unter dem die Kapelle zu Ütgenbach in seinem Kirchspiel gelegen ist, und die frommen ehrbaren Kirchspielsleute daselbst gemeinsam ungern gesehen und (ungern) gehabt. Und darum, auch in Anbetracht, dass alle Menschen auf diesem vergänglichen Erdreich und Jammertal sterblich sind und nichts Sichereres denn der Tod und nichts Unsichereres
6. dan die vre ind stunde des doitz, Ind also den dienst in die Ere gotz vngerne gemyn(n)ert dan lieuer gemerret, ind verbessert sien, ind hauen soulden, zo troist ind wailfart Irre Selen, as billich, Ind	6. denn die Uhr und Stunde des Todes ist, und (da sie) also den Dienst zur Ehre Gottes ungern gemindert als lieber vermehrt und verbessert sehen und haben wollten zu Trost und Wohlfahrt ihrer Seelen, wie es billig ist,

als ouch etlige pastoire zo Aspach eyne tzyt her verplicht geweist, eynen priester by sich Im(m) huyse ind wedomhoeue zo Aspach zo hauen Ind den myt cost

7. *ind loen zo versorgen, wie eyme priester geburde, der sulche Myssen zo Oetgenbach alle wochen durch dat ganze Jair, ind etlgen and(er)en dienst zo Aspach in der kyrchen zo doyn pliet, So is nu oeuermitz den vurs. H(er)en Bertram van Nesselroide myt wyssen willen ind consent, des vurs. H(er)n Herman, Pastoirs zo Aspach ind der Eirberre kyrspelslude*

8. *daselffs gemeynlichen, guytlichen verdragen, dat van nu vortan, zon ewigen dagen ind tzyden zoe, Der priester den also die pastoir(re) van Aspach by sich im(m) Huyse gehat haynt, syne steetliche degeliche waenonge, zo Oetgenbach by der Capellen hauen, Ind alda wanen sall, Ind sall der selue priester zo loeue ind Eren des almechtigen gotz*

9. *der Hylliger Dryueldicheit Marien der Hoegeloeffder Hym(m)elscher koenynckynnen Ind aller lieuer gotz Hilligen, alle wochen durch dat Jair, zon ewigen dagen ind tzyden zoe, Dry Myssen, As nemlich Mayndages, Guedestages, ind frydages, vort alle Sondags, Ind alle and(er)e Hillige Dage durch dat Jair, vissgescheiden die Hyllige daghe*

10. *in maissen nageschreue(n), in der vurs(chreuen) Capellen zo Oetgenbach selffs lyfflichen mysse halden Ind in allen synen getzyden ind myssen, so durch dat gantze Jair, van yem geschient, den almechtigen got getruwelichen ind andechtlichen bidden, vor die Hyrschafft van Oetgenbach H(er)rn zo Erensteyn, so geweist synt ind vur yre geslecht*

11. *die aller yrst, die Capelle wie obgeroirt, gebouwt fundiert, ind bestediget hauen, Ind dan na, vortan vur H(er)rn Bertram van Nesselroide vurs. frauwe Margrete van Boirtscheit syne elige Huysfrauwe H(er)rn ind frauwen zo Erensteyn, As ouch fundatoren ind bestediger(en) des goitzdienstz vurs. yrre beider lieffden Ald(er)en ind geslechte*

12. *Ouch vur H(er)n Herman yetzont*

und weil auch etliche Pastoren zu Asbach, eine Zeit her, verpflichtet gewesen sind, einen Priester bei sich im Hause und Widumshof (zur Ausstattung gewidmeter Hof, Pfarr-Hof) zu Asbach zu haben und den mit Kost

7. und Lohn zu versorgen, wie es einem Priester gebührt, der solche Messen zu Ütgenbach alle Wochen durch das ganze Jahr und etlichen anderen Dienst zu Asbach in der Kirche zu tun sich verpflichtet, so ist nun vermittels des beschriebenen Herrn Bertrams von Nesselrode mit Wissen, Willen und Konsens des obigen Herrn Hermanns, Pastors zu Asbach, und der ehrbaren Kirchspielsleute

8. daselbst, gemeinsam (und) gütlich, vertraglich vereinbart, dass von nun fortan zu ewigen Tagen und Zeiten hin der Priester, den also die Pastoren von Asbach bei sich in ihrem Hause gehabt haben, seine stetige tägliche Wohnung zu Ütgenbach bei der Kapelle haben und allda wohnen soll. Und derselbe Priester soll zum Lob und zur Ehre des allmächtigen Gottes,

9. der Heiligen Dreifaltigkeit, Marieens, der hoch gelobten himmlischen Königin, und aller lieben Heiligen Gottes alle Wochen durch das Jahr zu ewigen Tagen und Zeiten hin drei Messen, als nämlich montags, mittwochs und freitags sowie immer sonntags und an allen anderen „heiligen Tagen" durch das Jahr, (allerdings) mit dem Unterschied an den heiligen Tagen,

10. der hernach (Zeile 13 und 14) in Maßen (genau) beschrieben wird, in der beschriebenen Kapelle zu Ütgenbach selbst leiblich Messe halten. Und er soll in allen seinen Gebetszeiten und Messen, welche durch das ganze Jahr von ihm geschehen, den allmächtigen Gott getreu und andächtig bitten für die Herrschaft von Ütgenbach, die ja Herren zu Ehrenstein gewesen sind, und für ihr Geschlecht,

11. welche (Herren) allererst die Kapelle wie oben berührt (angesprochen) gebaut, gegründet und ausgestattet haben, und danach fortan für den vorn beschriebenen Herrn Bertram von Nesselrode, Frau Margrete von Burscheid, seine eheliche Hausfrau, Herr und Frau (Herrin) zu Ehrenstein als auch Begründer und Ausstatter dieses Gottesdienstes, für beider liebe Eltern und Geschlechter,

12. auch für Herrn Hermann, jetzt Pastor

pastoir zo Aspach ind syne nakomen pastoi(r)e daselffs, vort vur die gemeyne kyrspelslude, van Aspach, ind vur alle die ghiene, die ire stuyre gaue oder gunst zo sulche(m) vurs. gotzdienst gedayn hauen, oder noch Hernamails dartzo doyn werden, als dat tzemlich ind gewoenlich ist, Der vurger(oirte) priester

13. sall ouch verplicht ind verbunden syn, zo den vier Hoegetzyden, alle vnser lieuer frauwen dage, Aller Apostolen dach (Kastner II, Regest 1265: *apostelen tage*), *vp den dach as men dat Hillige Sacrament zo Aspach drait, vort as man Jairs die vier Broiderschafft* (Kastner: „*broiderschafften*") *zo Aspach helt, Item vp den kyrmyss ind kyrchwyonge Dach Ind dartzo wan(n) ind as bruloffte* (Kirchspiels-Achte 1545: *brautloffs tage*), *in der kyrchen zo*

14. Aspach as gewoenlich is gehalden werden, in der moiderkyrchen syn, ind alda mysse halden, ind den gotligen dienst helffen volbrengen, Sust ouch zo and(er)en feesten, des Jairs, sich darna schicken Dat hey syne mysse zo Oetgenbach Des die froer ind ee visshaue, ind voege sich dan ouch zo Aspach ind helffen den gotligen dienst

15. alda myt syngen ind anders volbrengen, Der vurs. priester sall sich ouch degelichs zo Oetgenbach ind Im(m) kyrspell van Aspach halden, Also off sache were dat groisse sterffde, myt krenckden der pestilencien, ind anders Im(m) kyrspell vurs. entstoende dat der almechtige got na syme gotlichen willen, vm(m)er verhoeden wille, so dat eyn Pastoir

16. der krancken Im(m) kyrspell nyet aller byghet geho(r)en oder die hillige Sacramenten gegeue(n) en konde, off dat idt sich also geviele, eyn pastoir kranck viss zo capitell (Zusammenkünfte der Kapitel-Kanoniker des Münsters in Bonn) *oder sust van noitsachen visslendich were, die tzyt dat also geviele, sall der priester vurs. dae inn(en), eyme pastoir dienen die lude helffen berichten, byghet hoeren, ind in syne*

17. stat die kyrche in synre krenckden ind auewesen vurs(chreuen) verwaren, ind allen gotlichen dienst doyn, as eyme

von Asbach, und seine nachkommenden Pastoren daselbst, weiter für die Gemeinde-Kirchspielsleute von Asbach und für alle diejenigen, die ihre Beisteuerung, Gabe oder Begünstigung zu solchem beschriebenen Gottesdienst getan haben oder noch hernach jemals dazu tun werden, wie das geziemend und gewöhnlich ist. Der vorn „berührte" Priester

13. soll auch verpflichtet und gebunden sein, zu den vier Hochfestzeiten (Weihnachten, Ostern, Pfingsten, Mariae Himmelfahrt), alle Tage unserer Lieben Frau, je zum Tag aller Aposteln, auf den Tag, wenn man zu Asbach das heilige Sakrament trägt (Fronleichnam), weiter wenn man im Jahr die vier Bruderschafts-Tage zu Asbach hält, ebenfalls auf den Kirmes- und Kirchweihtag und dazu, wann und wie Brautgelübde (Hochzeiten) in der Kirche zu

14. Asbach wie gewöhnlich (gebräuchlich) gehalten werden, in der Mutterkirche zu sein und allda helfen Messe zu halten und den Gottesdienst zu vollbringen, sonst auch noch zu anderen Festen des Jahres sich darein zu schicken, dass er seine Messe zu Ütgenbach desto früher und eher aushabe und sich dann aber auch nach Asbach verfüge, und zu helfen, den Gottesdienst

15. allda mitzusingen und anderes zu vollbringen. Der genannte Priester soll sich auch täglich zu Ütgenbach und im Kirchspiel von Asbach aufhalten, ob es also Sache wäre, dass großes Sterben mit der Krankheit der Pest und anderes im Kirchspiel, vorn beschrieben, entstände, was der allmächtige Gott nach seinem göttlichen Willen immer verhüten wolle, so dass der jeweilige Pastor

16. nicht aller Kranken im Kirchspiel Beichte anhören oder die heiligen Sakramente ausgeben könnte, oder dass es so vorfalle, dass der Pastor krank oder auswärts zum Kapitel (einige der Asbacher Pastoren gehörten diesem Bonner Kapitel an) oder wegen sonstiger Notwendigkeiten außer Land wäre, dann, die Zeit dass das so vorfalle, soll der vorbeschriebene Priester darin einem Pastor dienen, die Leute unterrichten helfen, Beichte hören und an seiner

17. Statt die Kirche in seiner Krankheit und derartig beschriebener Abwesenheit verwahren und allen Gottesdienst so tun, wie es einem

pastoir(r) geburt, Doch also dat der pastoir(r) den priester die tzyt myt Essen ind Dryncken, ind tzemliche(n) loene versorgen sulle, Ind dar durch die myssen ind gotzdienst der Capellen vurs. nyet zo rugge noch hynden blyue(n) en durffe

18. Der priester en sall sich ouch Im(m) vurs. kyrspell der kyrchen gefelle cleyn noch groiss nyet vndertzien, gebruychen, noch vur sich handhaue(n), oder regieren, die eyme pastoir der moiderkyrchen zogeho(r)en, vissgescheiden alleyne, so wes vp dem dache der Capelle wyongen, der Capellen zo Oetgenbach alda zo Offer velt, sall asdan der priester

19. vurs. hauen ind behalden, ind der pastoir nyet, Der vurg(eroirte) H(er)r Bertram, ind frauw Margriet syne elige Huysfrauwe, haynt ouch viss grunde irs hertzen luterlichen vmb gotz willen, ind in Ere der Hilliger vunff wunden ind in Ere sent floryns patroyns der Capellen zo Oetgenbach bestetiget ind begyfftiget vunff arme mynsche(n)

20. die zo Oetgenbach by der Capellen yecklicher in eyme huyssgyn waenen, Ind den almechtigen got, alda degelich durch dat gantze Iair myt flyssliger andacht getruwelich vur H(er)en Bertram ind syne huysfrauwe vurs. ind yre beider alderen, ind vur die Hyrschafft van Oetgenbach ind yre geslechte, in der Capellen, ind da en buyssen bidden sulle(n)

21. Ind daromb so haynt die vurger(oirten) H(er)r Bertram ind frauw Margriet elude, dartzo in dat spytaill den armen luden die almyssen da van zo hantreichen, ind zo geuen, yre hoeue, ind guedere, geheischen Berthelsbach, Derscheit, ind zom Syffen, Im lande van Blanckenb(er)g vnder kyrspelen van Muyche ind wynterscheit gelegen, mit huysonge(n) hoeffonge(n)

22. wyh(er)en weesen Busschen velden, vort myt alle yrem zoe ind ingeho(er)e bynnen off buyssen der erden besucht oder vnbesucht myt allen da van nyet aff noch vissgescheiden, erffligen ind eweligen gegeuen, ind geuen ouermitz crafft dieser fundacien, myt allen Siegelen ind brieuen, So an die guedere langende synt, Als myt

Pastor gebührt, doch so, dass der Pastor den Priester in der Zeit mit Essen und Trinken und geziemendem Lohn versorgen soll und (dass) dadurch die Messen und der Gottesdienst der vorn beschriebenen Kapelle nicht zurück- noch hinten bleiben dürfen.

18. Der Priester soll auch nicht im vorn beschriebenen Kirchspiel die Kirchengefälle, weder klein noch groß, an sich ziehen, gebrauchen, noch für sich handhaben oder regieren, die dem Pastor der Mutterkirche gehören, ausgeschieden allein solches: Was auf dem Tag der Kapellenweihe der Kapelle zu Ütgenbach allda zum Opfer anfällt, soll alsdann der Priester, der

19. vorn beschriebene, haben und behalten und der Pastor nicht. Der vorn berührte Herr Bertram und Frau Margriet, seine eheliche Hausfrau, haben auch aus dem Grunde ihres Herzens in lauterer Weise um Gottes willen und zur Ehre der fünf Wunden und zur Ehre Sankt Florins, des Patrons der Kapelle zu Ütgenbach, bestallt und mit Gaben versehen fünf arme Menschen,

20. die zu Ütgenbach bei der Kapelle jeglicher in einem Häuslein wohnen und den allmächtigen Gott allda täglich durch das ganze Jahr mit fleißiger Andacht getreulich für Herrn Bertram und seine Hausfrau, vorn beschrieben, und ihre beiderseitigen Eltern und für die Herrschaft von Ütgenbach und ihre Geschlechter in der Kapelle, und da, nicht draußen, bitten sollen.

21. Und darum so haben die vorn angerührten Herr Bertram und Frau Margrete, Eheleute, um dazu in das Spital den armen Leuten die Almosen davon zu handreichen und zu geben, ihre Höfe und Güter, geheißen Berzbach, Derscheid und zum Siefen, im Lande von Blankenberg unter den Kirchspielen Much und Winterscheid gelegen, mit Hausbauten, Hofreiten,

22. Weihern, Wiesen, Büschen, Feldern, weiter mit all ihren Zubehör und Inventar, binnen oder außerhalb der Erde, besucht oder unbesucht, mit allen, davon nicht ab- noch ausgeschieden, erblichen und ewigen (Rechten) übergeben und (sie) übergeben (es jetzt) mittels und kraft dieser Gründungsurkunde mitsamt allen Siegeln und Urkundenbriefen, die die

name(n) Eynen brieff des
23. Durchluchtigen, Hoegebo(er)en fursten und H(er)en, H(er)en wilhelms Hertzongen zo Guylghe, ind zo dem Berghe Grauen zo Rauensb(er)g, H(er)en zo Heynsb(er)g ind lewenb(er)g (et) c(etera) vnss gnedigen lieuen H(er)en, da Inne syne furstlige gnaide, die vurs. guede gefryet hait, den armen luden die almyssen da van zo Erensteyn geuen, Ind vort die kouffs brieue, so der vurschr(euen)
24. Her(r) Bertram, ind frauw Margriet syne Huysfrauwe die guede an sich gegoulden ind geworuen Haynt, Item die vurs. gued(er)e wie die hie vur benant synt, Sall der priester yetzond zo Oetgenbach gesatzt ind myt dem dienst der Capellen belaissen wirt, ind syne nakomen Officianten, der seluer Capellen, zo yren henden vntfangen die hanthauen
25. ind regieren na Iren besten synnen ind vernunfft, Ind so wes Iairs, da van erschynen ind erfallen wyrt, Da van sall der priester, tzertzyt vurs., den vunff armen mynschen dar gesatzt synt oder werden yed(er)em armen mynschen, durch dat gantze Iair, zon ewigen dagen ind tzyden, alle dage geuen ind hantreichen, as vill broitz tzwien guder
26. Haller wert sy, yederem den dach eyn quart biers, yederem den dach zo dem gemoese vleische oder vastell prouande darup dat vier haller wert sy allet na belouffe der tzyt, Als korn gerste ind prouande duyre ist Item ycklichem armen mynschen, des Iairs eynen graen langen Rock van vunff ellen graes doichs, ind sall yn der priester vurs.
27. die Rocke ouch laissen machen, vort yed(er)em mynschen des Iairs, tzwen par schoen, ouch Ine so vill broehoultz (nach Lexer, s. Lit., bezeichnete brüen oder brüejen auch brennen) zo stellen as Sy Iairs behoeue(n) nemlich des Iairs Tzien wagen dat ist yederem arme(n) mynschen tzwien wagen Ind dan noch dem priester vurs. selffs ouch tzwien wagen, Ind der priester sall den armen luden, ouch yre Huysergyn, wie nu die, der
28. vurger(oirte) Her(r) Bertram, Ine hait laissen bouwen ind machen, vortan

Güter anbelangen, als nämlich einen Brief des
23. durchlauchtigen und hochgeborenen Fürsten und Herren, Herrn Wilhelms, Herzogs zu Jülich und Berg, Grafen zu Ravensberg, Herren zu Heinsberg und Löwenburg usw., unseres gnädigen lieben Herrn, worin seine fürstliche Gnade diese Güter (von Abgaben und Diensten) befreit hat, um den armen Leuten die Almosen davon zu Ehrenstein zu geben, und weiter die Kaufbriefe, worin der vorbeschriebene
24. Herr Bertram und Frau Margriet, seine Hausfrau, die Güter an sich gekauft und erworben haben. Ebenso: diese Güter, wie sie hiervor benannt sind, soll der Priester, der jetzt zu Ütgenbach eingesetzt und mit dem Dienst der Kapelle belassen wird, und seine nachkommenden Offizianten (Dienst-Tuenden) derselben Kapelle (sollen diese Güter) zu ihren Händen empfangen, die handhaben
25. und regieren nach ihrer besten Besinnung und Vernunft. Und was im Jahr daraus zum Vorschein kommen und anfallen wird, davon soll der dieserzeitige Priester den fünf Armen Menschen, die dort eingesetzt sind oder (eingesetzt) werden, jedem Armen Menschen durch das ganze Jahr zu ewigen Tagen und Zeiten alle Tage geben und handreichen, wie viel Brot zweier guter
26. Heller Wert sei, jedem den Tag ein Quart (den vierten Teil eines Maßes) Bier, jedem den Tag zudem Gemüse, Fleisch oder Fastenspeise darauf, was vier Heller wert sei alles je nach dem Lauf der Zeit, als Korn, Gerste und Proviant teuer ist, ebenso jeglichem Armen Menschen des Jahrs einen grauen langen Rock von fünf Ellen grauen Tuchs – und der vorn beschriebene Priester soll ihnen
27. die Röcke auch machen lassen – weiter jedem Menschen des Jahrs zwei Paar Schuhe; auch (soll er) ihnen so viel Brennholz (Holz zum Brühen, also zum Kochen und auch Heizen) zustellen wie sie jährlich (bisher schon) erhoben (erhielten), nämlich des Jahrs zehn Wagen, das heißt jedem Armen Menschen zwei Wagen – und dann noch diesem Priester selbst auch zwei Wagen. Und der Priester soll den Armen Leuten auch ihre Häuserchen, wie nun die der
28. vorn angesprochene Herr Bertram ihnen hat bauen und machen lassen, fortan zu ewigen

zon ewigen dagen ind tzyden, in guedem gewoenligen bouwe halden, Ind der priester allewege tzerzyt vurs., Sall nu ind Hernamails asducke des noit geburt myt raide (nach Lexer, siehe Literatur, mittelhochdeutsch: neben Ratschlag und Überlegung auch Belehrung, Befehl, Entschluss) *eyns H(er)en van Erensteyn, ind nyet anders der vunff armer lude vurs. dry nemen, van ind viss den armen*

29. *luden zor Hyrschafft van Erensteyn gehoerende, Asvorre die darunden zo krygen, die der almyssen gesynne(n), ind dartzo bequeme w(er)en, die ander tzwien arme mynschen Sall man nemen, eynen viss(e) dem kyrspell van Aspach Ind den and(er)en viss der Honschafft van Oetgenbach, In dem die ouch in vurs. maissen Im(m) kyrspell ind Honschafft vurs(chreuen)*

30. *dartzo bequeme weren, Doch also ind myt dem vnderscheide dat eyn pastoir ind die geswoeren(en) van Aspach, sullen eyne(n) H(er)en van Erensteyn, zo yeder tzyt as des noit is, bidden vur eynen armen mynschen, viss dem kyrspell ind des geliche die Honschafftzlude van Oetgenbach ouch in dem Kyrspell gelegen, bidden vmb den and(er)en armen,*

31. *mynschen, viss yrre Honschafft zo nemen, ind myt sulchen prouenden ind almyssen zo begyfftigen, ind asdan so sall eyn Her(r) van Erensteyn, die ouch da myt sunder weigeronge, begyfftigen ind zolaissen, Ind wae* (mit Dehnungs-E, „wa" = wo, wie, wenn) *die vunff arme mynschen, nyet viss den vurs. luden, in maissen vurs. zo krygen w(er)en so sall der priester vurs. myt raide eyns H(er)en*

32. *van Erensteyn, ind nyet anders, die vp and(er)en enden nemen, die dartzo geschickt ind bequeme synt, Also dat, dat spytaill sunder vunff armen mynschen die der Almyssen, in obgeroirter gestalt leuen nyet ledich syn noch blyuen en sall, Item sullen die arme lude, so man in dat spytaill nemen wyrt, allewege vur hyn, dem priester alda tzertzyt geloeu(en)*

33. *ind sweren, So wat Sy in dat spytaill myt brengen werden, Idt w(er)en bedde, cleide(r) Huyssrait ind sust gereit guyt, ind*

Tagen und Zeiten in gutem gewöhnlichen Bau halten. Und dieser dieserzeitige beschriebene Priester soll allerwege nun und hernach, so oft das der Not gebührt, mittels des Ratschlusses (nach Schützeichel, siehe Literatur, althochdeutsch: neben Ratschlag auch Ratschluss, Beschluss, Plan, Abhilfe) des jeweiligen Herrn von Ehrenstein, und nicht anders, drei der vorn beschriebenen fünf Armen Leute aufnehmen von und aus den armen

29. Leuten, die zur Herrschaft von Ehrenstein gehören, sofern die darunter zu kriegen sind, die die Almosen erwarten und dazu bequem (geeignet) wären. Die anderen zwei Armen Menschen soll man nehmen: einen aus dem Kirchspiel von Asbach und den anderen aus der Honschaft von Ütgenbach, wenn die auch in den zuvor beschriebenen Maßen in diesem Kirchspiel und in dieser Honschaft

30. dazu tauglich sein sollten, doch so und mit dem Unterschied (zu den Ersteren), dass der Pastor und die Geschworenen von Asbach den Herrn von Ehrenstein zu jeder Zeit, wenn es nötig ist, bitten sollen für einen armen Menschen aus dem Kirchspiel und desgleichen die Honschaftsleute von Ütgenbach, auch in diesem Kirchspiel gelegen, darum bitten (sollen), den anderen armen

31. Menschen aus ihrer Honschaft aufzunehmen und mit solchen Pfründen und Almosen zu begaben, und alsdann soll der jeweilige Herr von Ehrenstein diese auch ohne Weigerung damit begaben und sie zulassen. Und wenn die fünf armen Menschen nicht aus den vorn beschriebenen Leuten in dieser beschriebenen Weise zu kriegen wären, soll dieser Priester mit dem Ratschluss des jeweiligen Herrn

32. von Ehrenstein, und nicht anders, die von anderen Enden nehmen, die dazu sich schickend und „bequem" sind, so dass das Spital ohne fünf arme Menschen, die von den Almosen in obiger Gestalt leben, nicht entledigt sein noch bleiben soll. Ebenso sollen die Armen Leute, die man in das Spital aufnehmen wird, allewege vorher dem dieserzeitigen Priester allda geloben

33. und schwören, dass solches, was sie in das Spital mitbringen werden, es wären Betten, Kleider, Hausrat sowie sonstiges Geräte-Gut

anders, dat sulchs allet ouch na yrem doide da ynne blyue(n) ind gelaissen werden sulle, Item der priester vurs. sall ouch gehalden syn, alle Iairs zo gesynne(n) eyns H(er)en van Erensteyn, rechenschaff zo doyn van den vurs. gued(er)en

34. *So zo dem Spytaill gegeue(n) synt oder Hernamails gegeuen moechten werden, wes da van Iairs in vurs. maissen, gefallen ind erschynen wyrt, Ind hey den armen luden wie vurs. gehantreicht hait, wilche Rechenschaff geschien sall vur eyme H(er)en zo Erensteyn, ind prior des closters daselffs, Ind wan(n) die Rechenschaff syn sall Asdan ind dar*

35. *entghayn, Sall der Her(r) van Erensteyn gesynnen an dem pastoir van Aspach ouch an der Honschaff van Oetgenbach, dat der pastoir eyne(n) Eirb(er)en man viss dem kyrspell, ind die Honschafftzlude eyne(n) viss der Honschafft dartzo ordenen, by die Rechenschafft zo komen ind die zo helffen hoeren, vmb dat es rechtschaffen myt den gued(er)en ind*

36. *almyssen gotz umbgegangen ind gehandelt werde, Off auer der Pastoir, ind Honschafftzlude vurs. die tzwien also zo gesynnen, des H(er)en van Erensteyn, vmb by der Rechenschafft zo syn, nyet verordenen wurden, So sall daromb die rechenschaff nyet hynden blyuen, Sunder alle Jairs zo gesynnen vurs. vur eyme H(er)en van Erensteyn ind prior*

37. *des Cloisters daselffs van dem priester vurs. geschien, Ist ouch in dieser fundacien bedacht ind versorgt off sache were ind sich also begeuen wurde da got vor sy, dat mysswas, Hailslag, kriech, Rouff, Brant, H(e)ren gewalt, H(er)en noit, ind gebot gevielen ind geschiegen, Also dat nyet so vill vp den gued(er)en erschiene dat man den armen luden*

38. *NB (nota bene) die almyssen in vurger(oirten) maissen, da van gegeue(n) konte, So sall ouch der priester vurs. nyet vorder gehalden syn, dan wes van den gued(er)en queme den armen luden zo hantreichen ind nyet wyders, Were ouch sache dat nu off Hernamails eynche Rente ind gulde, gereit guyt off anders den armen*

und anderes, alles auch nach ihrem Tod darin bleiben und gelassen werden soll. Ebenso soll derselbe Priester auch gehalten sein, alle Jahre auf Ansinnen des Herrn von Ehrenstein Rechenschaft (Rechnungslegung) zu tun über die vorn beschriebenen Güter,

34. die zu dem Spital gegeben sind oder später gegeben werden möchten, was davon in einem Jahr beschriebener Maßen angefallen ist und (noch) erscheinen wird und er den armen Leuten wie vorn beschrieben gehandreicht hat. Diese Rechenschaft soll geschehen vor dem jeweiligen Herrn zu Ehrenstein und dem Prior des Klosters daselbst. Und wenn die Rechenschaft sein soll, alsdann und da

35. entgegen (gegen den Zeitpunkt, zuvor) soll der Herr von Ehrenstein dem Pastor von Asbach und auch der Honschaft von Ütgenbach das Ansinnen vorbringen, dass der Pastor einen ehrbaren Mann aus dem Kirchspiel und die Honschaftsleute einen aus der Honschaft dazu abordnen, zu der Rechenschaft zu kommen und behilflich zu sein anzuhören, damit rechtschaffen mit den Gütern und

36. den Almosen Gottes umgegangen und gehandelt werde. Wenn aber der Pastor und diese Honschaftsleute die zwei, die auf das Ansinnen des Herrn von Ehrenstein bei der Rechenschaft zugegen sein sollen, nicht abordnen würden, dann soll darum die Rechenschaft nicht unterbleiben, sondern alle Jahre nach Aufruf vor dem jeweiligen Herrn von Ehrenstein und dem Prior

37. des Klosters daselbst durch diesen Priester geschehen. Es ist auch in dieser Gründung bedacht und vorgesorgt, wenn es Sache wäre und sich so begeben würde, wo Gott vor sei, dass Misswachstum, Hagelschlag, Krieg, Raub, Brand, Herrengewalt, Herrennot und -gebot anfielen und geschehen würden, so dass nicht so viel auf den Gütern erschiene, dass man den Armen Leuten

38. – gib gut Acht! – die Almosen in oben angezeigtem Maße davon vergeben könnte, so soll aber auch dieser beschriebene Priester nicht gehalten sein, darüber hinaus, als was von den Hofgütern kommt, den armen Leuten zu handreichen und nichts weiter. Wäre es aber auch Sache, dass nun oder später einige Renten und Geldwerte, Hausrats-Gut oder anderes den

luden in die Spytails huysergyn va(n) eynche(n)

39. *fromen luden gegeue(n) wurden, Darna sall man ouch, die mee armer lude, In die gotzhuyser nemen, oder diesen armen luden, yre proeuend ind Rente besseren, Sulchs doch asducke des noit geburde geschien sall, myt Raide eyn H(er)en van Erensteyn ind der ghienre, die yre guyt also nu oder hernamails, dartzo geuen wurden, Da van*

40. *allet der priester vurs. Rechenschafft doyn sall in alremaissen wie vur ercliert, Ind up dat dan der priester vurs. die Myssen ind gotligen dienst, gedoin ouch den arme luden, die almyssen hantreichen ind die guede(r) verwaren Ind regieren konne ind moege allet myt vnderscheide ind in maissen as hie vur geschreue(n) steit, So hait vur an der*

41. *vurg(eroirte) pastoir, zo Aspach vur sich ind syne nakomen pastoi(r)e daselffs in ind zo der Capellen, iairs zon ewigen dagen zoe, zo dienen, zo gehoeren, ind zo volgen, eyme priester vurs. an erffliger Renten, van ind vis syme tzienden, zo Aspach allewege zo hauen zo heuen ind zo vntfangen, Errflichen gegeuen, ind erlaissen Tzwelff ou(er)lentz=*

42. *sche Rynsche gulden, als vierIndtzwentzich wyspennynge Coltzsch vur yed(er)en gulden, Ind dat daromb ind viss der vrsachen, want vur hyn die Capelle vurs. van der Hyrschafft van Erensteyn, myt Renten ind gulden begyfftiget geweist is, wilche Rente ind gulden, die pastoir(re) van Aspach vurtzytz zo sich getzoegen, ind daromb den*

43. *priester in irem huyse ind wedomhoeue vurs. myt Cost ind loyn zo halden plegen, Der Cost ind loens die postoir(re) ouch im vurbass (weiter) aff ind ledich syn, ind nyet mee, da van noch dar gegen vissgeuen noch entberen en sullen, dan alleyne die tzwelff gulden erfflicher iairlicher Renten vurs., myt sampt dem offer, so up der Capellen wyon=*

44. *gen zo Oetgenbach Iairs vallen wyrt wie vurs. steit, van wilchen Tzwelff gulden vurger(oirt) dat kyrspel vurs. vier der seluer gulden, begyfftiget ind ordinyert*

Armen Leuten in die „Spitals-Häuserchen" von einigen

39. frommen Leuten gegeben würden, dann soll man desto mehr arme Leute in die Häuser Gottes aufnehmen oder diesen Armen Leuten ihre Pfründe und Rente bessern. Solches soll doch, so dick (sehr) sich das nötigenfalls gebührt, geschehen mittels Ratschluss des Herren von Ehrenstein und derjenigen, die ihr Gut also nun oder hernach einmal dazu hergeben würden. Von dem

40. allen soll dieser Priester Rechenschaft tun ganz dermaßen, wie vorn erklärt. Und auf dass dann dieser Priester die Messen und den Gottesdienst gut tun und auch den armen Leuten die Almosen handreichen sowie die Hofgüter verwahren und regieren könne und möge, alles mit der Genauigkeit und in der Weise, wie es hier vorn geschrieben steht, so hat vornan der

41. zuvor angerührte Pastor zu Asbach für sich und seine nachkommenden Pastoren daselbst in und zu der Kapelle diesem jeweiligen Priester jährlich zu ewigen Tagen hin für das Dienen, das Gehorchen und das Folgen an erblicher Rente, von und aus seinem Zehnten allerwege zu haben, zu heben und zu empfangen, erblich gegeben und überlassen zwölf oberlän-

42. dische rheinische Gulden, im Wert von vierundzwanzig kölnischen Weißpfennigen („weiße" Silbermünze) für jeden Gulden, und das darum und aus der Ursache, weil vorher diese Kapelle von der Herrschaft von Ehrenstein mit Renten und Geldern begabt gewesen ist, welche Renten und Gelder die Pastoren von Asbach vorzeiten an sich zogen, und darum den

43. Priester in ihrem Haus und dem beschriebenen Widumshof mit Kost und Lohn zu halten pflegen, (und weil) die Pastoren von dieser Kost und diesem Lohn nun fürbass (in Zukunft) frei und ledig sein und nichts mehr davon noch dafür ausgeben oder entbehren sollen, als allein die zwölf Gulden dieser erblichen, jährlichen Rente mitsamt dem Opfer, das auf (dem Jahrestag) der Kapellenwei-

44. he zu Ütgenbach jährlich anfallen wird, wie es vorn beschrieben steht, von welchen zwölf angesprochenen Gulden das vorn beschriebene Kirchspiel vier derselben Gulden

haynt dem pastoir(re) zo behulff ind zo guede vmb dat yem alsulchen Rente zo geuen, nyet zo swier en viele ind der gotzdienst, des die vurderliger geschien ind volbracht moechte

45. *werden, Ind Hertzo Haynt im die vurs. Her(r) Bertram ind frauwe Margriete syne elige huysfrauwe, an iairlicher Erffrenten, noch vunff ouerlentzsche gulden gegeue(n) Ind die der Capellen vurs. belacht ind bewyst, an diese ende as nemelich in vns(er)m Hoeue zo dassbach Ind dan noch an ind viss den gued(er)en gulden ind Rente(n) vurs.*

46. *so die vurg(eroirten) her(r) ind frauwe, in vurs. maissen den armen luden gegene(n) hauen, Iairs dry malder korns, ind dry malder gersten, zo bier ind broide, ind seess Ellen wullens doichs zo eyme Rocke(n) zo hauen, Ind wie nu oder hernamails, durch die vurg(eroirten) H(er)en Bertram ind frauw Margreten yre erue(n) oder nakomen, oder sust van*

47. *eynchen fromen luden ine guedere, gulden ind Renten zo der Capellen gegeuen, Ind also dem priester vurs. syn Rente gebessert wurde, dat got also voegen wille So sall sich ouch der gotliche dienst myt myssen ind and(er)en gueden wercken vermerren, Idt is ouch in dieser fundacien, myt verordent dat zo allen tzyden, as es noit ge=*

48. *burt, eyn Her(r) ind rechter Erue, des Slossz Erensteyn, eyn gyffter der Capellen vurs., errflich ind ewelich syn sall, ind durch eyne(n) prior, tzertzyt zo Erensteyn presentiert werden, Doch also dat der selue Her(r) ind erue zo Erensteyn, die Capelle nyemant(em) zom(m) Tytell eyns geistligen liehens sich darup wyen zo laissen, oder syn leefdage*

49. *als eyn beneficiu(m)* (Lehen mit Einkünften) *zo behalden, geuen sulle, dan so idt eyn slecht Dienst ind Officiu(m) alle wege syn ind blyuen sall, sulchs nyemant(em) geuen oder beuelen, der en sy dan vuran priester gewyet ind gemacht, Also dat eyn Her(r) zo Erensteyn, alletzyt So wan(n) eyn priester affleuich wurde, eyne(n) and(er)en priester daran setzen ind brengen moege, Ind sall*

gegeben und verordnet hat dem Pastor zu Hilfe und zugute, damit ihm allsolche Rente zu geben nur nicht zu schwer fiele und der Gottesdienst desto geförderter geschehen und vollbracht möchte

45. werden. Und hierzu haben ihm (dem Priester der Kapelle zu Ütgenbach) die genannten Herr Bertram und Frau Margriete, seine eheliche Hausfrau, an jährlicher Erbrente noch fünf oberländische Gulden gegeben und die der Kapelle hinterlegt und überwiesen, von diesem „Ende", nämlich unserem Hof zu Dasbach, und dann noch an und aus den obigen Gütern, Gulden und Renten,

46. die diese vorn angesprochenen, Herr und Frau, dieser Maßen den armen Leuten gegeben haben, jährlich drei Malter Korn und drei Malter Gerste für Bier und Brot und sechs Ellen wollenen Tuchs, um einen Rock zu haben. Und wenn nun oder hernach einmal durch die angesprochenen, Herrn Bertram und Frau Margrete, ihre Erben oder Nachkommen oder sonst von

47. einzelnen frommen Leuten ihnen Güter, Gelder und Renten zu der Kapelle gegeben und so diesem Priester seine Rente aufgebessert würde, was Gott so fügen wolle, so soll sich auch der Gottesdienst mit Messen und anderen guten Werken vermehren. Es ist auch in dieser Gründungsurkunde mit verordnet, dass zu allen Zeiten, wie es die Not ge-

48. bührt, ein Herr und rechter Erbe des Schlosses Ehrenstein der Stiftungsgeber dieser Kapelle erblich und ewig sein soll und durch den jeweiligen Prior zu Ehrenstein präsentiert werden soll, doch dass derselbe Herr und Erbe zu Ehrenstein die Kapelle niemandem zum Titel eines geistlichen Lehens geben solle, sich darauf weihen zu lassen oder (die Kapelle) sein Lebtag

49. als ein Benefizium zu behalten, denn dies soll ein schlichter Dienst und eine aufrichtige Arbeit allewege sein und bleiben, also solches (Kapelle und Spital) niemandem geben oder anbefehlen (darf), der nicht schon vorher zum Priester geweiht und gemacht sei. Und ebenso (ist verordnet), dass der jeweilige Herr zu Ehrenstein allezeit, wenn der jeweilige Priester ablebig wird, einen anderen Priester daran setzen und bringen möge. Und so soll

50. *eyn yecklich priester dem also der dienst der Capellen gegeue(n) ind beuoelen wirt, vur hyn, vur dem h(er)en van Erensteyn ind eyme prior daselffs vurs. by synre priesterschaff geloyue(n) ind sweren, As eyme priester geburt, alle punten vur ind na in dieser fundacien begryffen Ine belangende synt, wair vast stede ind vnuerbruchlich zo*

51. *halden, ind zo vollentzien, die guede gulde ind Renten, zor Capellen ind ouch zo dem Spytaill den vurs. armen luden gegeuen synt, oder hernamails dartzo gegeue(n) werden, nyet zo verkouffen, zo verbrengen zo versplysen zo verwusten zo versetzen oder zo eynchen and(er)en Henden zo brengen, Sunder die getruwelichen zo verwa(r)en*

52. *ind in guedem bouwe zo halden, na alle syme besten verstande, zo besseren ind nyet zo argeren, wie dem geburt, Der vurs. priester sall sich ouch eirberlich ind priesterlich halden As eyme vrome(n) priester zogehoirt, Ind off sache were dat der selue priester in eynchen diesen vurgemelten Articulen In(n)halt dieser fundacien, So vill Ine die yetzont*

53. *belangende synt, oder hernamails antreffende werden moegen, versuymlich oder bruchlich befunden wurde, Idt were in deile off zo maile Ind sich da by nyet eerlich eirberlich noch geburlich hielte, dat wairlich wyslich ind kundich were Ind des ouch oeu(er)mitz eyne(n) H(er)en ind Eruen zo Erensteyn, ind den gemeyne(n) kyrspelsluden zo Aspach vurs. eyme proist*

54. *asdan tzertzyt zo Kerpen in maissen wie vurger(oirt) steit, kuntlich vurbracht wurde, dat got der almechtige verhoeden wille, Asducke sulche versuymnysse ind oeuertredonge, wie vurs. van dem priester tzertzyt geschiege, So sall alletzyt, ein proist tzertzyt zo Kerpenn, vurger(oirt)* (angerührte) *myt willen ind zo doin Eyns H(er)ren ind Eruen zo Erensteyn macht hauen*

55. *den priester des dienstz der Capellen vurs. zo vntsetzen, ind eynen and(er)en priester daran setzen, der wilche yrst oeu(er)mitz eyne(n) H(er)en ind Eruen zo Erensteyn, dem vurs. H(er)en Proist*

50. ein jeglicher Priester, dem also der Dienst der Kapelle gegeben und anbefohlen wird, vorher vor dem Herrn von Ehrenstein und dem jeweiligen Prior daselbst bei seiner Priesterschaft geloben und schwören, wie es einem Priester gebührt, alle Punkte, die - hiervor und hiernach in dieser Gründungs-Urkunde begriffen - ihn anbelangend sind, wahr, fest, stetig und unverbrüchlich zu

51. halten und zu vollziehen, die Güter, Gelder und Renten, die zur Kapelle und auch zu dem Spital den armen Leuten gegeben sind oder hernach einmal dazu gegeben werden, nicht zu verkaufen, zu verbringen, aufzusplissen (aufzusplittern, aufzuteilen), wüst fallen zu lassen, zu versetzen oder zu einzelnen anderen Händen zu bringen, sondern die getreu zu verwahren

52. und in gutem Bau zu halten, ganz nach seinem besten Verstand zu verbessern und nicht ärger werden zu lassen, wie es dem gebührt. Dieser Priester soll sich auch ehrbar und priesterlich verhalten, wie es sich für einen frommen Priester gehört. Und wenn es Sache wäre, dass derselbe Priester in einigen diesen vorn gemeldeten Inhaltsartikeln dieser Gründungsurkunde, so viel ihn die jetzt

53. anbelangend sind oder hernach einmal ihn betreffend werden mögen, säumig oder vertragsbrüchig befunden würde, es wäre im Teil oder im Ganzen, und sich dabei nicht ehrlich, ehrbar noch gebührlich verhielte, (und dass) dies wirklich wissentlich und bekannt wäre und (dass) davon auch, mittels des Herrn und Erben zu Ehrenstein und der Gemeinde-Kirchspielsleute zu Asbach, dem Propst

54. derzeitig (nicht jeweilig) in Kerpen sodann dermaßen, wie es vorn angerührt steht, Kenntnis vorgebracht würde, was der allmächtige Gott verhüten wolle - so oft solche Versäumnis und Übertretung, wie vorn beschrieben, von dem jeweiligen Priester geschehe - soll alle Zeit der angesprochene derzeitige Propst zu Kerpen (als Kommissar des Kölner Erzbischofs) mit Willen und Zutun eines Herren und Erben zu Ehrenstein Macht haben,

55. den Priester des Dienstes der genannten Kapelle zu entsetzen und einen anderen Priester daran zu setzen, der welche erst durch einen Herrn und Erben zu Ehrenstein dem beschriebenen Herrn Propst präsentiert und

presentiert, ind vurbracht werden sall, Der ouch dan in gelicher maissen, angenomen werden, ind verplicht ind verbunden sall syn, als vp den and(er)en vurs. priester geschreuen

56. steit, Ind asdan diese loeueliche fundacie myt wyssen willen consent ind myt wailbedachtem Raide der vurg(eroirten) Her(en) Bertrams va(n) Nesselroide, ind frauwen Margreten synre eliger Huysfrauwen, H(er)n Hermans Pastoirs zo Aspach, ind ouch des gemeyne(n) Kyrspels zo Aspach zoegegangen ind geschiet synt wie vurs. steit, Ind als ouch dat kyrspell va(n)

57. Aspach ind die Capelle van Oetgenbach vnder dem Hoechwurdigisten, Hoichgebo(r)en fursten ind H(er)en, H. Herman Ertzbusshoff zo Colne, Des Hilligen Romischen Rychs durch Italien Ertzcanceller ind Kuyrfurst Herzonghe(n) zo westphalen ind zo Eng(er)en, des Styfftz paderborne administratorem (et) c. vnsen gnedigisten lieuen h(er)en in

58. synre furstliger gnaiden lantschafft furstendomp ind kriessdompe des Styfftz Colne gelegen synt, Ind syne furstlige gnaide der vurs. kyrchen van Aspach vur sich alleyne alle wege, patron(us) ind gyffter geweist, ind ist, daromb ouch sich vuran eyget ind geburt syne furstlige gnaiden, vmb verwillong dieser fundacien zo versuechen, ind derhalue(n)

59. syner gnaden consent zo erlangen, So haynt die vurger(oirten) Her(r) Bertram van Nesselroide, frauw Margrete syne elige Huysfrauwe, Her(r) Her(r)man Pastoir zo Aspach vort die Kyrchmeister ind kyrchengeswo(r)en myt namen Peter va(n) Lympach Heyntze va(n) Sassenhuyse(n) Dederich va(n) Drynhuyse(n) Hy(n)rich va(n) wege ind Dederich va(n) busch, van des gemeynen kyrspels wege(n)

60. syne furstlige gnaden vnderdaynlichen ind dienstlichen gebeden, Alle punten In(n)halt dieser fundacien, Als der lantfurste ind Ordinarius verwilligen Ind des in getzuychnysse der wairheit synre gnaiden Siegell an diese fundacie vur an doyn hangen wollen, Also bekennen wir

vorgebracht werden soll, der dann auch gleichermaßen angenommen werden sowie verpflichtet und gebunden sein soll, wie es über den anderen oben erwähnten Priester beschrieben

56. steht. Und alsdann sind diese löblichen Einrichtungen mit Wissen, Willen, Konsens und mit wohl bedachtem Ratschluss der vorn berührten, des Herrn Bertram von Nesselrode und der Frau Margrete, seiner Ehe-Hausfrau, Herrn Hermanns, Pastors zu Asbach, und auch des Gemeinde-Kirchspiels zu Asbach, zugegangen und geschehen, wie es da vorn beschrieben steht. Und weil auch das Kirchspiel von

57. Asbach und die Kapelle von Ütgenbach unter dem Hochwürdigsten und Hochgeborenen Fürsten und Herren, dem Herrn Hermann, Erzbischof zu Köln, des Heiligen Römischen Reiches durch Italien Erzkanzler und Kurfürst, Herzog zu Westfalen und zu Engern, des Stifts Paderborn Administrator et cetera (und weitere Titel), unserm gnädigsten lieben Herrn, in

58. seiner fürstlichen Gnaden Land und Fürstentum und im Kirchenkreis des Kölner Stifts gelegen sind, und weil seine fürstliche Gnaden für sich allein allerwege Patron und (erblicher) Stifter dieser Kirche von Asbach gewesen (ist) und (noch) ist, und weil es sich darum eignet und auch gebührt, seine fürstliche Gnaden um Bewilligung dieser Gründung zu ersuchen und deshalb

59. seiner Gnaden Konsens zu erlangen, so haben die vorn angerührten, Herr Bertram von Nesselrode, Frau Margrete, seine eheliche Hausfrau, Herr Hermann, Pastor zu Asbach, weiter die Kirchmeister und Kirchen-Geschworenen mit Namen Peter von Limbach, Heinz von Sessenhausen, Dietrich von Drinhausen, Hinrich von Wege (vielleicht das heutige Dorf Straßen oder die Flur und Straße „Im Weidgen" in Oberplag) und Dietrich von Büsch von wegen des Gemeinde-Kirchspiels

60. seine fürstlichen Gnaden untertänig und diensteifrig gebeten, alle Inhaltspunkte dieser Gründungsurkunde als der Landesfürst und Gebieter zu bewilligen und in Bezeugung der Richtigkeit dessen seiner Gnaden Siegel an diese Gründungsurkunde vorn dran hängen tun (Hervorkehrung des Aktes) zu wollen. Also

Herman van gotz gnaiden, Ertzbusschoff zo Colne (et) c(etera) vurger(oirt) diese gegen
61. *wordige fundacie, alles yrs In(n)haltz ind begryffs verwilliget zo hauen, myt vrkunde vnss Siegels, So wir daromb myt vnser rechter wyst ind wyllen vuran vur vnss ind vnse nakom(en) ind gestichte Heran doin hangen, Geloyuen ouch da by vur vnss, vnse nakomen ind gestichte yedes deill, so vill dat mallich antreffende ist ind vnss as lant*
62. *fursten zo doin geburt da by zo hanthauen zo schyrmen zo schuyren* (beschützen) *ind zo behalden, Ind wir Bertram van Nesselroide Her(r) zo Erensteyn Ritter (et) c(etera). Margrete van Boirtscheit syne elige Huysfrauwe ind Herma(n)n(us) van Arwylre pastoir vurs. Bekennen ouch vur vnss vnse erue(n) ind nakom(en), vnser yeckliger syn Siegell vnss da myt aller sachen*
63. *vurs. zo oeuertzugen, Ind ouch zo ewiger vaster stedicheit, na heran gehangen zo hauen, Ind want wir kyrchmeister ind kyrchengeswo(r)en vurs. geyn eygen Siegell en hauen So Hayn wir gebiden den Edelen ind wailgebo(r)en Iunch(er)en, Iuncher Iohann Greuen zo Nassauw H(er)en zo Bylsteyn, (et) c(etera) dat syne gnaiden syn Siegell vur vnss in getzuych=*
64. *nysse aller vurs. sachen, an diese fundacie hangen wille, Des wir Iohan Greue zo Nassauw H(er)r zo Bylsteyn (et) c(etera) vurs. also wair bekenne(n) ind vnse Siegell vmb beden wille, der Eirbeire kyrchmeiste(r) ind kyrchengeswo(r)en zo Aspach vurs(chreven) an diese fundacie doyn hangen, Der wilcher fundacien dry synt gelich luydende, da van Her(r) Bertram*
65. *vurs. ind syne Eruen ind nakomen, H(er)en zo Erensteyn, die eyne Der pastoir kyrchmeiste(r) ind geswo(r)en zo Aspach die ander Ind der priester vurs(chreven) die drytte Inne hauen sall sich zo allen deilen, darna hauen zo richten, Gegeue(n) In den Ia(r)en vnss H(e)ren Duysent vierhundert NuynIndNuyntzich up sent Iohans Auent Decollation(e)*

bekennen wir Hermann, von Gottes Gnaden Erzbischof zu Köln et cetera, diese gegen-
61. wärtige Gründung (und) alles ihres Inhaltes und Umgriffs bewilligt zu haben mit der Beurkundung unseres Siegels, das wir darum mit unserem rechten Bewusstsein und Willen vorn an für uns und unsere Nachfolger und unser Stift hängen tun. Wir geloben auch dabei für uns, unsere Nachfolger und unser Stift, über jedes Teil davon, so viel das mannigfach zutreffend ist und uns als Landes-
62. fürst zu tun gebührt, die Hand zu haben, es zu beschirmen, zu schüren, (Dialekt „Schür", = Scheune, Schutzbau) und zu erhalten. Und wir, Bertram von Nesselrode, Herr zu Ehrenstein, Ritter mit weiteren Titeln, Margrete von Burscheid, seine eheliche Hausfrau, und Hermann von Ahrweiler, der vorn beschriebene Pastor, bekennen auch für uns, unsere Erben und Nachfolger, dass jeglicher von uns sein Siegel, um damit von allen Sachen,
63. die vorn beschrieben sind, zu zeugen, und auch zu ewiger fester Beständigkeit dahinter heran gehangen hat. Und weil wir, die beschriebenen Kirchmeister und Kirchen-Geschworenen, kein eigenes Siegel haben, so haben wir den edlen und wohl geborenen Junker, Junker Johann (II, Pfandnehmer und Amtmann des Amtes Altenwied 1499 bis 1513) Graf zu Nassau, Herr zu Bielstein ec. gebeten, dass seine Gnaden sein Siegel für uns im Zeug-
64. nis aller dieser Sachen an diese Gründungsurkunde hängen wolle, was wir Johann, der vorbeschriebene Graf zu Nassau, Herr zu Bielstein et cetera, als wahr bekennen; und wir tun unser Siegel um beider, der beschriebenen ehrbaren Kirchmeister und Kirchengeschworenen zu Asbach, willen an diese Gründungsurkunde hängen. Dieser Gründungsurkunden sind drei gleichlautende, wovon der beschriebene Herr Bertram
65. und seine Erben und nachfolgenden Herren zu Ehrenstein die eine, der Pastor, die Kirchmeister und Geschworenen zu Asbach die andere und der vorbeschriebene Priester die dritte innehaben sollen, um sich in allen Teilen danach zu richten zu haben. Gegeben in den Jahren unseres Herrn tausend vierhundert neunundneunzig auf Vorabend von Sankt Johanns Enthauptung.

Anhang 2
Freistellung der vier Mucher Güter im Jahr 1497 durch den Herzog Wilhelm IV von Berg

Diese Urkunde vom 29.11.1497 ist etwas zusammengefasst im Kapitel „Vorlauf zur Armenstiftung", wiedergegeben. Sie ist uns erhalten im Fürstlich Wiedischen Archiv, Akten, 70 - 11 - 19, in beglaubigter Notars-Abschrift einer unterschriebenen Kopie in einem Lagerbuch, das offenbar im Herzogtum Berg aufbewahrt wurde.

Buchstabengetreue Wiedergabe

Wir Wilhelm Von Gottes Gnaden Hertzogh zu Gulich zu dem Bergh vnd Grave zu Ravensperch (et cetera) vnd wir Sibilla geborne Marckgraffin Vonn Brandenburch von derselben Gnaden Hertzoghin vnd Graffin der genanter Landen thunn samentlich kundtt offenbarlich ihn diesem brieff, so alß vnse leve Rahdt vnd getrewer herr Bertram von Nesselradt herr zu Ehrenstein Ritter vnser Erffmarschalck vnsers landt von dem berghe vnd Margareta von Borscheitt sein eheliche haußfrawe Ihre erffliche vier hoeffe erff vnd gueter der ein zu derscheit, der ander seiffen, der dritte Beretzbach, der vierde heiden genant mitt allem ihren Zu vnd ihngehor, so wa vnd wie dieselbe in vnsern landt van Blanckenbergh vnd ihn vnserm Kirspell von Muich vnd Winterscheidt gelegen sey, mitt ihrn guten freyen Willen zu Ehrenstein ihn ein hospitall vnd gotteshauß daselbsten vmb arme leuth darihnen zu sein gegeven haben. Welches hospitall vnd die armen leuth darihnen seindt, auch die güter vorg(enant) vnd was forder ihn daß hospitall gegeuen ist, vnd ihn zukommen Zeiten wurde, die Erbarn prior vnd Convent deß Closters vnd gtteshauß alda genant Vnser liber frawen thall zu Ehrenstein haben vnd regieren sollen, nach laut ind inhalt der fundation darover gemachtt. vnd alß die vorg(enanten) vnse leve Erffmarschalck vnd sein Eheliche haußfrawe Vnß dienstlich vnd vnderthenigh gebetten haven, dat wir alß Landthere vnd frawe der vorg(eme)lt(en) gutere die gifft derselber gutere wie obgerort Zulaßen vnd verwillig(en). Vnd auch die vorg(enanten) gudere mit gemeinen schatzungen diensten noch beden zu beschweren. So bekennen wir Hertzog Vnd Hertzogin (et cetera) vorg(emelte) offentlich mit diesen brieff vor vns vnsere erven vnd nachkomling(en) Dat Wir von Vnsern soderlichen gnaden Inndt vmb beden willen deß vorg(enanten) Erffmarschalcks vnd sein Ehelicher haußfrawen die gifft der vorg(enanter) vierer gudere derscheidt, zum seiffen, Bertzbach, Vnd heyden mitt allen ihren Zu vnd ihngehoren wie vorg(emelt) verwilliget hain vnd verwilligen vestlich ihn krafft dieses brieff Innd auch en willen noch en sollen wir noch vnse Erven vnd nachkomlingh zu erfflich Ewigen Zeiten die vorg(enanten Güter) noch ihn oder Zubehoer vor(schreven) nit wieder noch forder mit schatzungen, diensten noch beden gewonlich noch vngewonlich nit beschweren noch von vnsen geschehen laßen sonder wir vns Erven, indt nachkumling(en) willen vnd sollen die vorg(enanten) Prior vnd Convent zu behoeff des vorg(enanten) hospitals der vorg(enanten) gudere mit allen Ihren In vnd Zugehor, vnd waß weiders darihn oder darzu gegeven mocht werden zu Erfflichen Ewigen Zeiten, loß, ledigh, frey, vnbelast, vnd vnbeschweredt genießen vnd gebrauchen laßen, ihn allermaßen, alß off der vorg(emelte) Vnse Erffmarschalck vnd sein Eheliche haußfraw die noch ihn Ihren eigen henden hetten, vnd die vertheten vnd vermieden[422]. Diese vorg(enanten) Puncten geloffen wir Wilhelm Hertzog zu gulich Zu dem Bergh vnd Graffe Ravenßbergh Vnd wir Sibilla, Hertzoghin vnd Graffin vorg(enant) vor vnß vnd vnse Erven ind nachkomlingen bey vnseren fürstlichen Trewen vnd Ehre wahr, vest, stede, vnd vnverbrochlich nazukommen, vollnzehn, Vnd die Wolg(emelten) prior vnd Convent vnd ihre nachkommende Zu Erfflich Ewig(en) Zeiten dabey zu laßen handthaven Vnd behalten, sonder aller Koinne[423] argelist, ihndroicht, hindernuße vnd geferde die hierihnen gantzlich außgescheiden vnd pleiben sollen; vnd deß zur Vrkundt der warheit vnd gantzer, vester, Erfflicher ewiger Stedigkeit hain wir vnser

---

[422] vertäten und vermieden (die Abgaben und Dienste bei freiadeligen Gütern verhindern und vermeiden würden)
[423] ohne alle Art Arglist, Beeinträchtigung, Hindernis und Gefährdung

beider siegell vor vnß Vnsere Erven vnd nachkomlinghe ahn diesen brieff thuon hangen. Gegeven Zu Dußeldorff ihn den Iahren alß man schrifft na der geburt Vnsers heren tausent vierhundert Vnd sieven ind Neunzigh vf h. Andreiß deß h. Apostels Oevent[424].

    LS[425]   *Von befehl meiner Gnedigh Allerliebsten Herren vnd frawen*
               Hertzog vnd Hertzoghinnen Vors(chreven)
               Wilhelm Luninck

diße Abschrift ist auß dem Lagerbuch fol. 84, so mir vorpracht, conferirt Vnd deme gleichlautendt quod attestor Jacob Henrich WilhelmI Notariy m(anu propia) [426]

Übertragung in heutiges Deutsch

    Wir Wilhelm von Gottes Gnaden Herzog zu Jülich und zu Berg sowie Graf zu Ravensberg, mit weiteren Titeln, und wir Sibylle geborene Markgräfin von Brandenburg von denselben Gnaden Herzogin und Gräfin der genannten Lande tun gemeinsam kund:
Unser lieber Rat und Getreuer Herr Bertram von Nesselrode, Herr zu Ehrenstein, Ritter, unser Erbmarschall unseres Landes von dem Berg und Margarete von Burscheid, seine Ehefrau, haben ihre vier Höfe, Erbschaften und Güter, der eine zu Derscheit, der andere zu Siefen, der dritte zu Berzbach, der vierte zu Heiden genannt, mit allem ihren Zubehör, so wo und wie dieselben in unserem Land Blankenberg in unseren Kirchspielen von Much und Winterscheid gelegen sind, mit ihrem guten freien Willen zu Ehrenstein[427] in ein Hospital und Gotteshaus daselbst gegeben, damit arme Leute darin seien. Dieses Hospital, die Armen Leute darin und auch die genannten Güter und, was danach in das Hospital gegeben ist und in zukünftigen Zeiten würde, sollen Prior und Konvent des Klosters und der Kirche allda, „Unserer Lieben Frauen Tal zu Ehrenstein" genannt, haben und regieren gemäß der darüber gemachten „Fundation"[428]. Als die Genannten, unser lieber Erbmarschall und seine eheliche Hausfrau, uns demütig und untertänig gebeten haben, als Landes-Herr und Landes-Frau[429] dieser vorgenannten Güter die Stiftung derselben Güter wie oben angesprochen zuzulassen und zu bewilligen und auch die Güter weder mit Schatzung noch Diensten noch Beden[430] zu beschweren, bekunden wir, Herzog und Herzogin mit vielen weiteren Titeln, die vorn genannten, öffentlich mit diesem Urkunden-Brief für uns, unsere Erben und Nachfolger, dass wir von unseren besonderen Gnaden und um der beiden willen, des genannten Erbmarschalls und seiner Ehefrau, die Schenkung der genannten vier Güter Derscheid, zum Siefen, Berzbach und Heiden mit allem ihrem Zubehör und Inhalt bewilligt haben und jetzt bewilligen, fest und in Kraft diese Briefs. Auch wollen noch sollen weder wir noch unsere Erben und Nachfolger zu ewigen Zeiten weder diese Güter noch den Zubehör weder bei nächster noch zukünftiger Gelegenheit mit gewöhnlichen oder ungewöhnlichen Schatzungs-Abgaben oder Diensten oder gebotenen Abgaben belasten oder das von unserer Seite geschehen lassen, sondern wir, unsere Erben und Nachkommenden (im Amt) wollen und sollen die Genannten, Prior und Konvent, zum Nutzen (*zu behoeff*) des genannten Hospitals die genannten Güter mit allem ihrem In- und Zubehör zusammen mit dem, was weiterhin dazu gegeben möchte werden, zu „erblichen" ewigen Zeiten so los, ledig, frei, unbelastet und unbeschwert genießen und gebrauchen lassen,

---

[424] am Vorabend des hl. Andreas, des hl. Apostels, am 29. November
[425] LS = locus sigilli (Ort des Siegels)
[426] was ich, Jakob Heinrich Wilhelmi, mit eigener Notars-Hand bezeuge
[427] nicht zu Ütgenbach!
[428] Gründung im Sinne sowohl des Gründungsaktes als auch einer Gründungsurkunde als auch der gegründeten Institution. Dieses Hospital war laut Text vor dem 29.11.1497 im Kloster Ehrenstein gegründet und lokalisiert.
[429] Landes-Herrin
[430] taxierte (nach Ertrag geschätzte) Abgaben, Dienste (Fronarbeiten), gebotene (unabhängig vom Ertrag festgelegte) Abgaben

als ob unser Erbmarschall und seine Ehefrau die Güter noch in ihren eigenen Händen hätten, und die Belastungen verhüten und vermeiden würden"[431].

Diesen vorgenannten Punkten geloben wir Wilhelm Herzog zu Jülich und Berg sowie Graf zu Ravensberg und wir Sibylle Herzogin und Gräfin für uns, unsere Erben und Nachfolger bei unserer fürstlichen Treue und Ehre wahr, fest, stetig und unverbrüchlich nachzukommen und sie zu vollziehen sowie den Prior und den Konvent und ihre Nachfolger zu „erblich" ewigen Zeiten dabei zu belassen, zu behandeln und zu behalten ohne alle Art von Arglist, Niedertracht, Hindernis oder Gefährdung, was gänzlich ausgeschieden sein und bleiben soll. Und das zu Urkunde der Wahrheit und ganzer fester erblicher ewiger Beständigkeit haben Wir unser beider Siegel für Uns, Unsere Erben und Nachfolger an diesen Brief gehängt. Gegeben zu Düsseldorf in den Jahren, wann man schreibt nach der Geburt unseres Herren tausend vierhundert und sieben und neunzig, am Vorabend des Heiligen Apostels Andreas (29. November).

Auf Befehl meiner gnädigsten Herrschaften, Herzog und Herzogin *Wilhelm Luninck.*

Diese Abschrift ist aus dem Lagerbuch Blatt 84 übernommen, das mir vorlag, und ist dem gleichlautend, was ich mit eigener Notarshand beglaubige, Jakob Heinrich Wilhelmi.

Anhang 3
Verzicht des Priors Swyderus zu Ehrenstein auf die Armenstiftung 1501

Die Jahreszahl dürfte nach Trierer Stil oder nach Kölner Gewohnheiten gebildet sein und wegen des damaligen späteren Jahresanfangs am 25. März (Mariae Verkündigung) bzw. zu Ostern dem Jahr 1502 nach heutiger Gepflogenheit entsprechen. Bei der Quelle im Landes-Hauptarchiv Koblenz, Best. 86, Nr. 3, handelt es sich um eine handschriftliche Kopie der Urkunde in deutscher Schrift aus späterer Zeit, kenntlich unter anderem an Übersetzungshilfen am Rande von derselben Hand.

In der Abschrift sind Kürzel durch die entsprechenden Buchstaben in Klammern wiedergegeben.

Seite 1

Wyr Swyderus, prior vnd vort, wir anderen(n) Conuentz broder alle gemeynlich des cloesters cruytz broder ordens, genant vunser lieuer frauwen(n) daell zo Erensteyn, Doyn kunt vund bekennen offentlich oeuermytz dyssen breiff vur vns vnd vnse nakomelingen, also der strenge vnd frome here Bertram van nesselrode, here zo Erensteyn, Ritter, erffmarschalck des lantz vam Berge (et cetera) vnsse werde lieue here, eyn spydaell vondiert, vnd vunff arme mynschen zo ewigen zyden da ynnen zo halden, berent vnd begolt hayt na lude ey(n)ner fundacien dar oeuer gemacht, dat clair vysß wyst, wyllichst dan des vurgeschreuen vnsses lieuen heren des marschalck mey(n)onge

Seite 2

vnd begerde was, dat wir die vurgeschreuen vunff arme mynschen yn vnsse cloister zo Erensteyn vurgeschreuen nemen zo ewigen tzyden, darynnen halden vnd dat spydaell da gewest syn soulde, dar zo der vurgeschreuen vnsse lieue here der marschalck etzliche erffe gueder ym lande van Blanckenberg gelegen betyrmpt vnd yn dat spidaell vurgeschreuen gegeue(n) hait myt namen eyn guet genant bierckelßbach[432], noch eyn genant derscheit vnd zom seyffen[433] clair yn der fundacien yus gedrueckt, dat selue vnsse lieue here an dem Durluchtygen hoichgeboren fursten vnd heren, heren wilhelm, hertzouch zo guylche vnd zom Berge, Grauen

---

[431] wie das bei freiadeligen Gütern die Regel war
[432] Erklärend steht am Rand der Quelle der heutige Name Berzbach (in frühen Urkunden Bertelsbach genannt).
[433] Erklärung am Rand der Abschrift: „oder Syefer hof". Die benachbarten Höfe Derscheid und Syfen lagen trotz der dazwischen verlaufenden Kirchspielsgrenze mit ihren Ländereien unmittelbar beieinander.

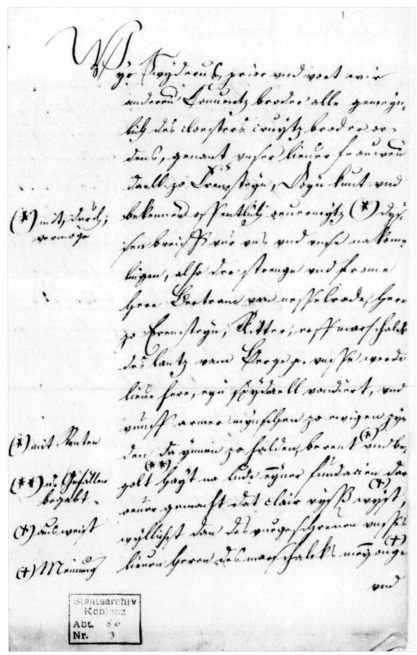

Erste Seite der Kopie der Swederus-Urkunde[434]

Seite 3

zo rauensberg, h(er)en zo heynsburg vnd zo leuenburg ec. vnssen genedigen lieuen heren, erlangt vnd geworffen hait, dat syne furstlichie genade beleyfft bewylliget, brieue vnd siegel dair ouer hayt doyn geuen, vnd gefriet hait, dat sulche vurgeschreuen gueder myt syner furstlicher genaden wyllen zo ewygen tzyden zo dem spydaell yn vnsse cloester zo Erensteyn dienen soullen, vnd want wir pryor vnd conuent vurgeschreuen dan bedacht, ouerlacht vnd besoirgt hay(n), dat wir vnd vnse nakomelingen myt den armen luden vurgeschreuen durch krenckten vnd anders vnluyst, krot vnd verdreis hauen soulden, dar durch hant wyr den

Seite 4

vurs. vnsen lieuen heren den marschalck myt fleiß vnd dinmoitlich gebeden, vnssem cloyster vnd vns myt der beschwernysß der armer lude des spydaels willen verlayssen, vnd sulchs na synre liefften geuallen an ander ende legen vnd bestedigen willen, vnd want syne lieffde vns

---

[434] LHA Koblenz, Bestand 86, Nr. 3

dan neit gerne myt ey(n)nichen sachen, da wir beswernysse ynnen hauen mochten vnd[435] hait wyllen besweren, Vnd hayt dar umb derselue vnsse lieue here der marschalck vns vnd vnssem cloester vurgeschreuen myt der beschwernysse der vurgeschreuen vunff arme Mynschen vnd spydaels vmb vnser beden vnd begerden willen, myt guedem willen verlassen,
Seite 5
des wir vns van synre lieffden, na alre gelegenheit neit vnbillig houlich vnd fruntlichen bedancken, vnd wir vnd vnse nakomelyngen synt des die voerder den almechtigen got nacht vnd dach vur syne lieffde schuldich zo bidden vnd gerne doen willen, Vnd want dan der up gemelte vnsse lieue here der marschalck eyn sunderlich beuoegen vnd gued seyn zo der capellen oetgenbach vnd myt bedacht, dat etlichen edell heren da begrauen lyggen, dair vmb die gernne gefoirdert gotz dienst vermert hedt, dat eyn preyster zo ewigen zyden by der capellen woenhafftich were, hait syne lieffde suylchen spydael zo oetgenbach fundiert vnd gemacht, So dat die
Seite 6
vurgeschreuen vunff armen mynschen zo ewygen tzyden yn dem spydaell zo oetgenbach syn soullen vnd blyuen, So bekennen wir pryor vnd conuent vurgeschreuen, dat wyr sulchs bewyllich, beleyff vnd zo gelaissen hayn, dat die vurgeschreuen dry gueder, wie mall dat der vurs(chreuen) vnsse genedige lieue here hertzoch zo guylche vnd berge (et cetera) beleifft vnd bewilliget haet, dat die yn vnsse cloester zo erensteyn vurs(chreuen) yn dat spydael dienen seulden, want wir dan der swericheyt myt dem spydaell verlayssen blyuen, So vertzyen wir ouch myt guedem willen vp dye vurs(chreuen) dry gueder, so dat die nu vort an zo ewygen dagen vnd zyden myt aller rentten, guld(en) vnd vpkomptz der selver
Seite 7
gueder ghynn oitgenbach yn dat spydaell dienen vnd ghehoren soullen, Vnd wir noch alle vnsse nakomelyngen en[436] sullen nu vort noch nu(m)merme gheyne an sprayche, noch gerechticheit, zo den gueden neit me hauen, noch behalden, vnd gentzlich dar up vertzyen sunder alle konne, argelist, Haynt des yn vrkunde der wayrheit vns co(n)ue(n)tz siegel myt alle vnd vnser wist vnd gued(em) willen an desen breyff gehangen, Der gegeuen ist ym iare vunfftzienhondert vnd ey(n) iare up sent peters dach ad kathedram.
Zeichnung eines anhängenden Siegels mit den Buchstaben *LS* (locus sigilli = Ort des Siegels).

Übertragung ins heutige Deutsch
In der Übertragung sind einzelne zum Verständnis wichtige, in der damaligen Schreibsprache aber unübliche, sozusagen gedachte, Wörter in Klammern hinzugefügt. Sonst herrscht das Bemühen, die damalige Wortwahl und Wortfolge soweit wie nur irgend möglich beizubehalten.
Seite 1
Wir Swyder, Prior und weiter wir anderen Konvents-Brüder, alle gemeinsam, des Kreuzbrüder-Ordens-Klosters, genannt Unserer Lieben Frauen Tal zu Ehrenstein, tun kund und bekunden öffentlich, mittels diesen Briefs für uns und unsere Nachfolger, dass der strenge[437] und fromme Herr Bertram von Nesselrode, Herr zu Ehrenstein, Ritter, Erbmarschall des Landes vom Berg, mit weiteren Titeln, unser werter lieber Herr, ein Spital fundiert und, um fünf arme Menschen zu ewigen Zeiten darin zu unterhalten, berentet und bestiftet hat laut einer Gründungs-Urkunde[438], die darüber gemacht ist, was klar ausweist, welches denn des beschriebenen unseres lieben Herrn, des Marschalls, Meinung
Seite 2
und Begehren war: dass wir die vorn beschriebenen fünf armen Menschen in unser vorgenanntes Kloster zu Ehrenstein zu ewigen Zeiten aufnähmen (und) darin hielten und das

---

[435] *vnd* scheint aus *vns* verschrieben.
[436] „en" = nicht, meist bei doppelter, verstärkter Verneinung; auffällig ist die wirklich vielfache Verneinung (bis zu neun mal) in diesem Satz
[437] üblicherweise Bestandteil des Titels Marschall im Sinn von durchsetzungsstark
[438] Mit *fundacien* auf Seite 1 und Seite 2 könnte eine verloren gegangene Gründungs-Urkunde gemeint sein oder eine Gründung mit festen Regeln allerdings ohne schriftliche Fixierung.

Spital da(rin) gewesen sein sollte, wozu der genannte, unser lieber Herr, der Marschall, etliche Erbgüter, im Lande von Blankenberg gelegen, bestimmt[439] und in das vorn beschriebene Spital gegeben hat, ein Gut mit Namen genannt Berzbach, noch eins, genannt Derscheid, und zum Seifen; in der Fundation (ist) klar ausgedrückt, dass derselbe, unser lieber Herr, bei dem durchlauchtigen hochgeborenen Fürsten und Herrn, dem Herrn Wilhelm Herzog zu Jülich und zum Berg, Graf

Seite 3

zu Ravensberg, Herrn zu Heinsberg und zu Löwenburg usw., unserem gnädigen lieben Herrn, erlangt und (dafür) geworben hat, dass seine Fürstliche Gnaden „beliebt" (hat), bewilligt (hat) sowie Briefe und Siegel darüber zu geben veranlasst hat und (von Abgaben und Diensten) befreit hat, damit diese vorn genannten Güter mit dem Willen seiner fürstlichen Gnaden zu ewigen Zeiten zu dem Spital in unserm Kloster zu Ehrenstein (nicht zu Ütgenbach) dienen sollen. Und weil wir, Prior und Konvent, vorn beschrieben, dann bedacht, überlegt und besorgt haben, dass wir und unsere Nachfolger mit diesen armen Leuten durch Krankheiten und anderes Unruhe, Bedrängnis und Verdruss haben könnten, dadurch haben wir diesen

Seite 4

unseren lieben Herrn, den Marschall, mit Fleiß und demütig gebeten, unserem Kloster und uns die Beschwernis der armen Leute des Spitals erlassen zu wollen und dasselbe nach seiner Beliebtheit Gefallen an ein anderes Ende legen und bestätigen zu wollen. Und weil seine Beliebtheit uns dann nicht gerne mit einigen Sachen, worin wir Beschwernisse haben möchten, hat beschweren wollen, auch darum hat derselbe, unser lieber Herr Marschall, uns und unserem genannten Kloster die Beschwernis der genannten fünf armen Menschen und des Spitals um unser Bitten und Begehren willen mit gutem Willen erlassen,

Seite 5

dessen wir uns bei seiner Beliebtheit bei jeder Gelegenheit nicht unbillig, höflich und freundlich bedanken. Und wir und unsere Nachfolger sind desto mehr schuldig, den allmächtigen Gott Nacht und Tag für seine Beliebtheit zu bitten und dies gern tun zu wollen. Und weil dann der oben „Gemeldete" ein sonderliches Gewogen- und Gut-Sein zu der Kapelle Ütgenbach (hat) und mit bedacht (hat), dass etliche Edelherren da begraben liegen, (und weil er) darum diese (Kapelle) gern gefördert (und) den Dienst Gottes vermehrt hätte (und) damit ein Priester zu ewigen Zeiten bei der Kapelle wohnhaft wäre, hat seine Beliebtheit solches Spital zu Ütgenbach gegründet und erstellt, so dass die

Seite 6

vorn beschriebenen fünf armen Menschen zu ewigen Zeiten in dem Spital zu Ütgenbach sein und bleiben sollen. So bekunden wir, Prior und Konvent, vorn beschrieben, dass wir solches bewilligt, erlaubt und zugelassen haben. Was die drei Güter vorn (betrifft), zumal dass der vorgenannte, unser gnädiger lieber Herr Herzog zu Jülich und Berg usw., erlaubt und bewilligt hat, dass die (Güter) in unser genanntes Kloster zu Ehrenstein (nicht Ütgenbach) in das Spital dienen sollten, so – weil wir dann von den Schwierigkeit mit dem Spital frei gelassen bleiben – verzichten wir auch mit gutem Willen auf die genannten drei Güter, so dass die nun fortan zu ewigen Tagen und Zeiten mit allen Renditen, Entgelten und Einkünften derselben

Seite 7

Güter nach Ütgenbach in das Spital dienen und gehören sollen. Und weder wir noch alle unsere Nachfolger sollen nun fortan und immer einen Anspruch oder eine Gerechtsame zu den Gütern haben oder behalten und gänzlich verzichten (wir) darauf ohne alle Arten Arglist. (Wir) haben in Urkunde der Wahrheit dessen unser Konventssiegel mit ganzem unserem Wissen und guten Willen an diesen Brief gehängt, der gegeben ist im Jahr fünfzehnhundert und ein Jahr auf dem Tag des Heiligen Petrus zum Stuhl (22. Februar).

---

[439] ursprünglich terminieren = zeitlich bestimmen (aus dem Lateinischen), später = (allgemein) bestimmen

Anhang 4
Jährliche Rente aus dem Gut zum Scheid
Urkunde von 1503 mit zwei anhängenden Siegeln,
Fürstlich Wiedisches Archiv, Regest 2869, V – 1 – 9, No. 4.

Linker Teil der Urkunde über die Rente aus dem Gut zum Scheid, Pfingsten 1503

Bei der Abschrift sind Kürzelzeichen durch Buchstaben in Klammern ersetzt. In der Urkunde werden die Laute V und U wie ein Laut behandelt, für den am Wortanfang meist der Buchstabe V geschrieben ist und im Wortinnern immer das U, so dass beispielsweise „vys" (mit Dehnungs-Y) als „uus" (= aus) zu sprechen ist und „hauen" (haben) als „hafen" oder „hawen". Groß- und Kleinbuchstaben pflegten ohne Regel fließende Übergänge zu haben, so dass die Zuordnung nicht immer sicher ist, was aber für den Sinn gar keine Bedeutung hat.

Abschrift

1. *I*Ch Bertram van nesselrode her zo Erensteyn Ritter erffmarschalck des lantz van dem Berge Amptman e(t) c(etera) Doin kont ind bekenne(n) offentlichie ou(er)mytz desen Breiff vur mych my

2. ne eruen ind nakomen So as ich hiebeuoren gegulden hain van den Edelen ind walgeboren Ionckeren Heynrich heren zo richensteyn Ind Ionfferen margreten van zombreff

3. ßyner eliger huyßfrauwen In ir semptlichie Ind allynge erue ind guyth zom scheyde Im lande van Blanckenb(er)g Ind ym kyrspel van eyttorp gelegen So wie dat selue guyth

4. gelegen ist myt ale syme zo Ind yngehore neit da van aff noch vysgescheyden Seeß enckel bescheyden golt gulden erfflicher ind ewiger Iairrentten kurfurster montze by ryne

5. guet van gulde ind swairgenoich van gewichte vur hondert ind tzwenzich der seluer gult guld(en) na lude ind ynhalt eyns besegelten brieffs Die gemelte Elude Ioncker Ind Iu(n)f

6. feren myr Ind myne(n) erue(n) dar ouer sprechende gegeue(n) hauen So bekenne(n) ich Bertram obgemelte dat ich die vurgena(n)te Sees golt guld(en) vurß[440] gegeue(n) hain Ind geue(n) ou(er)mytz

7. crafft ind macht dysbrieffs Dem werdigen heren Iohan va(n) nesselrode pastoir zortzyt zo ouerrode myme naturligen soene die selue(n) alle Iair zo heue(n) zo bore(n) Ind zo ent-

---

[440] ß in „vurß" ist s plus ein Ʒ-ähnliches Kürzelzeichen für „creuen" oder „chreuen" = vorbeschrieben (oben genannt); man sollte vurß also mit vurs(chreuven) wiedergeben oder mit vurs., wenn man den Punkt als Kürzelzeichen wählt.

8. fangen syn leuenlanck ind neit lenger Ind wanner der selue her Iohan ytz genant na dem willen des allmechtigen gotz vam leuen zom doide kome(n) ist den doch got noch
9. lange gefristen moisse der Irste termyn nemlich de seeß golt gulden vurs(creuen) dar na vallen werden sall asdan zo heuen ind boren erfallen syn eyme officianten des hospitail
10. zo oitgenbach I n dan alle Iairs vortan erfflichen ind ewelichen Die ey(n) officiant heuen Ind entfang(en) sall, den gotz dienst dar myt mirhen Ind och den armen luden yre
11. proiffen da myt besseren dat selue na affganck here(n) Iohans pastoirs vurs(creuen) gescheyn Ind v(er)ordent sall werden myt Raide eyns here(n) zo Erensteyn Ind priors des cloisters
12. zo Erensteyn Ind so dan de seeß golt guld(en) vurs(creuen) uff ey(n) affloeße vur hondert Ind tzwenzich golt guld(en) In dat vurbenante guydt geguldn synt Off sich dan ey(n)nige tzyt gesel
13. le ind begheue dat die gemelten Ioncker Ionffer ader yre rechte eruen ind nakomen de vurs(creuen) seeß golt guld(en) aff zo loeßen gesy(n)ne(n) Des haue(n) Ire liffden ind nakome(n) alletzyt moege
14. ind macht zo doyn myt eyme erschene(n) termyne Ind hondert ind twentzich der vurs(creuen) golt gulden Ind wa(n)ne(n) sulchie affloeße geschege der pennynck dar vur queme nemelich
15. die hondert ind tzwenzich golt gulden Sall an stunt eyn Herzortzyt zo Erensteyn myt rade ind zo doin eyns priors zo erensteyn weder belegen an sicher ind gewysße ende ind
16. stede dair man des sicher wer uff dat der dienst des almechtigen gotz vnuerhindert Ind dey arme luyde dair myt gespiset Ind gelafft mogen werden zo erfflichen ind ewi
17. gen tzyden Des zo vrkunde ind vester stedicher wairheit Hain ich Bertram vurs(creuen) myn Siegell an dießen brieff gehang(en) Ind zo noch merer konden der wairheit hain ich
18. gebeden den vesten from(m)e(n) hey(n)rich va(n) neßelrode Son zom palsterkampt amptma(n) ec. myne(n) lieue(n) maich dat hie syn Siegell myt an desen brieff wille hangen des ich hey(n)rich vurß
19. wairbekennen Ind gernne gedaen hauen vmb beden willen myns lieue(n) here(n) Ind oemen vurs(creuen) Der gegeue(n) ist Im Iair vnsers he(re)n dusent vunffhundert Ind dry Iair uff den
20. hilgen pynxstach

Übertragung ins heutige Deutsch
1. Ich Bertram von Nesselrode, Herr zu Ehrenstein, Ritter, Erbmarschall des Landes Berg, Amtmann et cetera, tue kund und verkünde öffentlich vermittels diesen Briefes für mich, mei-
2. ne Erben und Nachkommen, dass ich hier zuvor entgolten[441] habe von den Edlen und Wohlgeborenen, (dem) Junker Heinrich, Herr zu Reichenstein und (der) Jungfer Margarete von Zombreff,
3. seiner ehelichen Hausfrau, ihnen ihr sämtlich und alleinig Erbe und Gut zum Scheid[442], im Lande von Blankenberg und im Kirchspiel von Eitorf gelegen, so wie dasselbe Gut
4. da liegt mit all seinem nicht davon ab- noch ausgeschlossenen Dazu- und Hinein-Gehörenden, sechs eng unterschiedene[443] Goldgulden erblicher und ewiger Jahresrente kurfürstlicher Münze bei Rhein[444],
5. gut von Gold und schwer genug von Gewicht, für hundertundzwanzig derselben Goldgulden nach Lautung und Inhalt eines besiegelten Urkundenbriefs, den die gemeldeten Eheleute, Junker und Jung-

---

[441] gekauft
[442] wohl im heutigen Ober-, Mittel- oder Niederscheid, Gemeinde Hennef
[443] genau bestimmte
[444] der Rheinischen Kurpfalz

6. fer, mir und meinen Erben (als) darüber sprechenden gegeben haben. So bekunde ich, der oben gemeldete Bertram, dass ich die vorgenannten sechs Goldgulden vorn gegeben habe und (auch jetzt) gebe mit

7. Kraft und Macht dieses Briefes dem hochwürdigen Herrn Johann von Nesselrode, Pastor zur Zeit in Overath, meinem natürlichen Sohn, dieselben alle Jahre zu erheben, einzufordern und zu emp-

8. fangen sein Leben lang und nicht länger und als wann derselbe Herr Johann, jetzt genannt, nach dem Willen des allmächtigen Gottes vom Leben zum Tode gekommen ist, den doch Gott noch

9. langehin befristen möge; zum ersten Termin, (an dem) nämlich die sechs Goldgulden vorn danach anfallen werden, soll dann zu heben und zu schöpfen zugefallen sein dem Spitalsoffizianten[445]

10. zu Ütgenbach und alljährlich fortan erblich und ewig, welche der jeweilige Offiziant heben und empfangen soll, um den Gottesdienst damit zu mehren und auch den armen Leuten ihren

11. Proviant damit aufzubessern, welches so nach dem Abgang des Herrn Pastor Johann, vorn beschrieben, geschehen und angeordnet werden soll mit dem Rat des Herren zu Ehrenstein und des Klosterpriors

12. zu Ehrenstein. Und wenn so die genannten sechs Goldgulden auf Ablöse gegen hundertzwanzig Goldgulden für das vorbenannte Gut bezahlt sind (und) wenn es nach einiger Zeit zuträfe

13. und sich begäbe, dass die Gemeldeten, Junker, Jungfer oder ihre rechten Erben und Nachkommen, diese sechs Goldgulden abzulösen sännen, hätten ihre Lieben und Nachkommen allzeit Möglichkeit

14. und Macht das zu tun mit einem öffentlich gemachten[446] Termin und hundertundzwanzig der vorgeschriebenen Goldgulden; und wenn solche Ablöse geschähe (und) dafür der Pfennig ankäme[447], nämlich

15. die hundertzwanzig Goldgulden, soll zur Stunde[448] der dieserzeitige Herr zu Ehrenstein mit dem Rat und Zutun des Priors zu Ehrenstein (sie) wieder anlegen, an sicheren und vertrauten Enden[449] und

16. Stätten, da man dessen sicher wäre, auf dass der Dienst des allmächtigen Gottes nicht verhindert und die armen Leute damit gespeist und gelabt mögen werden zu „erblichen"[450] und

17. ewigen Zeiten; dessen zur Urkunde und fester stetiger Wahrheit habe ich Bertram, vorn beschrieben, mein Siegel an diesen Brief gehängt und zu noch mehr Bekundung der Wahrheit habe ich

18. den festen frommen Heinrich von Nesselrode, Sohn zum Palsterkamp, Amtmann et cetera, meinen lieben Verwandten, gebeten, dass er sein Siegel mit an diesen Brief wolle hängen, was ich, Heinrich, der vorn beschriebene

19. für wahr bekunde und gern getan habe um der Bitten willen meines lieben Herrn und Oheims, vorn beschrieben; was gegeben ist im Jahr unseres Herren, tausendfünfhundert und drei Jahre, auf den

20. heiligen Pfingsttag

---

[445] Priester-Dienst-Tuenden des Spitals
[446] erschienen = öffentlich gemacht
[447] das Geld empfangen würde
[448] sofort
[449] eher kleine Orte
[450] nach jedem Zeitabschnitt neu beginnend

Anhang 5
Kauf von Ländereien in Oberheiden und Umgebung durch Bertram 1506

Die Kopie der Urkunde mit einigen Lesehilfen am Rand, der Schrift nach wohl von derselben Hand wie in der Abschrift der Swederus-Urkunde, befindet sich im Landes-Hauptarchiv Koblenz, Abtg. 86, Ehrenstein, Nr. 5. Die Kaufverträge der übrigen Armen-Höfe in der Much sind uns nicht überliefert, so dass dieser Urkunden-Brief teilweise ein Muster für die anderen Kaufakte sein könnte. Eine ausführliche Zusammenfassung des Urkunden-Textes findet sich im Abschnitt „Vorlauf und Gründung der Armenstiftung".

Buchstabengetreue Abschrift der Kopie

Wir Dederich van Schyderich[451], Heren Euerhartz Son, Stheynmeyster zor tzyt der Stede Coelen, Syffart schelten[452], vort Wylhem Walraff, ffrederich Coynrait yssart[453], de tze Ryna, vnd gretge(n) seligen hennen[454] Nannenhaen vnd Nesen syner eliger huysfrauwen Kynder, Doin sementlichen kunt vnd Bekennen ouermytz diesen offen breyff vur vnss vnd vnse eruen, dat wyr myt guedem vurRaide vnd wall bedachtem moede in eynen Rechten, steden, vasten erffkouffe verkoufft vnd erlayssen hain, verkouffen vnd erlaissen vestlich in krafft vnd macht dyss breyffs, deme Strengen vnd fromen Heren Bertram Nesselroide, Heren zo Erensteyn, Rytter, Erffmarschalck des lantz van dem Berghe vnd Amptman (et cetera) vnsem werden lieuen Heren, alle vnser samen, erue vnd goit im Kirspell van muyche gelegen, genant zor heyden vnd boeuyngen[455], we dat all dae in buschen, velden, huysen, hoeuen, wesen, wyeren, in Nass vnd droege gelegen is, cleyn, noch groiss, neit dauan vyssgescheiden, vnd dat vur eyne benoemte so(m)me van gelde, ne(m)elich vur veir hundert kouffmans gulden, as zwentzich wysPennynck[456] Coelschs paymentz vur jeder gulden gerechent, dye vnss syne leyffde vnss lieue here vurgemelt dar vur an eyner gantzer alinger ungedeylter sommen, er dan dyss breyff gegeuen wurde, ouerleuert, gehantRück[457] vnd wall betzalt hait, des wyr alle sementlichen vurs. vnss goder vpRechtiger betzalungen bedanken, Sagen dar vmb den vurg(emelten) heren Bertram vnsen lieuen heren, syne erue(n) vnd weme des froder quytancien noit[458] is, von der vurs(chreuen) Sommen ne(m)melich veyr hondert kouffmans gulden loss, ledich, quyt vnd wall betzalt, Sonder alle argelist, vnd wyr parthyen vurg(emelte) alle samen hayn vnss dar vmb enterfft vnd entguet van sulcher erffschafft vurs. vnd den vurg. here(n) Bertram, syne eruen off behelder dyss breyffs myt synen wyssen vnd gueden wyllen daran geerfft vnd gegoet[459], vnd dar vp vetzegen vnd vyssgegange(n) myt hant, halm vnd monde, as des lantz van Blanckenburch Recht vnd gewoenlich is, vnd gelouen ouch myt dar by in goden, sycheren, waren triuwen[460] alle samen vurs(chreuen), off sych noit geburde eynichs vyssgancks vnd vertzuhs me zo doen, dat wyr dat alsamen doen wyllen vp den enden vnd steden dar sych dat heyscht vnd geburt zo gesynne(n) vnss lieue(n) here(n), syner eruen off beheldeers vurs., vnd were ouch sache, dat der vurg. here Bertram off synre leyffden eruen myt diesem breue neyt versorcht, noch verwart we(re)n, wylche tzyt dan der gemelte vnse lieue here off syner leyffden eruen eyns anderen off besseren breyffs van vns eruen vurgemelt hauen woulde, damyt sy(n)e leyffde versorgt vnd verwart were, den sullen wyr alle tzyt verbunden syn, synen leyffden off syner leyffden eruen yff vnse kost vnd schaiden zoe hantReiche(n) vnd zo leueren, Ouch soe syn wir sees

---
[451] wohl ein Ort
[452] Siegbert(?) gescholten(? = mit Spitznamen?)
[453] Wegen der verblassten Schrift wäre es auch möglich yffart, ystart oder ysfart usw. zu lesen. Wahrscheinlich sind hier fünf Namen aufgeführt: Wilhelm, Waltram (Walthraban), Friedrich, Konrad, Ishard (von Isenhard), und dazu (Katha-)Ryna und (Mar-)Gretchen, so dass sechs Brüder und zwei unmündige Schwestern zu zählen sind.
[454] Hennen = Verkürzung von Johann oder Heinrich (Seibicke, siehe Literatur)
[455] Über dem U fehlt der (wohl schon im Original-Brief vergessene) notwendige Circumflex, so dass man eigentlich Böningen lesen müsste. Bövingen heißt aber heute der mit Oberheiden zusammengewachsene Ort.
[456] in einem Wort ohne Lücke, aber mit großem P geschrieben
[457] die uns seine Liebenswürdigkeit, unser lieber oben erwähnter Herr, in einer ganzen, alleinigen, ungeteilten Summe, (noch) ehe denn dieser Urkundenbrief übergeben wurde, überliefert und gehandreicht sowie wohl bezahlt hat
[458] dessen fürderhin Quittierung nötig sei
[459] (und wir haben) Bertram, seine Erben oder Halter dieses Urkundenbriefs mit seinen Überlegungen und Vorhaben (wahrscheinlich hat Bertram die Verkäufer nicht im Unklaren gelassen, dass diese Güter für die Ütgenbacher Armen gedacht waren) daran erbberechtigt gemacht und begütert
[460] Treueverhältnissen

gebroedere vurg(emelte) alle sementlichen vnd yeder van vns vur alt dar vur burge worden vermitz diesen breyff, wilche tzyt vnd wanne vnsse susteren[461] in diesem breue vurgemelt zoe yren mu(n)digen dagen kommen synt, dat wyr sy dan brengen sullen vnd wyllen, vyssganck vnd v(er)tzich zoe doen in mayssen vurs. zo henden dess gemelten heren Bertrams vnss lieue(n) here(n) vnd syner eruen vurs., As wyr gedaen hauen, Sunder Alle inRede off wedersagen, dyss zoe vrkunde der wairheit vnd gantzer vaster stedicheit aller vurs. sachen vnd punten dyss breyffs, haen wyr Dederich vnd vort wyr ander p(ar)thyen vurs. gebeden die Eirsamen vnd fromen hynrich wendescheit vnd Iohan van Seylscheit, beyde LantScheffen des lantz van Blanckenberg, dat sy diesen breyff vur vnss besegelen wyllen, vnd want dann alle sachen, vyssganck vnd vertzich, Innehalt dyss breyffs vur vns lantScheffen vurgemelt gescheyt[462] vnd zogegangen synt, Dauan wyr vnsse gewoenliche Recht vnd vrkunde vntfangen[463] haen, vnd wyr lantscheffen dan geyn eygen segellen haen, so haen wyr lantscheffen vurs. vort gebeden nae vnser goder gewoenheit, die Eirsamen Scheffen der Stat Blanckenburch, dat sy yren Scheffen Amptz Segell vur vns an diesen breyff gehangen hant, des wyr statscheffen vurs. bekenne(n), wair zo syn, vnd zoe beden vnd begerden der Eirsamen lantscheffen vurs. gerne gedaen hauen, Gegheuen in den Iaren vnss here(n) duysent vunffhundert vnd Sees Ja(re)n vp sent walber dach LS[464]

Anhang 6
Erwerb des Restes des Wynnen-Gutes zu Eitorf 1511 für die Stiftung

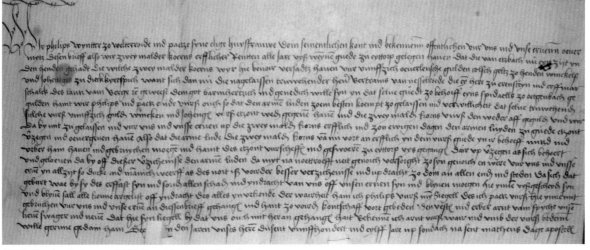

FWA, V – 1 – 9, Regest 2881, 2 anhängende Siegel

Abschrift der Pergamenturkunde

WIr philips wyntter zo welterroide ind paetze sine elige huysfrauwe doin sementlichen kont ind bekennenn offentlichen vur vns ind vnse eruenn oeuer|[465] mytz desen brieff also wir zwey malder koerns erfflicher Rentten alle Iare vys wey(n)en(n) guede zu eyttorp gelegen hauen dat die van etzbach nu eyn zyt yn | den henden gehadt die wilche zwey malder koerns wyr hie beuoir versadtz hauen vur vunffzich oeuerlensche gulden colsch geltz zo henden winckelß | vnd Iohentges zu dieckkyrespich want sich dan nu die nagelaissen truwehender he(re)n Bertrams van nesselroede die ey(n) here zu erensteyn ind erffmar| schalck das lantz vam Berge (et cetera) geweest dem got barmhertzich ind genedig wille syn yn dat selue guedt zo behoiff eyns spidaells zo oetgenbach ge| gulden haint wir philips ind paetz elude vurs. ouch so dat den arme(n) luden zoem besten koempt zo gelaissen ind verwillicheit dat selue truwehend(er) | sulche vurs. vunffzich guld(en) wincken ind Ioheng(en) vurs. etzont wed(er) gegeue(n) haue(n) ind die zwey mald(er) korns vurs. den weder aff geguld(en) vnd wir | da by mit zu gelaissen ind vur vns ind vnsse eruen up die zwey mald(er) korns erfflich ind zon

---

[461] Schwestern
[462] geschehen
[463] Berechtigung und Beurkundung unterfangen (auf uns genommen, empfangen) haben
[464] walber dach = Walburga-Tag = 1. Mai, LS für Locus Sigilli (Ort des Siegels)
[465] Der Strich (|) bedeutet jeweils das Zeilenende

ewigen dagen den armen luyden zu guede etzont | v(er)zegen ind oeuergeuen haue(n) also dat die arme lude die zwey mald(er) korns va(n) nu vort an erfflich yn dem vurs. guede yn ir behoeff nutz(ung) ind | vrber hain hauen ind gebruychen moege(n) ind haint des etzont vur scheff(en) ind geswoere(n) zu eyttorp vys gegang(en) dair vp v(er)zegen as sich behoert | vnd geloeuen da by off dießer v(er)zichennisse den arme(n) luden da myt na noettroefft neit genoich versorght zo syn genoich en were vur vns ind vnsse | erue(n) yn allzyt so ducke ind ma(n)nich weerff as des noit iß voirder besser verzichenisse ind updracht zo doin an allen end(en) ind steden da sich dat | geburt wae by sy des erffast syn ind sond(er) allen schad(en) ind yndracht van vns off vnsen eruen syn ind blyuen moegen hie ynne(n) vyßgescheyd(en) syn | vnd blyue(n) sall alle konne argelist off yndracht des alles yn vrkonde der wairheit hain ich philips vurs. my(n) Siegell des ich paetz vurs. hie ynne mit | gebruchen vur vns ind vnse erue(n) an diessen brieff gehang(en) ind hant zo voird(er) kontschaft vort gebeden den vest(en) ind erber arnt vam spyche vnse(n) | liue(n) swager ind neue(n) dat hie syn siegell by dat vns ouch mit heran gehang(en) hait Bekenne(n) ich arnt vurs. wair ind vmb der vurs. bedenn | wille gernne gedain hain Gegeuen in den Iaren vnses here(n) dusent vunffhondert ind eylff Iare up sondach na sent matheus dage apostell

Übertragung ins heutige Deutsch

Wir Philipp Winter zu Welterrode und Patze (Patrizia), seine Ehefrau, geben allen öffentlich und förmlich für uns und unsere Erben mittels diesen Urkunden-Briefes Folgendes kund: Wir haben alle Jahre zwei Malter Korn an vererblichen Renten aus dem Wynnen-Gut, zu Eitorf gelegen, welche die von Etzbach nun mal eine Zeitlang in den Händen gehabt haben und welche zwei Malter wir hier vor (zuletzt) für fünfzig oberländische Gulden kölnischer Geldwährung zu Händen Winkels und Johanns zu Dieckkyrespich versetzt haben. Als sich nun die Nachlass-Treuhänder des Herren Bertram von Nesselrode, der ein Herr zu Ehrenstein und Erbmarschall des Landes vom Berg und anderes gewesen ist und dem Gott barmherzig und gnädig sein wolle, ihnen dasselbe Gut zum Nutzen eines Spitals zu Ütgenbach entgolten haben, haben wir genannte Eheleute Philipp und Patrizia auch, damit das den armen Leuten zum besten kommt, zugelassen und eingewilligt, dass dieselben Treuhänder diese fünfzig Gulden dem Winke und Joheng jetzt wiedergegeben haben und die zwei Malter Korn denen wieder entgolten. Damit haben wir zugestimmt und haben jetzt für uns und unsere Erben auf die zwei Malter Korn erbbezogen und zu ewigen Tagen den armen Leuten zugute verzichtet und dies übergeben, so dass die armen Leute die zwei Malter Korn von nun an nach Erbrecht in dem genannten Gut in ihrer Habe, Benutzung und Rendite haben, halten und gebrauchen mögen. Dies haben wir nun vor den Scheffen und Geschworenen zu Eitorf abgegeben (verlassen), darauf Verzicht gesprochen, wie es üblich ist, und geloben für uns und unsere Erben zusätzlich zu diesen Verzichten den armen Leuten, wenn es nicht genug wäre, damit im Notfall genug versorgt zu sein, ihnen allzeit so viel und mannigfach (viel gewerblich) wie nötig fürderhin bessere Verzichte und Zubringung zu tun an allen Enden und Stätten, wo sich das gebührt, wobei sie dessen sicher sein und ohne allen Schaden und Beeinträchtigung von uns oder unseren Erben sein und bleiben mögen. Hierin soll alle Art Arglist oder Beeinträchtigung ausgeschieden sein und bleiben. In Verkündung der Wahrheit von dem allem habe ich, der genannte Philipp, mein Siegel – das ich Patrizia hier mit gebrauche – für uns und unsere Erben an diesen Brief gehangen und habe zu geförderterer Kenntnisgabe weiter den zuverlässigen und ehrbaren Arnt vom Spiche, unseren lieben Verschwägerten beziehungsweise Neffen gebeten, sein Siegel bei das unsere auch mit heranzuhängen. Ich, Arnt, bekunde, dass es wahr ist, und habe es der beiden willen gerne getan. Datum in den Jahren unsers Herrn tausend fünfhundert und elf Jahre auf Sonntag nach dem Tag des Apostels Matthäus (28. September).

Anhang 7
Übergabe der Armen an das Kreuzbrüderkloster zu Ehrenstein 1530
FWA, Akten, Schrank 70 – Gef. 12 – F. 1, Papier, beglaubigte Abschrift

Buchstabengetreue Abschrift

Wyr Wilhem der Ionger ind Anna Van Nesselraidt elighe Gemailhe Vryhere ind Frauwe zo Rennenberch ind zuu Erensteyn doin kont ind bekennen offentlich myt ind in Crafft diss brieffs mit rechtem Vursaissz vur vns Vnse eruenn ind nakomen, dat wir wailbedachts raitz de arme luyde nemelich allezyt eynen preister ind fünff perschonen zu Oitgenbach syn sullen nu hyn den werdigen prior ind sementlichem[466] Conuent zu Ehrensteyn Cruytzbroder Orden beuolen ind ouerlaissen hain, ind en die hymit eyn Jairlanck nach datum dyss brieffs zu vnderhalden beuolhen. ind dat mit clairlichem Bescheide, wie wolget. Zom yrste sullen bemelte prior ind Conuent alle die Guyde, gulde, pacht, Rente ind Verfalle, soe gerurten armen Luyden Iairs zukompt, ind nyet davon vyß off affgescheyden noch affgesondert, ind wie die Jaren Itzont erschenen ind gefallen synt, heven ind vffboiren, ind von wat davon vnß vff eyn schloiss Erenstein die in vns Behoiff komen ind geleuert were, datselve Willen Wir Vnuertzochlich gedachtem prior ind Conuent wedervmb ouermessen indoin leueren vnd davon sullen bestymt prior ind Conuent die arme luyde ytzont anstont annemen, vnd Vorthyn eyn Jair nest Volgend Vnderhalden[467], ind den[468] Verplegen, nemlich alle Wochen vff den sampstach angezeichneten Armen vyß dem Cloister zo Erenstein zusamen leueren dat drytte ader Vierde deill eyner syden Specks, darnae sy groiss off cleynn is ader Vergelichonger ander fleisch, darvur eynen haluen kanttert, drittehalft pont Botteren, eyn halff Verdell bryemels, off ander gemoisse, darzu alle Vier Wochen dry off iiii summeren Korns meill off Broit, vnd bynnen dem Jair seuentzien off echtzien amen Bierß, noch ydem armen Mynschen des Jairs fünff elen grais doichs ind tzwei par schoin, damit sullen sy gesedicht blyuen, Vnd wemme damyt niet benoicht, ind sich beclagden, denseluen dan niet anders, dan wie sy begyfftig ind fundirt syn, innd nae Vermoighen der Fundacien zo haltten, vnd wanne eyner off mehr steruen willen ind sullen wir Vmb gotz Willen anderen der steede benedighe, ind den die prouen gheuen, sonder prior ind Conventz in saghen, und dat Iair sall vyssgain vff den eirsten dach Mertz, so man wirt schryuen die mynder Zaille nach der Geburt Christi dryssich ind eyn, ind so lange Vurgeroirtten prior ind Conuent belyfft, moghen sy disfallß alle jair wedervmb yn allermaissen, wie vursagt, angain, ind wanne sy des affstain, ind niet langer beherden Willen, asdan sullen sy solge pachtong ind vffboren wie sy den ytzon in yrem Angang geroirt entpfangen hain, wederumb nalaissen, ind sich deß niet foirder vndernemen, sy sullen ouch byß daran eyn guyt vffsehen hain, dat die armen geschicklich dem almechtigen Gode dyenen, ind gotlich Wesens syn ind gheyne hesslich Vurnemen[469] gebruchen, ind ouch ere guedere ind alle vffkomeligen bewaeren yn noitbuwe haltten, Vnd so Viell mogelich daran syn, die gebessert, ind neitt geargert werden, sundert argelist ind geuerde. Des zo Oirkunde ind Beuestonge aller Wairheit hain Wir Wilhem Vryhere Vursagt Vur Vns Vnd Vnse Gemahell ind Vnse eruen ind Nakomen Vnser secret segell zu Rücke dyss Brieffs gedruckt, des Wir Anna frawe zu Rennenberg hie ynne myt gebruchen, ind Wair bekennen, der gegheuen ist Vff den eyn ind tzwentzichsten dach spurkel, anno (Domini)[470] Vunfftzien hundert vnd dryssig,

---

[466] Die Trennungsstriche innerhalb eines Wortes am Zeilenende sind hier (wie üblich) nicht übernommen.
[467] *underhalden* mit Akkusativ kommt in den Lexika des Mittelhochdeutschen und Althochdeutschen nicht vor, so dass man von einer Wortschöpfung im Frühneuhochdeutschen ausgehen kann. Dann kann die Bedeutung um 1500 etwa den Worten „halten", „erhalten", „versorgen" „unterbringen", „unterstützen", „unterkommen lassen", Unterkunft geben" entsprechen.
[468] denen verpflegen (Verpflegung geben), aber auch (besonders mit Dativ) beistehen, pflegen, versorgen, behüten, (s. Literatur Lexer: „verphlegen")
[469] Unternehmungen, Absichten
[470] Auflösung eines Kürzelzeichens in der Klammer

Soe gelouen Wir prior ind sementliche Conuent Versagt hy by myt Vnser priesterlicher eren ind geloiffden, dat wir die arme Luyde wie uns luide Vnser Verschrieuong ind deß Reversals Brieffs Verstrickt ind Verbonden syn, Eirbarlich ind fromelich vnderhalten willen, yrs besten würkeren, ind schaden so viell mogelich Verhoiden, vnd Wes Wir hie Inne Verbonden allezyt gewarttig erschynen, sonder Argelist ind geuerde, Ind tzo Oirkonde der Wairheit haint Wir samen Vnser gemein Conuentz segell zo End dyß Reuersails Brieffs myt Vnser aller Wist ind Willen gedruckt, der gegheuen Ist Im Iair Vunffzien hundert ind dryssich Vff den eyn ind tzwentzichsten dach im Spurkell in profesto Cathedra Petri

> *Zur Beglaubigung dieser – dem* | Original Wort- und Buchstablich | *gleich lautenden Abschrift –* | *Heinrich Franz Anschütz* | *Regierungs Registrator*
> *Zeichen des Abschreibers*

Übertragung ins moderne Deutsch
... Wir Wilhelm der Junge und Anna von Nesselrode, eheliche Gemahle, Freiherr und Frau zu Rennenberg und zu Ehrenstein tun kund und bekennen öffentlich mit und kraft dieses Briefs mit rechtem Vorsatz für Uns, Unsere Erben und Nachkommen, dass Wir mit wohlbedachtem Rat die Armen Leute, nämlich allzeit einen Priester und fünf Personen zu Ütgenbach, die sie (gemäß der Gründungsurkunde) sein sollen, nunmehr dem würdigen Prior und dem Gesamt-Konvent Kreuzbrüderordens zu Ehrenstein anempfohlen und überlassen haben, und ihnen die hiermit ein Jahr lang nach dem Datum diesen Briefes zu unterhalten anempfohlen haben, und das mit klarem Bescheid wie folgt: Zum Ersten sollen der genannte Prior und der Konvent alles Gut, Geld, Pacht, Rente und Anfallende, was den betreffenden Armen Leuten jährlich zukommt und nichts davon ausgeschieden oder abgesondert und wie die des Jahrs jetzt aufgetaucht und angefallen sind, erheben und empfangen. Und was davon auf die Burg Ehrenstein da in unsere Handhabung gekommen oder geliefert wäre, dasselbe wollen Wir unverzüglich dem Prior und dem Konvent wiederum in hohem Maß weiter liefern. Davon sollen (wie hier) bestimmt Prior und Konvent die Armen Leute jetzt zur Stunde annehmen und fortan das nächste folgende Jahr unterhalten[471] und verpflegen, nämlich den bezeichneten Armen aus dem Kloster zu Ehrenstein zusammen[472] alle Wochen auf den Samstag liefern: den dritten oder vierten Teil einer Speckseite, je nachdem ob sie groß oder klein ist, oder anderes vergleichbares Fleisch, (etwa) dafür einen halben *Kanttert*[473], zweieinhalb Pfund Butter, ein halbes Viertel Maß *bryemels*[474] oder anderes *gemoisse*[475], dazu alle vier Wochen drei oder vier Simmer Roggenmehl oder entsprechend Brot und binnen des Jahres siebzehn oder achtzehn Ahmen[476] Bier und noch jedem Armen Menschen des Jahrs fünf Ellen grauen Tuchs (für einen Rock) und zwei Paar Schuhe. Damit sollen sie „gesättigt" bleiben, und wem das nicht genügt und wer sich beklage, denselben (soll man) da nicht anders unterhalten als sie bestiftet und fundiert sind und nach der Möglichkeit der Fundation. Und wenn einer oder mehr sterben würden, dann auch sollen Wir in Gottes Willen anderen, die der Stätte bedürften, die Pfründe geben, ohne Einsprache des Priors und Konvents. Das Jahr soll ausgehen auf den ersten Tag des März, so man schreiben wird die Minderzahl nach der Geburt Christi einunddreißig[477], und solange es dem genannten Prior und Konvent beliebt, mögen sie diesfalls alle Jahre wiederum ganz wie oben gesagt herangehen (die Pflichten

---

[471] annehmen: wohl aufnehmen (zu uns nehmen); unterhalten: mit Allem versorgen, wohl auch Unterkunft geben
[472] alle 5 Armen im Kloster erhalten gemeinsam ...
[473] unklar, wohl ein kleines Tier, vielleicht zusammenhängend mit künten = zünden, brennen, räuchern, grillen, erhitzen; ein Spanferkel?
[474] am ehesten Mus aus Brombeeren oder vielleicht auch aus Pflaumen (im Dialekt Brömel bzw. Prumm)
[475] Mus oder Gemüse (zu Brei gekocht) oder (ursprünglich) jede Art von Speise
[476] Ahm oder Ohm zu je nach Region mehr als hundert Litern
[477] Minderzahl 1531; dies ist wohl ein Hinweis darauf, dass der Jahresanfang nach Trierer Stil am 25. März lag und damit am 1. März 1531 nach Trierer Stil seit Christi Geburt (am 25. Dezember) schon gut zwei Monate mehr als 1531 Jahre vergangen wären, also das 1532ste Jahr seit der Geburt Christi liefe.

annehmen), und wenn sie davon abstehen und es nicht länger behüten wollen, dann sollen sie diese Pacht und diesen Geldempfang, wie sie es jetzt im besprochenen Anfang empfangen haben, wieder abgeben und sich des nicht fürderhin unternehmen. Sie sollen auch bis dahin eine gute Aufsicht haben, damit die Armen schicklich dem Allmächtigen Gott dienen und gottgefälligen Wesens sind und sich keine abscheulichen Unternehmungen leisten und auch ihre Güter und alles Aufgekommene bewahren, in nötigem Bau halten und so viel wie möglich darauf aus sind, dass diese besser und nicht ärger (verschlechtert) werden.

Dessen zur Beurkundung und Befestigung aller Wahrheit haben wir Wilhelm Freiherr, der oben mit Titeln bezeichnete, für Uns und Unsere Gemahlin, Unsere Erben und Nachkommen Unser Privat-Siegel auf den Rücken dieses Briefs gedrückt, welches Wir Anna (Frei-)Frau zu Rennenberg hier drauf mit gebrauchen, und Wir bekunden den Brief als wahrhaft zutreffend, der ausgegeben ist auf den einundzwanzigsten Tag Spurkel (Februar) im Jahr des Herrn fünfzehnhundertdreißig.

So geloben Wir Prior und sämtlicher Konvent, ausgesagt hierbei mit Unserer priesterlichen Ehre und Gelobung, dass wir den armen Leuten, die Uns als Leute unseres Reverses und Briefs „verstrickt" und verbunden sind, ehrbar und fromm Unterhalt geben, ihr Bestes erwirken, Schaden so gut wie möglich verhüten und dessen gewärtig und verbunden erscheinen wollen, ohne Arglist und Gefährdung. Und zur Urkunde der Wahrheit haben Wir zusammen Unser allgemeines Konvents-Siegel ans Ende dieses Revers-Briefes mit Unser aller Wissen und Willen gedrückt, der ausgegeben ist im Jahr fünfzehnhundert und dreißig auf den einundzwanzigsten Tag im Spurkel am Vorfest Peters Stuhl [478].

Anhang 8
Teile des Protokolls der Visitation der Pfarrei Asbach vom 27. April 1626
Erzbischöfliches Archiv Köln: Christianität Siegburg, II Spezielle Akten, 57, Dec. Siegb. 1, Asbach 1

Visitatio In Aspach	*Eodem Anno et Mense quib(us) supra die vero Domi=*
	nica septima et vicesima Nos In Aspach profecti
	et in primis Pastore et cum suis Parochianos more
	vti referebatur solito ad Capellam in Ottgenbach
	finitimam processione facta absentibus intrauimus
	ipsam Ecclessiam Parochialem et ibidem in summo Altari
	inuenimus Claues Sacristiae et Sacrarium seu locum
	venerabilis Sacramenti apertum ibiq(ue) calicem fere
Tabernaculum	*plenum hostiis, vti postea Pastor retulit et confessus*
venerabilis pa-	*est consecratis, ibiq(ue) vllo lumine seu incenso debito*
tuit sine lumine	*nec lampas ibidem extitit, quamuis olim ibidem fuerit*
	et oleum ab antiquo ad hoc ordinatum non amplius
	in esse referitur;
	Interea Pastor cum suis ex processione rediens
	statim puellam quandam baptizauit adque actum
	initiationis et regenerationis duas admisit suscep-
duas susceptrices	*trices contra ordinationem novissimam.*
admisit, vidend(us)	*Et quamuis a D(omi)no Comissario Pastor ibidem serio*
autem an 3um admi-	*admonitus quatenus domi suae maneret requisi-*
serit susceptorem	*tionem defectus aperiret designationem Capellarum,*
sic enim ageretur	*Altarium et vicariarum exhiberet aliaq(ue) debita*
co(ntra)	*debite praestaret et faceret Ille in maximum*
ordinationem	*contemptum abiit ad symposium seu conuiuium*

---

[478] Spurkel ist eine andere Bezeichnung für Februar; nach unserem derzeitigen „Stil" mit dem Jahresanfang am 1. Januar lag dieser 21. Februar (des Jahres 1530 nach Trierer oder Kölner „Stil") bereits im Jahr 1531.

*illorum, qui puellam ad baptizandum exhibuerunt,
et ad(eo) arbitres arbitratricesq(ue) initiationis acceptantes
Anteaquam autem hoc ita factum, Ipsa Commissio
R(euerendi)ssimi D(omi)ni Vicarii non solum ipsi Pastori sed etiam
Isti Communitati p(rae)sentibus publicata, et tenor
propalam expositus est.
   Quandoquidem Pastor ita contemptuose ageret Dominus Commissarius suo Inquisitionis modo perrexit
et mihi omnia diligenter annotare mandauit.*

Altaria 5 p(ro)fanata   *Altaria in Ecclesia sunt quinq(ue), sed Pastore refe-
rente omnia profanata suisq(ue) dotibus et reditib(us)
|:Excepto Altari B. M. Viginis:| destituta.
Altare B. M. virg. iuxta Registrum quoddam
habet annue in redditibus nempe pecuniariis tri-
ginta circiter octo et dimidium daleros currentes.*

*Reditus altaris B. Mariae, quod obtinet Filius Consulis Bonnens(is) Herrestorffii
Et ex bonis quibusdam Im hammer situatis
singulis annis viginti duo maldera auenae
Cuius quidem praesentatio dicitur ad ipsam Communi-
tatem Inuestituram autem ad ipsum Pastorem
spectare, desuper Documentum extat in pergameno
de dato 1565.*

Capella In Ottgenbach et eius reditus   *Capella In Ottgenbach a nobilibus fundata
habet sua certa bona et annuatim in pensione
seu pachtis viginti duos florenos currentes et
12 alb(us) quos tenet et recipit modernus Pastor
in Aspach. Ista capella in bona structura et
sartis tectis constituta est habet unum solum
altare et fiunt offerunturq(ue) tantum per annum
quatuor sacrificia, et q(uod) autem Pastor p(rae)cise tene=
atur continetur in literis sigillatis vti digitur, penes
aediles et pastorem ipsum custoditis.*

Hospitale in Otgenbach   *Ibidem in Otgenbach certa constituta Domus*
　　　　　　　　　　seu hospitale pauperum pro quinq(ue) personis et inue-
　　　　　　　　　　niuntur notabilia in quodam libro Homiliarum
　　　　　　　　　　Frat(ri)[479] Adami Sasbouth Couanii expresso Anno 1556,
　　　　　　　　　　q(uod) sic in manuscripto quondam R(eueren)di Iois Calcariensis
　　　　　　　　　　pastoris in Aspach habent. [480]
　　　　　　　Nota   wie eß mit dem Regiment Vtgenbach,
　　　　　　　　　　sambt den funff Armen leuden Aldaer, Vnd
　　　　　　　　　　auch mit Ihrem Pastoren oder Priesteren ge-
　　　　　　　　　　halten solle werden,   Drei Arme leude
　　　　　　　　　　soll daß herrschafft Zu Vttgenbach nehmen
　　　　　　　　　　wha sie die wissen nach ihrem gefallem
　　　　　　　　　　aber Zwee auß dem Kißpell Aßpach
　　　　　　　　　　diesen vors(chriebenen) Armen soll man alle Jahrs
　　　　　　　　　　funff Ehlen grawen weiß wullen duchs
　　　　　　　　　　einen Ieden geben vnd laßen Innen einen
　　　　　　　　　　Rock daruon machen: Item alle Iahrs
　　　　　　　　　　Zwey par schuech einem ieden: Item
　　　　　　　　　　Iederen einem Zwei wagen brenholtz.
　　　　　　　　　　Item alle tagh ein Kan biers einem Iedem
　　　　　　　　　　Item alle tagh Zwei brodt sampt allem
　　　　　　　　　　deß, daß darzu gehoerdt Ahn fleisch Ahn
　　　　　　　　　　botter, Keeß, heringh, saltz (et cetera) nach seiner
　　　　　　　　　　maeßen.
Priesters Vnderhalt Zu Otgenbach   *Der Priester Aldae soll besitzen hauß*
　　　　　　　　　　vnd hoff vnd alleß, waß darZu gehoerdt:
　　　　　　　　　　darZu an gelt Renthen Zwolff gulden Zu
　　　　　　　　　　Aßpach, deren soll acht [481] *vnd die Kirch M(eiste)r*
　　　　　　　　　　Vier gulden geben
　　　　　　　　　　Item vom Closter Ehrenstein soll derselbe
　　　　　　　　　　priester haben Vier vnd Zwanzigh gulden,
　　　　　　　　　　Item der priester solle auch alle Iahr
　　　　　　　　　　haben funff ehlen duchs vor ein Priesters
　　　　　　　　　　Rock, vor sein brodt drei malder Korns
　　　　　　　　　　Vor sein bier drei malder gersten, vor sein
　　　　　　　　　　fleisch ein fette sour auß dem hoff Zu Vtt-
　　　　　　　　　　genbach vnd Zweey wagen brennholtz.
　　　　　　　　　　　Eß wird auch hierbei der bericht gegeben
　　　　　　　　　　daß vor solches deß Priesters vnd funff
　　　　　　　　　　Armen vnderhalt daß Closter zu Ehrenstein
　　　　　　　　　　funff hoeff in der Mouch gelegen habe,
　　　　　　　　　　so von den fundatoribus nobilib(us) ex oetgenbach
　　　　　　　　　　darfur erblich gegeben sein.
Nota Reddantur rationes de omnib(us) supradictis
Capella in Boochholtz   *Parochialis Ecclesia in Aßpach habet aliam*
　　　　　　　　　　quoq(ue) capellam Boechholtz sitam cum suis
　　　　　　　　　　pertinentiis bonis et iuribus q(uae) hac vice non visa
　　　　　　　　　　nec descripta fuere[482]

---

[479] der Doppelpunkt im lateinischen Text ist ein Kürzelzeichen
[480] Ein Foto dieses Abschnittes findet sich
[481] es fehlen offensichtliche wenige Worte, etwa: „gulden der Pastor"

Fraternitas BMV   *Est quoq(ue) laudabilis fraternitas BM virg(inis)*
                                   ibidem habita sed non bene obseruata: defectus maxi-
                                   ma ex negligentia Pastorum extat liber Fratrum
                                   vulgo daß Broderbuch gnandt de Anno
                                   domini 1530.
                                   Fraternitas celebratur quatuor vicibus in Anno,
                                   cum celebratione missarum et oblatione
                                   desuperq(ue) conuiuia seruantur.
Conuiuiorum sumptus vertendi in alimentum Ludimagistri
                                   Redditus annui iuxta designationem adductam
                                   faciunt in pecunia circiter septuaginta Florenos
                                   Colon(iensi) moneta cur(rente) et in auena viginti unum maltros
                                   et tria quartalia

Anhang 9
Zwei Muster für Quittungs-„Zettel" zu Kapital-Zinsen der Armenstiftung

Zeilenenden in den Originalen sind hier mit Strichen (|) wiedergegeben. Die Übertragungen der beiden Quittungsvorlagen ins moderne Deutsch finden sich im Abschnitt „Regelmäßige Einkünfte und Besitz der Armenstiftung bis zur Säkularisation.

FWA, V – 1 – 9 Copialbuch I, Blatt CXXXII
Wir N. N. Prior vnd ganz Konuent[483] Zu Erenstein | Kreutzbroeder Ordens bekennen fur vns vnnd vnsern | Nachkomlingen das wir als Ausfenders[484] der Armen | leuten Zu Oitgenbach von seliger Herren Bertram | von Nesselraed Erff Marschalck des Lands von dem | Berge gewesen (et cetera[485]) gestifft vnnd dar selbst aufgericht | hatt, ent fangen haben, von der Edlen Iunfferen | Katherina Kloirß geboren von Lutzeraed acht goltg(ulden) | vnnd schwar genoich von gewichte welche Acht | goltg(ulden) vur schrieuen, den Armen Leuten Zu Vitgen-| bach erschienen vnnd erfallen seind auf Martini | negst dieses Abgelauffenen Sechs vnnd Achzisten | Iars verlieden   Sagen derhalben auffgedachter der | Edlen Iunfferen Katharina Kloirs (ec.) vnnd eren Erben | vnnd Allen den ienen den forder Quitantiae nodig | were von diesen vnnd Allen Anderen verliden Ter-| minen quid loß ledig vnnd bedancken vns guter | genuchsamer bezahlung, In vrkund der Warheit | haben ich Prior vurg(enannt) vns Privatz Siegel auff | Spatium dieser gegenwertiger Quitantien ge-|druckt Im Iar Vnsers Herren 15...

FWA, V – 1 – 9, Copialbuch I, fol. CXXXI verso
*Wir Broeder NN. ieziger Prior vnnd gemein konuenz | Kreutz Broeder Ordens Zu Erenstein thun Kund vnd bekennen | Fur vns vnsere Nachkomling das wir empfangen haben | von dem Erentachtbaren vnnd froemen Iohan Nagel | Rentmeister vnnd befelhaber der Weingarten zu | Honff wonhafftig im Loe Hoeff von wegen Sophia | geboren von Nesselraed Widwe Zur Loe. fraw | Zu Wyssen, (Erenstein durchgestrichen) vnnd Palsterkamp xxiiii d(a)l(e)r | Die vnsem konuent zu Erenstein erschienen vnnd erfallen seind gewest, Iarlicher Pension auf negst | vergangenen Martins des H. Bichoffs von dem Iar | ... gutlich entricht vnnd wol bezalt hat.
I(tem) noch vi d(a)l(e)r von wegen der Armen Zu vitgenbach | auf dieselbe zeit, Sagen derhalben vnser G. frawen | auch gemeltem Rentmeister Zu Erenstein vnd | wen sonst weiters queitierung nodig wer von | diesen vnnd allen verlitten Terminen ganz | queit loß ledig vnnd bedancken vns guter vnd | genugsamlicher bezalung, das zu vrkund der | warheit haben ich*

---

[482] wohl verschrieben statt ... fuerat (... worden war) oder statt ... fuerit (... worden sein wird)
[483] nicht zu entscheiden ist, ob nicht statt großem K großes C gemeint ist
[484] Einnehmer (Finder)
[485] = und anderes = und weitere Titel

Broeder N vurg(eschrieben) fur mich | vnnd meine konuenz Broederen diese Quitantz | mit meinem Prioraz Siegel versiegelt gegeben | im Iar 15...

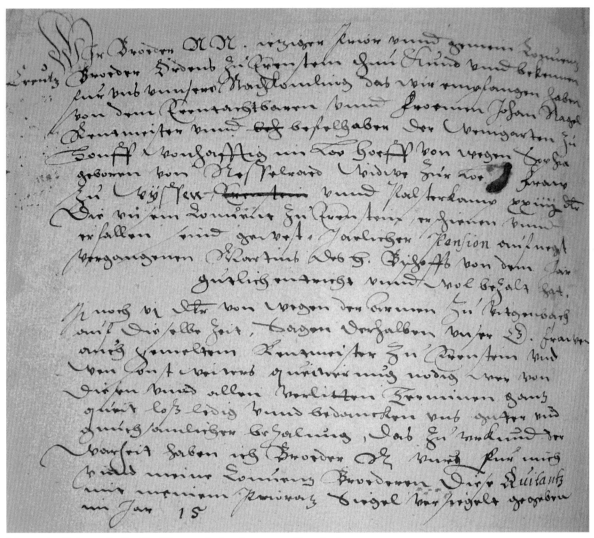

Muster der Quittung für Sophia, Witwe zu Loê, geborene von Nesselrode

Anhang 10
Lehn Zettel des Hoffs Derscheidt – 1604
Fürstlich Wiedisches Archiv, Akten, 70 – 11 – 19, Armengüter in der Much.
Die Inhaltsangabe mit Übersetzung der meisten Teile findet sich im Text im Abschnitt „Regelmäßige Einkünfte und Besitz der Armenstiftung bis zur Säkularisation".

Wir Quirinus Iudensis Prior vnd fordt gemein Conuent zu Erenstein. Bekennen mit diesen offnen Zetteln, aß wir außgethan vnd verlehnet haben, außthun vnd Verlehnen, veirzehn Iohr lang noch datu dieser Zetteln, doch zur halber Zeit, wem solches geliebt auffzusagen, vnd dasselben hab[486] Iohr zuuoren, vnd die Iohren sollen aus vnd ahngehen Vf Petri ad Cathedra(m)[487]. Hinrichen Schoegmecher vonn Iunckersfelt, vnd Elsgen seiner Ehelicher frauwen, der Vetgenbacher Armen hoff zu derscheidt, wie der selb ist gelegen, ihn lecken Vnd Peelen, ihn buschs vnd Velde, ihn wasser vnd weidt, nits daruon außgescheiden. vnd gedachter Hinrich soll iohrligs dem Conuent wegen der Armen zu Vitgenbach, zu pacht vf

---
[486] verschrieben aus *halb*, was man recht sicher schließen kann, weil bei Kastners Verpachtungen (siehe Literatur) und auch sonst die Kündigungsfrist zur Halbzeit in einer anderen Urkunde mit einem halben Jahr angegeben ist.
[487] am 22. Februar

Martini od(er) vnbefangen vierzehn tag darnoh, loss vnd frey Leberen Zwey mald(er) Roggen, ein Mal(der) gersten, sieben m(alder) Manckfruchten, vier Mald(er) heberen, Vier von den schwein. Ein Vier Iorigs Rind od(er) Kuhe, Ein halb wäch Karpffen, weg(en) des weyers zu Seiffen ligennt, Gedachte Eheleut sollen den Hoff ihn ehrliche baw halten, kein holtz dorvon Verkauffen, abfuhren noch abfuhren lassen, wie[488] ihm thuhen keine besserung ec. Ist etwas ahm gezimmer zu machen, dor soll man ahn holtz zu weisen, vnd sei sollens vf ihre kosten machen lassen. Da nu aber Vber alle Zuuersicht o(bgemelte) Eheleut ahn allen Vorg(enannten) Articulen vnd Puncten seumig erfunden wurden zu theil od(er) zu mall, auch ein Pacht den andern verfolgen wurde, des sollen sie sich selbsten der lehnung entsetzt haben, vnd damit cassirt sey, Vnd alle versaumus der guder noch Erkendtus guder Nachbaren vnd Leuten ahn ihnnen vns erhollen. Alles sond(er) argelist vnd geferdt zu halten ist dis beschehen, auf guidtachten des Edlen Vnd Erenuest(en) Wilhelm vo(n) Nesselradt Herren zu Stein vnd Erenstein ec. ihn gegenwerdt ihrer a(htbærkeit) schreibers Wilhelmi Essengen ec. Vnd zu mehrer Zeugnus d(er) warheit stedig vnd fest zu halten, sei dieser Zetteln zwein beide mit einer handt geschrieben, vnd durch Christs trost von nimand(em) beschnitten, deren Ieder partey einen handt. Geben A(nn)o tausend Sexhundert, vnd Vier p(ost) c(hristum)

Anhang 11
Visitationsbericht über das Kreuzbrüderkloster Ehrenstein, 8. Mai 1630
Fürstlich Wiedisches Archiv in Neuwied, Schrank 67, Gefach 1, Faszie 2, Seite 4 und 5, Komplex Nr. 5 (Finanzfragen), 2. und 3. Absatz

*Ex quo autem comperimus ex parte quinq(ue) pauperum
illas Elemosinas a P(rae)sentissimis hui(us) Conuent(us) fundatoribus
fundatas et liberaliter in istum vsum donatas non elargiri; statuim(us)
ne Prior vel Conuentus ad amplius elargiendum vel
exponendum teneantur, qua ab istis redditibus an(n)ue
p(er)cipiunt. Ideoq(ue)*

*Ideoq(ue) d(omi)no Generoso huius fundationis successori suppli=
cabunt quatenus dicti redditus vel p(er) suum Quaestorem
vel per alios fideliter p(rae)fato Conuentui soluantur.
Quia tamen dixit D(omi)n(u)s quod Pauperes semp(er) habebimus
nobiscum et cum voluerimus bene facere possumus,
volumus et praecipimus vt Prior et Conuentus secundum
media dictae domus gratiose elargiantur illis. Deus qui
etiam haustum Aquae frigidae non relinquit irremuneratu(m)
abunde retribuet vobis. Amen.*

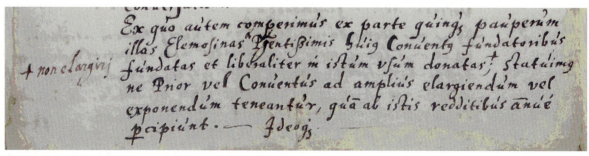

Teil des Protokolls der Visitation des Klosters 1630 auf Seite 4

---

[488] mit „wie" ist hier eine (doppelte) Verneinung gemeint: noch (= und keineswegs) „keinen Dünger" (unterlassene Besserung) darauf tun

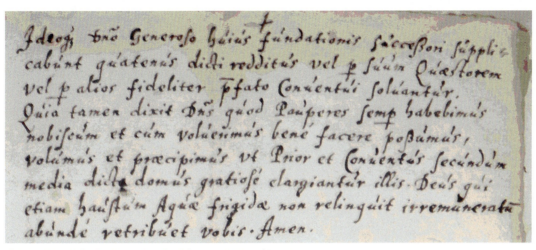

Teil des Protokolls der Visitation des Klosters 1630 auf Seite 5

Übersetzung:
In diesem Zusammenhang vernehmen wir von Seiten der Fünf Armen,
dass jene Almosen, von den vorbildlichsten Gründern dieses Konvents
in Gang gesetzt und freigiebig zu diesem Gebrauch gespendet, nicht ausgeteilt werden; wir
stellen fest, dass weder Prior noch Konvent zum Verteilen oder
Hergeben reichlicherer Almosen angehalten sind, als sie von diesen Abgaben jährlich
empfangen.   Und deshalb

Und deshalb werden sie den großzügigen Herrn Nachfolger dieser Stiftung anflehen, dass die genannten Abgaben entweder durch seinen Zahlmeister
oder durch andere getreulich dem besagten Konvent eingelöst werden mögen.
Weil gleichwohl der Herr sagte, dass wir die Armen immer bei uns halten werden,
und wie sehr wir es gut zu machen gewollt haben werden, sind wir im Stande
und Willens und ordnen an, dass Prior und Konvent gemäß
der Mittel der genannten Hausgemeinschaft ihnen großzügig austeilen. Gott, der
auch das Schöpfen frischen Wassers nicht unentgolten lässt,
möge euch reichlich belohnen. So sei es.

Anhang 12
Plünderungen des Klosters durch schwedische und hessische Truppen

Brief des Klosters an den Herzog von Berg mit der Bitte um Bezahlung der ausstehenden Zinsen eines Kredites, ohne Datum (FWA, Akten, 8 – 1 – 2).
Diese Zinsen seien dringend erforderlich, um die schlimme Lage des Klosters durch Zerstörungen, Plünderungen und Lösegelderpressungen zu lindern. Somit ist der Brief frühestens nach den Plünderungen durch die schwedischen und einige Monate später durch die hessischen Truppen, also etwa ab 1633 formuliert worden. Die schwedische Belagerung und teilweise Zerstörung der Burg durch Kanonen-Beschuss vom Heinrichsberg herab mit anschließender Plünderung fand Ende 1632 statt, die hessische Plünderung wohl am 6.3.1933[489].

Auszugsweise Abschrift
  Ew: Fürstl^) D^)l^)tt diemutigst anzulangen zwinget Uns armen so woll durch Schwedische alß auch Heßische Soldatesca veriagt:[490] und verderbten sembtlichen Conuentuale deß Gotteshauß vnd Closters Ehrenstein Creutzbrüder Ordens die vnumbgengliche noth, Vnd können diemutigst Ew: Furstl^) Dltt^) nit verhalten, waß maßen die Schwedische armèe vnser

---

[489] Schug: Ehrenstein; siehe Literaturverz.
[490] hier sind verschiedene Kürzelzeichen durch ^) wiedergegeben; der Doppelpunkt ist hier ebenfalls ein Kürzel.

Closter gantz vnd zumahlen verderbt vnd verwustet, Vnsere Zu auffenthaltung vnsers lebens furhandene alimenta wie auch allen Kirchen Zierath vns entfuhret daß Closter erbarmlich demolyret fenster vnd theuren zerschlagen und zerschmettert, Vber daß so haben sie auch vnsere Patres gefenglich mit sich hinweg geschleppet Vbel vnd gantz barbarisch mit Ihnen vmbgangen, Vmb deren cantzion[491] willen wir dan ein große Summa gelts auffnehmen mußen[492], vnd dieselbe dem Schwedischen General zu Vnserm Unwiederpringlichem schaden geben vnd vberantworten mußen. folgents dan so hatt der Heßischer Commendant Plucker zu Windeck Vnser Closter Bey nachtlicher weil vberfallen, vnd waß wir inmittelst mit sawrer großer arbeit vnd hochstem fleiß errungen, deßen seindt wir durch obg^ Commendant beraubt worden, also vnd dergestalt daß Vnser Closter in großen schulden last gerathen vnd zumahlen verarmbt vnd außgeschöpft ist.

In modernem Deutsch:

Eure Fürstliche Durchlaucht demütigst anzuschreiben, zwingt uns alle armen sowohl durch die schwedische als auch hessische Soldateska verjagten und darbenden Konventualen des Gotteshauses und Klosters Ehrenstein vom Kreuzbrüder-Orden die unüberwindliche Not. Wir können demütigst Eurer Fürstlichen Durchlaucht nicht vorenthalten, wie sehr die schwedische Armee unser Kloster gänzlich und vollständig ins Verderben gestürzt und verwüstet, unsere zur Aufrechterhaltung unseres Lebens vorhandene Nahrungsmittel wie auch allen Kirchen-Zierrat geplündert, das Kloster demoliert, Fenster und Türen zerschlagen und zerschmettert hat. Darüber hinaus haben sie auch unsere Patres gefänglich mit sich hinweg geschleppt und sind übel und ganz barbarisch mit ihnen umgegangen. Wegen des Lösegeldes für sie mussten wir dann eine große Summe Geld aufnehmen und dieselbe dem schwedischen General (Baudissin) zu unserem unwiederbringlichen Schaden übergeben und überantworten. Im Folgenden hat der hessische Kommandant Plucker zu Windeck unser Kloster bei Nacht überfallen und, was wir inzwischen mit saurer Mühe und höchster Anstrengung wieder erworben, dessen sind wir durch den genannten Kommandant dergestalt beraubt worden, dass unser Kloster in große Schuldenlast geraten und gänzlich verarmt und ausgeschöpft ist.

Anhang 13
Geschichte der Armenstiftung aus der Feder des Reichsgrafen Johann Franz Joseph Drost zu Vischering von Nesselrode-Reichenstein
Teil eines Briefs vom 30. Mai 1816 an den Fürsten Wied-Runkel
FWA, Akten, 70 – 12 – 2.

Bertram von Nesselrode mein Vorfahr und Besitzer der Herrlichkeit Ehrenstein, stiftete im Jahre 1499 den nötigen Lebensunterhalt für fünf Arme, welche mit einem Priester bey der schon früher zu Ütgenbach einem ebenfalls gräflich von Nesselrodischem Gut gestifteten Kapelle wohnen, auch da lebenslänglich beköstigt, bekleidet und verpfleget werden sollten. Er dotierte diese fromme Stiftung zuerst mit den im Herzogtum Berg gelegenen Höfen: Bertelsbach, Derscheid und Seifen und er hielt sich und seinen Nachfolgern das Recht bevor, nicht allein die Armen zu den fünf Porzionen allemal zu benennen, sondern auch Rechenschaft über derenselben Verpflegung sowohl, als über die Verwaltung ihrer Güter sich erstatten zu laßen. Nachdem die ebengedachte Dot durch den Zusatz der ebenfalls im Herzogtum Berg gelegenen Güter Zurheiden und Eitorf, auch einiger Renten in der Folge vermehrt worden ware, schlosse Wilhelm von Nesselrode in Jahre 1530 mit dem auch von Bertram von Nesselrode im Jahre 1486 gestifteten Kloster Ehrenstein, über die Verpflegung der Armen und Verwaltung der Güter einen Contract ab, der jedoch allemal nur für ein Jahr gelten und los kündbar seyn sollte. Durch diesen Contract übernahm das Kloster den darin

---
[491] wohl verschrieben aus „cautzion"
[492] wir haben aufnehmen müssen

ganz bestimmten Unterhalt und die Pflege jener fünf Armen, welche ihm so oft als eine Pfründe erledigt wurde, von dem Stifter und dessen Nachfolgern, zuletzt von mir zugewiesen wurden. Das Kloster dagegen erhielt den vollen Genuß der Güter und verbande sich dieselbe nach geschehener Loskündigung des Contracts obrück zu erstellen[493]. Da diese Geschichts-Wahrheiten durch die in dem eigenen fürstlichen Archiv beruhenden Urkunden außer Zweifel gestellt sind, so wird hier darauf der Bezug genommen. Der obige Contract hat bis zur Auflösung des Klosters Ehrenstein fortbestanden; meine Rechte und Zuständigkeiten sind also auch bis dahin die nämliche und durch aus unverändert geblieben. Nach der Auflösung des Klosters sind zwar die Stiftungs-Güter von der damaligen französischen Domainen-Direction des Herzogtums Berg widerrechtlich in Beschlag genommen worden; Auch nöthigte diese Eigenmacht mich zu einerErklärung, kraft welcher die oben besagte Dot dem Armen-Spital zu Düsseldorf zugeeignet werden sollte. Die ebengedachte Erklärung war aber nicht freiwillig. Sie erfolgte weil bey den damalig-leidigen Zeit-Verhältnissen darin das einzige Mittel lage, die einmal dem Unterhalt der Armen gewidmeten Güter den Armen gegen die drohende Gefahr des gänzlichen Verlustes zu retten; Auf meine eigenen Zuständigkeiten habe ich als Patron nicht verzichtet. Das auf die französische Regierung gefolgte Herzogliche bergische Gouvernement hat auch die Unverbindlichkeit der obigen Erklärung thätlich dadurch anerkannt, daß es die Güter mit den davon erhobenen Nutzungen der ursprünglichen Stiftung zurückzugeben verordnet hat. Da durch diese Zurückgabe die ursprünglichen Stiftungs-Verhältnisse und Rechte hergestellt sind, und da durch die Auflösung des Klosters Ehrenstein der mit demselben im Jahr 1530 über die Verpflegung der Armen, so wie auch die Verwaltung der Stiftungs-Güter geschlossene Contract zu bestehen von selbst aufgehört hat[494], so darf ich im vollsten Vertrauen auf die bekannte Gerechtigkeits-Liebe Euer fürstlichen Durchlaucht hoffen, daß Höchstdieselben auch die mir als Abkömmling des Stifters, und als Patron, in Kraft der Stiftungs-Briefe zuständigen Rechte angedeihen lassen werden

Anhang 14
Pergamenturkunde in versiegelter Flasche im Grundstein des Hospitals
wiedergegeben in der Ortschronik der Bürgermeisterei Asbach

„Heute am fünften Juni des Jahres eintausend acht-
„hundert sechs und achtzig, im sechs und zwanzigsten
„Jahre der glückseligen Regierung unseres Aller-
„gnädigsten Kaisers und Königs Wilhelm des Ersten,
„des Siegreichen, und im neunten Jahre des Ponti-
„fikats des glorreich regierenden Pabstes Leo des
„dreizehnten wurde der Grundstein zur Erbauung
„dieses Krankenhauses gelegt. Der Ort Asbach, im
„Kreise Neuwied gelegen, zählt heute 380 Einwohner.
„An der Spitze des Kreises steht der Königliche
„Landrath Friedrich von Runkel zu Heddes-
„dorf, und mit der commissarischen Verwaltung der
„durch Versetzung des bisherigen Bürgermeisters
„Richard Bidgenbach nach Heddesdorf vakanten Bürger-
„meisterstelle Asbach ist der Regierungs-Civil-
„Supernumerar Ludwig Kurtz aus Flammersfeld
„von Königlicher Regierung zu Coblenz betraut.

---

[493] = und verpflichtete sich, dieselben nach Aufkündigung des Kontrakts zurückzugeben.
[494] Wied-Runkel argumentierte, dass keine „Kündigung" dieser Verwaltungsrechte durch die Säkularisation erfolgt sei und daher diese Rechte durch die Säkularisation nachfolgend auf das Fürstliche Haus Wied-Runkel übergegangen seien.

„Die Kosten des Baus werden zum Theil aus
„der für die Bürgermeisterei Asbach so segens-
„reichen von der Gräflich von Nesselrod`schen
„Familie gestifteten Ehrensteiner-Armenstiftung,
„theils aus einer von dem Kreise Neuwied
„gewährten Beihilfe von 10000 Mark, welch´ letz-
„tere lediglich dem vorerwähnten Königlichen
„Landrath von Runkel, der stets ein großes
„Interesse für die Bürgermeisterei Asbach gezeigt
„hat, zu verdanken ist, bestritten. Als Vorstandsmit-
„glieder der Ehrensteiner Armenstiftung fungieren
„zur Zeit: 1. der commissarische Bürgermeister Kurtz
„zu Asbach als Vorsitzender, 2. der katholische Pfarrer
„und Definitor Nikolaus Franke daselbst, 3. der Gemeinde-
„vorsteher Wilhelm Klein aus Germscheid, 4. der Gemein-
„devorsteher Conrad Thür aus Jungeroth, 5. der Gemeinde-
„vorsteher Anton Tilgen aus Löhe. Die Leitung des
„Baues war dem Königlichen Baurath Eschweiler
„zu Siegburg anvertraut und die Ausführung des-
„selben an den Maurermeister Anton Germscheid
„zu Asbach vergeben. Vorstehendes Dokument
„wurde heute bei feierlicher Legung des Grund-
„steines von den Anwesenden unterzeichnet,
„in einer Flasche versiegelt und in den rechts-
„seitigen Pfeiler der Eingangsthüre vermauert.
„Beigefügt wurden demselben nachstehende, heute
„coursirende Silber-, Nickel- und Kupfermünzen,
„ein Fünfmarkstück, ein Thaler (drei Mark), ein Zwei-
„markstück, ein Einmarkstück, ein Fünfzigpfennig-
„stück, ein Zwanzigpfennigstück, ein Zehnpfennigstück,
„ein Fünfpfennigstück, ein Zweipfennigstück, und
„ein Einpfennigstück. So geschehen wie oben.
„Folgen die Unterschriften."

Anhang 15
Exkurs zur Frage der Herkunft des Patroziniums des Hl. Florin in der Kapelle Ütgenbach und zur Frage der Dasselschen Güter bei Asbach

Offen in der Forschung ist die Frage, ob oder inwieweit der 949 gestorbene Herzog Hermann I von Schwaben, ein Konradiner, mit Ort und Kapelle Ütgenbach oder mit Vorfahren des Geschlechts Ütgenbach in Verbindung stand. Er war ja höchstwahrscheinlich – unter vielem Anderen wegen seiner Schenkung von Montabaur an „sein" Florin-Stift in Koblenz[495] – zugleich Graf im Engersgau und ein eifriger Förderer der Verehrung des Heiligen Florin durch entsprechende Stiftungen im Mittelrheingebiet. Ein Satz in der Urkunde des Erzbischofs *Adolph I von Cöln* vom 22. 01.1197 zugunsten der Eltern der späteren Gräfin Mechthild von Sayn[496], des Grafen Tirricus von Landsberg und seiner Frau Jutta, könnte vielleicht Einiges, allerdings Ungewisses, dazu aussagen, ohne das Rätsel endgültig zu lösen: Der Erzbischof kaufte mit einer Endzahlung nach jeweiligen Vorkaufs-Leistungen seiner

---
[495] siehe Gensicke, z. B. S. 48
[496] Lacomblet I, Urkunde 554

beiden Vorgänger neben anderen Gebieten die Burgen Beilstein[497], (Alten-)Wied und Windeck (offenbar mit den dazugehörenden Gütern und den dazugehörigen Landesherrschaften), um sie im gleichen Zug an die Verkäufer als Benefiz zu verlehnen. Dann heißt es: *Praeterea concessimus predicto comiti quicquid burchardus in Asbach tenuit, scilicet beneficium quod Lvdolfus de Dasle postea a duce Sveuie tenuit.* Eine mögliche Übersetzung ist: „Außerdem haben wir dem vorgenannten Grafen überlassen, was alles Burchard in Asbach innegehabt hat, das heißt das Lehen, das Ludolf von Dassel später vom Schwaben-Herzog innegehabt hat."

Also hatte das Erzbistum diese Güter[498] zuvor von den Grafen von Dassel erworben, die wiederum von einem Schwaben-Herzog her an dieses Lehnen gekommen waren. Auch müsste das Erzbistum irgendwie zum freien Eigentum der Güter gekommen sein. Im 12. Jahrhundert waren verschiedene Staufer Herzöge von Schwaben, darunter Kaiser Friedrich Barbarossa selbst, † 1190, und schließlich auch der deutsche König Philipp von Schwaben, †1208, der jüngste Sohn Barbarossas. Sowohl der Kölner Erzbischof Rainald von Dassel als auch sein Bruder Graf Ludolf I von Dassel starben auf einem Feldzug Barbarossas vor Rom 1167 an einer Epidemie; eine Zuwendung oder Erstattung des Kaisers an diese Familie des Weser Berglandes im 12. Jahrhundert wäre denkbar, auch eine Leistung des Erzbischofs Rainald an seinen Bruder Ludolf. Beider Vater Reinold trug als erster den Namen von Dassel und stammte aus dem sächsischen Adel. Graf Ludolf II lebte 1197 noch. Anfangs des 13. Jahrhunderts kam es zu einer Erbteilung zwischen den Linien Dassel-Nienover und Dassel-Schöneberg. Der letzte Ludolf von Dassel war Ludolf VI, der eine Regelind heiratete. Im Städtchen Dassel findet man noch eine Laurentius-Kirche, die schon im 10. Jahrhundert erwähnt wurde und deren wehrhafter Turm heute noch steht. Der Grundriss der jetzigen Kirche, nach einem Brand 1447 neu erbaut, soll mit dem der ältesten Laurentius-Kirche zu Asbach viel Ähnlichkeit haben.[499] Reste oder Rechte an Gütern aus diesem schwäbischen Lehen oder davon ganz unabhängige hatten später noch die Grafen von Dassel in Asbach. Diese brachte Mechthild von Sayn durch eine Zahlung von 30 Mark kölnischer Währung am 19.10.1270 an sich, um ihren dortigen Besitz und ihre dortige Stellung abzurunden:[500]

---

[497] nach Gensicke nahe der Talburg Langenau an der Lahn bei Winden, wohl mit der besten Begründung gegenüber mehreren anderen Autoren, die ein Beilstein anderen Orts hierfür favorisieren
[498] Gut möglich darunter wäre der Dassels Hof, heute ein Flurnahme bei Rott nahe Flammersfeld. Ob das Dörfchen Dasbach seinen Namen von den Grafen von Dassel oder vom Dachs hat, steht dahin (gut möglich wäre auch eine Herleitung vom heute noch anzutreffenden Wildtier Dachs, der im Dialekt „Daas" heißt).
[499] mündliche Mitteilung der Familie Kappen, Heimatmuseum Dassel | siehe auch Bohn, Seite 444.
[500] Fürstlich Wiedisches Archiv. Urkundenregesten und Aktenverzeichnis. S.4 (VI – 3 – 2 und VI – 3 – 3, Regesten 22 und 23). | Bohn S. 535 (Regesten 72 und 73), S. 630 (Abbildungen), S: 86, S. 288, S.428, S. 444, S. 469f.

Nobili d(omi)ne M. Comitisse de Seeyn(n) L. dei gra. Comes de Dassle c(on)sanguineus v(e)n(er)abilis d(omi)ni Collon(iensis) qui nunc vinculis est retentus et Comitu(m) de Euerstene cum omni Amicitudine Annotionis quant(um) potest: Tenore presentium sing(u)li scire debent nos filiu(m)q(ue) no(stru)m singulos et heredes ad peticio(n)em consanguinei n(ost)ri L. Comitis dicti de Dassle et de Sconenberch cessare ab om(n)i inpetitione quam ad nos ratio(n)e bono(rum) in Aspach huius (rei) nec unquam uelle nos ut aliqui(s) nobis comitium inpete(t) de cet(er)o tali causa. Adhuius rei noticia(m) presens scrip(tum) sigilli n(ost)ri muni(m)i(n)e roboramus. Dat(um) Anno d(omi)ni MCCLXX XIIII Kalendas Nouemb(ri)s [Gegenüber der Gräfin Mechthild von Sayn sind die einzelnen (folgenden), Ludolf von Gottes Gnaden Graf von Dassel(-Nienover), Bluts-Verwandter des jetzt im Gefängnis festgehaltenen hochwürdigen Herren (Erzbischofs Engelbert II von Valkenburg) von Köln und der Grafen von Eberstein, mit aller Freundschaftlichkeit der Mitteilung, wie es nur geht im Verlauf der Umstände des Einzelnen, verpflichtet zu wissen, dass wir (Graf Ludolf von Dassel-Nienover) und unser Sohn, jeder einzeln, und die (weiteren) Erben auf Bitten unseres Blutsverwandten, des Grafen Ludolf (V), genannt von Dassel und von Schöneberg, ablassen von jedem Anspruch, wie auch immer für uns, auf die Einkünfte der Güter in Asbach, deshalb weil wir auch niemals wollen, dass andererseits jemand bei uns an die Grafschaft aus solchem Grund Ansprüche stellt. Noch fester bekräftigen wir die Mitteilung dieser Vereinbarung, nämlich das vorliegende Schreiben, mit dem Schutz unseres Siegels. Gegeben im Jahr des Herrn 1270 die 14. Kalenden[501] des Novembers (19. Oktober)].

Am gleichen Tag bestätigt Graf Ludolf von Dassel-Schöneberg, Sohn des verstorbenen Adolf von Dassel, für sich und seine Töchter der Gräfin Mechthild von Sayn auf deren brieflichen Vorschlag hin, dass er gegen die Zahlung von 30 Mark kölnischer Währung alle Ansprüche wegen der Güter in Asbach abtritt.[502]

Burchard II und III waren im 10. Jahrhundert Schwabenherzöge. Burchard I, der Vater von Burchard II, war schon Herzog oder mindestens einer der mächtigsten Adeligen in Schwaben. Der Konradiner Hermann I wurde 926 von seinem Vetter, dem Deutschen König Heinrich I, als Herzog eingesetzt und regierte dort bis zu seinem Tod 949. Er heiratete die Witwe Burchards II Regelinda und war damit der Stiefvater Burchards III, des Sohnes von Burchard II. 950 überantwortete der damalige Deutsche König Otto I das Herzogtum seinem eigenen Sohn Liudolf, der 957 starb. Diesem folgte Burchard III. Im Jahr 973 wurde Otto, Sohn Liudolfs, sowohl Enkel des Deutschen Königs Ottos I des Großen (ab 962 Deutscher Kaiser) als auch Enkel Hermanns I von Schwaben der nächste Herzog als Otto I von Schwaben. Des schwäbischen Herzogs Otto I Schwester Mathilde, Äbtissin zu Essen, stiftete wohl aus ihrem großväterlichen Erbe dem Florin-Stift in Koblenz auf dem Umweg über einen Tausch mit dem Erzbischof von Trier den Zehnten zu Mangeroth (Wüstung zwischen Seifen am Holzbach und Schöneberg an der Wied) und zu Niederähren sowie wahrscheinlich auch die nahegelegenen Grundherrschaften Schöneberg (an der Wied) und Horhausen.[503]

War einer dieser drei Burcharde von Schwaben der *burchardus* in der Urkunde von 1197 mehr als 200 Jahre später? Nahmen die Grafen von Dassel, beziehungsweise ihre Vorfahren, ihren beliebten und vererbten Vornamen Ludolf von jenem sächsischen Königssohn Liudolf in Schwaben aus dem 10. Jahrhundert oder nur von einer weiten Verbreitung dieses Vornamens in Sachsen? Und besaßen sie schon seit dieser Zeit die Güter „in Asbach"? Brachten die Burcharde oder Hermann oder Liudolf oder ihre Nachkommen die Verehrung des Heiligen Florin nach Ütgenbach? Hängt die Bezeichnung einer kleinen Wald-Flur

---

[501] Die Kalenden sind der 1. Tag des Monats, die vierzehnten Kalenden sind der 14. Tag davor, wobei der Kalenden-Tag mit zählt.
[502] FWA VI - 3 - 3
[503] Gensicke, Landesgeschichte des Westerwaldes, Seite 102

"Bergers Hof" zwischen Ütgenbach und Heide mit einem Burchard zusammen?[504] Dieselbe Frage stellt sich bei dem wüst gefallenen Ort Barrig[505], etwas bachaufwärts von Wallau, und den hierzu gehörenden jetzigen Flurnamen „Bargewiesen", „Unter dem Bargegarten" und „Bargebitz" beziehungsweise „Im Bargebitz" und „Auf der Bargebitz". Da Mechthild von Sayn schließlich ihre Herrschaftsrechte und ihre Besitzungen Altenwied dem Kölner Erzbischof überließ, sollten ohne späteren Besitzwechsel der Ort Barrig und ein Berger Hof im Steuer-Verzeichnis geistlicher und adeliger Güter des Amtes Altenwied von 1666[506] aufgezeichnet sein; die Flur Berger Hof zwischen Ütgenbach und Heide kommt jedoch gar nicht vor; der Hof zu Barrig nennt sich in diesem Verzeichnis Breitbacher Hof; dieser *Breitbacher Hoff zu Barrich* ist nicht als geistlicher Besitz des Erzbischofs aufgeführt, so dass ein Zusammenhang mit den schwäbischen Herzögen und den Verträgen von 1197 zwar möglich, jedoch kaum wahrscheinlich, zumindest sehr kompliziert wäre. Die Herren von (Rhein-)*Breidbach* waren Gefolgsleute Graf Heinrichs III von Sayn und ab 1264 in Rheinbreitbach Lehnsnehmer des Kölner Erzbischofs.[507] Von einem Besitz der alten Burg auf Bodems Nück durch die Grafen von Dassel ist auch nichts bekannt; man kann nur die Frage in den Raum stellen.

Herkunft der Bilder
Im Text unter den Bildern ist jeweils die Herkunft angegeben. Wenn nichts anderes vermerkt ist, stammen die Fotos vom Autor.

Urkunden und Quellen, zeitlich geordnet

1435, 28. September: Rücktausch des Neustadter Zehnten gegen den Hof zu Niederpleis mit dem Kloster Heisterbach durch Adam von Ütgenbach und seine Frau Maria von Alfter. Schmitz, Urkundenbuch Heisterbach, Urkunde 485, Pergament mit Siegeln, Staatsarchiv Düsseldorf, Heisterbach 136 | Pfarrarchiv Ehrenstein, Abschrift einer Abschrift von fol. 469 des Copeibuches der Abtei Heisterbach im Archiv zu Düsseldorf durch Notar Knips.

1451, 9. Juni: LA NRW, Heisterbach, U. 154, Orig.-Pergament | Schmitz, Urkunde 510, Urkunden 501 und 491 sowie Urkunde 485 (28.9.1435, LA NRW, Heisterbach, U. 136).

1455, 16. März: Verzicht Adams von Ütgenbach auf den Hof in der Elsaff, Kastner Band I (siehe Literatur), Regest 700, eingesteckt in der Urkunde des Regestes 1291 (Band II).

1466 (um 1466): Armen- und Siechenhaus in Zevenaar, Kastner Band II (siehe Literatur), Regest 913.

1469, 23. März: Lacomblet, Urkundenbuch IV, Urkunde 347, Vergleich nach der Fehde des Kölner Erzbischofs mit Dietrich von Burscheid.

1477, 3. Februar (Montag nach Unserer Lieben Frau Purifikation): Bestimmung der Tätigkeit der Priester in der neu gegründeten Pfarre Ehrenstein, FWA, Regest 2846.

1495, 5. April: Gelöbnis Wilhelms von Nesselrode, Sohn zum Palsterkamp, die Rechte des Kreuzbrüder-Klosters nicht zu beeinträchtigen, FWA V – 1 – 9, Nr. 15 Bl. 26, und Nr. 19 Bl. 65, Urkundenregest 2860.

1497, 29. November (auf St. Andreae Abend = Vorabend): Befreiung (von Abgaben und Diensten) der Armenhöfe in den Kirchspielen Much und Winterscheid; Kopie des Notars Jacob Henrich Wilhemj von einer Kopie des Wilhelm Luninck auf Befehl von Herrn und Frau Herzog und Herzogin, FWA, Akten, Schr. 70 – Gef. 11 – F. 19 (Mappe mit sehr vielen

---

[504] Flurkarten Verbandsgemeinde Asbach
[505] Niederschrift Zehntbegehung im kurkölnischen Kirchspiel Asbach 1668/1669 (siehe Lit. Weiß u. a.) | Pfarrarchiv St. Laurentius Asbach
[506] FWA, Schrank 68, Gefach 10
[507] Brungs: Rheinbreitbach, S. 56f. | Voigtländer: Rheinbreitbach – einst und jetzt, S. 5f.

losen Blättern), Blatt Papier. Auch zu schließen aus weiteren Quellen (Blätter) in FWA, 70 - 11 - 19.

1499, 28. August: Gründungsurkunde der Armenstiftung, FWA V – 1 – 9, Nr. 1, Regest 2862, Pergament, Siegel verloren, Siegelbänder vorhanden. | Kastner (s. Lit.), Band II, Regest 1265. | Beglaubigte Abschrift von beglaubigter Abschrift 1771 im Pfarrarchiv Ehrenstein. | Weitere Ausfertigungen von Abschriften siehe Text. | Teilabschrift in FWA, Akten, Schr. 70 – Gef. 11 – F. 19.

1501, 1. Januar: Gelöbnis des Wilhelm von Nesselrode, Sohn zu Palsterkamp, die Rechte des Kreuzbrüder-Klosters nicht zu beeinträchtigen, FWA V – 1 – 9, Nr. 15 Bl. 28, und Nr. 19 Bl. 76, Urk.-Regest 2864.

1501, 22. Februar: Verzicht des Swyderus auf die Einkünfte aus den Armenhöfen um Much und Winterscheid, um den Beeinträchtigungen zu entgehen, die durch die Armen im Kloster entständen, LHA Koblenz, Bestand 86, Nr. 3. Dabei findet sich ein Vorblatt aus späterer Zeit über den „Transfer der Armen".

1502, 6. März (Sonntag Laetare = Halbfasten, 4. Fastensonntag): Testament Bertrams, Kopie LA NRW, Depositum Nesselrode-Ehreshoven, Akten 1960. | FWA, V – 1 – 9, S. 13 bis 49, Kopie bis kurz vor Ende (entsprechend der fol. 18v von 21 der Düsseldorfer Kopie) in einem Kopiar des Klosters Ehrenstein | Kastner, Band II, Regest 1280; mehrere Abschriften in einem Papierheft mit besiegeltem Pergament-Einband, 1 Papierheft in das Pergament einer späteren Urkunde eingebunden, weitere Abschriften teils unvollständig. | Nesselrode 2008, Anlage 12, S. 337ff; Abschrift (Lind).

1502, 3. April: Gelöbnis Bertrams, das Kloster nicht zu beeinträchtigen, FWA, V – 1   9, Nr. 15 Bl. 26, und Nr. 19 Bl. 84, Urkunden-Regest 2866.

1502, 3. April, Sonntag nach Ostern: Das Ehrensteiner Kloster wird für zehn Priester gerüstet. FWA, V – 1 – 9, Nr. 12, Urkunden-Regest 2867, Pergament, 2 Siegel.

1503, 4. Juni (Pfingsten): Jährlich 6 Goldgulden aus dem Gut zum Scheid, FWA V – 1 – 9, Nr. 4, Urkundenregest 2869, Pergament, 2 beschädigte Siegel.

1504, 14. Januar: Haferrente durch das Ehepaar Bertram und Margarete von Nesselrode statt des Hofs zur Elsaff für den Marienaltar in der Kirche zu Asbach, Kastner, Band II, Regest 1291. (Der Ursprung der Urkunde muss jedoch vor dem Tod Margaretes 1501 gelegen haben, weil Margarete darin als Mitausstellerin bezeichnet ist.)

1506, 1. Mai: Kauf des Erbguts zor Heyden und boenyngen im Kirchspiel Much durch Bertram von Nesselrode. Papier-Kopie, Landes-Hauptarchiv Koblenz, Abteilung 86, Nr. 5. Mitteilung über diesen Ankauf von Gütern zur Heiden und Boenningen, im Original-Brief der Königlich Preußischen Regierung Koblenz an Wied-Runkel, 4. Mai 1817, FWA, Akten 70 – 12 – 2, Ius Patronatus und Verwaltung, darin auch eine kurze Geschichte der Stiftung.

1506, 21. September: Stiftung der Offizianten-Stelle bei der Heilig-Kreuz-Kapelle zu Süchterscheid, FWA, Regest 2872, V – 1 – 9 Nr. 13, Pergamenturkunde.

1506, 6. Februar (nach heutiger Gepflogenheit wird dieser Februar ins Jahr 1507 gestellt): Der Bruder Bertrams, Johan v. Nesselrode, Herr zu Palsterkamp stiftet 500 Gulden, damit ein Ehrensteiner Priester für ihn und seine engsten Verwandten, darunter seine Stiefmutter Eva von Ütgenbach, „auf ewige Zeiten" betet. Kastner II Band (siehe Literatur), Regest 1301.

1507, 1. Mai: Vertrag Bertrams mit dem Ütgenbacher Priester Johan von Orffich, Entbindung Johans von einigen Verwaltungspflichten. Papier, Mäusefraß, Kastner Band II, Regest 1317.

1508, 14. Februar: Quittung des Priors Swyderus und des Konvents für Bertram von Nesselrode. Original-Pergament. FWA, Regest 2877, V – 1 – 9.

1510, 27. August: Nachtestament Bertrams, FWA, Urkundenregesten u. Akteninventar 2878, 2 Fassungen: 1. Fassung (Abschrift S. 53 – 61), 2. Fassung (S. 65 – 76). Veröffentlicht in Nesselrode 2008, s. Literatur.

1511, Sonntag nach Apostel-Matthäus-Tag (28. September): Erwerb des Wynnen-Gutes zu Eitorf für die Armenstiftung, Pergament, 2 Siegel erhalten, FWA V – 1 – 9, Nr. 9, Urkundenregest 2881.

1514, Montag nach St.-Remigius-Tag (2. Oktober), – Verpachtung des Wynnen Gutes zu Eitorf, sämtliche Namen der 28 verpachteten Flächen sind aufgezählt. Kastner II, Regest 1390, Papier.

1525, 1.5.: Vertrag über die spätere Ehe der Kinder Wilhelm zu Rennenberg und Anna von Nesselrode, Kastner Band II, Regest 1461, Pergament, 17 Siegel (die meisten abgelöst oder beschädigt).

1530, 21. im Spurkel (Februar, somit nach unserem heutigen „Stil" im Jahr 1531): Kloster Ehrenstein übernimmt die Armen zu Ütgenbach, mit Revers von Prior und Konvent. Besiegeltes Pergament sowie Papier mit aufgedrücktem Siegel, Kastner, Band II, Regest 1489 | Beglaubigte Abschrift im FWA, Akten, 70 – 12 – 1, etwa 60. Seite und folgende.

1545, 2. und 3. Juni: Kirspels Achte zu Aspach, FWA, Schrank 6, Gefach 4, Fascie 10. So gut wie identisch ist die Fassung, die Hilarius Limpach in seinem „Liber Generalis undt Lagerbuch" („Hausbuch") Blatt 208ff. geliefert hat. Eine weitere Fassung enthält das *Bröederbuch von dem Erwurdigen Andechtigen vnd Wolgelehrten Herrn Leo Vidaæ von Zulpich, Vnd ... In iaren vnsers Erloesers Tausent Sechs hundert vnd Ein.* Bruderschaftsbuch Neustadt, Seite 158ff.

1545: FWA, Akten, Schr. 70 – 11 – 15, Ehrenstein, Armengüter, Verpachtungen.

1546: FWA, Akten, Schr. 70 – 11 – 15, Vermessung, Fundierung der vier freien Höfe 1484.

1556 Predigt-Buch des Sasbouth Covanius 1556, die fünf Armen in Ütgenbach, im Jahr 1626 als handschriftliche Kopie im Pastorat Asbach vorhanden, uns überliefert im Visitationsprotokoll der Pfarrei Asbach 1626 (Erzbischöfliches Archiv Köln: Christianität Siegburg, II Spezielle Akten, 57, Dec. Siegb. 1, Asbach Nr. 1) und im Hausbuch des Hilarius Limpach, S. 109 – 111 (siehe Literatur).

1562, 10. Februar: Kastner Band II, Regest 2289, Verpachtung des Siefer Hofes durch den Prior als Provisor des Hospitals, Abschrift Papier, im Archiv Wissen zusammen mit Abschriften vom 3.6.1566, 26.1.1568 und 12.5.1569.

1566, 3. Juni: Kastner Band II, Regest 2402, Verpachtung des Hofs zu Berzbach, Abschrift.

1567, 13. Januar: Kastner, Band II, Regest 2421, Verpachtung des Hofs zer Heyden, Abschrift Papier und beiliegend eine Bescheinigung von den beiden Rentmeistern und dem Prior und Subprior des Klosters vom 27.2.1567, Archiv Schloss Wissen.

1568, 26. Januar: Kastner Band II, Regest 2430, Weiterverpachtung des Wynnen-Gutes zu Eitorf, Abschrift, Papier.

1569, 12. Mai: Kastner Band II, Regest 2463, Verpachtung Hof Derscheid, Abschrift, Papier.

1586: FWA, Urkunden des Klosters Ehrenstein, V – 1 – 9, Copialbuch I, Blatt CXXXII. Quittungsmuster für eine jährliche „Rente".

1596, 30. und 31. August und im September: *Verzeichnis der Guetter, so in das Hospitall tzu Utgenbach gehorigh, ... von Arnt vf dem Adscheid geschworn Landmeßer vnd Heinrich zu Junkersfelt Vleißigh gemeßen. Zu Eittorff im August, Zu der Heyden den 5ten vndt 16ten 7bris, Berzbach den 7ten vnd 8ten 7bris.* FWA, Acta 70 – 12 – 1, *Die secularisirte Canonie Ehrenstein bei Neustadt* (u. a. Korrespondenz 1815 bis 1832).

16. Jahrhundert, 2. Hälfte: FWA, Urk. d. Klosters Ehrenstein, V - 1 – 9 Copialb. I, Blatt 131v. Quittungsmuster.

1601: *Bröederbuch von dem Erwurdigen Andechtigen vnd Wolgelehrten Herrn Leo Vidaæ von Zulpich, vnd den Achbaren vndt fromen Hanssen von Etscheit vnd Iohainnentgen zu Strunscheit, als Broderknechten, vffgericht, ernewert vndt gebessert, In iaren vnsers Erloesers Tausent Sechs hundert vnd Ein.* Bruderschaftsbuch der Pfarrei Neustadt. Pfarrarchiv, Fotokopie in Privatbesitz.

1604, wohl um den 22. Februar herum (Petri Stuhlfeier), Lehn-Zettel (Pachtbrief) des Hofes Derscheid, Fürstlich Wiedisches Archiv, Akten, 70 – 11 – 19, Armengüter in der Much.

1626, 27. April: Protokoll der Visitation der Pfarre Asbach.

1630, 8. Mai: FWA, Akten, Schr. 67 – 1 – 2, Visitation des Kreuzbrüderklosters Ehrenstein.

1637, St. Bartholomæi Ap(ostol)i (24. August): Prior Aegidius de Vriese, Güter der Armen, und frühe Geschichte der Armen, Lateinisch, FWA, Akten, Schr. 70 – Gef. 11 – Fasz. 19, Blatt innerhalb eines kleinen Papierstoßes in einer Mappe.

1648, 21 Februar: *Von Neßelraedt zu Ehreshouen* verteidigt die Freiheit der Halfleute zu *derscheidt Houerhoff Berßbach Heiderhoff* allgemein und von *HonAmbteren*. FWA, Akten, Schrank 70 – 11 – 19.

1649, 22. Januar: Immunitas villarum in Much, gegeben zu Düsseldorf (Ursprung: siehe Urkunde von 1497): FWA, Akten, Schr. 70 – Gef. 11 – F. 19, 2fach, Abschriften, Papier, wiedergegeben auch von Haas (s. Literatur), Seite 35.

nach 1632: FWA, Akten, Schr. 8, Gef. 1, Fasz. 2 (alte Bezeichnung: Schr. Ca. Ehr. G. 4, 56). Schweden und Hessen in Ehrenstein. Kopie aus einem Brief nach 1532 oder von Teilen mehrerer (eventuell auch aus späterer Zeit) Briefe des Klosters an den Herzog von Berg.

1660, Lagerbuch des Amts Altenwied, FWA, Schr. 68 – Gef. 10 – Fasz. 15.

1662 und folgende Jahre: Hilarius Limpach: Liber Generalis undt Lagerbuch (Allgemeines und Lager-Buch, meist „Hausbuch des Hilarius Limpach" genannt). Hauptstaatsarchiv Wiesbaden, Abt. 340 II 221. Im Nachlass des Heimatforschers Josef Schäfer befinden sich zahlreiche Fotokopien, wobei deren Seiten 109 bis 111 die Ütgenbacher Armenstiftung betreffen (u. a. im Pfarrarchiv Asbach).

1664, 9. Juli: Bericht des Pastors Joannes Kleinermans, Pater des Klosters Ehrenstein, Erzbischöfliches Archiv Köln, Christianität Siegburg, II Spezielle Akten, 57, Dec. Siegb. 1, Asbach Nr. 1.

1666: FWA, Akten, Steuersachen, Schrank 68, Steuern von geistlichen und adeligen Ländereien im Amt Altenwied, Blatt 28, Papierheft.

1700, 22. Juli: betreffend die Freiheit der Armenhöfe im Kirchspiel Much, FWA, Akten, Schr. 67, Gef. 1, F. 19. Papierblatt, als Kopie bezeichnet.

1710, 14. März: freier adliger Armenhof zu Derscheid. FWA, Akten, Schr. 70 - Gef. 11 – 19.

1726: Bericht des Pastors Vogt über die Ausstattung der Pfarrei Asbach. Erzbischöfliches Archiv Köln: Christianität Siegburg, II Spezielle Akten, 57, Dec. Siegb. 1, Asbach Nr. 1.

1789, 14. April, 6. Juli, 18. Juli, 1. September, 4 originale Pacht-Papiere der vier Höfe in der Much. Landeshauptarchiv Koblenz, Abteilung 86, Nr. 10 bis 13.

1802, 19. April: FWA, Akten, Schrank 67, Gef. 1, Fasz. 2. Parzellen-Tausch zwischen dem Höfferhof der Armenstiftung und dem Felderhof.

1812, 6. Juli, Pfarrarchiv Ehrenstein, *Ehrenstein=Uettgenbacher Armenstiftung, Hospital betr.*, untertänigster Bericht (Antwort) des Amts Altenwied an Herzogliche hochpreisliche Regierung, Verpflegung der Armen und Verwaltung der Stiftung, Nennung der Namen, Kleingebäude im Vorhof des Klosters usw.

1816, Januar (oder Juni), *Ehrenstein=Uettgenbacher Armenstiftung, Hospital betr,* Brief des provisorischen Verwalters Mengelberg an die Fürstlich Wiedische Verwaltung zu Dierdorf, Einkünfte aus Diefenau und die drei plus zwei Armen-Höfe im Bergischen.

1816, 30. Mai: FWA, Akten 70 – 12 – 1, Titel „Ansprüche des Grafen Nesselrode ...", Original-Brief des Reichsgrafen Nesselrode-Reichenstein an den Fürsten von Wied-Runkel, Kurzgeschichte der Stiftung, Bitte um Rückgabe der Ernennungs-Rechte bezüglich der Pfründner.

1816, 15. Dezember: FWA, Akten, 70 - 12 - 1, Antwort des Grafen Nesselrode an Fürst Wied-Runkel mit Geschichte der Gründung von Pfarrei und Kloster.

1817, 4. Mai: FWA, Akten 70 – 12 – 2, Ius Patronatus und Verwaltung, Königlich Preußische Regierung Koblenz an Wied-Runkel, Kurzgeschichte, darin Ankauf von Gütern zur Heiden und Boenningen 1506. Original-Brief.

1818, 3. März: FWA, Akten 92 – 3 – 4, Brief des Amtsrats Mengelberg. Armenstiftungen in der Bürgermeisterei Asbach.

1819, 21. April: FWA, Akten, 70 – 11 – 19, etwa Seite 6 bis 9, mit aufs Papier gedrückten Wachssiegeln, Vereinbarung über die *Uetgenbacher* Armenstiftung zwischen Königlich Preußischer Regierung in Koblenz (vertreten durch den *comittirten Königlichen Landrat von Gaertner*) und dem Fürst von Wied Runkel Durchlaucht (vertreten durch den *Höchstdero Bevollmächtigten Cabinet Secretair Pasch*).

1835, 1. Mai: *Urkunde über die Dismembration der Pfarre Asbach, über die Errichtung der Pfarre Buchholz und über die bessere Einrichtung der Pfarreien Asbach und Ehrenstein am ersten Mai tausend acht hundert fünf und dreißig.* Abschrift im Pfarrarchiv Ehrenstein. Christenlehre in der Kapelle Ütgenbach durch einen Kaplan.

1841, 22. Dezember: „Königliche" notarielle Urkunde über die Verpachtung des Berzbacher Armenhofes an Heinrich Peters, Ackerer, wohnhaft in Berzbach, auf 18 Jahre durch den „Oberaufseher" der Ehrensteiner Armengüter, den Gastwirt zu Much Albert Soentgen. Erste Seite Fotokopie, zweite bis sechste Seite Abschrift, Privatarchiv Klaus Helfert. Erörtert in: „Berzbach" von Barbara Haas, Seiten 41ff. (siehe Literatur).

Nach 1848. Aufsatz: Urkundliche Berichte über Kirche, Kloster und Ruine Ehrenstein. Pfarrarchiv Ehrenstein, *Ehrenstein=Uettgenbacher Armenstiftung, Hospital betr,* 5 Seiten Papier, Abschrift, Verfasser ist wohl der Stadtarchivar Geheimer Rath Dr. Wegeler Coblenz.

1851, 2. 2.: u. Verwaltung der Stiftung, 1851 - 1866. Brief des Asbacher Pfarrers Strunck an Landdechant Krautwig zu Erpel, u. a. betreffs täglicher Gebete u. täglicher Messebesuch der Präbendare.

1851, 5. 4.: FWA, Akten, Schrank 70 – 12 – 3. Jus Patronatus, Brief des Rentmeisters Buchsiel an Fürstl. Rentkammer Neuwied Präbendare der Stiftung betreffend.

1853, 23. März: Brief der Königlichen Regierung Koblenz an den Landrat Runkel zu Heddesdorf, Pfarr-Archiv Ehrenstein, *Ehrenstein=Uetgenbacher* Armenstiftung, Original, außerdem Kopie in Maschinenschrift (wohl von Frau Dr. Schmidtberg), Verfügung: Einsetzung der Verwaltungs-Commission der Stiftung, Rendant bleibt Buchsieb.

1863, 10.10. und 19.10.: Kopien in Maschinenschrift (wohl von Frau Dr. Schmidtberg). Briefe der Königl. Preußischen Regierung Koblenz an den Nesselrodischen Oberförster Linnenbrink bzw. an den Kirchenvorstand Asbach.

1863, 18. November: katholisches Pfarrarchiv Asbach, Karton 32 (Armenfonds), Beschluss von 30 Bewohnern der Gemeinde Schöneberg, ihre Interessen bezüglich der Armenstiftung Ehrenstein wahrzunehmen.

1865, September: katholisches Pfarrarchiv Asbach, Karton 32 Armenfonds, Nr. 220, Briefwechsel des Pfarrers Franke mit Domkapitular Broin in Köln.

1866, 12. März: kath. Pfarrarchiv Asbach, Karton 32 Armenfonds, Brief des Preußischen Ministers des Inneren in Berlin an den Kirchenvorstand Asbach. Ablehnung des Antrags auf „Rückgabe" des Armenfonds Ehrenstein an den Kirchenvorstand

1867, 10.04.: Brief der Preuß. Königl. Reg. Koblenz an den Pfarrer Hackenberg in Ehrenstein, Verfügung der Einrichtung der Verwaltungskommission der Stiftung in 1853, Original.

1867, 21. *December*: Brief der Königlichen Regierung, *Coblenz, Abtheilung des Inneren,* an Pastor Hackenberg, *Hochwürden zu Ehrenstein* (Abschrift). Ablehnung verschiedener Forderungen nach mehr Beteiligung der Pfarrei Ehrenstein an der Armenstiftung mit Begründung aus der Sicht dieser Regierung.

1868, 29. Mai: Brief der Armen-Commission der Armenstiftung an den Ehrensteiner Pfarrer. Pfarrarchiv Ehrenstein, *Ehrenstein=Uettgenbacher Armenstiftung, Hospital betr*, Seite 20f. Vorzüge des Standortes Asbach gegenüber Ehrenstein bezüglich des Hospital-Baues.

1872, 13. Juli: Auszug aus dem Grundsteuer-Kataster in der Parzellar-Mutterrolle der Gemeinden Wersch, Bonrath, Löbach, Gerlinghausen und Much. Verbandsgemeindearchiv Asbach, Bestand MA, Nr. 950-01, Bd. 2.

1879 (etwa): Geschichte dieser Stiftung im Laufe der Zeiten, eine Seite Papier, Pfarrarchiv Ehrenstein, *Ehrenstein=Uettgenbacher Armenstiftung, Hospital betr*, Autor ist der Schrift und den Umständen nach Pastor Knorren. Die Angaben finden sich fast Wort für Wort auch in seiner Schrift von 1879 „Die Pfarrei Ehrenstein".

1887, Freiherr von Dungern: „Zur Geschichte der Fürstlich Wiedschen Domänen", S. 65 - 78; und „Der Ütgenbacher oder Ehrensteiner Armenfond", S. 79 - 91. LHA Koblenz, Best. 700, 70, Nr. 1 (alte Sign.: Best. 701, Nr. 893).

1890, 18. Juli: Anweisung des Landrats Runkel an den Bürgermeister Kurtz zur Führung des Hospitals. Pfarrarchiv Ehrenstein, *Ehrenstein=Uettgenbacher Armenstiftung, Hospital betr*.

19. Jahrhundert: katholisches Pfarrarchiv Asbach, Fach (z. Z. Karton 32) Armenfonds, lose Blätter, Papier.

1912, Juli, nicht weiter bezeichnete Zeitungsausschnitte zum 25-jährigen Bestand des Hospitals. Zentrales Ordensarchiv Waldbreitbacher Franziskanerinnen, Abteilung Asbach.

1927, 26. Juli, Rhein- und Wiedzeitung anlässlich des vierzigjährigen Bestehens des Asbacher Krankenhauses. Zentrales Ordensarchiv Waldbreitbacher Franziskanerinnen, Abteilung Asbach.

1937, nicht näher bezeichneter Zeitungsbericht durch Amtsbürgermeister Dr. Kuhn anlässlich des 50-jährigen Bestehens des Asbacher Krankenhauses. Zentrales Ordensarchiv Waldbreitbacher Franziskanerinnen, Abteilung Asbach.

Archive

Erzbischöfliches Archiv Köln. Christianität Siegburg, II Spezielle Akten, Asbach.

Fürstlich Wiedisches Archiv zu Neuwied (FWA); meist zitiert nach seinem Inventarbuch: „Fürstlich Wiedische Rentkammer: Fürstlich Wiedisches Archiv zu Neuwied, Urkundenregesten und Akteninventar, Neuwied 1911." Autor ist laut Helmut Fischer, S. 26 (siehe oben im Literatur-Verz.), J. Schultze.
Viele Regesten (ab 2839).
Unter den „Akten" sind hier besonders wichtig:
Schrank 68, Steuersachen,
70 – 11 – 15, Gnadensachen, Ütgenbacher Armengüter Verpachtung, 1545 – 1778;
70 – 11 – 19, Armengüter in der Much, 1649 – 1804;
70 – 12 – 1, Ütgenbacher Armengüter, Kanonie Ehrenstein, 1815 – 1832;
70 – 12 – 2, Ius patronatus, Ernennung, Verwaltung, 1817 – 1836;
70 – 12 – 3, Ernennung, Verwaltung, 1851 – 1866.

Hauptstaatsarchiv Wiesbaden.

Landesarchiv NRW, Abteilung Rheinland, Düsseldorf (LA NRW). Depositum Nesselrode-Ehreshoven.

Landes-Hauptarchiv Koblenz (LHA Koblenz).
Abtg. 86, Ehrenstein, Kreuzherrenkloster.
Abtg. 475, Landratsamt Neuwied, Kreis Neuwied, Fach 163, Nr. 6.
Abtg. 700, 70, Kammerdirektor in Neuwied Max von Dungern

Pfarrarchiv Asbach (katholisch). Besonders das Fach Armenfonds,

Pfarrarchiv Ehrenstein. Besonders die Akte *Ehrenstein=Uettgenbacher Armenstiftung, Hospital betr.*

Darunter Arbeiten von Pfarrer Knorren, Frau Dr. Schmidtberg und Pater Dr. van de Ven.
Pfarrarchiv Neustadt (Wied). Insbesondere das Bruderschaftsbuch der Pfarrei 1601.
Repertorium des Archivs der Grafen von Nesselrode zu Herrenstein; Katalog der Urkunden im Gräflichen Archiv auf Schloß Herten; Archiv ab 1936 im Schloss Merten/Sieg; Verlust eines beträchtlichen Teils der Bestände durch Kriegseinwirkung am 8.5.1945 im Schloss Merten; Reste nach 1945 auf Schloß Herrenstein (Bröl), zurzeit nicht zugänglich.
Verbandsgemeindearchiv Asbach. Bestand MA, Nr. 950 – 01.
Zentrales Ordensarchiv Waldbreitbacher Franziskanerinnen. Abteilung Asbach.

Literatur

Bezzenberger, Günter E. Th.: Die Georgskapelle und der Kaufunger Konvent. Kassel 1987.

Bous, Robert / Klein, Hans-Georg: Quellen zur Geschichte der Stadt Ahrweiler. Bad Neuenahr-Ahrweiler 1998.

Bohn, Thomas: Gräfin Mechthild von Sayn (1203/03 – 1285). Eine Studie zur rheinischen Geschichte und Kultur. Köln Weimar Wien 2002.

Brodeßer, Heinrich: Ehrenstein (mit einem Nachwort von Pater Werner Kettner). In: Alte Kirchen um den Michaelsberg. Das ehemalige Dekanat Siegburg, II. Band, Herausg. Gabriel Busch. Siegburg 1986.

Brödner, Petra: Kloster und Damenstift Kaufungen im Mittelalter. Seite 77 – 112 in: Baumgärtner, Ingrid: Kunigunde – eine Kaiserin an der Jahrtausendwende. 2. unveränderte Auflage, Kassel 2002.

Bruderschaftsbuch Neustadt 1601: *Bröederbuch von dem Erwurdigen Andechtige(n) vnd Wolgelehrten Herrn Leo Vidacæ von Zulpich, vnd den Achbaren vndt fromen Hanssen von Etscheit vnd Iohannie(n)tgen zu Strunscheit, alß Broderknechten, vffgericht, ernewert vndt gebessert, In iaren vnsers Erloesers Tausent Sechs hundert vnd Ein.* Pfarrarchiv Neustadt, vorliegend als Fotokopien.

Brungs, Professor, 1929 | Vogts, H. | Faber, J.: Rheinbreitbach. Wanne-Eickel 1952.

Brunsch, Swen Holger: Das Zisterzienserkloster Heisterbach von seiner Gründung bis zum Anfang des 16. Jahrhunderts. Bonner Historische Forschungen, Siegburg 1998.

Buchholz, Edmund: Die neue Kamillus-Klinik in Asbach/Westerwald. Heimatkalender 1968 für den Kreis Neuwied. S. 51f.

Büllesbach, Werner: 50 Jahre Tochter des heiligen Kamillus. In Heimatblatt Altenwied 2010 / 2011. S. 57ff. Hennef.

Büllesbach, Werner: 1.000 Jahre Altenwied im Vorderen Westerwald. Kleine Geschichte eines kurkölnischen Amtes und seiner politischen Nachfolger. Asbach 2013.

Burghard, Hermann / Kapser, Cordula: Linz am Rhein. Die Geschichte der Stadt von der Frühzeit bis zur Gegenwart. Stadt und Gesellschaft, herausgegeben vom Landschafts-Verband Rheinland, Amt für rheinische Landeskunde, Band 2. Böhlau Verlag 2002.

Busch, Gabriel / Willisch, Ruth: Kapellenkranz um den Michaelsberg. Siegburg, 1985.

Busch, Gabriel: Alte Kirchen um den Michaelsberg. Das ehemalige Dekanat Siegburg. II. Band. Siegburg 1986.

Deutsch, Hans: Die frühe Geschichte von Eitorf. Eitorf 5. Dezember 2018.

Elm, K. / Joerißen, P. / viele Mitautoren: Die Zisterzienser, Ordensleben zwischen Ideal und Wirklichkeit. Eine Ausstellung des Landschaftsverbandes Rheinland, Rheinisches Museumsamt Brauweiler. Bonn 1980.

Fischer, Helmut / Flink, Robert: Süchterscheid, Siedlung, Wallfahrt, Kirche. Veröffentlichung des Geschichts- und Altertumsvereins für Siegburg und den Rhein-Sieg-Kreis 9. Siegburg 1971.

Freudemann, Jos.: Die Ehrensteiner Armenstiftung. Heimat-Kalender für den Kreis Neuwied 1950, Seiten 86 – 88.

Franke, Gerhard: Die Säkularisation des Kreurherrenklosters in Ehrenstein, Hintergründe und Ereignisse. Analecta Coloniensia, Band 12, S. 217 – 313. Köln 2012.

Franke, Gerhard: Die Aufhebung des Kreuzherrenklosters Liebfrauenthal in Ehrenstein im April 1812. Heimatblatt Altenwied 2013 / 2014. S. 164 – 187, Hennef.

Franke, Gerhard: Die Bibliothek des Kreuzherrenklosters in Ehrenstein. Eckdaten des Buchbestands während der Säkularisation. Heimatblatt Altenwied 2015 / 2016, S. 137 – 159.

Fürstlich Wiedische Rentkammer: Fürstlich Wiedisches Archiv zu Neuwied, Urkundenregesten und Akteninventar, Neuwied 1911. Autor ist laut Helmut Fischer (siehe oben im Literatur-Verz., S. 26) J. Schultze.

Gensicke, Hellmuth: Landesgeschichte des Westerwaldes. Wiesbaden 1958.

Gensicke, Hellmuth: Beiträge zur Geschichte des Kirchspiels Asbach in der Mitte des 17. Jahrhunderts. Heimatkalender 1968 des Landkreises Neuwied, Seiten 53ff.

Gerissen, Friedrich: Der klevische Ritterorden vom h. Antonius. In: Heimatkalender für das Klever Land 1963, S. 29 - 49.

Goerz, Adam: Mittelrheinische Regesten II. Theil. Coblenz 1879.

Gran, Wilhelm: Geschichte der Evangelischen Kirchengemeinde Asbach-Kircheib. In : Asbach Westerwald, Bilder und Berichte aus den letzten 200 Jahren, Seite 236 - 254.

Haas, Barbara: Berzbach - Ein Dorf feiert 500 Jahre Ehrensteiner Armenstiftung. Ein heimatgeschichtlicher Beitrag. Burscheid 1999.

Haas, Herbert: Berzbacher Geschichte. Internet 29.10.2019: Unbenanntes Dokument dorfberzbach.de/inhalt_dorf/geschichte.html.

Heimat- und Geschichtsverein Goldene Aue e. V.: Altes Kirchenbuchlatein. Internet 2020.

Janssen, Wilhelm: Das Bergische Land im Mittelalter. In: (Hg.: Stefan Gorißen, Horst Sassin, Kurt Wesoly) Geschichte des Bergischen Landes bis zum Ende des alten Herzogtums 1806. Bielefeld 2014.

Kastner, Dieter: Die Urkunden des Gräflich von Loêschen Archivs von Schloß Wissen. Regesten. Band I bis IV. Brauweiler 2004 / 2005 und Bonn 2007 / 2008.

Kettner, Werner / van de Pasch, Anton / van den Bosch, P. / Pater Calefactorius / Freistedt, Jutta / weitere Autoren : 1477 Ehrenstein 1977. Asbach 1977.

Kettner, Werner / Leisenheimer, Bernhard: Aus Geschichte und Geschichten des Ehrensteiner Klosters (erzählt von der Linde am Portal der Kirche und der Buche im Klostergarten). Siegburg 1986.

Kirchenbuch der Pfarrei Ehrenstein, Geburten, Eheschließungen und Sterbefälle. Pfarrarchiv Ehrenstein.

Kisky, Hans / Kettner, Werner / Leisenheimer, Bernhard: Kreuzherrenkirche und Kloster Liebfrauenthal in Ehrenstein an der Wied. Rheinische Kunststätten, Heft 26, 2. Auflage und 3. Auflage 1979 und 1986 (jeweils überarbeitet) Neuss, Rheinischer Verein für Denkmalpflege und Landschaftsschutz.

Klein, Lorenz: Nöissender Platt. Asbach-Köttingen 2001.

Klein, Lorenz Heimatchronik der Verbandsgemeinde Asbach und ihrer Ortsgemeinden Asbach Buchholz Neustadt Windhagen. Berlin 2009.

Klein, Robert: Ütgenbach. In: Asbach Westerwald. Asbach 1990, S. 534f.

Knorren, Friedrich: Die Pfarrei Ehrenstein. Geschichtlich dargestellt. Ehrenstein 1879, Handschrift, Pfarrarchiv Ehrenstein.

Köbler, Gerhard (Herausg.): Liber Exquisiti Xenii. Frühmittellateinisches Rechtswörterbuch. Giessen – Lahn, 1999, Internet.

Kramer, Julius: Die Kapelle Ütgenbach und ihre Geschichte. In: Westerwälder Schauinsland, 11. Jahrgang, 1918. Seiten 44 – 45 und 51 – 53.

Kramer, Julius: Asbach im Westerwald. Heimatkalender für den Kreis Neuwied 1925, S. 39f.

Kramer, Julius / Maaßen, Franz / Schäfer, Josef: Kirche und Pfarre St. Laurentius Asbach (Westerw.). Siegburg 1951.

Kremer, Bruno: Prinz Maximilian zu Wied 1782 – 1867. Zum 125. Todestag des bedeutenden Forschungsreisenden. In: Heimat-Jahrbuch 1992 des Landkreises Neuwied. S. 56ff.

Krüger, Hans-Jürgen: Eine Familie von Welt. Schatzhäuser der Photographie (S. 93 – 117). Die Sammlung des Fürsten zu Wied. Köln 1999.

Lachat, P.: Lateinische Bezeichnungen in alten Kirchenbüchern. Neustadt an der Aisch 1960. Separatdruck aus dem „Schweizer Familienforscher" 1957.

Lacomblet, Theod. Jos.: Urkundenbuch für die Geschichte des Niederrheins. Erster Band. Düsseldorf 1840.

Lacomblet, Theod. Jos.: Urkundenbuch für die Geschichte des Niederrheins. Vierter und letzter Band. Düsseldorf 1858.

Lexer, Matthias: Mittelhochdeutsches Taschenwörterbuch. 38. Auflage, Stuttgart 1992.

Limpach, Hilarius: Allgemeines und Lagerbuch (auch Hausbuch genannt). Hauptstaatsarchiv Wiesbaden, Abt. 340 II 221 (vorliegend als Fotokopie von einer Fotokopie aus dem Nachlass von Josef Schäfer und übermittelt in dem Heimat-Kalenderbeitrag von Hellmuth Gensicke, siehe oben).

Lind, Elli: Die Freiherren von Rennenberg. Geschichte eines rheinischen Geschlechts. Veröffentlichung der Westdeutschen Gesellschaft für Familienkunde, Neue Folge Band 2, Köln 1968.

Lind, Elli: Geschichts-Chronik von Vettelschoß und seinen Ortsteilen. Rheinbreitbach 1987.

Lind, Ulf: Rätselhafte Jahreszahlen in Ütgenbach und Flammersfeld. Heimat-Jahrbuch 2008 des Kreises Altenkirchen (Westerwald) und der angrenzenden Gemeinden. S.65 ff.

Lind, Ulf: Edle Eva von Ütgenbach zu Ehrenstein. Heimatjahrbuch 2011 Landkreis Neuwied. S. 90 - 104.

Lind, Ulf / Nesselrode, Leonie Gräfin von: Ütgenbach, Anmerkungen zur gestohlenen Informationstafel. In: Heimatblatt Altenwied 2011 / 2012. Seiten 62ff.

Lind, Ulf: Liegenschaften des Klosters Ehrenstein im Kirchspiel Neustadt/Wied. Heimatjahrbuch 2014 Landkreis Neuwied. Seiten 167 – 179.

Löschner, Renate: Maximilian Prinz zu Wied (1782 – 1867) und Alexander von Humboldt (1769 – 1859). In: Heimat-Jahrbuch 2001 Landkreis Neuwied, S. 187ff.

Maaßen, Franz / Kramer, Julius / Schäfer, Josef: Kirche und Pfarre St. Laurentius Asbach (Westerw.). Siegburg 1951.

Maus, Heinz: Oberheiden, in alten Bildern & Anekdoten & Briefen. Oberheiden, ca. 1990.

Melchers, Erna und Hans (bearbeitet von Carlo Melchers): Das Grosse Buch der Heiligen. München, 7. Auflage 1984.

Mering, Friedrich Everhard von: Geschichte der Burgen, Rittergüter, Abteien und Klöster in den Rheinlanden und den Provinzen Jülich, Cleve, Berg und Westphalen. VIII. Heft, Köln 1845.

Nesselrode, Leonie Gräfin von: Die Chorfenster von Ehrenstein. Rheinisches Archiv 153, Köln 2008.

Nesselrode, Leonie Gräfin von: Ehrenstein und Ütgenbach. In: Heimat-Jahrbuch des Kreises Altenkirchen (Westerwald) und der angrenzenden Gemeinden 2009. Seiten 222ff.

Nesselrode, Leonie Gräfin von: Ehrenstein im Westerwald. Rheinische Kunststätten, Heft 518, Hg. Rheinischer Verein für Denkmalpflege und Landschaftsschutz, Neuss 2010.

Nesselrode, Leonie Gräfin von: Neue Erkenntnisse zum Heroldsbuch und Bruderschaftsbuch des jülisch-bergischen Hubertusordens. Jahrbuch für westdeutsche Landesgeschichte, Sonderdruck, 36. Jahrgang, 2010.

Nesselrode, Leonie Gräfin von: Das Ehrensteiner Dreikönigsfenster. Der bergische Erbmarschall und sein kurkölnischer Lehnsherr. Heimatblatt Altenwied 2010 / 2011, Hennef, Seiten 38 – 48.

Nesselrode, Leonie Gräfin von: Das Gedächtnis des Wilhelm von Nesselrode in Bödingen und Ehrenstein. Veröffentlichung des Geschichts- und Altertumsvereins für Siegburg und den Rhein-Sieg-Kreis e. V., Siegburg 2013.

Nesselrode, Leonie Gräfin von: Die Folgen der Säkularisation in Ehrenstein. In: Heimatblatt Altenwied 2013 / 2014, Seiten 188 – 200. Hennef.

Nesselrode, Leonie Gräfin von / Lind, Ulf: Ütgenbach, Anmerkungen zur gestohlenen Informationstafel. In: Heimatblatt Altenwied 2011 / 2012. Seiten 62ff.

Neu, Heinrich / Weigert, Hans: Die Kunstdenkmäler des Kreises Neuwied. Düsseldorf 1940. Aus der Reihe „Die Kunstdenkmäler der Rheinprovinz" von Paul Clemen.

Neuhaus, Heinz; Die Kapelle zu Ütgenbach. In: Heimatkalender 1964 des Landkreises Neuwied. S. 76f.

Nolden, Reiner, Festschrift im Auftrag des Geschichtsvereins „Prümer Land" e. V.: „anno verbi incarnati DCCCXCIII conscriptum". Im Jahre des Herrn 893 geschrieben 1100 Jahre Prümer Urbar. Trier 1993.

Nolden, Reiner, im Auftrag des Geschichtsvereins Prümer Land e. V. / Übersetzer Nikolaus Nösges, Aloys Finken, Reiner Nolden / weitere Autoren: Das „Goldene Buch" von Prüm (Liber aureus Prumiensis). Faksimile, Übersetzung der Urkunden, Einband. Prüm, 1997.

Orts-Chronik der Bürgermeisterei Asbach. 1817 bis 1970. Handschrift, Fotokopie.

Orts-Chronik der Bürgermeisterei Neustadt (anfangend 1857). Handschriftliches Original.

Petersohn, Gerhard R.: Familienbuch (aus den Kirchenbüchern und anderen Quellen): Asbach I und II 1994, Asbach Buchholz Ehrenstein III 1996, Asbach Buchholz Ehrenstein (1811 – 1900) 2007, Windhagen 2000, Neustadt 2003, Oberlahr 2004. Selbstverlag.

Pfandzelter, Reinhold E.: Nach der Reise des Maximilian zu Wied nach Brasilien – Nomenklatur als Vermächtnis? Der „Leopardus wiedii". In: Heimat-Jahrbuch 2021 Landkreis Neuwied, S. 114ff.

Pfeifer, Wolfgang: Etymologisches Wörterbuch des Deutschen. 8. Auflage 2005, dtv, München.

Petri, Hans Peter: Kamillus Klinik Asbach. Köln 1991. Darin besonders der Abschnitt „Die Kamillus Klinik und ihre Vorgeschichte" ab Seite 91 sowie ein Beitrag von Gisbert Becker und Michael Christ über „die Bedeutung der Kamillus Klinik für das Asbacher Land".

Reck, J. St.: Geschichte der gräflichen und fürstlichen Häuser Isenburg, Runkel, Wied, verbunden mit der Geschichte des Rheinthals zwischen Koblenz und Andernach, von Julius Caesar bis auf die neueste Zeit. Weimar 1825.

Reidt, Johann Peter: Ehrenstein. Krankel bei Asbach-Westerwald 1908.

Rooijen, Henri van: Liebfrauenthal zu Ehrenstein. Siegburg 1979.

Roques, Hermann von: Urkundenbuch des Klosters Kaufungen in Hessen, I. Band. Cassel 1900. Reproduktion durch Forgotten Books, London 2018.

Röser, Hans: Die Pfarrei Asbach (und folgende Artikel). In Asbach / Westerwald. Asbach 1990, S. 201 ff.

Schäfer, Albert: Kaplan Georg Friedrich Dasbach. In: Heimat-Jahrbuch 2002 des Kreises Altenkirchen (Westerwald) und der angrenzenden Gemeinden, Seiten 352ff.

Schäfer, Albert: Umsturz oder genossenschaftlicher Aufbau, Raiffeisens Stellungnahme zu sozialistischem Gedankengut. Willroth 2018.

Schäfer, Josef / Kramer, Julius / Maaßen, Franz: Kirche und Pfarre St. Laurentius Asbach (Westerwald). Siegburg 1951.

Schäfer, Josef: Geschichte des Asbacher Landes. 1980 herausgegeben von der Ortsgemeinde Asbach, Bildredaktion von Alfred Büllesbach.

Schäfer, Josef: Die Edelherren von Ütgenbach. In. Heimat-Kalender für den Kreis Neuwied 1961. Seiten 78 – 82.

Schäfer, Josef: Aus der Franzosenzeit um 1800. In: Heimatkalender 1964 des Landkreises Neuwied, Seiten 32 – 37.

Schäfer Josef: Von der Ehrensteiner Armenstiftung zur Multiple-Sklerose-Klinik in Asbach. In: Heimatkalender 1965 und 1966 des Landkreises Neuwied. S. 62 - 64 bzw. S. 101 - 105.

Schäfer, Josef: Beginenklausen. In: Heimat-Jahrbuch 1974 des Landkreises Neuwied, S. 81ff.

Schäfer, Josef: Geschichte des Asbacher Landes. Ortsgemeinde Asbach 1980. Insbesondere Abschnitt „Ütgenbach" Seiten 21 – 24.

Schäfer, Josef: Die Kapelle zu Ütgenbach. In: Rheinische Heimatpflege, 4 Okt. - Dez. 80. Köln, 1980, S. 258ff.

Schäfer, Josef: Manuskript in seinem Nachlass (4 Seiten Schreibmaschine): Überlegungen bezüglich der Armenstiftung.

Schäfer, Josef: Die Reformation und ihre Auswirkungen in der Heimat. In: Asbach / Westerwald. Asbach 1990, S. 20 – 26.

Schellberg, Josef: Die Ehrensteiner Armenstiftung – Rückblick und Nachlese. In: Asbach / Westerwald. Asbach 1990, S. 50 – 56.

Schiffer, Helga: Die mildtätigen Stiftungen Ihre Motive, ihre Entstehung und Entwicklung seit dem Mittelalter bis zur Gegenwart am Beispiel der Ehrensteiner Armenstiftung. Masterarbeit, z. Z. vorliegend als Manuskript und im Druck.

Schmitz, Ferdinand: Urkundenbuch der Abtei Heisterbach. Urkundenbücher der geistlichen Stiftungen des Niederrheins, 2. Bonn 1908.

Schmitz, Ferdinand: Die Mark Dollendorf. Neudruck Bergisch Gladbach 1964.

Schug (Peter): Ehrenstein. Heimatkalender 1968 des Landkreises Neuwied. Seite 73ff.

Schützeichel, Richard: Althochdeutsches Wörterbuch. 5. überarbeitete und erweiterte Auflage, Tübingen 1995.

Schwab, Ingo: Das Prümer Urbar. Rheinische Urbare, 5. Band. Publikationen der Gesellschaft für Rheinische Geschichtskunde XX. Düsseldorf 1983.

Seibicke, Wilfried: Vornamen. Gesellschaft für deutsche Sprache, Wiesbaden 1977.

Senft, A. M.: Schulchronik Altenburg. Als Lehrer schrieb er pflichtgemäß die Ereignisse der ersten Jahre der Altenburger Schule auf. Siehe auch bei Wiegard, Fritz.

Stramberg, Chr. von: Das Rheinufer von Coblenz bis Bonn (Dritter Band). Coblenz 1856.

Strange, Joseph: Beiträge zur Genealogie der adligen Geschlechter. Heft 1 – 12; Neuntes Heft, S. 14, Cöln 1869 (GenWiki). Der Öffentlichkeit übergeben vom Kölnischen Geschichtsverein nach Neudruck des 12. Heftes, neuntes Heft. Köln 1935.

Tullius, Wilhelm: Die wechselvolle Geschichte des Hauses Wied. Neuwied 2003 (Herausgeber Stadt Neuwied).

Verdenhalven, Fritz: Familienkundliches Wörterbuch. Neustadt a. d. Aisch 1964.

Verdenhalven, Fritz: Alte Maße, Münzen und Gewichte aus dem deutschen Sprachgebiet. Neustadt a. d. Aisch 1968.

Verdenhalven, Fritz: Alte Meß- und Währungssysteme aus dem deutschen Sprachgebiet. 2. Auflage, Neustadt an der Aisch 1998.

Verwaltungs-Commission der Ehrensteiner Armenstiftung: Sitzungs-Protokolle vom 28.04.1878 bis 14.11.1978. Original im Besitz der Verwaltungs-Commission Asbach.

Voigtländer, Dorothea F.: Rheinbreitbach – einst und jetzt. Bad Honnef 1974.

Weiß, Horst | Büllesbach, Werner | Lind, Ulf: Niederschrift, Zehntbegehung im kurkölnischen Kirchspiel Asbach 1668/1669. Hennef/Sieg 2009

Weißenfels, Petra: Die Ehrensteiner Armenstiftung, eine über 500 Jahre alte Erfolgsgeschichte. In: Mitteilungsblatt Verbandsgemeinde Asbach, Jahrgang 48, 2018, Nummer 42, S. 10 – 12.

Wiegard, Fritz: Burg und Kloster Ehrenstein. In: Jubiläumskalender 1926 für den Kreis Neuwied, S. 65f.

Wiegard, Fritz: Die Uetgenbacher Waldkapelle. In: Heimat-Kalender 1928 für den Kreis Neuwied, Seite 23.

Wiegard, Fritz: Die Glasmalereien in der Kirche zu Ehrenstein. In: Heimat-Kalender 1938 Rhein-Wied-Kreis, Seite 35 – 39.

Wiegard, Fritz: Unsere Heimat in den französischen Revolutionskriegen 1795 – 97. In: Heimat-Kalender 1941 Kreis Neuwied, Seiten 37f.

Wiegard, Fritz: Die Asbacher Brandkatastrophe vom Jahre 1854. Heimatkalender für den Kreis Neuwied 1954, Seite 65.

Wiegard, Fritz: Dorfbuch des Schulbezirkes Altenburg. Manuskript, 1955.

Wiegard, Fritz (Herausgeber und Autor der meisten Artikel; im Auftrag des heimatkundlichen Arbeitskreises der Lehrerschaft des Amtes Asbach; einige Mitautoren, darunter Christian Stein, der Schwager des Herausgebers, und seine Tochter Amalie; auch mehrere Lehrpersonen von verschiedenen Schulen): Das Asbacher Land. Maschinenschrift 1956.

Wiegard, Fritz: Über die früheren Besitzverhältnisse in unserer Gemarkung (Pfarre Ehrenstein). Manuskript, vielleicht aus den sechziger Jahren des 20. Jahrhunderts.

Wiegard, Fritz / Wald, Johann / Senft, A. M.: Schulchronik Altenburg 1879 bis 1933 (herausgegeben als Abschrift von Inge Henseler in Altenburg und U. Lind).

Zitzen, E. G.: Scholle und Strom. Rheinischer agrargeschichtlicher Wortschatz. 2. Lieferung: Die geschichtliche Umwelt, Bonn 1950. Neue Folge: Boden und Früchte, Bonn 1957.

Aufsatz 3

*Die Entwicklung der Ehrensteiner Armenstiftung
vom Jahr 1900 bis zur Gegenwart*

Gisbert Becker

Inhalt

Seite

- 233 Hospital im Mittelpunkt
- 234 Flächenverpachtung schwierig
- 235 Wegen übertragbaren Krankheiten – Isoliergebäude
- 236 „Ödland" wird aufgeforstet
- 236 Tagessätze für Arme
- 238 Finanzen entwickeln sich weiter günstig – Rücklagen steigen
- 239 25 Jahre Hospital
- 240 Pachteinnahmen niedriger als erhofft
- 243 Inflation – Kapitalbestand geht verloren
- 244 Krankenhaus wird modernisiert
- 246 Fondsaufteilung endet
- 247 NSDAP übernimmt die Macht – Stiftung spürt die Auswirkungen
- 248 50 Jahre Hospital
- 250 Kriegsereignisse
- 253 Wiederaufbau
- 254 Unsichere Zeiten
- 255 Stiftungskommission tagt wieder
- 256 Währungsreform – Hospitalbetten bleiben leer
- 257 Bürgermeister wird beurlaubt – seine Stiftungsleitung endet
- 259 Hospital droht das Ende
- 260 Erweiterungspläne – aber Mittel fehlen
- 261 Expertenrat soll Krankenhaus retten
- 262 Keine Aufträge über 50 Mark
- 262 Stiftungsleitung wird abgesetzt
- 263 Einrichtung veraltet – keine Operationen mehr möglich
- 264 Franziskanerinnen verlassen das Hospital
- 265 Abschied
- 265 Trägersuche
- 266 Stiftung beschließt ihre Auflösung
- 269 Hospital zu verkaufen – Interessenten gesucht
- 270 Hospital wird verpachtet
- 271 Töchter des hl. Kamillus
- 273 Vertrag mit Kamillus-Orden
- 276 Aus Stiftungs-Hospital wird moderne MS-Klinik
- 283 Grundstücksvermögen ändert sich
- 283 Reform der Verwaltung – Stiftungsverwaltung bleibt unverändert
- 285 Ende des Protokollbuches
- 286 Gemeindeneugliederung verändert Stiftungsgebiet
- 287 Darlehenssumme zurück – Stiftung stellt Grundstücke bereit
- 291 Altenheim muss Klinikbau weichen
- 293 Flächen für Industriepark Nord
- 293 Neue Pachtverträge – Pachtpreise steigen
- 294 Behinderten- und altersgerechte Wohnungen wird Thema
- 295 Stiftungszweck neu festlegen
- 296 Behindertengerechte Wohnungen – Fragen klären
- 296 Standort – nahe an der Klinik
- 296 Behindertengerechte Wohnungen – Bedarf in Asbach?
- 298 Satzungsänderung – Förderzahl wird gestrichen
- 299 500 Jahre Stiftung
- 300 Ohne Darlehen
- 301 Planung geht weiter – Baubeginn nicht absehbar
- 302 Satzung wird geändert
- 302 Wie weiter mit dem Bauprojekt?
- 303 Neue Pläne
- 303 Vertrag wird unterzeichnet
- 304 Baubeginn
- 306 2,2 Millionen Euro Bilanzsumme
- 306 Die Sonne lacht – Richtfest
- 307 Einweihung
- 309 Schlaganfallstation (Stoke Unit)
- 309 Orkan Kyrill wütet in Stiftungswäldern
- 310 Bürgermeister Lothar Röser übernimmt 2010 die Stiftungsleitung
- 310 Stiftung unterstützt Asbacher Tafel
- 311 Zuwendung für Integrationsmaßnahme
- 311 Änderungen im Stiftungsvorstand
- 312 Bürgermeister Michael Christ übernimmt die Leitung der Armenstiftung
- 312 Borkenkäfer zerstört Fichtenwälder
- 314 Neue Projekte

Hospital im Mittelpunkt[1]

Asbach um 1900. Links das Hospital der Stiftung. Das Gebäude war jedoch dunkler (Klinker) als es auf dem Foto dargestellt ist. Foto: Bildarchiv Robert Klein, Asbach-Oberplag

Zu Beginn des 20. Jahrhunderts stand das Hospital der Stiftung in Asbach im Mittelpunkt ihres Wirkens.

Die finanzielle Situation der Ehrensteiner Armenstiftung stellte sich wie folgt dar:

Das Stiftungsvermögen unterteilte sich in die drei Bereiche:

Allgemeiner Fonds, Familienfonds und Hospital der Stiftung.[2]

Einnahmen und Ausgaben im Jahr 1899/1900 (1. April 1899 bis 31. März 1900):

Allgemeiner Fonds:
Einnahmen: 2.816 Mark
Ausgaben: 1.904 Mark
Bestand in Effekten (Wertpapiere): 27.000 Mark

Familienfonds:
Einnahmen: 2.349 Mark
Ausgaben: 2.144 Mark
Bestand in Effekten: 3.000 Mark

Hospitalkasse:
Einnahmen: 14.942 Mark
Ausgaben: 12.665 Mark

---

[1] Soweit keine Fundstelle genannt ist, handelt es sich um Angaben aus den Protokollbüchern des Stiftungsgremiums. Diese Bücher befinden sich im Archiv der Verbandsgemeindeverwaltung Asbach.
[2] Lind, Ulf, Informationen über die Fonds, Kapitel: Die Zeit nach den Wirren der Säkularisation bis zum Hospitalbau in Asbach

Die Reichswährung Mark und Pfennig ist 1871 eingeführt worden. Im Jahr 1900 entsprach die Kaufkraft einer Mark = 6,6 Euro.[3]

Geleitet wird die Armenstiftung von der Stiftungskommission. Diese ehrenamtliche Kommission besteht aus 5 Personen.
Den Vorsitz hat Bürgermeister Ludwig Kurz. Ferner gehören dem Gremium der katholische Pfarrer von Asbach und drei weitere, von der Bürgermeisterei-Versammlung Asbach zu wählenden Personen an. Diese mussten von der Bezirksregierung Koblenz bestätigt werden. Stiftungsvorsitzender Kurz war von 1885 bis 1905 Bürgermeister der Bürgermeisterei Asbach. Die Kommission ist für alle Entscheidungen der Stiftung zuständig. Sie entscheidet über die Bewilligung von Zuwendungen und beschließt den Jahresabschluss. Zuwendungen können laufende Zuschüsse zur Bestreitung des Lebensunterhaltes von bedürftigen Menschen sein oder einzelne Geldbeträge. So stellte die Stiftung im Jahr 1901 einer gehbehinderten Asbacher Einwohnerin 25 Mark für eine Gehhilfe bereit.
Im Rahmen der Hospitalverwaltung musste die Stiftungskommission auch die Beköstigung regeln. Zu diesem Zweck wurden Verträge mit ortsansässigen Lieferanten abgeschlossen. Jeweils für ein Jahr.

Für das Jahr 1901 erhielt der Metzger Josef Gödtner aus Asbach den Auftrag für die Lieferung von Fleisch und Wurst, *„vorbehaltig des jederzeitigen Widerrufs"*. Der Metzger lieferte dem Hospital die Waren je Pfund 5 Pfennig unter seinem Ladenpreis.

Bäcker Johann Zimmermann aus Asbach bekam den Auftrag für die Lieferung des Weißbrotes (8 Pfennig unter Ladenpreis). Das Schwarzbrot brachte Bäcker Mathias Entschladen aus Asbach (7 Pfennig unter Ladenpreis) ins Hospital.

Alle Verwaltungstätigkeiten der Stiftung erledigte die Bürgermeisterei. Sie wurde später umbenannt in Bürgermeisteramt. Danach erhielt sie den Namen Amtsverwaltung. Heute heißt sie Verbandsgemeindeverwaltung und umfasst seit der Auflösung der Verbandsgemeindeverwaltung Neustadt im Jahr 1970 auch die Gemeinde Neustadt (Wied).

Ein weiteres großes Aufgabengebiet der Stiftungsverwaltung ist die Bewirtschaftung (Verpachtung) der zahlreichen landwirtschaftlichen Flächen und der Wälder, insbesondere im Bereich Much.

Flächenverpachtung schwierig

Die Pachteinnahmen waren wichtig, um den Stiftungszweck erfüllen zu können. Der Verwaltung gelang es aber nicht immer aus der Flächenverpachtung die angestrebten Einnahmen zu erzielen.

Auf freie Pachtgrundstücke wurde durch öffentliche Bekanntmachungen hingewiesen. Aber manchmal hatte die Verwaltung mit ihrem öffentlichen Hinweis keinen Erfolg. Niemand meldete sich auf die Offerte der Stiftung vom 21. Juli 1899, dass im Bereich Much (Rhein-Sieg-Kreis) Flächen zu pachten seien. Deshalb wurde anschließend versucht die Flächen im Rahmen einer freihändigen Vergabe zu verpachten. Auch dies scheiterte. Daher beschloss die

---

[3] Wissenschaftlicher Dienst des deutschen Bundestages, 4-3.000-096/16; Kaufkraftvergleich historischer Geldbeträge

Kommission am 18. März 1901, Grundstücke in verschiedenen Gemarkungen des Bereiches Much öffentlich zum Kauf anzubieten.

1902 gab es bei der Hospitalleitung einen Wechsel. An Stelle der verstorbenen Schwester Oberin Bibiana Stuppertz übernahm Schwester Mechtildis Elisabeth Drucks, vom Orden der Waldbreitbacher Franziskanerinnen, die Leitung der Filiale in Asbach.

1903 wurde das Hospitalgebäude an die zentrale Asbacher Wasserleitung angeschlossen. Das Wasser kam von einer Quelle bei Hussen.[4]

Wegen übertragbaren Krankheiten - Isoliergebäude

Menschen mit unterschiedlichen Leiden suchten das Hospital der Stiftung auf. Darunter waren auch Patienten mit ansteckenden Krankheiten.

Deshalb hielt es die Stiftungskommission für erforderlich, räumlich getrennt vom Hospital ein Isoliergebäude zu bauen. Durch Beschluss vom 29. März 1904 wurde der Maurermeister Anton Germscheid aus Himberg beauftragt einen Bauplan und einen Kostenvoranschlag zu erstellen.

Die Stiftung billigte die von dem Maurermeister gefertigte Planung[5] und beauftragte am 13. August 1905 den Unternehmer Josef Bürling aus Asbach das Bauwerk zu errichten. Er war bereit das Gebäude fünf Prozent unter dem Kostenvoranschlag zu bauen. Für das Bauwerk, etwas entfernt vom Hospital, entstanden im Jahr 1905 Kosten von 5.000 Mark und im Jahr 1906 Ausgaben von 2.700 Mark. 1907 war noch ein Restbetrag von 65 Mark zu zahlen.

Das Isoliergebäude bot Platz für 8 Patienten.

Nunmehr hatte das Hospital insgesamt 50 Betten.

Die 1895 gebaute Kapelle wurde 1908 ausgemalt (400 Mark).

Trotz der gelegentlichen Probleme bei der Verpachtung von landwirtschaftlichen Grundstücken entwickelte sich die finanzielle Situation der Stiftung Anfang des vergangenen Jahrhunderts sehr positiv. Die Stiftung konnte ihre Rücklagen deutlich erhöhen. Dadurch war es ihr möglich, Darlehen zu gewähren. Die Kredite brachten Zinseinnahmen.

1904 erhielten die Gemeinden Limbach und Elsaff je 1.000 Mark. Der Betrag war innerhalb eines Jahres zurückzuzahlen. Die Zinsen betrugen 4% der Darlehenssumme.

Auch die „Schulkasse"[6] (Verwaltung der Schulen, die sich in zahlreichen Dörfern befanden) bekam ein Darlehen über 1.000 Mark.

Einem in der Gemeinde Asbach ansässigen Gastwirt gewährte die Stiftung 1907 ein Darlehen von 2.100 Mark, ebenfalls zu einem Zinssatz von 4%. Bei nicht pünktlicher Rückzahlung war ein Zinssatz von 4,5% fällig. Auch ein Metzger und Gastwirt aus Buchholz bekam einen solchen Kredit. *„Die Darlehenssumme wird durch Kapital, das bei der Sparkasse Neuwied*

---

[4] Der Bau der Wasserleitung von Hussen nach Asbach begann 1901. Im Jahr 1904 war das Leitungsnetz in Asbach fertiggestellt.
Büllesbach, Josef, Asbacher Zeittafel in: Asbach, Westerwald, Bilder und Berichte aus den letzten 200 Jahren, Asbach 1990, S. 559.
[5] Germscheid hat auch das Hospital gebaut. Vgl. Lind, Ulf, Kapitel: Vom Hospitalbau bis zur Jahrhundertwende
[6] Asbacher Schulzweckverband

angelegt ist, flüssiggemacht", heißt es in der Niederschrift über die Stiftungssitzung vom 16. Juli 1907.

„Ödland" wird aufgeforstet

Um die Probleme bei der Verpachtung von landwirtschaftlich weniger geeigneten Flächen zu verringern, fasste die Stiftungskommission am 17. Dezember 1905 den Beschluss, die Ödlandflächen und „geringwertigen" Ackerflächen des Gutes „Oberheiderhof" (bei Much) aufzuforsten. Das Geld für diese Pflanzmaßnahmen bekam die Stiftung durch den Verkauf von Ackerflächen, die an den Ort Oberheiden (Rhein-Sieg-Kreis) angrenzten.

An die königliche Staatsregierung in Berlin ging der Antrag, diese Aufforstungsmaßnahme finanziell zu unterstützen. Aus den Unterlagen der Stiftung ist nicht ersichtlich, inwieweit die Regierung dem Ansinnen der Stiftung entsprochen hat. Jedenfalls ist in den Stiftungsunterlagen nicht vermerkt, dass Finanzmittel eingetroffen sind.

Die Aufforstungsarbeiten waren im Jahr 1907 beendet. Im selben Jahr übernahm der neue Amtsbürgermeister Franz Xaver Rixen aus Ehrenbreitstein die Stiftungsleitung. Rixen trat an die Stelle von Hermann Collignon (früher in Koblenz wohnhaft gewesen), der nach zweijähriger Tätigkeit als Bürgermeister infolge einer Lungenentzündung am 12.12. verstorben war.[7]

Tagessätze für Arme

Bei den Sitzungen des Stiftungsgremiums waren die von den Patienten des Hospitals zu zahlenden Tagessätze immer wieder Beratungspunkte.

Vom ersten April 1906 an galten für Arme folgende Beträge:
Auswärtige:
Erwachsene: 1,50 Mark pro Tag
Kinder (unter 16 Jahre)   1,00 Mark pro Tag

Arme aus der Bürgermeisterei Asbach[8]:
Erwachsene: 1,30 Mark pro Tag
Kinder   0,80 Mark pro Tag.
Wenn Arme aus der Bürgermeisterei im/am Hospital Arbeiten verrichteten, reduzierten sich die Verpflegungssätze auf 0,75 Mark pro Tag.

Am 20. August 1907 waren die Kostensätze erneut Thema bei der Sitzung der Stiftungskommission. Die zu zahlenden Beträge für Erwachsene wurden verringert. Mit Wirkung vom 1. Oktober 1907 betrug der Tagessatz für Auswärtige 1,30 Mark und für Arme aus der Bürgermeisterei Asbach 1,00 Mark.

Im selben Jahr vereinbarte die Stiftung mit einer Einwohnerin aus Parscheid (heute Asbach), dass sie bis an ihr Lebensende im Hospital[9] versorgt wird. Als Gegenleistung übertrug die Einwohnerin der Stiftung ihr Vermögen (in den Unterlagen ist die Höhe nicht vermerkt).

---

[7] Amtschronik, 1909
[8] Heutige Bezeichnung: Verbandsgemeinde
[9] Wikipedia, Datenrecherche 15.05.2021: **Hospital** bzw. **Spital** (seit dem 4. Jahrhundert von lateinisch *hospitalis* ‚gastfreundlich, zum Gastwirt gehörend', dies abgeleitet von *hospes* ‚Gastfreund, Gastwirt; Gast') ist eine Bezeichnung für Pflegeheime und Altenheime. Ursprünglich bezeichnete es seit dem 4. Jahrhundert die meist

Postkarte von Asbach mit Hospital und Bürgermeisteramt im Jahr 1905. Foto: Bildarchiv Robert Klein, Asbach-Oberplag

Am 16.Juli 1907 entschied die Stiftung, dass vom 1. Juli an das Jahresgehalt für die im Hospital tätigen Krankenschwestern von 100 Mark auf jährlich 120 Mark erhöht wird. Gezahlt wurde die Vergütung für die sechs Ordensschwestern an das Waldbreitbacher Mutterhaus der Franziskanerinnen.

In derselben Sitzung erhielt der Stiftungsvorsitzende (Bürgermeister) den Auftrag, mit der Ortskrankenkasse Neuwied über höhere Verpflegungssätze zu verhandeln. Der Satz sollte von 1,20 auf 1,80 Mark/Tag steigen. Die Ortskrankenkasse Neuwied akzeptierte höhere Verpflegungssätze. Allerdings gelang es der Stiftung bis 1916 nicht den angestrebten Verpflegungssatz von 1,80 Mark zu erhalten. Deshalb wurde die Forderung am 29. August 1916 nochmals geltend gemacht und vorsorglich der Vertrag mit der Ortskrankenkasse gekündigt.

1908 erließ die Stiftung neue Regeln für die Belieferung des Hospitals mit Fleisch- und Wurstwaren. Sie bot allen fünf Asbacher Metzgern an die Fleisch- und Wurstwaren zu liefern. Wer mitmachen wollte musste allerdings bereit sein die Waren 10 Pfennig[10] unter Ladenpreis zu verkaufen. Jeden Monat sollte ein anderer Metzgerbetrieb zum Zuge kommen. Das Vorhaben der Stiftung konnte nicht umgesetzt werden. Zwar waren vier örtliche Metzger bereit zu liefern, aber nicht zu den verlangten Konditionen. Die Stiftung akzeptierte, dass der Preisnachlass nur 5 Pfennig betrug.

Bei den Schwarz- und Weißbrotlieferungen blieb es bei dem Preisabschlag von 10 Pfennig je Brot. 28 Brötchen kosteten eine Mark.

---

christlich geführten Pilgerherbergen und Armenhäuser, seit Ende des 18. Jahrhunderts auch als Ort der Krankenbehandlung im Sinne von Krankenhaus.

[10] Hundert Pfennig entsprachen einer Mark, gemäß der 1871 eingeführten Reichswährung, Kaufkraft im Vergleich zum Euro, siehe Fußnote 3.

Für die Betreuung in ihrem Hospital verlangte die Stiftung unterschiedliche Beträge. Entscheidend war die finanzielle Situation der Interessenten. So musste eine Frau aus Elles monatlich 7,50 Mark zahlen, um im Hospital leben zu können und beköstigt zu werden. Mit einer Bewohnerin aus Asbach wurde abgesprochen, dass sie ihr Vermögen von 5oo Mark einbringt und jährlich 125 Mark zahlt.

Eine Einwohnerin aus Stockhausen (1874 geboren) vereinbarte im Jahr 1908 mit der Stiftung, dass sie bis zu ihrem Tod im Hospital betreut und beköstigt wird. Sie gab der Stiftung ihr Vermögen von 1600 Mark und ihre Rente von 100 Mark jährlich.

Finanzen entwickeln sich weiter günstig – Rücklagen steigen

Wegen ihrer guten finanziellen Situation gewährte die Stiftung 1910 der Gemeinde Asbach ein Darlehen von 4.600 Mark und dem Schulverband ein solches von 3.200 Mark (Zinssatz: 4%).

Die positive finanzielle Lage verdeutlicht auch der Rechnungsabschluss des Jahres 1910.

Allgemeiner Fonds:

Einnahmen:	3.220 Mark
Ausgaben:	2.000 Mark
Effektenbestand:	26.000 Mark

Familienfonds:

Einnahmen:	5.220 Mark
Ausgaben:	3.052 Mark
Effektenbestand:	4.350 Mark

Hospitalkasse:

Einnahmen:	15.967 Mark
Ausgaben:	11.347 Mark
Effektenbestand:	3.450 Mark

In allen drei Bereichen waren die Einnahmen deutlich höher als die Ausgaben.

Die Verwaltungskommission war im selben Jahr auch bereit der Bürgermeisterei für die Verwaltung der Stiftung eine höhere Summe als die jährliche Vergütung von 125 Mark zu zahlen. Mit Wirkung vom 1.Oktober 1910 wurde der Betrag auf 300 Mark festgesetzt und somit mehr als verdoppelt.

1911/1912 erfolgten umfangreiche Baumaßnahmen. Die Stiftung ließ, abseits vom bestehenden Hospital, ein neues landwirtschaftliches Gebäude errichten. Dafür waren Kosten von 3.750 Mark veranschlagt. Weiterhin gab es auf dem Gelände große freie Flächen, auf denen Gemüse angebaut und Blumen gezüchtet wurden.

Wegen des neuen Ökonomiegebäudes war das landwirtschaftlich genutzte Gebäude am Hospital nicht mehr erforderlich. Es konnte anders verwendet werden. Im Erdgeschoss entstand ein Näh- und Bügelzimmer. Das Obergeschoss wurde aufgestockt und durch einen Flur mit dem Obergeschoss des Haupttraktes verbunden.

Teil des Ortes Asbach mit dem Hospital (links). Die Postkarte wurde 1911 abgestempelt. Foto: Bildarchiv Robert Klein, Asbach-Oberplag

In dem neuen Raum des Obergeschosses entstand ein großer Operationsraum mit zwei Nebenräumen (Kostenvoranschlag: 2.075 Mark).

Damit erhielt das Gebäude in der Asbacher Hospitalstraße immer mehr die Funktion eines Krankenhauses, verbunden mit Räumlichkeiten für die Betreuung von älteren Menschen. Nach den ursprünglichen Plänen sollte es Arme, Kranke und Waisen[11] aufnehmen.

Aber auch nach der geänderten Ausrichtung war die Erfüllung des Stiftungszwecks gewährleistet, die Betreuung von Pfründnern.[12] und die Gewährung von Zuwendungen an Bedürftige.

25 Jahre Hospital

1912 bestand das Krankenhaus/Altenheim der Stiftung 25 Jahre. *„Am 20. Juli waren 25 Jahre vergangen, seitdem das hiesige Hospital eröffnet wurde und seine segensreiche Wirksamkeit für unsere Gegend begonnen hat"*, heißt es dazu in der Chronik der Bürgermeisterei. Entsprechend den Zielen der Armenstiftung fand das Jubiläum in einem bescheidenen Rahmen statt.

Am Samstag, den 20. Juli 1912[13] war morgens ein feierlicher Gottesdienst, geleitet von Dechant Giesen. Anschließend versammelten sich in einem Krankensaal des Hospitals die Schwestern, der medizinische Leiter Dr. Paul Krämer, alle Hausbewohner, sowie die Vertreter der Stiftung, der Kommunen und der Geistlichkeit. Auch die Franziskanerschwestern aus Neustadt mit ihrer Oberin waren anwesend.

---

[11] Lind, Ulf, Kapitel: Die Zeit nach den Wirren der Säkularisation bis zum Hospitalbau in Asbach
[12] Inhaber eine Pfründe: zugesicherte Zuwendung
[13] Nach dem im Ordensarchiv der Waldbreitbacher Franziskanerinnen aufbewahrten Zeitungsbericht aus dem Jahr 1912 (ohne Angabe des Verlages und des Erscheinungsdatums) fand die Feier am Dienstag, 23. Juli 1912 statt.

In den Ansprachen wurde die gute Entwicklung des Hospitals gewürdigt. Bürgermeister Franz Rixen, Vorsitzender der Stiftungskommission, dankte insbesondere den Schwestern für ihre aufopfernde Tätigkeit.

Über die Arbeit des Hospitals ist folgendes überliefert:[14]

In den 25 Jahren waren insgesamt 2142 Menschen im Asbacher Hospital. Im ersten Jahr sind 12 Kranke behandelt worden. 93 waren es im Jahr 1900 und 174 im Jahr 1911.

Dokumentiert sind auch die größeren Operationen.

Eine Staroperation, eine Ohraufmeißelung, ein Stirnkrebs, eine Kieferhöhlenöffnung, 23 Ausschneidungen von Gaumen und Mandeln, ein Luftröhrenschnitt, zwei Halsdrüsenausschneidungen, zwei Ausschälungen von kopfgroßen Fettgeschwülsten, vier Rippenausschneidungen, eine Kniegelenksresektion, drei Oberschenkelamputationen, zwei Unterschenkelamputationen, zwei Handamputationen, eine Blasenoperation, eine Mastdarmoperation, eine Unterleibsfistelausschneidung, zwölf Bauchhöhlenoperationen und 53 Knochenbrüche.

„Einmal wurde der Kaiserschnitt mit gutem Ausgang für Mutter und Kind ausgeführt, beide leben noch", ist dazu notiert worden.

Die Waldbreitbacher Franziskanerschwestern haben in ihren Aufzeichnungen vermerkt, dass in der Einrichtung von Anfang an auch Kranke in der Ambulanz behandelt worden sind.[15]

Aus der Statistik des Jahres 1916 ergibt sich, dass 158 Kranken geholfen worden ist und 19 Operationen erfolgten. Ein Jahr später waren es 186 Kranke und 14 Operationen.

Pachteinnahmen niedriger als erhofft

Für die Stiftung war es manchmal schwierig auskömmliche Pachteinnahmen zu erzielen. Wie ausgeführt worden ist bildeten diese Einnahmen eine wichtige Grundlage für die Hilfen der Armenstiftung.

Wegen den geringen Pachteinkünften entschloss sich die Stiftungskommission am 16. April 1914 die zwanzig Grundstücke des Höferhofes (Bereich Much) zum Preis von 42.691 Mark zu verkaufen. Die Fläche war 19,56 ha groß.

Der Verkaufserlös wurde für den Ausbau des Hospitals verwendet.

Aus dem Verkauf einer 2,3 ha großen Ackerfläche in der Gemarkung Löbach wurden Einnahmen von 4.869 Mark erzielt.

1916 bewilligte die Stiftung der Bürgermeisterei Asbach ein Darlehen von 6.000 Mark. Jährlich waren 3% der Summe zurückzuzahlen (Zinssatz 4%).

1919 wurde der Hühnerbestand auf dem Hospitalgelände um 20 Tiere erhöht. Die Hühner fanden Platz in dem erweiterten Hühnerstall und vergrößerten im Hospital das Nahrungsangebot.

---

[14] Busch Gabriel, Kamillus Klinik in Asbach, Eigenverlag, 1984, S. 114 ff. u. Zeitungsbericht über das Jubiläum, ohne Angabe des Verlages und Erscheinungsdatums.
[15] Zentrales Ordensarchiv der Franziskanerinnen BMVA von Waldbreitbach, Bestand Chroniken

1920 änderte sich das Haushaltsgeschehen der Stiftung. Nunmehr wurde, wie auch bei den Gemeinden, im Voraus ein „Haushaltsplan" aufgestellt. Darin waren die voraussichtlichen Einnahmen und Ausgaben veranschlagt. Im selben Jahr erklärte sich die Stiftung bereit für die sechs im Hospital tätigen Schwestern jährlich je 600 Mark an den Waldbreitbacher Orden zu zahlen. Die Schwestern wohnten unentgeltlich im Stiftungsgebäude. Auch die Kosten für die Beköstigung und die Bekleidung trug die Stiftung.

Im Bürgermeisteramt wurde die Armenstiftung verwaltet. Dort hatte auch der Stiftungsvorsitzende (Bürgermeister) sein Büro. Die Aufnahme zeigt das Verwaltungsgebäude in der Asbacher Bahnhofstraße vor dem Jahr 1914 (in dem Jahr begann der erste Weltkrieg). Foto: Bildarchiv Robert Klein, Asbach-Oberplag

Mit Wirkung vom 1.11.1920 wurden von der Verwaltungskommission für Hospitalpatienten folgende Pflegesätze festgesetzt:

1. Klasse: Auswärtige: 30 Mark
   Einheimische: 25 Mark

2. Klasse: Auswärtige: 18 Mark
   Einheimische: 16 Mark

3. Klasse: Auswärtige: 10 Mark
   Einheimische: 9 Mark.

Die Sätze galten je Tag. Für Kinder gab es reduzierte Beträge. Bei ortsfremden Kindern waren in der 1. Klasse 20 Mark zu zahlen.

Mit Beschluss vom 1. Dezember 1920 erhöhte die Stiftungskommission für die im Hospital tätigen Ordensschwestern die zu zahlende Vergütung auf 850 Mark jährlich. Allerdings stellte der Orden nun die Kleidung. Zum 1.1.1922 stieg die Vergütung auf 1.500 Mark/Jahr.

Mit Wirkung vom 1. Mai 1921 wurden die Pflegesätze deutlich erhöht.

Eine weitere Erhöhung trat zum 1. Oktober desselben Jahres in Kraft. In der ersten Pflegeklasse (die ein Jahr zuvor noch 30 Mark gekostet hatte) mussten 36 Mark pro Tag gezahlt werden. Bei der Klasse 3 waren es für Auswärtige 15 Mark.

Entsprechend der Zielsetzung, Bedürftigen zu helfen, wurde der Tagessatz für arme Menschen aus der (gesamten) Bürgermeisterei Asbach auf 9 Mark festgesetzt.

Bereits zum 1. April 1922 gab es die nächste deutliche Pflegesatzerhöhung.

Nunmehr waren je Tag fällig:

  1. Pflegeklasse: 50 Mark
  2. Pflegeklasse: 35 Mark
  3. Pflegeklasse: 20 Mark
Einheimische Arme: 12 Mark.

Bei den stark gestiegenen Pflegesätzen ist zu berücksichtigen, dass sich die Lebenshaltungskosten immer mehr erhöhten und es letztlich zu einer Inflation kam (1923).

Der Jahresabschluss 1920 macht deutlich, dass sich die finanziellen Verhältnisse der Armenstiftung verschlechterten.

Während viele Jahre die Einnahmen immer höher waren als die Ausgaben, war dies im Jahr 1920 nicht mehr der Fall. Es gab es ein Defizit von über 8.000 Mark. Zurückzuführen war dies auf die schwierige finanzielle Situation des Hospitals.

Der Jahresabschluss 1920 enthielt folgende Festlegungen:

Allgemeiner Fonds:	Einnahmen:	6.188 Mark
	Ausgaben:	3.127 Mark
	Effekten:	25.933 Mark
Familienfonds:	Einnahmen:	10.145 Mark
	Ausgaben:	7.888 Mark
	Effekten:	59.515 Mark
Hospitalkasse:	Einnahmen:	64.837 Mark
	Ausgaben:	73.410 Mark
	Effekten:	11.650 Mark.

Bei dem über 30 Jahre alten Hospitalgebäude wurde der Instandsetzungsbedarf immer größer. Trotz der knappen Finanzmittel ließ die Stiftung im Jahr 1921 für rund 7.000 Mark Reparaturarbeiten ausführen.

1921 gab es eine längere Trockenheit. Dies führte dazu, dass über die Asbacher Wasserleitung nicht genügend Wasser in das Hospital kam. Die Schwestern holten das Wasser für die Wäsche in Walgenbach.

1922 wurde der Ort Asbach und damit auch das Hospital an das elektrische Stromnetz angeschlossen. In dem Jahr betreute die Stiftung sechs Bedürftige. Dieser spezielle Hinweis im Sitzungsprotokoll macht deutlich, dass dies nicht in jedem Jahr der Fall war.

Um mehr Nahrungsmittel selbst produzieren zu können versuchte die Stiftung landwirtschaftlich nutzbare Grundstücke in der Nähe des Hospitals zu erwerben. Auf den Flächen sollten Feldfrüchte angebaut werden. Bis zu 10 Morgen[16] wollte die Stiftung kaufen. Aus den Unterlagen ist nicht ersichtlich, inwieweit die Pläne verwirklicht werden konnten.

Die Waldbreitbacher Franziskanerinnen der Filiale Asbach haben über diese Zeit in ihrer Chronik geschrieben, *dass Bauern aus den Nachbardörfern Kartoffeln und andere Nahrungsmittel spendeten. Diebe versuchten die Vorräte des Hospitals stehlen. Sie konnten verjagt werden.* Um die hohen Fleischpreise nicht zahlen zu müssen züchtete der landwirtschaftliche Betrieb des Hospitals Schweine. Dies so erfolgreich, dass auch Ferkel verkauft werden konnten. Bei der Landwirtschaftsausstellung im Jahr 1924 in Asbach wurde das Mutterschwein prämiert. Für den 3. Preis gab es 15 Mark. Eine dritte Kuh wurde angeschafft.

Die angespannte finanzielle Lage war mehrfach Thema bei den Sitzungen der Stiftungskommission. Sie entschied am 21. Juni 1922, dass der Unterhalt der Pfründner vorrangig sei. Allerdings sollten weniger allgemeine Zuwendungsanträge bewilligt werden.

Im selben Jahr gelang es durch die Reduzierung von Ausgaben beim Hospital die Einnahmen und Ausgaben wieder auszugleichen.

Wegen den drastischen Preissteigerungen waren nun die Beträge im Haushaltsplan der Stiftung siebenstellig.

Einnahmen: 2.958.558 Mark

Ausgaben: 2.947.434 Mark.

Am 15. Juli 1922 übernahm Schwester Oberin Priszilla die Leitung des Hospitals. Sie trat an die Stelle von Schwester Oberin Silvana, der von den Waldbreitbacher Franziskanerinnen eine andere Aufgabe übertragen worden war.

Von 1922 an stand auch eine Schwester für die ambulante Krankenpflege zur Verfügung. *Die Franziskanerschwestern ermöglichten den von der Bevölkerung seit langer Zeit geäußerten Wunsch.*[17]

Inflation – Kapitalbestand geht verloren

Die Preise schossen immer weiter nach oben. Deutschland erlebte die schlimmen Folgen der Inflation (Entwertung des Geldes). Das Bankensystem brach zusammen und die Stiftung beendete das Jahr 1923 mit folgenden astronomisch hohen Zahlen:

Allgemeiner Fonds:

Einnahmen: 810.115.000.035.452 Mark.

Ausgaben: 623.010.000.003.090 Mark.

---

[16] 4 Morgen = 1 Hektar. 10.000 Quadratmeter bilden einen Hektar.
[17] Waldbreitbacher Franziskanerinnen, Filiale Asbach, Chronik des Jahres 1922

Familienfonds:

Einnahmen:	687.000.000.082.882 Mark

Ausgaben:	466.902.500.000.324 Mark

Hospitalkasse:

Einnahmen:	4.710.868.529.713.521 Mark

Ausgaben:	3.742.739.048.068.118 Mark

Barmittel:	968.129.481.645.403 Mark.

Bei diesen Zahlen waren die bei der Stiftung vorhandenen Effekten (Geldanlagen) von knapp 60.000 Mark eine eher geringe Position.

Durch die Geldentwertung ist der aus dem Verkauf von Grundstücken angesammelte Kapitalbestand der Stiftung fast vollständig verloren gegangen.

Im Rechnungsabschluss des Jahres 1924 waren die inflationsbedingten immensen Zahlen des Vorjahres verschwunden.

Beim Hospital standen den Einnahmen von 14.907 Reichsmark (RM), Ausgaben von 12.575 RM gegenüber.

Die Reichsmark (Abkürzung RM, Währungszeichen: ℛℳ) war von 1924 bis 1948 offizielles Zahlungsmittel in Deutschland. Dieser Zeitraum umfasst einen Teil der Weimarer Republik und die Zeit der NS-Herrschaft. Nach dem Ende des Zweiten Weltkriegs 1945 war die Reichsmark in den Besatzungszonen noch bis zur Einführung neuer Währungen im Juni 1948 gültig.

Die Reichsmark wurde durch das Münzgesetz vom 30. August 1924 als Ersatz für die durch die vorangegangene Hyperinflation in den Jahren 1922 und 1923 völlig entwertete Papiermark eingeführt, nachdem die deutsche Währung bereits ab 15. November 1923 durch die Einführung der Rentenmark stabilisiert worden war.

Der Wechselkurs von alter Papiermark zu neuer Reichsmark betrug 1.000.000.000.000:1 (eine Billion zu eins). Die Reichsmark war damit im täglichen Leben wertgleich mit der Rentenmark.[18]

Krankenhaus wird modernisiert

Auch in der schwierigen Zeit sollten im Hospital moderne medizinische Geräte zur Verfügung stehen. Deshalb plante die Stiftung 1924 einen Röntgen-Apparat einzusetzen. Das Problem: die Mittel fehlten. Am 10. Juni 1924 wurde von der Stiftungskommission beschlossen, *„dass die Anschaffung in Angriff genommen wird und erfolgt sobald die Einnahmen aus Hospital und Grundbesitz dies ermöglichen"*.

Trotz der knappen Mittel erfolgten am und im Stiftungsgebäude weiterhin Modernisierungsmaßnahmen. Das Krankenhaus erhielt 1925 eine elektrisch betriebene Wäscherei. Ein Jahr später wurde, mit finanzieller Unterstützung des Kreises Neuwied, für

---

[18] Wikipedia, Datenrecherche: 05.02.2020

10.000 Mark die Ofenheizung durch eine Warmwasserheizungsanlage ersetzt. *„Nunmehr ist es möglich alle Räume ohne Staubentwicklung zu beheizen"*, hat die Stiftungskommission in ihren Unterlagen vermerkt.

Der Operationsraum bekam einen modernen Operationstisch, neue ärztliche Instrumente, einen Desinfektionsapparat und zwei Ärztewaschbecken.

Auch die Innenräume wurden modernisiert.

Am 2.2.1924 eröffneten die Schwestern im Anbau eine Nähschule. 12 Mädchen wurden aufgenommen. Wegen des großen Interesses wurde der Raum vergrößert, so dass 22 Mädchen Platz fanden. Sie erlernten das Zusammenfügen von Textilien nicht nur per Hand, sondern auch an einer neu beschafften Nähmaschine.

1924 gab es im Hospital folgende Hilfeleistungen:

92 Kranke wurden an 8444 Pflegetagen versorgt.
15 Operationen
46 Krankenbesuche
270 Essen erhielten Bedürftige an der Pforte.
35 Mädchen wurden in Handarbeit (Nähschule) unterrichtet.[19]

1926 bekam die Kapelle ein Harmonium, als Spende. Im selben Jahr übernahm Dr. Alfred Boy die ärztliche Leitung. Er trat an die Stelle von Dr. Paul Krämer, der in dem Asbacher Hospital von 1895 bis 1926 als Arzt gearbeitet hatte.

1927 feierte die Stiftung das 40jährige Bestehen des Hospitals.

In dem Bericht anlässlich des Jubiläums hat die Rhein- und Wied-Zeitung dazu u.a. geschrieben: *„Unendlich viel Gutes hat das Hospital im Verlauf von 40 Jahren der leidenden Menschheit gebracht. Ungezählte Leute, die durch die Ungunst der Verhältnisse ihr Zuhause verloren hatten, haben hier ein freundliches Unterkommen und liebevolle Pflege seitens der in ihrer Aufopferungsfreude nie ermüdenden Franziskanerschwestern gefunden. Überaus groß ist auch die Zahl der Kranken, die im Laufe der Jahre hier Trost und Heilung ihrer Leiden gesucht und gefunden haben. Den Franziskanerschwestern möge für ihre selbstlose Hingabe im Geiste echt christlicher Nächstenliebe für die Linderung der Not und Leiden der ihnen anvertrauten Pflegebefohlenen reicher Gotteslohn zu teil werden".*[20]

Gewürdigt wird auch die Arbeit der Hospitalärzte.

In dieser Zeit entwickelte sich die Einnahmesituation des Hospitals günstig. Die Einnahmen waren wieder höher als die Ausgaben.

1928 war auch das Thema „Röntgenapparat" geregelt. Dr. Boy kaufte selbst das Gerät. Die Stiftung gestattete es ihm in den Hospitalräumen „auf jederzeitigen Widerruf" aufzustellen. In einer umfangreichen Vereinbarung wurde festgelegt, dass der Arzt alle mit dem Gerät verbundenen Kosten zu tragen hat.

1928 endete für Schwester Oberin Priszilla die Leitung der Asbacher Filiale. An ihre Stelle trat Schwester Bertha. Eine siebte Franziskanerschwester nahm im Hospital ihren Dienst auf.

---

[19] Waldbreitbacher Franziskanerinnen, Filiale Asbach, Chronik des Jahres 1924
[20] 40jähriges Bestehen des Hospitals zu Asbach, 26.07.1927 in: Rhein-und Wied-Zeitung , kein Autor benannt

Im Bereich Much wurde 1928 ein „Wald- und Feldaufseher" eingestellt.[21] Die Stiftung beteiligte sich an der zu zahlenden Entschädigung mit jährlich 70 Reichsmark.

Fondsaufteilung endet

Die Aufteilung der Stiftungseinnahmen und Ausgaben auf die drei Fonds: Allgemeiner Fonds, Familienfonds und Hospitalkasse beendete die Stiftungskommission 1927.

Von 1928 an wurden alle Einnahmen und Ausgaben in einem Etat veranschlagt.

Die Rechnungslegung des Jahres 1928 ergab folgende Positionen:

Einnahmen: 36.265 Reichsmark

Ausgaben: 29.007 Reichsmark

Bestand an Wertpapieren: 1.574 Reichsmark.

Im Jahr 1930 starb, nach längerer Krankheit, Bürgermeister Franz Xaver Rixen, im Alter von 54 Jahren. Er hatte 23 Jahre die Bürgermeisterei Asbach und die Stiftung geleitet. An seine Stelle trat Hubert Diewald.

1930 plante die Stiftung auf dem Hospitalgelände größere bauliche Änderungen. In Verlängerung des bestehenden Stalls sollte ein neues Wirtschaftsgebäude entstehen, durch den Anbau eines Seitenflügels die Zahl der Patientenzimmer erhöht werden. *„Voraussetzung für die Bautätigkeiten ist, dass die Geldmittel dafür flüssiggemacht werden können und die Gespräche mit dem Arzt aus Königswinter erfolgreich sind"*, heißt es aber einschränkend in der Sitzungsniederschrift. Der Chirurg und „Facharzt für Frauenkrankheiten" hatte bekundet, er sei interessiert im Asbacher Hospital zu arbeiten. Die Pläne sind jedoch nicht realisiert worden.

Auch mit Alltagsdingen mussten sich die ehrenamtlich tätigen Mitglieder der Stiftungskommission befassen. So waren in der Sitzung am 21.09.1930 der Messwein für die Hospital-Kapelle und die Kerzen für den Gottesdienst Themen.

Wegen der allgemein schwierigen Wirtschaftslage sah sich die Stiftung im Jahr 1931 gezwungen für landwirtschaftliche Grundstücke der Stiftung die Pacht teilweise erheblich zu reduzieren. Zahlreiche Grundstücke wurden preisgünstiger verpachtet (bis zu 20% niedriger). Dieser Preisabschlag galt auch in den Folgejahren, wodurch sich die Einnahmen der Stiftung deutlich verringerten.

Dennoch konnte in der Stiftungskasse ein Defizit vermieden werden.

Weiterhin waren die Einnahmen höher als die Ausgaben. Die Stiftung blieb liquide und verfügte über Rücklagen. Deshalb stellte sie 1933 dem Asbacher Bürgermeisteramt einen Kredit bis zur Höhe von 20.000 Reichsmark zur Verfügung.

Im selben Jahr wurde das Hospital ein (ganz) kleines Stück moderner. Das Haus erhielt an der Haustür eine Klingel.

---

[21] Durch die Anwesenheit des Aufsehers sollten insbesondere Diebstähle (Feldfrucht, Holz) verhindert werden.

1934 verließ, nach sechsjähriger Tätigkeit, Schwester Berta als Oberin die Asbacher Filiale der Waldbreitbacher Franziskanerinnen. Ihr folgte am 18. Mai Schwester M. Corsina Anna Weber, die bis 1940 in Asbach wirkte.

NSDAP übernimmt die Macht – Stiftung spürt die Auswirkungen

Die Machtübernahme durch die Nationalsozialistische Deutsche Arbeiterpartei (NSDAP) hatte auch Auswirkungen auf die Arbeit der Stiftung. Der am 06.02.1930 zum Bürgermeister gewählte Hubert Diewald wurde im März 1934 abgesetzt. Die Sitzung der Stiftungskommission am 11.12.1933 war die letzte unter seiner Leitung.

Im „Einvernehmen mit der Gauleitung der NSDAP" übernahm am 25. April 1934 Bürgermeister i. R. Josef Kuhn aus Virneburg die Leitung des Bürgermeisteramtes. Er war damit auch für die Stiftung verantwortlich.

1935 unterstützte die Armenstiftung erstmals das Winterhilfswerk. Sie spendete 50 Reichsmark.

Das Winterhilfswerk des Deutschen Volkes (kurz Winterhilfswerk oder WHW) war in der Zeit des Nationalsozialismus eine Stiftung öffentlichen Rechts. Sie sammelte Sach- und Geldspenden. Bedürftige „Volksgenossen" wurden entweder unmittelbar oder über Nebenorganisationen der „Nationalsozialistischen Volkswohlfahrt" (NSV) unterstützt.[22]

Asbach gehörte zum ehemaligen preußischen Regierungsbezirk Koblenz. Dort galt die Amtsordnung. Deshalb führte die Verwaltung die Bezeichnung Amtsverwaltung. Leiter der Amtsverwaltung (und somit Leiter der Stiftung) war der Amtsbürgermeister.

Diese Verwaltungsgliederung und die Namensbezeichnungen behielt das am 30.8.1946 neugegründete Bundesland Rheinland-Pfalz viele Jahre bei. [23]

Die NS-Herrschaft nahm auch Einfluss auf die organisatorischen Regelungen der Stiftung. Mit Verfügung vom 6.7.1936 forderte der Regierungspräsident in Koblenz die Armenstiftung auf ihre Stiftungssatzung zu ändern. Am 26. September 1936 wurde die neue Satzung aufgestellt. Die Bezirksregierung Koblenz genehmigte sie am 19. Oktober 1936. Als Folge der Neuregelung wurde die Stiftungskommission aufgelöst. In der Stiftungsverwaltung galt nun ebenfalls das Führerprinzip. Dem Stiftungsvorsitzenden und Amtsbürgermeister Kuhn oblag die alleinige Leitung der Stiftung. Anstelle der bisherigen Verwaltungskommission wurde ein Beirat gebildet. Dieser bestand aus drei Personen. Kein Mitglied des neuen Beirats hatte zuvor der Stiftungskommission angehört.

Am 22.2.1937 führte Bürgermeister Dr. Kuhn[24] den Beirat in sein Amt ein.

Der neue Beirat erhöhte den an das Bürgermeisteramt zu zahlenden Verwaltungskostenzuschuss auf 3.000 Reichsmark jährlich und beschloss für das Hospital ein Entbindungsbett zu kaufen.

---

[22] Wikipedia, Datenabruf: 03.02.2021

[23] Der neuen rheinland-pfälzischen Gemeindeordnung vom 29.09.1948 (GVBl. S. 335) wurde eine Amtsordnung beigefügt. Diese galt für die Regierungsbezirke Koblenz und Trier und regelte in § 1 „die Amtsverfassung bleibt bestehen".

[24] Kuhn hatte 1936 im österreichischen Innsbruck promoviert und führte deshalb den Doktortitel.

Mitglied im Beirat war auch der von den Nationalsozialisten als Bürgermeister (Gemeindeschulze) der Gemeinde Asbach eingesetzte Hans Meier. Er fungierte für die NSDAP im Amt Asbach auch als „Fachberater für Kommunalpolitik". Ihm war die jährliche Spende von 50 Reichsmark für das Winterhilfswerk zu wenig. Im Protokoll der Stiftung ist festgehalten, dass er sich für eine höhere Zuwendung ausspricht. Es ist aber nicht dokumentiert, ob die Stiftung seinem Ansinnen entsprochen hat.

Deutlich angestiegen ist in dieser Zeit die Zahl der Operationen. 1936 wurden 234 durchgeführt. Davon 46 größere. Um die Patienten gezielter behandeln zu können kaufte die Stiftung in dem Jahr für Therapiezwecke ein Kurzwellengerät und eine Höhensonne. 1936 ist die Höhensonne 437 Mal eingesetzt worden.[25] Für die zwischenzeitlich im Hospital tätigen zehn Schwestern betrug 1937 die jährliche Vergütung 1.500 Reichsmark (je Schwester um 10 Reichsmark erhöht). Der Betrag ging an das Mutterhaus der Franziskanerinnen.

50 Jahre Hospital

1937 bestand das Hospital der Ehrensteiner Armenstiftung 50 Jahre. Der Stiftungsbeirat legte fest, dass dieses Jubiläum am 20. Juli im Erdgeschoss des Gebäudes gefeiert wird. Die Kosten der Feier wurden auf 400 Reichsmark veranschlagt und folgende Einladungsliste beschlossen:

Landrat, Amtsarzt, Graf von Nesselrode, die Gemeindebürgermeister, die beiden Hospitalärzte Dr. Boy und Dr. Müller, der Asbacher Dechant, der Vikar und die 11 Schwestern.

Allerdings ist diese Feier nicht durchgeführt worden.[26] Dazu heißt es in der Chronik: *„Die Stiftung hat von einer zunächst vorgesehenen Jubiläumsfeier abgesehen, um -getreu dem Zweck- die so ersparten Aufwendungen den Pfründnern und bedürftigen Volksgenossen als willkommene Gabe zu verwenden"*. Die Schwestern erhielten ein Geldgeschenk. Auch die Pfründner wurden bedacht (10 Mark). In der Kapelle fand eine religiöse Feier statt.

Im Frühjahr des Jahres 1937 brach im Raum Asbach/Neustadt Typhus[27] aus. Besonders betroffen waren Orte im Neustädter Bereich. In das Hospital wurden so viele Kranke gebracht, dass die Betten im Isolierhaus nicht ausreichten und Notbetten erforderlich waren. Um die Pflege gewährleisten zu können schickte der Orden der Waldbreitbacher Franziskanerinnen Schwestern aus anderen Häusern zur Unterstützung nach Asbach. Insgesamt 57 Typhus-Fälle sind behandelt worden.[28] Die Epidemie dauerte bis zum Herbst.

Im November 1939 kam es zu einer Diphtherie- und Scharlach-Epidemie. Auch da war das Isolierhaus zu klein, um alle Patienten -besonders betroffen waren Kinder- unterbringen zu können. Deshalb wurden auch in dem Raum, der als Nähzimmer diente, Kranke untergebracht. Das Mutterhaus schickte drei zusätzliche Schwestern. Nach mehreren Wochen war die Epidemie überstanden. Drei Patienten haben die Krankheit nicht überlebt, ist dokumentiert.

Ein besonderes Ereignis in Asbach war immer bischöflicher Besuch. Wenn der Kölner Erzbischof oder sein Stellvertreter zur Firmung oder bei anderen Gelegenheiten in Asbach weilten, besuchten sie auch die Schwestern im Hospital. So ebenfalls im Jahr 1937. Die Schwestern wollten dem Weihbischof am 7. Juli einen festlichen Empfang bereiten. Sie hatten das gelblich verklinkerte Gebäude mit Blumen geschmückt. Vor dem Eingang war ein Torbogen mit Girlanden aufgestellt worden.

---

[25] Waldbreitbacher Franziskanerinnen, Filiale Asbach, Chronik des Jahres 1936
[26] Chronik der Bürgermeisterei Asbach, 1937
[27] Typhus ist eine Infektionskrankheit. Unbehandelt kann sie zu schweren Folgen und sogar zum Tode führen.
[28] Waldbreitbacher Franziskanerinnen, Filiale Asbach, Chronik des Jahres 1937

Auf polizeiliche Anordnung hin musste alles entfernt werden. Begründet wurde dies damit, dass das Haus ein öffentliches sei. Den Schwestern wurde gesagt es sei verboten für solche Anlässe zu schmücken.[29]

Bei diesem behördlichen Vorgehen wird deutlich, wie das Nazi-Regime in den Alltag eingegriffen hat.

Auch beim Bischofsbesuch im Jahr 1942 mussten die Schwestern alles beseitigen, was sie zur Verschönerung des Gebäudes angebracht hatten.[30]

1938 ließ die Stiftung am Hospitalgebäude verschiedene Bauarbeiten durchführen. Das nur teilweise bewohnbare Dachgeschoss, in denen die Schwestern untergebracht waren, wurde ausgebaut, auch ein Badzimmer mit sanitären Anlagen errichtet. Die Kosten betrugen 3.500 Reichsmark.

Auf den anderen Etagen des Hospitals erfolgten ebenfalls bauliche Änderungen. Das Hauptgebäude bekam vier neue Baderäume und WC-Anlagen, das Isoliergebäude eine Wasch-Spülanlage für insgesamt 3.000 Reichsmark. Unter dem Isolierhaus wurde für 1.000 Reichsmark ein Luftschutzkeller gebaut.

Insgesamt investierte die Stiftung 15.000 Reichsmark.

Weitere vorgesehene Arbeiten, dazu gehörte der lange geplante Erweiterungsbau des Ökonomiegebäudes, konnten dagegen nicht durchgeführt werden. Als Grund nennt die Chronik der Bürgermeisterei von 1938 *„die Entwicklung auf dem Materialmarkt und auf dem Arbeitskräftegebiet"*.

1940 wurden im Hospital 552 Kranke gepflegt und 112 Operationen ausgeführt. 24 ältere Menschen lebten im Haus der Stiftung. Die Leitung der Waldbreitbacher Franziskanerinnen, Filiale Asbach, wurde am 14. Mai Schwester Oberin M. Jucunda Schwarz übertragen. Ihre Vorgängerin M. Corsina übernahm eine gleiche Tätigkeit in Kröv an der Mosel.

In den ersten Kriegsjahren konnte das Hospital seine Arbeit weitgehend fortsetzen. Allerdings gab es Einschränkungen und Veränderungen. So fehlte das Öl, um in der Kapelle das ewige Licht leuchten zu lassen. Im Juli 1940 wurden die ersten 8 Gefangenen (französische Soldaten) in das Hospital gebracht und dort beköstigt. Anschließend mussten die Männer auf Bauernhöfen der Umgebung arbeiten.[31]

Am 19. Juni 1942 wurde die Stiftungssatzung von 1936 geändert. Diese Änderung trat durch die Genehmigung der Bezirksregierung am 6. Januar 1943 in Kraft und war eine Folge der am 20.12.1941 im Reichssteuerblatt veröffentlichten neuen Gemeinnützigkeitsverordnung.

Die Stiftung hat in ihrer Satzung (§ 10) festgehalten, dass sie ausschließlich und unmittelbar gemeinnützigen und mildtätigen Zwecken im Sinne der Verordnung dient.

Weiter heißt es in der Satzung (§ 17 – 19).

Die Stiftung unterhält folgende Anstalten und Einrichtungen:

1. Das Krankenhaus und Altenheim in Asbach

2. Der Betrieb einer kleinen Landwirtschaft.

---

[29] Wie vor
[30] Waldbreitbacher Franziskanerinnen, Filiale Asbach, Chronik des Jahres 1942
[31] Waldbreitbacher Franziskanerinnen, Filiale Asbach, Chronik des Jahres 1940

Die Satzungsanpassung erfolgte, um zu vermeiden, dass die Stiftung der Körperschaftssteuer unterliegt.

In den Satzungen von 1936 und 1943 sind keine Anfallsberechtigten benannt (was mit dem Vermögen geschieht, wenn sich die Stiftung auflöst/aufgelöst wird). Auch enthalten die Satzungen keine Regelungen, dass die Stifterfamilie von Nesselrode in Entscheidungen der Stiftung einbezogen wird/werden muss.

Am 17.7.1944 wurde der Haushalt des Jahres 1944 in Einnahme und Ausgabe auf 77.000 Reichsmark festgesetzt. Es war nur ein Beiratsmitglied anwesend.

Danach gab es mehrere Jahre keine Sitzungen mehr.

Aufgrund einer Anordnung der amerikanischen Militärverwaltung wurde der Amtsbürgermeister (und damit Vorsitzender der Stiftung) Dr. Josef Kuhn am 30. Juni 1945 aus seinem Amt entfernt. 1949 erfolgte seine Rehabilitierung.

Kriegsereignisse

Die im Hospital der Ehrensteiner Armenstiftung tätigen Schwestern der Waldbreitbacher Franziskanerinnen haben die Auswirkungen der NS-Herrschaft und des Krieges auf das Asbacher Hospital niedergeschrieben.

In ihrer Chronik sind folgende Ereignisse dokumentiert:

1942

Hochw. Herr Weihbischof Dr. Stockums aus Köln brachte am 10. und 11. Mai in unserer Kapelle das heilige Opfer dar, da er in Asbach die heilige Firmung spendete. Schon waren Triumphbogen, Girlanden, Fähnchen und dergleichen aufgestellt und befestigt zum festlichen Empfang, als höherer Befehl kam, alles zu entfernen. So musste auch unser Glöckchen aus der Kapelle zu Kriegszwecken heruntergeholt und verwendet werden.

Am 16. Juni wüteten über Asbach die Flieger, dass auch an unserem Hause sechs Fensterscheiben ganz und mehrere teilweise zertrümmert wurden. Vor dem Hause zündete eine Brandbombe, die aber gleich mit Sand gelöscht werden konnte und keinen Schaden anrichtete. Seitdem schreckt uns öfters Fliegeralarm, namentlich bei Nacht, doch kamen wir noch bis jetzt schadlos, mit dem Schrecken davon.

1943

Obschon die feindlichen Flieger oft und stundenlang unser Haus umkreisten und uns manche Stunde der Nachtruhe raubten und manchmal Schrecken und viel Angst bereiteten, kamen wir immer schadlos davon. Wir durften Obdach und Pflege geben denen, die alles, Hab und Gut verloren und unser Haus war nie so belegt und besucht wie dieses Jahr. Auch das Isolierhaus war beständig mit Diphtherie- und Scharlachkranken belegt.

In der Nacht vom 10. auf den 11. Juni hielten wir wieder nächtliche Anbetung vor ausgesetztem hochwürdigstem Gut, als Fortsetzung des ewigen Gebetes in der Pfarrkirche. Diesmal wurde plötzlich durch Fliegeralarm gestört und die Schwestern mussten ihre Kranken von den Stationen in den Luftschutzkeller bringen. Nur einige wenige harrten bei schwachem Kerzenlicht in der Kapelle. Doch war nach einer Stunde die Gefahr vorbei.

1944

Nachdem der Feind unsere Reichsgrenze überschritten hat, kommen täglich viele Menschen aus den kriegsgefährdeten Gebieten, um hier Unterkunft zu suchen.

Fast allabendlich bitten Obdachlose und Durchziehende um Herberge für die Nacht. So gaben wir von September bis Ende des Jahres an 90 Personen vorübergehend, öfters für einige Tage, Unterkunft und Verpflegung, bis sie ein bescheidenes Heim irgendwo erhielten.

Die Schwestern des St.-Elisabeth-Krankenhauses und vom St.-Petrus-Haus, Bonn, brachten Sachen und Möbel nach hier zur Sicherung und Aufbewahrung wegen der öfteren und großen Fliederangriffe auf Bonn und Umgebung.

Seit dem 18. Dezember wohnt hier in der Nähe ein aus den Kriegsgebieten geflüchteter Priester, der nun täglich in unserer Kapelle die heilige Messe feiert.

Der elektrische Strom versagt, das Wasser bleibt an verschiedenen Tagen aus und das Brennmaterial kann wegen der großen Transportschwierigkeiten nicht beschafft werden. Mit spärlichem Licht muss man sich behelfen, da auch Kerzen und Petroleum kaum zu haben sind. Unser Kurzwellenapparat, wie die Höhensonne defekt geworden, konnten bis jetzt, nach vier Monaten, nach nicht in Ordnung gebracht werden, weil keine Arbeiter und keine Ersatzteile zu bekommen sind.

Am 4.Februar wurde uns ein amerikanischer Fallschirmjäger gebracht, der beim Absturz –in der Nähe von Stockhausen- einen doppelten Beinbruch erlitten hatte. Wir legten ihm Verband an, betteten und labten ihn, bis er nach einigen Stunden zum Flughafen Eudenbach transportiert wurde.

Durch eine Aufforderung der Regierung und des Gesundheitsamtes mussten unsere alten Leutchen im Monat September bei ihren Angehörigen untergebracht werden, weil das Haus für Kriegszwecke freigehalten werden sollte. Einige, die keine Angehörigen mehr hatten, haben wir auf dem Speicher und anderweitig untergebracht.

Im Übrigen konnten wir unbehindert unsere Krankenpflege ausüben und war unser Haus stets gut mit Kranken belegt.

1945

Dieses Jahr wird allen, die es durchlebt haben, unvergesslich bleiben. Brachte es uns doch so viel Schrecken, Angst, Not und Leid wie je ein Jahr und das schreckliche Kriegsende.

14. Januar. Durch Bombeneinschlag auf das nahe Wehrertüchtigungslager wurde der größte Teil unserer Fensterscheiben zertrümmert, Türen und Wände beschädigt, die große Lampe im Operationszimmer zertrümmert. Im genannten Wehrertüchtigungslager blieb ein Junge tot und zwölf wurden mehr oder weniger verletzt und alle wurden nach hier zur Pflege gebracht. Sie erholten sich bald wieder, außer einem, dem das linke Bein amputiert wurde, der bis zum Beschuss –bis Mitte März- in unserer Pflege blieb.

19. Januar. Schwester M. Maurina (Maria Birtel), und Schwester M. Sekundilla (Susanna Blasen) wurden uns zur Hilfe in der Krankenpflege vom Mutterhaus geschickt.

Das Telefon wurde aus dem Hausflur in das Büro verlegt. Die Fliegerangriffe mehren sich. Man ist bei Tag und Nacht nicht mehr sicher.

23. Februar. Nach einem Fliegerangriff auf die in Asbach stehenden Wohnwagen eines Kölner Artisten wurden uns zwei Verletzte gebracht. Der junge Mann starb nach einigen Stunden, das

Mädchen erholte sich langsam. Im Haus wurden alle Fenster zertrümmert und alle Türrahmen herausgerissen.

9. März. Heute Nachmittag fielen die ersten zwei Artillerieeinschläge auf Asbach. Wir richteten sofort Betten im Keller ein für Kranke und alle Insassen des Hauses und wir wohnten 17 Tage ganz im Keller, bei notdürftiger Beleuchtung. Anfangs versuchten wir noch in der Küche zu kochen, aber bald schien auch dies zu gefährlich, da die Schüsse und Einschläge sich mehrten und verstärkten. Oben an der Pforte war reger Betrieb, Verwundete kamen und wurden gebracht zum Verbinden, um bei nächster Gelegenheit weitertransportiert zu werden, nach Flammersfeld, Marienstatt, Hachenburg usw. Einige Soldaten sind schon bald ihren Verletzungen erlegen, andere waren schon tot als man sie brachte und ihre Bergung bzw. ihre Beerdigung war äußerst schwierig bei dem andauernden Beschuss.

Unsere Krankenschwestern hielten auf ihren Stationen tapfer aus, im Dienste der Verwundeten, bei allem Getöse der Geschütze.

Am 10. März brachte man uns zwei Männer aus Oberplag, durch Artilleriebeschuss verletzt, davon einer schon in kaum einer Stunde seinen schweren Verletzungen erlag. In der Nacht vom 13. bis 14. März war ein fürchterliches, fast ununterbrochenes Krachen der Artilleriegeschosse. Auf der Flammersfelder Straße schlug ein Volltreffer in ein Wohnhaus und es gab sieben Tote und mehrere Verletzte.

Am 11. März erhielt die Pfarrkirche von Asbach einen Volltreffer und als später noch ein zweiter erfolgte, stürzte das Gewölbe ein. Außenmauern und Turm blieben stehen, aber die Kirche konnte nicht mehr benutzt werden. Das Allerheiligste konnte noch rechtzeitig geborgen werden, wie auch verschiedene Sachen, die man später aus den Trümmern zog und uns zur Aufbewahrung brachte.

Am 13. März wurden drei, am 14. März zwei Kinder und am 16. März ein Kind dort getauft, die auch hier im Keller geboren wurden. Am 14. März brachte Herr Pastor Deckers das Allerheiligste aus unserer Kapelle in den Keller, in das Einmachzimmer, das wir dann notdürftig als Kapelle herrichteten. Von da an hatten wir dort täglich zwei heilige Messen.

19.März. St. Josefsfest. Da Hochwürden Herr Pastor Deckers doch heute Namenstag hatte, suchten wir die heilige Messe durch entsprechende Lieder zu verschönern, und ergreifend war es, wie aus aller Munde begeisternd und stehend die Lieder zum heiligen Josef durch die Kellerräume schallten. Da traf um die Mittagsstunde ein Treffer unsere Kapelle. Sämtliche Fenster in Kapelle und Haus sind zertrümmert. In Stall und Scheune schlug eine Phosphorbombe ein und zündete. Alles stand in hellen Flammen, Heu und Stroh verbrannte, das Vieh konnte gerettet werden. Unsere liebe Schwester Nomata und liebe Schwester Ernestine hatten so viel Mut und Geistesgegenwart, dem Feuer entgegenzutreten und die im Schuppen gelagerten Briketts, Kohlen, Holz, Kartoffeln usw. zu retten. Die Feuerwehr von Asbach kam, machte einige Löschversuche und zog bald wieder ab, indem man uns bedeutete, es sei zu gefährlich bei dem anhaltenden Beschuss.

20. März, nachmittags gegen 3 Uhr fürchterliches Gedonner der Geschütze, Flak, Bomben schlugen ein und in unserem Hof wurden schwere Bäume geknickt und zerschlagen. Nachdem uns am 17. März unser Hausarzt Dr. Boy verlassen und wir ohne Arzt waren, ordnete der hinzueilende Stabsarzt an, dass zwei Sanitätssoldaten Tag und Nacht an der Pforte verbleiben sollten, um den Schwestern bei den Verwundeten helfend beizustehen. Am 23. März wurden auch sie zur Kampflinie gerufen. In der Nacht vom 23. auf den 24.März entstanden durch Bombeneinschläge weitere Schäden an Haus und Kapelle. Das ganze Dach ist wie ein Sieb durchlöchert und zerschossen. Das Gedröhne der Geschütze und Krachen der Bomben dauert auch noch am anderen Tage fort und unter furchtbarem Krachen und Blitzen brachten Herr Pastor und Herr Vikar am 25. März –Palmsonntag- im Keller das heilige Messopfer dar, wo wir jeden Augenblick gefasst darauf waren, dass wir zu Tode getroffen wurden. So kam es, dass auch die beiden Geistlichen sich an diesem Morgen nicht aus unserem Keller wagten, nicht nach Hause gehen konnten. Unsere Kapelle erhielt nochmals einen Volltreffer. Das Standbild der Schmerzhaften Mutter, im Vorraum der Kapelle, das Harmonium, einige Bänke und Figuren waren vollständig zertrümmert.

Da traf gegen 12.30 Uhr ein Amerikaner ein, und mit aufgepflanztem Bajonett durchschritt er den Raum, sich nach den Insassen erkundigend. Wir atmeten erleichtert auf in dem Gedanken, dass das Schießen und Bombardieren, das Gedröhne jetzt aufhören und wir gerettet seien. Doch blieben wir auf Anraten des Kommandanten noch zwei Tage im Keller und wagten uns dann langsam wieder an das Tageslicht. Doch unser Entsetzen war groß, als wir sahen, was der Feind alles angerichtet hat. Trümmer und große Schutthaufen überall. „Der Deutsche soll wissen, was Krieg ist", sagte ein Amerikaner, als wir unser Bedauern ob der Verwüstung ausdrückten. Asbach sieht sehr zerstört aus, fünf Wohnhäuser sind ganz abgebrannt. Die Wohnung des benachbarten Herrn Landwirtschaftsrates Schwan stürzte noch am selben Morgen, 10.00 Uhr ganz ein und begrub die ganze Familie Schwan mit verschiedenen Verwandten und Lehrpersonen. Gegen 1 Uhr konnten einige Personen aus den Trümmern noch lebend herausgebracht werden und wurden uns zur Pflege anvertraut, welche sich auf einige Monate erstreckte. In Asbach sind 41 Einheimische und 16 evakuierte Zivilpersonen zu Tode gekommen, ohne die vielen Soldaten, die teils auf unserem Friedhof, teils in Wäldern und an Wegen bestattet liegen.

26 März: Nachdem die Anwohner der Haupt-, Honnefer- und Bahnhofstraße ihre Wohnungen verlassen mussten, wurden sie hier im Hause und den Nebengebäuden untergebracht und beköstigt. Am anderen Tage musste das eigentliche Krankenhaus wieder freigemacht werden für Kranke. Doch im Isolier- und Nebenhaus verblieben noch mehrere Personen, die sonst kein Obdach hatten. Sie wohnten z.B. im Isolierhauskeller, 17 Personen mehrere Wochen. Wir versorgten alle nach besten Kräften und es kamen auch noch viele Obdach- und Heimatlose, die eine Zeitlang hier Essen holten.

1. April –Ostern-. Wir feierten es in der notdürftig hergerichteten Kapelle unseres Hauses, welche nun als Pfarrkirche galt. Die Fenster wurden mit Brettern zugenagelt, bis auf zwei Oberlichter, die offenblieben. Der Himmel war uns gnädig, dass er sonniges Wetter schickte. Aber Ostermontag stellte sich Regen ein und wir empfanden nur zu sehr, dass das Dach zertrümmert war.

Wohl wehmütig und ergreifend war es, als von den vielen Stimmen unter Trümmern und Schäden das Osterhalleluja erscholl. Unsere Kapelle sollte vorläufig als Pfarrkirche dienen und so hatten wir täglich zwei und sonntags vier heilige Messen. Nur schade, dass sie nicht viele Leute fassen konnte, sich als zu klein erwies. Als bis zum 14.Juli eine Notkirche eingerichtet war, wurde das Allerheiligste in feierlicher Prozession unter zahlreicher Beteiligung dorthin gebracht.

Am 24. April begann Dr. Heinz Preußer aus Köln seine Tätigkeit als Arzt im Asbacher Krankenhaus. Da für ihn keine Wohnung zu finden war wohnte er einige Monate im Krankenhaus.

Wiederaufbau

Not und Bedrängnis auf allen Gebieten hat uns dieses Jahr gebracht. Die Wasserleitung, das elektrische Licht, Telefon und Post versagten schon Anfang März. Erst Anfang September kam das Wasser vormittags ½ Stunde, das Licht noch später und auch nur stundenweise. Telefon ist noch nicht in Ordnung. Vom 1. November konnten Postkarten zur Beförderung abgegeben werden, seit 15. November auch Briefe, aber nur unter besonderen Vorschriften.

Nur mühsam und ganz langsam schreiten die Ausbesserungsarbeiten voran, da die Beschaffung der Materialen äußerst schwierig ist. Wer keine Lebensmittel als Gegengabe geben kann erhält kein Material und keine Handwerker. Erst Ende Dezember konnten wir die Dachdeckerarbeiten am Krankenhaus und an der Kapelle durchführen. Obwohl bis jetzt schon viele der großen Schäden ausgebessert sind, bleibt noch viel zu tun für Maurer, Schreiner und Anstreicher, bis alles wieder einigermaßen in Ordnung gesetzt ist. Baumaterial ist sehr schwer, ja kaum zu bekommen. Auch die Lebensmittel sind sehr knapp und kaum zu erhalten. Im Juli 1946 erhielt die Kapelle wieder Fenster eingesetzt, die 1945 durch den Beschuss zertrümmert worden waren. Im Herbst folgte die Instandsetzung des Altarraumes und der Bänke.

Im Dezember 1946 verteilten die Schwestern an Bedürftige Lebensmittel, die vom Caritasverband bereitgestellt worden waren".[32]

In einer Chronik der Franzikanerinnen in Asbach wird der Mut und die Zuversicht der Schwestern deutlich.

Am Schluss der Berichte über die Kriegsereignisse des Jahres 1945 heißt es: „*Beim Rückblick auf dieses Jahr wollen wir dem lieben Gott danken, dass er uns noch erhalten und Kraft und Stärke gab, diese vielen Schrecken und Nöte zu überwinden. Im Vertrauen auf seinen ferneren, gnädigen Beistand und Schutz wollen wir der Zukunft mit neuem Mut entgegensehen*".

1945 wurden im Asbacher Hospital 90 Operationen durchgeführt, 541 kranke und 20 alte Menschen betreut. Stark stieg die Zahl derjenigen, die wegen ihres Hungers an die Pforte klopften. Die Schwestern verabreichten dort über 2500 Mahlzeiten.[33]

Auf Anregung des Caritasverbandes Koblenz fanden im Sommer 1945 Sammlungen für die deutschen Gefangenen statt. Die Asbacher Schwestern beteiligten sich dreimal an den Sammlungen für die Gefangenenlager in Koblenz-Lützel und Andernach. „Jedes Mal mit gutem Erfolg".[34]

Zu Beginn des Jahres 1946 zählte der Asbacher Convent 13 Schwestern.

Am 1. Juni 1946 wurde Schwester Cölina Elisabeth Enteneuer neue Oberin in Asbach. Ihre Vorgängerin Schwester Oberin J. Jukunda übernahm die Leitung des Franziskus-Krankenhauses in Cochem.

Unsichere Zeiten

In der Nacht zum 26. Juni 1946 hatte das Stiftungsgebäude in der Hospitalstraße unangenehmen Besuch. Diebe drangen in den Keller ein und entwendeten 10 Brote, Butter und drei Zehnter eingelagerte Kartoffeln. Auch in der Nacht zum 20. Oktober kamen Diebe. Sie stahlen 8 Hühner und zwei Gänse.

Vom 23. August 1946 an stand dem Hospital wieder ein Röntgenapparat zur Verfügung.

---

[32] Über einige Jahre dieser schwierigen Zeit sind im zentralen Ordensarchiv der Franziskanerinnen BMVA von Waldbreitbach zwei Chroniken vorhanden.
[33] Waldbreitbacher Franziskanerinnen, Filiale Asbach, Chronik des Jahres 1945.
[34] Wie vor.

Mit zehn Mädchen begann am 4. November 1946 die Nähschule. Schnell kletterte die Zahl auf 30.

Im Dezember 1946 wurden im Hospitalgebäude die durch die Kriegseinwirkungen beschädigten Fenster erneuert.[35]

Über das Jahr 1946 heißt es zusammenfassend in der Chronik der Ordensschwestern:

„Ein schweres Jahr ist zu Ende gegangen. An Not, Sorgen und Leid war 1946 reich. Die Lebenshaltung gestaltete sich immer schwieriger. Wegen Lebensmittelzuteilungen mussten wir oft nach Neuwied und Koblenz reisen. Da von hier keine andere Fahrgelegenheit ist, mussten wir uns bemühen eine Fahrgelegenheit mit einem Auto ausfindig zu machen. Auch das Heizmaterial ist sehr knapp. Koks konnten wir nicht erhalten. Bei der vor Weihnachten einsetzenden starken Kälte war das Haus nur mangelhaft geheizt mit Kohlen und Briketts. Unsere Aufgabe ist es, die Not lindern zu helfen, soviel in unseren Kräften steht. Dem lieben Gott wollen wir danken, dass er uns im verflossenen Jahr Kraft und Gnade dazu gab".

Stiftungskommission tagt wieder

Das für die Belange der Stiftung verantwortliche Gremium, die Stiftungskommission, kam nach dem Krieg erstmals am 1. April 1947 zusammen.

Unter Vorsitz von Amtsbürgermeister Philipp Schöneberg trafen sich zur Sitzung:

Pfarrrektor Franz Maaßen[36] sowie die Bürgermeister Peter Stockhausen aus Germscheid (Gemeinde Elsaff) und Heinrich Jüngling aus Hinterplag (Gemeinde Schöneberg).

Das Gremium beschloss nachträglich den Stiftungshaushalt des Jahres 1946. Die Einnahmen und Ausgaben sind auf 95.000 Reichsmark festgesetzt worden. Weil das Jahr schon abgelaufen war hatte der Beschluss nur deklaratorische Bedeutung, aber keine rechtliche Wirkung.

Bei der Sitzung kam zur Sprache, dass nicht alle Freistellen besetzt waren. Zur Begründung wurde im Protokollbuch vermerkt, dass *„weitere bedürftige Personen, die Willens sind eine Freistelle anzunehmen, fehlen".*

Die Stiftungsvertreter wiesen aber auch darauf hin, dass die Zahl der Barpfründe (Personen, die einen Geldbetrag erhalten), erhöht worden sei. Statt 13 Reichsmark sind jährlich 25 Reichsmark gezahlt worden (auf jederzeitigen Widerruf).

Das Gremium orientierte sich bei seinem Beschluss über die Höhe der Barpfründe an den Kosten für den freien Unterhalt im Hospital. Dieser betrug 2,50 Mark/Tag.

Amtsbürgermeister Schöneberg leitete nur diese eine Stiftungssitzung.

Der frühere Gewerkschaftssekretär aus Neuwied war im Juni 1945 von der Militäraufsicht als Asbacher Amtsbürgermeister eingesetzt worden, damit auch Leiter der Armenstiftung.

Am 20.04.1947 wurde er als Amtsbürgermeister zwangsweise beurlaubt. Gründe sind in den Unterlagen nicht genannt. Im Juni 1947 wurde Schöneberg nach Weißenturm versetzt.

Der Stiftungshaushalt des Jahres 1947 wurde am 06. Oktober unter Leitung des neuen Amtsbürgermeisters Dr. A. Leo Nettmann beschlossen. Dr. Nettmann hatte zuvor in Betzdorf als kommissarischer Bürgermeister gearbeitet und war am 4. September 1947 mit der

---

[35] Chronik des Jahres 1946
[36] Pfarrrektor Franz Maaßen wurde am 09.11.1947 zum Asbacher Pfarrer ernannt.

Wahrnehmung der Geschäfte des Amtes Asbach beauftragt worden.[37] Somit auch für die Armenstiftung verantwortlich.

Der Etat der Stiftung sah Einnahmen und Ausgaben von je 77.000 Reichsmark vor.

Darüber hinaus änderte das Stiftungsgremium die Satzung und legte fest, welche Amtsträger für die Stiftung rechtsverbindlich handeln.

§ 1 der Satzung regelt dies. Er hat folgenden Wortlaut:

„Der jeweilige Amtsbürgermeister aus Asbach und der jeweilige katholische Ortsgeistliche aus Asbach sind geborene Mitglieder des Verwaltungsbeirates der Ehrensteiner Armenstiftung. Der Amtsbürgermeister führt den Vorsitz. Er wird vom Ortsgeistlichen vertreten. Dem Verwaltungsbeirat gehören weiter drei Beisitzer an, die von den Gemeindevertretungen von Asbach, Elsaff und Schöneberg zu wählen sind. Jede Gemeinde hat einen Vertreter zu entsenden".

Auch bei diesem Beschluss ist nichts darüber vermerkt, dass bei Stiftungsentscheidungen die Familie von Nesselrode mitwirkt bzw. ein Mitspracherecht hat. Deshalb ist davon auszugehen, dass die Familie von Nesselrode bei Angelegenheiten der Stiftung nicht beteiligt worden ist.

In der Niederschrift über Sitzungen der Stiftungsvertretung führt das Gremium die Bezeichnung: Verwaltungskommission. Gemäß der im Jahr 1947 beschlossenen neuen Satzung hatte die Stiftungsvertretung aber den Namen Verwaltungsbeirat.

Ansicht von der Laurentiusstraße aus (noch unbebaut) auf das Hospital im Oktober 1948. Foto: Vogt, Asbach

Währungsreform – Hospitalbetten bleiben leer

1948 wurde die Deutsche Mark eingeführt. Der erste Haushalt der Stiftung mit DM-Beträgen sah Einnahmen und Ausgaben von je 37.600 DM vor.[38]

---

[37] Klein Lorenz, 2009, Heimatchronik der Verbandsgemeinde Asbach und ihrer Ortsgemeinden, Berlin
[38] Beim Umtausch der DM-Währung in Euro wurde der Umtauschkurs wie folgt festgelegt: 1 Euro = 1,95 DM.

Nach der Währungsreform war das Hospital nur schwach belegt. Viele Betten blieben ungenutzt. „*Möglicherweise ist dies darauf zurückzuführen, dass die Menschen nur wenig Geld zur Verfügung haben*", mutmaßten die Verantwortlichen. 1948 hatte das Hospital 322 Patienten. Die Pflegetage addierten sich auf insgesamt 6811. Im Altenheim der Stiftung lebten 18 ältere Menschen.[39]

Stiftungsgebäude im Jahr 1948. Die über dem Eingang in Stein gemeißelte Inschrift „Hospital" ist vor dem Abriss des Gebäudes abgebaut und in eine Wand der heutigen Klinik eingelassen worden (Zugang zur Kapelle, auf der linken Seite). Foto: Vogt, Asbach

Als Folge der niedrigen Belegung waren die Finanzmittel knapp. Deshalb verschob die Stiftung geplante Instandsetzungsarbeiten und Anschaffungen.

Am 12. Juli 1948 kam ein besonderer Gast in das Klinikgebäude. Der Kölner Erzbischof Dr. Joseph Kardinal Frings besuchte das Haus. Der Kardinal dankte den Schwestern für ihre aufopfernde Hilfe in dem Hospital und gewährte ihnen 3 zusätzliche Ferientage, ist in der Chronik vermerkt.[40]

Die im Krieg zerstörte Höhensonne wurde im März 1949 durch ein neues Gerät ersetzt. Schwierig war die Instandsetzung des Röntgengerätes. Erst im September 1949 gelang es für die defekt gewordene Röntgenröhre eine neue zu bekommen. Übergangsweise nutzte das Hospital eine Diagnostik-Ölhaube.

Bürgermeister wird beurlaubt – seine Stiftungsleitung endet

Am 21. Januar 1949 wurde Dr. A. Leo Nettmann für 10 Jahre zum Bürgermeister gewählt.[41] Die Zusammenarbeit des Bürgermeisters mit den übrigen Verantwortlichen des Asbacher

---

[39] Waldbreitbacher Franziskanerinnen, Filiale Asbach, Chronik des Jahres 1948
[40] Wie vor
[41] Niederschrift über die Sitzung der Asbacher Amtsvertretung.

Amtes und der Gemeinden war allerdings schon nach kurzer Zeit sehr konfliktträchtig. Daraus folgerte, dass die Amtsvertretung Dr. Nettmann als Bürgermeister ablehnte, wie sich aus den Unterlagen der Verwaltung ergibt. Der Rat begründete dies damit, dass er nicht mit Dr. Nettmann zusammenarbeiten könne. Außerdem wurde dem Amtsbürgermeister vorgeworfen gegen Dienstpflichten verstoßen zu haben. Am 19. Mai 1950 erfolgte durch den Landrat des Kreises Neuwied die zwangsweise Beurlaubung von Dr. Nettmann, dem damit auch nicht mehr die Leitung der Armenstiftung oblag.

Dr. Nettmann klagte erfolgreich gegen die Entscheidung des Kreises. Die Asbacher Ratsmitglieder forderten Landrat Dr. Wilhelm Bruchhäuser auf gegen das Urteil Berufung einzulegen. Nach ihrer Ansicht sei der Bürgermeister nicht fachlich qualifiziert für das Amt. Dr. Bruchhäuser lehnte es ab weiter juristisch gegen den Bürgermeister vorzugehen.

Am 9. Mai 1952 wurde Dr. A. Leo Nettmann von Landrat Bruchhäuser wieder in das Bürgermeisteramt eingeführt, verbunden mit Ehrenerklärungen.[42] Von dem Tag an oblag Dr. Nettmann auch wieder die Leitung der Ehrensteiner Armenstiftung.

In der Schwesternschaft gab es ebenfalls Veränderungen. Am 23. März 1949 wurde Schwester Cölina Elisabeth Enteneuer als Oberin in Asbach abberufen. Sie übernahm eine Einrichtung in Engers. An ihre Stelle trat Schwester Pinnosa Katharina Schiller.[43]

Im Jahr 1950 wurden die Einnahmen und Ausgaben der Stiftung auf je 57.600 DM festgesetzt. An einigen Stellen des Hospitalgebäudes erfolgten Instandsetzungsarbeiten.

Viele Flüchtlinge aus dem Osten klopften an die Pforte des Hospitals und baten um Hilfe. *„An manchen Tagen 15 bis 20 Personen"* steht in der Ordenschronik über das Jahr 1950. *Manche Hilfesuchenden blieben längere Zeit in dem Gebäude. Bis ihnen eine andere Unterkunft zur Verfügung stand. An der Pforte erhielten 3590 Menschen eine Mahlzeit (1949 = 410).*

1950 wurden 368 Patienten behandelt und 85 Operationen durchgeführt.

In dem Jahr zahlten die Krankenkassen für ihre Patienten im Hospital folgende Pflegesätze/Tag:

Säuglinge:	1,50 DM
Kinder bis 10 Jahre	3,11 DM
Ältere Kinder/Erwachsene	4,14 DM.

Hilfebedürftige Personen gehörten oftmals keiner Krankenkasse an.

Für sie setzte die Stiftung folgende reduzierte Sätze fest.

Säuglinge:	1,20 DM
Kinder bis 10 Jahre:	2,70 DM
Ältere Kinder/Erwachsene:	3,90 DM

Diese Beträge galten für die niedrigste Pflegeklasse, die Klasse III.

Deutlich höhere Beiträge waren für die II. Klasse zu entrichten. Diese überstiegen erheblich die Sätze der Krankenkassen (Erwachsene z.B. 6,50 DM).

Acht von der Stiftung betreute Personen konnten auch die reduzierten Sätze nicht aufbringen. Für sie legte die Armenstiftung noch niedrigere Beträge fest. Je nach ihren wirtschaftlichen Möglichkeiten zahlten sie statt 3,90 DM täglich zwischen 2,50 - 3 DM.

---

[42] Niederschrift über die Sitzung der Asbacher Amtsvertretung
[43] Waldbreitbacher Franziskanerinnen, Filiale Asbach, Chronik des Jahres 1949

1950 wurde in Asbach die Müllabfuhr eingeführt.[44] Ein Privatunternehmer holte wöchentlich den (unsortierten) Müll ab und fuhr ihn auf eine offene Kippe, außerhalb des Ortes. Die Stiftung schloss das Hospital an dieses Müllsystem an. Monatlich waren zwei DM zu zahlen.

Das Hospital erhielt die Nahrungsmittel von Asbacher Gewerbebetrieben. Die Stiftung zeigte sich 1950 bereit auch andere Lieferanten aus dem Amt Asbach zu berücksichtigen –wenn sie die gleichen Preise gewährleisteten -.

Die Höhe der Schwesternvergütung sorgte 1951 für Diskussionen zwischen der Stiftung und dem Mutterhaus der Franziskanerinnen. Der Orden hatte beantragt vom 1. Januar 1951 für jede Schwester monatlich 45 DM zu zahlen. Die Stiftung war bereit vom 1. April des Jahres an je Schwester 35 DM aufzubringen. *„Ein darüber hinaus gehender Betrag kann im Hinblick auf die äußerst angespannte Finanzlage der Stiftung leider nicht gezahlt werden,"* erklärte die Stiftungsvertretung.

Auf welchen Betrag sich die Stiftung und der Orden einigten, ist in den Unterlagen der Stiftung nicht vermerkt.

Neugeregelt wurde 1951 auch die Vergütung der vier im Hospital beschäftigten Hausgehilfinnen. Die jüngste bekam 40 DM, die älteste 65 DM im Monat.

Keinen Erfolg hatte die Stiftung mit Ihrem Antrag, vom Land Rheinland-Pfalz einen Zuschuss zu erhalten.

Am 28. Juni verließ Dr. Preußer das Hospital, um sich als Arzt in Köln niederzulassen. Dr. Hartmann, Facharzt für Chirurgie aus Köln, wurde als neuer Hospitalarzt beschäftigt.

Hospital droht das Ende

Doch wie lange kann der neue Arzt im Krankenhaus tätig sein? Wie lange wird das Hospital der Ehrensteiner Armenstiftung noch der Bevölkerung zur Verfügung stehen? Diese Fragen stellten sich dringlich.

Für alle war sichtbar, dass der Zahn der Zeit, aber insbesondere die letzten Monate des Weltkrieges an dem Gebäude und der Einrichtung deutliche Spuren hinterlassen hatten. Im Frühjahr 1945 war das Krankenhaus/Altenheim stark beschädigt worden.

Die Verantwortlichen der Stiftung waren sich der riesigen Probleme bewusst. Durch Gebäudesanierungen und neue medizinische Geräte wollten sie das drohende Ende des Hospitals verhindern. Allerdings schränkte die angespannte finanzielle Situation ihre Möglichkeiten erheblich ein.

Deshalb heißt es im Protokoll über die Stiftungssitzung vom 10. Oktober 1951:

„Wenn der Schließung des Krankenhauses vorgebeugt werden soll, kann die Neuanschaffung von Chirurgieinstrumenten, eines Stabilisators und eines Röntgenapparates nicht länger aufgeschoben werden".

Um diese Gegenstände bezahlen zu können sollten in den Mucher Wäldern der Stiftung Fichten abgeholzt und verkauft werden. Das Forstamt Siegburg erlaubte den Holzeinschlag.

Über 600 Festmeter Holz wurden an sechs holzverarbeitende Betriebe verkauft. Überwiegend kamen sie aus dem Amt Asbach. Die Einnahmen aus dem Holzeinschlag reichten aber nicht, um die Geräte im Gesamtwert von 48.000 Mark bezahlen zu können. 24.000 Mark sollte der

---

[44] Hinweis in der Niederschrift über die Sitzung der Stiftungsvertretung

neue Röntgenapparat kosten. Deshalb entschied die Stiftung, dass die größeren Geräte vorerst nicht gekauft werden.

1952 erwarb die Stiftung einen neuen Operationstisch. In dem Jahr wurden 326 Operationen durchgeführt. Es gab im Hospital 2802 ambulante Behandlungen.[45]

Die medizinische Betreuung oblag in dieser Zeit der Ärztin Dr. Pitsch und den Ärzten Dr. Hartmann und Dr. Schalla.

Die Gebäude des Hospitals in den 1950er Jahren (Blick in Richtung Marktstraße). Links das Isoliergebäude. Es war 1907 fertiggestellt worden. In dem Gebäude in der Bildmitte befand sich der Operationsraum. Von dort gab es einen Durchgang (drei Fenster) zur ersten Etage des Hospitaltraktes. Die Kapelle (rechts) entstand 1895. Sie wurde 1908 innen ausgemalt. Foto: Vogt Asbach

Erweiterungspläne – aber Mittel fehlen

1952 plante die Stiftung ihr Hospital zu erweitern. Das Kreisbauamt wurde beauftragt die voraussichtlichen Baukosten zu kalkulieren. Um das Bauvorhaben bezahlen zu können sollte aus Wäldern der Stiftung im Bereich Much weiteres Holz verkauft werden. Zwei Monate später, im Juli, wurde darüber in der Sitzung der Verwaltungskommission beraten.

Das Kreisbauamt hatte errechnet, dass eine Erweiterung des Krankenhauses 130.000 Mark kosten würde.

Zwischenzeitlich war auch geklärt, dass die Stiftung zusätzlich 3 Hektar Fichtenholz verkaufen konnte. Die zu erwartenden Einnahmen reichten nicht um den Erweiterungsbau bezahlen zu können. Der Holzverkauf würde höchstens ¾ der Kosten decken.

---

[45] Waldbreitbacher Franziskanerinnen, Filiale Asbach, Chronik des Jahres 1952.

Den Vertretern der Stiftung schien das Risiko zu hoch, die verbleibende Summe durch ein Darlehen zu finanzieren. Deshalb wurden alle Baupläne zurückgestellt. Am 29. September 1952 gab es hinsichtlich der Hospitalerweiterung neue Überlegungen. Das geplante Bauvolumen wurde reduziert, die finanzielle Obergrenze auf 60.000 Mark festgesetzt. Die Stiftung erteilte dem Kreisbauamt den Auftrag, unter Berücksichtigung dieser Kostenobergrenze einen neuen Plan zu fertigen.

1953 verzichtete die Stiftung auf die Bauabsichten. In den Unterlagen stehts nichts über die Gründe. Weil der Erweiterungsbau nicht verwirklicht wurde, entfiel auch der geplante Fichteneinschlag.

Wegen ihrer angespannten finanziellen Situation schränkte die Stiftung im Jahr 1952 für die Bediensteten des Hospitals die Möglichkeiten ein, Aufträge zu vergeben. Bei allen Reparaturen und Anschaffungen über 50 DM musste der Vorsitzende der Stiftungskommission zustimmen. Durch diese Einschränkungen sollte erreicht werden, dass nur das unbedingt Notwendige beschafft wird.

Gleichwohl war die Erhöhung der Barpfründe ein Thema. Vom 1. April 1952 an erhielten die von der Stiftung betreuten Menschen jährlich 180 DM (vorher 159 DM).

Viele Nichtsesshafte kamen täglich an die Pforte des Hospitals, um eine Mahlzeit zu erhalten. Diese Essensausgabe wurde 1952 beschränkt. Es gab nur dann noch zu essen, wenn sich die Person vorher beim Fürsorgeamt einen Gutschein besorgt hatte. Das Fürsorgeamt war Teil der Amtsverwaltung, die in der Bahnhofstraße ihren Sitz hatte. 1962 wurde das Fürsorgeamt umbenannt in Sozialamt.[46]

Seit jeher waren die Erträge aus den verpachteten Grundstücken eine wesentliche Einnahme der Stiftung. 1952 schuf sie neue Regeln. Die Grundstücke wurden für jeweils 9 Jahre verpachtet und dabei auf der Basis der Pachtverträge aus den Jahren 1934/1935 die Pachtpreise zwischen 40 - 60 Prozent erhöht.

Der 1953 beschlossene Haushalt sah im ordentlichen Teil Einnahmen und Ausgaben von 108.000 Mark vor und im außerordentlichen (Investitionen) je 11.000 Mark.

Expertenrat soll Krankenhaus retten

Immer größer wurde die Sorge, das Hospital aus wirtschaftlichen Gründen nicht mehr führen zu können. Die Schließung drohte. Am 29. September 1953 entschied die Stiftungskommission Fachleute einzuschalten. Sie sollten das Hospital begutachten. Der Geschäftsführer des Zweckverbandes der Koblenzer Krankenhäuser und ein weiterer in Krankenhausangelegenheiten erfahrener Experte erhielten den Auftrag. Die Fachleute machten sich sachkundig und am 3. November 1953 wurde unter dem allgemein gehaltenen Punkt: „Besprechung von allgemeinen Angelegenheiten der Ehrensteiner Armenstiftung" in der Sitzung des Stiftungsvertretung Klartext geredet.

Die Gutachter erklärten, dass das Krankenhaus nicht mehr den Anforderungen entspricht. Dies gelte insbesondere für das Entbindungszimmer.

Das Altenheim der Stiftung müsse unbedingt vom Krankenhaus getrennt werden. Die geplante Erweiterung des Krankenhauses scheine wirtschaftlich nicht tragbar, da schon die vorhandenen Betten zu wenig genutzt würden.

---

[46] Durch die Einführung des Bundessozialhilfegesetzes am 1.6. des Jahres.

Die Ehrensteiner Armenstiftung müsse sich auf ihre wirklichen Aufgaben beschränken, das Krankenhaus einen anderen Rechtscharakter erhalten.

Vordringlich seien die Eigentumsverhältnisse an den Einrichtungsgegenständen zu klären. Die freiberuflich tätigen Ärzte müssten für die Nutzung des Operationsraumes und die Gestellung von Assistenz-Schwestern eine Vergütung zahlen.

Trotz der schwierigen finanziellen Situation entschied sich die Stiftung 1954 für bauliche Maßnahmen. Das Krankenhaus, wie auch das Altenheim im selben Gebäudekomplex, erhielten eine Kläranlage. An das Nebengebäude, in dem sich der Operationssaal und das Nähzimmer befanden, wurde ein Anbau errichtet. Im Kellergeschoß entstand ein Labor. Darüber hinaus wurde eine Leichenhalle geschaffen. Die Räumlichkeiten im Erdgeschoß sollten als Waschküche und Bügelraum dienen.

Für knapp 13.000 Mark wurde der Auftrag für die Erd- und Maurerarbeiten vergeben.

Der erste Stock des Anbaues blieb Rohbau. Sobald es finanziell möglich sei sollten dort Schlafräume für Hausgehilfinnen entstehen.

1954 arbeiteten im Asbacher Krankenhaus drei Ärzte.

Der von der Stiftung an das Amt zu zahlende Verwaltungskostenbetrag betrug 3.500 DM jährlich. Die Barpfründner erhielten von der Stiftung jährlich 240 DM.

Für einen bei der Stiftung tätigen landwirtschaftlichen Arbeiter wurden 150 Mark als Monatslohn (netto) gezahlt.

Keine Aufträge über 50 Mark

Die 1952 von der Stiftungsleitung getroffene Regelung, dass vom Hospital eigenständig Aufträge nur vergeben werden dürfen wenn ihr Wert unter 50 Mark liegt, blieb jahrelang bestehen. Der Stiftungsvorsitzende (Amtsbürgermeister) war befugt bis 100 Mark zu vergeben. Bei darüber hinaus gehenden Beträgen entschied die Stiftungskommission. Dieser gehörten in dieser Zeit an: Amtsbürgermeister Dr. Leo Nettmann (Vorsitzender), Dechant Franz Maaßen (stellvertretender Vorsitzender), der Asbacher Bürgermeister Johann Ditscheid, der Elsaffer Bürgermeister Josef Stroh aus Oberelles und der Schöneberger Bürgermeister Franz Winggen aus Krankel.

Für Diskussionen sorgte 1955 der von der Stiftung an die Verwaltung zu zahlende Kostenbeitrag. Die Asbacher Amtsvertretung forderte 5.000 DM jährlich.

Wegen der sehr angespannten Finanzlage sah sich die Stiftung aber außerstande diese Forderung zu erfüllen. Es solle bei 3.500 Mark für die Erledigung der Stiftungsaufgaben bleiben.

Die finanzielle Situation des Hospitals und damit für gesamte Stiftung wurde immer bedrohlicher. So verwendete die Stiftung im Jahr 1954 fast 66.000 DM für das Hospital. Für die von ihr betreuten Menschen wurden 2.700 DM bereitgestellt (2 Pfründner).

Aus der Verpachtung der landwirtschaftlichen Grundstücke erzielte die Stiftung jährlich etwa 8.000 DM (knapp 4.000 Euro).

Stiftungsleitung wird abgesetzt

Die Zeiten waren schwierig. Bei der Stiftung, aber auch im Rathaus. Am 11. Februar 1955 lehnte die Amtsvertretung die Zusammenarbeit mit dem Bürgermeister Dr. A. Leo Nettmann ab. Er wurde am 26.10.1955 „aus den gleichen Gründen wie vormals", zwangsbeurlaubt. Damit oblag Dr. Nettmann von dem Tag an auch nicht mehr die Leitung der Stiftung.

Das Asbacher Amt und die Stiftung führte fortan Edmund Buchholz. Die Amtsvertretung hatte ihn am 11. Februar 1955 zum ersten ehrenamtlichen Beigeordneten gewählt.[47]

Vom 2. Februar 1959 an leitete Buchholz als Amtsbürgermeister das Amt Asbach (und somit auch die Ehrensteiner Armenstiftung). Buchholz war vom Rat des Amtes Asbach am 4.9.1958 für die achtjährige Amtsperiode gewählt worden.[48]

An der Spitze des Konvents im Hospital gab es 1955 eine Veränderung. Schwester Oberin Pinnosa wurde nach sechsjähriger Tätigkeit in Asbach am 12. April abberufen. An ihre Stelle als Oberin trat am 23. Mai Schwester Libertine Luzia Gerleve.

Weil es im Asbacher Rathaus personelle Engpässe gab, verzichtete die Stiftung darauf weiter von der Verwaltung die Pflegekostenabrechnungen fertigen zu lassen. Mit diesen Arbeiten wurde eine separate Kraft betraut.

Einrichtung veraltet - keine Operationen mehr möglich

In den 50er Jahren wurden die baulichen Mängel am Stiftungsgebäude und der Einrichtung immer offenkundiger. Die durch die Kriegsereignisse entstandenen Bauschäden waren nur teilweise beseitigt worden, die Einrichtung, trotz verschiedener Ersatzbeschaffungen, veraltet. Besonders galt dies auch für den einen Operationsraum. Er entsprach nicht mehr den Ansprüchen der modernen Medizin, was auch die Gutachter schon 1953 festgestellt hatten.

Im Jahr 1955 untersagte das Gesundheitsamt Neuwied die Nutzung des Operationsraums.

Gegen diese Entscheidung formierte sich in der Bevölkerung Widerstand.

Mit Schreiben vom 02.12.1955 schickte der ehemalige evangelische Pfarrer Karl Prüßmann einen von zahlreichen Einwohner-/innen mitunterschriebenen Brief an das zuständige Ministerium in Mainz.

„Weite Teile der Bevölkerung des Asbacher Landes sind über diese Beschränkungen sehr aufgebracht" heißt es in dem Schreiben. Das Krankenhaus genieße in der Bevölkerung einen guten Ruf. Deshalb müsse alles getan werden, um es zu erhalten. Die Initiatoren der Eingabe wollten erreichen, dass das Krankenhaus und insbesondere der Operationsraum modernisiert werden und dann auch wieder Operationen durchgeführt werden können.

Am 16.01.1956 besichtigten Vertreter der Bezirksregierung Koblenz[49] und des Gesundheitsamtes Neuwied das Hospital. In ihrem schriftlichen Bericht listeten die Behörden zahlreiche festgestellte Mängel auf. So seien in dem einen Operationsraum septische[50] und aseptische Behandlungen durchgeführt worden.

Wegen der nicht mehr zeitgemäßen Ausstattung bleibe es dabei, dass in dem Krankenhaus nicht mehr operiert werden dürfe.

Am Tag der Besichtigung waren 15 der bereitstehenden 46 Betten belegt (teilweise aber keine Krankenfälle). Die Besichtigungskommission ging davon aus, dass eine höhere Belegung nicht

---

[47] Niederschrift über die Sitzung der Amtsvertretung.
[48] Wie vor
[49] Im Rahmen einer Strukturreform sind die rheinl.pfälzischen Bezirksregierungen im Jahr 2000 aufgelöst worden. Die Nachfolgebehörden heißen ADD (Aufsichts- und Dienstleistungsdirektion) bzw. SGD (Struktur- und Genehmigungsdirektion)
[50] Durch Krankheitserreger verunreinigt

erreicht werden könne. Auch weil die Zusammenarbeit zwischen Klinik und örtlichen Ärzten „nicht gut" sei. Diese würden ihre Patienten öfters in andere Krankenhäuser schicken, wird in dem Bericht vermerkt.

Die Behördenvertreter wandten sich aber nicht generell gegen einen Krankenhausstandort Asbach. Ein Krankenhaus mit 60 Betten hielten sie für tragbar.

Franziskanerinnen verlassen das Hospital

Mit Einschreiben vom 30. Juni 1955 kündigte das Mutterhaus der Franziskanerinnen den Vertrag über die Gestellung der Schwestern zum 1. April 1956. Der Orden sah sich zu seinem Bedauern zu dem Schritt gezwungen, weil wegen des Schwesternmangels nicht mehr genügend Schwestern in Asbach eingesetzt werden könnten.[51]

Dr. Leo Nettmann, Amtsbürgermeister und Stiftungsvorsitzender, hatte das Kündigungsschreiben erhalten. Bis zu seiner erneuten Zwangsbeurlaubung (26.10.1955) waren aber keine Bemühungen bekannt geworden die Kündigung abzuwenden oder eine andere Lösung zu finden.

Dies versuchte dann anschließend die Stiftung, angeführt von dem Beigeordneten Edmund Buchholz. Es gelang aber nicht.

In der Statistik über die Arbeit des Krankenhauses im Jahr 1955 ist vermerkt:[52]
346 Kranke an 6089 Pflegetagen.
 16 Bewohner im Altenheim, darunter 3 Pfründner (Freistelleninhaber)
 51 Wöchnerinnen an 604 Pflegetagen
136 Operationen
323 Speisen an der Pforte
20 Mädchen wurden in der Nähschule unterrichtet.

Am 11. Januar 1956 berief der Orden die Röntgenschwester ab. Für sie gab es keinen Ersatz. Eine weitere Schwester ging im März.

Die übrigen Schwestern hatten sich darauf eingestellt, dass sie Asbach im April verlassen müssen. Deshalb erfolgte am Ostersonntag (1. April) des Jahres 1956 die feierliche Verabschiedung der Schwestern durch die Gemeinde und die Kirchengemeinde. Sie erhielten als Dank und Anerkennung für ihre Arbeit ein kostbares Messbuch und von der Verwaltung eine Geldspende.

Am 3. April beendeten weitere drei Schwestern ihre Tätigkeit in Asbach. *„Der Konvent löste sich langsam auf. Da aber nach wie vor nicht geregelt war wie es mit dem Hospital und Altenheim weitergeht „waren einige Schwestern genötigt auszuharren"*, schrieb Schwester Lucia in der Ordenschronik.[53]

Zu dem Zeitpunkt lebten 10 ältere Menschen in dem Altenheim der Stiftung. Diese versuchte die Bewohner anderweitig unterzubringen, damit sich interessierte neue Betreiber auf das Krankenhaus beschränken konnten. Allerdings war die Unterbringung in einer anderen Einrichtung nicht so zeitnah möglich, wie sich dies die Stiftung vorgestellt hatte. Mit Unterstützung des Ordens gelang es schließlich für die Heimbewohner andere Plätze zu finden.

---

[51] Zentrales Ordensarchiv der Franziskanerinnen BMVA von Waldbreitbach
[52] Waldbreitbacher Franziskanerinnen, Filiale Asbach, Chronik des Jahres 1955
[53] Waldbreitbacher Franziskanerinnen, Filiale Asbach, Chronik des Jahres 1956

In der letzten Juniwoche wurden die Männer nach Saffig gebracht. Die Frauen kamen ins Altenheim Polch.

Am 30. Juni 1956 verließen die verbliebenen 5 Franziskanerschwestern Asbach. Damit endete die jahrzehntelange gute Zusammenarbeit der Stiftung mit dem Orden. Seit 1887 hatten die Franziskanerschwestern das Hospital geleitet, die Kranken/- Altenpflege und die Hauswirtschaft gewährleistet.

Abschied

Schwester M. Libertine schildert in der Chronik des Ordens die Ereignisse am Abschiedstag.[54]

„Am 30. Juni morgens, machten Schwester Jolanda und ich dem Herrn Dechant noch einen Abschiedsbesuch, ebenso auf dem Friedhof bei unseren lieben verstorbenen Schwestern.

Die Kapellensachen und Paramente wurden auf Anordnung des Herrn Dechant bis auf weiteres in die Sakristei der Kirche zur Aufbewahrung geholt.

Herr Pastor Deckers und Herr Vikar Fey übertragen am 30. Juni gegen 9.00 Uhr das Allerheiligste per Pfarrauto still zur Pfarrkirche. Wir konnten dem Heiland noch so weit das Geleite geben. Gebe Gott, dass wir recht bald dem lieben Heiland an anderer Stelle einen Tabernakel zur Anbetung neu errichten können.

Herr Bürgermeister und Herr Krautscheid vom Amt [55] hatten sich etwas nach 9.00 Uhr zum Abschied eingefunden. Wir übergaben den Herren vom Amt alle Schlüssel mit einigen Erläuterungen, so waren wir zur Abreise fertig.

Vom Amt hatte man noch ein Auto bestellt, ebenso war der Wagen vom Mutterhaus da, dass wir mit Gepäck bequem alle unterkamen. Schwester M. Sabarina und Fräulein Lisa Hilgers stiegen im Rosa-Stift ab. Schwester M. Jolanda fuhr nach Engers. Schwester M. Petrina nach Niederbreisig. Schwester M. Lothari und ich zunächst ins Mutterhaus. Nach einigen Stunden Aufenthalt fuhren wir nach Burgbrohl. Gebe Gott, dass Asbach bald die Pforten für neue caritative Tätigkeit einer Schwestern-Genossenschaft öffnen kann".

Trägersuche

Der Amtsbeigeordnete Edmund Buchholz bemühte sich intensiv für das Hospital einen Träger zu finden.

Die Franziskanerinnen sahen sich aus den gegebenen personellen Gründen nicht in der Lage nach Asbach zurückzukehren.

Aus Berlin meldeten sich freie Schwestern. Sie hatten in Köln-Deutz eine Niederlassung und waren interessiert, das Hospital und Altenheim in Asbach zu führen. Ein Vertrag kam aber nicht zustande.

Auch zu den Schönstätter Marienschwestern nahm die Stiftung Kontakt auf. Diese zeigten zunächst kein Interesse die Einrichtung zu führen. Nach weiteren Gesprächen bot die Stiftung

---

[54] wie vor
[55] *Vermutlich handelte es sich bei der als Bürgermeister bezeichneten Person um den Beigeordneten Edmund Buchholz, der die Amtsgeschäfte führte, weil der Bürgermeister abgesetzt worden war. Buchholz wurde 1959 zum Bürgermeister gewählt. Herr (Josef) Krautscheid war der Leiter der Ordnungsabteilung.*

dem Orden an ihm das gesamte Stiftungsvermögen zu übertragen, wenn er folgende Bedingungen einhält:

1. Die Schwestern verpflichten sich, den Stifterwillen zu erfüllen und für 5 arme Leute Unterkunft und Verpflegung kostenlos zu stellen.
2. Die Schwestern verpflichten sich, das Krankenhaus zu übernehmen, es auszubauen und zu unterhalten.

Der Orden erklärte sich hierzu bereit. Er hatte darüber hinaus mit einem Stahlkonzern aus dem Ruhrgebiet vereinbart, dass auf dem Asbacher Klinikgelände ein Familienerholungsheim errichtet wird und von dem Unternehmen für diesen Zweck 500.000 DM zur Verfügung gestellt werden. Das Erholungsheim sollte gemeinsam mit dem Hospital betrieben werden.

Die Schönstätter Schwestern wollten auch das Krankenhaus modernisieren. Sie rechneten mit einem Aufwand von mindestens 200.000 DM.

Durch den Verkauf von Holz aus den Stiftungswäldern sollten von der Stiftung 100.000 DM bereitgestellt werden. Darüber hinaus gab es den Wunsch, dass vom Land ein Zuschuss von 30.000 DM gezahlt wird.[56]

Stiftung beschließt ihre Auflösung

Am 19. April 1956 beschloss die Ehrensteiner Armenstiftung ihre Auflösung und benannte als „Anfallberechtigten" den Orden der Schönstätter Marienschwestern in Schönstatt-Vallendar.

Der weitreichende Beschluss hat folgenden Wortlaut:

Entschließung:

Die Verwaltungskommission der Ehrernsteiner Armenstiftung stellt fest, dass es ihr bis zum heutigen Tage gelungen ist, das Vermögen der Stiftung im Sinne des Stifters sinngemäß zu verwalten, seit etwa 70 Jahren in einem Hospital zu Asbach, in dem die Franziskanerinnen von Waldbreitbach über den Zweck der Stiftung hinaus den Kranken und Alten des Asbacher Landes Sorge und Pflege angedeihen lassen.

Die Versorgung und Pflege der Armen und Kranken ist in diesem Krankenhaus und Altersheim Kernstück der sozialen Leistung der Ehrensteiner Armenstiftung geworden.

Der Mangel an Schwestern hat nunmehr die Franziskanerinnen von Waldbreitbach gezwungen, ihre Station in Asbach zum 1.4.1956 aufzugeben. Damit ist das Wirken der Ehrensteiner Armenstiftung in Gefahr geraten.

In den letzten Monaten wurden mit allen irgendwie für diese Aufgabe in Frage kommenden Ordensgenossenschaften und Verbänden Verhandlungen um die Übernahme des Hospitals geführt. Nahezu alle Vorgenannten mussten absagen, da sie über zu wenig Nachwuchs verfügten. Die Aufrechterhaltung des Hospitalbetriebes ist jedoch mit freiem Krankenpflegepersonal, an dem ja ebenfalls großer Mangel besteht, auch aus finanziellen Gründen nicht möglich. Aufgrund dieser Tatsachen wäre die Verwaltungskommission gezwungen, das Hospital zu schließen, so dass damit die auf die Stiftung ruhenden Verpflichtungen nicht mehr erfüllt werden könnten.

Es erschien der Verwaltungskommission von besonderer Bedeutung, dass auch in hiesiger Gegend alleinstehende Armen und alte Leute verpflegt und versorgt werden können, wie es ja auch der Stifter gewollt hat. Zudem ist es schwer zu verantworten, in Asbach eine Jahrzehnte

---

[56] Aktenvermerk vom 11.05.1956 mit dem Buchstaben „E". Er ist in Mainz gefertigt worden und befindet sich im Archiv der Stiftung.

bestehende Krankenstation aufzugeben und die Bevölkerung zu nötigen, auch ihre leicht Erkrankten in städtische Häuser, die immerhin 20 km entfernt liegen, zu bringen und so weite und schwierige Besuchswege machen zu müssen.

Unter Beachtung vorstehender Erwägungen erscheint es geboten, den Verhandlungsergebnissen mit dem Institut der Schönstätter Marienschwestern vom Kath. Apostolat e.V. in Schönstatt-Vallendar zuzustimmen. Vorgenannte sind gewillt, Krankenhaus und Altenheim aufrecht zu erhalten und die Stiftungsverpflichtungen nach einem noch zu tätigenden und von der Aufsichtsbehörde zu genehmigenden Vertrag zu erfüllen, wenn ihnen das Vermögen zu eigen übergeben wird. (Nur das Hospital zu eigen zu übernehmen, reizt sie nicht, da sie für diese kleine Aufgabe allein keine Schwestern abstellen würden. Sie beabsichtigen vielmehr, wenn sie Eigentümerin des Stiftungsvermögens werden sollten, neben dem Hospital einen karitativ-sozialen Zwecken dienenden größeren Neubau zu errichten).

Die Verwaltungskommission muss nach Erwägung aller Umstände diesem Vorschlag zustimmen, da sie weiß, dass es heute nicht mehr möglich ist, die Verpflichtungen der Stiftung, sowie Krankenhaus und Altersheim aufrecht zu erhalten,

1. *Da keine Ordensschwestern gewillt sind, diese Aufgabe aus Mangel an Nachwuchs in einem ihnen nicht gehörenden Hause zu übernehmen,*
2. *Da die Erträgnisse des Stiftungsvermögens nicht ausreichen, freie Kräfte zu beschäftigen, die außerdem ebenfalls nicht zu haben sind.*

Die Verwaltungskommission ist der Meinung, dass es im Sinne des Stifters liegt, dass die soziale Aufgabe weiter erfüllt wird. Die Erfüllung dieser Aufgabe ist jedoch heute mehr denn je nicht an das Vermögen, sondern an Menschen gebunden, die sich einer derartigen Aufgabe verschrieben haben. Die Verwaltungskommission glaubt, dass sich auch die Aufsichtsbehörde diesen Gesichtspunkten nicht verschließen wird, da es nicht zu verantworten wäre, dass Krankenhaus und Altersheim geschlossen werden und dann nicht einmal mehr die Stiftungsverpflichtungen erfüllt werden können. Die Verwaltungskommission erbittet daher baldmöglichst die Zustimmung zu beiliegendem Beschluss, da die Franziskanerinnen schon bis auf wenige Schwestern, die auf Geheiß des Erzbischöflichen Generalvikariates in Köln die Übergabe vollziehen müssen, weggenommen worden sind und darum bereits kein Kranker mehr aufgenommen werden kann; zur Pflege der alten Leute ist nicht mal mehr eine geeignete Nachtwache vorhanden. Aus diesem Grund tut schnelles Handeln not.

Die von allen 5 Mitgliedern der Verwaltungskommission unterzeichnete Entschließung wurde auch in der Presse veröffentlicht.

Welch große Bedeutung das Thema in der Bevölkerung hatte wird aus den folgenden Zeilen des Berichtes in der Rhein-Zeitung vom 3. Mai 1956 deutlich:

> *„Die Frage nach dem Fortbestand des Asbacher Krankenhauses ist seit dem Weggang der Franziskanerschwestern erstes Tagesgespräch im Asbacher Land geworden. Kaum je hat die Bevölkerung ein Problem in so starkem Maße berührt, geht es doch um nicht weniger als um die Entscheidung, ob Asbach sein Krankenhaus behält oder ob es aufgelöst wird".*

1956 hatte die Stiftung, neben dem Hospitalgelände in Asbach, in folgenden Gebieten Grundstücke:

Berzbach, Rhein-Sieg-Kreis	28,09 ha
Darscheid, Rhein-Sieg-Kreis	16,88 ha
Oberheiden, Rhein-Sieg-Kreis	36,19 ha

Kirchspiel Windhagen	3,48 ha
Gemeinde Schöneberg	5,00 ha
Gemeinden Asbach u. Elsaff	5,36 ha
Gemeinde Krautscheid	0,25 ha

Damit betrug die Gesamtfläche über 90 ha. Überwiegend handelte es sich um Äcker und Wiesen. Rund 15 ha waren Waldflächen. Diese lagen, bis auf einen Wald bei Windhagen, alle im Rhein-Sieg-Kreis (Bereich Much).

Die Bezirksregierung Koblenz als Stiftungsaufsicht prüfte den Antrag der Stiftungskommission, sah sich aber nicht imstande eine Entscheidung zu treffen. Sie legte den Vorgang am 29. Mai 1956 der Landesregierung vor.[57] In dem Begleitbrief stellte sie, auf sechs Seiten, detailliert die komplexe Situation dar. Auch die finanziellen Gegebenheiten der Stiftung. In dem Brief wird darauf hingewiesen, dass die Stiftung sechs Pfründnern Kost und Logis gewähren müsse (5 aus der Gemeinde Schöneberg und eine Person aus der Gemeinde Limbach) und verwies auf die Bedingungen in der von der preußischen Regierung erteilten Erlaubnis zum Bau eines Hospitals.

In ihrem Schreiben beziffert die Bezirksregierung das Liegenschaftsvermögen der Stiftung auf 149.708 DM (einschließlich 77.000 DM für das Krankenhausgebäude). Die regelmäßigen Einkünfte aus der Verpachtung des Grundbesitzes betragen jährlich 8.000 DM. Hinzu kommen Einnahmen aus den Holzverkäufen, die in sehr unterschiedlicher Höhe anfallen und bei größeren Holzeinschlägen viele tausend Mark betragen können. Weiter schreibt die Bezirksregierung: *„Für die eigentlichen Stiftungszwecke reichen diese Ausgaben[58] mehr als aus, für die im Rechnungsjahr 1954 nur 2.718 DM ausgegeben worden sind. Sie müssen vielmehr noch für den Betrieb des Krankenhauses verwandt werden, weil die Einkünfte aus ihm nicht ausreichen, für die Ausgaben im Jahr 1954 = 65.995 DM betrugen".*

In dem Brief an die Landesregierung heißt es ferner*: „Da die Ehrensteiner Armenstiftung eine auf großen Grundbesitz angelegte Stiftung ist, hat sie bisher die beiden Geldentwertungen gut überstehen können. Sie ist auch in der Lage, die eigentlichen Stiftungszwecke fernerhin zu erfüllen. Das Krankenhaus war, wie so oft bei alten Armenstiftungen aus einer Nebeneinrichtung zur alles beherrschenden Hauptsache geworden, an der aber die Einwohner des Amtsbezirks Asbach, die leider ihr Krankenhaus in letzter Zeit nur wenig aufgesucht hatten, nunmehr sich sehr interessiert zeigen. Es ist sehr die Frage, ob es angezeigt ist, zur Aufrechterhaltung einer freiwilligen Nebenaufgabe der Stiftung, die vom Stiftungszweck nicht umfasst ist, die Stiftung aufzulösen. Kann das Krankenhaus nicht mehr so weitergeführt werden, so ist es besser, es von Stiftungswegen aufzugeben und das Hospitalgebäude zu veräußern oder zu vermieten. Es empfiehlt sich auch nicht, ein solches nur deswegen mit allen Mitteln weiterzuführen, um Raum und Pflege für die wenigen Heimpfründtner zu behalten, deren Freistellen dort kaum noch besetzt werden, obwohl anderwärts großer Bedarf an solchen ist. Für sie könnte ein kleines Heim geschaffen werden. Auch könnte man die Satzung dahin ändern, dass Heimpfründtner überhaupt nicht mehr aufgenommen werden und das für sie bestimmte Geld in anderer Art Altersschwachen gegeben wird.[59]*

Die Bezirksregierung sprach sich in ihrer Vorlage an die Landesregierung dafür aus, die Stiftung *„unbedingt zu erhalten, ggf. unter zeitgemäßer Änderung des Stiftungszwecks."*

---

[57] Aktenzeichen 15 – 4/02 (Ehrenst.A.Stift.T.1)
[58] Vermutlich sind die Einnahmen gemeint.
[59] Seite 4 des Briefes.

Die Voraussetzungen, die das Gesetz an die Auflösung einer Stiftung knüpft, seien nicht erfüllt. Das Hospital eine freiwillige, vom Stiftungszweck nicht umfasste Nebenaufgabe.

Einwände gegen die Auflösungsabsicht der Stiftung äußerte Graf von Nesselrode von der Burg Herrnstein, Gemeinde Ruppichteroth. Er wandte sich an die Bezirksregierung Koblenz, um zu verhindern, dass die jahrhundertealte Stiftung aufgelöst wird.

Durch eine Rückfrage bei der Rechtsstelle des Innenministeriums in Mainz erfuhr der Beigeordnete Edmund Buchholz, der Vorsitzende der Stiftungskommission, dass die Landesregierung der Stiftungsauflösung nicht zustimmen werde.[60]

Wegen dieser eindeutigen Haltung hob die Stiftungskommission ihren Auflösungsbeschluss wieder auf.[61]

Die Stiftungsaufsicht war nur bereit die Übertragung der Hospitalflächen in Asbach zu gestatten, nicht jedoch alle Grundstücksflächen der Armenstiftung.

Dies war das Ende der Verhandlungen mit dem Schönstatter Orden. Die Schwestern sahen sich außerstande mit der Stiftung einen Vertrag zu schließen, weil die Absprachen nicht mehr galten. Daran änderte auch nichts das neue Angebot der Stiftung, dem Orden neben der Übertragung der Grundstücke des Asbacher Stiftungsgeländes einen Zuschuss zu zahlen.[62]

Hospital zu verkaufen – Interessenten gesucht

Die Stiftung versuchte daraufhin ihr Krankenhaus zu verkaufen. Sie hatte zuvor eine Schätzung durchführen lassen. Diese ergab einen Wert von 200.000 DM.

In dieser Zeit betrugen die Einnahmen der Stiftung aus der Verpachtung der Grundstücke (insbesondere im Bereich Much gelegen) jährlich 10.000 Mark. Für die Freistellen wurden 3.000 Mark aufgewendet.

Ein Nervenarzt aus Essen war interessiert in dem Stiftungsgebäude ein Sanatorium zu betreiben. Die Räumlichkeiten sollten gekauft oder gemietet werden. Um alles kennen zu lernen lebten Vater und eine erwachsene Tochter eine Woche in dem Stiftungsgebäude.

In der Chronik der Franziskanerinnen ist vermerkt, dass die Schwestern von diesen Personen sehr angetan waren. Im Hinblick auf die vorhandene Kapelle war der Arzt zuversichtlich, dass auch eine priesterliche Betreuung erfolgen könne, was die Schwestern sehr freute.

Die Stiftungskommission war bereit das Gelände zu verkaufen.[63]

Ein Vertrag kam aber nicht zustande.

---

[60] Vermerk mit Datum: 27.6.1956
[61] Niederschrift über die Sitzung der Stiftungskommission vom 25.6.1956
[62] Vermerk mit Datum: 27.6.1956
[63] Beschluss der Stiftungskommission am 25.06.1956

Hospitalgebäude in den 1970er Jahren. Blick aus Richtung Hospitalstraße. Foto: Josef Büllesbach, Asbach

Hospital wird verpachtet

Eine Pachtinteressentin aus Düsseldorf zeigte sich im Sommer 1956 interessiert das Hospital als Beleg-Krankenhaus und als Altenheim weiterzuführen. Sie war Vorsitzende eines caritativen Vereins in Düsseldorf und hatte dort ein ähnliches, aber größeres Haus geleitet. Die Stiftung überließ ihr das Hospital in Asbach und war auch zur finanziellen Unterstützung bereit. Es sollten von der Stiftung *„so lange Zuschüsse gezahlt werden, bis das Haus so stark belegt ist, dass es einen Ertrag abwirft"*. Die Höhe der Zuwendungen war auf 3.300 Mark jährlich begrenzt.[64] Am 26.10.1956 erfolgte der Vertragsabschluss. Vereinbart wurde, dass die Pächterin, gemäß den Stiftungsregelungen, in dem Gebäude Pfründner aufnimmt und verpflegt, aber auch eine Krankenstation für innere Fälle mit mindestens 10 Krankenbetten bereithält. Das Hospital der Stiftung hatte insgesamt 50 Betten.

Schon einige Wochen später stellte die Stiftung fest, dass sich bei der Führung des Hauses gravierende Probleme ergeben. Deshalb wurde von der Verwaltungskommission die Kündigung des Pachtvertrages in Erwägung gezogen.

Nach eingehenden Gesprächen mit der Pächterin schöpfte die Stiftung wieder Hoffnung. So heißt es in dem Protokoll.[65] *„Es kann mit einer Besserung der Einnahme durch stärkere*

---

[64] Beschluss der Stiftungskommission am 12.10.1956.
[65] Sitzung vom 12.12.1956

Belegung gerechnet werden. Von einer vorzeitigen Vertragskündigung wird abgesehen". Gleichzeitig wurde die Pächterin „davon entbunden den Krankenhausbetrieb aufrecht zu halten".

Da es ihr auch in den folgenden Monaten nicht gelang das Haus erfolgreich zu führen, kündigte die Stiftung zum 31.10.1957.

Am 7. Oktober 1957 entsprach die Verwaltungskommission der Stiftung dem Antrag der Pächterin, die Kündigung des Vertrages zurückzunehmen. Der Vertrag wurde *„bis auf Weiteres"* geschlossen. Die Stiftung behielt sich das Recht vor, den Vertrag jederzeit, mit einer einmonatigen Kündigungsfrist, zu beenden.

Um sicherzustellen, dass das Stiftungsgebäude ausreichend beheizt wird, erhielt die Pächterin am 7. Oktober 1.800 Mark. Dieser Betrag war bestimmt für den Kauf von Koks.

Die Verwaltungskommission hoffte mit der Pächterin, dass sich durch eine stärkere Belegung die finanzielle Situation verbessert. Diese gewünschte Entwicklung trat aber nicht ein. So war erkennbar, dass die gefundene Pachtlösung nicht von langer Dauer sein konnte.

Mit Ablauf des Jahres 1957 endete die Zusammenarbeit mit der Pächterin. In den Aufzeichnungen des damaligen Stiftungsvorsitzenden Edmund Buchholz heißt es über die Zusammenarbeit: *„Dies war kein Ersatz für das frühere Krankenhaus, in dem Ordensschwestern ihre aufopfernde Tätigkeit ausübten"* [66]

1957 waren auch die finanziellen Aktivitäten der Stiftung deutlich geringer als in früheren Jahren. Der Haushalt sah Einnahmen und Ausgaben von je 19.600 Mark vor.

In dieser Zeit kam der Kontakt zu dem Orden der Genossenschaft der Töchter des heiligen Kamillus zustande.

Bei Zusammenkünften deutscher Oberinnen hatten die Schönstätter Ordensschwestern von dem Asbacher Krankenhaus berichtet. Auch von den Überlegungen der Stiftung, das Hospital einem Orden zu übertragen.

Der Orden Genossenschaft der Töchter des heiligen Kamillus erfuhr davon. Dieser Orden arbeitet insbesondere in der Krankenpflege.

Töchter des hl. Kamillus (Kamillianerinnen)

Entstehung und Aufgabe

Die Gemeinschaft der Töchter des hl. Kamillus wurde 1892 von dem Kamillianer Pater Alois Tezza und Sr. Josefina Vannini gegründet. Die Gemeinschaft lebt nach dem Vorbild des hl. Kamillus von Lellis (1550 - 1614), die Schwestern sehen ihre Aufgabe im vorbehaltlosen Dienst an den Kranken und Armen.

Das Ordensideal ist geprägt vom Gründer des Kamillianerordens, Kamillus v. Lellis (1550-1614), Patron der Kranken, Krankenhäuser und des Pflegepersonals. Von Anfang an nimmt sich die Gemeinschaft der Kranken, Behinderten, Alten und Sterbenden an. Sie verpflichtet sich in einem 4. Gelübde, Kranke selbst unter Einsatz ihres Lebens zu pflegen. Im Kranken erkennen die Schwestern den Leidenden - Christus, dessen Schmerzen es zu lindern und dessen Würde es zu schützen gilt. "Die barmherzige Liebe ist unsere einzige Aufgabe", dieser Ausspruch der Gründerin beschreibt das Charisma der Gemeinschaft. Als sie 1994 selig gesprochen wurde,

---

[66] Amtschronik über das Jahr 1957.

feierten Schwestern und Laienorganisationen aus aller Welt das Werk dieser großartigen und weitsichtigen Frau. Im Jahre 2001 wurde der Gründer, Pater Tezza, ebenfalls seliggesprochen.

Einsatzgebiete
Über 800 Schwestern in Italien, Deutschland, Polen, Ungarn, Georgien, Spanien, Portugal, Argentinien, Brasilien, Kolumbien, Peru, Indien, Philippinen, Burkina Faso, Elfenbeinküste und Benin arbeiten heute in Krankenhäusern, Altenheimen, Sozialstationen, in pastoralen Diensten, mit Obdachlosen, Behinderten und in der Hospizarbeit.

Lebensform
Die Gemeinschaft der Töchter des hl. Kamillus arbeitet als internationale Gemeinschaft, die den Auftrag Jesu Christi: "Heilt die Kranken und verkündigt das Evangelium" (LK 9, 2) zu verwirklichen sucht. Quelle und Mitte ihrer Gemeinschaft und Arbeit ist die Eucharistie und das Gebet.[67]

Kamillianer-Pater Bernhard Rüther, Beauftragter für das Krankenhauswesen beim Caritas-Verband, hatte großen Anteil daran, dass in Asbach die MS-Klinik gebaut wurde. Foto: Vogt Asbach

So kam es, erinnerte sich Edmund Buchholz, dass eines Tages bei ihm im Rathaus in der Bahnhofstraße Schwester Oberin M. Xaveria mit zwei Begleiterinnen vorsprach und sagte: *„Wir haben gehört, hier ist ein Krankenhaus zu verschenken. Kann man das mal sehen"?* Gerne zeigte er die Räumlichkeiten und verwies auch auf die übrigen Gegebenheiten und Überlegungen der Stiftung.

Buchholz hatte den Eindruck, dass die Schwestern mit einiger Skepsis Asbach verließen. Dennoch war ihr Interesse geweckt. Sie nahmen Kontakt auf zu dem Kamillianer-Pater

---

[67] Erzbistum Köln, Orden im Erzbistum Köln, Internetabruf am 27.02.2021

Bernhard Rüther, dem Beauftragten für das Krankenhauswesen beim Caritas-Verband, baten ihn um Unterstützung.

Stiftungsvorsitzender Edmund Buchholz lernte kurze Zeit später Pater Rüther kennen. Buchholz hat nie vergessen, wie ihn die hohe fachliche Kompetenz des Kamillianer-Paters beeindruckt hat. Pater Rüther befasste sich intensiv mit dem Asbacher Projekt und suchte nach Lösungen.

Für Pater Rüther und alle anderen waren die vielen Mängel am und im Hospitalgebäude nicht zu übersehen. Dies ergibt sich auch aus einem Vermerk der Kreisverwaltung Neuwied über die gemeinsame Besichtigung durch das Gesundheitsamt und das Kreisbauamt vom 25.11.1957.[68]

Veranlasst hatte diese Inspizierung die Bezirksregierung Koblenz mit Schreiben vom 16.11.1957. Sie wollte, ehe sie über den Vertrag zwischen der Stiftung und dem Kamillus-Orden entscheidet, vor Ort geklärt haben, was geplant, verlangt und gegeben werden soll." Denn ein „schlechtes" Geschäft dürfe sie nicht genehmigen.

Weiter heißt es in dem Brief der Bezirksregierung an den Landrat des Kreises Neuwied: *„Um eine richtige Entscheidung treffen zu können, müssen wir wissen, welche baulichen Maßnahmen getroffen, welche Anschaffungen gemacht und wie die Verhältnisse im Einzelnen geregelt werden sollen, um das Haus auf lange Dauer für die beabsichtigten Zwecke wirklich geeignet zu machen."*[69]

Die Behördenvertreter stellten fest, dass am Dach die Folgen der Kriegsereignisse noch deutlich sichtbar und nicht beseitigt sind. Dadurch seien im Gebäudeinneren ausgedehnte Wasserschäden aufgetreten. Nach den Feststellungen des Amtsarztes „fehlen alle Voraussetzungen, die an einen modernen Krankenhausbetrieb zu stellen sind. Es kommt nur eine Weiterführung als Altenheim ggf. mit angegliederter Pflegeabteilung in Betracht", lautete das Fazit über den Zustand des Hospitals.

Die Fachleute waren der Ansicht, dass die Modernisierung der Gebäude durch die Stiftung so aufwendig sei, dass sie auf ihre finanzielle Substanz zurückgreifen müsse. Dann könnten aber die Freistellen nicht mehr gewährleistet werden.[70]

<u>Vertrag mit Kamillus-Orden</u>

Während die Behörden die Bausubstanz prüfen, gehen die Verhandlungen mit dem Orden Töchter des heiligen Kamillus weiter. Zu Beginn des Jahres 1958 gab es einen fertigen Vertragsentwurf. Diesen legte der Amtsbeigeordnete Edmund Buchholz und Vorsitzende der Stiftung am 17.01.1958 der Verwaltungskommission vor. Das Gremium billigte einstimmig das Konzept.

Durch notariellen Vertrag vom 29.5.1958 übertrug die Stiftung dem Orden der Töchter des heiligen Kamillus mit Sitz in Rom das Asbacher Hospitalgelände. Das bebaute Grundstück und die damit verbundenen Ländereien hatten eine Größe von 1,95 Hektar.[71] Für den Orden war es das erste Mutterhaus in Deutschland.[72]

Der Kamillusorden verpflichtete sich 20,5 Jahre lang (bis 31.12.1978) in dem Gebäude fünf Freisteleninhaber unterzubringen, zu beköstigen und zu pflegen. Die Auswahl der Personen

---

[68] Dokumente der Stiftung bei der VG Asbach
[69] Wie vor, Aktenzeichen 15 – 4/02
[70] Wie vor
[71] Amtschronik über die besonderen Ereignisse des Jahres 1958
[72] Amtschronik, 1958

oblag der Stiftung. Nach dem Ende der Vertragslaufzeit musste die Stiftung wieder die Kosten für die Pfründner aufbringen.

Am 1. August 1958 nahmen die ersten Schwestern des Kamillus-Ordens ihren Dienst im Hospital auf. Rechts Edmund Buchholz, Vorsitzender der Ehrensteiner Armenstiftung und langjähriger Asbacher Amtsbürgermeister.
Foto: Archiv des Kamillus-Ordens

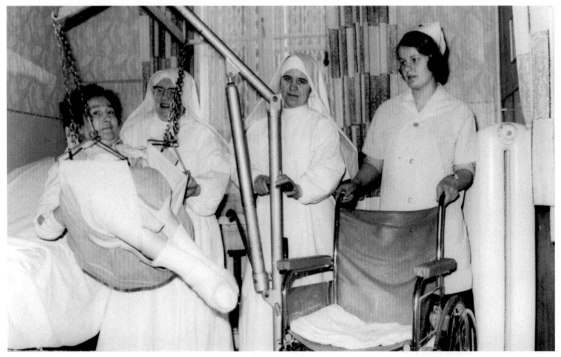

Krankenbehandlung Anfang der 1960er Jahre. Die Pflege der MS-Patientinnen und Patienten wurde durch die damals neuartige Hebeeinrichtung deutlich vereinfacht. Hinter der Patientin sind auf dem Foto abgebildet: die Klinikmitarbeiterinnen Maria Schäfer, Schwester Dolores und Schwester Bernarda (von re. nach li.).
Foto: Archiv des Kamillus-Ordens

Darüber hinaus wurde vertraglich vereinbart, dass der Orden zehn Betten für alte/kranke Menschen aus dem Amtsbezirk Asbach bereithält und in dem Gebäude ein Altersheim und eine Entbindungsstation betreibt.[73]

Die Verpflichtung des Ordens wurde ins Grundbuch eingetragen.

1966 verzichtete die Stiftung auf diese Grundbucheintragung. Der Beschluss[74] ist wie folgt protokolliert: *„Die Verwaltungskommission stimmt der Löschung der Belastung einstimmig zu, da nicht die Gefahr besteht, dass der Orden seinen vertraglichen Verpflichtungen nicht nachkommt."*

1958 wurden am und im Krankenhaus verschiedene Arbeiten durchgeführt. So musste die defekte Heizung instandgesetzt werden. Die Entbindungsabteilung wurde von den übrigen Räumen getrennt, und die Räume erhielten einen neuen Anstrich.

Um dies bezahlen zu können verkaufte die Stiftung im Bereich Much rund 400 Festmeter Fichtenholz. Gewerbebetriebe aus dem Amt Asbach erhielten den Zuschlag. Sie zahlten über 30.000 Mark.

Hospitalküche Anfang der 1960er Jahre. In der Bildmitte Schwester Anna. Ihr oblag viele Jahre die Küchenleitung. Foto: Archiv des Kamillus-Ordens

Die Bezirksregierung Koblenz (Stiftungsaufsicht) erlaubte am 6. Dezember 1958 die Übertragung der mit dem Hospitalgebäude und diverser Nebengebäude bebauten Grundstücke auf die Genossenschaft der Töchter des heiligen Kamillus. Diese Erlaubnis war mit der Einschränkung versehen, dass die Stiftung Rücklagen bilden müsse, um in der Lage zu sein das Hospitalgebäude zurückzukaufen oder ein neues Pfründnerheim zu errichten, wenn die Genossenschaft aus irgendwelchen Gründen die Pfründner nicht mehr aufnehmen und pflegen

---

[73] Wie vor
[74] 22.08.1966

könne. Deshalb beschloss die Verwaltungskommission am 16.01.1959 dieser Rücklage jährlich 1.000 Mark zuzuführen.

1958 änderte die Stiftung auch ihre Satzung. Im selben Jahr wurden die jährlichen Barpfründe (Geldzuwendungen an Bedürftige) von 240 Mark auf 300 Mark (je Person) erhöht.

Aus Stiftungs-Hospital wird moderne MS-Klinik

Schwester Oberin M. Xaveria beim Spatenstich für die neue Klinik (05. November 1962). Im Hintergrund sind Teile des Hospitals der Armenstiftung zu sehen. Der Durchgang – drei Fenster- verband den Haupttrakt mit dem kleinen Gebäude, in dem sich der Operationsraum befand (durch die Raupe verdeckt). Foto: Archiv des Kamillus-Ordens

Die Schwestern des Ordens Töchter des heiligen Kamillus boten in dem Stiftungsgebäude -wie vereinbart- Plätze für alte/kranke Menschen an und unterhielten eine Entbindungsstation.

Trotz einiger Renovierungsarbeiten im Stiftungsgebäude. Es blieben alte Räume. Die zahlreichen bauliche Mängel waren nicht zu übersehen.

Hinzu kam, dass sich die Schwestern, entsprechend den Grundsätzen ihres Ordens, mehr in der Krankenpflege engagieren wollten. Dies war auch Gegenstand eines weiteren Gespräches mit Pater Rüther. Er gehörte dem Beirat der Multiple-Sklerose-Gesellschaft an und wusste, dass es kein spezielles Krankenhaus für die Behandlung dieser schlimmen Krankheit gab. Nicht in Deutschland und auch nicht in den übrigen europäischen Ländern. Ein derartiges Krankenhaus werde benötigt. Seine Hinweise stießen bei den Kamillus-Schwestern auf großes Interesse.

Der Frankfurter Architekt Günther Balser entwarf ein solches Gebäude für Asbach. Es hatte sechs Geschosse und berücksichtigte die speziellen Bedürfnisse der MS-Kranken. Die Patienten sollten mit ihren Fahrstühlen in alle Räume gelangen können.

*Die **multiple Sklerose** (MS), auch als **Encephalomyelitis disseminata** (ED) bezeichnet, ist eine chronisch-entzündliche Erkrankung, bei der die Markscheiden (= Myelinscheiden = elektrisch isolierende äußere Schicht der Nervenfasern) im zentralen Nervensystems (ZNS)* *angegriffen sind. Die Ursache dieser sog. Entmarkungserkrankung ist trotz großer Forschungsanstrengungen noch nicht geklärt. Sie ist neben der Epilepsie eine der häufigsten neurologischen Krankheiten bei jungen Erwachsenen und von erheblicher sozialmedizinischer Bedeutung.*[75]

Auch überregional wurden die Asbacher Pläne bekannt. So erschien in der Frankfurter Allgemeinen Zeitung (FAZ)[76] unter der Überschrift „Eine zentrale Heilstätte für Multiple-Sklerose-Kranke" ein umfangreicher Bericht über die Krankenhauspläne in dem Westerwaldort Asbach. Die Bild-Zeitung setzte über ihren Text die Schlagzeile: *Sieben Nonnen bauen ein Traumkrankenhaus.*[77]

Im Bundestag war die geplante Klinik ebenfalls Thema.

Von den ersten Überlegungen bis zum Bau der MS-Klinik vergingen mehrere Jahre.

Der offizielle Spatenstich erfolgte am 5. November 1962, durch Dechant Franz Maaßen und Schwester Oberin M. Xaveria. Die Klinikgebäude wurden auf dem Hospitalgelände errichtet. Das alte Gebäude der Stiftung blieb stehen und diente noch zwei Jahrzehnte als Altenheim. Bis zu 30 Männer und Frauen lebten dort. Darunter auch fünf Personen auf Freistellen der Stiftung, gemäß dem Vertrag mit dem Kamillusorden.

Bei den Erdarbeiten für die neue Klinik leistete die Bundeswehr Unterstützung. Mit entsprechenden Fahrzeugen wurde das Gelände planiert und für die Fundamentarbeiten vorbereitet.

Mit Vertretern der Bundes- und Landespolitik fand am 26.Juli 1963 die Grundsteinlegung statt. Daran nahm auch die Gesundheitsministerin Dr. Elisabeth Schwarzhaupt teil (die erste

Ministerin im Bundeskabinett). Vom Vatikan erhielten die Schwestern ein Glückwunschtelegramm.

Am 19.03.1964 war Richtfest. Die offizielle Einweihung des weithin sichtbaren Gebäudekomplexes erfolgte am 16. Juni 1967.

Zu den Gästen gehörten der Kölner Erzbischof Josef Kardinal Frings, die Bundesfamilienministerin Käte Strobel und der rheinland-pfälzische Innenminister August Wolters.

Schon einige Zeit vor der feierlichen Eröffnung war die Klinik in Betrieb genommen worden. Am Einweihungstag hatte sie 56 Patienten. 13 waren bettlägerig. Alle anderen brauchten einen Rollstuhl.[78]

Schwierig war die Finanzierung der neuen MS-Klinik. Auf verschiedenen Ebenen sind unzählige Gespräche geführt worden. Das Krankenhausfinanzierungsgesetz gab es noch nicht. Es trat 1972 in Kraft.

Zuwendungen gewährten der Bund, die Länder Rheinland-Pfalz, Hessen und Saarland, der Kreis Neuwied und das Kölner Erzbistum. Auch die Bevölkerung unterstützte das Projekt. So stellten zwei Familien, von denen Angehörige an MS erkrankt waren, jeweils 40.000 DM zur Verfügung. Einzelspenden kamen aus dem gesamten Asbacher Land.[79] Die Hoffnung der Verantwortlichen, auch das nahegelegene Bundesland Nordrhein-Westfalen für das Projekt gewinnen zu können, erfüllte sich aber nicht.

---

[75] Wikipedia, Datenabruf: 20.01.2021
[76] 19.01.1960
[77] 22.07.1960
[78] Busch, Gabriel, Kamillus-Klinik in Asbach,1984, Genossenschaft der Töchter des hl. Kamillus, Seite 196
[79] Petri, Hans Peter, 1991, 25 Jahre Kamillus-Klinik Asbach

Bild oben: Bei den Erdarbeiten für den Klinikneubau wirkte die Bundeswehr mit. Das Foto zeigt Planierarbeiten mit einer schweren Raupe. Im Hintergrund Teile des Ortes Walgenbach. Foto: Vogt Asbach

Bild rechts: Grundsteinlegung am 26. Juli 1963. Pater Bernhard Rüther verliest die Urkunde. Daneben (links) Stiftungsvorsitzender und Amtsbürgermeister Edmund Buchholz. Foto: Archiv des Kamillus-Ordens

Bild unten: Fundamentarbeiten für die neue MS-Klinik (1963). Links am Bildrand ist die Wöchnerinnenstation des alten Hospitals zu sehen (großes Fenster) und die Kapelle. Foto: Vogt Asbach

Bild oben: Die umfangreichen Arbeiten für die neue Klinik gehen voran. Das Foto entstand im Sommer 1963 und zeigt den Bau des Tiefkellergeschosses (dort liegen die Versorgungsleitungen). Im Hintergrund ist das Hospital der Stiftung zu sehen. Auch die Kapelle steht noch. Bereits abgerissen ist das Isoliergebäude. Foto: Archiv des Kamillus-Ordens

Bild unten: Im Rahmen der Neubauarbeiten wurde die 1895 errichtete Kapelle des ehemaligen Hospitals abgerissen. Foto: Archiv des Kamillus-Ordens

Bild oben: Wo früher die Kapelle des Hospitals stand, wird die neue Kapelle errichtet. Im Hintergrund ist das Hospitalgebäude der Armenstiftung zu sehen. Über das Dach ragt der Turm der Asbacher Pfarrkirche. Foto: Vogt Asbach

Bild unten: Bau der neuen Kapelle (1963). Dahinter ist ein Teil des ehemaligen Hospitals zu sehen. Foto: Vogt, Asbach

Bild oben: Rohbauarbeiten für die neue Kamillus-Klinik im Jahr 1964. Links ist ein Teil des alten Hospitals der Armenstiftung zu sehen.
Foto: Archiv des Kamillus-Ordens

Bild rechts: Als Anerkennung für ihre erfolgreiche Arbeit beim Bau und Betrieb der MS-Klinik bekam Schwester Oberin M. Xaveria am 4. Oktober 1970 das Bundesverdienstkreuz. Edmund Buchholz, Bürgermeister des Amtes Asbach und Stiftungsvorsitzender gratuliert ihr. Foto: Archiv des Kamillus-Ordens

Bild unten: Neugeborenen-Station der Kamillus-Klink. Es gab zwei Entbindungsräume. 1972 wurde Station geschlossen. Foto: Karl Balensiefen, Oberpleis

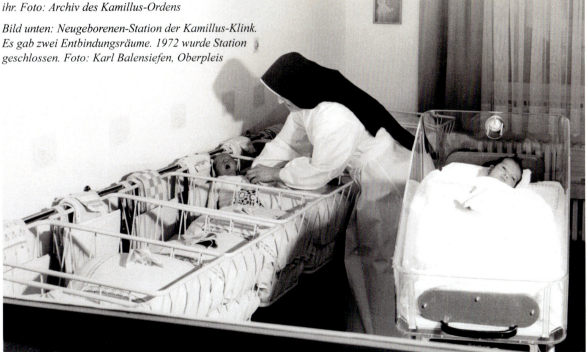

Insgesamt lagen die Kosten für die Klinikräume, das Schwesternwohnheim und Kapelle bei knapp 13 Millionen DM.[80] Sie waren deutlich höher als die Kostenschätzung.

Neben der MS-Klinik (5 Stationen mit 60 Zweibettzimmern und vielen Therapiemöglichkeiten) wurde eine Belegstation mit 54 Betten errichtet, darunter 14 Betten für eine geburtshilfliche Abteilung. Dieser Neugeborenbereich ist 1972 geschlossen worden. Eine Konsequenz des allgemeinen Geburtenrückganges. Ein weiterer Grund war, dass in der Kamillus-Klinik keine Operationen durchgeführt werden konnten und Mütter bei akuten gesundheitlichen Problemen in andere Krankenhäuser gebracht werden mussten.

Beim Bau der modernen Kapelle hat der Planer darauf geachtet, dass die Patienten mit Krankenbetten und Rollstühlen in das Gotteshaus gelangen können.

Der Asbacher Amtsbürgermeister Edmund Buchholz zeigte sich überzeugt, *„dass die Klinik sicherlich für den Ort und den Raum Asbach in den nächsten Jahren und Jahrzehnten noch Ansatzpunkt für manch bedeutsame Entwicklung sein wird".*[81]

Am 1.1.2014 ist die Kamillus Klinik, benannt nach dem Ordensgründer, dem heiligen Kamillus von Lellis, in die Trägerschaft des DRK übergegangen. Das Krankenhaus führt seither den Namen DRK Kamillus Klinik.

Die DRK Kamillus Klinik verfügt über eine neurologische Abteilung mit Stroke Unit (insgesamt 108 Betten), eine internistische Abteilung (30 Betten), eine Geriatrie (15 Betten) sowie eine interdisziplinäre Intensivstation mit sechs Betten.[82]

Hinzu kommen mehrere Facharztpraxen.

Im Jahr 2020 hat das Land Rheinland-Pfalz dem Plan zugestimmt, die DRK Kamillus Klinik in Asbach zu erweitern und die Bettenzahl von 135 auf 159 Betten zu erhöhen. Das Schlaflabor erhielt neue Räumlichkeiten. Darüber hinaus wurde die Notaufnahme modernisiert und die Liegendanfahrt verlegt. Die im Herbst 2020 begonnen Bauarbeiten konnten im Sommer 2022 abgeschlossen werden. Insgesamt wurden mehr als acht Millionen Euro investiert. Davon entfielen 3,6 Millionen Euro auf das neue Bettenhaus. Die Kosten trugen das DRK und das Land Rheinland-Pfalz.

Auch bei den jüngsten Bauarbeiten wurden wieder Teile des ehemaligen Hospitals der Armenstiftung sichtbar. Beim Ausbaggern für die Zufahrt zur Notaufnahme (Zufahrt von der Talstraße aus), stießen Arbeiter auf Kellerräume. Ewald Ditscheid, langjähriger Hausmeister der Klinik, war sofort klar, welchen Zweck diese Räume hatten. Es war der Kühlkeller des damals landwirtschaftlich genutzten Gebäudeteils. Im Keller ist die Milch kühlgehalten worden.

Im Eingangsbereich der DRK Kamillus Klinik bleibt die Erinnerung an das Hospital der Ehrensteiner Armenstiftung gegenwärtig. Der Stein über dem ehemaligen Eingang mit der Inschrift „Hospital" ist in eine Wand der neuen Klinik eingemauert worden (im Flur vor dem Zugang zur Kapelle). Daneben befindet sich das eiserne Kreuz vom Dach des Hospitals. Ein Foto zeigt das Stiftungsgebäude (von der Hospitalstraße aus).
Foto: Gisbert Becker, Neustadt-Bertenau

Grundstücksvermögen ändert sich

Bei dem umfangreichen Grundbesitz der Stiftung gab es immer wieder Veränderungen. Der Stiftung wurden oftmals Flächen zum Kauf angeboten. Mehrfach erhielt sie auch Grundstücksschenkungen (zum Beispiel als Folge von Erbregelungen). Oftmals wurden bei der Stiftung aber auch Kaufwünsche geäußert.

So ist das in den 1960er Jahren in Much entstandene Gewerbegebiet (Industriegebiet Ost) auch auf Flächen der Stiftung errichtet worden. Die Stiftung entsprach 1965 dem Wunsch der Gemeinde Much (Rhein-Sieg-Kreis) und verkaufte ihr 12 Hektar. Dabei wurde von der Stiftungskommission festgelegt, dass die Einnahmen von knapp 250.000 Mark genutzt werden, um im Amt Asbach andere Flächen zu kaufen. So sollte vermieden werden, dass sich der Grundbesitz verringert.

Allerdings scheiterte der beabsichtigte Flächenerwerb. Nur wenige Grundstücke wurden ihr angeboten, nur ein Teilbetrag der vereinnahmten Summe investiert. Deshalb stellte die Stiftung 1966 dem Asbacher Schulverband für die Errichtung der Mittelpunktschule in Asbach (heute Realschule plus) 200.000 Mark als Darlehen zur Verfügung. Die Zinsen betrugen 6%, die Laufzeit des Kredits 2 Jahre und 6 Monate.

Der gemeinnützigen Kreisbau- und Siedlungsgesellschaft Neuwied (KBS) wurde von der Stiftung im Jahr 1966 eine Fläche in Windhagen verkauft. Die KBS errichtete dort im Rahmen des sozialen Wohnungsbaus Mietwohnungen.

Die Kraftversorgung Rhein-Wied AG (örtlicher Stromversorger/heute Süwag) erhielt ein Grundstück in der Asbacher Bahnhofstraße, um für betriebliche Zwecke ein Wohnhaus mit Nebengebäude bauen zu können.

Mehrere Grundstückseigentümer boten in den 1960er Jahren der Stiftung ihre bebauten Grundstücke gegen Zahlung einer Leibrente an. Ein solcher Vertrag kam 1967 zustande.

Reform der Verwaltung - Stiftungsverwaltung bleibt unverändert

Durch die rheinland-pfälzischen Verwaltungsreformgesetze änderte sich 1968 die Bezeichnung der Verwaltung. Aus der Amtsverwaltung Asbach wurde zum 1.10. des Jahres die Verbandsgemeindeverwaltung Asbach, der Amtsbürgermeister führte fortan die Bezeichnung Bürgermeister.[83]

Mit Inkrafttreten der neuen Verbandsgemeindeordnung endete die Amtsordnung von 1948. Der Verbandsgemeinde Asbach gehört seit 7. November 1970 auch die Gemeinde Neustadt (Wied) an. Diese Gebietsneugliederung und Auflösung der Verbandsgemeinde Neustadt (Wied) war ebenfalls eine Folge der Verwaltungsreform.

Die Neuregelungen hatten aber keine Auswirkungen auf die Stiftungsverwaltung. Es blieb dabei, dass auch die neue Verbandsgemeindeverwaltung Asbach für die Stiftung sämtliche Arbeiten erledigt. Sie bekommt dafür einen jährlichen Geldbetrag von wenigen hundert Euro.

---

[80] Amtschronik über die Ereignisse des Jahres 1967, geschrieben von Bürgermeister Edmund Buchholz
[81] Buchholz, Edmund, 1968 In: Heimatkalender des Landkreises Neuwied, S. 51 ff
[82] Informationen der Klinik im Internet. Datenabruf: 01.07.2022
[83] Umgangssprachlich wird der Bürgermeister der Verbandsgemeinde auch als Verbandsbürgermeister bezeichnet.

Die Mitglieder der Verwaltungskommission sind ehrenamtlich tätig und erhalten keine Entschädigung.

Im Rahmen der Kommunalreform wurden die zu einer Verbandsgemeinde gehörenden Gemeinden umbenannt in Ortsgemeinden. Deren Leiter/in heißen deshalb Ortsbürgermeister/in.

1970 sah der Haushalt der Stiftung Einnahmen und Ausgaben von je 34.950 DM vor.

Im selben Jahr waren je eine Barpfründnerstelle in Elsaff und Schöneberg unbesetzt.

Am 2. August 1971 tagte die Stiftungskommission erstmals unter Leitung von Lorenz Klein aus Neustadt (Wied). Er war am 28. November 1970 zum Bürgermeister der neuen Verbandsgemeinde Asbach gewählt worden. Klein hatte mehr Stimmen erhalten als Edmund Buchholz, der Asbacher (Amts-/Verbands-)bürgermeister und langjährige Leiter der Armenstiftung.

Neben Bürgermeister Klein gehörten der Verwaltungskommission der Ehrensteiner Armenstiftung an:

Pfarrer Wilhelm Peifer, Heinz Brockmann, Ortsbürgermeister von Asbach, Heinz Rüddel, Ortsbürgermeister von Elsaff und Franz Winggen, Ortsbürgermeister von Schöneberg.

Hospitalgebäude in den 1970er Jahren. Links im Erdgeschoß befand sich die Küche des Hospitals. Neben dem Gebäude ist ein Teil der neuen Kapelle zu sehen. Foto: Josef Büllesbach, Asbach

Kamillusklinik Anfang der 70er Jahre. Oben rechts ist ein Teil des Stiftungshospitals zu sehen. Foto: Bildarchiv Kamillus-Klinik

Ende des Protokollbuches

Am 10. Mai 1973 hielt die (damals) moderne Technik Einzug in das Protokollgeschehen der jahrhundertealten Stiftung. Die Praxis, alle Entscheidungen der Stiftungsvertretung handschriftlich in ein gebundenes Buch zu schreiben, wurde beendet, das Protokollbuch mit dem ersten Eintrag von 1878 geschlossen.

Fortan wurden die Niederschriften mit der Schreibmaschine auf DIN A4-Blättern gefertigt. Zuerst mit einer manuellen Maschine, dann kam die elektrische Schreibmaschine zum Einsatz. Jahre später folgte der PC.

Das Verwaltungshandeln im Rathaus wird regelmäßig vom Gemeindeprüfungsamt bzw. dem rheinland-pfälzischen Rechnungshof geprüft. Bei einer solchen Prüfung hat das Gemeindeprüfungsamt im Jahr 1973 festgestellt, dass vier der fünf Freistellen nicht besetzt waren. Diese Prüfungsfeststellung führte zu einer eingehenden Diskussion in der Stiftungskommission. Weil ihr keine Personen für Freistellen bekannt waren erfolgten Rückfragen bei den Gemeinden. Auch die Verwaltung wurde eingeschaltet, um Menschen zu finden, die für eine Förderung durch die Stiftung in Betracht kommen.

Dabei ist zu berücksichtigen, dass in dieser Zeit der Sozialstaat schon die Verpflichtung übernommen hatte für bedürftige Menschen den Altenheimplatz zu zahlen. Wenn die Stiftung diese Leistung übernimmt, braucht der Staat nicht tätig zu werden. Die hilfebedürftige Person hat dadurch allerdings keinen Vorteil. Es ist nur eine andere Stelle, die den Heimplatz oder einen Teilbetrag bezahlt.

Im August 1973 wurde eine zweite Freistelle besetzt. Eine ältere Asbacher Einwohnerin fand Aufnahme im Altersheim der Stiftung.

Gemeindeneugliederung verändert Stiftungsgebiet

Am 16. März 1974 wurden die neuen Ortsgemeinden Asbach und Buchholz gebildet. Dies hatte Auswirkungen auf die Armenstiftung.

Die Freistellen und die Verteilung der Barpfründe bezogen sich auf die Gemeinden Schöneberg, Limbach, Elsaff und Griesenbach, in den ursprünglichen Grenzen (die Gemeinde Asbach umfasste damals nur einen Teil des Ortes Asbach (u.a. ohne Parscheid -Gemeinde Limbach- und Walgenbach -Gemeinde Elsaff-). Diese Gemeindegliederung gab es durch die Zusammenschlüsse der Gemeinden aber nicht mehr.

Die neue Gemeinde Asbach besteht aus den aufgelösten Gemeinden Asbach, Limbach und Schöneberg, sowie einem Teil der Gemeinde Elsaff.

Die neue Gemeinde Buchholz ist gebildet worden aus den ehemaligen Gemeinden Griesenbach und Krautscheid sowie dem nicht zur Gemeinde Asbach gehörenden Teil von Elsaff. Die Gemeinde Elsaff reichte vom Ort Asbach (Walgenbach) bis zum Ort Buchholz. Der Bereich Buchholz-Wahl war früher Teil der Gemeinde Elsaff.

Geblieben sind jedoch die alten Gemarkungsbezeichnungen, in den Grenzen der ehemaligen Gemeinden.[84]

Mit der Veränderung der Gemeindegrenzen hat sich die Verwaltungskommission am 27.2.1974 befasst und beschlossen, dass die Stiftungssatzung vom 16.01.1958 durch eine neue ersetzt wird.

In der neuen Satzung wurde der Einzugsbereich für die Freistellen und Barpfründnerstellen auf Gemarkungen[85] umgestellt.

Die Satzung enthält folgende Regelungen:

§ 2 Stiftungszweck:

Nach der Gräfl. Nesselrod'schen Familienstiftung hat die Stiftung folgende Verpflichtungen zu erfüllen.

> *5 Freistellen für bedürftige Personen in einem Altersheim zu unterhalten, die untergebrachten Personen zu beköstigen und zu pflegen bzw. die entstehenden Kosten hierfür aufzubringen. Unter Pflege fällt auch die ärztliche Betreuung. Die Freistellen sind mit Einwohnern aus den Gemarkungen Schöneberg (4) und Limbach (1) zu besetzen.*

> *Zahlung einer Barpfründe[86] an 5 bedürftige Personen, die ihren Wohnsitz in den Gemarkungen Elsaff (1), Griesenbach (1), Limbach (1) und Schöneberg (2) haben. Die Barpfründe beträgt je Person z.Zt. jährlich 300 DM.*

§ 3 Stiftungsvermögen:

Das Stiftungsvermögen besteht aus land- und forstwirtschaftlichen Grundstücken auf Grund der Gräfl. Nesselrod'schen Familienstiftung, weiterer Privatstiftungen und des Zuerwerbs aus Finanzmitteln der Stiftung.

---

[84] Deshalb gibt es in der Ortsgemeinde Asbach weiterhin die Gemarkungen Elsaff, Schöneberg und Limbach.
[85] Damit sollte das Gebiet, in dem die Stiftung Menschen fördert, eingeschränkt werden. Entsprechend den Überlegungen der Stiftungsgründer.
[86] Barpfründe = finanzielle Zuwendung

Der Grundbesitz liegt in der Gemeinde Much (Gemarkungen Gerlinghausen, Löbach und Wersch) und in den Gemeinden Asbach, Buchholz und Windhagen. Er besteht z.Zt. aus
   a) Landwirtschaftlichen Grundstücken rund   70 ha
   b) Forstwirtschaftlichen Grundstücken rund   28 ha.

In der Satzung ist auch festgelegt, dass die Stiftung ihr Grundstockvermögen (land- und forstwirtschaftliche Grundstücke) in seinem Wert erhalten muss. Erlöse aus der Veräußerung von Grundstücken müssen dem Vermögen wieder zugeführt werden.

§ 5

Einziges Organ der Ehrensteiner Armenstiftung (öffentliche Stiftung des bürgerlichen Rechts) mit Sitz in Asbach (Verbandsgemeindeverwaltung) ist die Verwaltungskommission.

Ihr gehören an:

Bürgermeister der Verbandsgemeinde (Vorsitzender)

Pfarrer der kath. Kirchengemeinde Asbach (stellvertretender Vorsitzender)

Ortsbürgermeister der (neugebildeten) Gemeinden Asbach und Buchholz

Erster Beigeordneter der neuen Gemeinde Asbach.

Die neue Satzung trat am 18. März 1974 in Kraft.

Sie erhielt den Genehmigungsvermerk der Kreisverwaltung Neuwied (damals Stiftungsaufsicht) am 19. November 1974 und wurde am 02. Dezember 1974 im rheinland-pfälzischen Staatsanzeiger veröffentlicht.[87].

Darlehenssumme zurück - Stiftung stellt Grundstücke bereit

Im Jahr 1966 hatte die Stiftung dem Schulverband Asbach ein Darlehen über 200.000 DM gewährt. Vereinbart war den Darlehensbetrag nach 2 Jahren und 6 Monaten zurückzuzahlen. Die Stiftung verzichtete darauf, dass der Schulverband die Rückzahlung der Summe zu dem vereinbarten Termin vornahm. Sie erhielt dafür aber auch weiterhin 6 Prozent Zinsen.

Am 27.2.1974 entschied die Kommission, dass nunmehr mit der Rückzahlung begonnen werden müsse, damit die Stiftung ihre stiftungsmäßigen Verpflichtungen erfüllen könne. Die Rückzahlung erfolgte vom 1.1.1975 an, in 8 Raten a 25.000 Mark. Zahlungspflichtig war die Verbandsgemeinde Asbach, als Rechtsnachfolgerin des ehemaligen Schulverbandes.

Auch in den 70er Jahren verkaufte die Stiftung einige Grundstücke. Diese wurden für verschiedene Projekte benötigt. Die Stiftung entsprach mit dem Verkauf besonderen Anliegen.

---

[87] Seite 740

Mittelpunktschule Asbach (heutige Bezeichnung der Schule: Realschule plus + Fachoberschule) im Jahr 1991. Für den Bau der Schule (fertiggestellt 1969) gewährte die Armenstiftung ein Darlehen. Es wurde bis zum Jahr 1982 zurückgezahlt. Foto: Gisbert Becker, Neustadt-Bertenau

So erhielt 1974 die Bundesverwaltung eine Fläche in der Gemeinde Gerlinghausen (Bereich Much/Rhein-Sieg-Kreis). Auf dem hochgelegenen Waldgrundstück, nahe an dem kleinen Ort Heckhaus, entstand eine militärische Anlage, ein hoher, weithin sichtbarer Funkmast.

In der Gemarkung Rederscheid verkaufte die Stiftung eine Fläche, um die Autobahn A 3 verbreitern zu können. Nahe der Autobahn wurden rund 10.000 Quadratmeter an ein Windhagener Unternehmen veräußert, damit es seine Betriebsfläche erweitern konnte.

1974 hatte die Stiftung in der Gemeinde Much 22 ha Waldflächen. Für die Pflege dieses Waldbesitzes musste sie jährlich mehrere tausend Mark aufbringen. So betrugen im Jahr 1978 die Ausgaben für die Waldpflege 15.000 Mark.

1976 waren 3 bedürftige Personen auf Freistellen im Asbacher Altenheim untergebracht. Eine weitere Person wurde als bedürftig anerkannt und aufgenommen.

Der Orden „Töchter des heiligen Kamillus" erklärte sich gegenüber der Stiftung bereit über den 31.12.1978 hinaus (Vereinbarung zwischen Stiftung und Orden im Zusammenhang mit dem Klinikneubau) in ihrem Gebäude fünf Betten für Freistellen zur Verfügung zu stellen.

Diese müssten dann aber regulär bezahlt werden.

Der Stiftung fehlten hierfür die finanziellen Mittel. Sie hatte das Problem, dass sie mit ihren laufenden Einnahmen (Zinsen, Pacht und Holzverkauf) nicht die Kosten für fünf Heimplätze aufbringen konnte.

Im Bereich von Much verkaufte die Armenstiftung 1974 der Bundesverwaltung eine Fläche, damit auf dem hochgelegenen Waldgrundstück ein Funkmast errichtet werden konnte. Zwischenzeitlich wird die Anlage nicht mehr militärisch genutzt. Foto: Gisbert Becker, Neustadt-Bertenau

Um die Kosten tragen zu können hätten die Rücklagen verwendet und/oder Grundstücke verkauft werden müssen. Die Veräußerung des Vermögens hätte aber der Verpflichtung widersprochen, das Grundvermögen in seinem Wert zu erhalten.

Die Rücklagen waren überwiegend auf einem Sparbuch mit Zinsbonus (Zinssatz 4,75 Prozent) angelegt. Für einen Teil ihrer Rücklage erhielt die Stiftung 7,5 Prozent Zinsen (Sparkassenzertifikat). Nicht zu steigern waren die Pachteinnahmen. Wegen den Strukturproblemen in der Landwirtschaft gaben viele Betriebe auf. Deshalb war die Stiftung froh ihre Flächen überhaupt verpachten zu können.

1978 betrug das Haushaltsvolumen der Stiftung 33.000 Mark im Verwaltungshaushalt und 25.000 Mark im Vermögenshaushalt.[88]

Aus den Sitzungsniederschriften ergibt sich, dass die Kommission immer wieder intensiv darüber beraten hat, wie der Stiftungszweck erfüllt werden kann. Vorgeschlagen wurde die Zahl der bezahlten Freistellen in Altenheimen zu reduzieren. Die Verwaltung erhielt den Auftrag das Thema mit der Stiftungsaufsicht zu besprechen.

Die Stiftungsaufsicht (Bezirksregierung) sah die finanziellen Zwänge der Armenstiftung und stimmte einer Reduzierung der Freistellen von 5 auf 2 zu. Hinsichtlich der Barpfründe solle in der Satzung künftig kein Geldbetrag mehr genannt werden.

In den Zusammenhang ist zu beachten, dass, anders als bei Gründung der Stiftung vor über 500 Jahren, heute den Bedürftigen vom Sozialstaat geholfen wird, wenn sie staatliche Hilfeleistungen beantragen. Der Sozialstaat gewährt Zuwendungen, wenn jemand seinen Lebensunterhalt nicht bestreiten kann oder nicht genug Mittel für einen Altenheimplatz hat.

Wenn die Stiftung diese Leistungen erbringt, entlastet sie finanziell den Staat. Wie bereits ausgeführt wurde, wird die hilfebedürftige Person dadurch jedoch nicht bessergestellt.

Die mit der Stiftungsaufsicht besprochenen Änderungen wurden in der Änderungssatzung vom 14. November 1978 berücksichtigt.

---

[88] Im Vermögenshaushalt wurden die Investitionen veranschlagt.

Laurentiusprozession (Kirchweihfest) auf dem Klinikgelände in den 1970er Jahren. Der Weg (Rampe), den die Prozession nutzt, besteht nicht mehr. Hinter der neuen Kapelle sind die Dächer des alten Hospitals der Stiftung und der Turm der Asbacher Kirche zu sehen. Die Pfarrkirche ist dem heiligen Laurentius geweiht. Foto: Archiv des Kamillus-Ordens

Die Satzungsänderungen haben folgenden Wortlaut:

Stiftungszweck:

Nach der Gräfl. Nesselrod'schen Familienstiftung hat die Stiftung folgende Verpflichtungen zu erfüllen:

1. *Bis zu 2 Freistellen für bedürftige Personen in einem Altersheim zu unterhalten, die untergebrachten Personen zu beköstigen und zu pflegen bzw. die entstehenden Kosten hierfür aufzubringen. Unter Pflege fällt auch die ärztliche Betreuung.*

Die Freistellen sind mit Einwohnern aus der Ortsgemeinde Asbach zu besetzen.
2. *Zahlung einer Barpfründe an bis zu 5 bedürftige Personen, die ihren Wohnsitz in den Gemarkungen Elsaff (1), Griesenbach (1), Limbach (1) und Schöneberg (2) haben.*

Über die Besetzung der Freistellen und Barpfründnerstellen sowie die Höhe der Barpfründe beschließt die Verwaltungskommission.

Durch die Satzungsänderung, die am 1. Januar 1979 in Kraft trat, wurde bei den Freistellen das Kriterium der Gemarkungen wieder aufgegeben. Bei den Freistellen können alle Einwohner/innen der gesamten Ortsgemeinde Asbach berücksichtigt werden.

Für die Barpfründe bleiben die Gemarkungsgrenzen aber Kriterium.

Voraussetzung für eine finanzielle Zuwendung an Bedürftige aus der Ortsgemeinde Buchholz ist, dass sie in den Gemarkungen Elsaff bzw. Griesenbach wohnen.

Altenheim muss Klinikbau weichen

1980 wurden in dem Altenheim auf dem Klinikgelände noch 19 Personen betreut.

Nach Ablauf des Vertrages mit der Stiftung[89] kam für das stark renovierungsbedürftige Gebäude 1981 das Ende. Er wurde im Mai des Jahres abgerissen. An seiner Stelle entstanden neue Klinikräume, mit deren Bau am 29. Mai 1980 begonnen worden war. Die festliche

Abriss des zuletzt als Altenheim genutzten Hospitalgebäudes im Mai 1981. Foto: Alfred Büllesbach, Asbach

Einweihung des Um- und Erweiterungsbaues der Kamillus Klinik erfolgte am 13. Juli 1983. Der Abriss des Hospitals hatte für die Bewohner-/innen des Altenheims die Konsequenz, dass

---

[89] Durch den Vertrag war geregelt, dass die Pfründner 20,5 Jahre (bis 31.12.1978) im Altenheim betreut werden.

sie in eine andere Einrichtung umziehen mussten und nicht in Asbach bleiben konnten. Dort gab es kein weiteres Altenheim. Diese Situation sorgte für Unmut, kritische Presseberichte und entsprechende Leserbriefe.

Letzte Mauerreste des Hospitalgebäudes im Mai 1981. Foto: Alfred Büllesbach, Asbach

Der Stiftung war es nicht mehr möglich in Asbach die Betreuung der Pfründner zu gewährleisten. Sie hatte noch ein weiteres großes Problem. Ihre laufenden Einnahmen reichten nicht um Plätze in Altenheimen zu bezahlen. Trotz der Verminderung der Freistellen von 5 auf 2 Personen (Satzungsänderung vom 14.11.1978.)

Vorher war dies kein Thema gewesen. Bei der Betreuung im eigenen Hospital durch die Waldbreitbacher Franziskanerinnen hatte es diese finanziellen Sachzwänge nicht gegeben. Ebenfalls nicht während der über zwanzigjährigen Laufzeit des Vertrages mit dem Orden Töchter des heiligen Kamillus.

Luftaufnahme des Klinikgeländes im Jahr 1983. Oberhalb der Kapelle (re.) befand sich das Hospital der Stiftung. Foto: Bildarchiv Kamillus-Klinik

Flächen für Industriepark Nord

In den 70er Jahren wurden die Pläne konkret, nahe der B 8 bei Mendt ein großes Industriegebiet zu schaffen.

Dort hatte die Gemeinde Griesenbach (heute Teil des Gemeinde Buchholz) schon einzelne Betriebe angesiedelt (von Mendt aus gesehen auf der linken Seite) und Flächen für den geplanten neuen Bereich gekauft.

Die am 16. März 1974 neugebildete Gemeinde Buchholz erhoffte sich durch den „Industriepark Nord" nicht nur ein größeres Arbeitsplatzangebot, sondern auch höhere Steuereinnahmen.

Dadurch wäre es ihr möglich die gemeindliche Infrastruktur zu verbessern. Sie gehörte nämlich nicht zu den finanziell „gutgestellten" Gemeinden. Rund 26.000 Quadratmeter Ackerland hatte die Stiftung in dem Bereich. Die Stiftung entsprach dem gemeindlichen Wunsch und verkaufte ihr die Flächen, um den Industriepark Nord[90] ermöglichen zu können.

Aus den Feldern der Stiftung wurden Gewerbeflächen.[91] Für die Erschließung des Industrieparks bewilligten die EU und der Bund finanzielle Mittel, weil die Region strukturschwach war. Diese Zuwendungen wurden aber nur für den ersten Abschnitt gewährt.

Wegen der großen Nachfrage ist der Industriepark Nord zwischenzeitlich mehrfach erweitert worden (rechts der zur B 8 führenden Straße). Zahlreiche Betriebe haben sich angesiedelt, viele Arbeitsplätze geschaffen und Anteil an der sehr positiven Entwicklung der Ortsgemeinde Buchholz.

Neue Pachtverträge – Pachtpreise steigen

Die Stiftung hat an zahlreiche Bauern landwirtschaftliche Flächen verpachtet.

1980 liefen die Verträge aus. Mit allen Landwirten wurden neue Vereinbarungen abgeschlossen. Diese hatten eine Laufzeit von 9 Jahren. Der Pachtpreis wurde um 15 Prozent angehoben.

Im selben Jahr betrug der Stiftungshaushalt im Verwaltungsteil 45.000 Mark und im Vermögenshaushalt (Investitionen) 75.000 Mark.

1981 befasste sich die Stiftungskommission mit der Situation, dass nach dem Tod mehrerer Hilfeempfänger nur noch eine Person eine monatliche Zuwendung bekam (25 DM). Nach der Stiftungssatzung sollen bis zu 5 Personen von der Stiftung unterstützt werden.

In der Stiftungssatzung von 1978 ist (wie bereits ausgeführt wurde) kein fester Betrag festgesetzt worden. Über die Höhe der Zuwendung entscheidet die Stiftungskommission.

Die Mitglieder des Gremiums vereinbarten, bei den Gemeinden nachzufragen ob dort Personen bekannt sind, denen die Barpfründe gewährt werden könnten. Die Angelegenheit wurde am 14.

---

[90] Der Begriff „Nord" ist darauf zurückzuführen, dass im Flächennutzungsplan der neugebildeten Verbandsgemeinde in Norden (Mendt) und im Süden (Fernthal) Flächen für die Industrieansiedlung ausgewiesen wurden. Die Bezeichnung „Süd" für die Fernthaler Gebiete ist nicht verwandt worden.
[91] Es handelt sich um den ersten Teil des Industriegebietes Nord -aus Richtung Mendt kommend auf der linken Seite-

Dezember 1981 erneut beraten. Wie sich aus der Sitzungsniederschrift ergibt, sind von den Gemeinden keine Personen benannt worden.

Vom 1.1.1983 an wurde die Zuwendung an 3 Frauen gezahlt, die in den Gemarkungen Schöneberg und Limbach wohnten.

1982 endeten die Rückflüsse von jährlich 25.000 Mark für das der Verbandsgemeinde gewährte Darlehen (Bau der Mittelpunktschule sowie der räumlich und organisatorisch verbundenen Grundschule).

Mehr als 21.000 Mark wendete die Stiftung im Jahr 1982 für die Bewirtschaftung ihrer Waldflächen im Bereich Much auf. Darin enthalten waren rund 10.000 Mark für Aufforstungsmaßnahmen.

Die Stiftung zahlte für eine in einem Pflegeheim untergebrachte bedürftige Person im Jahr 1984 rund 22.000 Mark (täglicher Pflegesatz 61 Mark). Sie starb im Jahr 1985.

Am 23. Dezember 1985 beschloss die Stiftungskommission bei einer möglichen Neubesetzung der Freistelle „einen strengen Maßstab anzuwenden". Die Ausgaben dürften nicht höher sein als die laufenden Einnahmen. Dadurch sollte vermieden werden, dass zur Finanzierung von Pflegeplätzen auf die Rücklagen/Grundstücke zurückgegriffen werden muss und somit die Substanz der Stiftung gefährdet wird.

Um die Qualität ihres Waldes zu verbessern, beteiligte sich die Stiftung 1985 im Bereich Much an einer Kalkung des Bodens. Von einem Hubschrauber aus wurde der Kalk verstreut.[92]

1987 regten mehrere Landwirte bei der Stiftung an ihre Pachtpreise zu senken. Es gebe ein Überangebot an landwirtschaftlichen Flächen. Verschiedene Verpächter seien den Bauern entgegengekommen und hätten ihre Preise reduziert.

Die Pachtpreise der Stiftung blieben aber unverändert. Auch, weil die Landwirte das soziale Engagement der Stiftung anerkannten und unterstützen wollten.

In der letzten Sitzung des Jahres 1987, am 9. Dezember, ging es erneut um die finanzielle Entwicklung der Stiftung. Wegen den hohen Kosten sah sich die Stiftung nicht mehr in der Lage zwei Freiplätze in einem Alten-/Pflegeheim bereit zu stellen, weil dies nicht aus den laufenden Stiftungseinnahmen zu bezahlen sei. Vereinbart wurde in einer der nächsten Sitzungen über die Änderung der Stiftungssatzung zu beraten.

Behinderten- und altersgerechte Wohnungen wird Thema

Bei den Überlegungen, das Wirken der Stiftung neu zu definieren, wurde auch über den Bau von „Behinderten- und altersgerechten Wohnungen" gesprochen. Die Stiftungskommission war der Ansicht, dass für Behinderte und ältere Menschen zu wenig geeignete Wohnungen vorhanden seien. Ein Engagement in diesem Bereich entspreche den Zielen der Stiftung. Darüber hinaus könnten die aus der Vermietung zu erzielenden Einnahmen dazu beitragen das Stiftungsvermögen zu erhalten. Erstmals im Stiftungsprotokoll erwähnt ist dieses Thema am 8.2.1989 unter dem Tagesordnungspunkt: „Vollzug der satzungsmäßigen Aufgaben". In dieser Sitzung gab es aber auch weitere Anregungen hinsichtlich eines künftigen Engagements der Stiftung. Ein Vorschlag war für die Modernisierung/Erweiterung des Altenheimes in Neustadt

---

[92] Dies war in dieser Zeit ein gängiges Verfahren, um ein befürchtetes „Waldsterben" zu verhindern.

(St. Josefshaus) ein Darlehen über 500.000 DM zu gewähren. Das Darlehen sollte eine Laufzeit von 22 Jahren haben und einen Zinssatz, der 1,5% höher ist als der Diskontsatz der Bundesbank.[93]

Es kam auch die Anregung einen Bus zum Transport von behinderten Menschen anzuschaffen.[94]

Während das Bauprojekt in den folgenden Jahren ausgiebig diskutiert und schließlich auch verwirklicht wurde, sind die anderen Überlegungen nicht weiterverfolgt worden.

Im Jahr 1990 enthielt der Haushaltsplan der Stiftung folgende Gesamtbeträge.

Verwaltungshaushalt in Einnahme und Ausgaben je 46.700 Mark
Vermögenshaushalt (Investitionen) je 119.000 Mark.

Stiftungszweck neu festlegen

Die Fortentwicklung der Stiftung blieb Thema bei den Sitzungen der Stiftungskommission. Eingehend diskutiert wurde die Angelegenheit am 01.12.1992. Hierzu heißt es im Protokoll: *„Im Rahmen seiner sozialstaatlichen Verpflichtungen wird die Grundsicherung (Existenzminimum) vom Staat gewährleistet. Diese geänderten sozialpolitischen Voraussetzungen muss der Stiftungszweck berücksichtigen. Ebenso kann es für Hilfebedürftige nicht mehr die Verpflichtung geben für die Stifterfamilie zu beten oder Gottesdienste zu besuchen. Die Festlegungen in der Satzung, das Grundvermögen der Stiftung sei durch land- und forstwirtschaftliche Flächen zu sichern, ist ebenfalls nicht mehr zeitgemäß, da gerade landwirtschaftliche Flächen an Wert verlieren und es immer mehr Brachlandflächen gibt".*

Sowohl die Bezirksregierung Koblenz wie auch die Kreisverwaltung Neuwied, der einige Jahre (statt der Bezirksregierung) die Aufsicht über die Stiftung oblag, unterstützten eine Änderung des Satzungszweckes und eine Anpassung der Satzung.

Die Stiftung sah in der Schaffung von behindertengerechtem Wohnraum eine wichtige Aufgabe. Immobilien seien auch eine Möglichkeit das Grundvermögen der Stiftung zu erhalten.

Die Kommission beauftragte die Verwaltung einen Satzungsentwurf zu erarbeiten und dabei sicherzustellen, dass die Einwohner/innen der Ortsgemeinden Asbach und Buchholz bei den Hilfen Vorrang haben.

In der Sitzung am 15.12.1993 wurden die Überlegungen konkret, eine kleine behinderten/seniorengerechte Wohnanlage zu errichten. Die Verwaltung erhielt den Auftrag mit dem Planungsbüro Dittrich in Neustadt Kontakt aufzunehmen und Planungsskizzen fertigen zu lassen.

Auch solle bei der rheinland-pfälzischen Landesregierung nachgefragt werden, ob eine finanzielle Förderung möglich ist.

Die Landesregierung schickte eine Absage. *„Das Land sieht keine Möglichkeit das Projekt finanziell zu fördern",* wurde der Asbacher Verwaltung auf ihre Anfrage mitgeteilt.

---

[93] Damals befand sich das Heim in der Trägerschaft der Verbandsgemeinde Asbach.
[94] Tagesordnungspunkt 5 der Sitzung vom 10.10.1990

Behindertengerechte Wohnungen – Fragen klären

Bei dem in Erwägung gezogenen Bau von behindertengerechten Wohnungen waren nicht nur finanzielle Dinge zu klären. Gibt es den vermuteten Bedarf, ein geeignetes Grundstück in Asbach? Welche Betreuungsleistungen sollen angeboten werden? Wer ermöglicht diese? So lauteten einige weitere Fragen im Zusammenhang mit dem angestrebten Bauprojekt.

Klar war, dass die Stiftung die Betreuung der Bewohner/innen nicht mit eigenen Kräften ermöglichen konnte. Sie hat kein Personal. Alle anstehenden Büroangelegenheiten erledigt die Verbandsgemeindeverwaltung.

Die Mitglieder der Kommission: der Bürgermeister der Verbandsgemeinde, der Pfarrer der katholischen Pfarrgemeinde Asbach, die Ortsbürgermeister von Asbach und Buchholz und der/die Erste Beigeordnete von Asbach sind ehrenamtlich und unentgeltlich für die Stiftung tätig.

Standort – nahe an der Klinik

Die behindertengerechten Wohnungen sollten nahe an der Asbacher Kamillus-Klinik errichtet werden. Dies sei der beste Standort, fanden die Verantwortlichen der Stiftung. Mehrere Grundstücke schienen geeignet. In der engeren Wahl war eine Fläche der Ortsgemeinde Asbach in der Flur 1 (verlängerte Marktstraße, Richtung Walgenbach)

Am 14. Dezember 1994 legte das Planungsbüro Dittrich der Stiftung einen Planentwurf vor. Die Baukosten wurden mit rund 5 Millionen Mark kalkuliert. Zwar fand das Baukonzept Anklang. Allerdings befürchteten die Kommissionsmitglieder, dass das Bau- und Kostenvolumen die Leistungsfähigkeit der Stiftung überfordern könnte. Deshalb solle der Planentwurf mit dem Ziel überarbeitet werden höchstens 8 Wohnungen zu bauen.

Behindertengerechte Wohnungen - Bedarf in Asbach?

Über die Presse und das Asbacher Mitteilungsblatt wurde die Öffentlichkeit über die Pläne informiert. 13 Personen meldeten sich bei der Asbacher Verwaltung und bekundeten Interesse an einer Wohnung in dem geplanten Stiftungsgebäude. Zusätzliche Pflege- oder sonstige Dienstleistungen waren von den meisten jedoch nicht gewünscht.

Die Interessenten wollten behindertengerecht wohnen, aber eventuell erforderlich werdende Hilfen selbst in Auftrag geben. Deshalb wurden Überlegungen, in dem Gebäude eine Betreuung zu gewährleisten, nicht weiterverfolgt.

Am 14. März 1995 wurde die geänderte Planung der Stiftungskommission vorgestellt und gebilligt. Nunmehr waren acht Wohnungen vorgesehen (sechs für zwei Personen und zwei Wohnungen für jeweils eine Person). Eine Erweiterung war möglich. Vor der Sitzung im Asbacher Rathaus hatte sich die Stiftungskommission in Eitorf das Wohnprojekt der evangelischen Kirche angeschaut. Dort war erfolgreich realisiert worden, was möglichst bald in Asbach gebaut werden sollte.

Am 29. Mai 1995 gab es ein gemeinsames Gespräch mit den Interessenten. Das Planungsbüro Dittrich stellte die Planentwürfe vor. Den meisten Anwesenden gefiel das Konzept. Mehrere waren von den Überlegungen so angetan, dass sie anboten eine Wohnung zu kaufen. Die Stiftung diskutierte sehr ausführlich über diese Option, sah von der Möglichkeit des Wohnungsverkaufs aber ab. Zwar hätte sich der Verkauf von Wohnungen günstig auf die finanzielle Situation der Stiftung ausgewirkt. Andererseits wollte sie über alle Wohnungen selbst verfügen, um sie, entsprechend den Stiftungszielen, hilfebedürftigen Personen anbieten zu können.

In den folgenden Monaten wurde über das Projekt mehrfach beraten. Vorgesehen war eine Wohnfläche von 450 Quadratmetern. Die Baukosten wurden auf 1,25 Millionen Mark veranschlagt. Eine finanzielle Größenordnung, die der Stiftung akzeptabel schien, wie sich aus der Niederschrift über die Sitzung vom 20.09.1995 ergibt.

Deshalb wurden aus den Entwürfen konkrete Planungen mit detaillierten Kostenkalkulationen. Dabei zeigte sich, dass das Bauvorhaben nicht für die ursprünglich im Raum stehende Summe von rund 1,3 Millionen Mark zu realisieren sein würde. Kalkuliert wurde nun mit 1,9 Millionen Mark.

In der Sitzung am 12.6.1996 war die Kostenentwicklung Thema. Um das Gebäude finanzieren zu können wäre eine Kreditaufnahme unvermeidlich gewesen. Das damit verbundene Risiko für die jahrhundertealte Stiftung war den ehrenamtlich tätigen Kommissionsmitgliedern zu hoch. Zu dem kalkulierten deutlich höheren Preis wollte die Stiftung die Wohnanlage nicht bauen. Deshalb wurde über Einsparungsmöglichkeiten diskutiert.

Es kam der Vorschlag einen Generalunternehmer zu einem Festpreis zu beauftragen. Der Bau an einem anderen Standort wurde ebenfalls beraten. Das gemeindliche Grundstück erforderte wegen der Hanglange eine aufwendige Erschließung (rund 200.000 DM).

Die Entscheidung über das Bauvorhaben wurde schließlich vertagt.

Unterstützung für ihr Projekt fand die Stiftung beim Orden Töchter des heiligen Kamillus. Der Orden zeigte sich den Überlegungen der Stiftung sehr aufgeschlossen und bot an die behindertengerechten Wohnungen auf dem Gelände der Kamillus-Klinik in Asbach zu bauen. Dort wäre die Erschließung erheblich kostengünstiger zu verwirklichen.

Um die Entwicklung der Klinik nicht zu beeinträchtigen könne die für den Bau notwendige Fläche aber nicht veräußert werden. Angeboten wurde die Nutzung im Rahmen eines Erbbaurechtes zu ermöglichen.

Bei den dann folgenden zahlreichen Gesprächen zwischen Stiftung und Orden wurde auch die Idee entwickelt das Bauvorhaben der Stiftung mit den Erweiterungsabsichten der Klinik zu verbinden und gemeinsam zu bauen.

Am 12. März 1997 stellten Vertreter des Planungsbüros Dittrich die geänderte Konzeption vor. Vorgesehen sind auf dem Gelände der Kamillus-Klinik acht Wohnungen auf einer Wohnfläche von rund 500 Quadratmetern.

Auch gab es das Angebot eines Unternehmens aus dem Kreisgebiet, das Stiftungsgebäude zu einem Preis von 1.140.000 DM zu bauen (zuzüglich Mehrwertsteuer, Planungskosten und Kosten für spezielle Arbeiten).

Die Offerte wurde beraten, aber nicht entschieden, weil noch Punkte zu klären waren. Dazu gehörte auch die rechtliche Absicherung bei einer gemeinsamen Grundstücksnutzung. Das Asbacher Notariat Wagner wurde um Rat gebeten, damit für die Stiftung und den Orden eine faire Vertragsgestaltung erfolgt.

Bei der Sitzung am 10.6.1997 stand das geplante Bauvorhaben wieder auf der Tagesordnung der Stiftungskommission. Für das vorgesehene Gebäude war eine Fläche von rund 1.500 Quadratmetern erforderlich. Die Stiftungsvertreter stimmten für den Standort auf dem Gelände der Kamillus-Klinik. Eine verbindliche Vereinbarung mit dem Orden soll erfolgen, sobald die Generaloberin in Rom zugestimmt hat. Schwester Oberin Gabriela, Leiterin des Ordens in Asbach, erklärte sich bereit umgehend das Weitere zu veranlassen.

Die Stiftung wollte die Wohnungen selbst vermieten um, entsprechend dem Stiftungsgedanken, die persönlichen Belange der Bewohner berücksichtigen zu können. Der Kamillus-Klinik sollte die Betreuung des Objektes übertragen werden.

Zur Sprache kam in der Sitzung im Juni 1997 auch, dass sich die Situation am Wohnungsmarkt deutlich verändert hat. In vielen Orten stehen Wohnungen leer. Auch in Asbach gibt es freie Wohnungen.

Deshalb fragte die Verbandsgemeindeverwaltung bei den bisherigen Wohninteressenten nach, ob sie noch eine Wohnung in dem geplanten Gebäude mieten wollen, was überwiegend bejaht wurde.

Verbessert hatten sich zu diesem Zeitpunkt die finanziellen Möglichkeiten der Stiftung. Durch verschiedene Grundstücksverkäufe (unter anderem in Much und im Windhagener Gewerbegebiet) waren die Finanzmittel der Stiftung gestiegen. Für die angelegten Gelder gab es bis zu 4,1 Prozent Guthabenzinsen.

Den Verantwortlichen war klar, dass bei diesem Zins höhere Erträge zu erzielen sind, wenn das Geld auf der Bank bleibt und keine Wohnungen gebaut werden, die zu günstigen Quadratmeterpreisen vermietet werden sollten.

Im Hinblick auf die Vorgaben der Stiftungsgründer (bedürftige Menschen zu unterstützen) wurde aber beschlossen das Projekt fortzuführen, auch wenn die Einnahmen geringer sind als die Guthabenzinsen bei den Banken.

Allerdings blieb es im Jahr 1997 und darüber hinaus bei Planungsüberlegungen.

Satzungsänderung – Förderzahl wird gestrichen

Am 14.12.1994 wurde eine neue Satzung beschlossen. Sie trat am 1.4.1995 in Kraft. Anders als in den Satzungen von 1958, 1974 und 1978 verzichtete die Stiftung darauf die Anzahl der Freistellen (Übernahme der Heimpflegekosten von bedürftigen Menschen) und der Barpfründe (Zahlung eines Geldbetrages an Bedürftige) festzulegen.

Stattdessen heißt es in der Satzung:

Stiftungszweck ist es bedürftige Menschen zu unterstützen (§ 3 Ziff. 1).

In Ziff. 2 wird eingefügt:

Der Stiftungszweck wird insbesondere dadurch erfüllt, dass für Bedürftige (z.B. Behinderte oder ältere Menschen) Zuwendungen gewährt oder Wohnräume bereitgestellt werden.

Ziff. 3 lautet:

Bei der Erfüllung des Stiftungszweckes haben die Einwohner/innen der Ortsgemeinden Asbach und Buchholz Vorrang.

In früheren Satzungen bezog sich die finanzielle Unterstützung auf die Bewohner-/innen der ursprünglichen Gemeinden Asbach, Elsaff, Griesenbach, Limbach und Schöneberg. Diese Gemeinden waren im Rahmen der Gemeindeneugliederung (Bildung der Ortsgemeinden Asbach und Buchholz) aufgelöst worden.

In der Satzung ist ferner geregelt, *dass das Stiftungsvermögen in seinem Wert erhalten bleibt (§ 4) und Erlöse aus der Veräußerung von Grundstücken dem Vermögen wieder zugeführt werden müssen (§ 5).*

Durch diese Formulierungen wurde deutlich gemacht, dass die Unterstützung von Bedürftigen abhängig ist von den Einnahmen der Stiftung und sie für die Hilfen nicht die Vermögenssubstanz einsetzen darf.

500 Jahre Stiftung

Gäste der 500-Jahr-Feier am 17. Dezember 1969 vor der Waldkapelle Ütgenbach. Es hat geschneit.
Foto: Gisbert Becker, Neustadt-Bertenau

Am Freitag, 17. Dezember 1999 feierte die Ehrensteiner Armenstiftung ihr 500jähriges Bestehen. Dieses Jubiläum fand, entsprechend den Zielen der Stiftung, in einem sehr bescheidenen Rahmen statt. Im Mittelpunkt stand ein Gottesdienst in der Waldkapelle Ütgenbach, gehalten von Monsignore Heribert Hausen, der als katholischer Asbacher Pfarrer auch der Stiftungskommission angehörte. Bürgermeister Siegfried Schmied hielt die Festansprache.

Siegfried Schmied, Bürgermeister und Vorsitzender der Armenstiftung, bei der Festansprache am 17. Dezember 1999.
Foto: Anton Schäfer, Asbach

Die Kapelle in Ütgenbach (in der Nähe des Ortes Krankel) hat eine besondere Atmosphäre. Strom gibt es dort nicht. Das Gotteshaus wird durch Kerzen erhellt.

In Ütgenbach befanden sich ursprünglich die kleinen Häuser, in denen die Stiftung die Armen betreute.

Unter den Gästen, die sich um 11.00 Uhr zu dem Gottesdienst trafen, waren von der Stifterfamilie Hubertus Graf von Nesselrode und Dr. Leonie Gräfin von Nesselrode sowie Vertreter der Gemeinden, der Kamillus-Klinik und dem Orden der Genossenschaft der Töchter des heiligen Kamillus.

Auch das Dorf Berzbach in der Gemeinde Much, in deren Bereich sich viele Grundstücke der Stiftung befinden, feierte das Jubiläum (am 28.08.1999). Es errichtete an der Stelle, wo bis 1973 das Gutshaus in Berzbach stand, einen Gedenkstein und eine kleine Hinweistafel.[95]

Im Jubiläumsjahr sahen die Planungen der Stiftung Einnahmen und Ausgaben von je 53.000 DM vor.

Der vom Forstamt Eitorf für den Waldbesitz der Stiftung im Bereich Much erstellte Waldbewirtschaftsplan beinhaltete Einnahmen von 20.000 DM (1998). Allerdings verblieb der Stiftung nur ein Betrag von rund 4.000 DM, weil sie 16.000 DM für Bewirtschaftung des Waldes zahlen musste.

1999 beschloss die Kommission, dass sie die früheren Überlegungen, eine behindertengerechte Wohnanlage zu bauen, wieder aufgreift. Sie nahm Kontakt auf zu dem Neustädter Planungsbüro Dittrich, das in den Vorjahren das Konzept entwickelt hatte.

Stiftungsvorstand und Mitglieder der Stifterfamlie vor der Waldkapelle Ütgenbach, anlässlich der Feier des 500jährigen Jubiläums der Stiftung.
Von links: Richard Dinkelbach, Ortsbürgermeister von Buchholz, Dechant Heribert Hausen, Asbach, Helga Eckloff, Erste Asbacher Beigeordnete, Helmut Reith, Asbacher Ortsbürgermeister, Hubertus Graf von Nesselrode, Dr. Leonie Gräfin von Nesselrode, Siegfried Schmied, Bürgermeister und Stiftungsvorsitzender
Foto: Gisbert Becker, Neustadt-Bertenau

Ohne Darlehen

Am 22.11.1999 stellte das Planungsbüro dem Stiftungsgremium einen aktualisierten Planentwurf vor. Das Konzept beinhaltete 12 Wohnungen und mehrere Gemeinschaftsräume. Auf 2,2 Millionen DM wurden die Baukosten veranschlagt.

Zwar verfügte die Stiftung aus Grundstücksverkäufen, Pacht- und Zinseinnahmen über beachtliche Rücklagen. Diese reichten aber nicht um das Bauvorhaben bezahlen zu können. Ein

---

[95] Lind, Ulf, Kapitel: Vorlauf und Einrichtung der Armenstiftung

erheblicher Teil müsste über Darlehen finanziert werden. Wie bei ähnlichen Beratungen in Vorjahren war der Stiftungskommission das Risiko zu hoch. Deshalb wurde die Entscheidung über die Baupläne wieder vertagt.

Die Verwaltung erhielt den Auftrag durch eine Veröffentlichung zu klären, inwieweit weiterhin die Einwohner/innen Interesse an einer behindertengerechten Wohnung haben.

Pressebericht:

Wohnungen für Behinderte[96]

ASBACH. Die Ehrensteiner Armenstiftung will auf dem Gelände der Kamillus-Klinik behindertengerechte Wohnungen bauen, um betreutes Wohnen zu ermöglichen.

Um den Bedarf und die Wünsche der späteren Bewohner berücksichtigen zu können, bittet die Verbandsgemeinde Asbach alle Bürger, die an einer Wohnung interessiert sind, sich zu melden.

Das geplante Bauprojekt stieß bei Einwohnern der Region und darüber hinaus bei Personen, die in den Raum Asbach/Buchholz zurückkehren oder dort wohnen wollten auf noch viel größeres Interesse als einige Jahre zuvor. Rund 30 Wohnungsinteressenten meldeten sich.

Um eine Kreditaufnahme zu vermeiden, wurde von der Stiftungskommission auch wieder der Verkauf von Wohnungen diskutiert. Ebenfalls ob mit Mietern, die über entsprechende Finanzmittel verfügen, Mietvorauszahlungen vereinbart werden sollten.

Es kam auch die Anregung, das Gebäude im Rahmen des sozialen Wohnungsbaues zu errichten. Dies hätte aber bedeutet, dass Einwohner/innen, deren Einkommen den gesetzlich festgelegten Satz überschreitet, bei der Wohnungszuteilung nicht hätten berücksichtigt werden können.

Eine Befragung der Wohnungsinteressierten ergab, dass bei fast allen das Einkommen oberhalb der für den sozialen Wohnungsbau geltenden Höchstgrenzen lag. Deshalb verzichtete die Stiftung auf weitere Überlegungen in Sachen sozialer Wohnungsbau.

Die erneute Nachfrage beim Mainzer Sozialministerium wegen einer Landeszuwendung war wieder erfolglos. Somit konnte die Stiftung bei der Finanzierung des Projektes nicht mit öffentlichen Geldern rechnen.

Planung geht weiter – Baubeginn nicht absehbar

In der Folgezeit blieb das Thema zwar auf der Tagesordnung. Die Realisierung ging aber, wie auch schon Jahre zuvor, nicht voran. So kam es, dass auch über Alternativen nachgedacht wurde. Ein überregionaler Wohlfahrtverband war interessiert, gemeinsam mit der Stiftung, in Asbach ein größeres Projekt zu realisieren. Mehr als 40 Wohnungen sollten es werden, ein paar hundert Meter von der Klinik entfernt. Planungsgrundlagen wurden geschaffen, dann aber wieder verworfen. Die sich abzeichnende finanzielle Dimension schien der Stiftungskommission zu riskant.

---

[96] Rhein-Zeitung, Ausgabe Neuwied am 02.12.1999

Um mehr Finanzmittel für das geplante Bauvorhaben bereitstellen zu können verkaufte die Stiftung Anfang dieses Jahrtausends weitere Grundstücke. 32.000 Quadratmeter erhielt die Gemeinde Windhagen im Jahr 2002. Die Flächen in der Flur 14 in Windhagen, außerhalb von Ortslagen, dienten als baurechtliche Ausgleichsflächen für Industrie- und Gewerbegrundstücke.

Satzung wird geändert

Änderungsbedarf gab es bei der Stiftungssatzung. Das Finanzamt Neuwied teilte der Stiftung mit, die Satzung vom 01.04.1995 erfülle nicht alle Voraussetzungen für Gemeinnützigkeit und Mildtätigkeit. Um folgenschwere Konsequenzen zu vermeiden, entsprach die Stiftung den Hinweisen der Finanzbehörde und änderte am 17.12.1998 die Stiftungssatzung. Damit war die Stiftung weiterhin von der Steuerpflicht befreit.

Durch die Satzungsänderung sind auch Klarstellungen im Sinne des Abschnitts „steuerbegünstigte Zwecke der Abgabenordnung" erfolgt. So enthält die Stiftungssatzung seit 1998 die Regelung, dass die Stifterfamilie keine Zuwendungen aus Stiftungsmitteln erhalten kann. Ferner dürfen keine unverhältnismäßig hohen Vergütungen bezahlt werden (§ 5 Abs. 4). Diese Vorschriften haben bei der Ehrensteiner Armenstiftung aber nur deklaratorische Bedeutung, weil die tatsächlichen Gegebenheiten andere sind. Die Stifterfamilie hat von der Stiftung nie eine Zuwendung erhalten. In den Unterlagen sind auch keine Hinweise enthalten, dass jemals ein Antrag auf Gewährung einer Vergünstigung gestellt worden ist. Die Familie von Nesselrode ist auch nicht in das Wirken der Stiftung einbezogen.

Das einzige Organ der Stiftung (das alle Entscheidungen trifft) ist die Verwaltungskommission. Deren Mitglieder arbeiten ehrenamtlich und erhalten, wie bereits ausgeführt wurde, keinerlei Aufwandsentschädigung. Abgesehen von der kleinen Jahrespauschale (wenige hundert Euro), die an die Verbandsgemeindeverwaltung für die Abwicklung der Stiftungsverwaltung gezahlt wird, hat die Stiftung keine Verwaltungskosten.

Nach Gesprächen mit der Stiftungsaufsicht und der Finanzverwaltung wurde die Satzung vom 17.12.1998 am 11.12.2001 erneut geändert. Stiftungszweck ist seither auch die Förderung der Altenhilfe.

Wie auch in der Satzung von 1998 ist in der Änderungssatzung von 2001 festgelegt, dass bei der Erfüllung des Stiftungszwecks die Einwohner/innen der Ortsgemeinden Asbach und Buchholz Vorrang haben (§ 3 Ziff. 3).

Für die Stiftung ist die nachhaltige Waldbewirtschaftung ein wichtiges Kriterium. Deshalb hat sie im Jahr 2001 ihre Waldflächen im Rhein-Sieg-Kreis entsprechend zertifizieren lassen (PEFC).

Wie weiter mit dem Bauprojekt?

Im Sommer 2002 war weiterhin nicht absehbar ob und wann das auf dem Klinik-Gelände geplante Gebäude verwirklicht wird.

Am 2. Juli 2002 trafen sich die Vertreter der Stiftung mit der Klinik- und Ordensleitung, um über das weitere Vorgehen zu beraten. Anstehende politische Entscheidungen auf Bundesebene hatten auch Auswirkungen auf die Baupläne in Asbach. So berichtete die Klinikleitung von gravierenden Veränderungen im Krankenhausbereich. Geplant sei, dass die Krankenkassen für die Patienten der Klinik nur noch Fallpauschalen zahlen. Wenn die in Berlin diskutierten Reformüberlegungen umgesetzt würden ergäben sich für die MS-Patienten erheblich kürzere

Verweilzeiten in der Kamillus-Klinik. Deshalb mache es dann auch keinen Sinn weitere Räume für die Klinik zu bauen. Die Entwicklung im Gesundheitsbereich müsse abgewartet werden.

Für die Stiftung ergab sich erneut die Frage, ob das Konzept: Wohnung und Betreuung bei den Einwohner-/innen noch Interesse findet. Die Betreuungssituation in der Verbandsgemeinde Asbach hatte sich nämlich erheblich verändert. Es waren mehrere Pflegedienste gegründet worden. Diese betreuen die Hilfebedürftigen in ihren Wohnungen.

Die Kommissionsmitglieder vertagten sich. Weiter beraten werden sollte erst wenn klar ist wie sich die Gesundheitsreform auswirkt.

Neue Pläne

2003 wurde entschieden, dass die Pläne für das gemeinsame Projekt von Stiftung und Klinik fortgeführt werden. Im Juli des Jahres befasste sich die Stiftungsvertretung mit der geänderten Planung. Danach sollen auf dem Klinikgelände von der Stiftung 14 Wohnungen gebaut werden.

Gleichzeitig mit dem Bauvorhaben der Stiftung will die Kamillus-Klinik Räume für die Kurzzeitpflege und die Intensivbetreuung errichten lassen. Nach der Kostenschätzung des Planungsbüros würden Gesamtkosten von 2.076.000 Euro entstehen.

Trotz der Grundstücksverkäufe reichten bei der Stiftung die Rücklagen nicht um die Baukosten bezahlen zu können. Deshalb sprach sich die Stiftungsvertretung dafür aus, weitere Grundstücke zu veräußern. Falls dies nicht möglich ist, soll die Zahl der Wohnungen reduziert werden, von 14 auf 10. Auch Mietvorauszahlungen zu vereinbaren, wurde erneut in Erwägung gezogen.

In den folgenden Monaten folgten viele Gespräche zwischen der Stiftung, dem Orden und der Krankenhausleitung.

Der Stiftungskommission gehörten in dieser Zeit an: Bürgermeister Siegfried Schmied (Vorsitzender), die Ortsbürgermeister Helmut Reith (Asbach) und Richard Dinkelbach (Buchholz), die Erste Beigeordnete Helga Eckloff (Asbach) und Monsignore Heribert Hausen, der Asbacher Pfarrer. Gesprächspartner auf der Seite des Ordens und der Klinik waren Schwester Oberin Gabriela, Schwester Bernada und Verwaltungsleiter Joachim Meyer.

Vertrag wird unterzeichnet

Am 18.5.2004 wurde auf dem Weg zu einem gemeinsamen Bauvorhaben eine wichtige Hürde genommen. Die Stiftung und der Orden unterzeichneten in der Klinik den Vertrag über das Gebäude.

Es soll mit der Klinik baulich verbunden sein. Bauherr wird die Stiftung. Sie lässt Wohnungen mit einer Gesamtfläche von 726 Quadratmetern errichten. Ein Teil des vierstöckigen Gebäudes wird, gegen Erstattung der Baukosten, der Klinik überlassen. Die Klinik liefert für das gesamte Gebäude die Heizenergie. Entsprechende Kapazitäten sind vorhanden, weil sich wegen Energieeinsparmaßnahmen der Energieverbrauch der Klinik reduziert hat und dadurch ausreichend Heizenergie für das geplante Bauvorhaben zur Verfügung steht.

Stiftungsvorsitzender Siegfried Schmied und Schwester Oberin Gabriela unterzeichneten am 18. Mai 2004 in der Kamillus-Klinik den Vertrag über das gemeinsame Bauvorhaben. Foto: Gisbert Becker, Neustadt-Bertenau

Die Mieter können die Angebote der Klinik nutzen. Dies gilt für die Veranstaltungen, die Cafeteria aber auch den Hausmeister- und Sozialdienst.

Doch bis zum Start des Bauvorhabens dauert es noch über ein Jahr. Für die geplante Klinikerweiterung wurden Landeszuschüsse beantragt. Alle den Kliniktrakt betreffenden Unterlagen mussten dem zuständigen Mainzer Ministerium zur Prüfung und Genehmigung vorgelegt werden.

Im Jahr 2004 gab es, als Folge der Kommunalwahlen, Veränderungen in der Stiftungskommission. An die Stelle von Richard Dinkelbach, dem langjährigen Buchholzer Ortsbürgermeister, trat Margret Wallau. In der Ortsgemeinde Asbach wurde Käthemarie Gundelach zur Ersten Beigeordneten gewählt (an Stelle von Helga Eckloff).

Am 15.12.2004 traten die neuen Mitglieder ihre ehrenamtliche Tätigkeit an.

Baubeginn

Im Laufe des Jahres 2005 waren für das geplante gemeinsame Bauvorhaben der Stiftung und der Klinik alle Fragen geklärt. Zu Ende war die jahrelange Überlegungs- und Planungsphase. Die Bauarbeiten konnten starten.

Das von dem Neustädter Planungsbüro Dittrich konzipierte Gebäude gliedert sich in zwei Bereiche. In Trägerschaft der Ehrensteiner Armenstiftung entstehen 13 behindertengerechte Wohnungen. Gleichzeitig lässt die Kamillus-Klinik eine Intensivstation (4 Betten) eine Stroke-Unit (Schlaganfall-Station) mit ebenfalls vier Betten und Räume für Facharztpraxen bauen. Das neue Gebäude umfasst 1775 Quadratmeter. Die Gesamtkosten sind auf 2,9 Millionen Euro veranschlagt. Davon entfallen 1,7 Millionen Euro auf die Stiftung und 1,2 Millionen Euro auf die Klinik. Die Kosten für die beiden Fachstationen des Krankenhauses betragen 860.000 Euro. Das rheinland-pfälzische Ministerium für Arbeit, Soziales, Gesundheit und Familie in Mainz unterstützt den Bau der Krankenhausräume mit einem Zuschuss von 675.000 Euro.

Spatenstich für das gemeinsame Bauvorhaben der Ehrensteiner Armenstiftung (Betreutes Wohnen) und der Kamillus-Klinik (Erweiterung) am 19. Januar 2006. (v.l.n.r.) Dr. J. Clees, Leiter der Inneren Abteilung, Bürgermeister Siegfried Schmied, Ortsbürgermeister Helmut Reith, Asbach, Verwaltungsleiter Joachim Meyer, Schwester Oberin Gabriela, Dr. Bernhard Krüger, Ltd. Oberarzt der Neurologie, Notar Michael Wagner, Planer Ingo Dittrich, Schwester Bernarda, Ortsbürgermeisterin Margret Wallau, Buchholz. Foto: Gisbert Becker, Neustadt-Bertenau

Die Bauphase begann mit der Ausschreibung der Erd- und Rohbauarbeiten. Neun Bauunternehmen bewarben sich um das Gewerk. Am 21.Dezember 2005 erteilte die Stiftungskommission den Zuschlag für rund 500.000 Euro. Vom 10. Januar 2006 an waren Handwerker auf der Baustelle an der Kamillus-Klinik. Termingemäß folgten den Rohbauarbeiten die Zimmerer-, Dachdecker- und Klempnerarbeiten.

Im Frühjahr 2006 wurden weitere 9 Gewerke ausgeschrieben. Diese umfassten die Fenster, die Installation, die medizinische Gasversorgung aber auch die Blitzschutzanlagen. Am 10. Mai bekamen die preisgünstigsten Bieterfirmen die Aufträge. Die weiteren Gewerke folgten zeitnah.

Die beträchtlichen Bauinvestitionen werden auch in den Haushaltsplänen dieser Jahre deutlich.

Während der Verwaltungshaushalt der Stiftung (in dem die laufenden Einnahmen und Ausgaben veranschlagt wurden) im Jahr 2006 ein Volumen von 43.500 Euro hatte, betrug der Vermögenshaushalt 1.505.000 Euro. Im Jahr darauf waren es 389.000 Euro.

Währenddessen bekundeten 28 Personen Interesse an einer Wohnung im Stiftungsgebäude.

2,2 Millionen Euro Bilanzsumme

Nach den Neuregelungen des rheinland-pfälzischen Stiftungsgesetzes hätte die Armenstiftung auf einen Haushaltsplan und die Jahresrechnung verzichten können. Am 10. Mai 2006 entschied aber die Stiftungskommission, dass sie weiterhin die gleichen Vorschriften wie die Gemeinden anwendet und somit jedes Jahr einen Haushaltsplan aufstellt.

Im Jahr 2008 wurde das Haushaltsgeschehen der Gemeinden und somit auch der Stiftung, auf das neue rheinland-pfälzische Haushaltsrecht umgestellt (Dopik). Es hat große Gemeinsamkeiten mit der doppelten kaufmännischen Buchführung und beinhaltet eine Bilanz. Die Eröffnungsbilanz der Stiftung zum 1.1.2008 schloss mit einer Bilanzsumme von 2,2 Millionen Euro.

Die Sonne lacht - Richtfest

Am Freitag, 4. August 2006 war Richtfest auf der Baustelle der Armenstiftung und der Klinik, bei strahlendem Sonnenschein.

„Der Anlass heute scheint den Herrgott so erfreut zu haben, dass er für uns die Sonne herausgehängt hat" sagte Siegfried Schmied, Bürgermeister der Verbandsgemeinde und Vorsitzender der Ehrensteiner Armenstiftung beim Richtfest. Er wies darauf hin, dass die Stiftung dort baut, wo sich früher ihr Hospital befand. Schwester Oberin Gabriela Kreienbaum erinnerte an die lange Planungszeit und die zahlreichen Sitzungen, um das gemeinsame Projekt zu verwirklichen. Für Joachim Meyer, Verwaltungsdirektor der Asbacher Klinik, war das Ereignis ein Abschied. Meyer, der viele Jahre für die Klinik an den Gesprächen mit der Stiftung teilgenommen hatte, trat in den Ruhestand.

Um eine Darlehensaufnahme für das Gebäude zu vermeiden, verkaufte die Stiftung weitere Grundstücke. Dazu gehörte auch ein über 8000 Quadratmeter großes Waldgrundstück (Fichtenbestand), nahe dem Ort Stockhausen (gegenüber dem Luftlandeplatz Eudenbach).

Baurechtlich ausgewiesenes Industriegebiet zwischen Stockhausen und Germscheid. Der langjährige Windhagener Ortsbürgermeister Josef Rüddel zeigt die (noch nicht bebaute) Fläche. Der Fichtenwald der Stiftung befand sich vor dem Mischwald (am Ende der Wiese).
Foto: Gisbert Becker, Neustadt-Bertenau

Ein Landwirt aus dem Bereich Much teilte der Stiftung mit, dass er aus Altersgründen die gepachteten Flächen von über 150.000 Quadratmetern nicht mehr bewirtschaften könne. Diese Flächen verkaufte die Stiftung an andere Landwirte.

Weil durch diese zusätzlichen Einnahmen die Finanzierung des Stiftungsgebäudes gewährleistet war, verzichtete die Stiftung endgültig auf das Angebot von Wohnungsinteressenten, in dem Gebäude Wohnungen zu kaufen. Dadurch hat sie die Entscheidungsbefugnis über sämtliche Wohnungen.

Einweihung

Am 30.11.2007 wurde das Stiftungsgebäude eingeweiht. Über die Feier erschien in der Rhein-Zeitung der folgende Bericht:

__Wohnanlage an Asbacher Kamillus-Klinik bekommt ökumenischen Segen__ „Was lange währt, wird endlich gut" sagte Architekt Ingo Dittrich scherzhaft und überreichte den Schlüssel der Wohnanlage der Ehrensteiner Armenstiftung an Stiftungschef Siegfried Schmied, der diesen sofort an die Oberin der Asbacher Kamillus-Klinik, Schwester Gabriela, weitergab. Scherzhaft aus dem Grund, da die Planung der Wohnanlage bereits vor 13 Jahren begonnen habe. Etliche Änderungen und Verschiebungen des Projektes verhinderten den Baubeginn aber. Nach einer heiligen Messe in der Kapelle Ütgenbach, dem Ursprungsort der Ehrensteiner Armenstiftung, die vor genau 508 Jahren vom Ritter Bertram von Nesselrode und dessen Frau ins Leben gerufen wurde, übergab Schmied die 13 Wohneinheiten ihrer Bestimmung.

Als Ehrengäste begrüßte er Baronin Leonie van Hövell tot Wester Flier,[97] die in Vertretung des Grafen Hubertus von Nesselrode, –Nachfahre des Stiftungsgründers- gekommen war. Stiftungsvorstand und Ortsbürgermeister Helmut Reith, Beigeordnete Margret Wallau[98] sowie Monsignore Heribert Hausen. Im Anschluss an die Schlüsselübergabe erfolgte die Einsegnung der Einrichtung durch die beiden Geistlichen, Monsignore Heribert Hausen und Pfarrer Jörg Wilkesmann-Brandtner".[99]

Im Rahmen eines „Tages der offenen Tür" wurde der Bevölkerung das Stiftungsgebäude vorgestellt. Bei den Mietinteressenten haben, entsprechend den satzungsrechtlichen Festlegungen, Einwohner/innen aus den Ortsgemeinden Asbach und Buchholz Vorrang.

Erste Bewohnerin war Katharina Keul. Sie hat dort bis zu ihrem Tod im Jahr 2019 gewohnt. Auch die anderen Wohnungen wurden zeitnah bezogen. Nicht alle Bewohner/innen kamen aus Asbach oder Buchholz, weil das Interesse aus den beiden Gemeinden nicht ausreichte, um sämtliche Wohnungen zu vermieten.

---

[97] Die Ehefrau von Graf Hubertus von Nesselrode
[98] Margret Wallaus ist am 6. Juli 2004 zur Ortsbürgermeisterin von Buchholz gewählt worden.
[99] RZ vom 01.12.2007, Seite 23

Die Wohnungen auf insgesamt 4 Etagen sind zwischen 45 und 60 Quadratmeter groß. Sie verfügen über einen Wohnbereich, ein Schlafzimmer, Bad, Küche und einen Abstellraum. Auf allen Stockwerken gibt es Etagenbalkone.

Um den Bewohnern einen gemeinsamen Treffpunkt zu ermöglichen ist während der Bauphase entschieden worden, dass auf dem Gebäudedach eine große Terrasse angelegt wird. Diese ist, wie alle Etagen, auch mit dem Aufzug zu erreichen, so dass gehbehinderte Personen ebenfalls dorthin gelangen können. Insbesondere wegen dieses zusätzlich gebauten Bereiches waren die tatsächlichen Kosten höher als die ursprüngliche Kalkulation.

Bereits im Sommer des Jahres war die Einweihung des Klinikerweiterungsbaues erfolgt. Zu den Gästen der Einweihungsfeier gehörte auch die rheinland-pfälzische Sozialministerin Malu Dreyer (die spätere Ministerpräsidentin). Sie hielt die Festrede.

In der Presse erschien der folgende Bericht:

Intensiv- und Schlaganfallstation feierlich eröffnet[100]

Gesundheitsministerin Malu Dreyer lobt bei Einweihung die Schwerpunkte der Kamillus-Klinik - Reith wünscht neue Fachärzte

ASBACH. Blütenweiße Räume, freundliche und lichtdurchflutete Zimmer: So präsentieren sich die neuen Räumlichkeiten der Asbacher Kamillus-Klinik den zahlreichen Gästen, darunter Malu Dreyer, Ministerin für Arbeit, Gesundheit, Familie und Soziales, die an den Feierlichkeiten der Einweihung teilnahmen. Nachdem Pater Alfred Meyer gemeinsam mit Klinikseelsorgerin Madeleine von Trotah-Friese dem neuen Bauwerk den Segen erteilt hatte, legten die Krankenschwestern der Stationen ein letztes Mal "Hand an". Sie brachten die geweihten Kreuze in den Zimmern an.

"Der Fertigstellung gingen unendliche Gespräche voraus und letztendlich konnten wir einen Erfolg verzeichnen", freute sich Architekt Ingo Dittrich. Symbolisch überreichte er Oberin Schwester Gabriela den Schlüssel für den Erweiterungsbau. Dr. Dieter Pöhlau, Chefarzt der Kamillus- Klinik, freute sich über die Verbesserung der Versorgung der Schlaganfall- und Intensivpatienten. Dass nun die neuen Räume fertig sind, sei nicht zuletzt der guten Kooperation mit der Gemeinde und der Verbandsgemeinde Asbach sowie der Ehrensteiner Armenstiftung zu verdanken. "Die sehr gute Einbindung in die Gemeinde und in die Region freut uns. Es ist gut, dass wir hier alle zusammenstehen und gemeinsam die Region und das Krankenhaus zum Wohle aller Menschen weiterentwickeln", fügte der Mediziner hinzu.

Mit rund 350 Schlaganfallpatienten pro Jahr ist die Kamillus-Klinik unter den ersten sechs Häusern in Rheinland- Pfalz. "Leider kommen immer noch viele Patienten zu spät zu uns. Es ist noch viel an Aufklärungsarbeit zu leisten", stellte Pöhlau fest. Die Station kann zehn Patienten gleichzeitig mit allen intensivmedizinischen Behandlungsverfahren inklusive Beatmungen versorgen. "Durch die gute Zusammenarbeit der Inneren Abteilung und der Neurologie können auch Patienten, die Erkrankungen aus beiden Fachgebieten haben, optimal behandelt werden", betonte der Chefarzt.

Malu Dreyer (SPD), Ministerin für Arbeit, Gesundheit, Familie und Soziales, lobte das freundliche und herzliche Ambiente der Asbacher Klinik. "Die Landesregierung hat immer hinter der Klinik gestanden. Es ist in der vergangenen Zeit viel entstanden, die Klinik hat unser Vertrauen", betonte Dreyer. Es sei wichtig, die Notfallversorgung sicherzustellen und auch die

---

[100] Rhein-Zeitung, Samstag, 26. Mai 2007

Schlaganfallhilfe nehme im Land an Bedeutung zu. Weiterhin riet Dreyer: "Bauen Sie ihren Schwerpunkt in der Behandlung von Multiple-Sklerose-Patienten auch weiterhin aus, um das Kompetenzzentrum für Rheinland-Pfalz zu bleiben."

"Kleinere Häuser müssen tagtäglich um das Überleben kämpfen und bringen trotzdem so wichtige Dinge auf den Weg", sagte Landrat Rainer Kaul (SPD) anerkennend. Er lobte die gute Zusammenarbeit zwischen der Kamillus-Klinik und dem Rettungsdienst. "Ohne das große Engagement der Klinik wäre der Rettungsdienst nicht denkbar gewesen", meinte Kaul.

Für Asbachs Ortsbürgermeister Helmut Reith (CDU) ging ein lang gehegter Wunsch in Erfüllung: "Dies ist für uns ein ganz besonderer Tag. Der Weg dorthin war mit vielen Sorgen und Arbeit gepflastert." Der Bau der neuen Abteilungen sei ein Anliegen der gesamten Verbandsgemeinde gewesen. "Mittlerweile haben wir drei Facharztpraxen in der Klinik, es wäre wünschenswert, wenn noch weitere hinzukommen würden", hielt Reith fest.[101]

Schlaganfallstation (Stroke Unit)

Im Mai 2007 hat die Klinik auch die neue, nach modernsten Gesichtspunkten ausgestattete Schlaganfall-Station (sog. Stroke Unit) in Betrieb genommen. Unter neurologischer Führung werden Patienten mit einem akuten Schlaganfall auf der gemäß der Deutschen Schlaganfall-Gesellschaft und der Stiftung Deutsche Schlaganfall-Hilfe zertifizierten Schlaganfall-Station von einem in der Neurologie erfahrenen Arzt und dem zuständigen Oberarzt (einem Arzt für Neurologie) rund um die Uhr behandelt. Hier stehen 4 Betten zur raschen und umfassenden Behandlung zur Verfügung.[102]

Orkan Kyrill wütet in Stiftungswäldern

Der Orkan Kyrill richtete am 18. und 19.01.2007 in vielen Regionen große Schäden auch. Erheblich betroffen waren im Bereich Much, Rhein-Sieg-Kreis, auch Waldflächen der Armenstiftung.

Aber auch erfreuliche Ereignisse traten ein. Eine Erbengemeinschaft schenkte im Jahr 2008 der Stiftung im Bereich Windhagen ein größeres Waldgrundstück.

Ein Augenarzt bot an in Asbach regelmäßig Sprechstunden durchzuführen. Um diese zu ermöglichen wurde 2010 eine Wohnung der Stiftung entsprechend umgebaut. Die Stiftung entschloss sich zu der Baumaßnahme, weil es den Interessen der älteren und behinderten Menschen nutzt, wenn in Asbach ein Augenarzt tätig ist.

Die Finanzen der Stiftung sind solide. Dies ergibt sich auch aus dem Haushaltsplan des Jahres 2010. Der Ergebnishaushalt enthält Erträge von 76.440 Euro und Aufwendungen von 57.000 Euro. Nach Abschluss des Jahres betrug der Jahresüberschuss 23.000 Euro.

---

[101] Den RZ-Bericht hat Beate Christ geschrieben.
[102] Google, Kamillus-Klinik-Asbach, Zugriff am 10.01.2021

Bürgermeister Lothar Röser übernimmt 2010 die Stiftungsleitung

Im Jahr 2010 gab es an der Spitze der Stiftung einen Wechsel. Zum Nachfolger von Bürgermeister Siegfried Schmied, der in den Ruhestand trat, wurde Lothar Röser gewählt. Als Bürgermeister der Verbandsgemeinde Asbach oblag ihm damit auch die Stiftungsleitung.

Weitere Veränderungen in der Stiftungskommission erfolgten im Frühjahr 2011. Franz Peter Dahl, vorher Beigeordneter der Ortsgemeinde Asbach, wurde zum Ortsbürgermeister gewählt. Er gehört somit an Stelle des langjährigen Asbacher Ortsbürgermeisters Helmut Reith dem Stiftungsgremium an.

Bürgermeister Lothar Röser verpflichtete am 23. Mai 2011 Reiner Narres als neues Mitglied der Kommission.

Narres war zuvor zum Ersten Asbacher Beigeordneter gewählt worden und bis 2016 in dieser Funktion tätig.

Am 08.11.2011 wurde der neue Asbacher Pfarrer Werner Friesdorf Mitglied der Stiftungskommission, an Stelle des in den Ruhestand getretenen Monsignore Heribert Hausen.

Die Bilanz der Stiftung zum 31.12.2011 schließt auf der Aktiv- und Passivseite jeweils mit einer Bilanzsumme von 2.426.000 Euro. Es gab einen Jahresüberschuss.

Einnahmen von rund 9.000 Euro erzielte die Stiftung für die gefällten Fichten in der Gemarkung Elsaff- Asbach. (Walgenbach). Das Forstamt Dierdorf hat die Maßnahme abgewickelt.

Die Wohnungen in dem Stiftungsgebäude finden reges Interesse. Da nicht alle Wohnungswünsche berücksichtigt werden können legt die Verwaltung eine Warteliste an.

Stiftung unterstützt Asbacher Tafel

2013 wurden die Pläne konkret, in Asbach eine Tafel zu gründen. Initiiert hatten dies die katholische und die evangelische Pfarrgemeinde sowie Wohlfahrtsverbände.

Tafel ist die Bezeichnung für gemeinnützige Hilfsorganisationen, die Lebensmittel, welche im Wirtschaftskreislauf nicht mehr verwendet und ansonsten vernichtet werden würden, an Bedürftige verteilen oder gegen geringes Entgelt abgeben.[103]

In der Sitzung des Stiftungsgremiums am 09. Juli 2013 berichtete der Asbacher Ortsbürgermeister Franz Peter Dahl über das Vorhaben. Die Ortsgemeinde Asbach werde das Projekt aktiv unterstützen. In der Bahnhofstraße stelle die Gemeinde entsprechende Räumlichkeiten zur Verfügung. Es fehlten noch Einrichtungsgegenstände, deren Wert mit 50.000 Euro kalkuliert werde.

Von der Stiftungskommission wurde die beabsichtigte Gründung der Asbacher Tafel einhellig begrüßt. Die Stiftung erklärte sich bereit, die offenen Kosten für die Einrichtungsgegenstände bis zu dem Betrag von 50.000 Euro zu übernehmen. Für diesen Zweck wurde auch das Guthaben der Asbacher Werbegemeinschaft in Höhe von 2.000 Euro verwendet. Die Werbegemeinschaft hat sich im Jahr 2013 aufgelöst. In ihrer Satzung war geregelt, dass sie im

---

[103] Wikipedia, Datenabruf: 10.06.2021

Falle der Auflösung eventuell vorhandenes Vermögen der Armenstiftung zur Verfügung stellt. Die Asbacher Tafel hat im Jahr 2014 ihre Arbeit aufgenommen.

Zuwendung für Integrationsmaßnahme

In den Jahren 2015/2016 ist die Flüchtlingsproblematik das alles beherrschende Thema. 2016 waren 250 Flüchtlinge und Migranten in der Verbandsgemeinde Asbach wohnhaft. Davon kamen 100 aus Syrien und 65 aus Afghanistan. Die übrigen Asylsuchenden stammen aus 11 weiteren Ländern.[104]

Um die Eingliederung dieser Menschen aktiv zu fördern, hat die Verbandsgemeindeverwaltung eine Teilzeitkraft, die auch türkisch und syrisch spricht, eingestellt. Sie soll als Integrationslotsin wirken.

Die Ehrensteiner Armenstiftung unterstützte das Projekt. Am 11. Mai 2015 hat die Stiftungskommission entschieden, dass die Stiftung 75% der Personalkosten übernimmt. Damit bringt die über 500 Jahre alte Stiftung auch zum Ausdruck, dass sie sich in der sich ständig wandelnden Welt neuen Aufgaben stellt.

Allerdings hat die Verbandsgemeinde Asbach später die kompletten Personalkosten getragen und im Stellenplan eine entsprechende Stelle veranschlagt.[105] Die Integrationsbeauftragte unterstützt Hilfebedürftige in der gesamten Verbandsgemeinde Asbach. Daher geht die Tätigkeit der Lotsin über den Wirkungsbereich der Armenstiftung (Gemeinden Asbach und Buchholz) hinaus.

Zuwendungen gewährte die Stiftung in den Jahren 2016 und 2017 für ein Integrationsprojekt des Erzbistums Köln, Flüchtlingsfamilien und deutschen Familien einen mehrtätigen Aufenthalt in einem Tagungshaus zu ermöglichen.

Von der Katholischen Jugendagentur Bonn ist eine Mitmachausstellung zum Thema Armut konzipiert worden. Diese wurde im Herbst 2017 in der katholischen Pfarrkirche Asbach gezeigt und von mehreren hundert Personen besucht. Die Kosten für die Präsentation in Asbach hat die Armenstiftung getragen.

Änderungen im Stiftungsvorstand

Im Jahr 2015 gab es im Stiftungsgremium eine weitere personelle Veränderung. Zum 15. August hat Pfarrer Werner Friesdorf die Pfarrgemeinde Asbach verlassen, um innerhalb der Diözese Köln eine andere Aufgabe zu übernehmen. Da zu erwarten war, dass die Stelle des Asbacher Pfarrers längere Zeit unbesetzt bleibt, folgte die Stiftungskommission dem Vorschlag des scheidenden Priesters, für die Zeit der Vakanz Diakon Stephan Schwarz in das Gremium zu berufen.

Mit Wirkung vom 01. September 2020 hat das Erzbistum Köln Dariusz Glowacki zum Pastor für den Seelsorgebereich rheinischer Westerwald ernannt, der auch die Pfarrei Asbach umfasst.

---

[104] Daten von Juni 2016, veröffentlicht im Mitteilungsblatt
[105] Die Teilzeitstelle hat die Bezeichnung: Sachbearbeiter/in für die Koordination von Angelegenheiten der Flüchtlinge und Asylbewerber

Entsprechend der Stiftungssatzung gehört Glowacki damit als Priester der Pfarrei Asbach (an Stelle von Diakon Stephan Schwarz) dem Stiftungsgremium an.

Seit seiner Wahl im Jahr 2016 ist der Erste Asbacher Beigeordnete Johannes Brings Mitglied der Stiftungskommission.

Bürgermeister Michael Christ übernimmt die Leitung der Armenstiftung

Im Herbst 2017 wählten die wahlberechtigten Einwohner/innen der Verbandsgemeinde Asbach Michael Christ zum neuen Bürgermeister. Das Amt des Bürgermeisters hat er am 01.01.2018 angetreten und ist seither auch Leiter der Armenstiftung.

Bei der Vertretung der Ortsgemeinde Buchholz gab es ebenfalls eine Veränderung. Konrad Peuling wurde im Mai 2019 zum Ortsbürgermeister gewählt. Er trat an die Stelle von Margret Wallau, die seit ihrer Wahl als Ortsbürgermeisterin (2004) der Stiftungskommission angehörte.

Borkenkäfer zerstört Fichtenwälder

Wie bereits ausgeführt wurde liegen die Waldflächen der Stiftung liegen überwiegend im Bereich Much, Rhein-Sieg-Kreis. In der Verbandsgemeinde Asbach hat die Stiftung nur wenige Grundstücke. Insgesamt sind die Waldflächen im Mucher Gebiet knapp 23 Hektar groß. Jeweils rund die Hälfte des Baumbestandes entfällt auf Laubholz und Nadelholz.

Der Borkenkäfer hat alle Fichtenwälder der Stiftung im Rhein-Sieg-Kreis zerstört. Das Foto zeigt eine gerodete Fläche im Bereich der Gemeinde Much. Foto: Gisbert Becker, Neustadt-Bertenau

In früheren Jahrzehnten war der Stiftungswald eine Art „Spardose." Als die Stiftung noch das Hospital unterhielt, wurde in finanziell schwierigen Zeiten mehrfach Fichtenholz verkauft. Dadurch war es möglich bauliche Maßnahmen durchzuführen oder medizinische Geräte zu kaufen.

Betreut wird der Wald seit einigen Jahren von Förster Michael Fobbe. Er ist tätig bei der Forstbetriebsgemeinschaft Much.[106]

Fobbe musste in den zurückliegenden Jahren mitansehen, wie der Borkenkäfer in den Fichtenbeständen der Region immer größere Schäden anrichtete. Schließlich waren im Stiftungswald alle Flächen so stark geschädigt, dass es unumgänglich wurde sämtliche Fichten zu fällen. Betroffen waren rund 7 Hektar (70.000 Quadratmeter). Das Fichtenholz ist gefällt, verkauft und im Herbst 2021 aus dem Wald gefahren worden. Wegen den niedrigen Holzpreisen erzielte die Stiftung nur geringe Einnahmen.

Die Stiftung muss in den nächsten Jahren beträchtliche finanzielle Mittel für die Wiederaufforstung aufwenden.

Deshalb ist davon auszugehen, dass die Ehrensteiner Armenstiftung aus der Nutzung ihrer Waldflächen auf absehbare Zeit keine Gewinne mehr erwirtschaften wird.

Bei der Wiederaufforstung werden Baumarten gepflanzt, die bisher die Klimaveränderungen gut überstanden haben. Dies sind insbesondere Laubbäume. Förster Fobbe hat jedoch auch mit der Küstentanne gut Erfahrungen gemacht. Alle Tannen dieser Art, die zwischen den Fichten in den Stiftungswäldern standen, sind vom Borkenkäfer verschont geblieben. Sie wachsen dort weiter und durch den Samen der Tannen sprießen bei manchen alten Bäumen Jungpflanzen aus der Erde.

Die Küstentannen in den Wäldern der Stiftung blieben vom Borkenkäfer verschont. Dort sprießen junge Pflanzen aus der Erde. Foto: Gisbert Becker, Neustadt-Bertenau

---

[106] Forstbetriebsgemeinschaften sind privatrechtliche Zusammenschlüsse von Grundbesitzern, die den Zweck verfolgen, die Bewirtschaftung der angeschlossenen Waldflächen und der zur Aufforstung bestimmten Grundstücke zu verbessern.... (§16 Bundeswaldgesetz).

Neue Projekte

Mit mehreren neuen Projekten befasste sich die Stiftung in der jüngsten Zeit. 2019 erklärte sie sich bereit einen Teil der Personalkosten des neuen Lotsenpunktes Asbach zu tragen. Der Lotsenpunkt ist Anlaufstelle für alle Bürger/innen in unterschiedlichsten Lebenslagen.

Lotsenpunkt VG Asbach

Im Lotsenpunkt stehen Ihnen ehrenamtliche, geschulte Ansprechpartner zur Verfügung, die sich Zeit nehmen und Ihnen zuhören, Informationen geben und bei Formularen oder Schreiben von Behörden weiterhelfen können. Das Angebot ist kostenlos, vertraulich und offen für alle – unabhängig von Alter, Nationalität, Konfession oder Religion.
Der Lotsenpunkt in der VG Asbach ist eine Kooperation zwischen den ev. und kath. Kirchengemeinden, dem Caritasverband Rhein-Sieg e. V., dem Diakonischen Werk für den Kirchenkreis Wied und dem Mehrgenerationenhaus Neustadt (Wied) für die VG Asbach. Er wird finanziert durch die Ehrensteiner Armenstiftung und die Verbandsgemeinde Asbach. [107]

Durch die Bereitstellung von Räumlichkeiten in ihrem Gebäude (bisher als Mietwohnungen genutzt) ermöglichte die Armenstiftung die Einrichtung eines medizinischen Versorgungszentrums. Es wird getragen vom DRK und ist ein Baustein bei der ärztlichen Versorgung in der Verbandsgemeinde Asbach.

MVZ

*Ein **Medizinisches Versorgungszentrum** ist eine in Deutschland zur vertragsärztlichen Versorgung zugelassene, fachübergreifende Behandlungseinrichtung unter ärztlicher Leitung, in der im Arztregister eingetragene Ärzte als Inhaber (Vertragsärzte) oder Angestellte tätig sein können.*[108]

Im April 2021 begann das MVZ im Gebäude der Stiftung in Asbach, Hospitalstraße 6b, seine Arbeit.[109] Als erste hat Dr. med. Doris Gronow, Fachärztin für Innere Medizin und Hausarztmedizin, Praxisräume bezogen.
„Mit dem MVZ wird der Grundstein für weitere Facharztpraxen gelegt", ist sich Bürgermeister Michael Christ sicher. Nicki Billig von der DRK-Trägergesellschaft Südwest, zu deren Tochtergesellschaft DRK Gesundheitsbetriebsgesellschaft Südwest mbH das MVZ in Asbach gehört, sieht im neuen MVZ eine perfekte Ergänzung und Unterstützung des vorhanden medizinischen Angebotes und den stationären Fachabteilungen der benachbarten Kamillus-Klinik, deren kaufmännischer Direktor er ist.[110]
Durch die Bereitstellung der Räume für das MVZ und die schon seit Jahren bestehende Augenarztpraxis (Zweigstelle), gibt es im Stiftungsgebäude fünf Wohnungen weniger, die vermietet werden können.

Im Jahr 2020 war im Erdgeschoss des Stiftungsgebäudes mehrere Monate eine Corona-Ambulanz untergebracht. Am 24. November 2021 eröffnete im Stiftungsgebäude (MVZ) eine Corona-Impfstelle. Jeweils mittwochs und samstags wurde der Biontech-Impfstoff verabreicht.

Immer wieder ist bei den Beratungen der Stiftungskommission das Thema: Stiftungszweck ein Tagesordnungspunkt. In den zurückliegenden Monaten wurde intensiv darüber gesprochen. Die Stiftung überlegt junge, pflegebedürftige Menschen besonders zu unterstützen.

---

[107] Lotsenpunkt, Internetdarstellung, *Datenabruf 30.08.2021*
[108] DocCheck, Medizinlexikon, Internet, Datenabruf 30.08.2021
[109] Organisatorisch dem DRK-MVZ Neuwied zugeordnet. Mitteilungsblatt VG Asbach, Nr. 39, Seite 28
[110] Rhein-Zeitung, Ausgabe Neuwied, 24.03.2021

Möglicherweise soll auch eine Wohnung im Stiftungsgebäude für Notfälle bereitgehalten werden. Eine abschließende Entscheidung ist noch nicht gefallen.

Die Corona-Pandemie hatte Auswirkungen auf den Ablauf der Sitzungen des Stiftungsgremiums. Am 17. Dezember 2020 tagten die Verantwortlichen erstmals per Videokonferenz. Diese Art, Sitzungen durchzuführen, wurde bis zum Jahr 2022 beibehalten.

Quellennachweise

Bürgermeisterei Asbach (spätere Bezeichnung Amt Asbach), Chronik (bis 1970) Asbach

Buchholz, Edmund, 1968, Die neue Kamillus-Klinik in Asbach/Westerwald, In: Heimatkalender für den Kreis Neuwied, S. 51 ff.

Büllesbach, Werner, 2010/11, 50 Jahre Tochter des heiligen Kamillus, In: Heimatblatt Altenwied, S. 57 ff.

Büllesbach, Werner, 2013, 1.000 Jahre Altenwied im Vorderen Westerwald. Kleine Geschichte eines kurkölnischen Amtes und sein politischer Nachfolger, Asbach

Busch, Gabriel, 1984, Kamillus Klinik Asbach, Genossenschaft der Töchter des hl. Kamillus, Asbach

Erzbistum Köln, Orden im Erzbistum Köln

Freudemann, Jos.:1950, Die Ehrensteiner Armenstiftung, In: Heimatkalender für den Kreis Neuwied, Seiten 86 ff.

Gensike, Helllmuth, 1958, Landesgeschichte des Westerwaldes, Wiesbaden

Geschichte des Asbacher Landes, 1980, herausgegeben von der Ortsgemeinde Asbach, Text: Josef Schäfer, Bildredaktion Alfred Büllesbach

Haas, Herbert: Berzbacher Geschichte, Internetabruf 01.12.2019

Kettner, Werner, 1977, 1477 – 1977 Ehrenstein, Asbach

Klein, Lorenz, 2009, Heimatchronik der Verbandsgemeinde Asbach und ihrer Ortsgemeinden, Berlin

Landeshauptarchiv Koblenz,
Nr. 602,005 Nr. 105 /
475, Nr. 1764 /
880 Nr. 8462

Leonie Gräfin von Nesselrode, 2008, Die Chorfenster von Ehrenstein, Rheinisches Archiv 153, Köln

Ortsgemeinde Asbach, 1990, Asbach/Westerwald Bilder und Berichte aus den letzten 200 Jahren

Petri, Hans Peter, 1991, 25 Jahre Kamillus Klinik Asbach 1966 – 1991, Asbach

Rhein- und Wied-Zeitung und Rhein-Zeitung, Berichte über alle Jubiläen und Vorhaben der Armenstiftung. Das Erscheinungsdatum der Presseberichte ist nicht immer dokumentiert.

Reidt, Johann Peter, 1908, Ehrenstein, Krankel bei Asbach-Westerwald

Schäfer, Josef, 1965, Heimatkalender für den Kreis Neuwied, S. 62 ff.

Schäfer, Josef, 1966, Von der Ehrensteiner Armenstiftung zur Multiple-Sklerose-Klinik in Asbach, In: Heimatkalender für den Kreis Neuwied, S, 101 ff.

Wikipedia, Einzelheiten zu den Internetabrufen sind unter den Erläuterungen vermerkt.

Verbandsgemeindeverwaltung Asbach (Stiftungsverwaltung), Unterlagen der Ehrensteiner Armenstiftung,
Niederschriften über die Sitzungen der Stiftungskommission und archivierter Schriftverkehr

Zentrales Ordensarchiv der Franziskanerinnen BMVA von Waldbreitbach, Filiale Asbach von 1887 bis 1956

Danken möchte ich Schwester Oberin Gabriela vom Orden Töchter des heiligen Kamillus in Asbach, Alfred Büllesbach, Asbach und Robert Klein, Asbach-Oberplag für die bereitgestellten Fotos und die Unterstützung. Für die wertvollen Hinweise über die Gebäude des Hospitals und das Bauvorhaben der Kamillus-Klinik bin ich Ewald Ditscheid aus Asbach, dem langjährigen Hausmeister, dankbar.

Gisbert Becker

Aufsatz 4

Archäologie im Gebiet der ehemaligen Honschaft Ütgenbach (Schöneberg)

Ulf Lind, Fred und Dorothea Emps, Werner Büllesbach

Eckpunkte der
Archäologie im Gebiet der ehemaligen Honschaft Ütgenbach (Schöneberg)

Diese Honschaft, die in der Gründungsurkunde der Armenstiftung von 1499 Honschaft Ütgenbach genannt wurde, führte später ganz überwiegend den Namen Honschaft Schöneberg bzw. bis 1974 Gemeinde Schöneberg, danach Gemarkung Schöneberg. Man konnte bis vor wenigen Jahren ihr Gebiet und den unmittelbar angrenzenden Raum als archäologisch weitgehend weiße Fläche, fast ohne ausgewiesene Funde, bezeichnen, wenn man davon absieht, dass wichtige Forschungen und Hinweise besonders zu den Landwehren, Wallanlagen, Motten und Burgen in der lokalen Geschichtskunde durchaus vorliegen. Im Wesentlichen durch Begehen von Ackerflächen des Ehepaars Emps im Auftrag und unter langjähriger fachlicher Begleitung bei der Bestimmung der Funde durch den dieserzeitigen Leiter der Außenstelle Koblenz, Generaldirektion Kulturelles Erbe Rheinland-Pfalz, Dr. Dr. Axel von Berg, hat sich diese leere Fläche in bemerkenswertem Umfang gefüllt (s. bisherige Veröffentlichungen im Literaturverzeichnis). Die Bedingungen für erfolgreiches Suchen von archäologischen Artefakten waren vor einigen Jahren allerdings noch erheblich günstiger, weil die seither „moderner" gewordene Bewirtschaftung von Äckern weniger Zeit zwischen Pflügen und Weiterbearbeitung des Bodens bietet.

In diesem Nachtrag zur Darstellung der Ütgenbacher Armenstiftung sollen als geschichtlicher Rahmen für diese Stiftung Beispiele archäologischer Erkenntnisse im genannten Schöneberger Gebiet kurz beschrieben und zum Teil in Bildern gezeigt werden. Die Funde stammen fast alle aus der „Honschaft Ütgenbach". Nur ganz wenige Stücke wurden in unmittelbarer Sichtnähe jenseits der Grenzen der ehemaligen Gemeinde Schöneberg gefunden, die 1974 in der Ortsgemeinde Asbach aufging. Wenn hier Funde fehlen, erfolgt im Falle weiter entfernt liegender Fundplätze, etwa im Gebiet der jetzigen Verbandsgemeinde Asbach und wenig darüber hinaus, ein entsprechender Hinweis.

Bild 1a und b (Emps): Schaber, Neandertaler-Zeit vor ca. 50000 Jahren, Vor- und Rückseite, Fundort Oberelles

Man darf davon ausgehen, dass die Menschheitsgeschichte im rheinischen Westerwald schon vor den ersten bekannten Funden aus dem **Mittleren Paläolithikum** begonnen hat. In dieser mittleren Altsteinzeit lebte hier zumindest zeitweise der **Neandertaler** und betrieb die Levallois-Technik (etwa 300000 bis 30000 vor Christus) bei der Steinbearbeitung zu

Kernen und Abschlägen und seltener zu retuchierten Faustkeilen. Zwei Fundplätze aus der drittletzten Kaltzeit (etwa vor 300000 Jahren) und ein Fundplatz aus der vorletzten Kaltzeit (etliche tausend Jahre später als 300000 bis etwa 130000) lagen etwas oberhalb von Ariendorf. Werkzeuge, Behälter, Waffen, Kleider, Schmuck, Sprache, medizinische Bemühungen, Kunst und Jenseitsvorstellungen waren nach heutiger Ansicht der meisten Fachleute längst in Gang. Im Bereich der heutigen Verbandsgemeinde Asbach fand sich ein Schaber aus Quarzit (Bild 1 a und b) mit einem ungefähren Alter von 50000 Jahren.[1]

Seit dem **Jungpaläolithikum**, etwas nach 40000 vor Christus, erscheint Homo sapiens[2] in Mitteleuropa. Ein Teil dieser Jüngeren Alt-Steinzeit war das Magdalénien (etwa 18000 bis wenigstens 13000 vor Christi Geburt). Es folgte das **Spätpaläolithikum** (die Späte Alt-Steinzeit, etwa vor 12000 bis 9600 vor Christus, am Ende der Eiszeit) mit Federmessergruppen, Renntierjägern, dem Doppelgrab an der Rabenlay bei Oberkassel (nach korrigierten C_{14}-Daten etwa 12250 v. Chr.[3]) und Leuten des Siedlungsplatzes in Neuwied-Gönnersdorf, zeitlich kurz vor dem Ausbruch des Laacher-See-Vulkans um 11000 v. Chr. Auf dem Gebiet der ehemaligen Honschaft Ütgenbach fanden sich aus dem Jungpaläolithikum Kratzer (doppelseitig bearbeitet), und aus dem Spätpaläolithikum ein Schaber (nur an einer Kante bearbeitet) sowie eine Stiel-Spitze und drei Federmesser (Bild 2).

Bild 2 (Emps): Oben rechts ein Schaber (nur an einer Kante bearbeitet)) aus dem Jungpaläolithikum. Rechts unten ein Kratzer (beide Kanten bearbeitet) aus dem Spätpaläolithikum. Unten links drei Federmesser, darüber (links unter dem Schaber) eine Stielspitze (Stiel abgebrochen) der Renntierjäger im Spätpaläolithikum.

---

[1] siehe Emps und Büllesbach in Heimat-Jahrbuch 2009 Landkreis Neuwied (s. Literaturverzeichnis)
[2] Vor einiger Zeit unterschied man den homo neanderthalensis vom homo sapiens noch mit den Bezeichnungen homo sapiens neanderthalensis und homo sapiens sapiens. Man ging also nicht von zwei Menschenarten aus, sondern von zwei Unterarten, was aber zu Schwierigkeiten bei der Benennung der Vorfahren beider „Unterarten" führte. Eigentlich spielen diese Benennungen für das alltägliche Verständnis kaum eine Rolle: Beide waren im vollen Sinne Menschen mit Sprache, Einsicht, Voraussicht und Kultur. Offensichtlich waren sie auch miteinander zeugungsfähig, weil man bei modernen Europäern einige Genanteile des Neandertalers fand.
[3] Baales und Street in: Kunow und Wegner, Urgeschichte im Rheinland, S. 313.

Aus dem **Mesolithikum** (Mittel-Steinzeit, Nacheiszeit, etwa 8000 bis 5500 v. Chr.) mit feuchtwarmem Klima befinden sich im Bild 3 ein Kern, zwei Abschläge sowie vier Kratzer- und Schaberfragmente. Die Hersteller waren noch wie die Paläolithiker in wirtschaftlicher Hinsicht Jäger (jetzt unter anderem mit Pfeil und Bogen), Fischer und Sammler von Kleingetier, Samen, Wurzeln und anderen Pflanzenteilen, auch zur Werkzeug- und Kleidungsherstellung. Ihre Steinwerkzeuge waren überwiegend klein und werden daher Mikrolithen genannt.

Bild 3 (Emps): Mesolithikum: in der Mitte ein Kern, rechts und links davon zwei Abschläge (die beiden größten Artefakte), darunter und zuoberst vier Kratzer- und Schaberfragmente

Neolithikum: Die Jung-Steinzeit beginnt mit den **bandkeramischen Bauern** (etwa von 5500 bis 4900 vor Chr.). Man nimmt an, dass ihre Landwirtschaft letztendlich aus Mesopotamien sowohl durch Auswanderung von Menschengruppen als auch durch Übernahme von Kulturelementen im Verlauf von Jahrtausenden zu uns gekommen ist. Dazu gehört der Anbau von Getreide mit Sichel und Grabstock (hier Einkorn und Emmer) und die Zucht von Schafen, Ziegen, Rindern und Schweinen – neben dem seit langem einheimischen Hund. Weitere Merkmale der Jungsteinzeit sind außer Keramik und Landwirtschaft Steinschliff und Weberei. In unserem Gebiet sind solche Funde wohl nicht aufgetaucht.

Nach den altneolithischen Bandkeramikern erscheint die **Rössener** Kultur als **Mittlere Jung-Steinzeit** (etwa von 4900 bis 4300 vor Christus). Aus dieser letzteren Zeit sind in unserem engen Gebiet gefunden worden die fünf Pfeilspitzen und ein ca. 6 cm langes Klingenfragment auf dem Bild 4. Als Klingen bezeichnet man Abschläge, die wenigstens doppelt so lang wie breit sind und deren gegenüberliegende Kanten annähernd parallel verlaufen. Der Archäologe Preißing[4] berichtet in seinem Buch „Spuren alter Geschichten" von einem durchbohrten Steinhammer in Neustadt-Hombach aus Basalt und einem solchen aus Kieselschiefer in der Wied am Fuß der Burg Altenwied.

Bild 4 (Emps), Mittlere Jungsteinzeit (Rössener): oben Klingenfragment, darunter fünf Pfeilspitzen

Im **Jungneolithikum** reicht die **Michelsberger Kultur** etwa von 4300 bis 3500 v. Chr. mit ihren spitznackigen Steinbeilen. Die Michelsberger Kultur fiel bisher in der mittelrheinischen Umgebung schon durch eine ins Auge springende Dichte archäologischer Artefakte (etwa solcher Steinbeile in Breitscheid, Hümmerich, Bruchhausen usw.) sowie durch die riesige, besiedelte und durch Wall und Graben umwehrte Anlage in Urmitz auf. Aus unserem Ütgenbach-Schöneberger Gebiet mit vielen Funden als Hinweis auf eine relativ dichte Besiedlung und Nutzung der Flächen befinden sich im Bild 5 drei Jagdspitzen und oben rechts ein Beil aus Rejkholt-Feuerstein (auch Maas-Feuerstein genannt). Aus der Michelsberger Kultur stammt auch der überwiegend größte Teil der Artefakte, die sich auf einem Acker in unmittelbarer Nähe des bekannten Ringwalls nordwestlich von Hammelshahn nahe Krautscheid fanden. Ob der Ringwall ebenfalls in diese Zeit gehört und ob er auch noch zu anderen Zeiten benutzt wurde, müssten entsprechende archäologische Untersuchungen ergeben.

---

[4] siehe Literatur; Seite 41f

Bild 5 (Emps): Michelsberger Kultur: rechts oben ein Beil, links davon und unten drei Jagdspitzen, eine in der Mitte gebrochen

Vom **Spätneolithikum**, 3500 – 2800 v. Chr., und von der Übergangszeit des **Endneolithikums** der Schnurkeramiker oder Streitaxt-Leute in der Zeit von 2800 bis etwa 2100 v. Chr., die schon Kupfer kannten und wahrscheinlich in der Hauptsache Viehzucht betrieben, gibt es wohl keine sicher in diese Zeit datierbaren Funde in unserem Gebiet. Umstritten ist, ob oder wie und woher die Schnurkeramiker unter Zuhilfenahme von Genanalysen die indogermanische Sprache verbreitet hätten. Mit geringer Verzögerung von etwa 300 Jahren kamen in Mitteleuropa die Glockenbecher-Leute hinzu.

Die **Frühe Bronzezeit** rechnet etwa ab 2000 v. Chr. Die Verarbeitung von Erz zu Metall stammt ebenfalls wie Ackerbau und Viehzucht einige Jahrtausende zuvor aus dem vorderen Orient. Damit einher ging die Herausbildung von Handwerk und Handel. Mit Legierungen wurde offensichtlich auch in Europa experimentiert. Im Heimat-Jahrbuch 2009 Landkreis Neuwied sind drei Feuerstein-Pfeilspitzen aus der Zeit um 2000 v. Chr. abgebildet, die im Norden der Verbandsgemeinde Asbach gefunden wurden.[5]

Etwa ab 1600 v. Chr. spricht man von der **Hügelgräberzeit (Mittlere Bronzezeit)**. Aus der Frühen Bronze-Zeit und besonders der Hügelgräberzeit gibt es nicht sehr viele Funde. Ein

---

[5] Emps und Büllesbach: Heimatjahrbuch 2009 Landkreis Neuwied, Seiten 79f.

Bronze-Beil stammt von knapp außerhalb, nordöstlich, der ehemaligen Honschaft Ütgenbach (Bild 6). So kann man davon ausgehen, dass unsere Gefilde auch durch diese Leute in Gebrauch genommen waren, wenn auch in dünner Besiedelung oder besuchsweise.

Bild 6a (Gutjahr): Absatzbeil, ca. 1700 bis 1450 vor Chr., Fundsituation, Hügelgräberzeit

Bild 6b (Gutjahr, Adrian): Absatzbeil

Unsere Gegend gehörte in der **Spät-Bronzezeit** (etwa ab 1300 bis 750 v. Chr.) zur **Urnenfelder Kultur** (mit Bestattung von Leichenbrand in Urnen auf Friedhöfen, zum Teil mit Grabhügeln), von der es im Neuwieder Raum und weiter südlich Beispiele gibt. Viehzucht, einschließlich Pferd, und der Anbau von Gerste und Weizen bildeten neben etwas Jagd und Sammelwirtschaft die Lebensgrundlage. Aus dem Ütgenbach-Schöneberger Honschaftsgebiet stammen Keramikscherben und Bronze-Schmelzreste.

Bild 7 (Emps) Bronze-Schmelzrest beim Gießen, Urnenfelder Zeit

Bild 8 (Emps), Urnenfelder Keramik-Scherben

Zur folgenden **Älteren Hunsrück-Eifel-Kultur** (etwa von 600 bis 475 v. Chr., Teil der viel weiträumigeren **eisenzeitlichen Hallstatt-Kultur**) gehört der keltische Ringwall auf dem Hummelsberg bei St. Katharinen-Hargarten.[6] Bei Bonefeld (nahe Rengsdorf) sind einige Grabhügel und wohl auch ein Teil der Keramik auf den Feldern (nahe der dortigen eher aus der frühen Neuzeit stammenden „Alteburg") zu dieser frühen Eisenzeit zu rechnen.[7]

Etwa ab 475 bis in die letzten Jahrzehnte der vorchristlichen Zeitrechnung reicht die **eisenzeitliche Latène-Zeit**, in unserer Gegend **Jüngere Hunsrück-Eifel-Kultur** genannt[8]. Die gesamte eisenzeitliche Latène-Kultur wurde wohl trotz eines Kulturwandels durchgehend getragen von dem später in griechischen und römischen Schriften Kelten genannten Teil der Indogermanen. Man hatte mit den Kelten anderer europäischer Gegenden weitgehend eine ähnliche Kultur, eine nur dialektisch verschiedene Sprache und wohl auch untereinander Handelsbeziehungen. Gemäß unsicheren Nachrichten[9] fand man 1830 bei Asbach eine Gold-Münze mit dem Schriftzug des mazedonischen Lysimachos Basileus (König Lysimachos), wie sie auch von den sogenannten Ost-Donau-Kelten im 3. Jahrhundert vor Christus nachgeahmt wurde. Nach römischen Geschichtsschreibern wurden in der zweiten Hälfte des 1. Jahrhunderts vor Chr. den römerfreundlichen Ubiern der Umzug aus unserer und der weiter südlichen rechtsrheinischen Gegend bis zur Lahn in das Gebiet der weitgehend vernichteten Eburonen auf der linken Rheinseite bis über die Maasgegend hinweg schmackhaft gemacht. Es scheint, dass die von Caesar als Germanen[10] bezeichneten Ubier in großen Bereichen zur keltischen Latène-Kultur zu rechnen waren und dass andererseits die als Kelten oder Germanen bezeichneten Eburonen und die im Moselgebiet bis mindestens über den Rhein siedelnden Treverer als Kelten durchaus etliche germanische Elemente aufgenommen hatten. Welche Sprache die Ubier hatten, ist wohl kaum noch zu entscheiden. Auf Grabinschriften der Ubier in römischer Zeit fanden sich überwiegend lateinische Namen, die wenigen anderen Namen waren zu gleichen Teilen keltisch und germanisch. Zur Latène-Kultur gehörten Höhensiedlungen[11], wobei man die größeren als Opida (Städte) bezeichnete. Eine Schrift übernahmen die Kelten bis dahin kaum. Auf den Feldern der hier behandelten Gegend fanden sich reichlich eisenzeitliche Artefakte (siehe Bild 9 und Bild 10). Auch zwei am ehesten als Niederlegung (z. B. als Opfer oder zum Versteck) interpretierbare beieinander steckende Pflugscharen passen in diese Zeit (Bild 11). Ein gepflasterter Weg (um 120 cm breit, mehrere hundert Meter weit) an der Grenze zum Kreis Altenkirchen gehört wohl auch dazu. Eisenerzabbau und Eisen-Schmelze wurden ebenfalls in dieser Zeit in unserer Gegend geschätzt und betrieben, zum Beispiel links des Mehrbachs bei Dasbach.

---

[6] Von Uslar, siehe Literatur.
[7] Cliff A. Jost: Bonefeld, Kreis Neuwied, in Urgeschichte im Rheinland, herausgegeben von Kunow und Wegner. | Preißing: Spuren alter Geschichte. Alteburg und Grabhügel bei Bonefeld (S. 170ff.)
[8] die auch noch in eine mittlere und neuere unterschieden wird
[9] Die Münze sei der „Sammlung des Kronprinzen Friedrich Wilhelm von Preußen" übergeben worden; sie verschwand irgendwann aus dem Blick der Öffentlichkeit. Berichterstatter ist Karl Rehorn (Der Westerwald. Vaduz 1984, unveränderter Nachdruck der Ausgabe von 1912, Seite 57).
[10] (De bello gallico) Caesar könnte allerdings unter „germanisch" besonders die rechtsrheinische Herkunft und die Beweglichkeit bezüglich Siedlung und Kriegstaktik und weniger wichtig die Zugehörigkeit zu einer Sprach-Familie verstanden haben.
[11] beispielsweise die „Höhensiedlung" Stein-Wingert (Westerwald) oder die „Ringwälle" bei Leuscheid-Alsen oder das „opidum" auf dem Dünsberg nördlich von Wetzlar

328 · Archäologie im Gebiet der ehemaligen Honschaft Ütgenbach (Schöneberg)

Bild 9 (Emps), eisenzeitliche Laténe-Keramik; kleine Schichtperle aus Keramik

Bild 10 (Emps): Bronze-Knöpfe der Frühen Latène-Zeit mit Scheibe und Öse wohl für Schuhe [12] auf dem Gebiet der ehemaligen Honschaft Ütgenbach

---

[12] Schönfelder, siehe Lit.

Bilder 11a und 11b (Emps): zwei ineinander geschobene eisenzeitliche Pflugscharen

Römische Zeit (etwa die ersten vier Jahrhunderte unserer Zeitrechnung): Erwähnenswert sind einige römische Keramik-Scherben nahe dem Erzbergbau bei Krautscheid im Nordwesten der Verbandsgemeinde Asbach nur etliche Kilometer von der zeitweiligen römischen Erzgewinnung und Metall-Herstellung bei Bennerscheid entfernt. Woher stammten die Bergleute, die Erzverarbeiter, das Wachpersonal und die Mannschaft der Kaufleute?

Auf Bodems Nück bei Altenburg kam ein Rest einer Silbermünze (Denar), am ehesten aus der Zeit Kaiser Hadrians (er regierte von 117 bis 138 n. Chr.), als Lesefund ans Licht. Ähnliche Münzen gab es das folgende Jahrhundert hindurch.

Bild 12/1 (Emps): wohl römischer Silber-Denar mit schlechtem Reinheitsgrad

Bei Schöneberg fand sich ein etwa vier Zentimeter messender „Aufsatz" oder „Beschlag" in Form eines hohlen hutförmigen Buckels aus Bronze, 7,7 g, wie ihn die „**Römer**" vom 1. bis 3. Jahrhundert n. Chr. etwa als Zierrat am Pferdegeschirr (z. B. Lederriemen) an Möbeln und anderen Gegenständen z. B. in Köln und in Augst bei Basel als Zierrat hatten[13]. Die Beschläge trugen oft zur Befestigung einen bronzenen Stift, der an der Innenseite des „Huts" angelötet war, oder einen mit Blei „angeklebten" Eisenstift.

Bild 13 a und b (Frank / Emps), Buckel-Beschlag

In der katholischen Pfarrkirche von Neustadt (Wied) steht als Podium für eine Statue der Hl. Margarete, der Pfarrpatronin, ein **römischer Weihestein** aus rotem Mainsandstein mit den etwas ungleichen Maßen von etwa 86 x 46 x 43 cm. Zusammen mit einem sehr ähnlichen römischen Weihestein soll er ursprünglich als Altarunterbau in der um 1874 abgerissenen ursprünglichen Kirche in der Hauptstraße gedient haben[14].

Bilder 14a und b (Lind): Weihestein in der Kirche Neustadt mit Krug und Griffpatene an der Seite

---

[13] mitgeteilt von Klaus Frank nach seinen Recherchen: Jan Krämer 2015 (Köln-Marienburg) und Emilia Reha 2001 (Augst am Rhein / Schweiz), s. Lit.
[14] Wiegels, s. Lit.

Das Schriftfeld des Weihesteins enthält nur römische Majuskeln (Großbuchstaben), deren Lesbarkeit durch Abrieb und Verwitterung erheblich gelitten hat und zum Teil verloren ist. Die folgende „schwierige im Wesentlichen jedoch nicht zweifelhafte" Abschrift stammt von dem Spezialisten Rainer Wiegels (s. Literatur) aus dem Jahr 1992.

IN HO(norem) **D***O*(mvs) **D**I**V**(inae) | I(ovi) O(ptimo) M(aximo) **ET GE|NIO LOCI AR|C**I**VS SEVERVS** | **M***I***L**(es) **LEG**(ionis) **XXII P**(iae) **F**(idelis) | *B*(ene) *F*(iciarius) **C***O*(n)**S**(ularis) *ET* **VER***V***ICIA** | **C***A***NDIDA C***O***NIVNX E***IV***S** | *PRO SALVTE* (sua) **ET** *A***RCI SE|VER***I***N***I* **PAT**R*I***S SVI ET S***V*(orum) | *I**D*(ibus) **IVL**(iis) **APRO ET MAXIMO C***O*(n)**S**(ulibus) [Zur Ehre des göttlichen Hauses[15] | dem Jupiter, dem Besten und Größten, und der Lokal-Gottheit (haben) Ar|cius Severus[16], | Soldat der 22. Legion, der Treuen, der Loyalen, | Benefiziarier (geförderter Beauftragter, Beamter) des Statthalters (Leiter einer Provinz) und Vervicia | Candida, die Gattin desselben, | für ihr Wohl und das von Arcus Se|verinus, seines Vaters, und der Seinen (bzw. der Ihren, den Stein erstellt) | am 15. Juli, unter Aper und Maximus als Konsuln.]

In unserer Abschrift stehen Minuskeln (Kleinbuchstaben) in Klammern als Ergänzungen für die damals üblichen Abkürzungen und Wort-Auslassungen. Als kleiner geschriebene Majuskeln (Großbuchstaben) sind wiedergegeben verkleinerte oder in andere Buchstaben teilweise oder ganz eingefügte Buchstaben (Ligaturen). Manche Teile von Ligaturen sind spiegelbildlich dargestellt, etwa bei PR das P. Kursiv wiedergegeben sind schlecht lesbare Buchstaben, zum Teil auch ganz unlesbare, wenn sie in anderen Weihesteinen so häufig vorzukommen pflegen, dass ihre Übertragung an diesen Platz gerechtfertigt erscheint, oder sie aus anderen Gründen gut dahin passen. Die senkrechten Striche bedeuten je einen Zeilenumbruch.

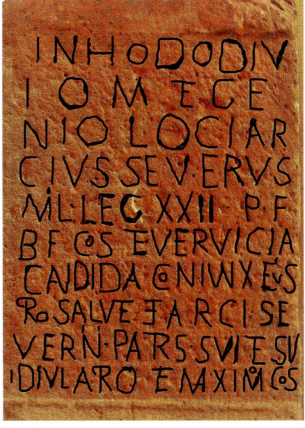

Bild 15a Inschriftenbild.   *Bild 15b mit nachgezogenen und ergänzten Buchstaben.*

---

[15] *Domus divina* war eine gängige Bezeichnung für die Kaiser-Sippe.
[16] sicher kein Mitglied der Severischen Kaiser-Sippe, eher zur Sondergefolgschaft des Kaisers gehörig

Um ein bestimmtes Jahr zu benennen, benutzten die Römer zu dieser Zeit statt Jahres-Nummern die Namen der beiden Konsuln im entsprechenden Jahr[17]. Nach den Konsuln Gaius Septimius Severus <u>Aper</u> und Lucius Annius <u>Maximus</u> ist das Jahr 207 n. Chr. benannt. Kaiser war zu dieser Zeit Septimius Severus Pertinax. Zu dieser Sippe gehörten auch die nachfolgenden Kaiser Caracalla und Severus Alexander. Archäologische und auch schriftliche Zeugnisse legen nahe, dass Rom teilweise mit Erfolg anfangs des 3. Jahrhunderts versuchte, Germanien erneut – wie zur Zeit des Augustus vor und um Christi Geburt, als die Germania magna zur Provinz aufgebaut wurde – bis zur Elbe zu beherrschen, so dass der Weihestein vielleicht auch nordöstlich des Limes etwa in der Nähe der in und bei Neustadt zahlreichen und eventuell damals schon abgebauten Erzvorkommen aufgestellt worden sein könnte. Allerdings spricht dagegen, dass sonst Weihesteine von Benefiziariern außerhalb der römischen Provinzen nicht bekannt sind[18].

Andererseits bestand nach mündlichen Sagen bei Rheinbrohl auf römischer Seite des Limes auf dem im Volksmund sogenannten Monte Jup (Jupiter-Berg) ein römischer Tempel[19]. Die Hl. Gertrud, Äbtissin des von ihrer Mutter gegründeten Klosters Nivellen, † 659, war in Rheinbrohl, Dattenberg-Wallen und auf Burg Altenwied Kapellen-Patronin und zu Lebzeiten wohl Förderin der Christianisierung. Das Kloster Nivellen mit von der Hl. Gertrud stammendem Besitz in Rheinbrohl, Ariendorf und Wallen könnte nach deren Tod diese Bemühungen fortgesetzt und den Stein bei christlicher Interpretation des Abendmal-Geschirrs anlässlich der Erbauung einer Kirche nach Neustadt geschafft haben, gegebenenfalls auf dem Umweg über die Kapelle der Burg Altenwied. Natürlich könnte der Stein auch von woanders her nach Neustadt gekommen sein. Von Interesse ist, dass Krug und Griffpatene nicht nur als christliches Abendmahl sondern auch als Teil des Mithras-Kultes aufgefasst werden können.

In die Zeit der **Völkerwanderung** – ins letzte Viertel des 4. Jahrhunderts bis etwa in die Mitte des 6. Jahrhunderts – gehört ein Riemenverteiler aus Bronze, der auf Bodems Nück (Altenburg) gefunden wurde (Bilder 14).

Bild 16a und b (Emps): Riemenverteiler aus der Zeit der Völkerwanderung (Vor- und Rückseite)

---

[17] Wikipedia Juli 2020, Liste römischer Konsuln, die zu dieser Zeit sehr viel Ansehen aber wenig Macht hatten.
[18] Für diese Information und weitere Hilfen danken wir Herrn Dr. Gerhard Bauchhenß, einem Spezialisten für römische Inschriften. Er wies uns auch – nach Vermittlung von Herrn Klaus Frank – auf die Arbeit von Prof. Rainer Wiegels hin, die uns Herr Frank zugänglich machte. /
Ein Benefiziarier-Stein bei Bennerscheid gehörte in die Zeit des Kaisers Augustus um Christi Geburt, als die Germania Magna rechts des Rheins für knapp zwanzig Jahre römische Provinz war.
[19] z. B. Schaefer Hansfried, Seite 22.

Bild 16c (Emps): Riemenverteiler von unten

Aus der Zeit der **Merowinger** (Ende 5. Jahrhundert bis 750) sind uns im Gebiet der Ütgenbacher (Schöneberger) Honschaft bzw. Gemeinde keine ausreichend klar zu datierende Artefakte bekannt, so dass wir hier für diese Zeit im Gegensatz zu den Rheinuferstreifen und den Niederungen der Rhein-Zuflüsse von einer gewissen Siedlungsarmut ausgehen können. Dies schließt nicht aus, dass die Wälder und Feuchtgebiete zum Jagen, Fischen, Sammeln, Honig-Ernten beziehungsweise zur Erz-, Stein- und Holzgewinnung bewirtschaftet wurden. Nicht ganz sicher in diese Zeit einzuordnen ist eine Plakette von Bodems Nück (Altenburg) mit einem Mann in anbetender oder abwehrender Stellung. Auffallend dabei ist die Vier-Zahl der Finger; gehört das vielleicht zur Darstellung eines Priesters oder Albs (bzw. Elfs, Ortsgeistes)?

Bild 17 (Emps): Gehört diese Darstellung in die Merowinger Zeit wie die berühmte Grabstele von Niederdollendorf oder die Schwertgurtdurchzüge von unbekanntem Fundort?

---

[20] Steuer, Die Franken in Köln. S. 85

Die befestigte Höhensiedlung **Bodems Nück,** auch die **Altenburg** genannt, südöstlich vom Dorf Altenburg, weist als Ruine eine große Dichte von Funden und Bauwerk-Resten auf. Runde bronzene Scheibenfibeln ohne und mit Emaille-Arbeiten als Lesefunde sind am ehesten in die **Karolingische Zeit** (etwa 750 bis 900 n. Chr.) zu datieren.[21] Dasselbe gilt für die zahlreichen Webgewichte, die dort offensichtlich hergestellt wurden. Die bedeutendste Phase dieser Höhenburg lag in der **Ottonischen Zeit** im 10. Jahrhundert. Befestigungs-Mauern, am ehesten Reste eines Tors, Gräben, Wege, Wasserableitungen, ein Gruben-Webhaus, Platz und Herrichtungen zur Herstellung vieler dort verbliebener Webgewichte[22], ein Grubenhaus zum Weben, ein Saal mit Mauern, ein etwa 10 Meter tiefer Schacht mit zahlreichen Funden auch bezüglich des Wohnens und der Ernährung, sowohl als Zisterne als auch als Hort geeignet, Feinschmiedeausrüstung, Werkzeug für grobe Schmiedearbeiten, eine Fülle von Keramik, Schmuck, Münzen, Dinge des täglichen Lebens usw. kamen ans Tageslicht. Spätere und auch frühere Benutzungen als Aufenthaltsort sind durch weitere Funde dokumentiert, etwa aus der Eisenzeit und bis in die Gegenwart in so gut wie allen Jahrhunderten. Eine ausführlichere Beschreibung würde den Rahmen dieses kurzen Nachtrags deutlich sprengen.[23] Es ist nicht ausgeschlossen, dass Ütgenbach und die Altenburg auf Bodems Nück gemeinsam zum Besitz der Edlen von Ütgenbach oder ihrer Vorfahren gehörten.

Bild 18 (Emps, von Bodems Nück): Pingsdorfer Keramikscherbe, Eberzahn, keramische Ausguss-Tülle, links runde Fibel mit erhabenem Kreuz und Emailleeinlage, rechts Münze (karolingische Zeit)

---

[21] Ems, Büllesbach, Lind, 2011 | Gross, Uwe, Lit.
[22] Ems, Büllesbach, Lind, 2015
[23] Siehe „Münzen im Mehrbachtal" von Emps, Büllesbach, Lit.

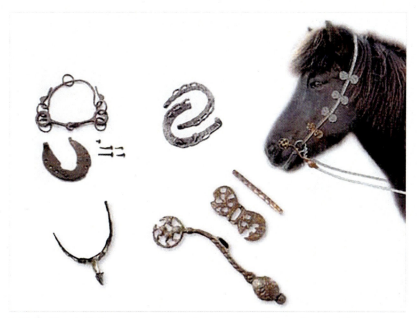

Bild 19 (Emps): Hufeisen, Reitersporn, Reitersporn und Zaum-Zeug mit Trense von Bodems Nück

Sicher von Interesse ist, dass Bodems Nück zumindest im Anfang des 18. Jahrhunderts wohl ausweislich eines Bildes von Roidkin mit nesselrodischem Wappen als nesselrodischer Besitz oder mit nesselrodischen Rechten gekennzeichnet ist. Somit steht die Frage im Raum, ob Vorfahren der Ütgenbacher schon zur Zeit der größten archäologische Funddichte im 10. Jahrhundert dort beteiligt waren.

Bild 20, Gemälde von Roidkin um 1725 (Foto L. Nesselrode): Die Schrift ist nur sehr teilweise und dann bruchstückhaft zu entziffern. Am ehesten hat man eine Ansicht der Altenburg mit kaum sichtbaren Ruinen-Resten von jenseits des Mehrbachs aus gesehen. Das nesselrodische Wappen ist ausreichend erkennbar.

Von ähnlichem Interesse ist die ungelöste Frage, ob das Ütgenbacher Geschlecht mit der Sippe des Hartmann aus der Prümer Urkunde von 886 in verwandtschaftlicher Beziehung stand und vielleicht in einer Art Erbgang an seine Lehen vom Kloster Prüm in der Asbacher Elsaff gekommen ist. Die vermutliche Sippe des Hartmann, darunter die vermutlichen Eltern (Otbert und Hildegard) und die Muttersmutter (oder eine Großtante mit Namen Gerhild) sowie der vermutlich verwandte Kölner Erzbischof Hadebald (859/866) als auch der vermutlich verwandte spätere (924 – 953) Erzbischof Wichfried, gehörte zum Adel des Auelgaus, des Bonngaus und der sehr weiten Umgebung[24]. Die „Sippe" war in Oberpleis begütert und hatte bereits mit König Lothar II und dem Kloster Prüm Schenkungen und Lehens-Verhältnisse über Güter in Honnef-Reitersdorf, Mehlem, Wachtberg-Bachem, Güsten (bei Jülich) und anderswo ausgetauscht. [25] 847 hatte Hrotgar, mutmaßlich der Vater Otberts, die Kapelle Güsten mit allem Zubehör als Lehen von Kaiser Lothar I erhalten (das „Goldene Buch" von Prüm, Urkunde 54). Dieser Besitz-Komplex ging immer wieder als Lehen an Verwandte, zum Beispiel an den Hartmann der Urkunde von 886.

Die Edelherren von Ütgenbach des **Hoch- und Spätmittelalters** bezogen ihren Namen von dem Ort **Ütgenbach** mit der **Motte**[26]. Die Örtlichkeit Ütgenbach, doch wohl nicht die Motte selbst, taucht erstmals in einer Urkunde des Nonnenklosters Schwarzrheindorf von 1173 auf.[27] Das Geschlecht mit diesem Namen erscheint 1216 erstmals in einer Urkunde[28]. Ab 1331 nennen sie sich „von Ütgenbach zu Ehrenstein" nach der kurz zuvor neu erbauten Burg im Mehrbachtal. Die letzte Ütgenbacherin war Eva von Ütgenbach zu Ehrenstein; sie war verheiratet mit dem Witwer Wilhelm von Nesselrode und somit Stiefmutter Bertrams von Nesselrode. Der Neffe Bertrams, Wilhelm von Nesselrode, auf Bertram folgender Herr zu Ehrenstein, stammte in mütterlicher Linie von einer Ütgenbacherin ab. Ein weiterer Zweig der Familie wohnte urkundlich fassbar von 1344 bis 1429 auf der Motte Broichhausen (auch Bruchhausen geschrieben) beim heutigen Neuenhof in der Nähe von Kircheib[29] an dem Bach, der beim heutigen Kircheib entspringt, ursprünglich Elsaff hieß und als heutiger Pfaffenbach in Wiedmühle in die Wied mündet. Schäfer[30] diskutiert die Möglichkeit, dass die sehenswerte romanische Wehrturm-Kirche zu Kircheib als Haus- und Eigenkirche der Ütgenbacher in Broichhausen oder ihrer eventuellen Vorgänger entstanden sein könnte. 1429 verkaufte Godert von Ütgenbach, Herr zu Broichhausen, sein Gut zu Broichhausen an den Grafen von Sayn. Seine „Erben", darunter 1458 Wilhelm von Nesselrode, nehmen es wieder von den Grafen zu Lehen; dem Wilhelm folgt 1478 Bertram von Nesselrode, Herr zu Ehrenstein, als Lehnsnehmer, zuletzt wohl dessen Neffe Wilhelm von Nesselrode 1513.[31] Die Motte verfiel, blieb aber nur wenig entfernt spätestens ab 1560 unter neuen Besitzern als neuerbauter Neuenhof bzw. Freiheitshof weiter bestehen. Spätere Besitzer waren der Amtmann Naliß Nürbergh und nach ihm der Landschultheiß von Altenkirchen Conrad Stroe.[32]

Über das Geschlecht der Ütgenbacher und die Kapelle in Ütgenbach berichtet Leonie Nesselrode in den Kapiteln 3 und 3a ihres Beitrages zu diesem Buch, „Die Ehrensteiner Armenstiftung, die Stiftungsgründe im historischen Kontext", sehr viel in ausführlicher und präziser Weise.

---

[24] Corsten (s. Literatur).
[25] Das „Goldene Buch" von Prüm (s. Literatur), Urkunden-Nummern 68, 69, 76, 77, 78, 84, 92.
[26] befestigtes Haus mit umgebendem Wassergraben und Wall.
[27] Nesselrode | Lind: Ütgenbach, S. 62ff (s. Lit.)
[28] Schmitz Ferdinand, Urkundenbuch der Abtei Heisterbach, Urkunde Nr. 36
[29] Schäfer, Josef: Die Edelherren von Ütgenbach
[30] Schäfer, Josef: Das Haus im Broich (s. Lit.)
[31] Schäfer, Josef: Das Haus im Broich (nach Staatsarchiv Koblenz, Reichskammergerichtsakten Nr. 1640)
[32] ausführlicher nachzulesen bei Schäfer (siehe oben)

Oberflächenfunde (Münzen, Schmuck, Fiebeln, Knöpfe, Nägel, Spangen, Fingerhüte, Greifzange, Werkzeuge des täglichen Gebrauchs und der Körperpflege, Hufeisen, Teile von Pferdegeschirr, Keramik, Zierrat, religiöse Kunst usw.) im Bereich der Ütgenbacher Kapelle, der Überreste von Wall, Graben und Zentralhügel am Motten-Standort und des erst im 19. Jahrhundert aufgegebenen Wirtschaftshofes betreffen überwiegend die Zeit nach der Gründung der Armenstiftung. Ein per Windwurf gefallener Baum legte allerdings ein Stückchen gemörteltes Fundament der mittelalterlichen Motte frei. Somit fällt der Bestand der Motte, in der Gründungsurkunde der Armenstiftung von 1499 als „zerstörtes Schloss der Ütgenbacher" beschrieben, in die Zeit des Mittelalters. Auch die Teichanlagen für eine Fischzucht, zumindest ein großer Teil davon, könnten sehr gut schon im Mittelalter entstanden sein. Der heutige Wald ist laut Kartenmaterial erst nach Aufgabe des Wirtschaftshofes 1837[33] mit seinen Wiesen und Äckern wohl durch Aufforstung entstanden.

Bild 21 (Lind): Links im Bereich des entwurzelten Baumes liegt ein Stück gemörteltes Außenfundament der Motte Ütgenbach frei (23.09.2012)

Bild 22 (Emps), Schuhschnalle, Ütgenbach

Bild 23 (Emps), Kamm aus Ütgenbach

---

[33] Wiegard 1955, S. 81 und 84

Bilder 24a und 24b (Emps) Kurtrierisches Petermännchen (Münze) von 1693, Vorder- und Rückseite

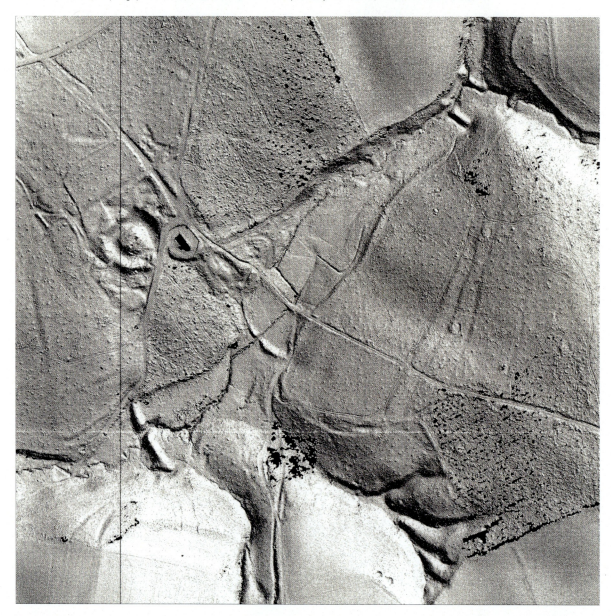

Bild 25 (Emps): Lidar-Scan (modernes Luftbild, Pflanzenbewuchs weitgehend „retouchiert") von Ütgenbach. Ein Stück des Walls bildet heute etwas umgeformt ein Stückchen des Weges nach Altenburg, der auf den Karten des 19. Jahrh. nicht eingezeichnet ist. Fünf der Teich-Staudämme sind gut zu erkennen. Inwieweit Wasserzuführungen für den Burggraben stattfanden, ist nur schwer zu entscheiden.

Bild 26 (Graf Nesselrode): geometrische Karte Ütgenbach von 1805

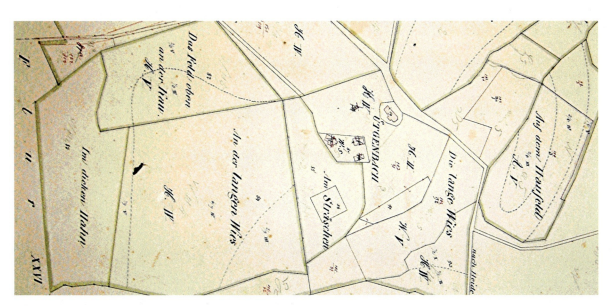

Bild 27 (Graf Nesselrode), Karte von 1842: etwa im Mittelpunkt des Motten-Hügels stand ein kleines Gebäude; gegenüber 1805 ist das Gebäude 3 verschwunden, ein anderes weiter unten ist dazu gekommen.

Bild 28 (Emps): Reste einer Leibesfigur des gestorbenen Christus am Kreuz, gefunden am Karfreitag 2013 nachmittags in Spannen-Tiefe am Rande des ehemaligen Teichs unterhalb der Kapelle etwa 30 m abwärts des heutigen Brunnens, angebracht an einem modernen Metall-Kreuz, aufgestellt in einer Mauernische der nördlichen Schiffs-Seite der Ütgenbacher Kapelle. Die Figur könnte gut aus dem ausgehenden 18. oder angehenden 19. Jahrhundert stammen.

Facharchäologische Beratung

Berg, Axel von: Fast alle Teile des archäologischen Materials wurden vom langjährigen Leiter der Außenstelle Koblenz der Landesarchäologie Rheinland-Pfalz Dr. Dr. von Berg, ab 2013 Landesarchäologe, angesehen, untersucht und eingeordnet.

Frank, Klaus: Untersuchungen des römerzeitlichen Buckelbeschlags aus Bronze mit entsprechenden Recherchen.

Literatur

Ausbüttel, Frank M./ elf weitere Autoren: Die Römer im Rhein-Main-Gebiet. Stuttgart 2011.

Berg, Axel von: Ur- und Frühgeschichte an Mittelrhein und Mosel. Ein Überblick. Archäologie an Mittelrhein und Mosel 5. Archäologische Denkmalpflege Amt Koblenz 1990. Berg, Axel von: Der Westerwald, Kreis Altenkirchen und Westerwaldkreis. Führer zu archäologischen Denkmälern in Deutschland. Herausgegeben vom Nordwestdeutschen und vom West- und Süddeutschen Verband für Altertumsforschung, Band 26. Stuttgart 1993.

Berg, Axel von: Der Neandertaler von Ochtendung und die Frühzeit des Menschen. In: Rhein-Museum Koblenz: Beiträge zur Rheinkunde, Heft 51 / 1999.

Corsten Severin: Rheinische Adelsherrschaft im ersten Jahrtausend. In: Rheinische Vierteljahrs-Blätter, Jahrgang 28 (Heft 1 / 4), 1963. Bonn.

Doppelfeld, Otto: Heer und Verwaltung in den Rheinlanden. In: Römer am Rhein. Ausstellung des Römisch- Germanischen Museums Köln 1967, 3. Auflage.

Eiden, Hans: Zehn Jahre Ausgrabungen an Mittelrhein und Mosel, Einführung – Fundplätze – Funde. Herausgegeben vom Staatlichen Amt für Vor- und Frühgeschichte Koblenz. Zweite Auflage 1977.

Emps, Dorothea und Fred | Büllesbach, Werner: Steinzeitliche Funde in den Gemeinden Asbach und Buchholz. In: Heimatblatt Altenwied 2015 / 2016. S. 193 – 197.

Emps, Fred | Büllesbach, Werner: Archäologische Funde in der Elsaff (I). In: Heimatblatt Altenwied 2007. S. 9ff.

Emps, Fred | Büllesbach, Werner: Archäologische Funde in der Elsaff (II). In: Heimatblatt Altenwied 2008/2009. S. 14ff.

Emps, Fred | Büllesbach, Werner: Münzen im Mehrbachtal. In: Heimatblatt Altenwied 2009/2010. S. 157ff.

Emps, Fred | Büllesbach, Werner | Lind, Ulf: Archäologische Funde auf der Altenburg (I). In: Heimat-Jahrbuch 2008 Landkreis Neuwied, S. 56 bis 63.

Emps, Fred | Büllesbach, Werner: Archäologische Funde in der nördlichen Verbandsgemeinde Asbach. In: Heimat-Jahrbuch 2009 Landkreis Neuwied. S. 75 bis 80.

Emps, Fred | Büllesbach, Werner: Archäologische Funde auf der Altenburg (II). In: Heimat-Jahrbuch 2010 Landkreis Neuwied. S.67 bis 72.

Emps, Fred | Büllesbach, Werner | Lind, Ulf: Archäologische Funde auf der Altenburg (III). In: Heimat-Jahrbuch 2011 Landkreis Neuwied, S. 67 bis 73.

Emps, Fred | Büllesbach, Werner | Lind, Ulf: Archäologische Funde auf der Altenburg (IV). In: Heimat-Jahrbuch 2015 Landkreis Neuwied, S. 66 bis 70.

Gottschalk, Joseph: Kirchengeschichte Teil 1, umgearbeitete Auflage, Bonn 1956.

Groß, Uwe: Runde Webgewichte des frühen und hohen Mittelalters aus Südwestdeutschland. In: Archaeological Textiles Newsletter, Heft 23, Kopenhagen 2006, S. 5 – 9.

Krämer, Jan: Metallfunde von den Ausgrabungen im Flottenkastell Alteburg 1998 (Köln-Marienburg). In: Kölner Jahrbuch 48, 2015, S. 43 – 281.

Kuckenburg, Martin: Die Kelten in Mitteleuropa. Stuttgart 2004.

Kunow, Jürgen | und Wegner, Hans-Helmut, beide Herausgeber und Autoren | Bosinski, Gerhard | Berg, Axel von | Jost, Cliff A. | und viele weitere Autoren: Urgeschichte im Rheinland. Jahrbuch 2005 des Rheinischen Vereins für Denkmalpflege und Landschaftsschutz. Treis-Karden.

Lind, Ulf: Elisapha oder Disapha, im Jahr 886 oder 882? Die erste Urkunde über die Asbacher Elsaff. In: Heimatblatt Altenwied 2007, S.17 – 40.

Lind, Ulf: Die Elsaff, der ursprüngliche Name des Pfaffenbachs einschließlich seines Oberlaufs. In: Heimat-Jahrbuch 2010 Landkreis Neuwied, S. 73 – 81.

Marschall, Arthur | Narr, Karl J. | Uslar, Rafael von: Die vor- und frühgeschichtliche Besiedlung des Bergischen Landes. Neustadt a. d. Aisch 1954.

Meller, Harald | Michel, Kai: Die Himmelsscheibe von Nebra. Propyläen, Ullstein Buchverlage, Berlin, 6. Auflage 2019.

Narr, Karl J.: Urgeschichtliche Marginalien. In: Krankheit, Heilkunst, Heilung. Veröffentlichungen des Instituts für historische Anthropologie, Freiburg / München 1978.

Nesselrode, Leonie | Lind, Ulf: Ütgenbach. In: Heimatblatt Altenwied 2011 / 2012, Hennef.

Nesselrode, Leonie: Der Korpus Christi aus dem Wald. In: Heimatblatt Altenwied 2015 / 2016, Hennef

Nolden, Reiner , Herausg. | Nösges, Nikolaus, Übersetzung der Urkunden | weitere Autoren: Das „Goldene Buch" von Prüm. Geschichtsverein Prümer Land e. V. Prüm 1997.

Osberghaus, Oskar: Das Südbergische in vor- und frühgeschichtlicher Zeit – Kelten als Träger eisenzeitlicher Kolonisation. In: Beiträge zur Oberbergischen Geschichte. 1986.

Paßmann, Franz Anton: Die Römer rechts des Rheines. Wachtberg-Niederbachem 1986.

Petrikovits, Harald von: Das römische Rheinland, Archäologische Forschungen seit 1945. Arbeitsgemeinsch. f. Forschungen des Landes Nordrhein-Westfalen, Geisteswissenschaften, Heft 86. Köln 1960.

Preißing, Heinz: Alte Wehranlagen im Kreis Neuwied. Die Alteburg bei Bonefeld. In: Heimat-Jahrbuch 1975 des Landkreises Neuwied, Seite 59ff.

Preißing, Heinz: Alte Wehranlagen im Kreis Neuwied. II. Die Motte Ütgenbach. In: Heimat-Jahrbuch 1976 des Landkreises Neuwied, Seite 46ff.

Preißing, Heinz: Kulturdenkmäler im Vorderen Westerwald. Die Grabhügel im Wald bei Bonefeld. S. 114ff. Horb am Neckar 1988.

Preißing, Heinz: Spuren alter Geschichte, Archäologie im Kreis Neuwied. Horb/Neckar 1996.

Rasbach, Gabriele: Die Germanenpolitik des Augustus . In Die Römer im Rhein-Main-Gebiet. Herausgeber: Frank M. Ausbüttel, Ulrich Krebs und Gregor Maier. Darmstadt 2012.

Rasbach, Gabriele | Becker, Armin | Scheppp, Peter | weitere Autoren: Die römische Stadtgründung an der Lahn. 2013 Förderverein Römisches Forum Waldgirmes.

Reha, Emilia: Kästchen, Truhen, Tische, Möbelteile aus Augusta Rorica. Forschungen in Augst, Band 31, August 2001.

Rehorn, Karl: Der Westerwald. Vaduz 1984, unveränderter Nachdruck der Ausgabe von 1912.

Renfrew, Colin | Bahn, Paul: Basiswissen Archäologie. Aus dem Englischen von Helmut Schareika. Darmstadt 2009.

Ristow, Günter: Götter und Kulte in den Reinlanden. In: Römer am Rhein. Ausstellung des Römisch- Germanischen Museums Köln 1967, 3. Auflage.

Schaefer, Hansfried: Eine keltische Fliehburg in Rheinbrohl? Heimatkalender 1969 des Landkreises Neuwied, S. 53 ff.

Schaefer, Hansfried: Broele Transrenum. Rheinbrohl im Wandel der Zeiten. Neuwied 1972.

Schäfer, Josef: Die Edelherren von Ütgenbach. In: Heimat-Kalender für den Kreis Neuwied 1961. Seite 78ff.

Schäfer, Josef: Die Turmkapelle in Asbach. In: Heimat-Jahrbuch 1972 des Landkreises Neuwied. Seite 105ff.

Schäfer, Josef: Das Haus im Broich, die Freiheit und der Neue Hoff. In: Heimat-Jahrbuch des Kreises Altenkirchen (Westerwald) und der angrenzenden Gemeinden 1975. Seite 90ff.

Schaffhausen, Hermann: Bonner Jahrbuch 72. 1882, Jahresbericht der Vereinsjahre 1879 und 1880, Seite 204f (Asberg, von Rheinbreitbach aus zu erwandern).

Schmitz, Ferdinand: Urkundenbuch der Abtei Heisterbach. Urkundenbücher der geistlichen Stiftungen des Niederrheins 2, Bonn 1908.

Schönfelder, Martin: Knöpfe an Schuhen der Frühlatènezeit. In: Archäologisches Korrespondenzblatt 29, Römisch-Germanisches Zentralmuseum Mainz, 1999.

Schuck, Johannes: Geschichte der Kirche Christi. I. und II. Band, Jubiläumsausgabe 1953, Würzburg.

Steuer Heiko: Die Franken in Köln. Köln 1980.

Uslar, Rafael von: Jahresbericht 1937 (Unkel / Ringwall Asberg) des Bonner Jahrbuchs, Heft 143/144, 1938/1939.

Uslar, Rafael von: Der Ringwall der älteren Hunsrück-Eifel-Kultur auf dem Hummelsberg über Linz, Kreis Neuwied. In: Bonner Jahrbücher, Heft 145, 1940.

Weber, Ernst: Mitteilung der Katholischen Pfarrgemeinde St. Margarita Neustadt-Wied zum Dritten Sonntag im Advent am 12. Dezember 1976, aufbewahrt vom Heimatkundler Hans Lahr †, St. Augustin.

Weber, Ernst: Instandsetzungs- und Erhaltungsarbeiten an der Pfarrkirche unter den Pfarrern Alfons Drauden und Ernst Weber. In: Neustadt (Wied) Heimat im Wandel der Jahrhunderte, Siegburg 1985.

Wegner, Hans-Helmut | viele weitere Autoren, darunter Saal, Eveline: Berichte zur Archäologie an Mittelrhein und Mosel 13. Redaktion: Direktion Landesarchäologie Koblenz, 2008.

Wikipedia, Anfang Juli 2020: Legio XXII Primigenia, mit 3 Literaturangaben und 44 weiteren Einzelnachweisen, zumeist in der Literatur, sowie mit zahlreichen fotografischen Dokumenten von Inschriften.

Wikipedia, Anfang Juli 2020: Liste der römischen Konsuln.

Wiegard Fritz: Dorfbuch des Schulbezirks Altenburg. Manuskript 1955.

Wiegels, Rainer: Eine Benefiziarierweihung aus Neustadt / Wied. In: Berichte zur Archäologie an Mittelrhein und Mosel 3 (S. 341 – 349). Herausgegeben von Hans-Helmut Wegner. Selbstverlag des Rheinischen Landesmuseums Trier 1992.

Zimmermann, W. Haio: Archäologische Befunde frühmittelalterlicher Webhäuser. Ein Beitrag zum Gewichtswebstuhl. Jahrbuch der Männer vom Morgenstern 61, Seiten 111 – 144, Bremerhaven 1982.

Zu den Autoren

Leonie von Nesselrode

Studium der Kunstgeschichte und Archäologie an der Universität Nijmegen und am Niederländischen Historischen Institut in Rom;
Eintritt in den diplomatischen Dienst;
Arbeit an den niederländischen Botschaften in Stockholm, Monrovia, Brüssel und Oslo;
Promotion an der Friedrich-Wilhelm-Universität Bonn mit einer Dissertation über die Chorfenster der Kirche von Ehrenstein;
verheiratet mit dem Assessor des Forstdienstes Hubertus Graf von Nesselrode; Das Paar hat zwei erwachsene Söhne und drei Enkelkinder.

Ulf Lind

geboren 1941 in Linz (Rhein), Jagdhaus Mehrberg;
9 Jahre altsprachlicher Zweig Gymnasium Linz (Rhein);
Studien an den Universitäten Würzburg, Kiel und Bonn;
1966 ärztliche Prüfung in Bonn;
1967 Promotion / Medizinische Fakultät / Universität Bonn (Psychiatrie);
Zweitstudium der Völkerkunde, Nebenfach Psychologie;
1969 / 70 Feldstudie u. a. bei den Ayoré-Indianern des Gran Chaco Paraguays;
1974 Promotion / Philosoph.Fakultät / Univ. Bonn in Völkerkunde (zur Medizin der Ayoré);
1976 bis 2001 niedergelassener Facharzt für Allgemeinmedizin in Neustadt (Wied);
danach u. a. Beschäftigung mit Lokalgeschichte.

Gisbert Becker

geboren 1951, wohnhaft in Neustadt-Bertenau.
Mehrere Jahrzehnte tätig gewesen als Verwaltungsbeamter, überwiegend bei der Verbandsgemeindeverwaltung Asbach.
Verwaltungsdiplom und Abschluss als Verwaltungsbetriebswirt (VWA) an der Verwaltungs- und Wirtschaftsakademie in Koblenz.
Von 1986 bis 2012 Büroleitender Beamter der Verbandsgemeindeverwaltung Asbach.
In dieser Funktion auch zuständig für die Ehrensteiner Armenstiftung.
Zu den besonderen Stiftungsereignissen gehörten das 500-jährige Jubiläum und der Bau des Stiftungsgebäudes auf dem Klinikgelände.
Mitwirkung bei mehreren Heimatbüchern. Aktiv im heimatkundlichen Arbeitskreis.

Dorothea Emps, geb. Kreutz

20.03.1965 in Adscheid geboren und dort aufgewachsen;
verheiratet mit Fred Emps seit 1986;
seit 1986 wohnhaft in Buchholz;
seit 1990 als Sachbearbeiterin tätig im Betrieb der Familie;
seit 2003 bis heute Heimatforschung, Schwerpunkt Archäologie in den Kreisen Neuwied und Rhein-Sieg.

V.l.n.r.: Ulf Lind, Leonie von Nesselrode und Gisbert Becker vor dem Eingang der Kapelle in Ütgenbach

Fred Emps

26.01.1059 in Köln geboren, aufgewachsen in der Gemeinde Much;
Ausbildung zum Energieanlagenelektroniker;
seit 1986 verheiratet mit Dorothea Emps und wohnhaft in Buchholz;
seit 1990 selbstständig im Bereich Abfüllmaschinen und deren Instandhaltung;
seit 2003 bis heute Heimatforschung, Schwerpunkt Archäologie in den Kreisen Neuwied und Rhein-Sieg.

Werner Büllesbach

geboren 1957; wohnhaft in Witten a.d. Ruhr;
Gymnasiallehrer für Latein, katholische Religionslehre, Geschichte;
Heimatforschung Amt Altenwied (Vorderer Westerwald/ mittlere Wied);
Mitarbeit am Heimatbuch „Asbach im Westerwald" (1990);
Arbeitskreis Heimatforscherinnen und Heimatforscher Altenwied;
Herausgeber des Heimatblattes Altenwied.

In namen ind Eren der hilliger Dryveldicheyt van Ißpach ind daselffs, soverr ind by der selui-
tzyden, biß her allet verinnyvert ind in der
der dan vast hynden bleuen ind, mer gehal-
dentht paston to Ißpach vnder den die te
dan die oirend stunde des dorts. Ind alßo de
ind loen so verdyngen, sere eyme priester
daselffe gemeynlichen tzuntlichen verdor
der hilliger Dryveldicheyt Marien der
in maissen nagestreuen, In der vorß a
die aller meyst die capelle wie obgevoirt
Duitsch eur end hevman gekont paston d
sall ouch verplicht ind verbunden syn so
Ißpach als gewoenlich is gehalden werd
alda myt syngen ind anders volbrengen
der krancken syn kyrspell myt aller brod
stat die kerche in syner kieretzken ind au
Der priester en sall sich ouch ind ouch
ouch hauen ind behalden ind der pa
die to oetzenbach by der capellen vorth
Ind darumb so hauent die purgeve der a
vonheyt wesen, duyschen velden, voirt
Durchluchtigen, hoegeboird fursten ind s
her Bertram ind frauel Margriet syne
ind vergeuen na ir en besten formen und
Haller voirt sy gedeuen den darth eyn g
die klocke ouch laissen maissen, voirt ged
vyngerheirt bertram, ire gairt laissen
Darto bequemene weren. Dorch alßo ind
mynnychen, vyßg ure hoirschafft benemen
van Evenstyn, ind nyet anders die op an
ind sleuen. So wat eyn ind dat spytaul in
So to dem spytaul geteuent sint oder hen
entztheunt, sall der her van Evenstyn
almyssen goits vmbgegangen ind gehant
des cloisters daselffe van dem priester
die almyssen in ourger maissen, da va
frommen luden gegeuen worden. Darna